존 페어맨 프레스톤
선교사 부부 편지 Ⅲ
1911~1940

내한선교사편지번역총서 **23**

존 페어맨 프레스톤
선교사 부부 편지 Ⅲ
1911~1940

존 페어맨 프레스톤 부부 지음
송상훈 옮김

역자 서문

저는 1986년에 전남 순천에 있는 순천매산고등학교에 입학했습니다. 1학년 때는 학교에서 상당히 떨어진 곳에서 자취 생활을 하고, 2, 3학년 때는 학교 내에 있는 기숙사에서 살았습니다. 기숙사의 일정은 이른 시간 일어나서 단체 운동하는 것으로 시작했습니다. 보통은 학교 운동장을 몇 바퀴 돌고 씻고 아침 먹고 일과를 시작하는 것인데, 가끔은 바로 옆에 있는 매산여고와 매산중학교 쪽으로 달려가기도 하고 어쩌다가 죽도봉까지 갔다 오기도 했습니다.

제 기억이 맞다면 그때는 매산여고 기숙사와 음악실이 보통 건물과는 다른 석조건물이었습니다. 매산중학교 본관 건물도 일반 콘크리트 건물이 아니고 석조건물이었습니다. 당시는 특이하다는 정도만 생각했지 특별한 관심을 두지는 못했습니다. 그 기숙사가 프레스톤 가족이 살던 곳이었고, 음악실이 로저스 의사가 살던 곳이었고, 매산중학교 건물이 와츠(Watts) 기념학교였고, 도서관으로 알고 공부하던 곳이 저 유명한 '안력산병원'이었다는 설명을 들었어도, 저는 큰 의미로 받아들이지 않았을 것입니다. 10대 후반의 그 당시 저는 낯선 환경에서 적응하고 남들보다 더 공부를 열심히 해서 부모님 고생시키지 않게 해드려야 한다는 생각뿐이었습니다.

고등학교를 졸업하고 많은 시간이 흐른 지금 저는 남이 시킨 것도 아닌데 어디서 생겼는지 모를 책임감과 소명감을 갖고 미국남장로회 한국선교회 선교사들을 연구하고 관련된 자료를 번역하고 있습니다. 전주선교부는 기전학교 교장이었던 랭킨 선교사의 편지를, 군산선교부는 불선교사 부부의 편지를 번역했습니다. 어느 날 전라남도에서 1903년부터 1940년까지 선교한 프레스톤 선교사 부부의 편지를 번역해야겠다는 생각이 강하게 들어서 번역을 시작했습니다. 2년 정도의 번역 기간에 여러 어려움이 있었지만, 그때마다 잘 해결되었고 마침내 책이 세상에 나오게 되었습니다. 이 모든 일은 프레스톤 선교사 탄생 150주년이 되는 올해에 그를 기념하는 뜻깊은 일을 계획하신 하나님의 섭리(攝理)였음을 고백(告白)합니다.

편지를 번역하며 세운 원칙 중 하나는 독자가 맥락을 최대한 이해할 수 있도록 편지에 등장하는 인물들의 생몰 정보와 사건에 대한 기본적인 정보를 각주 형식으로 제공하는 것입니다. 그러기 위해 ancestry.com, findagrave.com, newspapers.com 등의 자료에서 정보를 구했습니다. 이런 과정을 거쳐 편지의 인물과 사건이 손에 잡힐 듯하게 되었습니다. 또한, 가능하면 이미 알려진 정보가 아닌 새로운 정보를 주려고 노력했으며 영문을 같이 배치해서 번역과 비교할 수 있도록 했습니다.

이 책이 나오기까지 도움을 주시고 격려해 주신 모든 분께 감사드립니다. 그중에서도 특별히 내한선교사 편지 번역과 DB 작업을 주관하는 연세대학교 한국기독교문화연구소의 허경진 교수님께, 전남 동부 지역 기독교 문화유산과 지역사회를 연구하여 종교역사문화총서를 낸 종교역사문화센터가 속한 국립순천대학교 인문학술원 강성호 원장님께, 선교학을 가르치시다 은퇴하신 후 미국남장로회 한국선교회를 연구하시며 많은 가르침을 주시는 한일장신대학교 임희모 교수님께 감사드립니다. 또한 더욱 특별히, 투박하게 번역된 글을 하나하나 꼼꼼하게 살펴서 내용과 형식에 관한 질문과 의견을 주시고, 정성껏 편집하여 보기 좋은 책으로 만들어 주신 보고사 김태희 선생님께 깊이 감사드립니다.

2025년 6월
송상훈

차례

역자 서문 / 5
차례 / 7
주요 인물 소개 / 14

1911년

번역문					원문				
1911년	1월	18일	…	21	Jan.	18,	1911	…	393
1911년	1월	28일	…	22	Jan.	28,	1911	…	394
1911년	1월	31일	…	25	Jan.	31,	1911	…	396
1911년	2월	13일	…	28	Feb.	13,	1911	…	398
1911년	3월	24일	…	29	Mar.	24,	1911	…	399
1911년	4월	1일	…	31	Apr.	1,	1911	…	401

1912년

번역문					원문				
1912년	2월	26일	…	33	Feb.	26,	1912	…	402
1912년	7월	3일	…	35	July	3,	1912	…	403

1913년

번역문					원문				
1913년	2월	11일	…	36	Feb.	11,	1913	…	404

1914년

번역문					원문				
1914년	5월	15일	…	40	May	15,	1914	…	407
1914년	5월	28일	…	44	May	28,	1914	…	410
1914년	6월	9일	…	48	June	9,	1914	…	414

1914년 7월 25일 … 50	July 25, 1914 … 416
1914년 9월 2일 … 54	Sept. 2, 1914 … 419
1914년 9월 11일 … 57	Sept. 11, 1914 … 422
1914년 10월 24일 … 58	Oct. 24, 1914 … 423
1914년 12월 20일 … 62	Dec. 20, 1914 … 426

1915년

번역문   원문

1915년 1월 12일 … 66	Jan. 12, 1915 … 429
1915년 3월 15일 … 70	Mar. 15, 1915 … 433
1915년 4월 26일 … 74	Apr. 26, 1915 … 437
1915년 5월 20일 … 77	May 20, 1915 … 439
1915년 6월 15일 … 81	June 15, 1915 … 442
1915년 7월 5일 … 84	July 5, 1915 … 444

1916년

번역문   원문

1916년 1월 10일 … 87	Jan. 10, 1916 … 447
1916년 5월 8일 … 91	May 8, 1916 … 450
1916년 5월 9일 … 94	May 9, 1916 … 453
1916년 6월 7일 … 97	June 7, 1916 … 455
1916년 6월 14일 … 100	June 14, 1916 … 458
1916년 9월 18일 … 102	Sept. 18, 1916 … 460
1916년 10월 8일 … 104	Oct. 8, 1916 … 462
1916년 10월 16일 … 106	Oct. 16, 1916 … 464
1916년 11월 29일 … 109	Nov. 29, 1916 … 467

1917년

번역문   원문

1917년 1월 13일 … 111	Jan. 13, 1917 … 468
1917년 3월 22일 … 113	Mar. 22, 1917 … 470
1917년 4월 26일 … 115	Apr. 26, 1917 … 471

1917년	4월	28일	…	119	Apr.	28,	1917	… 474
1917년	8월	18일	…	122	Aug.	18,	1917	… 476
1917년	9월	24일	…	125	Sept.	24,	1917	… 478
1917년	9월	27일	…	127	Sept.	27,	1917	… 480
1917년	11월	16일	…	131	Nov.	16,	1917	… 483

1918년

번역문 / 원문

1918년	1월	2일	…	135	Jan.	2,	1918	… 487
1918년	2월	12일	…	137	Feb.	12,	1918	… 489
1918년	3월	5일	…	139	Mar.	5,	1918	… 491
1918년	6월	11일	…	141	June	11,	1918	… 493
	날짜 없음		…	144	Date Unknown			… 496
1918년	9월	27일	…	145	Sept.	27,	1918	… 497
1918년	10월	11일	…	149	Oct.	11,	1918	… 501
1918년	11월	29일	…	152	Nov.	29,	1918	… 503

1919년

번역문 / 원문

1919년	1월	10일	…	155	Jan.	10,	1919	… 506
1919년	2월	1일	…	158	Feb.	1,	1919	… 508
1919년	2월	3일	…	162	Feb.	3,	1919	… 511
1919년	3월	17일	…	165	Mar.	17,	1919	… 514
1919년	3월	20일	…	168	Mar.	20,	1919	… 517
1919년	3월	22일	…	170	Mar.	22,	1919	… 518
1919년	3월	24일	…	173	Mar.	24,	1919	… 520

1920년

번역문 / 원문

1920년	11월	16일	…	174	Nov.	16,	1920	… 521

1921년

번역문					원문				
1921년	8월	11일	…	178	Aug.	11,	1921	…	524
1921년	9월	14일	…	183	Sept.	14,	1921	…	528
1921년	11월	20일	…	187	Nov.	20,	1921	…	531

1922년

번역문					원문				
1922년	1월	5일	…	193	Jan.	5,	1922	…	535
1922년	1월	11일	…	196	Jan.	11,	1922	…	537
1922년	2월	28일	…	200	Feb.	28,	1922	…	540
1922년	3월	1일	…	201	Mar.	1,	1922	…	541
1922년	3월	5일	…	203	Mar.	5,	1922	…	542
1922년	3월	14일	…	208	Mar.	14,	1922	…	546
1922년	3월	18일	…	211	Mar.	18,	1922	…	549
1922년	4월	20일	…	214	Apr.	20,	1922	…	551
1922년	9월	9일	…	218	Sept.	9,	1922	…	554
1922년	9월	19일	…	223	Sept.	19,	1922	…	558
1922년	9월	27일	…	227	Sept.	27,	1922	…	561
1922년	10월	30일	…	230	Oct.	30,	1922	…	563
1922년	11월	6일	…	235	Nov.	6,	1922	…	567
1922년	12월	7일	…	238	Dec.	7,	1922	…	570
1922년	12월	18일	…	241	Dec.	18,	1922	…	572

1923년

번역문					원문				
1923년	2월	16일	…	245	Feb.	16,	1923	…	575
1923년	9월	16일	…	248	Sept.	16,	1923	…	578
1923년	11월	6일	…	252	Nov.	6,	1923	…	581
1923년	11월	10일	…	258	Nov.	10,	1923	…	586
1923년	11월	21일	…	260	Nov.	21,	1923	…	588
1923년	12월	18일	…	266	Dec.	18,	1923	…	593

1924년

번역문					원문				
1924년	1월	20일	⋯	269	Jan.	20,	1924	⋯	595
1924년	1월	22일	⋯	273	Jan.	22,	1924	⋯	598
1924년	2월	16일	⋯	275	Feb.	16,	1924	⋯	600
1924년	4월	7일	⋯	278	Apr.	7,	1924	⋯	603

1926년

번역문					원문				
1926년	4월	29일	⋯	281	Apr.	29,	1926	⋯	606

1927년

번역문					원문				
1927년	7월	19일	⋯	285	July	19,	1927	⋯	609
1927년	7월	20일	⋯	288	July	20,	1927	⋯	612
1927년	8월	15일	⋯	290	Aug.	15,	1927	⋯	614
1927년	9월	14일	⋯	294	Sept.	14,	1927	⋯	618
1927년	11월	10일	⋯	297	Nov.	10,	1927	⋯	621
1927년	12월	1일	⋯	300	Dec.	1,	1927	⋯	623

1928년

번역문					원문				
1928년	1월	5일	⋯	302	Jan.	5,	1928	⋯	625
1928년	7월	15일	⋯	305	July	15,	1928	⋯	627
1928년	7월	19일	⋯	309	July	19,	1928	⋯	630
1928년	8월	24일	⋯	311	Aug.	24,	1928	⋯	632
1928년	9월	7일	⋯	313	Sept.	7,	1928	⋯	634
1928년	10월	7일	⋯	316	Oct.	7,	1928	⋯	637

1930년

번역문	원문
1930년 11월 10일 … 320	Nov. 10, 1930 … 640

1931년

번역문	원문
1931년 12월 1일 … 324	Dec. 1, 1931 … 643

1932년

번역문	원문
1932년 6월 6일 … 327	June 6, 1932 … 645
1932년 7월 5일 … 332	July 5, 1932 … 649
1932년 12월 14일 … 335	Dec. 14, 1932 … 651

1933년

번역문	원문
1933년 5월 19일 … 338	May 19, 1933 … 654
1933년 9월 14일 … 341	Sept. 14, 1933 … 657

1934년

번역문	원문
1934년 7월 26일 … 343	July 26, 1934 … 659
1934년 10월 27일 … 346	Oct. 27, 1934 … 661
1934년 12월 11일 … 350	Dec. 11, 1934 … 664

1935년

번역문	원문
1935년 11월 20일 … 355	Nov. 20, 1935 … 669

1936년

번역문	원문
1936년 9월 29일 … 359	Sept. 29, 1936 … 673
1936년 11월 23일 … 363	Nov. 23, 1936 … 677

1937년

번역문	원문
1937년 6월 15일 … 364	June 15, 1937 … 678
1937년 11월 4일 … 369	Nov. 4, 1937 … 682

1939년

번역문	원문
1939년 5월 1일 … 373	May 1, 1939 … 686
1939년 12월 2일 … 378	Dec. 2, 1939 … 691

1940년

번역문	원문
1940년 4월 27일 … 381	Apr. 27, 1940 … 694
1940년 11월 25일 … 385	Nov. 25, 1940 … 697

주요 인물 소개

· **프레스톤 목사의 부모와 형제자매**

부모: 1874년 6월 30일 결혼
      Samuel Rhea Preston(1849.9.4~1929.12.6)
      Ida Sutphen Preston(1854.1~1930.6.20)

1. 페어맨(프레스톤 목사 본인, 1903년 9월 2일 결혼)
   Rev. John Fairman Preston(1875.4.30~1975.6.6)
   [아내: Annie Shannon Wiley Preston(1879.1.15~1983.10.31)]
2. 리아: 1909년 결혼
   Samuel Rhea Preston Jr.(1877.3.23~1938)
   [아내: Mecca Elizabeth Cooper Preston(1886.4.25~1959.5.25)]
3. 플로이: 미혼
   Mary Florence "Floy" Preston(1879.5.15~1965.1.3)
4. 짐(Jim, Jamie): 1914년 5월 26일 결혼
   James Brainerd Preston(1882.5.27~1925.12.23)
   [아내: Margaret Stewart Preston(1894.7.28~1980.4.15)]
5. 로버트
   Robert James Preston(1884.4~1884.8.31)
6. 바크먼(N.B): 1919년 9월 9일 결혼
   Nathan Bachman Preston(1887.8.10~1967.1.18)
   [아내: Ethel S "Spiffy" Preston(1896.9.28~1953.3.5)]
7. 아이다(Ida Two): 1915년 10월 27일 결혼
   Ida Sutphen Preston Warden(1889.9.16~1971.1.9)
   [남편: Arthur Hills Warden(1888.7.21~1956.5.19)]
8. 야네프: 미혼
   Janef Fairman Newman Preston(1897.10.22~1973.5.22)

· **프레스톤 부인의 부모와 형제자매**

  부모: 1861년 7월 4일 결혼
   Samuel Hamilton Wiley(1826.5.11~1894.7.2)
   Miriam Colburn Murdock Wiley(1838.12.22~1912.5.11)

  1. 윌리(Willie): 1877년 결혼
   William Murdoch Wiley(1863.7.27~1915.11.25)
   [아내: Marion Easton Paterson Wiley(1864.2.20~1939.11.29)]
  2. 샌디
   Sandie Wiley(1867.1.30~1872.3.6)
  3. 존
   John M. Wiley(1869.1.13~1898.3.29)
  4. 샘(Sam): 1898년 결혼
   Samuel Henderson Wiley(1872.3.1~1938.8.6)
   [아내: Beulah Bernhardt Wiley(1876.1.12~1945.3.19)]
  5. 미리암: 1897년 결혼
   Miriam Wiley Murphy(1874.11.27~1919.11.28)
   [남편: Nettleton Payne Murphy Sr.(1865.4.17~1926.7.17)]
  6. 애니(프레스톤 부인 본인, 1903년 9월 2일 결혼)
   Annie Shannon Wiley Preston(1879.1.15~1983.10.31)
   [남편: Rev. John Fairman Preston(1875.4.30~1975.6.6)]

· 프레스톤 목사 가정

Rev. John Fairman Preston(1875.4.30~1975.6.6)
Annie Shannon Wiley Preston(1879.1.15~1983.10.31)
[1903년 9월 2일(화) 결혼, 1903년 11월 8일(일) 전라남도 목포 도착]

1. 리아 3세
    Samuel Rhea Preston(1904.8.19~1904.9.24)
2. 미리암: 1938년 9월 2일 동생 플로렌스 부부와 합동결혼식
    Miriam Wiley Preston St. Clair(1905.9.26~2005.3.22)
    [남편: Dr. Kenneth Edson St. Clair(1908.7.3~1996.11.14)]
3. 애니 섀넌: 1934년 5월 19일 결혼
    Mrs. Annie Shannon Preston Cumming(1907.10.21~2003.12.8)
    [남편: Daniel James Cumming(1892.12.17~1971.1.8)]
4. 존 페어맨 주니어: 1939년 11월 18일 결혼
    John Fairman Preston Jr.(1909.8.22~2009.1.2)
    [아내: Imogen Bird Preston(1915.3.28.-2006.3.6)]
5. 플로렌스: 1938년 9월 2일 결혼
    Florence Preston Bockhorst(1911.9.16~2010.10.9)
    [남편: Roland Walter Bockhorst(1905.1.16~1995.5.31)]
6. 윌리 와일리: 자녀 없음
    William Wiley Preston(1915.4.26~2000.3.1)
    [아내: Sarah Tankersley Tolson Preston(?~?)]
7. 리아 섯픈: 1947년 6월 3일 결혼
    Colonel Rhea Sutphen Preston(1923.3.16~1995.1.5)
    [아내: Mary Kathryn Gaines Preston(1925.11.1~1997.5.14)]

일러두기

1. 이 책 번역문의 저본은 한남대학교 인돈학술원에 보관된 자료이다.
2. 판독하기 어려운 원문은 〔illegible〕로, 번역문에는 〔판독 불가〕로 표기했다.
3. 필요에 따라 원문 또는 한자를 '( )'에 병기하였다.
4. 이해를 돕기 위해 역자가 추가한 내용은 '[ ]'에 병기하였다.
5. 원문의 철자 오류는 가급적 수정하지 않고 그대로 두었다.
6. 원문에는 이름이 기재된 경우라도 우리나라 독자의 정서에 맞게 남편, 아내, 사부인, 도련님, 아가씨 등으로 호칭을 바꾸어 적었다.
7. 'Korea(Corea)'는 대한제국을 선포한 1897년 이전에는 '조선', 이후에는 '한국'으로 번역하되, 문맥상 '조선'으로 번역하는 것이 더 자연스러운 경우 '조선'으로 번역하였다.

번역문

1911년

1911년 1월 18일

[엽서]
증기선 "시베리아"
요코하마에서 출항하여 호놀룰루를 경유하고 샌프란시스코로 가는 배

승객 명단
홍콩, 상하이, 나가사키, 고베에서 탄 승객

(....)
프레스톤 목사
프레스톤 부인과 아기, 두 명의 어린이
(....)

1911년 1월 28일
노스캐롤라이나 솔즈베리
웨스트 뱅크, 203번지

사부인 귀하,

사부인께서는 사위로부터 계속 소식을 듣고 계시리라 생각했습니다만, 저는 사부인께 편지를 드리기 전에, 고향으로 돌아오는 우리 선교사들에 대한 좀 더 확정적인 소식을 기다리고 있었습니다. 막내딸 애니가 쓴 최근의 편지는 12월 20일 자 편지였습니다. 편지 쓸 당시 2주 뒤에 광주에서 고베로 떠날 예정이었습니다. 딸 가족은 고베에서 1월 14일 떠날 증기선 "시베리아"를 탈 수 있기를 희망하고 있었습니다. 딸이 말하길 그 시기에 여행하는 사람이 많지 않기 때문에 그 배에서 침대칸을 구할 수도 있을 거라고 했습니다. 막내딸 가족이 그때 오면, 샌프란시스코에는 2월 1일경에 도착할 깃입니다. 사녀들이 미대륙에 가까이 오고 있다고 생각하니 가슴이 더 빨리 뛰지 않나요? 큰딸 미리암은 샌프란시스코의 왓킨스 부인(Mrs. Watkins)에게 물건을 보내서 맡겨달라고 요청하는 편지를 받았습니다. 왓킨스 부인의 주소는 위드빌(Wytheville)의 프레스톤 부인[1]에게서 알 수 있을 거라고 했습니다. 미리암이 주소를 받고 보온병들을 보낸 후에, 다른 주소를 알려주는 편지가 도착했습니다. 프레스톤 부인이 왓킨스 부인에게 4월 이후에 어떤 소식도 들은 적이 없었던 것 같습니다. 왓킨스 부인이 편지에 쓰길, 그사이 "또 다른 아이를

---

[1] Mrs. Watkins은 프레스톤 목사의 사촌인 Eleanor임. Eleanor의 아버지, 즉 프레스톤 목사의 큰아버지 Dr. Robert John Preston(1841.1.25~1906.8.20)는 두 번 결혼하는데, 첫 번째 아내 Martha E Sheffey Preston(1849.3.15~1898.11.2)에게서 태어난 딸이 Eleanor임. 첫 번째 아내와 사별 후 Elizabeth Montgomery Stuart Preston (1858~1918.10.17)와 재혼하는데, 이 편지에서 말하는 Mrs. Preston은 두 번째 아내를 가리킴.

가졌고 이사했다"[2]고 했습니다. 그래서 미리암이 실수를 바로잡기 위해서 분주하게 움직여야만 했습니다.

제가 "시베리아"에 엽서를 보냈고, 왓킨스 박사 앞으로 편지를 한 통 보냈습니다. 딸 가족이 "시베리아"를 타고 오고 있었다는 것을 확실히 알았고, 제때 알았더라면, 저는 편지가 호놀룰루에서 그들을 기다리게 했을 것입니다. 제가 그곳에 도착했을 때 집에서 보낸 편지가 저를 기다리는 것을 발견하고 얼마나 기뻤는지 생각납니다. 헨리 벨이 우리 자식들과 같이 오게 되어있는 것 아시나요? 헨리는 학교에 가게 됩니다. 레이놀즈 목사 가족들이 프레더릭스버그(Fredericksburg)에 있는 총회(Assembly) 학교[3]에 아들을 두려고 합니다. 전킨 부인의 아들들이 그곳에 있습니다.

사부인과 사돈께서 자손들을 만나기 위해 이곳으로 오시는지요? 정말 자손들을 보고 싶어서 조바심이 나시리라 확신합니다. 사부인이 이곳에 계시지 않으면 사위는 틀림없이 브리스톨로 곧바로 갈 것입니다. 그런데 사부인은 며느리 애니와 아이들도 보고 싶으실 것입니다. 저는 잠시라도 그들과 떨어질 수가 없습니다. 그러니 사부인과 사돈께서 자손들을 이곳에서 만나셔야만 한다고 생각합니다.

사부인 가족이 모두 유행성 독감으로 고통을 받았다는 말을 듣고 마음이 아팠습니다. 모두 지금은 훨씬 더 좋아졌기를 바랍니다. 뉴먼 부인에게 저의 사랑과 연민의 마음을 전해주십시오.

저의 간호사와 다른 간호사가 떠난 후, 작은아들 샘이 저의 좋은 친구 콜빌 부인(Mrs. Colville)에게 편지하여 저와 함께해달라고 했습니다. 그녀는 저와 함께 있으며 큰 위로가 됩니다. "앵커리지"에 다시 사람이 살게

---

[2] Mrs. Watkins에게 다섯 명의 자녀가 있었는데, 이 편지가 쓰인 시기에 넷째 William O. Watkins(1910.5.22~1967.2.15)가 태어났다는 것을 말함.
[3] 남장로회 총회에서 1893년 9월 설립한 학교로, 처음에는 선교사와 목사의 고아들을 위한 시설이었음. 1894년 Fredericksburg College가 됨. 이 대학은 1898년 남장로회 총회에서 사설기관으로 소유권이 이전된 후 운영되다가 1914년 폐교됨.

되었다는 것을 사부인께 편지해서 말씀드렸다고 생각합니다. 큰아들, 며느리, 손주가 거기에 있습니다. 롤리에서 두 명의 친구가 와서 미리암과 함께 있습니다. 그중 한 명은 애니의 결혼 이후 이곳에 온 적이 없습니다. 사부인은 그 두 사람 모두 즉 시웰(Seawell) 양, 스트로나크(Stronach) 양을 만났습니다.

   모두에게 사랑과 최고의 행운을 바랍니다.

M. C. M 배상

1911년 1월 31일
호놀룰루와 샌프란시스코 사이,
"시베리아"에서

사랑하는 가족들에게,

저희는 광주에서 1월 5일에, 일본 고베에서 14일에 떠났으며 안식년으로 서둘러 고향으로 가고 있습니다. 떠나기 전에는 편지할 시간이 없었습니다. 저희가 처음 의도했던 것보다 15일 일찍 떠나기로 했기 때문입니다. 제가 시골에 있느라 집에 없는 동안 아내가 모든 준비를 했습니다.

저희가 연초에 고국으로 돌아가는 표면적인 이유는 신학교가 종강하기 전에 증원군을 확보하고자 하기 위함입니다. 그런데 진짜 이유는 장모님의 건강 때문인데, 건강이 위태롭습니다. 그런데 장모님이 이것을 알게 되면 전혀 도움이 되지 않을 것이고 장모님께 끼치는 영향이 좋지 않을 것이기에 이것은 절대 비밀입니다.

저희는 곧장 솔즈베리로 갈 것이고, 2월 중순 전에 그곳에 도착할 것입니다. 서던 퍼시픽 노선을 이용할 것인데, 텍사스, 뉴올리언스, 애틀랜타를 지나갈 것이며, 샌프란시스코에서 솔즈베리까지 바꿔타지 않고 같은 차량을 이용할 것입니다. 가족들이 애틀랜타에도 그린빌에도 안 계신 것이 참 안타깝습니다!

저희는 아직 어떤 계획도 전혀 없습니다. 모든 것은 장모님의 건강에 달려있습니다. 물론 저는 아내와 아이들이 갈 수 있는지 없는지에 관계없이 도착한 후 곧바로 브리스톨로 갈 수도 있습니다. 이 시기에 브리스톨로 가는 것이 아내와 아이들에게는 아주 어려운 일이라 생각합니다.

오늘 저녁 제가 엘리너에게 무선 전보를 보내겠습니다. 만약 엘리너가 배에서 저희를 만난다면, 일요일은 엘리너와 함께 머물 것입니다. 저희는 금요일(2월 3일) 오후 샌프란시스코에 도착할 예정입니다.

솔즈베리에 도착하자마자 전보 드리겠습니다. 가는 도중 애틀랜타에서 하루 머물 계획인데 뉴올리언스에서 머물 수도 있습니다.

태평양을 건너는 데 어려움이 없었습니다. 나쁜 날씨도 거의 없었고, 뱃멀미도 없었습니다. 아이들이 저희 손을 아주 바쁘게 만들어서 저희가 할 수 있는 일이 거의 없었습니다. 아이들을 제외하면 다른 여흥 거리는 거의 없었습니다.

호놀룰루에서 하루를 아주 즐겁게 보냈습니다. 일본을 떠난 후 모든 시간이 여름 같았습니다. 사실 저희는 가장 얇은 여름옷을 입고 있었습니다. 배가 마음에 들었습니다. 승객이 아주 적어서 저희가 아이들을 더 잘 볼 수가 있었습니다.

헨리가 저희와 함께 있는데, 교육을 받기 위해 미국으로 돌아가고 있습니다. 저희와 함께 솔즈베리로 갈 것입니다.

긴 시간 배를 탄 후에 푹 쉰 느낌입니다. 세가 녀나노 문제없도록 사역을 해놓느라 오랫동안 힘들었습니다. 비록 이렇게 일찍 떠나리라고는 확실히 알지 못했지만, 그럴 수도 있다는 것을 알았기에, 그런 생각을 갖고 몇 달간 사역하고 있었습니다. 아이들이 이렇게 긴 대륙횡단철도 여정을 견딜 수 있을지 염려되었습니다. 그래서 저희는 뉴올리언스에서 잠시 쉬려고 합니다. 그곳에서 친구를 볼 수도 있습니다. 그 친구는 결혼 전 이름은 플로렌스 로드(Miss Florence Rodd)인데 결혼 후 캐슬 부인(Mrs. Castle)입니다. 그녀는 스튜어트(Stuart) 목사와 모펫(Moffet) 목사의 처형입니다. 가능하면 애틀랜타에서 롤랜드 씨를 볼 계획입니다.

인제 그만 마쳐야 합니다. 아내가 사랑을, 아이들이 입맞춤을 보냅니다. 가족을 볼 날이 얼마나 남았는지 셀 것입니다.

사랑하는 페어맨 올림

추신: 1월 3일 안전하게 도착했으며 월요일인 8일까지 엘리너와 함께 있습니다. 밤에 소식 전하겠습니다.

1911년 2월 13일 (월요일)
노스캐롤라이나 솔즈베리
웨스트 뱅크, 203번지

사부인 귀하,

최근의 소식이 제게 없습니다. 자식들이 애틀랜타에 머무르고 있음이 틀림없습니다.

매시간 전보를 기다리고 있습니다. 뭔가 정해지지 않은 이 상태가 제게는 참 힘드네요.

오늘 아침 막내딸 애니가 배에서 보낸 편지가 한 통 왔습니다. 그때 사위도 사부인께 편지를 썼을 수도 있겠네요. 딸 가족들이 오는 것에 관한 질문에 답하느라 이곳에 있는 사람들은 지쳤습니다.

딸 가족을 기다리는 편지가 쌓여가고 있습니다.

사랑하는 M. C. M 배상

1911년 3월 24일 (금요일)
기차에서

사랑하는 아버지,

여러 날 아버지께 짧은 편지를 보내드리려고 했었는데 어쩌다 보니 바쁘게 되었습니다. 주일에 샬럿에 가서 선교 보고를 네 번 했습니다. 주로는 YMCA와 제2장로교회에 선교 보고하러 갔습니다. 아내와 아기를 데리고 갔습니다. 아내가 오랜 친구인 허치슨 부부와 아주 좋은 시간을 보냈습니다. 그 부부가 특별히 아버지의 안부를 물었습니다.

화요일에 짐이 스파턴버그에서 전화해서는 샬럿을 지나갈 것이라고 했습니다. 그래서 제가 애니 섀넌을 데리고 수요일 짐을 보러 갔습니다. 그곳에서 짐과 다섯 시간 있었고, 셀윈(Selwyn)에서 점심을 같이 먹었습니다. 짐은 스튜어트의 셔토쿼 운동 사전 작업을 하고 있다고 합니다. 꽤 건강해 보이며, 위장이 다시 좋아졌다고 합니다. 짐을 다시 보게 되어 즐거웠습니다. 데이비슨에서 돌아가는 중인데, 지난밤 그곳 YMCA에서 선교 보고를 하였습니다. 많은 사람이 특히 바크먼에 관해 물었습니다. 바크먼은 여기서 좋은 평판을 듣고 있습니다. 제가 기차에 막 오를 때, 더럼(Durham)에 있는 콥(Cobb)이 특별히 기억해달라고 요청했습니다.

주일에 그린즈버러(웨스트민스터 교회)로 갈 것입니다. 거기서 유니온신학교로 갈 것이고, 솔즈베리로 돌아간 다음에는 이웃하고 있는 교회들에 갈 것이고, 4월 9일에는 사우스캐롤라이나의 스파턴버그에 가고, 11일과 12일에는 노회에 참석할 것입니다. 그런 다음 16일 노스캐롤라이나 그레이엄에 갈 것이며 이후 이스턴 노스캐롤라이나(윌밍턴 등)로 갈 것입니다. 이번 달에는 조지아로 가지 않기로 했습니다. 가는 데 너무 오래 걸리기 때문입니다. 아버지께서는 4월에 애틀랜타로 가시기로 한 것을 여전히 준비하고 계시기를 바랍니다. 아버지께서 파운틴 인(Fountain Inn)

에서 열리는 노회에 참석하실 수도 있습니다.

저희는 5월 첫 주에 브리스톨로 건너갈 계획을 하고 있습니다. 제가 말씀드린 것이 보통 그렇듯 정확한 날짜를 말씀드릴 수가 없습니다.

사우스캐롤라이나 그린빌 (제1장로교회)에서 4월 2일 와달라는 초대가 왔는데 그것을 받아들일 것입니다. 이곳에서 그레이엄(C. E. Graham) 씨를 하루 만났습니다. 그분을 통해 초대가 이뤄진 것 같습니다. 슬로운 박사(Dr. Sloan)[4]가 저를 초대하는 편지를 보내왔습니다.

이곳에 있는 모두가 건강합니다. 장모님께서는 약 일주일간 독감으로 누워계셨습니다. 좋지 않아 보이지만 지금 조금씩 건강해지시는 듯 보입니다.

4월 5일 루럴 리트리트에서 위민스 유니온(Women's Union)에서 선교보고를 해달라는 요청을 받았습니다. 그러면 사우스캐롤라이나로 갔다가 돌아와야 합니다!

늦었습니다. 인제 편지를 그만 써야 합니다.

모두에게 사랑을 전합니다.

사랑하는 아들 페어맨 올림

---

4   Rev. Thomas Wiley Sloan(1864.11.20~1949.8.11). First Presbyterian Church of Greenville, SC. 목사로 1902년부터 1931년까지 시무함.

1911년 4월 1일
노스캐롤라이나 솔즈베리
웨스트 뱅크, 203번지

사랑하는 아버지,

목요일 저녁에 돌아와 보니 아버지의 편지와 엽서가 저를 기다리고 있었습니다. 저는 루럴 리트리트에 가기로 확실히 정했고 4월 6일 목요일 저녁 그곳에서 선교 보고할 것을 예상합니다. 존슨 시티(Johnson City)에서 밤 10시 기차를 타고 수요일 브리스톨에 도착할 것을 예상하셔도 됩니다. C.C.&O.를 거쳐서 가게 될 가능성이 큽니다. 아버지께서 제안하시듯 월요일에 가기는 불가능할 것입니다. 주일 약속을 마치고 월요일까지 돌아갈 수가 없기 때문입니다. 브리스톨로 가는 중 몬트리트에서 한 사람과 만날 약속이 있습니다.

저는 루럴 리트리트에서 금요일 돌아올 것이며, 토요일 아침에 스파턴버그로 곧바로 갈 것입니다. 주일인 9일에 그곳에서 선교 보고를 할 것입니다.

아버지께서 스파턴버그로 저와 함께 가시는 것을 계획하시면 좋겠습니다. 그러면 우리가 같이 노회에 갈 수 있습니다. 아버지의 편지대로 그곳에서 애틀랜타로 가실 수 있습니다.

아이다와 즐겁게 지내고 있습니다. 아이다는 지난 화요일 저녁에 이곳에 왔습니다. 아내는 아이다를 일찍 보내려고 하지 않으니, 저와 함께 아이다가 돌아갈 것을 기대하지 마십시오. 아이다가 갈 때 처형 미리암이 함께할 것입니다.

어머니께 짧은 글을 보내면서 리치먼드에 갔던 것을 말씀드렸습니다. 그린즈버러에서 갔는데 제가 경비를 냈습니다. 대개 경비는 저를 초대한 교회에서 지급합니다. 적어도 저는 그것을 기대합니다. 사우스웨스트 버지니아로 가는 여행 비용은 저를 초대한 레이디스 유니온(Ladies Union)이 냈습니다.

한 시간 뒤에 떠나기 위해서 엄청나게 서둘러서 준비해야 합니다.

모두에게 사랑을 전하며, 아버지를 곧 다시 뵙기를 희망합니다.

사랑하는 아들 페어맨 올림

1912년

1912년 2월 26일 (월요일)
솔즈베리로 가는 길에서

사랑하는 아버지와 어머니,

오늘 아침 컬럼비아에 있는 리아에게 전화했습니다. 리아가 오늘 아침 7시 제니 이모[5]가 사망하셨다는 것을 알려줬습니다. 리아가 필요한 모든 절차를 마쳤고 병원에도 서너 번 갔었다고 말했습니다. 내일 이모를 묘지에 모실 것입니다. 리아가 말하길 제가 올 필요는 없다고 했습니다. 명세서를 아버지께 보내라고 제가 리아에게 말했습니다. 제가 도울 수 있도록 무엇이 들어갔는지를 저에게 알려주세요.

세탁물을 받아서 기뻤습니다. 아버지의 편지도 받았습니다.

스파턴버그에서 좋은 시간을 보냈습니다. 저는 컨버스(Converse)[6] 여대생들에게 네 번 선교 보고를 했고, 아내는 한 번 했습니다. 궂은 날씨에도 불구하고, 오전과 저녁 둘 다 상당히 많은 청중이 왔습니다. 그 사람들은 저희를 잘 대해줍니다. 환영식을 준비했다고 하면서 저희에게 잠시 머물러달라고 했습니다. 아내가 아주 많은 꽃을 받았습니다.

---

5 Eugenia Deaver Sutphen(1857.9.9~1912.2.26). 1900년에 언니인 프레스톤의 어머니 집에 엄마와 같이 살았던 기록이 있음.
She can be found on census records for Columbia, Richland, SC listed as a daughter of John C and Mary Sutphen. In 1900, she is living in Ward 5, Greenville, Greenville, SC with her sister, Ida Preston, Ida's husband, Samuel Rhea Preston and their family. Also living in the household is Ida and Eugenia's mother, Mary. She was born in SC and both parents in New Jersey. Her occupation at the time is college matron.

6 1889년 설립된 대학으로 개학은 1890년 10월 1일 했음. 처음에는 스파턴버그 지역의 여학생만 입학할 수 있었음. 대학 이름은 설립자 중 한 명인 Dexter Edgar Converse (1829~1899)의 이름을 따름.

왓킨스 박사가 감기로 고생하고 있습니다. 약간 건강이 좋아지지 않는 것처럼 보입니다. 그가 노회에서 아버지를 뵙기를 바랍니다.

애틀랜타에서 아버지와 정말 즐겁게 지냈습니다. 저희가 희망했었던 것보다 그곳에서 더 오랫동안 머물렀기 때문입니다. 아기는 아주 건강하고 좋습니다. 기차가 정시에 오고, 집으로 가는 시간이 빠를 것을 예상하는데 8시 40분에 도착합니다.

저와 아내가 가족 한 사람 한 사람에게 사랑을 전하면서 수턴 부인(Mrs. Sutton) 집에 있는 모든 사람에게 안부를 전합니다.

사랑하는 아들 페어맨 올림

1912년 7월 3일

조지아, 애선스(Athens)

사랑하는 아버지,

저희는 월요일 애틀랜타로 갈 것이며 이른 아침 기차로 도착하는데 중부 시간으로 8시 50분에 도착할 것입니다. 저희가 계획했던 대로 토요일에는 떠날 수가 없습니다. 프랫(Pratt) 목사가 아내의 병 때문에 늦어져서 토요일이 되어야 이곳에 도착할 것이기 때문입니다.[7]

아내가 4,250달러와 관련하여 노스캐롤라이나에 편지했습니다. 그것을 준비하는 데 문제가 없을 것입니다.

롤랜드 부부를 방문하며 즐겁게 지내고 있습니다.

윌슨과 마셜(Marshall) 만세![8]

아버지와 어머니 두 분 모두 사랑합니다.

사랑하는 아들 페어맨 올림

---

[7] Charles Henry Pratt(한국명: 안채륜, 1881.1.20~1950.1.26)과 Pattie Foster Ward Pratt(1884.9.26~1978.11.11) 부부.

[8] 1912년 미국 대통령 선거에 출마한 민주당 대통령 후보 Woodrow Wilson과 부통령 후보 Thomas R. Marshall을 지지하는 말. 이들은 1912년 11월 5일 대통령, 부통령에 당선됨.

1913년

1913년 2월 11일
한국, 광주

사랑하는 어머님,

보내주신 식탁보가 저의 자랑거리입니다. 정말 아름답고, 거실에 있는 저의 녹색 식물들과 갈색 식물들에 아주 아름답게 어울립니다. 어머님께서 저를 위해 한 땀 한 땀 해주신 것을 정말 고맙게 생각합니다. 남편과 저 둘 다에게 그 식탁보가 얼마나 큰 기쁨을 주는지 아신다면 어머님의 노고에 다소 보답받았다고 느끼실 것입니다.

남편이 그 식탁보를 한국인 몇 명에게 보여주면서 자기 어머니께서 만드셨다는 것을 말하는 것을 보면 기쁘실 것입니다. 한국인 몇 명은 그렇게 아름답게 만드는 데 필요한 기술을 알아볼 정도로 코바늘 뜨개질에 대해서 배우기 시작하고 있습니다.

스와인하트 부인(Mrs. Swinehart)[9]이 여학교에서 학생들에서 코바늘 뜨개질(crochet)을 가르치고 있으며 그 학생 중 일부는 아름다운 작품을 만듭니다. 어머님께서 한국에 잠시 오실 수 있다면 어머님께서 하실 수 있는 일이 무엇인지 그저 잘 봐두십시오! 이 소녀 중 몇 명에게는 학교를 마치는 데 도움을 주는 약간의 돈을 벌 수 있다는 사실이 인생에서 가장 중요합니다. 왜냐하면 만약 그들이 돈을 벌 수 없으면, 학교 다니지 못하고 결혼하게 될 것이기 때문입니다.

몹시도 추운 날씨가 며칠 계속되었습니다. 제가 몸을 따뜻하게 할 수 있는 유일한 곳은 저희 한국식 옷방에 있는 "뜨거운 장소" 위입니다.

9　Lois Hawks Swinehart(1869.9.18~1971.11.3). Martin Luther Swinehart(1874. 2.7~1957.8.1) 선교사의 아내.

제가 그 위 바닥에 딱 붙어 앉아 있습니다. 아이들이 대개 이곳에서 옷을 갈아입습니다. 오늘 밤 아이들이 옷을 갈아입는 동안 "황금 강의 왕"[10]의 일부를 읽어줬습니다. 그 책은 큰올케 매리언이 미리암에게 크리스마스 선물로 보내준 것입니다.

아들이 인디언 정장을 입고서 사진을 몇 장 찍었고 딸들도 몇 장 찍었는데 사진을 곧 보내드리겠습니다. 또한 순천 사진도 몇 장 보내드리겠습니다.

아들이 오늘 프랫 목사 집 식사에 초대되었습니다. 아들은 혼자 가는 것이 아주 중요하다고 느끼는 것처럼 보였습니다. 내일 자녀들이 전부 도슨 선교사 집에서 열리는 발렌타인 파티에 초대되었습니다. 여기 선교부에 있는 미혼 여선교사 모두가 아이들을 특별히 좋아하는 것처럼 보입니다.

아이들이 브리스톨에 대해서 그리고 그곳 가족들에 대해서 말을 정말 많이 하기에 아이들이 어머님을 잊어버릴 위험은 없다고 생각합니다. 아이들은 브리스톨에 머무르는 동안 있었던 아주 작은 것들도 다 기억하는 듯합니다.

어머님께서 플로렌스[11]를 보실 수 있다면 좋겠습니다. 정말 웃깁니다. 오빠를 너무도 좋아합니다. 오빠의 아랫입술이 반 마일이나 튀어나와 있어도 항상 오빠를 껴안고 뽀뽀하려고 합니다. "아버지(apachee)"라는 단어를 쓸 수 있게 되었으며 아버지 물건을 찾아서 돌아다닙니다. 제가 들어갈 때면 제게 오려고 항상 법석이고, 제가 거실에 있으면 문으로 달려가서 들어가겠다고 야단하지만, 그 아이가 저보다 유모를 더 좋아하는 것 같습니다. 그 아이가 원하는 것은 제게 입맞춤한 후 놀려고 유모에

---

10 *King of the Golden River*는 1841년 John Ruskin이 써서 1851년 영국에서 출간된 56쪽 분량의 동화책.
11 Florence Preston Bockhorst(1911.9.16~2010.10.9). 프레스톤 목사 부부의 셋째 딸.

게 다시 달려가는 것입니다.

2월 12일

어제저녁 편지를 끝내지 못하고 자야 했습니다. 미리암과 애니 섀넌이 "학교에" 있습니다.[12] 미리암은 산술공부를 하고 있고, 애니 섀넌은 글자를 쓰고 있습니다. 애니 섀넌이 아이다 고모에게 편지를 보내겠다고 합니다. 자기 엄마를 닮아서 너무도 끔찍하게 느리지는 않을지 걱정입니다. 그 아이가 뭔가를 끝내는 데는 시간이 오래 걸립니다.

여기에 동봉한 편지를 미리암이 며칠 전에 썼습니다. 그 아이가 동봉한 편지에 대해서 너무도 자주 물어서 저는 마침내 그 편지를 보냈다고 말하게 되어 기쁩니다.

남편이 오늘 집에 돌아올 것을 기대하고 있습니다. 아침에 바람이 아주 많이 불지는 않았기 때문에 남편이 유쾌한 전도여행을 할 수 있을 것 같고 저녁 식사 시간에는 들어올 것 같습니다.

저희는 날씨만 괜찮고 자동차가 다니면 내일이나 금요일 목포로 내려갈 예정입니다. 마차나 배로는 약 10시간에서 12시간 걸리지만 자동차로는 단지 3시간이면 목포로 갈 수 있습니다. 남편이 남사경회에서 약 10일간 가르칠 것인데 저희가 함께 가기를 원합니다. 저희가 4월에 이사할 것을 바라고 있기에, 목포에서 돌아온 후 광주에서 많은 시간 머물지는 않을 것입니다.

크리스마스가 지나고 얼마 되지 않아서 어머님께서 쓰신 편지가 어제 도착했습니다. 크리스마스에 두통으로 누워계셔야만 했다니 참 안타깝습니다. 완전히 회복하시고 기운을 찾으셨기를 바랍니다. 플로이 아가씨가 말하길 어머님 건강이 아주 좋다는군요.

---

12 원문에 "in school"이라고 쓰여있는데, 프레스톤 목사 자녀들이 학교가 아닌 가정에서 공부하고 있음을 짐작할 수 있음.

야네프 아가씨와 아이다 아가씨가 제게 보내준 아름다운 선물에 대해서 저 대신 고맙다는 말씀을 해주세요. 아가씨들에게 직접 가는 편지를 쓸 거지만 언제가 될지는 저도 모릅니다.

가족 모두에게 사랑을 전합니다. 다시 한번 아름다운 탁자보를 보내주셔서 감사드립니다.

사랑하는 애니 올림

1914년

1914년 5월 15일
한국, 순천

사랑하는 언니,

코잇 목사 부부가 아침에 미국으로 떠나는데 그들에게 샌프란시스코에서 보내달라는 편지를 한 통 주고 싶어. 나도 짐 가방 속에 들어갈 수 있다면 얼마나 좋을까!

드레스와 모자가 정말 딱 좋은 때에 왔고 그것들 때문에 엄청 기뻐. 나를 위해 그런 것들을 만들게 해줘서 언니에게 백번 천번 고마워. 너무도 예쁘고 내 몸에 안성맞춤이야. "안성맞춤"이라는 말이 맞는 표현이라고 적어도 나는 생각해. 코트 수트는 세실(Cecile)에게 줬어. 세실은 여행 때 입을 마땅한 좋은 것이 없었거든. 세실이 수선해서 입기에 꼭 적절한 시간에 도착했어. 내가 그것을 원하지 않기에 그냥 줘버렸다는 생각을 하지 말아줘. 세실은 그것이 필요했고 나는 그것이 없어도 지낼 수 있었기 때문이야. 세실에게 새 모자가 있어서 나는 작고 예쁜 모자와 헤어질 필요는 없었어. 내가 언제 내가 좋아했던 모자를 가졌었는지 모르겠어. 내가 가진 다른 드레스에도 잘 어울릴 거야. 이 모자는 아주 편하고 작고 예뻐.

코잇 목사 부부가 이렇게 빨리 떠나서 우리는 어안이 벙벙해. 코잇 목사의 어머니께서 이렇게 매일 매일 새로운 나이에 있는 아이를 볼 수 있을 거라니 기뻐. 그 아이보다 더 예쁜 아이는 본 적이 없어.[13]

---

13 1914년 5월 기준으로 여기서 말하는 Coit 부부의 자녀는 Robert Thornwell Coit Jr.(1913.9.18~1993.12.19)임. Coit 목사 자녀는 총 6명으로 광주에서 태어난 첫째와 둘째가 각각 1913년 4월 27일, 1913년 4월 26일 사망함.

그들을 송별하는 것을 준비하면서 우리는 아주 즐겁게 보냈어. 비거(Meta Biggar)[14] 선교사가 드레스 만드는 대장이어서, 외국인 여선교사들과 한국인들을 한 방 가득 두고서는 지휘했어. 나는 심부름이나 하는 사람이었지. 솜씨 좋은 바느질꾼이 아니거든.

매티 데이비스(Mattie Davis)에게 우리 시계를 몇 개 보냈고 수리해서 다시 보내달라고 했어. 나도 둥글게 말은 부분을 부풀게 보일 가짜 머리를 만들라고 약간의 머리털을 보냈어. 언니가 할 일이 더 많아졌네! 언니에게 코바늘 뜨개질한 것 일부를 보냈고 월터 윌리엄스(Walter Williams)와 미리암 스티븐슨(Miriam Stevenson)에게는 구두를 보냈어. 스와인하트 부인이 끼워 넣는 것을 끝내면 언니에게 그것을 보내줄게. 아마 언니는 끼워 넣는 것 없어도 코바늘 뜨개질한 것을 사용할 수 있으니, 계속 보낼게. 뭔가를 보내기에 아주 좋은 기회인데, 안타깝지만 보낼 것이 없었어. 그 사람들이 너무 서둘러 결정해서 뭔가를 구할 시간이 우리에게 없었어.

내 드레스가 솔즈베리에서 곧바로 왔을 때 너무도 향수병이 생겼어. 코잇 목사 부부를 배웅하다 보니 더 집에 가고 싶어져.

언니는 다음 여름에 이곳으로 올 계획 없어? 언니를 보기까지 4년 또는 5년을 기다릴 수는 없어.

사무엘[15]이 언급된 공고문이 실린 신문을 보고 정말 기뻤어. 정말 사무엘이 자랑스러워. 새로 하게 된 일을 사무엘이 좋아했으면 해. 나를 위해서 큰오빠 가족이 동양으로 왔으면 해.

---

14 Meta Louise Biggar(1882.8.30~1959.7).
15 프레스톤 부인 큰오빠(Willie)의 외아들 사무엘이 최근 영사로 임명되고 교육을 받는 것을 알리는 다음 공고문을 말함. During the last week consular instruction under the supervision of Ross Hazeltine, recently appointed American consul at Cartagena, Colombia, has been given recently appointed consuls and consular assistants, who will leave soon for world. Among those reporting for instruction were [....] Samuel H. Wiley, consul [....]. (*The Washington Post*, Sun, May 17, 1914, p. 13) 사무엘의 직업에 대해서는 1919년 2월 3일 편지 각주 참조.

언니에게 부탁해서 내가 오후에 입을 드레스 두 벌을 굿맨 부인(Mrs. Goodman)에게 즉시 만들도록 하는 것은 너무 무리일까? 내 하얀 정장이 너무 남루해서 내가 연례회의와 서울에 8월과 9월에 갈 때 저녁에 입을 괜찮은 드레스가 있었으면 해. 언니 집 짐가방에 넓은 자수를 몇 개 두고 왔어. 그것들이 올해 유행에 맞을지 어쩔지는 몰라. 드레스 중 하나는 흰색으로 다른 것은 약간의 색이 들어간 것을 원해. 언니에게 더 부탁해서 내가 못된 사람이라고 생각이 들지만 이곳에서는 괜찮은 드레스를 만들 수가 없어. 여름철 할인판매가 6월에 있지 않아? 그렇지 않다면, 어서 빨리 할인판매가 됐으면 좋겠어.

오늘 저녁 갈색 드레스를 입고 예쁜 구슬 목걸이를 하고 있어. 나는 무척이나 유행을 타고 있는 느낌이야. 로버트[16]가 이것을 봤을 때 "누가 최악으로 옷을 입었다고 해서, 그게 무슨 상관인지 모르겠어요"라고 했어. 세실이 서둘러서 "최악"이 아니라 "최고"라고 고쳐줬지. 내가 남편에게 그 깅엄(gingham) 천으로 만든 드레스를 보여주지 "그것이 고향에서 온 새 드레스가 아니지요. 그런데 괜찮아 보입니다"라고 했어. 내가 드레스를 입고 자세를 취할 때 내 주변에 여자 선교사들이 모두 둘러앉아 있는 것을 봤다면 언니는 소리 내어 웃었을 거야.

내가 그 갈색 드레스를 입고서 어느 오후에 예배에 갔어. 예배 후에 나는 최신 유행을 따랐다는 태도를 했고 내가 너무 지나칠 정도까지 나의 변화에 대해서 여선교사들에게 아무것도 말하지 않았다고 해서 상처받지 말기를 바란다고 여선교사들에게 말했어. 그랬더니 그 사람들이 막 흥분하고 소리를 지르더라. 티몬스 부인(Mrs. Timmons)[17]은 올해 유행이 제공한 훌륭한 기회를 내가 어떻게 놓칠 수 있겠냐고 했어. 지금껏 나는

---

16   원문에는 'Rob'으로 되어있음. Rob은 Robert의 애칭으로 Robert Thornwell Coit (1878.12.21~1932.5.12)를 지칭.
17   Laura Louise Timmons(한국명: 김로라, 1883.9.21~1975.12.5).

유행을 타 본 적이 없어. 이제 그 옷을 줘버렸으니, 자제해야 할 거야.

선교협회에서 이 편지를 읽을 생각하지 말아줘!

정말 구두가 맘에 들고, 아이들의 양말과 작은 꽃들이 귀여워. 한국인들이 그것들을 아주 좋게 보고 있어. 길을 가다가 사람들이 그것들에 대해서 말하고 있는 것을 들었어.

남편이 몽고메리 워드에서 주문한 것을 열어서 보고 있는데 내가 가서 확인하는 것을 도와줘야 해.

물건에 대해서 내가 얼마나 만족하는지 그리고 언니에게 얼마나 고마워하는지를 이 편지로 언니가 알면 좋겠어. 굿맨 부인에게 말해줘. 부인이 그 멀리서도 그렇게 옷을 잘 맞추는 정말 뛰어난 사람이라고 내가 생각한다고.

모두에게 사랑을 전할게.

사랑하는 동생 애니가

1914년 5월 28일

한국, 순천

사랑하는 미리암 처형,

가능했다면, 처형이 심장발작을 일으키지 않기 위하여 제 쪽에서 이렇게 갑작스럽게 편지 보내는 것에 대해서 사전 공지를 해드렸어야 했는데 그렇게 하지 못했습니다. 그런데, 이 기회가 너무도 좋아서 놓칠 수가 없으니, 저를 용서해 주시길 바랍니다.

무엇보다도, 우리가 한국으로 돌아온 후 제가 편지 교신의 문제에 있어서 어떤 차별도 두고 있지 않았다는 점을 확실히 말씀드립니다. 모두에게 동등하게 대했지요. 너무도 가혹하게 그렇게 했습니다. 제게 한 명의 친구도 남지 않은 것 같습니다. 가족에서도요. 그런데 저는 이제 새로운 사람이 되어가고 있으며, 시작을 처형과 함께합니다. 편지 쓰는 방법을 까먹었고, 엽서를 쓰려니 부끄럽습니다. 저의 태만함의 원인을 알아보려고 했는데 지난 몇 달간 니무도 많은 여유를 가진 것 때문이라고 결론지었습니다. 누군가 "할 일이 없고, 하루 종일 시간이 남아도는 사람이 기차를 놓친다"라고 했지요. 사실을 말하자면 저는 우리가 한국에 온 이래 가장 편한 겨울을 보냈고, 이전 어느 해보다 더 많은 독서와 공부를 했습니다. 이 말이 밖에 나가는 것은 좋아하지 않지만, 처형에게는 거리낌 없이 말씀드립니다. 말하자면 명백한 게으름입니다. 물론 상대적으로 말해서입니다. 아내가 그 게으름 속에 제가 계속 있기를 권장하는 경향이 있는 듯 보이지만, 저는 게으름이라는 음흉한 위험을 너무 늦기 전에 극복하기로 결심했습니다. 제가 게으름이 무엇인지 인식하고 있기 때문입니다. 그러니 앞으로 있을 최악의 사태에 대해서 준비하세요. 다른 말로 더 많은 편지가 있을 것입니다.

우리는 지난 4개월 동안 처형의 편지를 그리워하고 있었습니다. 1월

이래로 처형에게서 직접 소식을 듣지 못했습니다. 그 일로 아내가 몹시 걱정했습니다. 저는 편지 몇 통이 분실되었을 가능성이 크다는 사실과, 처형이 여기저기 다니고 관광하며 여행하며 즐겁고 유쾌한 삶을 산다는 사실과, 처형이 편지 쓸 시간이 거의 없다는 사실을 아내가 주목하도록 했습니다. 아내에게 슬쩍 언급하지는 않았지만, 처형이 혹시라도 찢어진 치마나 탱고나 우리가 천만다행이게도 전혀 모르고 있는 미국적인 조잡한 것의 영향력을 받나 않는지 또한 선교사를 여동생으로 두고 있다는 생각을 수치스러워하는 것은 아닌지라는 두려움이 저를 찾아오기 시작했습니다. 그런 생각은 물러갈지어다!

처형께서는 아내가 편지에서 말한 극동지방으로 오는 여행을 위해서 돈을 저축하고 있는지요? 내년 5월경 교토에서 열리는 "만국주일학교연맹(World's Sunday School Convention)" 행사에 처형과 마가렛 녹스(Margaret Knox)[18]가 올 수 있으면 아주 좋겠다고 생각합니다. 왕복 세계일주여행 경비는 쌀 것이고, 우리와 여름을 보내고 유럽과 시베리아 철도를 경유해서 돌아갈 수 있을 것입니다. 다 큰 아들들은 좋은 가족과 함께 농장에서 일하게 하시고 바비(Bobby)[19]를 데리고 오세요. 처형이 오신다면 지금 계획하기 시작해도 절대 이르지 않다는 것을 지금 말씀드립니다. 최선의 것을 얻으려면 증기선 예약은 몇 달 전에 해야 합니다.

우리가 매티 데이비스(Mattie Davis)[20]와 함께 있게 되어 좋지 않나요? 아내는 이번 겨울에 자녀들을 가르치기 시작했는데 캘버트 시스템(Calvert

---

18 Margaret C. Knox(1876.2.9~1960.3.10). Miriam의 이웃. Miriam의 주소는 West Bank Street 203번지, Margaret의 주소는 303번지.
19 Robert L. Murphy(1908.12.11~1983.7.29). 프레스톤 부인 언니의 막내아들.
20 Martha Venable Davis(1879.7.24~1985.9.2). 순천선교부 소속 자녀 교육을 담당한 사람으로, Rev. William Henry Davis의 딸이자 Rev. John Wright Davis(1849.7.25~1917.2.24)의 조카. 프레스톤 부인과 가까운 사이로 보이며 프레스톤 부인은 주로 Mattie, 프레스톤 목사는 Miss Davis(데이비스 선생님)로 지칭함.

System)²¹을 따르고 있고, 잘하고 있습니다. 그러나, 여학교 감독하는 일, 손님을 대접하는 일, 집을 돌보는 일, 선교사의 복잡한 삶을 살아가느라 아내가 너무도 많은 일을 합니다. 그래서 매티가 아내를 도와주려고 오고 있다는 말을 듣고 기쁩니다. 아이들은 빠르게 성장하고 발전합니다. 우리 아이들을 보면서 처형 아이들이 어떻게 자라고 있는가를 상상해 봅니다. 어렸을 때보다 훨씬 더 많은 시간과 관심이 필요합니다. 어릴 적에는 아이들이 대부분 유모의 손에 있었답니다.

전혀 예기치 않았는데 코잇 목사를 고향에서 보게 된다면 놀랄 것입니다. 비록 갑작스레 전개되긴 했지만, 이 시기에 그에게 안식년을 주는 임시위원회의 결정을 그가 속한 선교부가 찬성했습니다. 우리 선교부에 있는 모든 이가 유행성 독감으로 약해졌는데, 코잇 목사가 마지막이었습니다. 그는 힘을 회복하지 못했습니다. 그리고 심한 기관지염이 계속되었습니다. 그래서 자신의 시골 교회에 대한 순회전도여행도 할 수가 없었습니다. 저는 이번 봄 평양에 있는 신학교에서 가르치도록 임명받았습니다. 그랬다면 선교부 일 전부가 코잇 목사에게 맡겨지게 되었을 것입니다. 그래서 제가 신학교에서 가르치는 업무를 포기했고, 코잇 목사가 완벽한 휴식을 먼저 취하게 되고, 나중에 안식년을 갖게 된 것입니다. 우리는 이렇게 해야 시간이 절약된다고 생각합니다. 왜냐면 그가 9월 이전에는 사역하는 것을 허락받지 못할 것이고, 이렇게 해야 심각한 합병증이나 중병을 막을 수 있기 때문입니다. 게다가 세실이 작년 여름에 걸린 절망적인 병에서 완전히 회복되지 않았고, 의심할 바 없이 병원 치료가 필요합니다. 이 시기에 그들을 우리의 사역에서 제외할 수는 없습니다. 그래서 그 짐이 우리에게 무겁게 맡겨집니다. 모든 것을 고려했

---

21 1897년 Maryland Baltimore에 설립된 Calvert School에서 초대 교장 Virgil Hillyer가 1905년 도입한 제도. 가정에서 학습하는 시스템으로 Homeschooling의 시초라고 여겨짐.

을 때, 최선이 이루어졌다고 우리는 생각합니다. 코잇 목사가 도착할 때는 코잇 목사의 건강이 크게 향상되기를 그리고 처형께서는 순천에서 온 "살아있는 편지"인 코잇 목사 부부와 좋은 시간 갖기를 바랍니다. 그들의 아들은 정말이지 멋진 아이입니다.

처형의 사진첩에 넣을 사진을 이 편지에 몇 장 보냅니다. 과거 어느 때보다 최근에 사진기로 성공을 거두고 있습니다. 거의 실패가 없답니다. 달리 기분 전환할 것이 거의 없기에, 우리의 코닥 사진기는 우리에게 큰 기쁨의 원천입니다. 아내와 제가 이번 봄에 집 주변을 손보는 데 많은 관심을 가졌습니다. 꽃, 나무, 관목을 엄청나게 심었습니다. 내년에 아내는 아름다운 뜰을 갖게 될 것입니다. 지금은 딸기 철입니다. 최고의 딸기를 많이 먹습니다. 처형께서 우리에게 스커퍼농(Scuppernong)[22]을 보내주셨으면 합니다. 아내가 작은처남에게 편지하면서 오래된 포도 가지에서 몇 개를 잘라서 보내달라고 했는데 아직 소식이 없습니다. 작은처남은 보내기 전에 뿌리를 내리게 하려고 마음먹었을 수도 있습니다. 그러면 좋겠습니다.

조카 네틀턴에게 안부를 전합니다. 조카가 새로운 은행법이 데이비스 앤 와일리 은행(D. & W.)[23]에 어떤 영향을 끼치고 있는지 우리에게 편지해 주었으면 하네요. 그 법이 데이비스 앤 와일리 은행에 도움이 되었기를 바랍니다. 조카들이 공부를 잘하고 처형에게 위로가 되기를 바랍니다.

우리 모두 처형과 처형 가족들에게 사랑을 전합니다.

사랑하는 남동생, J. 페어맨 프레스톤 드림

---

22 노스캐롤라이나의 스커퍼농(Scuppernong) 강의 분지가 원산인 포도.
23 1928년 10월 7일 자 편지 후반부 내용 참조.

1914년 6월 9일
한국, 순천

사랑하는 언니,

언니에게 쓴 지난번 편지는 코잇 목사 부부가 보냈는데 그들이 떠난 지도 몇 주나 되었어. 시간 정말 빨리 간다. 계획한 것 절반도 못했어.

오늘 여자 네 명에게 바느질을 시켰는데 그래서 계속 바빴어. 남두의 처와 내가 천을 자르고 나머지 사람들은 꿰맸어. 내가 스스로 드레스를 만들고 있고, 프린세스 슬립도 만들어. 드레스는 몽고메리 워드에서 온 깅엄과 샴브레이(chambray)야. 사람을 시켜서 남편에게 정장 몇 벌을 맞춰주었고, 큰딸 미리암에게는 드레스를 몇 벌 만들어줬어. 큰딸은 옷이 참 없었어. 작은딸은 물려받은 옷이 많았어. 나는 바느질보다는 요리나 밭일이 훨씬 좋아.

우리는 캐서린 롤랜드(Katherine Rowland)[24]가 중국에서 일행과 헤어져서 이곳으로 오고 있다는 걸 막 들었어. 그녀 일행이 여행하는 방식은 그녀에게 너무도 힘겨웠어. 그녀가 잠시 방문하는 것이 아니라서 아주 기뻐. 롤랜드 씨가 4일 이상은 우리에게 주지 않을 것 같아.

이곳은 지금 아름다워. 산들바람이 평온한 마음 같아. 덩굴장미 때문에 이곳이 화려하고, 접시꽃이 상당히 많이 있고, 접시꽃보다 작은 꽃들이 무수히 많아. 남편이 거의 오후마다 차를 태워서 돌아다녀. 온 나라가 익은 보리밭과 밀밭으로, 짙은 녹색 삼밭으로, 그리고 새로 나는 밝은 녹색 벼가 있는 논으로 정말 아름다워. 남편이 맡은 교회가 주일에 갈

---

[24] Katharine Whitehead Rowland Crane(1896.3.22~1997.11.8). Charles Alden Rowland II(1870.7.17~1964.4.1)의 딸. Rev. Paul Sackett Crane(1889.2.7~1919. 3.26)과 1915년 5월 12일 결혼함. 남편 사별 후 시동생 William Earl Crane(1899. 9.14~1987.7.23)과 결혼함.

수 있는 가까운 곳에 한 곳, 두 곳, 또는 세 곳에 있어서 전처럼 주중에 그렇게 많이 나가지 않아. 남편과 같은 시내에 산다는 것이 훨씬 더 좋아. 남편은 오늘 침대 안에 있어. 침대 위에 있다는 표현이 더 맞겠다. 주일부터 좋지 않았거든. 남편과 프랫 목사가 설교하고, 문답하고, 성례전을 집행하고, 세례식을 베풀려고 멀고 길이 험한 두 곳의 교회로 갔다 왔어. 집에 오는 길에 심한 비를 맞았고, 집에 10시와 11시 사이에 왔는데 흠뻑 젖어있었어. 남편은 오늘 저녁은 더 나아졌다고 생각해.

매티가 오기 전 반드시 매티를 만나줘. 언니 소식을 어떻게든 듣고 싶으니까. 언니가 롤리에 있었다고 낸시(Nancy)가 편지에 썼어. 언니가 그곳에 가는 것이 나는 항상 아주 기뻐. 사촌 엘렌(Ellen)과 조(Joe)는 어때? 조의 부모들이 시내에 살아?

내년에 우리 보러 이곳으로 올 것을 고려하지 않아? 여행도 즐거울 것이고 언니가 오는 것이 내게는 큰 의미야. 매티와 함께 올 수 있으면 좋을 건데. 그런데 아주 짧은 시간에 준비를 다 하기가 어려울 거야.

졸려 그리고 남편이 이만 자려고 하는 것을 알아. 그러니 "잘 자."

사랑하는 동생 애니가

6월 11일

내가 이 편지를 보내지 않은 것을 알고 짜증이 났어. 남편이 병상에서 일어나 움직인다는 것을 말하게 되어 기뻐.

1914년 7월 25일
한국, 순천

가장 사랑하는 어머니,

제가 나이 들어 가면서, 서신 교류하는 사람으로는 더 형편없어집니다. 제가 가지고 나온 신상 해먼드(Hammond) 타자기가 좋지 않은 것으로 드러났다는 사실과 현재 고장난 상태라는 사실이 주요한 이유이기를 바랍니다. 펜을 굴리는 일은 저에게는 시간이 걸리는 일입니다. 기회가 닿으면 곧바로 해먼드 타자기를 버리고, 좋은 타자기를 사겠습니다.

결혼식을 묘사한 아이다의 편지를 받았는데, 그 편지를 받아서 기뻤습니다. 어머니께서 북쪽으로 여행을 가셨다는 말을 듣고 정말 기뻤습니다. 그렇게 하지 않으셨다면, 경험하신 모든 것을 다 말씀해 주셔야만 합니다.

이번 여름에 순천에 상당히 많은 사람이 찾아왔습니다. 케서린 롤랜드가 맥컬리 노(老)부인과 함께 중국에서 와서 저희외 프랫 목사 가족과 약 3주를 보냈습니다. 프랫 목사와 저는 롤랜드 씨와 일행을 군산에서 만났으며 그들과 함께 전주를 거쳐 이곳으로 왔습니다. 저희는 전주에서 자동차와 마차를 이용하여 하루에 왔는데 이렇게 한 것이 처음이었습니다. 롤랜드 씨는 저희와 순천에서 4일 동안 있었습니다. 그와 정말 즐겁게 지냈습니다. 일본에서 온 오스트럼(Ostrom)[25] 목사와 광주의 스와인하트 선교사가 그와 함께 왔습니다. 그런데 아내의 병 때문에 그 방문이 저희 입장에서는 엉망이 되었습니다. 그들이 방문한 다음 날 아내는 의사가 림프관염이라고 공언한 병으로 아팠습니다. 아내는 고열이 났고, 심한 두통이 있었으며, 온몸이 아주 고통스럽게 쑤셨습니다. 고열이 잦

---

25   Henry Conrad Ostrom(1876.12.4~1937.1.20). Christian Literature Society of Japan(일본기독교서회) 간부로 활동함.

알았는데도 이런 증상들이 며칠째 사라지지 않았습니다. 증상은 진한 얼룩의 형태로 여전히 남아있습니다. 아주 이상한 병이었습니다. 현재 아내는 약 일주일 정도 정상 상태를 느끼고 있습니다.

이곳에 큰 가뭄이 닥칠 징후가 있습니다. 지난 2주 동안 이곳은 건조하고 무더웠습니다. 그런데 공기가 매우 습했던 며칠을 제외하고는, 산들바람이 불었고 온도계는 화씨 88도를 넘지 않았습니다. 그런데 오늘은 90도가 되었습니다. 14일 전까지는 전형적인 장마철이었습니다. 강에 엄청난 물이 있었지요. 아내의 병 때문에, 저는 원래 계획했었던 것과는 달리 롤랜드 씨가 광주와 목포로 갈 때 그를 데려다 주지 못했습니다.

이번 여름에 아이들이 모두 말라리아로 고통을 받았습니다만 퀴닌(quinine)이 말라리아를 치료하는 데 효과적으로 드러났습니다. 그래서 아이들이 지금은 다 건강합니다. 저희 집은 모기가 들어오지 않도록 잘 되어있으며 집에서는 말라리아를 옮기는 모기를 본 적이 없습니다만, 지난여름에 많이 있었습니다. 제 생각에는 작년에 있던 말라리아가 전해진 것 같습니다.

이번 여름에는 휴가를 가지 않을 것입니다. 뜨거운 시기에는 아주 힘에 부치는 일은 무엇이건 시도하려고 하지 않습니다만, 저는 규칙적으로 설교하고 있으며, 순천선교부의 일상적 사역을 계속하고 있습니다. 제가 지도자들을 위해 10일 동안 여는 사경회에서 가르치는 것을 돕기 위해 전주의 맥커첸 목사가 월요일에 내려올 것입니다. 지도자들은 순천선교부 전역에서 올 것인데 아마도 60명 정도가 될 것을 예상합니다. 그 사경회가 8월 8일 끝나는데, 13일에는 노회에 참석하기 위해 우리는 광주로 갈 것입니다. 노회가 끝나면 곧바로 우리의 (21차) 연례회의에 참석하기 위해 목포로 갈 것이며, 연합공의회(Federal Council)[26]에 참석하기 위해

---

26 1905년 장·감 두 교단은 선교사업에 협력하여 마침내 한국에서 단 하나의 개신교회를 조직하는 것을 목적으로 재한개신교선교통합공의회를 조직했다. 하지만 미국남장로

서울로 갈 것입니다. 이것에 대해서는 아직 확정적으로 결정하지 않았습니다. 어머니가 보시다시피 이곳에서는 사시사철이 꽉 차 있습니다.

최근 스튜어트(Leighton Stuart) 목사에게서 편지를 한 통 받았습니다. 지난 몇 달간 고통을 겪어온 아내와 함께 집으로 가는 길이라고 했습니다. 아내를 뉴욕에 있는 클리프턴 스프링스(Clifton Springs) 요양소에 데려다주고 자신은 어번(Auburn) 신학교에서 공부할 것이라고 합니다. 그녀가 곧 건강을 회복하기를 바랍니다. 그를 잃게 된다면 중국에서의 사역에 큰 타격이 될 것이라 그렇습니다. 어머니께서는 스튜어트 목사가 난징 신학교 교수인 것을 아시지요. 모펫(Lacy Moffett) 목사의 아버지와 사촌들이 스튜어트 목사와 그의 자매들과 함께 여름을 보내기 위해 난징으로 갔습니다.

만국주일학교연맹이 도쿄에서 내년에 모이지 않고 1916년 가을에 모인다는 것을 알게 되었습니다. 그래도, 어머니와 아버지께서 내년에 어떻게든지 이곳으로 오실 수 있는 길이 만들이지길 희망하고 있습니다. 자녀들이 정착하고 있어서 어머니께서도 이곳으로 오시는 것이 최초로 가능성 있는 일이 되니 그렇게 하실 수 있으리라 생각합니다.

아내와 저는 이번 가을에 아놀드(Arnold) 부동산이 이득을 남기며 팔리기를 희망하고 있습니다. 그 부동산을 저희가 계속 지켜보고 있는데, 저희가 단독으로 다루기에는 큰 건입니다. 사역지로 돌아온 이후 저희는 상당히 쪼들리는 느낌입니다. 새로운 장소를 수리해야 하며, 여러 면에서 많은 경비를 지출하기 때문입니다. 매티 데이비스가 도착하는 9월부터 공식적으로 시작하는 아이들의 교육이 빨라지고 있습니다.

교회와 일부 선교사들은 교리적인 이유로 장·감 연합을 우려했다. 1911년 제7차 개신교선교통합공의회는 개신교선교연합공의회로 재조직됐다. (대한예수교장로회 통합 총회 역사 중에서) 공의회(公議會, Council)란 기독교에서 성직자들과 신학자들이 모여 교리, 의식, 규범에 대한 문제를 논의하는 교회 회의를 말함.

저희의 소중한 친구인 광주의 윌슨 의료선교사가 안식년 중입니다. 그는 유럽에 머물면서 특별한 연구를 하고 있습니다. 윌슨 선교사의 자녀들 3명이 모두 예민하여서 힘들었습니다. 폐렴으로 갓난애를 잃을 뻔도 했습니다. 솔즈베리의 그레이엄 선교사가 안식년으로 귀국했습니다. 어머니께서 귀국하는 선교사 중 몇 명 또는 롤랜드 씨 일행을 만나실 수 있으면 좋겠습니다.

아이다와 플로이에게도 곧 편지를 쓰려고 노력할 것입니다. 너무도 방해를 많이 받기에 만족스러운 서신 왕래를 하기가 어렵습니다.

모두에게 사랑을 전합니다. 아이들이 사랑의 입맞춤을 보냅니다.

어머니의 사랑스러운 아들 페어맨 올림

1914년 9월 2일
한국, 목포

사랑하는 어머니,

어머니께서 오랫동안 침묵을 지키시다가 7월 〔판독 불가〕 쓰신 편지를 기쁘게 받았습니다. 어머니께서 "동분서주"하셨다는 것을 저희는 이해했고, 적어도 저는 바빠서 편지를 쓸 수 없다는 것이 무엇을 의미하는지 너무도 잘 알고 있습니다. 8월 12일 집을 떠난 후 어머니께 편지를 드리려고 몇 번이나 자리에 앉았는지 모릅니다만 매번 방해받았습니다. 이 편지는 목포에서 시작하였는데, (9월 6일) 현재 한국의 북쪽에 있는 재령에서 계속되고 있습니다. 재령에는 총회 때문에 와 있습니다. 노회에 참석하기 위해 먼저 광주에 갔습니다. 다음에는 선교회 연례회의로 목포에 갔습니다. 그런 다음에 아내와 아이들은 광주에 남겨두고, 연합공의회에 참석하기 위해 서울로 갔고, 지금 이곳에 있습니다. 순전으로 다시 돌아갈 때는 약 한 달의 시간이 지나서 일 것입니다. 이 시간 거의 전부를 회의에 참석하면서 보내게 되었습니다. 이런 식으로 지난 2년간 제가 휴가를 보냈습니다. 변화와 업무량 경감은 좋은 것이지만, 일이 아주 많습니다. 특히 위원회에서 일을 해야만 할 때는 그렇습니다.

올해 선교회 회의가 아주 좋았습니다. 신입 사역자들이 사역 현장에 참여하고 있으며 좀 더 유용합니다. 여성 복음사역자인 비거 선교사를 일시적으로 잃게 되어 순천선교부는 또 다른 타격을 받았습니다. 그녀는 고향의 어머니께 호출되었습니다.

물론 어머니에게도 마찬가지겠지만, 저희에게 있어서 모든 대화의 주제는 유럽에서 일어나는 전쟁[27]입니다. 지금까지 저희가 얻은 소식은 전

---

27 제1차세계대전(1914.7.28~1919.11.11)을 말함.

보로 들어오는 짤막한 소식뿐이라서 세부적인 것은 상상만 해봅니다. 그저 끔찍합니다. 저는 이런 일은 이렇게 계몽된 시대에는 거의 불가능하다고 생각했었는데, 유럽은 아직 영적인 면에서 이교도입니다. 일본이 이 전쟁에서 하는 부분은 칭다오에 있는 독일 항구에 대한 봉쇄(封鎖)에 틀림없이 국한될 것입니다. 저희가 그 항구에서 휴가를 보냈다는 것이 생각나실 것입니다. 제 생각에 그 장소가 완전히 부서질 것 같습니다. 그곳은 극동에서 가장 좋은 곳입니다.

가족 전체가 함께 집을 떠났습니다. 아이들은 다른 아이들과 놀면서 아주 즐거워했습니다. 사면의 벽과 마당이라는 좁은 환경이 아이들의 세계였는데 이곳에서 벗어나는 기회는 아이들에게 찾아오는 가장 좋은 기회입니다.

전주를 거쳐서 돌아가려고 합니다. 그곳에서 60마일을 자동차로 갈 수 있고 다음에 마차를 타고 하루 만에 순천으로 갈 수 있기 때문입니다. 항구로 가는 방향으로 자동차 길이 지금 만들어지고 있기에 항구로 가는 길이 거의 불가능하다는 것을 알게 되었습니다. 이 길은 확장되어서 북쪽으로 가는 기찻길까지 이어질 것입니다. 1년이 못 되어 현재 우리의 고립된 상태는 실질적으로 끝나게 될 것입니다.

저희는 이 시기에 새로운 교사 매티 데이비스가 오기를 기다렸습니다. 그런데 실행위원회에서 외국으로 나가는 모든 선교사의 출항을 취소했다는 말이 있습니다. 이것 때문에 샌프란시스코를 들러서 혼자 오기로 결정하지 않는다면 그녀는 몇 달 뒤에 올 수도 있습니다. 그런데 미국 국기를 휘날리는 배에는 위험이 없기에 그녀가 쉽게 혼자서 올 수도 있습니다.

아이다가 건강이 좋지 않아서 결혼식을 연기해야만 한다는 것을 알고 무척 마음 아팠습니다. 아이다가 저희와 같이 있을 수 있으면 얼마나 좋을지요! 사랑하는 가족들과 떨어져 있다는 생각은 항상 시간이 지나도 희석되지 않는 악몽입니다. 그리고 저의 자녀들이 당연히 가져야 할 것들을 가지지 못한다고 생각하니 참 힘이 듭니다. 저희는 어머니께서 저희를 방문하실 때까지는 그 문제를 해결하지 못 합니다. 어머니께서 이곳으로 오시려고는 하시는지 제가 진지하게 생각한 적도 있었습니다만 어머니의 전반적인 건강이 좋아지고 있으니 괜찮을 것입니다. 특별히 "만추리아", "몽골리아", "엠프레스 오브 러시아", (지금 출발한) "아시아" 또는 "미네소타"처럼 큰 배를 타고 오시면 괜찮을 것입니다. 일단 이곳으로 오시면, 기후가 좋습니다.

목포에서 손에 땀을 쥐게 하는 경험을 했습니다. 진료소에 화재가 발생했습니다. 어떤 한국인이 알코올이 5갤런 들어있는 통에 램프를 떨어뜨렸습니다. 그 통이 폭발해서 약방이 불길에 휩싸였습니다. 일본 소방서의 신속한 대응이 없었다면, 건물 전체가 사라져 버렸을 것입니다. 램프를 떨어뜨린 아주 총명한 한국인은 부상으로 사망했습니다.

윌슨 의료선교사와 가족이 독일에서 공부하고 있습니다. 롤랜드 일행은 전쟁이 발발할 때 모스크비에 있었습니다. 한국신교회의 다른 사람들은 유럽에 있었습니다. 그들에 대해서 걱정이 많습니다. 그들 모두가 비참한 경험을 하지 않았을지 두렵습니다.

어머니께서 북쪽에 계신 친지들을 방문하신 것에 대해서 긴 편지를 쓰실 시간이 있기를 바랍니다. 제가 프린스턴 대학교에서 몰두하며 공부했던 것과 엘리너가 북쪽에 있는 것 때문에 필라델피아에 있는 친지들에게 제대로 하지 못했다고 항상 느꼈습니다. 눈이 먼 사촌을 아주 생생히 기억합니다. 마스턴 부인(Mrs. Marston)을 만났었다고 생각합니다.

모두에게 사랑을 전합니다.

어머니의 사랑하는 아들 올림

아버지께서 보낸 편지들을 고맙게 읽었습니다.

1914년 9월 11일
한국, 남원

사랑하는 할머니,

연례회의 마치고 집으로 가는 중입니다. 올해는 선교회가 연례회의를 목포에서 했습니다. 연례회의 뒤에 저희는 광주와 전주를 방문했습니다. 오늘 전주에서 남원까지 차 타고 재미있게 갔고, 지금 일본 여관에 머무르고 있습니다. 할머니께서 건강하시면 좋겠습니다. 다른 가족들도 다 건강하셨으면 좋겠습니다. 여기는 플로렌스를 빼고 모두 건강합니다. 저는 다른 어린이들과 함께 즐겁게 놀았습니다. 좋은 여행을 하셨다니 기쁩니다. 아이다 고모는 어떠세요? 아프다는 말을 들었습니다.

저의 사랑을 모두에게 전해주세요.

미리암 올림

1914년 10월 24일
한국, 순천

사랑하는 어머니,

2주 전 집을 떠나기 바로 전날에 아버지께 편지를 드렸습니다. 다음 편지는 어머니께 보낸다고 했습니다. 여기 그 편지입니다.

집에서 10일간 나와 있었습니다. 그중 7일은 남쪽으로 60마일 떨어진 섬에서 보냈습니다. 그곳에 큰 교회가 있는데 세례받은 사람들이 150명 있습니다. 그곳에서 "부흥사경회"를 하면서, 하루에 네 시간을 가르치고 설교했습니다. 세례 후보자 문답, 회의, 심방도 했습니다. 쏟아지는 비를 맞으며 제 자전거를 타고 40마일을 왔습니다. 저는 바람이 저의 등 쪽으로 불고 있고 집이 여행의 끝에 있다면 폭풍이 온다고 해도 멈추지 않습니다. 자전거 바퀴를 돌리는 운동을 하면 감기에 걸리지 않기 때문입니다. 오랜 기간 감기에 걸리시 않았기에 감기가 뭔지 생각이 나지 않습니다. 감기에 걸리시 않는 것은 제가 주로 항상 집 밖에서 자서 일 것입니다. 어제는 어떤 교회를 방문하느라 40마일을 타고 갔습니다. 그리고 내일(일요일) 다시 나갑니다. 이번 연도의 나머지는 시골 교회 집회에 쏟을 것입니다. 11월에 10일간 제주도에 있을 것인데, 제주도는 우리 노회의 내지선교 사역이 행해지는 곳으로 남쪽 해안에서 멀리 떨어져 있습니다. 그곳에 두 명의 한국인 목사와 그들의 조사들이 있으며, 사역은 본토에 있는 한국 교회의 헌금에 의해서 전적으로 이루어집니다. 제가 전에 이곳을 방문하고 자세히 말씀드렸던 것이 생각나실 것입니다.

돌아왔을 때 아내와 아이들이 건강하게 있어서 기뻤습니다. 밖에 있던 시간에는 전화도 안 되고 전보도 안 되었기 때문입니다. 이런 일은 요즘 드뭅니다. 옛날에는 제가 3주 이상을 황야에 뛰어들었을 때 집에서 어느 소식이라도 들을 가능성이 없었던 것과는 대조적입니다. 이 나라의 물질적 상황들이 꾸준히 향상되고 있습니다. 1년 안에 우리와 기찻길을 또한 우리와 항구를 연결할 자동차 노선이 운영될 것을 기대합니다. 그런데 우리는 이미 이런 고립에 익숙해졌고, 너무도 바빠서 외로울 틈이 없습니다.

아이들은 모두 빠른 속도로 크고 있습니다. 플로렌스 섯폰[28]은 어머니께서 보신 가장 예쁜 아이입니다. 사람에게 호감을 주고 매력적이며 장난기로 가득합니다. 최근에 3번째 생일을 맞이했습니다. 이곳으로 오기로 한 선생님께는 어떤 것도 듣지 못했습니다. 그러는 동안 티몬스 부인이 매일 아침 자신의 어린 딸과 저희 아이들을 가르치고 있습니다. 아들은 엄마와 유치원 과정을 하고 있습니다. 아이들 사진을 2주 전 몇 장 찍었습니다. 그런데 이 편지에 같이 보내려고 했지만, 사진이 제때 돌아오지 않아 보낼 수 없어서 실망입니다.

저희는 이 전쟁이 미국의 사업 상황에 어떤 영향을 끼치는지 마음을 졸이면서 듣고자 기다립니다. 롤랜드 씨가 편지하길, 자신의 사업에 아주 심각하게 영향을 끼친다고 했습니다. 아버지에게 말씀하셔서 저희가 많은 관심이 있는 면직공장에 어떤 영향을 끼치고 있는지 편지해달라고 해주세요. 불리하게 작용하지 않았으면 합니다. 실행위원회에서 우리에게 아주 비관적으로 편지했습니다. 실행위원회의 주장대로 하면, 내년에는 봉급도 절반이고 운영비도 절반입니다. 그러나 저는 사업이 지금 생각하는 것보다 더 빨리 제자리를 잡는다고 생각하는 경향이 있습니다. 의심할 바 없이 면화 농사를 하는 지역들은 다른 지역보다 더 심하게 영향을 받을 것입니다.

최근에 짐에게서 좋은 편지를 받았습니다. 제가 바라는 만큼 자주 짐에게 편지를 쓸 시간을 찾기가 어려우니 어머니께서 이따금 저희가 보낸

---

[28] Florence Preston Bockhorst(1911.9.16~2010.10.9).

편지를 짐에게 전송해 주셨으면 합니다. 저는 게으르지만, 짐은 저에게 편지 쓰는데 아주 잘하고 있습니다. 제가 사역지로 돌아온 이후 리아에게서 어떤 소식도 듣지 못 했습니다. 바크먼에게서는 한두 번 소식을 들었던 것 같고요. 이게 다 제 탓입니다. 오늘 저의 타자기를 상당히 "쳤습니다." 그랬더니 상당 기간 타자기가 더 잘 쳐질 것 같습니다. 이것이 계속된다면, 저의 편지 왕래도 더 좋아질 것입니다.

어머니께서 친척들과 친구들에 대해서 저희에게 보내주시는 소식을 들으면 항상 기쁩니다. 고향에서 오는 어떤 지역 신문도 저희가 보지 않기 때문입니다. 플로이가 뉴욕으로 돌아갔는지 궁금합니다. 그렇지 않았기를 바랍니다. 저는 만약 디케이터 부동산이 팔린다면 디케이터 부동산의 판매에서 나온 돈에서 그 아이의 경비를 내도록 아버지께 법적 권한을 드렸습니다. 현재 사업의 상황에서는 무엇이라도 제대로 될 거로 생각하지 않습니다.

이상하게도 거의 매주 하루씩 비가 왔습니다만 가을에 볼 수 있는 아주 좋은 날입니다. 꽃이 활짝 피어있습니다. 텃밭에서 기른 채소를 먹고 있습니다. 서리의 조짐은 보이지 않습니다. 11월 중순까지는 많은 것을 기대하지 않습니다. 이 나라의 농사꾼들에게는 전례 없이 풍년입니다. 최고의 쌀입니다. 바깥에서의 도움이 불가능한 때에 적어도 1년은 기근에 대비되어 있다고 생각하니 좋습니다.

전쟁이 현대 역사에서 가장 중요한 시기가 될 것을 깨닫고 엄청난 관심을 가지고 전쟁 소식을 따라가고 있습니다. 어느 쪽이 이기든 살아있는 사람 그 누구도 이 전쟁이 어떤 결과를 가져올지 예측하지 못할 것 같습니다.

가족 모두에게 저의 최고의 사랑을 전합니다. 특히 어머니께 그렇습니다. 자녀들이 모두 사랑과 입맞춤을 보냅니다. 미리암은 유럽의 불쌍한 아이들을 위하여 크리스마스 선물을 준비하고 있습니다! 너무도 많은 사람이 눈물을 먹고 살 것이기에 자선활동으로 이보다 더 가치 있는 물건을 찾기가 어려울 것입니다.

아내도 이 편지에 저와 함께합니다. 모두 건강하길 기원합니다.

어머니의 사랑하는 아들 페어맨 올림

1914년 12월 20일
한국, 순천

사랑하는 어머님,

　바쁜 크리스마스 주간 전에 어머님께 편지 한 통 보내고자 합니다. 사경회에서 가르치려고 제주도에 간 남편이 화요일 집에 올 걸로 예상합니다. 지난 6주 혹은 2달 동안 남편이 거의 계속해서 나가 있었고 사경회와 사경회 사이에 서둘러 와서 하루 정도 있었습니다. 이번에 남편이 집에 오면 봄까지는 사경회 대부분이 끝나고, 문답이 다 끝날 것입니다.

　매티 데이비스가 온 이후로 어머님께 편지를 쓰지 않았습니다. 그녀가 이곳에 오기 전 어머님께서 그녀를 볼 수 있었으면 좋았을 것을요. 그녀는 제가 자녀들을 위해 원한 사람이며, 저희 가정에 꼭 필요한 사람입니다. 전에 아이들을 가르쳐본 적은 없지만 아이들을 가르치는데 요령이 있어 보입니다. 아이들을 완벽하게 이해하는 것처럼 보입니다. 아이들이 모두 그녀를 좋아합니다. 미리암과 애니 섀넌에게는 캘버트 과정을 사용하며, 존 페어맨은 유치원 과정을 하고 있습니다. 이들은 빨리 자라고 있습니다. 미리암을 가르치는 사람은 모두가 미리암이 빨리 배우는 것에 깊은 인상을 받으며, 애니 섀넌의 신중하고 철저함은 그 아이의 장점입니다. 매티가 두 딸에게 뜨개질을 가르치고 있습니다. 딸들이 저처럼 뜨개질에 무지하지 않기를 제가 바라기 때문입니다. 저는 매티더러 아이들에게 줄 인형을 몇 개 가지고 오도록 했는데, 아이들이 그 인형에 맞는 옷을 한 벌 만들어야 인형을 줄 것입니다.

　저는 자녀들이 여기저기 참견하지 않는다는 것에 대해서 어머님께서 제게 말씀하신 것을 기억합니다. 남편에게 어머님께서 말씀하신 것을 일깨워줬고, 저희가 브리스톨에 있을 때 플로렌스가 걷기를 시작하지 않았다는 것을 자축했습니다. 그 아이 때문에 저희는 좋은 평판을 다 잃을 수도 있었습니다. 그 아이는 정말로 상관하기 좋아합니다. 그 아이는 총명하고, 머리 회전이 빠르고, 활기차고, 애정 있고, 관대하며 정말 매력적입니다만 모든 것에 참견합니다. 제가 어느날 "너는 왜 이리 예쁘니?"라고 물었습니다. 그랬더니 "예수님이 저를 이렇게 예쁘게 만들어주셨어요"라고 했답니다. 그 아이가 "할머니는 어디 계세요?"라고 물었습니다. 그래서 제가 어디라고 말하니, "나 미국 가서 할머니 보고 싶어"라고 했습니다. 제 생각에 이 아이가 자녀 중에서 최고로 좋은 기질을 가지고 있다고 생각합니다. 미리암처럼 머리 회전이 빠르고 애니 섀넌만큼 쾌활합니다.

저희 모두 감기로 고생했습니다. 1주 전에는 섀넌이 감기로 무척 아팠고, 다음은 존 페어맨이 걸렸고, 지금은 플로렌스가 기침하고 있습니다. 모두 감기로 코가 꽉 막혔습니다. 티몬스 의료선교사가 오늘 저녁은 플로렌스에게 유동식 말고는 다른 어떤 것도 먹이지 말라고 제게 말했는데, 그 아이는 그것을 잘 따르면서 말하길 "저는 감기가 심해서 우유와 계란을 먹을 수 있어요"라고 합니다. 저도 지난주 내내 감기로 고생이 무척 심했습니다. 하기로 했던 것들이 너무도 많았기에 제가 빈둥거리며 아무 것도 하지 않는다는 느낌이 들어 마음이 좋지 않습니다.

스와인하트 선교사 부부가 저희와 크리스마스를 보내기 위해 올 것입니다. 그들은 외동아이[29]가 학교 가기 위해 미국으로 떠나서 집에서 외롭게 지낼 수도 있었습니다. 그들 둘 다 아이들을 무척 좋아해서 많은 아이가 있는 곳에서 크리스마스를 보내기를 원했습니다.

저는 과일 케이크, 플럼 푸딩, 민스 미트, 과일 쿠키를 미리 만들어 놓게 할 수 있었습니다. 그리고 저는 손님들이 도착하기 전에 다른 모든 것을 할 것입니다. 라벌렛 듀피(Lavalette Dupy)[30] 선교사도 저희와 함께

---

[29] Harriet Letitia Swinehart Bowser(1896.5.9~1970.1.14).
[30] Lavalette Dupuy(1883.1.28~1964.6.2). 이 편지에서는 이름 Lavalette을 사용하고 있음.

크리스마스를 보낼 것입니다. 그녀는 크리스마스 장식 위원회 위원장이 될 것입니다.

아이다 아가씨의 결혼 계획에 대한 소식을 기다리고 있습니다. 결혼 계획에 대해서 저희가 알기 전에 결혼하는 것은 아닌지 궁금합니다. 이번 겨울에 더 건강하기를 정말로 바랍니다. 약 한 달 전에 플로이 아가씨에게 편지했습니다. 저는 제 사촌을 플로이 아가씨가 뉴욕에서 만나기를 바라는데, 제가 둘 다의 뉴욕 주소를 갖고 있지 않습니다. 플로이 아가씨의 뉴욕 주소를 제게 보내주시면, 제가 그 주소를 베스의 어머니에게 보내서 베스에게 주라고 하겠습니다.

아침에 미국 우편이 오기를 기다리고 있습니다. 남편에게 줄 크리스마스 선물로 주문한 것을 받았으면 합니다. 자녀들을 위해 주문한 것들은 모두 왔습니다. 그래서 남편 선물도 올 것으로 편하게 생각합니다. 아이다 아가씨가 자신의 문제만으로도 할 일이 많을 걸로 생각해서, 제가 큰올케에게 부탁해서 저 대신 물건을 사달라고 했습니다. 큰올케가 아이들에게 구두와 스타킹 그리고 예쁜 모자를 보냈는데 외투는 아직 오지 않았습니다. 미리암의 긴 다리가 오래된 외투 밖으로 많이 튀어나오고 있고, 섀넌의 외투도 그저 짧은 외투일 뿐입니다.

어머님에게서 소식을 들은 지 오래되어 보입니다. 그저 바쁘실 뿐 아프시지는 않기를 바랍니다. 저는 어머님께서 북쪽으로 여행하면서 얻었던 것을 모두 다 잃는 것을 원하지 않습니다.

매티가 엘리너를 샌프란시스코에서 봤고, 그녀의 집에서 점심을 먹었습니다. 엘리너가 아이들에게 장난감을 보냈고, 저희에게는 잘생긴 사내아이들의 사진 몇 장을 보냈습니다. 엘리너는 활기찬 사내아이들과 함께 바쁜 삶을 살아가고 있습니다.

저의 감기 때문에 제가 바보가 되어서 어머님께 이렇게 긴 편지를 드려 죄송합니다.

가족 모두에게 또한 제니 막내 고모와 짐 고모부에게도 사랑을 전합니다.

어머님께 특별한 사랑을 보내드립니다.

사랑의 마음을 담아 며느리 애니 올림

1915년

1915년 1월 12일
한국, 순천

사랑하는 아버지와 어머니,

크리스마스를 어떻게 보냈는지 두 분께 편지로 말씀드리겠다고 약속했는데 새해가 되었는데도 그 편지가 늦었습니다. 그런데 어떤 일을 전혀 하지 않는 것보다는 늦게라도 하는 것이 좋으니 지금 편지를 드립니다.

먼저, 부모님께서 저희에게 보내주신 아름다운 선물에 대해 정말 감사드립니다. 대개 그렇듯, 그 선물들은 취향에 맞았고, 시의적절했으며, 유용했습니다. 그래서 저희 모두 기뻤습니다. 모두에게 백 번 천 번 감사드립니다. 제가 보기에 현재 상황이 어려운데도 저희를 위해서 너무도 많은 것을 해주셨습니다. 그것 때문에라도 더 감사드립니다. 두 분께서 아이들을 보실 수도 있으셨다면 저는 무엇이건 드렸을 것입니다. 고향에서 온 크리스마스 선물꾸러미들로 아이들이 인생 최고의 시간을 보냈습니다. 부모님의 선물꾸러미가 왔을 때는 날이 어두워서 사진을 찍지 않았습니다. 그런데 짐 부부[31]가 보낸 꾸러미를 아이들이 열어보는 것을 찍었습니다. 그 사진을 받자마자 보내드리겠습니다. 제가 너무도 바빠서 어떤 일도 할 수 없기에 일본에 제 할 일을 다 맡깁니다.

이전에 있던 일을 말씀드리겠습니다. 저는 아내를 도와주기 위해서 크리스마스 전 충분한 시간을 두고 제주에서 돌아왔습니다. (화요일 저녁 도착했습니다.) 그런데 직항 배를 놓쳐서 목포와 광주를 경유할 수밖에

---

31 James Brainerd Preston(1882.5.27~1925.12.23)와 Margaret Stewart Preston (1894.7.28~1980.4.15) 부부. 1920년 인구총조사에 "James B. Preston 36세, Margaret Preston 25세"라고 실려 있음.

없었습니다. 제주에는 항구가 없으며, 공해(公海)라서 증기선 정박이 불가능합니다. 사실, 저희는 배를 아슬아슬하게 탔습니다. 제주도에서의 사역이 즐거웠습니다. 그 섬의 중앙에 우뚝 솟은 화산은 낮은 능선까지 눈으로 덮여있었는데 장엄한 볼거리였습니다만, 그것을 보고 있으니 계속 추워졌습니다. 광주에서 돌아오는 길에, 사냥하러 반나절 머물렀고 사격 솜씨가 형편없었지만, 꿩을 아홉 마리나 잡았습니다. 그런데 며칠 전, 3시간을 밖으로 나가서 꿩 여섯 마리, 청둥오리 한 마리, 그리고 비둘기 세 마리를 잡았는데 한 발에 한 마리를 맞췄습니다! 수렵에 관한 새로운 법령[32] 때문에 꿩이 전에 어느 때보다 풍성합니다.

광주의 스와인하트 선교사 부부가 내려와서 저희와 함께 크리스마스를 보냈습니다. 라발렛 듀피 선교사도 저희와 있었습니다. 매티 데이비스와 이 사람들이 함께여서 아주 즐거운 모임이 되었습니다. 아이들과 정말 즐겁게 지냈습니다. 완벽한 크리스마스를 위해서는 아이들이 반드시 있어야 한다는 야네프의 말이 맞습니다. 우리 모두 큰 난로 앞에 스타킹을 걸었습니다. 11시에 교회에서 특별 예배를 드렸습니다. 만찬(저희는 올해는 집에서 자체적으로 먹었습니다.)을 먹고는 크레인 목사 가정에서 선교부 전체 크리스마스 나무 행사에 참석했습니다. 이것이 아이들에게는 하루 중 가장 큰 행사였습니다. 저녁에는 아이들이 게임 등을 하며 놀았습니다. 그러니 하루 종일 쉴 틈이 없었다는 것을 아실 겁니다. 크리스마스 전날에 비기독교인의 자녀들을 위한 주일학교 일곱 곳의 연례 연합집회가 교회에서 있었습니다. 시간이 지나도 잊지 못할 장관이었습니다. 그 어린아이들이 성경구절과 교리문답 내용을 줄줄 말하는 것과 찬양을 부르는 것을 보셨다면 두 분의 심장에 도움이 되었을 것입니다. 작은 교회 건물에 아이들을 정어리처럼 밀어넣어도, 모두가 들어갈 수 있었던

---

32 1911년 4월 12일 제정, 1911년 5월 1일 시행 조선총독부법령 제46호 수렵규칙과 1912년 9월 30일 시행 조선총독부법령 제19호 수렵규칙 참조.

것은 아닙니다. 우리가 새 예배당을 짓고 있으며, 늦어도 4월에는 완성되기를 바라고 있다는 말씀을 기꺼이 드립니다. 이 예배당은 옛 성벽에서 나온 거친 돌을 사용하며 벽돌로 외관을 합니다. 그래서 회색 벽돌 건물처럼 보입니다. 기와를 덮을 것이고, 바닥에는 시멘트를 하고 말끔한 종루가 있을 것입니다. 티몬스 의료선교사는 건축가인데, 건축하는 부담을 저에게서 가져갔고, 그 짐을 쉽게 메고 있습니다. 순천지역 교인들이 건축비의 거의 절반을 내고 있으며, 이렇게 힘든 시기에 분투하고 있습니다. 돈이 매우 쪼들립니다. 그래서 모든 농산물의 가격이 절반에서 3분의 1로 떨어졌습니다. 제1차세계대전의 간접적 영향과 더불어서 대풍년으로 상황이 이렇게 되었습니다.

아내가 두 분께 모든 자녀가 백일해(百日咳)에 걸렸다고 썼을 것 같습니다. 제주에서 돌아와 보니 모두가 그러고 있더군요. 기침을 심하게 하고 난리 났었지요. 지금은 다소 좋아졌다고 생각합니다만, 틀림없이 봄까지는 좀처럼 사라지지 않을 것입니다. 다행히 이 감기가 이곳에서는 일찍 찾아왔습니다. 저희는 이곳 기후에 더욱더 만족합니다. 이곳 기후를 보면 사우스캐롤라이나의 그린빌이 정말 많이 생각납니다. 훨씬 더 건조하고 바람이 많지만요. 어제는 봄과 같았습니다. 오후에는 테니스를 재미있게 쳤습니다.

1월 2일부터 9일까지는 우리 선교부의 기도회 주간이었습니다. 매일 저녁 교회에서 예배를 드렸으며 매일 아침 2시간씩 특별성경공부와 기도를 했습니다. 우리 모두가 영적으로 크게 새롭게 되는 시기였습니다.

미국 사업이 회복되고 있고 번영의 시대가 예견된다는 것을 주목하고 기쁩니다. 브리스톨도 그렇게 되기를 바랍니다. 두 분께서는 상황이 정말 괜찮다면 올해 아이다를 결혼시키시고, 야네프는 학교에 보내시고 저희를 보러 오시는 계획을 하시는 걸 생각하십시오. 선택사항으로 유럽을 경유하는, 1년 동안 유효한 왕복표를 정말 저렴하게 구하실 수 있습니다. 두 분께서 살림을 하지 않음으로써 절약하는 돈으로 여행을 하실 수 있을 거로 생각합니다. 저희는 이 일에 마음을 굳혔습니다. 어떻든 2년 이내에 계획하셔야만 합니다. 아시다시피 내년에 일본에서 만국주일학교연맹이 열립니다. 그런데 그 시기에 오는 비용이 두 분께 정규 왕복비용만큼이나 맞을 것 같지는 않은 것 같습니다.

저희는 집에서 온 모든 새로운 것에 대해 관심 있게 썼습니다. 레이시 윌슨(Lacy Wilson)이 아들을 잃었는데 저의 깊은 애도를 전해주십시오. 짐 고모부, 제니 고모, 엘라 고모가 잘 지내시며 건강하시다는 말을 들으니 기쁩니다. 아이다가 점점 좋아지고 있다는 것과 야네프가 공부를 아주 잘하고 있다는 것을 알고 기쁩니다. 플로이는 올해 공부를 끝내겠군요, 그렇지 않나요? 그럼 "직업"을 갖게 되겠군요. 플로이가 현명하게 계획했을 거로 생각합니다. 이 문제에 대해서 아버지께서 플로이를 끝까지 잘 살펴주셔서 감사드립니다.

지금 안식년을 가 있는 제 좋은 친구 코잇 목사와 윌슨 의료선교사를 보면 좋을 것인데요. 저희는 그 사람들이 여름 이전에 돌아오리라 생각하고 있습니다. 그들이 꽤 떨어져 있기에, 두 분께서 그들을 만나는 일이 어려울 걸로 생각합니다.

지금 편지를 끝내야 합니다. 가족 모두가 사랑이 가득한 마음을 보내 드립니다.

사랑을 담아 아들 올림

아내도 곧 편지드릴 것입니다.

1915년 3월 15일
한국, 순천

사랑하는 아버지와 어머니,

최근에는 하루가 당혹스러울 정도로 빨리 지나갑니다. 그리고 너무도 하는 일이 많아서 편지를 어떤 것도 보내지 못했습니다. 첫 번째 편지를 두 분께 보내지만, 제가 지난번 보내드렸던 편지 이후로 너무도 긴 시간이 지났음을 알고 있습니다.

지난달은 줄곧 사경회 사역에 전념하였습니다. 먼저 여사경회가 있었습니다. 아내와 제가 매일 두 시간씩 가르쳤습니다. 제가 설교와 사경회 사역을 추가로 하고 있어서, 사경회가 진행되는 동안 제가 맡은 부분에 대한 준비 대부분을 해야만 했습니다. 이것이 "제가 하는 일"의 한 가지 사례입니다. 그런 다음 남사경회가 있었습니다. 이것은 12일에 끝났습니다. 여기서도 하루에 두 시간씩 가르쳤습니다. 주제는 새로운 것이었습니다. 이곳에 능력이 뛰어난 도움의 손길이 많이 있어서 제가 설교는 거의 하지 않았습니다. 다음에는 하루에 단지 한 시간만 하였으면 합니다. 담당자는 사람들과 끊임없는 만남도 하고 별의별 방문을 받기 때문입니다. 남사경회에 성인 남자가 125명 넘게 등록했는데, 이 사람 전부를 우리의 비좁은 숙소들에 수용할 수 있었습니다. 우리 선교사들의 집에서 두 개의 성경공부반을, 옛날 교회에서 두 개의 성경공부반을 가르쳐야만 했습니다. 그러나, 한국인 형제들은 이곳에 있는 새로운 교회를 완성하고자 하는 용맹한 분투를 하고 있습니다. 우리의 남학교를 이번 연도에 짓게 될 전망도 좋습니다. (실행위원회에서 건축에 필요한 돈을 여러 해 동안 가지고 있었습니다.) 그래서 우리는 내년이 되면 이 학교에 다니고자 하는 사람은 누구나 가르칠 준비가 될 것입니다. 우리 여학교도 거의 완성이 되어가고 있는데, 그곳에서 모임을 해도 될 만큼 석고 공사를 마치지는 못할 것입니다. 광주의 녹스 선교사, 스와인하트 선교사, 군산의 불 선교사, 그리고 두 명의 한국인 목사가 남사경회에서 우리를 도왔습니다. 한국인 조사들은 목포지역에서 왔는데 그중 한 명은 저의 첫 번째 조사였습니다. 두 명 모두 제가 그 지방에서 설립하고 발전시킨 교회에 정착했습니다. 녹스 목사가 아내와 아이를 데리고 왔습니다. 그들과 저희 집에서 같이 지내는 큰 기쁨이 있었습니다. 맥퍼린(Marvin McFerrin) 목사가 녹스 목사의 여동생[33]과 결혼했다는 것을 기억하실 것입니다. 그 부부가 지나가는 길에 한번 브리스톨에서 저희와 함께 머물렀습니다. 녹스 부인은 결코 본래의 건강한 몸을 회복하지는 못했지만, 아주 용맹합니다. 녹스 목사가 사역을 잘하고 있습니다.

지난주에 저희는 마당과 텃밭에서 다양한 나무와 관목을 심는 것을 감독하며 운동시간을 사용했습니다. 고향에서는 아주 비싼 관목들이지만 여기서는 지천에서 자라고 아주 싼 가격에 살 수 있는 것들이 아주 많이 있습니다. 저희는 산딸나무, 병꽃나무, 스노우볼, 개나리, 주목, 진달래, 동백, 담쟁이덩굴, 꽃피는 아몬드나무, 인동초, 체리를 옮겨 심었습니다. 이것들 모두가 이곳에서 야생으로 자랍니다. (제가 밤나무, 떡갈나무, 개암나무를 빼먹었군요) 미국에는 알려지지 않은 몇 종류와 석류, 감, 배, 그리고 사과와 같은 과일나무도 심었습니다.

〔판독 불가〕 그래서 저희는 손에 닿을 수 있는 모든 것을 저희가 있는 곳에 풍부하게 심었습니다. 이곳에서 야생으로 자라는 것인데 고향에서 가치 있게 여기는 것은 은방울꽃, 라일락, 조팝나무, 스피리아, 꽃 피는 클레머티스 몇 종류, 산당화(다른 말로 불타는 떨기나무), 그리고 꽃댕강나무입니다. 제가 아주 좋은 복숭아나무를 최근에 접지했는데, 그 나무는 밝은 주홍색 꽃이 두 겹으로 아주 풍성하게 핍니다. 한국 "치자나무"

---

33 Rev. Marvin Marion MacFerrin(1877.1.30~1947.1.5), Blanche Knox MacFerrin (1882.3.15~1941.8.15).

울타리가 있습니다. 여기에 향기로운 하얀 큰 꽃이 크게 핍니다. 저희의 등나무가 잘 되었습니다. 이번 봄에도 아름다울 것으로 예상합니다.

부모님께서 동백나무를 보셨는지 모르겠습니다. 이곳에서 번창하는데, 윤기 나는 나뭇잎을 배경으로 하는 큰 붉은 꽃은 절대 잊지 못할 풍경입니다.

아이들은 공부를 잘하고 있습니다. 매티가 점점 더 마음에 들고 아이들 모두 매티 선생님을 좋아합니다. 아이들은 2주 전에 엄청난 감기로 다시 몸이 좋지 않았고 밤에 무척 힘들었지만, 다시 좋아지는 것처럼 보입니다. 미리암은 엄청나게 읽고 있습니다. 많은 책에 더하여『유스 컴패니언(The Youth's Companion)』[34],『크리스첸 옵저버』등도 읽고 있습니다. 미리암은 굉장히 총명합니다. 애니 섀년은 상당히 느리고 미리암에 비하면 덜 성숙하지만 상당한 감각을 지니고 있습니다. 셋째(sat-chai) 플로렌스 섯폰은 제가 본 아이 중 가장 두드러지는 개성을 가지고 있습니다. 미리암처럼 똑똑하며 섀년처럼 예쁩니다. 성격도 좋습니다. 존 페이멘은 튼튼한 소년으로 키가고 있습니다. 정말 상상력이 좋습니다. 그 아이는 밥 먹다가 빵을 한 입 먹은 것의 결과로 진행된 놀라운 감각들을 지켜보느라 거의 밥을 먹지 못합니다. 그 아이는 발명가나 소설가가 될 것입니다. 보통 사람에게는 일어나지 않는 것들을 보니까요. 저는 한 주의 얼마의 시간을 "진료"하는데 씁니다. 아이들이 이때 인형과 고통받는 온갖 생명체들을 저에게 가져와서 고쳐 달라고 합니다. 이런 식으로 하여 인형들과 온갖 생명체의 삶이 크게 연장되고, 그것들의 어린 주인들이 위로받습니다. 사실 저는 너무도 좋은 평을 듣고 있습니다. 최근 (?)가 가장 아끼는 인형을 조심하지 않고 바닥에 던져서 인형 머리가 완전히 깨져버렸습니다. 왜 그리 조심스럽지 못했냐라고 물었더니, "아빠가 고

---

[34] The Youth's Companion는 매사추세츠 보스턴에서 1827~1929년 발행된 주간 아동 잡지로 나중에는 The Companion—For All the Family로 불렸음.

쳐줄 수 있어요"라고 했습니다. 제가 그릇된 인상을 주었나 봅니다.

플로이 사진을 아주 잘 봤습니다. 인물이 좋아 보이고 더 어려 보입니다. 시험을 잘 치르기를 바랍니다. 무엇보다 건강에 신경 쓰라고 말씀해 주세요.

어머니의 편지는 평상시처럼 엄청나게 즐겨 읽습니다. 아버지께서 편지하신 지 상당한 시간이 지난 것 같습니다. 마너핸 방적공장(Monaghan Mill)이 망했다는 소식을 들어 안타깝습니다. 그렇지만 루이스 파커(Lewis Parker)[35]가 가난하게 될 만큼 정직하다는 것에 기쁩니다. 그린빌이 심하게 타격을 받았다는 말이 저희 귀에 들렸습니다. 야네프가 저희에게 유용한 편지를 보냈습니다. 야네프가 보낸 멋진 달력이 저의 옷장 위에 있어서 하루에 적어도 두 번은 야네프를 생각합니다. 아이다가 만나는 심하게 마른 사람(Bony)이 저희에게 좋은 편지를 보냈습니다.[36] 언젠가 그 편지에 답장할 수 있을 것을 희망합니다. 이번 여름에 부모님을 얼마나 찾아뵙고 싶은지요! 저희가 이곳이 고향과 얼마나 많이 떨어져 있는지 생각할 때마다, 저희도 모르게 향수병에 걸립니다.

모두에게 보내는 저의 사랑에 아내와 아이들이 함께합니다.

사랑하는 페어맨 올림

---

35 Monaghan Mill은 South Carolina, Greenville에 1900년 Lewis Wardlaw Parker (1865~1916)와 사촌 Thomas Fleming Parker(1860~1926)가 설립한 방적공장. Ireland에 있는 할아버지의 고향마을 이름을 따왔다고 함. 2001년 폐쇄됨.
36 Ida Sutphen Preston(1889.9.16~1971.1.9)과 Arthur Hills Warden(1888.7.21~1956.5.19)은 1915년 10월 27일 Virginia Bristol에서 결혼함.

1915년 4월 26일
한국, 순천

사랑하는 아버지와 어머니,

두 분께서 이 편지를 읽으실 즈음에는, 새로 태어난 손주[37]가 거의 한 달이 되어있을 것입니다. 아주 크고, 튼튼한 아기로, 겉보기에 건강하고 왕성하며 모든 기능이 제대로 작동하는 것 같습니다. 이와 관련하여, 그 아기의 폐에 대해서 특별히 언급을 드립니다. 아기의 폐는 아주 건강하며, 아기에게 가장 만족스럽게 기능하고 있는 것으로 보입니다.

아기는 오늘 아침 6시에 태어났습니다. 아내는 건강하며, 모든 일이 순조롭게 진행되었습니다. 티몬스 의료선교사가 저희와 함께 있었으며, 간호사인 그리어(Miss Greer)[38] 선교사는 일주일간 아기와 산모 곁에 있을 것입니다. 사내아이라서 좋지 않나요? 저와 아들은 집안에서 다수를 이루지 못했는데, 사내아이가 태어나 남자가 더 생겨서 집안에서 싸워 볼만하다고 느끼기 시작합니다.

아이들은 흥분의 도가니입니다. 아이들은 몇 주째 새로 태어날 아기를 위해 기도해 왔고 말해 왔습니다. 셋째(Sa-chai) 플로렌스가 어른인 척하는 것이 우습습니다. 지난가을 이래로 순천선교부에 식구가 세 번째 추가되었습니다. 프랫 목사에게서 딸이, 티몬스 의사에게는 아들이 태어났고, 저희 아기까지입니다. 프랫 부부는 아들만 둘이고 딸이 없습니다. 티몬스 부부는 딸이 하나고 아들이 없습니다. 그런데 저희는 딸 셋에 아들이 하나입니다.

아기의 이름은 아기의 외삼촌(Capt. Wiley)을 따라 윌리엄 와일리 프레스톤으로 했습니다. 저희는 그 아기를 "와일리"라고 부를 것입니다. 저희

37　William Wiley Preston(1915.4.26~2000.3.1).
38　Anna Lou Greer Walker(한국명: 기한라, 1883.8.12~1973.2.19).

는 최근 외삼촌(Capt. Wiley)이 교회에 가게 되었다는 기쁜 소식을 들었습니다. 밖에서 성취한 만큼 교회에서도 성취를 이루기를 바랍니다. 새로 태어난 아기는 저의 생일(4월 30일)과 멀리 떨어지지 않습니다. 그렇지요?

일주일 전에 시골에서 집으로 돌아왔을 때 어머니께서 보내신 좋은 편지가 저를 기다리고 있었습니다. 정말 재미있게 읽었습니다. 3월 중순 이래 순회전도여행으로 거의 계속해서 집 밖에 있었습니다. 제가 할 일을 다 마쳤습니다. 돌아오고 나서 이틀 뒤에 장티푸스 백신을 맞았습니다. 그리고 일요일 내내 미열, 요통, 두통이 있었습니다. 의사가 백신 맞을 것을 강하게 요구했습니다. 왜냐하면 저희가 미리 조심하여도 너무도 많이 노출되어 있기 때문입니다. 어느 곳이나 파리는 좋지 않습니다. 백신을 맞았지만 계속해서 조심할 것입니다.

다른 모든 주제를 다 삼켜버리는 주제 즉 아기 이야기로 돌아갈게요. 정말 잘 생겼습니다. 10파운드 나가며, 머리모양도 예쁩니다. 아기 때 존 페어맨보다 훨씬 더 잘생겼습니다. 프린스턴 대학교에서 웅변술을 가르치던 선생님이 학생들을 격려하기 위해 "좋은 목소리를 가지고 있다"라고 말씀하시곤 했는데, 그 아이가 그렇습니다.

아이다에게 빛에 노출된 필름을 현상하기 위해서 해외로 보내는 것은 좋지 않을 것이라고 말씀해 주세요. 너무 시간이 오래 걸려서 그 필름들이 손상될 것입니다. 그렇지만 저는 이따금 필름 한 통을 모두 찍어서 일본에서 현상하게 하고 일본에 있는 사진사에게 현상된 것을 직접 아이다에게 보내게 할 것입니다. 이렇게 하면 시간이 절약될 것이고, 아이다는 원하는 대로 출력할 수 있을 것입니다. 제가 현재 하는 것은 현상을 맡기는 것인데, 그중 좋은 것은 출력하여 필름과 함께 저에게 보내게 하고, 그런 다음 여러 장을 주문하는 것입니다. 이 마지막 과정을 제가 잊어버리고 게으르게 합니다.

늦어져서 이제 마무리해야 합니다. 사랑하는 두 분께 사랑을 전합니다. 이 편지를 돌려 읽으시면서 부모님의 "자식" 모두에게 사랑을 전해주세요.

사랑하는 아들 J. 페어맨 프레스톤 올림

1915년 5월 20일
한국, 순천

사랑하는 어머님,

며칠만 더 있으면 윌리엄 와일리가 4주가 됩니다. 그리고 저는 아래층으로 내려가서 해야 할 많은 일에 파묻힐 것입니다. 제가 방에 있는 동안 많은 편지를 쓸 큰 꿈을 가지고 있었지만, 필수적인 일들이 저의 힘을 모조리 가져가 버린 것 같습니다. 아기가 2주가 될 때까지 그리어 선교사가 저와 함께 있었습니다. 그런 다음에 코잇 부인이 저 대신 갓난애를 서너 번 목욕시켰습니다.

저는 산후조리를 잘하고 있으며 갓난애는 아주 만족스러운 사내아이입니다. 저희는 아기가 자기 형 존 페어맨을 아주 많이 닮았다고 생각하는데 몇 사람은 아기가 아버지를 닮았다고 합니다. 존 페어맨은 집에 사내아이가 한 명 더 있다는 것을 아주 만족스러워합니다. 5월 첫날에, 존 페어맨이 진달래꽃을 작은 바구니에 담아서 위로 가져와서는 동생에게 선물했습니다. 그러면서 자신이 그것을 만들었노라고 저에게 아주 자랑스럽게 말했습니다.

플로렌스는 사랑하는 "동생(tong seng)"에 대해서 말을 하면서 저희를 요절복통하게 만들고 있습니다. 어느날 갓난애가 젖을 먹을 때 제가 "깨물지 말렴"이렇게 말했더니 플로렌스가 "아가가 정말 무는 것이 아니에요. 그냥 잇몸으로 빠는 거지요"라고 했답니다. 플로렌스는 그리어 선교사에게 왜 아가가 입에 손을 넣는 것을 못 하게 하느냐고 물었습니다. 그랬더니 그리어 선교사가 손에 병균이 있기 때문이라고 했습니다. 플로렌스가 하는 말이 "말이 안 돼요. 하나님은 그 갓난아이 손에 병균을 두지 않으시잖아요"라고 했답니다. 갓난아이가 누나의 지나친 관심 속에서도 꿋꿋이 살아남을 수 있기를 바랍니다.

어머님께서 저희가 받은 축하 편지를 모두 보실 수 있다면 좋겠습니다. 한국인들은 남편에게 또 다른 아들이 생겨서 아주 기뻐합니다. 순천에 있는 모든 이의 "바라는 것이 만족스럽게 채워졌다"는 사실에 대해 정말로 많은 외국인이 말하고 있습니다. 프랫 부부는 딸을 원했습니다. 티몬스 부부는 아들을 원했고, 저희도 아들을 원했습니다.

남편은 장티푸스 백신으로 "기진맥진"합니다. 월요일 저녁 마지막 주사를 맞았습니다. 그런데 지금도 그 백신 때문에 굉장히 약한 상태에 있습니다. 남편은 화요일 하루 종일 누워있었습니다만 내일(금) 시골로 갈 수 있을 것을 기대하고 짐을 미리 보내려고 수요일에 침상에서 힘겹게 일어났습니다. 제가 매우 힘없는 목소리로 항의했지만, 남편은 시골로 가야만 한다고 우겼습니다. 오늘 아침 남편이 이용할 인력거가 오고 나서, 티몬스 의사가 가지 말라고 했습니다. 그리고 저희의 좋은 친구인 (일본인 대상 선교사) 커티스 목사가 이 일을 상의하기 위해 코잇 목사에게 갔습니다. 코잇 목사가 남편을 대신하여 가기로 동의해서, 남편은 약간 체념한 채 집에 머물고 있습니다. 저는 남편이 열이 나면 아주 힘들 것이기에 남편이 백신을 맞은 것에 감사합니다. 남편은 그저 쉬고 힘을 회복하는 것이 필요할 뿐이니 남편 걱정은 하지 마십시오.

저희가 고향에 계신 가족들에 대해 들은 마지막 소식은 애틀랜타에서 아이다 아가씨를 만났다는 매티의 친구로부터 받은 편지에 있었습니다. 그 말인즉 아이다 아가씨가 6월에 맞춰 혼숫감을 준비하고 있다는 것인지 궁금합니다. 아이다 아가씨가 저희에게 알려줘서 결혼식 날에 아가씨를 생각할 수 있으면 좋겠습니다. S는 결혼을 생각하고 있으리라는 것을 제가 알기도 전에 결혼해 버렸네요. S는 시동생(brother-in-law)인 돌턴(Mr. Dalton) 씨와 결혼했습니다.

저희의 좋은 친구 니스벳 목사 부부가 6월에 안식년으로 갑니다. 그들이 미국에 있는 동안 머물 본부는 애틀랜타에 있는 니스벳 목사 부인의 오빠 집일 것입니다. 캐피털 애비뉴(Capitol Avenue)에 있는 제1감리교회의 메이저(Wm. Major)[39] 목사입니다. 주소는 캐피털 애비뉴 437입니다. 가족 중 누구라도 애틀랜타에 있으면 그들을 만나실 것을 희망합니다. 그들은 저희와 아주 친합니다. 니스벳 부인이 저희 자녀들에 대해서 많은 것을 말할 수 있을 것입니다.

코잇 목사 부부를 통해서 친정 소식을 즐겨 듣습니다. 코잇 목사 부부는 솔즈베리에서 곧바로 와서 제 가족들을 모두 만났습니다. 코잇 목사는 샌프란시스코에서 엘리너도 만났습니다.

루시타니아 사건(Lusitania affair)[40]으로 우리는 모두 공포와 분개심으로 가득했습니다. 우리에게 윌슨같은 대통령이 있어서 우리 나라의 현재 어려운 일들을 잘 지도하게 한 것에 감사드립니다. 전쟁에 대해 신문에서 읽을수록, 전쟁은 더 끔찍해 보입니다. 전쟁에서 벗어날 수 있으면 좋겠습니다. 갓난아이가 태어나기 전에는 전쟁에 대한 기사를 아주 많이 읽었습니다. 만약 태교에 영향받은 것이 뭐라도 있다면, 그 아이는 위대한 평화의 사도가 될 것입니다.

남편 가지고 농담 하나는 꼭 해야겠어요. 남편이 갓난애를 보고 "내 아들들은 처가 사람들과 꼭 닮았다"고 했습니다. 몇 분 뒤에 그는 유모에게 고개를 돌려서 "아기가 눈치(sense)가 있는 것 같아요?"라고 물었습니다. 정말 저에게는 큰 칭찬이지요!

아기를 먹일 시간이 되어서 여기서 그만 멈추겠습니다.

모두에게 사랑을 전합니다.

사랑하는 애니 올림

39　Dr. William Henry Major(1865.2.4~1938.10.10).
40　1917년 5월 7일 독일잠수정이 지뢰를 쏘아 뉴욕에서 리버풀로 가던 영국의 Lustitania를 침몰시킨 사건. 1,950명 중 1,195명이 사망했는데, 그중 123명의 미국인이 포함됨. 이 사건으로 미국이 제1차세계대전에 참전하게 되는 일련의 사건을 촉발시킴.

어머니, 제가 한 "농담"은 sense[41]라는 말에 대해서 문자적으로 비틀어 본 겁니다.

아들 J. F. P.

---

[41] 'sense'는 '눈치', '감각'의 뜻이 있음. 즉 프레스톤 목사의 질문은 아이가 감각이 괜찮은가일 수도 있고, 아이가 처가 닮아 눈치가 없다는 것일 수도 있음.

1915년 6월 15일
한국, 순천

사랑하는 아버지와 어머니,

   날짜를 보고서야 지금이 6월 중순이라는 것을 알겠습니다. 지금까지 뜨거운 날이 없었습니다. 밤에는 담요가 여전히 편안합니다. 그리고 날이 좋습니다. 시골 사람들에게는 지금이 바쁜 철이지만 저희는 순회전도 여행을 현재 진행하고 있습니다. 사람들은 논과 밭에서 일하다 늦게 오며, 9시 넘어서야 모일 준비가 됩니다. 이후 매우 피곤합니다. 저희는 주일은 최선의 사역을 하는 중요한 날로 기대하고 있습니다. 사람들이 더 많이 왔으면 합니다! 주목해야 할 많은 교회에는 아직 충분하지 않은 수입니다.

   장티푸스 백신으로 오래 고생한 후 저는 다시 건강하며 힘이 생겼습니다. 의사가 말하길 백신을 맞지 않아 장티푸스가 걸렸다면 아마 치명적이었을 것이라고 합니다. 코잇 목사가 시골에서 자신이 할 일을 마친 후 얼마 안 되어 저 대신 시골로 갔습니다. 그 일에 저는 정말 감사드립니다. 아이들은 모두 잘 지내고 있습니다. 미리암은 책벌레가 되고 있습니다. 데이비스 선생님은 한 달간 중국에 갈 계획을 하고 있습니다. 광주선교부의 매퀸(Miss McQueen)[42] 선교사가 저희를 방문하고 있으며, 맥머피(Miss McMurphy)[43] 선교사와 매키천(Mr. McEachern)[44] 목사는 티몬스 부부를 방문하고 있습니다. 비거 선교사는 미국에서 돌아왔습니다. 그래서 우리 선교부가 활기차게 되었습니다. 여러 달 만에 처음으로 선교부 소속 모든 선교사가 다시 모이게 되었습니다.

---

42 Mary Anna McQueen(한국명: 구애라, 1883.7.30~1964.5.3).
43 Ada Marietta McMurphy(1883.12.26~1970.1.20).
44 Rev. John Fairley McEachern Jr.(한국명: 매요한, 1884.10.22~1957.11.18).

티몬스 선교사와 제가 지난주 해안선을 따라서 약간의 탐사를 했는데 두 개의 아름다운 해변이 있는 작은 섬을 발견했습니다. 육지와 가깝습니다. 그곳이 여름 휴양지로 아주 이상적인 곳이 될 것이라고 저희는 생각합니다. 저희는 그곳에 대한 저희의 판단이 맞는지를 보기 위해 선교부의 식구들과 손님들을 데리고 내일 가볼 생각입니다. 큰길을 따라가면 배를 타는 곳에 아주 가까이 갈 수 있습니다.[45]

아내는 때때로 굉장히 불안해하는 것처럼 보였지만 다시 제 모습을 찾아가고 있습니다. 제대로 쉬지도 못하고 이곳에서 너무도 오래 있었습니다. 제 생각에 그 섬에 대한 계획으로 아내와 아이들이 지금 하는 일에서 다른 쪽으로 관심을 돌리게 될 것입니다. 만약 아내와 자녀들이 좋아한다면, 저희는 주말에 다녀오는 곳으로 만들 계획입니다.

아기는 잘 자라고 있습니다. 존 페어맨과 많이 닮아 보입니다. 아기 사진을 찍으려고 시도하는 중입니다. 괜찮은 사진을 곧 보내드리고자 합니다. 최근 너무 바빠서 사진을 찍을 수가 없었습니다. 6월 29일부터 열리는, 엄선된 사람들을 위한 사경회에 도움을 주기 위해 북쪽 지방에 있는 재령(Chairyung)에 갈 계획입니다. 이렇게 되면 제가 집에서 2주간 떠나있게 됩니다. 이렇게 집에서 떠나있는 것을 저는 좋아하지 않습니다만 이런 초대를 받아들이는 것이 가능할 만큼 제게 여유 시간이 있다는 것에 기뻐합니다. 과로 때문에 몇 년간 저는 이런 종류의 초대는 모두 거절해야만 했습니다.

저희가 있는 곳은 지금 아름다워 보입니다. 장미가 활짝 피었습니다. 장미가 이렇게 잘 크는 나라를 본 적이 없습니다. 덩굴장미가 정말 찬란하게 봉우리를 냈습니다. 싸우전드 뷰티스(Thousand Beauties)도 마찬가지

---

45 이곳은 '초승달 해변'이라고 하는데 현재 여수 손양원목사순교기념관이 위치한 곳으로 1934~1936년 간척으로 육지와 연결됨. (남호현, 「질병공동체 애양리마을의 형성과 공간변화」, 2011 참고).

입니다. 현관에 있는 싸우전드 뷰티스를 찍은 사진을 동봉합니다. 저희 집에서 가장 아름다운 것은 쉬땅나무 울타리(Sorbaria hedge)인데, 깃털 같은 하얀 털과 잎이 있습니다. 여름 내내 핍니다.

  짐 부부는 어떻게 지내는지요? 오래도록 짐에게서 한 통의 편지도 못 받았습니다. 저도 1월 이후로는 쓰지도 않았네요. 편지하는 데 있어서 제가 좋아지리라 계속 희망해보는데 아직도 어떤 기미도 없네요. 이곳에서의 방해하는 일과 개인 시간에 대한 수요는 너무도 가공할 만하여 제가 타자기에 갈 수 없다는 것을 부모님께서 잘 아시리라 생각합니다.

  플로이에게서 좋은 소식을 곧 들었으면 하고, 아이다의 결혼 계획에 대해서는 명확한 것을 들었으면 합니다.

  비록 저희가 사역에 매몰되어있는 듯하지만, 고향에서 오는 모든 편지와 뉴스를 고맙게 생각합니다.

  아내와 아이들과 두 분의 사랑스러운 아들 페어맨이 모두에게 사랑을 전합니다.

페어맨 올림

1915년 7월 5일
순천 가는 길에 재령 근처의 철길에서

사랑하는 아버지와 어머니,

조사들을 위한 사경회에서 도움을 주면서 (평양 바로 남쪽) 재령에서 힘든 한 주를 보낸 후에, 지금 집을 향해 가고 있습니다. 이런 종류의 초대는 우리 미국남장로회 한국선교회 바깥에서 온 것 중 제가 최초로 맘 편하게 수락한 것으로, 아주 즐거운 여정이었습니다. 약 100명의 목사, 전도자, 그리고 직원들로 이루어진 선택된 사람들을 위한 사경회였습니다. 저는 매일 아침 8시 30분부터 10시 30분까지 두 시간을 가르쳤습니다. 목사들에게는 스가랴(Zechariah)를, 전체에게는 미가(Micah)서를 가르쳤습니다. 재령선교부는 미국북장로회 소속으로 순천과 거의 비슷한 크기입니다. 제가 작년 총회로 이곳에 왔다는 걸 두 분은 기억하실지도 모르겠습니다. 이곳 북쪽지방에서 이런 위대한 시역을 보는 것과 이렇게 훌륭한 사역자들과 접촉하게 된 것은 정말 감격스러운 일입니다.

저는 내년 1월 평양대사경회에서 가르치도록 초대받았습니다. 수락할 것을 생각하고 있습니다. 이런 종류의 사역이 다른 어떤 사역보다 저에게 호소력이 있습니다. 제가 한국에 온 이래로 상황 때문에 어쩔 수 없이 제가 선구자적인 사역을 했음을 두 분은 아십니다. 처음에는 목포에서, 다음에는 광주에서, 그다음에는 순천에서 선구자로 사역하고 있습니다. 그 결과로 저는 더 면밀하게 공부할 기회가 거의 없었습니다. 그런데 지금은 선교부의 다른 사람들이 자신들이 할 일을 가져가고 있어서, 저는 제가 선호하는 것들을 할 기회를 더 많이 가지게 될 것을 기대합니다.

집을 떠난 지 2주가 넘었습니다. 집에 돌아가는데 3, 4일만 더 있으면 됩니다. 서울에서 열리는 교육위원회 회의(Educational Conference)에 참석하기 위해서 며칠 더 일찍 올라왔습니다. 전국에서 온 엄청나게 많은 친구를 만났습니다. 그래서 그 모임이 즐거웠으며 매우 유익했습니다.

제가 집을 떠날 때는 마치 장마철이 시작된 듯 비가 내리기 시작했습니다. 그런데 이곳은 일주일 내내 비가 내리지 않았습니다. 날씨도 기분 좋을 만큼 서늘했습니다. 매일 밤 저는 담요를 한 장 덮고 잤습니다. 아침이 가까우면 두 장을 덮었습니다. 아내에게서 받은 최근 편지는 6월 29일자이며, 편지에 모두 잘 있다고 했습니다. 데이비스 선생님은 중국에 갔습니다. 저희는 8월에는 조금 느긋하게 하려고 하며, 전에 편지로 말씀드린 해변에서 더 많은 시간을 보내기를 희망합니다. 갓난아이 때문에 한 번 머물 때 길게 머무르지는 않을 것 같습니다.

제가 보니 수도 서울에 큰 변화가 일어나고 있습니다. 중심 거리는 넓혀져서 아름다운 거리가 되었으며, 양옆의 집들을 완전히 무너뜨리고 다시 짓고 있습니다. 많은 집(대부분의 집)이 값이 아주 싸고 형편없기 때문에 나중에 하는 것보다 지금 하기가 훨씬 더 쉬울 것은 말할 필요 없습니다. 재건축으로 벌써 꽤 괜찮은 집들이 생겼습니다. 일본 통치 5년을 기념하는 박람회[46]가 10월에 개최된다고 공지되었습니다. 이 나라는 아주 빠르게 발전하고 있으며 저희가 가능하다고 생각했던 것보다 더 빠르게 일본화 됩니다. 최근 규제[47]의 내용에 모든 학교에서 종교의식과 성경 교수를 중단해야 한다가 포함되어 있습니다. 모든 학교에 선교학교도 포함됩니다. 정부로부터 인가를 받은 학교들은 (학교부터 땅콩판매기까지, 진행되는 모든 것은 정부의 인가가 있어야 합니다.) 10년간의 유예기간이 있습니다. 그렇지 않은 다른 모든 학교는 즉시 그 규칙의 적용을 받습니

---

[46] 조선물산공진회(朝鮮物産共進會)를 말함. 1915년 9월 11일부터 10월 30일까지 일제가 일부 건물을 훼손하거나 수축하여 경복궁에서 전국의 물품을 수집·전시한 대대적인 박람회.

[47] 1915년 3월 발표된 개정사립학교규칙을 말함. '조선인을 교육하는 모든 사립학교'는 조선총독의 인가를 받도록 함. 학과목에 대해서는 교과과정에 준하도록 하고 이외의 성경·지리·역사 등 일체의 과목을 포함시키지 말도록 하는 내용 등이 있음.

다. 새로운 규칙하에 우리 순천 학교들이 문을 닫지 않을까 걱정입니다. 비록 우리의 지원서가 1년 반 동안 심의를 기다리고 있지만 우리가 아직 정부의 인가를 받지 않았기 때문입니다. 새로 오는 모든 의사는 의료행위를 하는 것을 허가받기 전에 반드시 시험을 통과해야 하는데 시험은 일본어와 한국어로 진행됩니다. 이것은 간호사에게도 적용됩니다. 우리 한국 선교 운동(Korea Campaign)이 어떻게 될지 아시겠지요. 우리는 약 10년이나 늦어지게 되었습니다. 그런데 하지 않는 것보다는 늦게라도 하는 것이 좋지요. 참 제가 학교를 포기할 의도는 없다는 말씀을 빼먹었네요. 우리는 필요하면 학교 건물 바깥에서 성경을 가르칠 것입니다.

두 분에게서 소식을 들은 지 상당한 시간이 지났습니다. 그래서 조바심을 내며 편지를 기다리고 있습니다.

모두에게 사랑을 전하며 사랑하는 아들 페어맨 올림

1916년

1916년 1월 10일
한국, 순천

사랑하는 아버님과 어머님,

크리스마스 선물 상자들이 무사히 도착했으며 저희 모두 그것들을 마음껏 환영했습니다. 두 분께서 보내시는 선물 상자들은 항상 좋습니다만, 이번 것이 최고인 것 같습니다.

아기가 받은 것부터 말씀드릴게요. 아기가 수저를 봤을 때 수저의 용도에 대해서 아무런 의심도 없는 것처럼 보였습니다. 아기는 딸랑이와 다른 자잘한 것들을 다 내려놓고 수저를 꼭 잡더니 수저를 먹으려고 했습니다. 아기는 앉을 수도 있기에 작은 턱받이도 좋아합니다. 리본을 입에까지 끌어올려서 맛있게 음식을 먹습니다. 제 생각에 수저와 턱받이가 예쁘기도 하고 아주 적절하고 유용합니다. 이런 턱받이를 전에 본 적이 없습니다. 수저와 턱받이를 보내신 것에 대해서 이곳에 있는 모든 엄마가 대단하다고 합니다.

플로렌스는 제가 본 누구보다 가족 돌보는 것을 좋아합니다. 그래서 인형과 고양이 한 마리가 자신 가족에 더해진 것 때문에 아주 기뻐합니다. 그 아이는 받은 인형에 털옷이 있다는 사실에 깊은 인상을 받은 듯합니다. 고양이가 장대에 올라가게 만드는 것이 아주 매력적인 일입니다.

존 페어맨은 원숭이와 기차에 아주 만족합니다. 그 아이는 엔진 모양을 한 것은 무엇이건 간에 흥분하는 것 같습니다. 동물도 그 아이의 마음에 아주 소중합니다. 존 페어맨은 야네프 아가씨가 보내준 작은 곰 인형이 닳아서 인형 속에 있던 톱밥이 없어지고 완전히 납작해질 때까지 그 곰 인형을 아꼈답니다. 그런데 그 곰 인형과 바크먼 도련님이 보내준

"오리"는 새로 받은 동물 인형 즉 큰 곰 인형과 나무로 된 큰 메뚜기에게 부드럽게 자리를 내주었습니다.

새년과 미리암은 아마 언젠가 자신들이 스스로 편지를 써서 드릴 것입니다만 지금은 제가 그 아이들을 대신해 말씀드릴게요. 그 아이들은 자신들이 받은 아름다운 아기 인형에 너무도 행복해서 순천선교부의 모든 여성에게 엄청 자랑하며 보여줍니다. 저는 그 인형들보다 더 예쁘고 더 자연스럽게 보이는 인형은 본 적이 없습니다. 새년은 자기가 가지고 있는 큰 인형 옷을 뜨개질하는 것보다 이 아기 인형 옷을 뜨개질하고 싶다고 하네요.

남편이 부모님께 편지를 드리지도 못하고 나가야만 했기에, 남편이 아름다운 타이와 "항균" 손수건들을 얼마나 좋아했는지 말씀드릴게요. 타이는 남편에게 꼭 어울리는 것이었고, 남편이 이것을 가지게 되어 제가 아주 기쁩니다. 맘에 드는 타이를 주문하기가 무척 어렵습니다. 그래서 아버님께 부탁해서 이것을 남편에게 보내주게 한 일을 기쁘게 생각합니다. 남편 손수건은 수가 점점 줄어들고 있었고 그중 몇 개는 많이 낡은 상태입니다. 많은 아들과 딸의 손수건 요구에 맞춰주기 위하여 제가 며칠 전 남편 손수건 하나를 세 조각으로 잘랐습니다.

저 앞으로 온 것은 제가 필요로 했던 바로 그 물건들이었습니다. 남편이 평양에서 돌아오는 것을 맞이하기 위해 집을 꾸밀 때 보내주신 새로운 중앙장식물을 사용할 것입니다.

그리고 카라 정말 감사드립니다! 제가 보는 『픽토리얼 리뷰(*Pictorial Review*)』[48]에 나오고, 프랫 부인과 크레인 부인이 하고 있는 그 카라 양식을 참 좋아했었습니다. 그런데 제 것은 없었는데 아버님께서 저의 경박한 욕망을 만족시켜 주셨습니다. 바로 이런 카라를 기다리고 있었던 드

---

48 미국 여성용 월간 잡지로 1899~1939년 간행됨.

레스를 제가 가지고 있습니다.

두 분이 보내주신 모든 아름다운 크리스마스 선물에 대해서 감사드립니다. 꾸러미들이 모두 정말 매력적으로 포장되었습니다! 이렇게 귀여운 장난감들과 카드들을 본 적이 없습니다. 선물 상자는 크리스마스가 지나고 화요일에 도착했습니다. 짐 서방님의 선물과 같은 시간이 왔습니다. 미리암은 "엄마, 크리스마스가 한 번뿐인 미국에 제가 갈 때 무엇을 해야 할 지 모르겠어요. 우리는 항상 크리스마스가 두 번 또는 세 번이잖아요"라고 했습니다.

저희는 아주 행복하게 지냈습니다. 저희는 평상시보다 일찍 준비를 마쳐서 크리스마스 전야와 크리스마스가 더 평화로웠고 덜 분주했습니다. 저희 집에는 라벌렛 듀피 선교사를 제외하고 다른 손님들이 머물고 있지 않습니다. 라벌렛 듀피 선교사는 대개 여학교에서 자고 식사만 이곳에서 합니다. 거실 벽난로 앞에 저희 스타킹을 매달았습니다. 미리암이 아기 스타킹에 물건을 넣어두는 특혜를 달라고 간청해서 다른 아이들이 잠든 다음 조용히 내려오도록 허락했습니다. 남편, 매티, 라벌렛 그리고 제가 다른 스타킹에 물건을 넣었습니다. 매티와 라벌렛은 아이들을 사랑하며 "우리 아이들"이라고 아주 다정스럽게 부릅니다.

라벌렛은 장식하는 데 훌륭한 취향이 있어서 집이 둥근 담쟁이 화환, 담쟁이 덩굴 그리고 붉은 동백꽃이 담긴 큰 놋 꽃병들로 아름다웠습니다.

코잇 목사 부부가 저희와 함께 만찬을 하러 왔으며, 오후 늦게 우리 모두는 티몬스 의사 집에서 열린 선교부 크리스마스 나무 행사에 갔습니다. 그들은 선물이 분배된 다음 커피, 케이크, 그리고 사탕을 제공했습니다. 월요일 저녁에 우리는 선교부 전체 만찬을 가졌는데 아주 큰 성공이었습니다. 선교부 전체 만찬이 끝난 후 저희는 미국에서 온 우편을 받기 위해 내려갔는데, 두 분께서 보내신 크리스마스 편지, 아이다 아가씨에게서 온 카드, 짐 서방님에게서 온 카드 그리고 다른 우편물을 받았습니다.

다음 날 아침 저는 데이비스(Mr. Davis) 씨로부터 큰오빠(Willie)[49]의 사망을 알리는 편지를 받았습니다. 큰오빠가 많이 아팠다는 걸 알고 있었기에 전혀 예상 못 한 것은 아니었습니다. 큰올케에게서 몇 주간 아무런 소식을 듣지 못했기에 저는 걱정하고 있었습니다. 큰올케는 좋은 소식을 항상 저와 나누기 때문입니다. 큰오빠는 여러 달을 고통받고 있었기에 세상을 떠난 것이 오빠에게는 큰 위안이었을 것이 분명합니다. 큰올케가 무엇을 할 지 궁금합니다. 외로울 걸 생각하니 마음이 무척 좋지 않습니다. 아직 큰올케에게서 편지를 받지 못했습니다.

남편은 평양에 있는 사경회에서 가르치고 있으며 23일에나 집에 돌아올 것입니다. 남편은 가을 순회전도여행이 시작되기 전까지도 무엇을 가르치게 될 것에 대한 말을 못 들었기에, 굉장히 힘든 과정을 가르쳐야 하고 공부를 많이 해야 합니다. 남편이 편지를 드리기를 바라지만, 시간이 너무 없다고 저게 말했습니다. 집에 아이들이 너무도 많고 정신이 하나도 없어서, 저도 많은 글쓰기를 할 시간과 평온한 마음이 없지만, 그럼에도 더욱더 부모님을 사랑합니다.

사랑하는 애니 올림

---

[49] William Murdoch Wiley(1863.7.27~1915.11.25)
W. M. Wiley, A Prominent Salisbury Man, Is Dead
Salisbury, Nov. 27, William M. Wiley died in Baltimore Thursday afternoon where he had been in a hospital for treatment for some weeks and the remains were brought to Salisbury for burial.
Mr. Wiley was one of the best known men in this community, was about 56 years of age, and is survived by a wife and one son, Samuel Wiley, who is the American consul at Asuncion, Paraguay. One brother, Samuel H. Wiley, and two sisters, Mrs. N. P. Murphy, of this city and Mrs. Annie W. Preston, who is with her husband in Loochum, Korea, where he is a Presbyterian missionary. (*The Twin-City Daily Sentinel*, November 27, 1915, p. 1)

1916년 5월 8일
한국, 돌산도

사랑하는 아버지와 어머니,
　저는 지금 12일간의 순회전도여행에 나와 있고 집을 떠난 것은 4일 전입니다. 제가 떠나기 전 보냈어야 했던 편지를 예상하지 못한 약간의 여유 시간을 이용하여 두 분께 씁니다. 순회전도여행의 한가운데에서는 편지를 계속 교류하기가 거의 불가능하다는 것을 저는 알게 됩니다. 시골에서는 편지할 기회가 거의 없습니다. 집에서는 다음 순회전도여행 약속 시간 전에 저를 기다리며 쌓여있는 일을 신속히 처리할 수가 없습니다. 여유 시간이라야 기껏해야 2, 3일입니다.
　제가 편지를 드리고 있는 장소는 순천에서 남쪽으로 54마일 떨어져 있습니다. 이곳에 인접한 큰 마을에서 천막 집회를 하면서 3일을 더 이곳에 있을 것이며, 그런 다음 바다를 건너 20마일을 더 가서 큰 섬교회를 방문할 것입니다. 이곳이 저의 담당 지방에서 가장 먼 곳이며 어려운 여정입니다. 다행히도 제가 잠을 잘 자며, 많이 먹고, 건강도 좋습니다. 그래서 집에 돌아갈 때면 대개 아주 기진한 상태이긴 하지만 이런 여정하에서도 잘 버팁니다. 지난 6개월 이상 동안 저는 자전거는 다 포기하고 수레나 인력거를 타고 다녔습니다. 이것들은 훨씬 느리지만 더 편합니다. 언젠가는 이곳의 길 사정에 맞는 실용적인 가벼운 차량을 찾을 수 있기를 저는 희망합니다.
　이번 봄 시골 사역을 정말 재미있게 했습니다. 3명의 조사와 2명의 매서인과 함께, 자원하는 사람들의 도움을 받아서 일련의 천막 집회를 열었습니다. 저희가 이런 종류의 사역을 시도한 첫 번째인데 이것이 성공하여 저희는 아주 기분이 좋습니다. 이번 봄에는 교회 정기 방문에 더하여 현재 하는 천막 집회를 포함 다섯 번의 천막 집회가 있었습니다.

참석자들이 밤마다 100에서 500명이었습니다.

　어머니, 저희에게 최근에 아주 좋은 편지 두 통을 보내셨습니다. 정말 잘 읽었습니다. 어머니의 건강이 확실히 좋아지고 있는 것을 보니 좋습니다. 어머니께서 보내주시는 고향 소식을 하나하나 열심히 읽습니다. 고향에서 일어나는 일과 저희가 너무 떨어지는 것은 아닌지 걱정입니다. 저에게 능력이 세 배, 그리고 배정된 시간이 네 배가 더 많다면 그래서 제가 하고자 하지만 하지 않는 것들에 어떻든 가까이할 수 있으면 좋겠습니다. 저는 꽤 에너지가 있지만, 선교사라는 이 일을 잘할 수가 없습니다. 항상 해야 할 너무도 많은 일 중에서 뭔가를 골라야 합니다. 그리고 하지 못한 일들에 대해서 우리가 무감각해지는 위험이 항상 있습니다.

　생계비 때문에 두 분께서 노년에 근심이 많으시다니 제 마음이 무겁습니다. 그렇게 걱정하시는 것은 제가 보기에 불필요합니다. 이제 자식들이 모두 장성했기에, 두 분께서는 재정을 재조정하셔서 그저 마음 편하게 사셔도 됩니다. 두 분 연세에, 매년 수입보다 훨씬 많은 돈이 아니라, 약간 더 많은 돈을 쓰셔서 가지고 있는 자본이 조금 들어 든다는 것을 걱정하실 필요는 없다고 봅니다. 브리스톨에 다시 번영이 찾아오면, 두 분은 부동산을 최선의 조건으로 파시고 두 분이 맘에 드는 집에 재투자하십시오. 그런데 두 분께서 브리스톨에 사시는 한 지금 집도 좋은 집이며 좋은 부동산이고 두 분에게 어울립니다.

　바크먼이 짐과 함께 일하기 위해 녹스빌에 갔다는 소식을 듣고 기쁩니다. 둘 다에게 이득이 되어야 합니다. 리아도 잘 지내는 것처럼 보입니다. 그래서 저는 하나님께서 우리 가족에게 하신 자비하신 일들을 생각할 때만이 우리가 감사할 이유가 있다고 생각합니다. 우리의 인생에는 걱정과 근심을 일으키는 것이 항상 넉넉히 있습니다. 저는 이곳에서 그런 것을 보게 됩니다. 그러나, 반면에 모든 것이 합력하여 선을 이루게 될 것임을 흔들림 없이 믿게 만드는 것이 더 많습니다.[50] 저는 사역지로 돌아오고 나서 제 믿음에 대한 큰 시련의 시기를 통과했으며 더 많은 시련이 올 것으로 예견합니다만, 한 번에 1년씩만 생각하며 살아가려고 합니다.[51]

두 분 모두에게 사랑을 전합니다. 두 분을 통해서 플로이, 야네프, 그리고 다른 모든 가족에게 사랑을 전합니다.

사랑하는 아들 페어맨 올림

---

50 로마서 8장 28절, "우리가 알거니와 하나님을 사랑하는 자 곧 그의 뜻대로 부르심을 입은 자들에게는 모든 것이 합력하여 선을 이루느니라"
51 선교사들의 사역은 보통 연례회의 이후 1년임. 따라서 힘든 일이 있어도 중장기의 사역에 대한 생각은 하지 않고 해당 년도 사역에 집중하겠다는 의미로 보임.

1916년 5월 9일
한국, 순천

사랑하는 어머님,

연례회의 일시가 1916년 1월에서 1916년 6월로 바뀌어서 저와 매티는 저희 아이들을 위한 옷감을 재단하느라 많은 밤을 보냈습니다. 한 명씩 보면 많은 옷은 아니지만, 다섯으로 곱하면 옷의 수가 쑥 올라갑니다. 매티가 어젯밤에 저에게 자신이 오기 전 어떻게 혼자서 감당해 왔냐고 묻더군요.

저희가 만든 가장 귀여운 옷은 윌리 와일리의 작은 바지가 아래로 보이는 작은 스목(smock)이었습니다. 아기가 입을 정장은 분홍색으로 주름을 넣은 하얀 크레이프(crepe)인데, 그 옷을 입은 아기는 정말 그림 같습니다. 아기는 그 옷을 입고 생일에 처음 공개적으로 모습을 보였는데 모든 이가 그 옷이 큰 성공이라고 했습니다. 남편이 며칠 전 그 애 사진을 한 통 찍었습니다. 어머님께 보내드릴 괜찮은 사진이 있기를 희망합니다. 아기는 너무 많이 데리고 다녀서 아직 혼자 걷지 않고 있습니다. 아기가 기관지염을 앓았기에 저희는 아기를 바닥에 둘 수가 없었습니다. 아기가 몇 마디 하는데, 그중에 "아빠"도 있습니다. 그 애는 아버지를 무척 좋아합니다. 그 아이는 아버지를 좋아하는 유전을 물려받을 기회를 적어도 두 번 가지고 있습니다.[52] 그렇지 않나요?

어린이들을 모두 매티에게 맡기고 남편의 담당 지방에 있는 가까운 교회 중 한 곳에 감으로써 저희는 남편의 생일을 축하해주었습니다. 남편은 세례 문답과 학습 문답을 했으며 이어 성례전을 집행했습니다. 7시 저녁 식사에 맞춰 집에 도착했습니다. 고기는 멧돼지였고, 케이크는 아

---

52 아가의 입장에서 보면 자신이 아버지를 좋아하는 모습은 아버지 프레스톤이 할아버지를 좋아하는 것을 물려받았다는 의미임.

이들이 도와서 만들었습니다.

지난 수요일에는 저희가 아이들을 데리고 해변으로 소풍을 갔습니다. 섬으로 건너가기에 조류가 적당하지 않았지만, 육지에서 좋은 시간을 보냈습니다. 점심 먹고 아이들은 조개를 찾아 돌아다녔습니다. 막내는 잠을 잤고, 남편, 매티, 그리고 저는 『마르네 강가 언덕마루(A Hilltop on the Marne)』[53]를 읽었습니다. 혹시 읽지 않으셨다면, 읽으시면 좋겠습니다. 아주 흥미롭습니다.

잠수함 전쟁에 대해서 독일이 어떻게 할 것인가를 알고 싶어서 저희는 신문을 유심히 읽고 있습니다. 유럽이 대혼란 속에 빠진 것이지요? 저는 미국이 만인과 평화를 이루며 살 수 있기를 바랐습니다만, 가능할 것 같지 않습니다.

오늘, 아일랜드에서 장미와 까치밥나무 주문한 것을 받았습니다. 그것들은 거의 모두가 아름다운 상태입니다. 저희가 있는 곳은 지금 정말 아름다워지고 있습니다. 금요일 아침 남편과 제가 둘 다 바빴습니다만 일부러 시간을 내어 등나무 정자 아래에 앉아서 잠시나마 등나무도 감상하고 둘이 함께하는 시간을 가졌습니다. 마당이 등나무, 모란, 일본 진달래, 하얀 꽃피는 아몬드로 아름답습니다. 정원에는 다윈 튤립, 무릇, 하설초, 하얀 아이리스가 있습니다. 저희는 일본인 전문정원사를 알게 되었는데 그는 때때로 저희 정원일을 해주며 한 시간에 5센트라는 놀라운 금액만 받습니다. 그 정원사가 오늘 와서는 새로운 아이리스를 전부 심었습니다. 남편이 나무 전지와 이런저런 일을 하도록 그 정원사에게 일을 맡겼습니다!

---

53 원제목은 *A Hilltop on the Marne*: World War, 1914-1918, Marne, 1st Battle of the France, 1914. 미국의 언론인이자 작가인 Mildred Aldrich(1853.11.16~1928.2.19)가 프랑스에서 살면서 경험한 제1차세계대전을 미국에 있는 친구들에게 써 보낸 편지들로 구성됨.

저희 일에 너무도 많은 시간을 쓰다 보니 정작 어머님께서 더 좋아지셔서 저희가 얼마나 기쁜지를 말씀드릴 공간이 충분하지 않네요. 건강 잘 챙기십시오. 플로이 아가씨와 야네프 아가씨같이 훌륭한 도우미들이 두 명이 있으니, 잘 돌봄을 받아야 합니다.

플로이 아가씨에게 제가 편지를 정말 잘 읽었고 곧 편지할 거라고 말씀해 주세요.

모두에게 그리고 제니 고모와 짐 고모부에게 사랑을 전합니다. 요즘 모두를 보고 싶은 강한 욕망에 사로잡혀있습니다. 3년은 기다리기에 너무 길어 보입니다.

사랑하는 애니 올림

남편은 10일간 밖에 있습니다만 전화로 연결되는 곳에 있습니다.

1916년 6월 7일
한국, 순천

사랑하는 아버지,

아버지께서 5월 1일 자로 쓰신 저의 "생일" 축하 편지를 기쁘게 받았습니다. 그 편지는 일주일 전에 왔습니다. 그런 편지는 아들이 아버지로부터 받을 수 있는 가장 소중한 유산입니다. 또한, 자녀의 자녀까지 계속 물려줄 만한 가치가 있습니다. 저는 아버지께서 저에 대해서 말씀하신 좋은 것 중 절반도 받을 자격이 없습니다만, 아버지의 편지 덕분에 제가 이상을 좇아 살며 애쓰는 것이 더 쉬워집니다.

제가 어리석은 행동들을 하지 않게 되고 뭔가 가치 있는 것을 성취했다고 하면, 이것은 오직 우리 주 예수그리스도 안에서 하나님의 은총 때문이며, 사랑하는 부모님의 성실하고, 자기희생적인 가정 교육 때문입니다.

저는 한국으로 오면서 제가 해야 할 의무를 하고 있다는 것을 항상 확신했습니다. 이 세상의 끝까지 오기 위해 사랑하는 아버지와 어머니 그리고 가족들을 떠나는 것이 얼마나 큰 쓰라린 이별이며, 얼마나 엄청난 희생인지는 단지 비슷한 경험을 해본 사람만이 진정으로 이해할 수 있겠지만요. 저의 자녀들과도 헤어져야만 하는 때가 곧 다가오기에 세월이 흐른다고 상황이 좋아지는 것이 아니라 더 나빠집니다.

미리암은 곧 11살이 될 것인데 아주 빨리 자랍니다. 아이가 아주 총명하고 기억력도 뛰어나며 가리지 않고 책을 읽습니다. 저희는 자녀들의 교육에 있어서 제대로 된 출발을 하려고 합니다. 그래서 아이들이 길러지는 상황 때문에 어쩔 수 없이 왜곡되거나 뒤처지는 것 말고는 다른 것은 없기를 바랍니다. 저희는 데이비스 선생님의 지도하에 아이들이 이루는 성취에 매우 만족합니다.

저는 아버지와 어머니께서 오래지 않아 저희에게 오실 수 있는 길이 열리기를 바라며 기도하고 있습니다. 참 소란스러운 시대입니다. 그래서 아마도 잠시 기다리며 상황 전개를 지켜보는 것이 좋을 것입니다. 그런데, 저희가 집에 가기까지는 3년이라는 시간이 있으니 두 분이 이곳에 오셔서 아이들과 즐겁게 지내실 때입니다. 그런데 지금 모든 배가 초만원 상태이며, 그래서 그렇게 편하지 않습니다. 호놀룰루를 거쳐서 오는 길은 퍼시픽 메일(Pacific Mail)이 사업을 그만두면서 배가 거의 없습니다. 아마 저희가 내년을 기대하는 것이 좋을 듯합니다. 내년에는 전쟁이 끝나겠죠. 배가 더 많아질 것이고, 비용이 더 저렴해지고 더 편해질 것입니다. 내년은 일본에서 만국주일학교연맹이 열리는 때입니다. 우리 모두가 이 일에 마음을 두고 있는데, 현실로 이루어지기를 바랍니다.

6월 12일

편지를 쓰다가 방해를 받았습니다. 그래서 더 쓸 기회가 없었습니다. 연례회의를 준비하느라 서두르고 있습니다. 이번에는 전주에서 20일에 모입니다. 마차를 타고 육로로 100마일을 갈 예정인데, 아내와 아이들은 그 길의 절반은 자동차를 탈 것입니다. 물론, 만약 우기가 시작되면, 저희는 배와 기차를 이용해서 우회해야만 합니다.

100달러 수표를 동봉해 드립니다. 브리스톨에 있는 퍼스트 내셔널 뱅크(First National Bank)에 있는 제 계좌에 예치해 두십시오. 저는 저의 이름으로 된 이런 작은 계좌의 필요성을 느낍니다.

퍼스트 내셔널 뱅크에서 아버지께 현금으로 드릴 수 있는 25달러에 해당하는 수표도 동봉해 드립니다. 아버지께서 원하시는 대로 아버지의 편안함과 즐거움을 위해서 사용해 주시기 원합니다. 제가 이것을 더 일찍 보내드렸어야 했습니다. 늦어서 죄송합니다. 이 돈이 유용하게 쓰였으면 합니다. 이것은 저희의 사랑을 아주 조금 표현한 것입니다. 저는 이곳에서 사역을 바쁘게 하다가 자식으로서 마땅히 해야 할 것을 못 하는 좋지 않은 예가 되고 있었다는 매우 강한 느낌이 듭니다.

저희 모두 건강하게 지내고 있습니다. 아기는 장 문제로 아팠고, 많이 약해진 것으로 보였지만, 지금은 나아지고 있습니다. 아직 잠을 잘 자지는 못하지만요. 오늘 아침에 데이비스 선생님은 사람 만나러 광주로 갔습니다.

아버지께 그리고 가족 한 사람 한 사람 모두에게 사랑을 전합니다. 이 인사에 아내와 아이들도 함께합니다.

아버지의 사랑스러운 아들 J. 페어맨 프레스톤 올림

1916년 6월 14일
한국, 순천

사랑하는 어머니,

최근 어머니의 정말 좋은 편지들에 대해서 빚지고 있습니다. 그래서 또 하루가 그냥 지나가기 전에, 감사의 말씀을 담아 어머니께 적어도 짧은 편지는 보내드리려고 합니다. 다음 월요일에 저희는 연례회의에 참석하기 위해 떠날 것입니다. 그리고 2주간 무척 바쁠 것입니다.

제 생일에 저를 특별히 생각해 주셔서 참 고맙습니다. 이곳에서 살아가는 불규칙한 삶 속에서, 그런 기념일은 잊어버리기 십상입니다. 그런데 아내와 자녀들이 기념일을 잘 챙겨줍니다. 올해는 제가 아내를 순천에서 10마일 떨어진 어느 가까운 교회로 데려갔는데, 이런 일은 다소 이례적이었습니다.

어머니께서 더 좋아지신다는 것을 듣고 기쁩니다. 주님께 기대시고 그만 염려하시면 어머니께서 꾸준히 좋아지실 것입니다. 후자 즉 염려를 멈추는 것은 대개 전자 즉 주님께 의지하는 것의 결과입니다.

어머니께서 언젠가 편지에서 언급하셨던 놋그릇 두 개를 지난가을 광주에서 만들게 했는데 그것들을 보내드립니다. 그릇을 몇 개 만들게 해서 짐과 아이다에게도 보내려다가 제가 그 놋그릇을 이곳에 너무 오래 두었습니다. 그러다가 놋그릇에 신경을 쓰지 못했고 보내지도 못했습니다. 제 생각에 그 그릇에 관세가 없을 것입니다. 바라시던 크기였으면 합니다.

여기에 저와 아내가 저희 사랑을 담은 작은 징표로 25달러 수표를 동봉합니다. 어머니께서 원하시는 대로 어머니의 편안함과 즐거움을 위해서 사용해 주세요. 이번 여름에 어디론가 잠시 다녀오고 싶으실 수 있다고 생각했습니다.

플로이는 어떻게 지내고 있나요? 저는 오랫동안 플로이에게 편지 쓰는 것을 "포기했습니다." 그런데 어머니나 아버지께 편지하는 시간보다 더 많은 시간을 내기는 어려울 것 같습니다. 플로이의 건강이 좋아지고 있기를 또한 플로이가 가을에 직업을 구하는 것을 계획하고 있기를 바랍니다. 저는 플로이가 집 밖으로 나가고 독립적으로 느낄 만큼 건강과 영성이 좋아지기를 바랍니다.

6월 17일

한 번에 아니면 서너 번에 편지 한 통을 끝마치는 것은 거의 불가능해 보입니다. 너무도 많은 방해물이 있기 때문입니다. 저희 짐을 모두 보냈고, 모레 아침 일찍 출발할 것입니다. 티몬스 의사 부부가 저희와 같이 갈 것인데, 선교부의 다른 사람들은 연례회의를 위해 모두 떠났습니다.

이번 달 장미가 참 좋습니다. 크림슨 램블러, 도로시 퍼킨스, 싸우전드 뷰티스 그리고 새로운 푸른 장미는 모두 감고 올라가는 것들인데 정말 화려합니다. 아내와 코잇 목사는 순천선교부에서 꽃에 열광하는 사람들인데, 이런 장미를 많이 가지고 있습니다.

전주에서 짧은 편지를 드리겠습니다.

저희 모두 어머니를 사랑합니다.

어머니의 사랑하는 아들 페어맨 올림

1916년 9월 18일
한국, 전주

사랑하는 어머니,

지난주 아버지께 편지를 드렸고 이 편지는 어머니께 드립니다. 보시다시피 저는 전주에 있으며 일주일 전에 집을 떠났습니다. 비록 한 달 넘게 집에서 떠나있어야 하는 것을 좋아하지는 않지만, 전주성경학원(Bible Institute)의 사역을 재미있게 하고 있습니다. 저는 지금 성서신학을 가르치고 있는데 다소 어려운 과목으로 전에 가르쳐본 적이 없습니다. 그런데 하루에 두 시간씩 두 개 반을 가르치기에, 너무 힘든 일이 되지는 않을 것 같습니다.

한국의 남쪽에서 하는 우리의 사역은 북쪽에서 이루어지는 사역과 숫자 면에서 비교가 되지 않습니다. 지난겨울 저는 평양에 있는 성경학원에서 한 반을 가르쳤는데 등록생이 66명이었습니다. 이곳 성경학원은 등록생 총수가 60명이 됩니다. 그런데 올해는 겨우 40명입니다. 나중에 사람들이 더 올 수도 있습니다.

성경학원은 사경회(Bible Conference)와 다른데 사경회는 1년에 한 번 10일간 모이고, 성경학원은 한 달간 진행됩니다. 과정은 8년인데 신학교에 갈 수 없는 교회 지도자들과 조사들을 위한 과정입니다.

이곳 전주에 있는 성경학원에 더하여, 광주에도 성경학원이 지금 열리고 있습니다. 제가 광주에 있는 성경학원에서 가르치는 것이 자연스럽겠지만, 이곳 전주선교부에 일꾼들이 부족합니다. 클라크 목사와 맥커첸 목사가 안식년으로 이곳에 없습니다. 저는 뜻하지 않게도 클라크 목사가 가르치던 과목을 가르칠 유일한 사람입니다. 그와 제가 신학교에서 같은 과정을 들었기 때문입니다.

그런데, 혹시 맥커첸 목사 부부를 보셨는지요? 지금 루럴 리트리트에 있을 것입니다. 저희와 그 부부는 아주 좋은 사이입니다.

이번이 제가 전주에서 한 첫 번째 수업입니다. 우리 선교회에서 가장 오래된 사역인 성경을 가르치는 일을 맡게 되는 특권을 즐기고 있습니다. 지금까지 저는 맨 선두에 있으며 제가 할 수 있는 것보다 항상 더 많은 일을 했었고 선교부 외부에서 하는 일을 위해서 선교부를 떠날 수가 없었습니다. 그런데 말하자면 여전히 맨 앞에 있지만, 우리 순천선교부에 사람이 충분해서 저는 처음으로 밖으로 나가서 다른 선교부를 도울 수 있습니다.

제가 집을 나서기 바로 전에, 제가 어머니께 놋그릇 두 개를 보내지 않았다는 사실을 아내가 알려주었습니다. 그 놋그릇을 주문 제작한 것이 거의 1년이 되었습니다. 제가 집에 돌아가고 곧 그것들을 보낼 것이니 물건이 오는지 잘 보고 계십시오. 저는 나이가 들면서 더 자주 잊어버리는 것 같습니다.

저의 시간이 다 되었습니다. 그래서 인제 편지를 마쳐야 합니다. 어머니에게 그리고 가족 모두에게 사랑을 전합니다. 아이다에게서 오는 소식을 간절히 기다립니다.

어머니의 사랑하는 아들 페어맨 올림

1916년 10월 8일
한국, 전주

사랑하는 아버지와 어머니,

저는 내일 이곳에서의 한 달간의 일을 마무리하고 집으로 돌아갑니다. 이곳에서 가르치고, 설교하고, 친구들과 좋은 교제를 나누며 정말 즐거웠습니다. 그런데도 가족과의 이별은 힘들었는데 돌아가게 되어 감사드립니다. 열심히 일했지만 저의 건강은 좋았다는 말씀을 드리게 되어 기쁩니다. 이곳 성경학원에 작년과 거의 비슷한 인원이 출석했습니다. 참석한 남자들은 열심히 공부했습니다.

거의 한 달 전에 집을 떠난 이후 두 분께 어떤 소식도 듣지 못했습니다. 아내가 편지하길 고향에서의 우편이 없었다고 합니다. 새로 태어난 조카[54]에 대한 자세한 소식을 기다리고 있었습니다. 두 분에게 정말이지 바쁘고 초조한 시간이었을 것입니다. 그래도 저희에게 편지하실 시간이 없으셨을까요? 조카가 태어난 것을 알리는 카드를 아내가 동봉해서 보내줬습니다. 지난주 아이다에게 편지했습니다.

이곳에 있는 동안, 저는 전주선교부 모든 가정에서 대접받았습니다. 주로는 테이트 목사 부부, 레이놀즈 목사 부부, 그리고 에버솔(Eversole)[55] 목사 부부 집이었습니다. 윈(Miss Winn)[56] 선교사는 현재 병원에 입원 중인데 심각한 수술을 받았습니다. 지금 호전되고 있습니다. 에버솔 목사 부부는 행복하게 사역하며, 두 사람 모두 아주 건강합니다. 이 부부에 대해서는 브리스톨에 있는 이 부부의 친구들에게 물어보실 수 있습니다.

---

54 Elizabeth R. Warden(1916.8.17~2010.3.25). 아이다의 딸.
55 Finley Monwell Eversole(한국명: 여부솔, 1879.5.28~1967.10.1), Edna Earle Pratt Eversole(1876.2.22~1955.12.28).
56 Emily Anderson Winn(한국명: 위애미, 1883.12.30~1977.1.20).

신입 선교사들 모두 한국어를 잘 습득했으며 사역을 잘하고 있습니다. 신입 선교사에 에버솔 목사와 윈(Winn)[57] 목사가 있습니다.

아내는 조카 메리 부부[58]가 이번 달 20일 내려올 것을 예상합니다. 벨 목사 부부도 옵니다. 저는 19일부터 지도자 사경회와 "부흥회"가 있습니다. 그래서 이번 달은 흥미롭고 흥분되는 일들로 가득 넘칠 것입니다. 저의 가을 순회전도여행은 11월 1일경 시작해서 거의 크리스마스까지 이어집니다.

이번에는 여기서 마무리하겠습니다. 두 분께 소식을 빨리 들을 수 있기를 바랍니다.

모두에게 사랑을 전합니다.

부모님의 사랑하는 아들 페어맨 올림

---

57 Samuel Dwight Winn(한국명: 위인사(魏仁士), 1881.8.27~1954.12.9.)
58 프레스톤 부인 언니의 남편 Mr. Murphy의 첫째 아내(Annie L Miller, 1862~1896)에게서 난 딸 Mary를 말하며 Mary는 John Ker Davis(1882~1969)와 1912년 5월 29일 결혼함. 남편은 중국 선교사 Rev. John Wright Davis(1849.7.25~1917.2.24)의 아들로 1919년 직업은 영사(American Consul)였음.

1916년 10월 16일
한국, 순천

남편이 짧은 편지를 동봉하도록 제가 위의 편지를 계속 가지고 있었는데, 남편이 시간이 없네요. 그러던 중 야네프 아가씨의 매력적인 편지가 도착했습니다.

사랑하는 어머님,

남편은 담당하는 교회 집사들과 옆방에서 모임을 하고 있으며, 지금 그들이 너무 들떠서 이야기하는 중이라 제가 편지를 쓸 수 있을지 모르겠습니다. 남편은 전주에서 한 달간 있다가 지난 화요일에 집에 돌아왔습니다. 남편이 다시 집에 와서 제가 얼마나 기뻤는지 상상이 가시죠. 남편이 너무도 건강하고 살이 쪄서 저는 집에서 사는 것보다 다른 곳을 방문하는 것이 남편에게 더 어울린다는 결론에 어쩔 수 없이 도달하고야 말았습니다. 남편은 공부하고 가르치면서 좋은 시간을 보냈습니다. 그래서 저는 생과부가 된 것을 제가 좋아하지 않는다는 사실에도 불구하고 남편이 전주에 가게 된 것이 정말 기쁩니다.

저희는 아이다 아가씨의 어린 딸에 대한 소식을 몹시 듣고자 합니다. 소식이 없으니 좋지 않은 일이 생긴 것은 아닌지 걱정입니다. 혹시라도 잘못된 일이 있어서는 아니겠지요. 저희는 아이다 아가씨가 어떻게 출산 과정을 보냈는지 그리고 아기는 어떤지에 대해서 알고 싶습니다.

편지하지 않았다는 이유로 누구를 크게 나무랄 권리를 제가 가지고 있지 않다는 것을 알고 있습니다. 제 자신이 편지를 잘 못 쓰는 사람이니까요. 저는 너무 바쁘거나 아니면 너무 피곤해서 편지를 쓰지 못하는 것 같습니다. 오늘 밤 너무도 졸리기에 어머님께 편지를 하는 것은 힘든 숙제입니다. 내일 저녁에 저는 성경을 가르치고 며칠 뒤에는 교회에서 집회가 시작됩니다. 다음 주에는 벨 목사 부부가 저희를 방문하러 옵니다. 그다음에는 메리 부부와 딸[59]이 저희를 방문할 것입니다. 더 일찍 오게 되었었는데 서울과 다른 곳들에서 콜레라가 발생하여 그들은 서리 내리 때까지 기다리기로 했습니다. 순천에는 콜레라가 한 건 있었습니다만 전혀 퍼지지 않았습니다. 그러나, 일본에는 콜레라 환자가 많이 있기에 저희는 익히지 않은 음식은 무엇이건 굉장히 조심합니다.

어머님께서 아이다 아가씨 (또는 아가씨의 남편)가 보내 준 새 정장을 입고 있는 존 페어맨을 보셨으면 좋을 텐데요. 그 아이가 볼 때는 자신이 남자 어른 같은지 자신을 아주 자랑스러워합니다. 아이들이 미국과 어머님에 대해서 엄청나게 이야기합니다. 물론 플로렌스는 아무것도 기억하지 못합니다만 계속 질문 합니다. 아이들은 학교에서 잘 지내고 있으며 매티의 꼼꼼한 가르침의 결과를 보여주고 있습니다. 저희는 안식년 휴가를 갈 때까지 매티를 데리고 있었으면 하는데, 매티는 내년 여름에 고향으로 갈 수밖에 없다고 생각합니다. 매티는 아이들을 정말 좋아하며, 아이들이 제대로 크도록 하려고 애씁니다.

10월 18일

오늘 저녁은 저 혼자만 있습니다. 아이들은 자러 갔고, 매티는 티몬스 부인과 같이 있으며 남편은 교회에 갔습니다. 집회를 인도할 한국인 목사가 오늘 도착했는데, 저희는 그의 설교로부터 커다란 일들이 일어나기를 희망하고 있습니다.

저희의 새로운 마차(surrey)가 오늘 도착했습니다. 시카고에서 순천까지 오는 데 다섯 달이 걸렸습니다. 오늘 조립하지는 않았지만 좋아 보입니다. 정말 이것이 필요했습니다. 오래된 마차(buggy)가 너무 "덜컥거리

---

59 Mary Shannon Davis Roberts(1915.12.14~1993.12.24).

고" 불편하기 때문입니다.

 오늘 오후에 화단에서 잡초를 뽑으면서 운동했습니다. 어제는 일본인 전문정원사와 함께 정원에서 일하며 오후 내내 있었습니다. 그는 저를 위해 다양한 구근 식물을 심어주었는데, 대개는 다른 종류의 백합들이었습니다. 저는 생각이 너무 많아서 정원을 아주 좋게 꾸미는 사람은 되지 못하지만, 이 장소는 매우 예쁩니다. 이곳 산에 일종의 들국화가 있는데, 샤스타데이지와 매우 닮았습니다. 제가 본 꽃 중 가장 아름답습니다. 꽃이 무르익으면 씨앗을 조금 보내드릴 생각입니다. 집의 북쪽 부분에 들국화를 많이 심었습니다. 장미 몇 개가 지금 아름답게 피어있습니다.

 어머님께서 언제 방문하시는지요? 어머님께서 이런 좋은 시간을 저의 아이들과 함께 보내지 못하는 것이 너무도 마음 아픕니다.

 고향에 있는 모든 식구에게 많은 사랑을 전해주십시오.

사랑하는 애니 올림

1916년 11월 29일
한국, 순천

사랑하는 할머니,

건강하시지요. 이번 가을에 아빠와 저만 저희 집에서 감기에 걸리지 않았습니다. 윌리 와일리와 엄마를 빼고 모두 지금 건강합니다. 엄마는 거의 나았습니다.

새로운 손녀가 생기셨다니 아주 기쁩니다. 아이다 고모에게 딸이 태어나서 제가 아주 기뻐한다고 말씀 전해주세요.

오늘 몹시 춥고 북풍이 심하게 불고 있습니다. 포플러가 노란 잎으로 아주 예쁩니다. 많은 잎이 바람에 떨어졌습니다. 몇 개의 장미와 많은 국화가 지금 활짝 피었습니다. 오늘 비록 춥기는 하지만 바깥은 매우 아름답습니다.

사촌 존과 메리가 이곳에 왔기 때문에 추수감사절[60] 전 목요일을 추수감사절로 보냈습니다. 그들은 중국 단둥(丹東, Antung)에 살고 있습니다. 저희가 추수감사절로 보낸 목요일에 부부(BooBoo)가 세례를 받았습니다. 부부는 사촌 존과 메리의 갓난아이입니다. 진짜 이름은 매리 섀넌 데이비스(Mary Shannon Davis)입니다. 정말 귀엽습니다.

애니 섀넌, 존 페어맨, 셋째, 그리고 제가 추수감사예배에서 추수감사절 노래 두 곡을 불렀습니다. 목요일 저녁 사람들이 추수감사절 만찬을 했습니다. 저는 그 시간까지 자지 않고 있었는데, 다 먹고 나서는 곧바로 자러 가야만 했습니다.

윌리 와일리는 정말 귀여운데 말썽을 더 많이 피웁니다. 발꿈치로 서는 법을 배웠고, 식탁에서 물건들을 끌어 내립니다.

---

60 1916년 11월 30일(목)이 미국에서 11월 넷째 주 목요일에 지키는 추수감사절임.

모두에게 저의 사랑을 전해주세요.

할머니의 사랑하는 손녀 미리암 올림

1917년

1917년 1월 13일
한국, 순천

사랑하는 아버지와 어머니,

크리스마스 바로 다음에 편지를 한 통 보낼 수 있으리라 예상했었습니다만 올해는 크리스마스 주간 동안 매일 두 시간씩 특별 영어 예배를 드렸습니다. 예배는 우리가 자체적으로 서로 역할을 맡아 진행해야 했기에 또 다른 한 주가 분주했습니다. 작년에는 정규적으로 기도하는 주간인 1월 첫 주에 이런 예배를 드렸습니다. 그런데 올해는 시골에서의 긴급한 사역 때문에 첫 주에 못 하게 되었습니다. 새해 다음 날 저는 일주일간 집을 떠나있었으며, 지금 다시 저의 책상에 앉아있습니다. 1월 2일부터 매우 추운 날씨입니다. 이곳에서 얼음이 4인치 두께입니다. 여름을 대비하여 얼음을 아주 많이 (얼음 창고에) 넣어두었다는 말씀을 드리게 되어 기쁩니다. 이곳에는 땅에 아직 눈이 없는데 광주에는 눈이 약 30센티 내렸다는 말이 들려왔습니다.

저희는 아주 조용하지만, 많은 아이가 있기에 필연적인 매우 즐거운 크리스마스를 보냈습니다. 크리스마스 나무 축하식에서 비극적인 사건이 있었습니다. (캐서린 롤랜드의 남편) 폴 크레인 목사가 산타클로스였는데, 가짜 수염과 외투 장식물에 아무 생각 없이 솜을 사용했습니다. 그가 처음 선물에 손을 뻗었을 때, 초에 있던 불이 몸에 붙었습니다. 방에 있던 모든 남자가 하나가 되어 노력했음에도 불구하고, 우리가 불을 끄기 전에 그는 상당히 고통스럽게 손과 얼굴에 화상을 입었습니다. 그는 지금 완전히 건강합니다. 우리는 그가 그렇게 얼마 다치지 않고 나은 것에 정말 감사드립니다. 이런 식으로 너무도 많은 참사가 일어납니다.

두 분의 크리스마스 선물 상자가 좋은 상태로 도착했습니다. 아이들이 모든 선물에 기뻐합니다. 이렇게 힘든 시기에 저희에게 이렇게 풍족하게 해주시니 고맙습니다. 아버지께서 보내주신 타이는 아름답고 제가 가장 좋아하는 종류입니다. 야네프가 보내준 달력에 대해서는 곧 감사의 특별한 편지를 보낼 것입니다.

최근 짐에게서 좋은 편지를 받았습니다. 짐 부부는 정말 좋은 집을 가지고 있습니다. 청소하려면 짐이 부지런해야 할 것입니다. 짐이 바크먼에게 참 잘했습니다. 바크먼이 몸을 회복하고 있다니 다행입니다. 바크먼이 감리교도들에게서 "종교를 갖기"를 바라며 나중에 다시 장로교로 돌아와서 계속 장로교도로 살았으면 합니다. 이렇게 하면 감리교와 장로교가 좋은 협력을 발휘할 수 있습니다. 진심으로 말씀드립니다만, 저는 종파주의자가 아닙니다. 교회 구성원에 관해서 제가 정말 관심을 두는 것은 그 사람이 진정한 기독교인이냐 아니냐입니다. 남에게 본보기가 될 만한 사람은 모든 기독교 종파 중에서 너무나 적습니다. 제가 보기에 우리 한국 교회는 앞서 가졌던 열심을 많이 잃어버렸습니다.

새해에는 평화와 넘쳐흐르는 행복만이 있기를 바랍니다.

〔판독 불가〕

1917년 3월 22일
한국, 순천

사랑하는 어머님,

어머님으로부터 직접 소식을 들어서 정말 기쁩니다. 어머님께서 〔판독불가〕에 다녀오신 것이 브리스톨에 남겨진 사람들을 제외하고는 관계된 모든 사람에게 좋은 일이 틀림없었다고 생각합니다.

남편은 치핵을 제거하는 좋지 않은 경험을 막 했습니다. 남편은 수술하고 아주 가벼워 보였기에 자신이 며칠 동안 누워있어야 한다는 것을 믿으려 하지 않았습니다. 그런데 약 일주일 병상에 누워있었고 심하게 고생했습니다. 남편의 문제가 지금 완벽히 좋아지기를 저는 바랍니다. 남편은 치질 때문에 다니는 데 큰 불편을 겪었습니다.

저희는 4월 중순 서울로 올라가서 다니엘 의료선교사 부부를 짧게 방문하고 이어서 평양으로 갈 계획을 하고 있습니다. 남편이 평양의 신학교에서 거의 두 달간 가르칠 것입니다. 저는 평양에서 일주일 또는 열흘 있을 것이고 그런 다음 중국 단둥에 있는 메리에게 일주일 가 있다가 그런 다음 집으로 향할 것입니다. 물론 이런 계획들에는 많은 "만약 ~한다면"이 있습니다. 매티가 이곳 집에서의 일을 다 할 것이고 윌리 와일리만 저희와 함께 갈 것입니다. 연인과 야밤도주하는 듯한 느낌이 들 것 같습니다.

남편은 공부하느라 아주 바쁘며 저는 떠나기 전 할 일이 무척 많습니다. 뜨개질 진도가 잘 나가고 있습니다. 윌리 와일리에게는 굉장히 잘 어울리는 귀여운 짧은 바지가 새것으로 몇 개 있습니다. 남편이 그 아이 사진을 찍겠다고 계속 말합니다.

아이들은 모두 아주 건강해 보이며 좋은 봄 날씨를 만끽하고 있습니다. 어머님께서 저희를 방문하실 수 있다면 얼마나 좋을지요! 오시면서 제 언니도 데리고 오세요. 그러면 저희가 이 세상에서 가장 행복한 사람이 될 것입니다. 언니가 지난번에 아파서 뉴욕에 있는 요양소에 있었다는 말을 들었습니다. 언니가 이곳으로 오도록 제가 노력하고 있습니다.

예배에 가기 위해 옷을 입어야 합니다.

모두에게 사랑을 전합니다.

애니 올림

1917년 4월 26일
한국, 평양

사랑하는 어머니,

한두 가지 일로 오랫동안 어머니께 편지를 드리지 못하게 되었습니다. 첫 번째 일은 시골 사역인데, 이 사역을 하느라 제가 계속 집에서 나가 있어야 했습니다. 다른 일은 이곳에서의 여정을 위한 바쁜 준비였습니다. 오늘은 절반의 휴일을 이용하여 약간의 글을 씁니다.

아내와 제가 17일에 집에서 출발했습니다. 서울에서 며칠을 보내고 이곳에는 23일에 도착했는데, 오자마자 즉시 사역에 뛰어들었습니다. 저희는 윌리 와일리를 데리고 왔으며, 다른 아이들은 매티에게 맡겼습니다. 매티는 용감하게도 학교 일에 더하여, 살림과 집 돌보는 일을 책임지겠다고 해서, 아내가 이렇게 떠날 수 있었습니다. 아내는 이곳에서 일주일간 있다가 단둥에 가서 조카 메리를 방문할 예정입니다. 아내는 5월 중순 정도에 순천으로 돌아갈 계획입니다. 이번에는 아내가 저와 함께하기에 제가 집에서 나오기가 쉬웠다는 것을 어머니께서 믿으셔도 됩니다. 저희는 이것을 "야밤도주"라고 부릅니다. 저희는 이곳에서 벨 목사 부부와 함께 머무르는데 아주 즐겁습니다. 저희는 꽃이 만발할 때 저희 집을 떠났습니다. 이곳의 기후는 순천보다 꼬박 2주 늦습니다.

아내는 저희가 한국에 도착하고 난 다음 해 이후로 이곳에 온 적이 없습니다. 그때는 저희가 장모님과 같이 방문했는데 배를 타고 평양까지 먼 길을 갔습니다. 평양이 너무도 많이 변했기에 같은 곳인지 알아보기 힘들 것입니다. 전에 저희가 이곳에 왔을 때는 성벽이었던 곳이 지금은 아름다운 넓은 길로 되었는데, 저희는 강변을 따라 그 길을 차로 다녔습니다. 성벽은 무너졌으며, 성벽이 있던 자리에 나무가 양옆에 심어진 그 길이 만들어졌습니다. 이런 일이 한국 전역에서 일어났습니다. 몇 년 전만 해도 평양까지의 그 먼 길을 배를 타고 오면서 온갖 어려움을 다 겪었습니다. 이번에는 전차를 탔으며, 식당칸에서 점심을 먹었고, 자동차를 타고 평양선교부에서 올라갔습니다. 이렇게 하는데 서울에서 여섯 시간밖에 걸리지 않았습니다. 전에는 배편 연결이 좋을 때도 이틀이 걸렸습니다. 제 기억에 돌아가던 중 배를 놓쳐서 진남포에서 프랑스 술집의 뒤에 있는 작은 방에서 2~3일간 있었습니다. 지금은 프랑스 술집 자리에 차만 취급하는 호텔 숙소가 있습니다. 데이비스 선생님이 8월에 귀국해야 한다고 확정적으로 저희에게 말했습니다. 어머니께 전에 편지했듯, 이렇게 되면 저희는 아주 난처한 상황에 빠집니다. 저희의 안식년까지 남은 2년 동안 다른 사람을 구해서 이곳으로 오게 하는 것이 저희가 정당하다고 생각할 수 없기 때문입니다. 아내는 캘버트 과정을 따라서 자신이 직접 가르치기로 했습니다. 이렇게 되면 아내의 한국 사역을 약간 줄일 수밖에 없습니다. 아내는 에머슨 부인(Mrs. Emerson)[61]에게 부탁하여 다음 겨울에 살림히는 데 도움을 주라고 할 수 있습니다. 탤미지(Talmage) 목사 부부[62]가 안식년으로 돌아가는데 에머슨 부인은 그들과 함께 돌아가는 것을 원하지 않기 때문입니다. 에머슨 부인은 탤미지 부인의 어머니입니다. 어머니께서 이곳으로 오셔서 저희와 함께 머무르시고, 저희가 안식년으로 돌아갈 때 저희와 함께 돌아가시면 좋겠습니다.

저희는 어머니를 봐야만 하고 저희 집에 모셔야 하는 간절함에 더하여 정말로 어머니가 필요합니다. 어머니는 지금 아이들을 보셔야 하며 아이들과 함께하셔야 합니다. 아이들이 극도로 흥미진진한 나이이기 때문입니다.

---

61 Amelia Janet Gray Emerson(1860.1.18~1927.5.15).
62 John Van Neste Talmage(1884.12.30~1964.9.12)와 Eliza Day Emerson Talmage (1886.8.15~1962.2.19) 부부. Talmage를 이 번역본에서는 '탤미지'로 표기함. '탈미지,' '탈마지,' '탈메이지,' 로 표기한 다른 자료도 있음.

그러나, 이런 전시(戰時)의 불확실성과 고향에서 계획의 불확실성 때문에, 저희는 이 문제를 강요할 수는 없다고 느낍니다. 그저 하나의 가능성으로 제시할 뿐입니다. 맥커첸 목사 부부가 이번 여름에 돌아옵니다. (제 생각에 8월입니다.) 다른 이들도 의심할 바 없이 그 후에 돌아옵니다. 어머니의 여행 경비는 저희가 맡겠습니다. 내슈빌의 실행위원회에 있는 스미스 박사(Dr. Egbert W. Smith)[63]는 선교사의 봉급을 어머니가 받으실 수 있는 (아이들을 가르치는 교사) 자격증 같은 것을 어머니께서 가지고 있는가를 볼 것입니다. 그러나 실행위원회와 관련된 경비는 없을 것을 명확히 해야 합니다.

깊이 생각하시고 무엇을 할 수 있는지 보십시오. 어머니께서 올해에 오실 수 없다면, 내년은 가능한지 알아보십시오. 내년에는 아버지께서 어머니와 같이 오실 방법을 찾으실 수도 있습니다. 물론 저는 이런 일이 짧은 시간에 준비될 수 있는 것은 아니라는 것을 압니다. 바로 이런 이유로 미리 확실한 계획에 따라 움직이는 것이 좋습니다.

저희가 현재로는 지구상에서 가장 조용한 곳에서 살고 있을 가능성이 높습니다. 전쟁 동안 계속 그러리라고 믿을 만한 충분한 이유가 있습니다. 태평양에 잠수함이 있다는 소문이 가끔 있었지만, 모두 거짓으로 드러났습니다. 저희는 태평양은 이 위협에서 계속 자유로울 것이라고 예상합니다. 인도에서 오는 여행자들은 지중해를 통과하기보다는 이쪽으로 옵니다.

4월 30일

편지 쓰는 데 방해를 받았다가 이 편지를 이제 마무리하고 있습니다. 어머니께서 볼티모어에서 보내신 편지가 도착했으며 매우 즐겁게 읽었

---

63 1909년 6월 17일 자 편지 각주 참고.

습니다. 이번 겨울에 정말 즐겁게 지내셨다는 것을 듣고 기쁩니다. 저는 이곳에서의 사역을 즐기고 있습니다. 아내는 모레 단둥으로 떠날 예정입니다. 아내가 말하길 지난밤에 어머님께 편지를 보냈다고 합니다.

아버지의 3월 3일 자 편지를 받았다는 것과 곧 편지드리겠다는 것을 아버지께 말씀해 주세요.

모두에게 사랑을 전합니다. 이 사랑에 아내도 함께합니다.

어머니의 사랑스러운 아들, 페어맨 올림

추신: 어쩔 수 없이 예약을 포기하는 사람들이 있기에 한 달 전에 예약해도 충분하기도 합니다만, 태평양을 오가는 정기여객선에서 최고로 좋은 선실을 구하려면 2~3개월 전에 예약해야 합니다. 〔판독 불가〕 칭찬이 자자한 매티 데이비스가 이 배를 타고 돌아올 것을 예상합니다.

1917년 4월 28일
한국, 평양

사랑하는 어머님,

저희가 드디어 말씀 많이 드렸던 그 여정에 있다는 것을 아시겠죠. 윌리 와일리와 유모 그리고 제가 남편을 따라 평양까지 왔습니다. 저희는 4월 17일 순천에서 출발하여 약 20마일을 운전하여 작은 항구에 도착했습니다. 차로 가는데 정말 좋은 길이었고 날씨도 완벽했습니다. 마산포로 가는 작은 증기선에서 아주 편안한 선실에 있었습니다. 그곳에서 기차를 타고 서울로 갔습니다.

서울에서 저희는 다니엘 의료선교사 집에 손님으로 있었습니다. 방문이 정말 즐거웠습니다. 저희는 항상 어딘가를 다녔는데, 점심 먹으러 가고, 오후 차 마시러 가고, 이런저런 일들을 했습니다. 시골에서 조용히 있다가 아주 기분 좋게 많은 사람과 어울렸습니다. 어느날 남편과 제가 조선호텔(Chosen Hotel)[64]에서 점심을 대접했는데, 이 호텔은 극동지방 전체에서 가장 아름다운 호텔이라는 말을 듣습니다. 저도 그 말을 믿을 수 있을 것 같습니다. 장식이나 내부 시설들이 정말로 좋은 취향을 보여주고 있기 때문입니다.

저희는 서울에서 나흘간 잘 지내고, 평양으로 올라갔습니다. 올라가는 길이 이곳에서 가던 길보다 힘들지는 않았지만, 저희는 주목을 많이 받았고 매우 유쾌한 시간을 보냈습니다. 평양은 제가 본 가장 그림 같은 장소 중 하나입니다. 주변에 아주 고풍스러운 분위기가 있습니다. 이 도

---

[64] 조선총독부는 1912년 부산철도호텔을 시작으로 신의주, 경성, 금강산, 평양 등 주요 철도역과 관광지를 중심으로 철도호텔을 설치함. 경성에는 1914년 원구단 자리에 독일인 건축가 George de Lalande가 설계한 조선 최대 규모의 철도호텔인 조선호텔이 건립됨. (서울역사아카이브, https://museum.seoul.go.kr/archive/NR_index.do)

시를 설립한 사람은 이스라엘에 다윗 왕이 있던 시대에 이곳을 다스리던 기자(Kija)입니다. 오래된 기자의 우물과 그 위에 자라고 있는 오래된 소나무들은 아주 흥미로운 볼거리입니다. 이곳에서 좋은 산책도 몇 번 다니고 차를 타고도 몇 번 재미있게 다녔습니다.

이곳에서의 선교회 사역은 아주 흥미롭습니다. 평양 사람들 사이에서 사역이 훌륭하게 성공하였고, 아주 좋은 기독교를 발전시켰습니다. 여자 선교사들은 모두가 성경학원에서 가르치는 일로 바쁜데, 이 성경학원은 두 달 보름간 지속되며 5년 과정입니다.

이곳에서 외국인 아이들을 위한 학교에서 애틀랜타 출신 크레인(Miss Georgia Crane) 선교사가 가르치고 있습니다. 그런데 그녀는 광주의 윌슨 목사[65]와 6월에 결혼할 것이기에 우리 남장로회 한국선교회 식구가 될 것입니다. 그녀가 어제 제게 말하길 어머님 가족이 디케이터에 사실 때 만났다고 하더군요.

다음 주에 저는 단둥에 가서 메리 부부를 방문할 것입니다. 그리고 선천에서 하루를 보내고 다시 남쪽으로 향할 것입니다. 군산에서 라벌렛에게 잠깐 들르겠다고 약속했습니다. 군산에서 전주나 광주를 거쳐 집으로 갈 것입니다.

저희는 집에 있는 모두가 건강하게 있다는 걸 저희에게 확인시켜 주는 보고를 매일 듣습니다. 아이들은 제가 떠날 때 눈물을 조금 흘렸지만, 매티가 편지하길 현재 모두 건강하며 행복하다고 합니다.

미국대통령 취임식[66]에 대한 어머님의 편지가 무척 흥미롭습니다. 어

---

65 편지에 나오는 Wilson 선교사는 두 명으로, Robert Manton Wilson(1880.1.11~1963.3.27)은 의사, Thomas Edwin Wilson(1886.11.10~1917.9.27)은 목사임. 두 사람은 형제 관계로, Wilson 목사는 1917년 열병에 걸려서 귀국하여 치료받던 중 사망함.
66 1917년 3월 5일(월) Woodrow Wilson(재임: 3.4.1913~3.4.1921)이 미국 28대 대통령으로 취임함.

머님께서 정말 좋은 시간을 보내셨다니 기쁩니다. 정말 좋은 경험이 틀림없습니다.

저는 아이다 아가씨가 가능한 오랫동안 어머님을 붙잡고 싶어 할 거라는 것을 압니다. 저희도 어머니를 붙들고 싶네요. 전쟁이 아니라면 저희는 어머님께 맥커첸 목사 부부와 같이 나와서 저희와 1년 이상을 보내셨으면 하고 떼를 쓸 텐데요.

언니에게서 받은 소식은 정말 낙담스럽습니다. 제가 언니의 최근 소식을 들었을 때 언니가 요양소에 있었는데, 언니가 건강해지는 데는 오랜 시간이 걸릴 거라고 의사들이 생각합니다.

남편은 수업과 위원회 일로 아주 바쁩니다. 식사 시간 말고는 남편을 많이 못 봅니다. 저희는 이곳에서 살림하고 있는 벨 목사 부부의 식객으로 있습니다. 거의 매일 저희는 저녁 먹으러 밖으로 갑니다. 지난밤에는 초대를 세 개나 받았습니다. 이놈의 인기는 참! 존 페어맨에게 지금 편지를 써야만 합니다.

브리스톨, 볼티모어, 그리고 녹스빌에 있는 모든 이에게 사랑을 전합니다.

> 사랑하는 애니 올림

1917년 8월 18일
한국, 순천

사랑하는 아버지,

플로이의 채권(債券)에 대한 이자라고 제가 생각하는 36.22달러에 해당하는 수표를 동봉합니다. 곧 플로이에게 편지할 것입니다. 플로이가 이 빚에 대해서 걱정해야 하는 이유를 모르겠습니다. 그런데 플로이가 일을 해서 벌어도 들어간 돈 이상을 벌지 못한다고 하더라도 플로이가 일자리를 구해야만 하는 이유가 제 눈에는 많이 보입니다. 직업을 가져야 플로이의 유용성뿐만 아니라 마음의 평화에도 크게 도움이 될 거로 생각합니다.

일반적으로 실행위원회에서는 선교사 자녀를 위한 교사에게 출국이나 귀국 중 한 번의 경비를 지급하는 것이 규칙입니다만, 최근에 내슈빌의 실행위원회에서 데이비스 선생님이 귀국하는 여행경비를 지급하지 않겠다고 하여 저희가 큰 충격을 받았습니다. 저희는 실행위원회에 강한 항의서한을 보냈는데, 실행위원회에서 지급하는 데 동의할 수도 있습니다. 그러나 결정이 내려지기 전까지는 아내가 돈을 내야만 했습니다. 이런 상황에서, 어머니께서 올해 이곳으로 오시라는 저희의 제안을 받아들이지 않으신 것이 신의 섭리라고 저희가 생각한다고 아버지께서 믿으실 수 있습니다. 어떻건, 저희는 어머니께서 이곳으로 오시는 것을 명확하게 하지 않으셔서 매우 실망입니다. 태평양에 잠수함 운운하는 것은 다 말도 안 되는 소리 같습니다.

유니온 버팔로(Union Buffalo)에 대한 개서웨이(Mr. Gassaway) 씨의 보고서를 담은 아버지의 편지에 대해서 감사드렸던가요? 그 보고서에 대해서 저희는 매우 만족하고 있습니다. 보고서에 따르면 이번 투자가 괜찮은 상태이기 때문입니다. 저희는 아직 이번 연도에 어떤 배당금이 지급되었는지, 배당금은 얼마인지에 대해 듣지 못했습니다. 아내가 자신의 사업에 대한 어떤 명세서도 솔즈베리에서 얻기가 매우 어렵습니다. 혹시라도 유니온 버팔로 배당금에 대해서 알게 되는 기회가 생기면, 저희에게 알려주십시오. 그러면 저희는 아주 고마워할 것입니다. 아내는 은행에 여전히 2,000달러 정도를 가지고 있습니다.

아버지께서 브리스톨에 있는 아버지의 부동산에 더 많은 집을 짓고 있는 것을 주목하며, 그렇게 하는 것이 좋은 투자로 드러나기를 바라고 있습니다. 저는 그런 식의 투자가 가장 형편없는 수익이 된다는 인상이 있었습니다. 그런데 누구라도 직접 살펴보면서 현장에 있으면 괜찮을 수도 있습니다.

현 상황에서는 야네프가 지역에 있는 대학에서 공부를 해나갈 수도 있겠다고 저는 생각합니다. 아버지께서 그곳에 계시고, 전쟁은 모든 불확실성을 가진 채 계속 진행 중입니다. 플로이는 아직 자리를 잡지 않았습니다. 야네프가 나중에 아그네스 스콧으로 갈 수 있도록 도울 수 있는 위치에 우리가 있을 수 있습니다. 그러는 동안 제가 야네프의 지방 대학 학비를 기꺼이 대겠습니다. 야네프가 제게 편지를 하면 좋겠네요.

저희는 "카이저(Kaiser)"에 관한 카드에 매우 흥미를 느꼈습니다. 정말 독창적입니다. 그 카드를 보고서 『리터러리 다이제스트』[67]에서 봤던 카드가 떠올랐습니다. 제가 그것을 손에 넣을 수 있으면 잘라서 동봉하겠습니다.

저희는 아주 메마른 봄과 여름을 지냈습니다. 몇 주간 국지적인 기근이 있었습니다. 쌀농사는 가망 없어 보였습니다. 그런데 약 10일 전에 비가 충분히 와서 상황이 좋아졌습니다. 저희 텃밭이 지금까지 본 것 중 가장 형편없습니다. 미국에서 제공되는 식료품을 더 이상 구할 수

---

67 *The Literary Digest*. 미국 뉴욕에서 1890~1938년간 발행된 주간 잡지.

없을 것처럼 보입니다. 그래서 미국에서 오는 식료품 없이 어떻게 살아갈지 바쁘게 생각했습니다. 다행히, 저희는 몇 달간 이 문제를 해결하려고 노력했고, 거의 전쟁 수준으로 살아가고 있습니다. 밀가루가 저희에게 가장 심각한 문제일 것입니다. 저희는 이곳 저희가 있는 곳에서 키우고 빻은 통밀로 괜찮은 비스킷은 만들지만, 한국의 밀로는 만족스러운 가벼운 빵을 만드는 것은 어렵습니다. 파운드당 약 9센트가 넘는 돈으로 홍콩에서 만들어진 괜찮은 입자가 굵은 설탕을 도매로 구할 수는 있습니다. 지금까지 유연탄에 톤당 6.75달러를 냈습니다만 유연탄이 훨씬 비싸질 것으로 예상합니다. 저희가 먹는 버터도 저희가 직접 만들어야만 합니다. 〔다음 장 없음〕

1917년 9월 24일
한국, 순천

미국 뉴욕 이스트 리버(East River) 60, 70 St.
해먼드 타자기 회사
매니저 브룩스(Mr. A. P. Brooks) 씨에게

매니저님,
　매니저님이 8월 8일 자로 보낸 서신을 받았는데 저의 타자기를 10달러의 비용으로 아주 좋은 상태로 만들고 만족스러운 결과를 얻을 수 있을 것이라는 내용이었습니다. 따라서 저는 당신이 이 가격으로 진행하여 고치실 것을 승인합니다. 당신의 편지를 보면 이 비용에 새로운 나르개도 포함되는지 어떤지 알 수가 없습니다. 그러니 좋은 결과를 얻기 위해서 이것도 필요하다면 저는 당연히 포함되어 있다고 생각합니다. 그런데 이 비용이 추가되지 않았다면 추가해 주십시오.
　당신의 서한에 답하면서, 저는 지난번 보내드린 편지에 이 타자기에 대한 교환 비용을 당신께 요청하지 않았다는 것을 말씀드립니다. 제가 이 타자기를 4년간 소유하고 있었지만, 이것을 실제 거의 사용하지 않았습니다. 사용을 얼마나 했냐가 아니라 얼마나 연식이 되었느냐에 따라 교환가가 달라지기에, 제가 보기에는 교환하는 것이 이득이 되지 않을 것 같습니다. 이 타자기는 구형 타자기만큼 잘 쳐진 적이 없습니다. 저는 이 타자기를 사며 구형 타자기를 버려버렸습니다. 당신이 이 타자기에 만족스러운 작업을 할 수 있다면 저는 기쁠 것입니다. 제가 다른 타자기보다 해먼드를 항상 선호하고 있으니까요. 그런데 만족스럽게 되지 않으면, 저는 기꺼이 이 타자기를 버리겠습니다. 그러는 동안, 좋지 않은 타자기에 엄청난 돈을 들이붓지는 않을 것입니다. 스무스 셔틀 앤빌(smooth

shuttle anvil)에도 문제가 있다는 것을 당신이 말하는 것에도 주목합니다. 그것 때문에 제 타자기가 문제일지도 모르겠습니다. 그런데 구형 타자기들에서는 그런 문제가 없었습니다.

어찌 되었든, 이 타자기를 조정과 점검을 위해 공장에 입고되도록 보내게 된 기회를 기쁘게 생각합니다.

앞선 편지에서 명시했듯이, 타자기를 수리하시고 저의 아버지에게 보내주십시오. 주소는 Rev. S. R. Preston, D.D., #412 Spencer St., Bristol, Va입니다. 청구서를 제시하시면 아버지께서 당신에게 비용을 보내드릴 것입니다.

1917년 9월 27일
한국, 순천

사랑하는 아버지,

제가 타자기를 점검하고 수리해달라고 타자기 회사에 물건을 보냈는데, 저의 타자기에 대한 해먼드 타자기 회사에서 온 편지가 있습니다. 중요한 정보를 담고 있는 이 편지의 후반부와 이 편지에 대한 저의 답장을 동봉합니다. 아버지께서 이것에 대해 지급할 충분한 저희 명의로 된 돈을 가지고 계실 것으로 여깁니다만 그렇지 않다면 세금 또는 앞으로 지급할 것을 염두에 두시고, 저에게 즉시 알려주십시오. 그래서 아버지께서 필요하신 것에 대한 비용을 제가 송금할 수 있게 해주십시오.

그 회사의 편지를 보면 (새것으로 교체해야 할) 나르개가 10달러에 포함되는지 아니면 추가 비용으로 되는지 알 수가 없습니다. 그렇지만 제가 그들에게 어쨌건 보내라고 승인했다는 점을 주목해 주십시오.

이번 해먼드 타자기는 저를 만족시킨 적이 없습니다. 상대적으로 거의 사용되지도 않았고요. 제 생각에 회사가 그 타자기를 좋게 고쳐놓을 가능성이 아주 높습니다. 아버지께 보내달라고 하였다는 것을 주목해 주세요. 제 생각은 저희가 안식년으로 돌아갈 때까지 그 타자기를 아버지께 두는 것입니다. 아버지께서 타자기가 없으시면 그것을 자유롭게 쓰셨으면 합니다. 달리 수리해야 할 필요가 있으면, 그것에 대해서 제가 비용을 지급하겠습니다.

아버지께서 앞서 보내신 편지는 7월 16일 자였습니다. 저는 플로이의 이자에 해당하는 수표를 동봉해서 최대한 신속하게 답장했습니다. 새로운 소식이 담긴 어머니의 편지가 며칠 전 도착했습니다. 아버지께서 건강이 그렇게 좋지 않으시다니 마음이 아픕니다. 무더운 계절에 과로하신 것은 아닌지 걱정입니다. 건물을 짓는 일은 어느 때건 매우 분통을 터트리게 하는 일이며 인내력을 시험하는 일입니다. 저는 4년 전에 건물 짓는 것을 과도하게 했으며, 그 일에서 완벽히 회복하지 못했습니다!

플로이가 자리를 잡았다니 기쁩니다. 플로이가 선호하는 것만큼 좋지 않다는 것은 틀림없습니다. 그런데 플로이가 첫 시작을 한다면 중요한 것은 이루었다고 저는 생각합니다. 리치먼드는 살기 좋을 것입니다. 저는 플로이가 그곳에 가게 되어서 기쁩니다.

씨튼(Seaton)[68]이 입대했다는 것을 듣고 정말 안타까웠습니다. 나이 든 아버지의 외아들이기에 면제를 요청할 수 있었으면 했는데요. 면제를 요청했다면 기꺼이 승인되었을 것을 저는 의심하지 않습니다. 지금도 저는 씨튼이 전방에는 나가지 않기를 바랍니다. 현 상황에서 씨튼이 위험을 무릅쓰지는 않을 것이라 생각합니다.

둘째 큰아버지(Uncle Jim)[69]에게 저의 특별한 사랑을 전해주세요. 둘째 큰아버지를 많이 생각하며 편지도 드려야 하지만, 이곳에서는 저희가 아주 다른 시간의 속도에 실려서 제가 할 일을 포기하게 됩니다. 이곳에서 뭐라도 하는 데 너무 오래 걸립니다. 동양인들은 너무도 느리고 생각이 많아서 매일 반복되는 일을 하는 데에 한 사람의 시간과 에너지를 다 써버립니다. 6월 이래로 다른 곳으로 다니지 않았습니다. 그런데도 책상에서 밀린 일을 할 시간을 찾기가 불가능합니다. 둘째 큰아버지에게 생일 축하 편지를 드리려고 합니다만 이것을 말씀하지 마십시오. 제가 실망할지도 모르기 때문입니다.

저희 가족은 윌리 와일리의 병 때문에 지난 몇 주간 아주 많이 낙심했습니다. 바닷가[70]에서 돌아오고 난 후, 그 아이는 아메바성 이질 증세를

---

68   Seaton은 프레스톤 목사의 둘째 큰아버지 James Brainard Preston(1845.12.3~1922.10.21)의 외아들. 1910년 6월 26일 자 편지 참조. 이 편지의 추신에 Seaton의 졸업식이 언급됨.
69   James Brainard Preston(1845.12.3~1922.10.21). 입대하는 Seaton의 아버지.
70   초승달 해변이라고 말한 곳.

보였고 이 병에서 아주 천천히 회복되고 있습니다. 아기는 여름이 시작할 때부터 아팠고 지금은 거의 뼈만 남은 상태입니다. 저희 생각에 아기는 꾸준히 나아지고 있습니다. 저는 아내와 교대로 직접 음식을 준비하면서 아기에게 개별적인 관심을 많이 쏟고 있습니다. 저희는 앞으로 한 달 이상을 아기에게 특별한 관심을 기울여야만 합니다.

아내는 아이들을 가르치는 어려운 일을 용감하게 해내고 있습니다. 저는 제가 집에 있는 한 존 페어맨과 플로렌스를 가르치는 일을 맡습니다. 해보니 뭐라도 만족스러운 것을 이루려면 매일 아침 약 3시간씩 열심히 해야 하더군요. 아내가 네 아이를 어떻게 다 가르쳐낼 수 있을지 저는 모르겠습니다. 존 페어맨에게 요구되는 일을 다하게 하려면 매 순간 누군가가 그 아이 뒤를 줄줄 따라다녀야만 합니다. 작년에 존 페어맨은 해야 할 것의 겨우 절반만 했으며, 올해는 그때 못한 절반을 끝내는 것 이상은 못 할 것 같습니다. 플로렌스는 캘버트 과정의 1학년을 막 시작하고 있으며, 존 페어맨은 1학년의 절반을 끝냈고, 애니 섀넌은 2학년을 마쳤습니다. 미리암은 4학년을 시작하고 있습니다. 모두 총명합니다. 그래서 어린 자녀들은 몰아붙이지 않는 것이 좋을 것 같습니다.

저는 건강이 점차 향상되었습니다. 약간의 신경과민 말고는 괜찮습니다. 앞으로 3주간은 순회전도여행을 시도하지 않을 것입니다. 이곳 10월의 태양이 종종 아주 뜨겁기 때문입니다.

어머니의 편지를 보니 아버지께서 이번 가을에 애틀랜타에 가실 수도 있다고 합니다. 이번 가을과 겨울은 건물을 짓느라 브리스톨에 계시는 것을 저는 당연히 여기고 있었습니다. 저희는 야네프가 20살이라는 어머니의 말씀에 다소 놀랐습니다. 정말 믿기 힘들더군요. 제가 지난번 드린 편지에서 야네프의 교육에 대해서 아버지께 잘못된 조언을 드렸습니다. 그런데 제가 보기에 모든 상황을 고려하면 올해에 야네프를 아그네스 스콧에 보내는 것은 거의 불가능합니다. 물론 아버지께서 애틀랜타에 가실 수 있다면 이 문제는 새롭게 볼 수도 있을 것입니다.

  이곳 소식을 조금 전해드릴게요. 10월 말이 되면 새로운 의사가 이곳에 올 것이라는 것을 기쁜 마음으로 전해드립니다. 이름이 로저스(Rogers)인데 버지니아 어딘가에서 온 사람이고, 아버지가 목사이고, 노스캐롤라이나 샬럿 출신의 젊은 여성과 막 결혼했다고 합니다.[71] 이곳에 한국인 의사 한 명만 있어서 다소 불안한 시기가 있었습니다. 아픈 아이가 여행하는 것이 가능했다면 아내와 아이를 서울로 보냈을 것입니다.

  저희가 마땅히 해야 할 것보다 더 자주 편지를 하지 않으면 "어린 닭 한 마리뿐인 어미 닭처럼 바쁘다"는 이유 때문입니다. 야네프에게 여기 있는 하인 두세 사람을 보내면 좋을 것인데요.

  막내 고모 부부[72], 둘째 큰고모 부부[73]를 포함하여 모든 이에게 사랑을 전합니다. 이 편지를 받으실 때 아버지께서 다시 건강해지셨으면 합니다.

                아버지의 사랑하는 아들 페어맨 올림

---

71 James McLean "Bargie" Rogers M.D.(1892.2.14~1967.1.9). Mary Dunn "Ummie" Ross(1894.10.18~1960.5.9)와 1917년 6월 7일 결혼함. 1917년 10월 미국에서 순천으로 출발함.

72 Jennie Fairman Newman(1856.11~1920?)와 Thomas James Newman(1844.3~1924.10.11) 부부.

73 Sarah Eleanor "Ellen" Preston Bailey(1843.10.21~1927.6.19)와 David Flournoy Bailey(1845.1.23~1922.10.30) 부부.

1917년 11월 16일
한국, 순천

사랑하는 아버지와 어머니,

제가 예상했었던 것보다 이틀 앞서 순회전도여행을 마치고 돌아왔습니다. 저는 다음 주 첫날에 10일간 또다시 나가야 합니다. 그래서 이틈을 이용하여 부모님께 너무도 늦어버린 편지를 보내드립니다.

우리 미국남장로회 한국선교회 선교 25주년을 맞아 전주로 간 일을 크게 즐겼습니다. 아니 그 행사를 즐겼습니다. 그 여정은 4일 간의 힘든 여행이었습니다. 제가 아프고 나서 처음으로 하는 긴 여행이었기에, 여행하며 저는 거의 기진맥진했습니다. 한국 날씨치고는 유례없이 차가운 날씨가 일찍 찾아왔습니다. 제가 전주를 떠날 때 땅은 눈으로 하얗게 뒤덮여 있었습니다. 전주선교부는 극진한 환대를 했습니다. 보고서들은 좋았습니다. 우리 한국선교회가 아닌 다른 곳에서 온 선한 손님들 중 일부가 선교 25주년에 함께하여 자리를 빛내주셨습니다. 제가 한 복음사역에 관한 저의 보고서를 제대로 작성하자마자 사본을 한 부 보내드리겠습니다. 이 보고서를 너무 서둘러 작성하다보니 속기로 기록한 회의록에서 보고서의 대부분을 읽어야 했습니다

두 분께 지난번 편지를 드린 후에, 아주 흥미로운 경험을 했습니다. 10월 후반부의 어느날 윌슨 의료선교사와 제가 마차를 몰고 나병원을 짓기로 한 곳을 찾아갔습니다. 저희는 꿩을 좀 보기를 희망하며 산탄총을 가지고 갔습니다. 큰길로 7, 8마일 갔을 때, 이웃 마을에서 곰이 목격되었다는 말을 들었습니다. 저희는 그 말을 믿지 않았습니다. 이쪽 지역에서 곰을 본 적이 없었기 때문입니다. 그런데 길을 더 가다 보니, 바로 계곡을 가로지른 곳에서 많은 사람이 그 곰과 싸워서 졌다는 것을 알게 되었고, 사람들은 우리더러 그곳에 가서 도와달라고 강하게 말했습니다. 총에

산탄 총알이 한 발 장전되어 있었지만, 나머지는 보통 총알이었습니다. 그런데도 우리는 그곳으로 갔고 마을 바로 뒤에 있는 대숲에 그 곰이 있는 것을 봤습니다. 작은 곰이라고 생각하고 윌슨 의사가 즉시 뛰어들어서 30야드 거리에서 한 발 있는 산탄 총알을 발사했습니다. 저는 울타리가 뚫려 있는 곳에 자리 잡고 있었습니다. 윌슨 의사가 쏜 총알은 그 곰에게 영향을 끼치지 못했고, 곰은 대나무숲을 뚫고 나와서 약 20야드 떨어져 있던 제 앞을 지나쳤습니다. 저는 윈체스터 리피터(Winchester Repeater)를 발사했는데, 곰에게서 나는 화난 소리를 제외하고는 총알은 곰을 어떻게 못 했습니다. 재빨리 곰의 어깨 뒤에 총을 쐈더니 곰이 저에게로 고개를 돌렸습니다. 그때 제가 그 곰의 얼굴에다 쐈습니다. 그러자 곰이 다시 윌슨 의사에게로 향했습니다. 그는 곰이 약 10야드 정도 올 때까지 기다린 다음에 머리를 정통으로 맞췄습니다. 그러자 그 곰이 죽었습니다. 나중에 자세히 살펴보니 꿩사냥용 총알은 곰의 피부를 뚫지도 못했는데, 마지막 총알만이 머리에 구멍을 냈습니다.

곰이 쭉 뻗은 후에, 우리는 아주 어려운 상황이었다는 것을 깨닫기 시작했습니다. 곰은 발끝에서 머리끝까지가 7피트였으며 무게가 350파운드 나간 아주 큰 놈이었습니다. 곰을 잘라서 무게를 재야 했는데, 저는 위의 결과가 정확하지 않다는 것을 확신합니다. 그 곰을 마차까지 운반하는 데 12명의 남자가 필요했고, 마차의 스프링이 혹시라도 망가질까 봐 우리는 걸어야만 했기 때문입니다.

우리는 곰과 싸우다가 심하게 상처 입은 다섯 명의 남자가 마을에 쭉 뻗어있는 것을 보고 우리가 참 무모했다는 것을 다시 깨달았습니다. 두 명은 팔이 부러졌고, 모두가 심하게 물렸습니다. 우리는 그들을 모두 병원으로 보냈습니다. 그중 70이 넘은 사람은 사망했지만, 나머지는 모두 회복되었습니다. 그 노인은 도망가다가 넘어졌는데 곰이 그 사람을 끔찍하게도 물어뜯어 버렸습니다. 그들 네 명의 사냥꾼은 곰을 한국인들의 창과 농기구로 공격했는데, 그중 누구도 총이 없었습니다. 우리는 마을 사람들에게 고기의 절반과 (의학적으로 사용되는 것으로 가장 값비싸게 여겨지는 부분인) 웅담(熊膽)을 줬습니다. 가죽은 우리가 가졌습니다. 우리는 [판독 불가]. 몇 개의 사진을 찍었습니다, 사진사로부터 인화된 것을 받게 되자마자 사진 한 장을 보내드리겠습니다. 이 사건으로 지역이 떠들썩했고, 수백 명이 곰을 보려고 몰려들었다는 것은 덧붙일 필요가 없습니다. 곰은 이 지역에서 드문 것입니다.

곰 이야기 하나 더 해드릴게요. 그 사건이 있고 약 10일 뒤에, 저희 집에서 훤히 보이는 논에서, 저희 집 앞문에서 약 2마일 떨어진 곳에, 몇 명이 나락을 베고 있었습니다. 그때 그들 앞에 크고 검은 동물이 몸을 일으켰습니다. 멧돼지라고 생각하면서, 사람들이 낫을 가지고 공격했습니다. 그런데 곰이었습니다. (또 수컷이었지요) 곰은 공격하던 약 서른 살이 되는 남자를 쓰러뜨리고 물어뜯은 다음, 다시 누웠습니다. 순천에서 사냥꾼 무리가 서둘러와서 그 곰을 사냥했는데, 우리가 죽였던 곰의 크기에 훨씬 못미쳤습니다. 공격받은 남자는 병원으로 옮겨졌지만, 그곳에서 죽었습니다.

오늘 또 다른 곰이 근처에서 목격되었다는 소문이 있습니다. 왜 곰들이 산에 있는 집을 두고서 내려오는지 우리는 모릅니다. 어찌 되었든 우리는 한국에서 본 가장 큰 사냥감을 사냥하는, 손에 땀을 쥐게 하는 경험을 했습니다. 분명한 것은 그 불쌍한 한국인들은 욕심 때문에 제대로 판단하지 못했습니다. 멧돼지였다고 해도 상황이 더 좋지 않았을지도 모릅니다. 멧돼지들은 크고 아주 사나우며 방해가 되는 사람을 종종 죽이기도 합니다. 저는 멧돼지나 호랑이를 사냥한 적이 없습니다. 제가 소총을 쏘지 않기 때문이며 산탄총으로 멧돼지나 호랑이를 어찌 해보는 것은 만족스럽지 않은 일이니까요.

이 편지는 크리스마스 근처에 부모님께 도착할 것입니다. 저희의 사랑과 새해 인사를 이 편지에 담아 보냅니다. 크리스마스의 시간을 두 분과 함께 보내는 큰 혜택을 저희가 누렸으면 좋겠고 그렇게 시간을 보낸다면 우리 모두에게 얼마나 큰 의미가 될지 생각해 봅니다. 지금부터 2년 후에 있을 크리스마스를 기대합니다. 그때는 온 가족이 다시 모이는 것을 우리가 계획해야만 합니다. 온 가족이 모이기를 희망합시다. 그리고 그것을 위해 지금부터 계획합시다. 크리스마스 선물로 무엇이 가장 적합할지 저희가 생각해 봤습니다. 어머니는 "용돈"으로 쓰시도록 수표를 드리거나 일종의 정기간행물이 좋을 것으로 결론지었습니다. 이렇게 먼 거리에서 어떤 것을 좋아하실지 모르기에, 저희는 그 용도로 어머니의 수표에 5달러를 포함합니다. 다른 것을 원하신다면 저희는 같은 마음입니다.

직계가족들 한 명 한 명에게 적어도 짧은 편지글이라도 쓸 시간이 있으면 합니다. 그런데 이 시기에 제가 얼마나 바쁜지 아시지요. 제가 실망할지도 모르니, 이 편지를 회람해 주십시오. 이 편지에 모두에게 크리스마스 인사를 전하며 사랑하는 마음을 전합니다.

어머니께서 제가 드릴 말씀을 좋아하실 것입니다. 며칠 전에 플로렌스가 아침 밥을 먹으면서 집에서 만든 음식을 한 톨도 남김없이 먹고는 "후버(Mr. Hoover)[74] 장관님이 저를 크게 나무라지는 않을 거예요!"라고 했습니다. 우리 모두 이곳에서 우리 역할을 하려고 노력합니다. 그런데 너무 비현실적이고 너무 멀게 느껴집니다. 그는 이 나라가 어떤 것을 겪는지 제대로 알지도 못합니다.

모두에게 사랑을 전합니다. 아내와 아이들과 같은 마음입니다.

부모님의 사랑하는 아들 페어맨 올림

---

74 미국 The United States Food Administration (USFA)의 책임자. 이 부서는 제1차세계대전 기간 식량의 생산, 분배, 저장을 관장한 독립적인 연방정부 부서로 1917~1920년간 운영됨.

1918년

1918년 1월 2일
한국, 순천

사랑하는 할아버지와 할머니께,

보내주신 예쁜 카드 정말 감사드립니다. 미국에서 하실 일도 많으실 터인데 이번 크리스마스에 저희를 기억해 주시니 참 고맙습니다.

오늘은 평상시처럼 바람이 심합니다. 어젯밤에는 눈이 내렸는데 지금은 거의 모두 녹았습니다.

저희 가족 모두가 적십자에 가입했습니다. 아버지와 어머니는 평생회원입니다.

그저께 아버지께서 한 방에 까마귀 세 마리를 잡으셨습니다. 까마귀들이 너무 많이 몰려 있었기 때문입니다. 까마귀들이 콩을 먹고 있었습니다. 이 일로 까마귀들이 최고로 난리법석을 떨었습니다. 약 한 시간 동안 까마귀들이 까악까악 하면서 날아다녔고, 새로 오는 까마귀들에게 그 사건을 말했습니다.

일본인들이 새해 이후 항상 취해 있기 때문에 저희는 오늘 어떤 우편이든지 받을 수 있을 거라고 생각하지 않습니다. 오늘은 카드를 원하는 장소는 어디건 내놓은 카드 상자에 일본인들이 카드를 남겨두며 종종걸음으로 다녔습니다. 나머지 시간 동안 그들은 취해 있고, 다음 날도 취해 있습니다.

저희 편지는 전부 검열관이 열어봅니다. 로저스 의사선생님이 받은 지폐 때문에 한창 웃었습니다. 검열관은 자신이 그 편지를 열어봤었다는 것을 우리가 알기 원한다고 말했습니다.

지금 장례 행렬이 지나가고 있습니다. 한국인의 장례식인지 일본인의 장례식인지는 모릅니다.

    순천선교부에서 게츠(Getz's)에 연례회의에 쓸 물품을 주문했습니다. 주인은 허가를 얻기 전에는 우리가 주문한 주요한 모든 것을 보내줄 수 없다고 합니다. 연례회의에 맞춰 주문한 것을 받게 될지 아닐지 저희는 모릅니다.

    많은 사랑을 보냅니다.

미리암 올림

    저의 서투른 글과 틀린 철자를 예쁘게 봐주세요.

1918년 2월 12일
한국, 순천

사랑하는 야네프 고모,

고모가 무엇에 관심이 있는지 몰라서 무엇을 써야 할지 모르겠습니다. 최근에 날씨가 아주 좋았는데, 오늘은 다소 춥네요.

아버지께서 며칠 전 사슴 한 마리를 사냥했습니다. 전에도 한 마리를 사냥했었는데 찾을 수가 없었습니다. 이번에는 개가 발견했습니다. 정말 맛있고 부드러웠습니다. 아버지께서 멧돼지를 가져오셨는데 정말 좋습니다. 아버지께서 직접 멧돼지 한 마리를 잡으시려고 합니다.

저는 큰 말을 타는 법을 배우고 있습니다. 그리어 선교사님이 우리 말을 타고, 저는 코잇 목사님의 말을 탑니다. 저는 우리집 말이 무섭습니다. 그리어 선교사님은 텍사스 출신으로 우리집 말을 무서워하지 않습니다. 가을에는 테니스를 배우고 있었습니다. 그런데 추워져서 사람들이 코트에 줄을 그으려고 하지 않습니다. 그래서 봄까지 기다릴 것입니다.

어제는 한국의 새해였습니다. 우리는 하인 모두를 쉬게 해주고 대신 우리가 일을 했습니다. 유모가 와서는 잠자리를 준비해 줬습니다. 유모가 생각하기에 자기가 없으면 우리가 잘 지낼 수 없기 때문인데, 유모의 생각은 거의 맞았습니다.

강[75] 건너 마을에 있는 집 두 채가 어제 불타버렸습니다. 마을 전체가 불타는 것은 아닌지 우리는 걱정했습니다. 불타 버린 집에 사는 사람들에게는 아주 행복한 새해가 아니었습니다. 그들의 많은 식량이 불타버렸

---

75 순천 시내를 흐르는 동천을 의미함. 전라북도 전주시 도심을 북서쪽으로 가로지르는 전주천을 선교사들이 강으로 표현하였듯 동천을 강(river)으로 표현함. Mrs. Ada Hamilton Clark의 "Beautiful for Situation"(*The Missionary*, June 1910, pp. 300~301)을 보면 전주천을 "little river"로 표현함.

습니다.

고모 근처에 군인 캠프에 관해서 말씀해 주실 수 있어요? 그러실 수 있으면, 저에게 편지를 해주시고 그것에 대해 말씀해 주세요. 검열관이 좋아하지 않을 수도 있어요. 그리고 원한다면 잘라낼 수도 있겠죠. 검열관은 우리가 미국인이기에 우리 편지는 어떤 것도 아직은 자르지 않았습니다. 거기다 사람들이 우리에게 쓰는 내용에 대해서 우리가 알 수 없는 것은 하나도 없습니다.

로저스 의사선생님은 언젠가 자신의 팔에 총을 쐈기에 징집되지 않았습니다. 그 총은 떨어져서 계단을 지나 밖으로 나갔습니다. 로저스 부부는 지금 다른 선교부들을 방문하고 있습니다.

그리어 선교사님의 안식년이 올해 예정입니다. 그런데 기다렸다가 내년에 우리와 함께 가려고 합니다. 그분 말씀이 내년이 되면 그분이나 저나 덩치가 같을 것이라는데 저는 모르겠습니다. 그분은 저보다 훨씬 큽니다.

고모처럼 제가 자주 편지를 쓸 수 있으면 좋겠습니다. 줄이 쳐지지 않은 종이에 어떻게 사람들이 줄 맞춘 듯 글씨를 제대로 쓰는지 모르겠습니다.

사랑하는 미리암 올림

추신: 제가 그냥 야네프라고 이름을 불러도 되나요? 야네프 고모라고 해야겠죠.

1918년 3월 5일
한국, 순천

사랑하는 할머니께,

할머니께서 아프시다니 참 안타깝습니다. 곧 건강을 되찾으시길 바랍니다. 이곳에 오셔서 저에게 뜨개질하는 법을 알려주시면 좋을 텐데요. 오시면 함께 아주 좋은 시간을 보낼 것 같아요.

오늘 참 아름다운 봄 날씨입니다. 어제는 많이 필요로 했던 비가 내렸습니다. 저희 크로커스(crocus)를 보실 수 있다면 좋겠습니다. 아름답습니다. 계단의 남쪽에 있는 화단에 있습니다. 크로커스는 그곳에서 북쪽에서 오는 바람으로부터 보호를 받아 맨 처음 핍니다. 자주색 크로커스는 아직 피지 않았습니다. 엄마는 자주색 크로커스가 항상 맨 마지막에 핀다고 말합니다. 엄청나게 많은 구근식물이 모습을 보였습니다. 일요일에 산에서 두 개의 할미꽃을 발견했습니다. 할미꽃은 아네모네의 일종입니다. 한국 사람들은 아네모네를 할미꽃이라고 하는데, 꽃이 지고 열매가 될 때 하얀 털, 다른 말로 하얀 명주실이 있기 때문입니다.

한 곳에서 다른 곳으로 가려면 여권을 가지고 있어야만 합니다. 로저스 의사선생님 부부가 서울에 있을 때, 서울에서 독일 간첩들이 잡혔다고 합니다. 바로 지금 한국에 독일 간첩이 있다는 것을 알고 몹시 흥분되었습니다. 저도 간첩을 제 손으로 잡고 싶습니다. 그러면 정말 흥분되지 않을까요? 경찰서장이 각 가정에 여권을 줄 것이라 저희가 이곳에서 저곳으로 이동하는 데 어떤 불편함이 없을 것입니다.

아버지와 크레인 목사님이 토요일 시골로 갔습니다. 목요일 돌아오십니다. 로저스 의사선생님은 수요일 저녁 시골로 가서 아버지와 크레인 목사님과 함께 밤을 보내실 것입니다. 그리고 나서 아버지와 함께 돌아오는 길에 사냥할 수 있습니다.

일요일 저희는 봉우리가 맺힌 두 개의 민들레를 발견했습니다. 그 민들레의 주변을 파고 물을 주었습니다. 그런 다음에 그 민들레가 더 일찍 꽃을 피우도록 북쪽에 작은 벽을 만들었습니다.

토요일 어머니와 제가 장미 가지를 손질했습니다. 라 프랑스(La France) 장미를 손질하는 동안 저는 두 손을 쭉 뻗어 올렸습니다. 만약 프랑스가 라 프랑스 장미를 전선(戰線, frontier)에 심는다면 독일이 다시는 프랑스를 침입하지 않을 것이라고 어머니와 저는 생각했습니다. 라 프랑스 장미는 너무도 끈적끈적합니다.

올해는 순천에서 연례회의를 할 것입니다.

제가 독일 황제 카이저를 이렇게 그렸습니다.

사나워 보이지 않아요? 저희는 카이저를 최대한 사납게 보이도록 합니다.

사랑하는 미리암 올림

1918년 6월 11일
한국, 순천으로 가는 도중

사랑하는 어머니,

저는 배에 있습니다. 거의 두 달간 있었던 평양에서 순천으로 가는 여정의 마지막입니다. 그 시간 내내 미리암을 제외하고 다른 아이들을 보지 못했습니다. 아내가 약 3주 전 서울로 오면서 미리암을 데리고 왔습니다. 저희는 서울에서 4일간 함께 있었습니다. 아내는 치료해야 할 이가 조금 있었습니다. 아내가 일을 보는 중에 사랑니 세 개를 뽑았습니다. 마취제 클로로폼을 먹어야 했습니다. 다소 힘든 경험이었습니다. 애니 섀넌과 존 페어맨이 광주에서 윌슨 부부를 방문하는 동안, 아내는 자녀 중 둘 즉 윌리 와일리와 플로렌스 섯폰을 목포에 두고 왔습니다. 아내가 말하길 집으로 돌아가는 데 괜찮았다고 했습니다. (목포에서 배로 갔는데, 아이들이 배 타는 것을 아주 아주 즐기는 것처럼 보였다고 합니다.)

어머니의 건강이 꾸준히 나아지고 있다는 것을 듣고 기쁩니다. 이 편지를 받으실 즈음에는 병원에서 나오실 만큼 충분히 회복되어 있길 희망합니다. 그런데 어머니께서는 완전히 다시 건강해지시기 전까지, 그리고 다시 건강할 때도 의사의 지시를 따르셔야만 하고, 어머니 자신을 잘 돌보셔야 합니다. 어머니는 항상 남을 먼저 생각하셨고 자신은 충분히 생각하지 않으셨습니다. 이제 그만 걱정을 내려놓으시는 것을 배우셨으면 합니다. 우리 모두 특히 어머니는 "너희 염려를 다 주께 맡기라. 이는 그가 너희를 돌보심이라"[76]라는 권고를 실행하기 어렵습니다.

한국선교회 연례회의가 올해 6월 20일부터 순천에서 열리는데 손님맞이 준비하는 것을 돕기 위해 서둘러서 집으로 가는 중입니다. 연례회의

---

76 베드로전서 5장 7절.

가 처음으로 순천에서 열리게 됩니다. 우리 선교부가 외딴곳에 있어서 선교회에서 우리 선교부를 아직 못 본 사람들이 아주 많습니다. 부산이나 목포에서 배로 우리 항구(port)[77]로 오는 데 24시간이 걸리며, 그 항구에서 순천까지 육로로 30마일입니다. 그런데 육로는 현재 매일 자동차가 다니며 2시간도 걸리지 않습니다.

올해 평양신학교에서의 사역을 아주 크게 즐겼습니다. 집과 거리가 너무 멀지만 않다면 이 사역을 위해서 기꺼이 갈 생각을 할 수도 있습니다. 아이들은 자신들을 훈련하고 훈육할 부모 둘 다가 필요한 시기가 되었습니다. 시골 사역 때문에 제가 너무 많이 나가 있어서 저는 이렇게 긴 시간 집에 없는 것을 몹시 두려워합니다. 신학교에는 학부생이 176명 등록하였고, (약 75명이라는) 많은 수가 학부 이후 과정에 있습니다. 저는 1, 2, 3학년을 가르쳤고, 학부 이후 학생들에게 몇 번의 강의를 했습니다. 말할 필요도 없이, 그 일로 매우 바빴습니다. 그런데 저는 건강이 좋았으며, 잘 먹었고 잘 잤습니다. 그리고 가르치기 전보다 훨씬 몸이 좋았습니다. 3주 전에 불편을 느끼던 이 두 개에 대한 엑스레이를 찍었습니다. 그중 하나인 사랑니를 뽑았고, 다른 것은 치료받았습니다. 그 결과로 전보다 몸도 좋고 잠도 잘 잤습니다. 한국에서는 자주 치과 치료를 받을 수가 없습니다. 겨우 최근에야 엑스레이 사진을 찍는 것이 가능했습니다.

최근 바크먼에게서 좋은 편지를 받았으며 그 편지를 저희 모두 즐겁게 읽었습니다. 듣기 좋은 소식이 있었습니다. 바크먼은 군 생활에 행복해하며 자신의 역할을 하려고 열심인 것으로 보입니다. 저는 군대훈련이 바크먼에게 참 좋은 일이기를 기대합니다. 매일 바크먼을 위해 기도합니다. 미리암은 응급 상황 시 빨간 모자를 쓰고 일하는 사람으로, 저희 가족을 실제 적십자사 일에 이끌고 있습니다. 독일 황제 카이저가 아이들의

---

77 전라남도 여수.

손에 걸리기만 하면 무자비하게 당할 것 같습니다. "윌슨 좋은 사람, 카이저 나쁜 놈"이라고 윌리 와일리가 말합니다. 이 말은 윌리 와일리의 유모가 윌리 와일리에게 쓰는 말로 좋은 것, 나쁜 것을 말할 때 전반적으로 쓰는 말입니다. 아이는 영어단어를 한국어 말하듯이 발음하고, 영어 문장에서 한국어 구조를 종종 사용합니다. 윌리 와일리는 다른 아이들과 더 많이 놀기 시작하고 유모와 덜 있게 되자마자 이것을 고칠 것입니다. 이 아이가 벌써 세 살이 넘었고, 플로렌스 섯폰이 거의 일곱 살이라는 것을 믿을 수 있나요? 둘은 참 잘 맞습니다.

　어머니께서 아프신 후 아버지께서 저희에게 정기적으로 편지하셨습니다. 그래도 어머니의 편지를 정말로 그리워합니다. 또한 어머니께서 다시 쓰실 수 있을 때를 간절히 기다립니다. 물론 어머니와 모든 가족을 한 명도 빠짐없이 다 볼 수 있기를 더 간절히 원합니다. 하나님께서 머지 않은 시간에 이 일을 이루어 주실지어다!

　어머니께서 계속 건강을 회복하고 계시기를 바라며 사랑을 담아 드립니다.

　　　　　어머니의 사랑하는 아들 페어맨 올림

6월 12일
　안전하게 도착했고 모두가 건강한 상태입니다. 사랑의 인사에 모두 함께합니다.

날짜 없음
한국, 순천

사랑하는 할머니께,

할머니께서 좋아지셨다니 정말 기쁩니다. 아버지께서 서울에서 작은 인형을 제게 가져다주셨습니다. 그런데 저는 그 인형에 꼭 맞는 인형집을 가지고 있습니다. 윌리 와일리는 자기가 할아버지라고 하면서 자기가 찾을 수 있는 둥근 것은 무엇이건 시계라고 하면서 자기 주머니에 넣습니다. 어젯밤에는 창가에 서서는 "엄마, 옛날 일몰 봐, 내가 말한"이라고 했습니다. 그 아이는 뭔가를 가지고 있지 않다는 말을 "나 없어 아무것."이라고 합니다.

호주 선교사 중 한 분이 내일 저희를 보러 옵니다. 클라크(Clerke)[78] 선교사님인데 Clerke 발음은 Clark로 합니다.

이번 가을에 좋은 포도와 무화과를 많이 먹었습니다.

사랑하는 애니 섀넌 올림

---

[78] Miss Frances Louisa Clerke(1877~1956.5.22). 호주장로회 선교사로 진주 배돈(Mrs. M. W. Paton)병원에서 간호사로 사역함.

1918년 9월 27일
한국, 순천

사랑하는 아버지,

지난 한 달여 동안 제가 너무도 여러 곳을 다녀서 제가 "어디" 있는지를 정확하게 알 수가 없었습니다. 그 결과 편지를 거의 쓰지 못했습니다. (9월 7일경) 아버지께 편지드렸듯, 저는 8월 20일 섬에서 돌아와서 갑작스럽게 결정하여 22일에 친구 스튜어트 목사 부부를 동반하여 중국 국경에 있는 단둥까지 먼 길을 갔습니다. 그곳을 3일간 방문하고, 선천과 서울에서 4개의 회의에 참여한 다음 스미스 박사(Dr. Egbert Smith)와 함께 집에 돌아와 보니 10월 13일이었습니다. 그분과 6일간 회의한 다음, 저희는 크레인 목사 부부가 미국으로 떠나도록 도왔습니다. 둘 다 만성 흡수불량증(sprue)을 겪고 있고 상태가 좋지 않습니다. 의사가 충고하길 그들의 건강을 회복하기 위해서 고국으로 돌아가는 것이 필수적이라고 합니다. 저의 책상에는 저의 장기간의 부재 동안 쌓인 일들이 산더미 같습니다. 가을 사역을 시작하기 위하여 시골로 가기 전 밀린 일들을 다 하려고 큰 노력을 기울이고 있는데, 가을 사역은 크레인 목사의 부재로 훨씬 힘들게 됩니다. 로저스 의사가 일본 정부 아래에서 의료면허를 갖기 위한 시험을 치르기 위해 일본에 두 달간 머무르라는 호출을 받고 갔습니다. 그래서 코잇 부부와 저희가 순천선교부에 남은 유일한 사람들입니다.

두 분 중 누구에게라도 소식을 들은 지 6주가 넘었습니다. 아버지께서 보내신 마지막 편지를 찾을 수가 없습니다. 섬에서 잃어버렸던 것 같습니다. 그런데 그 편지는 8월 중순 이전에 받았습니다. 가족들에게서 어떤 소식이라도 듣지 않으면 저는 상당히 불안합니다. 저희는 두 분이 편지를 하셨음이 틀림없을 것이지만 어떤 이유에선지 우편이 어딘가에서 멈

취있는 걸로 생각합니다. 저 자신이 편지를 잘 쓰지 않는 사람이 되어버렸기에 편지에 관해서 누구에게라도 큰 소리로 말할 수 없습니다. 제 자신이 긴 편지를 쓸 시간을 기다리지 않고 짧은 편지글이라도 더 자주 쓰게 되면 좋겠습니다. 이곳에서는 긴 편지를 쓸 시간은 좀처럼 오지 않기 때문입니다. 제가 8월 6일에, 그리고 9월 7일경에 아버지께 편지드린 것을 기록해 두었습니다. 그 편지들은 그 당시에 제가 미국에 보낼 수 있는 기회를 가진 유일한 것입니다. 그런 기록이 부끄럽습니다. 그런데 아버지께서 저와 같이 계실 수만 있다면 의아해하지 않으실 것입니다. 제가 거의 한계까지 일하고 있기 때문입니다.

저희는 아버지와 어머니를 위해 매일 기도합니다. 두 분에게서 어떤 소식도 없는 날들이 길어지기에, 두 분이 어떻게 살아가시는지 걱정하지 않을 수 없습니다. 무거운 마음에도 불구하고 사랑 속에서 우리를 지켜봐 주시는 주님에 대한 믿음만이 제가 사역을 "계속하게" 해줍니다. 아들의 부재 동인 어려운 시기에 주님께서 아버지의 친구가 되어주시고 저희가 고향에 갈 때까지 아버지를 어려움 없이 지켜주실 것을 신뢰합니다. 이 사역의 조건 때문에 저희가 가능하면 6월 1일까지 머무르면 좋겠지만, 저는 주머니에 여권을 가지고 있어서 혹시라도 전개될 수 있는 비상시를 위한 만반의 준비가 될 것입니다. 아버지의 모든 일이 잘 된다면 비상시가 되어서 갈 수밖에 없을 때까지 저희는 머물 것입니다.

스미스 박사가 이곳을 방문했을 때 아주 좋은 시간을 보냈습니다. 그 사람 때문에 우리의 사기가 높아졌으며, 그는 아주 도움이 되는 시간을 보냈다고 하십니다. 우리는 다양한 종류의 회의에서 아주 열심히 했으며, 제가 서기이기에, 회의록을 정리하는 데 많은 시간을 써야 했습니다만 아직 끝내지 못했습니다! 내슈빌에 있는 실행위원회가 해외 선교지에 대해서 모르는 것을 기록한다면 책 한 권이 될 것입니다! 20년이 넘는 동안 처음으로 해외 선교지를 방문한 실행위원회 서기 스미스 박사는 사안을 철저히 살피고 있으며, 조사를 할 충분한 시간이 있습니다. 그가 이곳 한국에서 거의 6주를 보내고 있기 때문입니다. 그는 이곳에서 중국으로 가고 이후 일본으로 갑니다.

집에 돌아와서 보니 모두 건강했습니다. 아내가 학교를 시작했는데, 학생이 4명이지만 학년은 4개라 굉장히 힘든 가르침이 됩니다. 이것은 아내에게뿐 아니라 사역에도 어렵습니다. 아내가 한국어를 제대로 습득한 선교부의 유일한 여성 선교사라 여성 대상 사역이 주로 포기되어야 하기 때문입니다. 그런데 어떤 도움을 받을 가능성도 없습니다. 가용할 수 있는 모든 남자는 전쟁에 징집되었고, 가용할 수 있는 모든 여성은 그 남자들의 자리를 대체하기 위해서 들어왔습니다. 가용할 수 있는 모든 선교사는 적십자 응급활동과 구호 활동을 위해 시베리아로 갔습니다. 그래서 이곳에서 모든 노선에서 인력이 끔찍하게 부족합니다. 전쟁이 계속됨에 따라 더 심해질 것을 의심치 않습니다. 아버지께서는 지금 아버지의 모든 아들이 군 생활할 나이에 있다는 것을 알고 계시는지요? 만약 필요하다면, 제가 고향으로 갈 때 전선에서 적극적인 병역을 할 능력 있는 사람으로 제 자신이 준비되어 있다는 것을 아버지께서 확신하시게 될 수도 있습니다. 1년만 더 있으면 독일을 이길 수 있을 것이라 믿습니다.

이곳저곳 다니면서 제가 좋지 않은 일로 고통을 겪은 것이 없다는 것을 기쁘게 말씀드립니다. 올라가는 길에 날씨도 신선하고 구름도 끼었습니다. 여름을 지내온 방식에 아주 만족스럽습니다. 햇볕에 직접 노출되지 않고 선글라스를 쓰는 것에 신경썼습니다. 일사병이 목과 머리의 뒷부분보다는 눈을 통해서 들어온다는 흥미로운 이론을 알게 되어서입니다. 제가 볼 때 꽤 그럴듯한 이론입니다. 저는 전혀 신경과민하지 않으며 전체적인 건강이 굉장히 많이 좋아졌습니다.

어머니께 곧 편지를 드리겠습니다. 어머니께서 우편을 받으시는 것이 허가될지 모르지만요. 플로이더러 저에게 서둘러 편지를 하라고 말씀해 주세요. 아이다를 돕느라 플로이가 바쁘다는 것을 알고 있습니다.

미리암이 어제 13살이 되었습니다. 미리암이 얼마나 컸는지 알아보시기 힘들 것입니다. 저희는 미리암이 고향에 있었다면 자연스레 더 많이 발전했을 거지만 그래도 꽤 총명하다고 생각합니다. 같은 또래가 없는 것이 이곳에서 아이들에게는 너무도 큰 장애입니다.

가족 모두로부터 곧 소식을 듣기를 희망합니다. 제가 지금 집에 있기에, 아버지께 짧은 편지를 더 자주 드리도록 노력하겠습니다.

막내 고모 가정에 그리고 아버지와 모든 가족에게 저의 사랑을 전합니다. 아이들과 아내도 저와 같은 마음입니다.

아버지의 사랑하는 아들 J. 페어맨 프레스톤 올림

1918년 10월 11일
한국, 순천

사랑하는 할머니께,

할머니께서 훨씬 좋아지셨다는 말을 들으니 정말 기쁩니다. 이제 저희와 함께 한국으로 돌아오실 수 있겠네요. 호주장로회 한국선교회의 클라크(Miss Clerke) 선교사가 지금 저희를 방문하고 있습니다. 그분은 간호사이며 지금 휴가 중입니다. 진주에 살고 계신데 진주는 여기서 광주까지의 거리보다 약 20리 (거의 7마일) 가깝습니다. 인도에서 태어나셨는데, 집은 태즈메이니아(Tasmania)에 있습니다.

로저스 의사 선생님은 지금 일본에 있습니다. 지금 시험을 보고 있습니다. 얼마 전에 시험과 시험 사이에 10일이 있었습니다. 로저스 의사 선생님이 집에 와서는 부인[79]과 갓난아이를 만났습니다. 아기는 태어난 지 6주 되었습니다. 선생님이 일본으로 떠났을 때, 데이비드 로스(David Ross)[80]는 겨우 두 주 되었습니다. 그래서 선생님은 부인을 두고 갈 수밖에 없었습니다.

밀드리드 우즈 코잇(Mildred Woods Coit)[81]이 저의 생일 바로 전날 태어났습니다. 세실 이모(Aunt Cecile)[82]에게 한국인 유모가 있었는데, 그 유모가 떠났을 때, 어머니께서 아기를 목욕시켰습니다. 세실 이모가 어제 아기를 목욕시켰습니다.

윌리 와일리는 요즘 아주 웃깁니다. 한 번은 엄마가 그 애에게 넘어질 거다 또는 그와 비슷한 말을 했습니다. 그러자 윌리 와일리가 "저는 넘어

---

79 Mary Dunn "Ummie" ROSS(1894.10.18~1960.5.9).
80 David Ross Rogers M.D.(1918.8.17~1990.12.8).
81 Mildred Woods Coit(1918.9.25~2017.4.17).
82 Cecile McGraw Woods Coit(1881.8.8~1977.12.12).

지지 아닙니다"라고 했습니다. 식사하는 중 아무도 자신들이 말하는 것을 윌리 와일리가 알고 있다고 생각하지 않을 때 그 아이가 대화에 끼어드는 것을 보면 아주 웃깁니다. 제가 광주를 방문하고 있을 때 어머니께서 편지로 아니면 제가 집에 돌아온 후 다음과 같이 말씀하셨습니다. 어느 날 독일인에 대해서 말하고 있었을 때, 그 아이가 큰 소리로 "미미(Mimi)가 그러는데 카이저 독일인은 나쁜 놈"이라고 했답니다. 그 아이는 저를 미미라고 부릅니다. 우리는 나쁜 독일인들을 카이저 독일인이라고 말합니다. 한국인들은 나쁜 놈을 뜻하는 단어를 알고 있습니다. (바보(babo)라고 부릅니다.) 한국인들은 그 단어를 일종의 놀리는 말로 사용합니다.

애니 섀넌과 제가 붕대를 몇 개 감았습니다. 그런데 많이 감지는 못했습니다. 제대로 감았는지 걱정되었기 때문입니다. 저희는 감은 붕대를 클라크 선교사에게 보여줬는데, 그분이 괜찮게 했다고 말해주었습니다. 그래서 좀 더 감으려고 합니다.

클라크 선교사에게는 남동생 두 명과 여동생 한 명이 프랑스에 있습니다. 그분이 남동생[83]에게서 온 편지의 일부를 저희에게 읽어주셨습니다. "참호"에서 라고 날짜가 되어있었습니다. 동생이 최전방에 있었고, 최전방 참호에서의 시기에 그 편지가 왔었다고 합니다. 그 편지는 독일이 공세를 펼치는 중에 쓰였는데, 그 동생은 용기를 잃지 않았습니다. 호주 군인들은 우표가 있을 자리에 군복무 중이라고 쓰는데 그러면 그 편지는 무료로 보내집니다.

저희는 윌리 와일리에게 미국에 가는 것에 대해서 모두 말해줬습니다. 그래서 그것에 대해서 그 아이가 다 알고 있습니다. 그 아이가 자동차에 대해서 열광하기에 그렇게나 많은 자동차를 보면 미칠 것입니다. 그리어

---

83 Alexander Wilberforce Clerke(1878.10.18~1957.7.22). Clerke 선교사가 형제자매 중 첫째임.

선교사가 편지하길 윌리 와일리가 비행기를 좋아할 것을 안다고 했습니다. 윌리 와일리는 시내에 있는 자동차를 "예쁜 자퉁차"라고 합니다. 아버지께서 서울에 계실 때 쉴즈[84] 간호사님이 아버지와 스튜어트 목사님 가족을 차에 태워줬습니다. 어머니께서 이것에 대해서 윌리 와일리에게 말씀하셨을 때, 아버지께서 "예쁜 자퉁차"를 타고 가버리셨기에, 윌리 와일리가 거의 발작을 일으켰습니다. 윌슨 의사선생님이 저희를 태워주셨던 어느 날, 선생님께서 어머니에게 "내 친구 페어맨은 어디에 있어요?"라고 말했습니다. 윌리 와일리는 정말 웃깁니다. 그런데 자기 고집이 있어서, 하루에 적어도 한 대씩 볼기를 맞습니다.

그리스 역사 공부를 막 마쳤습니다. 다음에는 로마 역사를 공부할 예정입니다.

저희는 내년에 미국에 갈 것을 목이 빠지게 기대하고 있습니다.

사랑하는 미리암 올림

추신: 어머니께서 말씀하시길 할머니께서는 yoke라는 말이 무엇을 의미하는지 모르실 거랍니다. "YOKE"는 한국말로 욕하는 것을 뜻합니다. 사람들은 한국인을 거지, 도둑, 깡패 같은 말로 불러서 한국인을 "yoke"합니다.

---

[84] Esther L. Shields, R.N.(1868.12.6~1940.11.8).

1918년 11월 29일
한국, 순천

가장 사랑하는 어머니,

제가 기록한 것을 보면 어머니께 보내드린 최근 편지가 11월 3일입니다. 좋은 의도는 가지고 있으나 제대로 실행하지 못했습니다. 시간이 정말로 빨리 가버립니다. 나이 들수록 더 그런 것 같습니다. 제 생각에 관심거리와 책임감이 커지기 때문인 것 같습니다.

고향에서 보내는 소식을 들은 지 다시 오랜 시간이 지났습니다. 그런데 평상시처럼 무소식이 희소식이라고 생각하며, 검열이 폐지되었기 때문에 편지가 더 정규적으로 되고 배달 시간이 훨씬 짧아질 것이라는 희망을 하며 삽니다. 전쟁의 특색인 검열과 태평양에서 배의 희소성이 더해져서 저희 우편이 2주 또는 3주 늦게 되었습니다. 태평양에서 배의 희소성도 빠른 속도로 해결될 것으로 저희는 믿습니다.

저희는 휴전과 평화의 시작 소식에 온통 흥분하며 기뻐서 넋이 나가 있습니다. 어제는 전 세계에 대단한 추수감사절이었고, 전쟁에서 돌아온 사랑하는 가족이 있어서 기쁘고, 적어도 전쟁의 어두운 그림자가 걷혀서 활기차게 된, 수백만의 가정에 즐거운 크리스마스 기간이었습니다. 저는 어머니와 사랑하는 가족들과 이 시기에 함께하기를 얼마나 바라는지요. 저희는 해외에서 오랜 시간을 보내면서 또 다른 전쟁을 치르는 사람들인데 이 전쟁도 사랑하는 가족과 이별하는 것과 자기희생을 똑같이 요구하고 있습니다. 그럼에도 내년 여름에 고향으로 가는 것이 저희에게는 참 좋을 것입니다. 다음 계절에는 가족들이 더 많이 멋지게 만나고 저희가 휴일을 함께할 수 있습니다. 그때는 남자 형제들이 모두 전쟁터에서 돌아와 있을 것이고 이 구대륙에서 축하하며 지키는 기쁨의 시절 중 최고의 시기일 것입니다. 우리 고귀한 미국 군인들에게는 상대적으로 아주 적은 수의 최고의 희생이 필요했고 특히 우리의 친척이나 사랑하는 가족이 사망하지 않았다는 것을 생각하면 큰 위안이 됩니다. 바크먼이 비행대대와 관련되어 있기에 가장 먼저 돌아오는 군인들 속에 있을 거로 생각합니다. 씨튼은 유럽으로 돌아가지 않을 가능성이 높습니다. 다른 사람들에게서는 전혀 소식을 듣지 못했습니다.

저는 이번 달에 아주 독특한 경험을 하고 있습니다. 한국에서의 첫 번째 가을이후로 처음으로 11월을 집에서 보내고 있습니다. 이유는 "스페인 독감"이 우리 사역지를 강타하고 있어서 우리가 평상시 하던 회합 중 어떤 것도 할 수 없었기 때문입니다. 게다가, 우리 선교부 의사가 이번 달 대부분 자리에 없어서 제가 이런 상황에서 아내와 아이들을 두고 떠날 수 없었기 때문입니다. 저희는 모든 예방 조치를 취했습니다. 그 결과 지금까지 저희 모두는 독감을 피했습니다. 그러나 하인들 대부분이 아팠으며, 지난 2주 동안 아내와 큰딸 미리암이 요리를 하고 있었으며 제가 아내 대신 아이들을 가르쳤습니다. 코잇 목사 부부와 (귀국 이후) 로저스 의사 부부도 저희와 매우 같은 처지라서, 부인들이 매일 공동식사를 준비했습니다. 그래서 초보 요리사들은 편리해졌고 우리는 매우 즐거웠습니다. 어쩔 수 없는 이 상황에서 발휘된 재능을 보여주게 되어 크게 기쁩니다. 아내는 이러한 것이 미국에서 저희가 안식년을 보내기 위해 하나님께서 준비하신 것으로 생각합니다. 저희가 미국에 갈 때 요리사를 데리고 갈 수 있으면 좋을 텐데요. 저희가 요리사를 위한 여권을 구해주고 요리사가 기꺼이 가려고 한다면 무엇이 필요할까요? 요리사의 가족 구성이 매우 흥미롭습니다. 아내가 있고 어린아이가 셋입니다. 그런데 요리사는 동양 사람이라 그런지 가족을 1년 이상 떠나는 것에 대해서 전혀 신경 쓰지 않는 듯합니다!

이 계절에 감사할 주요한 이유는 아버지의 회복입니다. 아버지께서 계속 좋아지고 계시다는 보고에 기뻤습니다. 오래전에는 아버지로부터의 편지를 기다리고 있었습니다만 편지하는 데 부담을 느끼시지 않기를 바랍니다. 마음 내키실 때 편지에 한 줄 써서 보내주세요.

이 편지가 크리스마스 경에 아버지께 도착할 걸로 생각합니다. 하나님의 축복이 가득한 크리스마스 시기에 아버지께 깊은 사랑을 전하며 아버지의 행복을 마음속 깊이 기원합니다. 아이다 부부와 같이 계시는 걸 생각하니 좋습니다. 손녀 엘리자베스[85]와 즐겁게 지내시고 있다는 것을 알고 있습니다. 아버지와 함께하는 기회가 있을 때 그 기회를 최대한 이용하라고 아이다에게 말해주세요. 저희가 미국으로 가면 아버지께서 저희와 함께 사실 것을 기대하기 때문입니다. 저희는 늦어도 6월 1일에는 이곳을 떠날 계획입니다. 정확한 시간에 대해서는 저희가 어떤 종류의 배를 타게 되는가에 달려있을 것입니다. 그런데 제가 3월과 4월에 평양에 있느라 부재하기 때문에 그 날짜 이전에는 편지를 많이 보낼 수는 없습니다.

가족 모두에게 사랑을 전합니다.

아버지의 사랑하는 아들 J. 페어맨 프레스톤 올림

저희가 아이다의 주소에 대해서 불확실하기에, 이 편지를 아버지 주소 (411 Spencer Bristol)로 보냅니다.

---

[85] Elizabeth R. Warden(1916.8.17~2010.3.25).

1919년

1919년 1월 10일
집으로 가는 길에서

사랑하는 아버지,

10일 전 저는 전주로 가는 길에 있는 이 중간지점에 왔습니다. 제가 맡게 된 사경회에서 성경을 가르치는 사역을 마치고 저는 지금 집으로 향하고 있습니다. 그곳에 있는 동안에 편지를 한 통 보낼 것을 희망했었지만 시간을 낼 수가 없었습니다.

아내가 11월 26일 자로 브리스톨에서 보내신 아버지의 편지를 전송해주었습니다. 아버지께서 남쪽으로 갈 계획을 확고하게 하셨다니 기쁩니다. 브리스톨에서 사람들과 있을 때와는 달리 남부에서 더 외로우실 수도 있지만, 그곳 기후가 넘치는 보상을 해줄 것을 저는 확신합니다. 아버지께서 시간을 내셔서 플로리다에서 막내 이모(Aunt Sallie)[86]와 시간을 보내시면 좋겠습니다.

내년 겨울 리치먼드에 있을 때의 저희 계획에 대해서 생각하면 할수록, 그 계획이 더욱 매력적으로 보입니다. 저는 플로이가 리치먼드에 있는 동안 상황을 잘 살펴보는 것과 신학교[87] 근방에 편안한 집을 확보할 수 있는지 알아보도록 편지할 생각입니다. 이번에는 공부를 좀 해야 합니다.

저희는 일본에서 5월 31일 떠날 계획입니다. (태평양을 항해하는데 가장 빠른 회사인) 캐나디안 퍼시픽 회사 배의 일정표를 막 받았는데 그날 떠나

---

[86] 프레스톤 목사의 이모부 Rev. David Elmore Frierson(1852.7.6~1923.11.8)은 플로리다에서 목회함.
[87] Union Presbyterian Seminary.

는 좋은 배가 있는 것을 봤습니다. 제가 집에 가자마자 아내와 상의한 후에, 표를 예매할 것입니다. 엘리너와 가족을 보기 위해 샌프란시스코를 경유해서 가고자 합니다. 그런데 그러면 시간이 훨씬 더 걸리게 되며 저희는 최대한 일찍 초여름에 아버지께 도착하고자 합니다. 제가 알자마자, 아버지께 정확한 일정을 써 보내드리겠습니다.

짐에게서 편지가 왔는데 부부가 "독감" 때문에 겪은 끔찍한 경험이 담겨있었습니다. 제수씨는 아직 건강하지 않은 것 같은데 좋게 회복이 되었으리라 저희는 믿습니다. 저희는 짐이 독감의 희생자가 되지 않을지 걱정했습니다. 짐이 강하지 않기 때문입니다. 모든 자세한 글로 보건대, 비록 한국에서 몇 도시에서는 사망률이 높지만, 한국보다 그곳의 독감이 훨씬 더 심한 것이 확실합니다. 제 담당 지방의 어떤 기독교인은 가족 중 다섯 명을 잃었습니다. 모두 성인 여성들과 소녀들입니다. 확실히 그들은 너무도 일찍 잠자리에서 일어났습니다.[88]

세가 이곳으로 10일 전에 왔을 때, 정말 추웠습니다. 지난 일요일(1월 5일)은 사람들이 언 강을 걸어서 건너왔습니다. 그런데 갑자기 더워졌고, 비가 이틀간 쏟아졌습니다. 3월처럼 느껴졌습니다. 한국에서는 전례가 없던 날씨입니다. 지난 월요일에 코잇 목사가 순천에서 말을 타고 육로로 광주로 향했습니다. 그는 타고 가던 말의 발굽 밑에 심하게 둥글게 되어버린 깊게 쌓인 눈을 만나게 되어서 걸어야만 했습니다. 그는 계속 걸어서 광주까지 갔는데, 한국 여관[89]의 바닥에서 밤을 보낸 후 이틀째 날 저녁에 광주에 도착했습니다. 저는 배와 기차를 이용하여 갔는데 시간은 더 걸렸지만, 상대적으로 더 편한 길을 가게 되어 정말 감사했습니

---

88 스페인 독감(Spanish flu)에 관한 내용임. 한국에서는 무오년 독감(戊午年 毒感) 또는 서반아 감기(西班牙 感氣)으로 불림. 1918년 봄 1차 유행과 가을~겨울에 걸친 2차 유행이 있었음.
89 주막(酒幕).

다. 집에 돌아가는 길에 있는 제 담당 교회 중 한 곳에서 주일을 보낼 것입니다. 집에는 13일에 도착할 것인데 2주 동안 집을 비웠습니다. 이번 달에 한 주간 더 다녀와야 할 곳이 있습니다.

스튜어트가 너무 가엽습니다. 그렇지 않나요? 엘리너와 로버트 둘 다 그렇게 멀리 떨어져 있으니 너무 안됐습니다. 제가 이해하기로 엘리너가 동생인 스튜어트에게 자기 있는 곳으로 오라고 요청했다고 합니다. 그런데 제 생각에는 스튜어트가 동부에 있는 학교에 들어가고 형인 로버트와 함께 살아야 할 수밖에 없을 것 같습니다.[90]

야네프에게 사랑을 전합니다. 다시 튼튼해지고 공부를 잘하면 좋겠습니다. 10일 전 전주로 올라가던 도중 어머니께 편지를 드리고 아버지께 전송해달라고 부탁했습니다. 이것을 어머니께도 똑같이 해주세요.

모두에게 사랑을 전하며 모두 건강하시기를 바랍니다.

사랑하는 아버지의 아들 페어맨 올림

---

[90] 여기에 언급된 세 사람은 프레스톤 목사의 첫째 Eleanor Fairman Preston Watkins (1876.8.11~1952.6.9)와 둘째 Dr. Robert Sheffey Preston(1885.7.31~1953.10. 28)은 첫 번째 부인 Martha E. Sheffey Preston(1849.3.15~1898.11.2)에게서 태어나고, 셋째 John Dabney Stuart Preston(1902.3.15~1954.7.5)은 첫 번째 부인과 사별 후 결혼한 두 번째 부인 Elizabeth Montgomery Stuart Preston(1858~1918. 10.17)에게서 태어남. 그런데 Stuart의 입장에서 아버지는 1906년 돌아가셨고, 어머니도 1918년에 돌아가셨기에 갑자기 고아가 된 상황임. 1906년 8월 21일 프레스톤 목사 큰아버지의 부고장에 보면 "He(Dr. Robert J. Preston) is survived by his wife and three children, Dr. Eleanor Fairman Preston, of San Francisco; Robert S. Preston, of Johns Hopkins University, and Stuart Preston, of Marion."이라고 되어 있음.

1919년 2월 1일
한국, 순천

사랑하는 아버지,

아버지께 편지를 드린 후 상당한 시간이 되어서, 아버지께 편지 한 줄이라도 적어 보내지 않고는 또다시 하루를 보내지 않겠다고 결심했습니다. (저의 마지막 편지는 전주에서 집으로 오던 중에 썼던 것으로 1월 10일에 보냈습니다.) 13일에 집에 돌아오자마자, 저는 쌓인 일을 하느라 4일을 쓰고나서 그날 남쪽으로 전도여행을 떠났습니다. 날이 추워져서 무척 힘든 시간이었습니다. 이틀간 폭풍에 시달렸습니다. 마침내 제가 뻥 뚫린 바다를 건넜을 때는 파도가 배 위로 넘어와서 제가 물보라로 흠뻑 젖었습니다. 덧붙여 말씀드리자면, 사역이 끝난 후 꿩사냥을 해서 두세 시간 만에 19마리를 잡았습니다.

돌아온 후, 지난해 사업을 마무리하고 신년 계획을 세우느라 매우 바빴습니다. 이 일은 제가 집에 없었기 때문에 미루어졌던 것입니다.

아내가 아이들을 가르칠 때 제가 돕고 있습니다. 제가 없는 동안 아내에게 넘겨진 다른 책임들과 가정을 돌보는 것에 더하여 네 학년에 있는 네 명의 아이들을 가르치려고 하면서 아내가 너무 많이 과로하는 것을 알기 때문입니다. 제가 평양에 가서 집에 없는 3월과 4월에는 아내가 이 모든 것을 어깨에 짊어지지 않았으면 하고 바랍니다.

이번 달에 힘든 일에 직면했습니다. 자녀들을 가르치는 것에 더하여 28일 중 20일을 저희는 사경회에서 가르칩니다. 남사경회와 여사경회 사이에는 사람들과 면담이 있습니다. 저희는 28일 아침에 이곳을 떠납니다. 아내는 치아 치료를 위해서 서울까지 저와 동행합니다. 저희의 안식년이 다가오기 전까지 저에게 남은 짧은 시간에 얼마나 많은 일을 해야 하는지 생각하면 몸이 굳어버리는 것 같습니다.

아버지께 편지를 드리면서 5월 31일 요코하마에서 출발하는 엠프레스 오브 아시아(Empress of Asia)를 예매하려고 한다고 했습니다. 저희가 배편을 확보하는 것에는 의심할 것이 없다는 말을 들었습니다. 그래서 그 목적으로 저희는 확실히 계획하고 있습니다. 배를 확실히 타기 위해서는 5월 22일경 순천을 떠나야만 할 것입니다. 밴쿠버에는 6월 11일경에 도착할 것이고, 브리스톨에는 6월 20일경에 도착할 것인데, 그것은 저희가 중간에 어디에 머무느냐에 달려있습니다. 이것에 대해서는 아직 명확한 계획을 하지 않았습니다.

11일 플로이에게 편지하면서 리치먼드를 떠나기 전에 저희에게 적합한 집을 하나 확보해 보라고 요청하고 적합한 집을 발견하면 확보하라고 허락했습니다. 아이들은 학교에 다닐 시간에 맞춰 그곳에 있으려고 합니다. 저희 모두는 아버지와 어머니께서 저희와 함께 사실 것을 기대하고 있으며 리치먼드가 저희가 필요한 모든 이점을 저희에게 제공할 곳이라고 믿고 있습니다. 애틀랜타가 모든 이점을 가지고 있으면 좋겠지만 그렇지 않습니다. 저희가 8월을 몬트리트에서 보내고자 한다고 아버지께 편지에 말씀드렸습니다. 아버지께서 편지하셔서 저희가 8월에 그곳에서 있을 수 있도록 넓은 별장을 확보해 주시면 좋겠습니다. 그러면 우리 모두 그곳으로 가서 살림할 수 있을 것입니다. 이것이 저희가 많은 친구, (노스캐롤라이나에 있는) 친척들 그리고 동료 사역자들을 만날 유일한 기회일 것입니다. 이렇게 되면 6월에 10일간 그리고 7월 한 달 내내 브리스톨에 있게 됩니다.

그 별장에 대해서 앤더슨 박사(Dr. Anderson)(이 이름이 맞죠?)에게 즉시 편지해 주십시오. 8월에 별장을 하나 확보하려면 일찍 말하는 것이 필요할 것이니까요.

그곳에서 다시 독감이 유행한다는 것을 듣고 매우 안타까웠습니다. 아버지께서 매우 조심하시길 바랍니다. 아버지께서 계획하셨던 것처럼 남쪽으로 가는 것이 독감 유행 때문에 방해를 받지는 않겠지요. 크리스마스에 야네프가 아버지와 함께 있을 수 있다니 기쁩니다. 야네프에게서 긴 내용의 좋은 편지를 받아서 저희가 그것을 아주 즐겁게 읽었습니다.

저희는 첫째 큰어머니(Aunt Lizzie)[91]와 리아 프리어슨(Rhea Frierson)[92]의 사망에 대한 소식을 듣고 매우 비탄에 빠졌습니다. 이상하게도요 제가 막내 이모(Aunt Sallie)에게 12월 3일 편지를 드렸는데, 막내 이모의 아들 중에서 누가 군대에 있는지를 몰랐습니다. 막내 고모(Aunt Jennie)에게는 1월 11일에 편지를 드렸습니다. 저희는 막내 고모의 편지를 재미있게 읽었습니다. 짐 부부가 독감의 끔찍한 경험에서 빠져나왔다는 것을 듣고 정말 기뻤습니다.

저희가 크리스마스 카드를 받았고, 아버지께서 저희를 애정을 가지고 생각하고 계신 것을 따스하게 느낄 수 있었습니다. 어머니와 아이다도 카드를 보내왔습니다. 올해에 저희는 고향으로 카드조차도 보내지 않았습니다. 일본에서 카드를 몇 개 주문했습니다만 독감 때문에 크리스마스가 지나고 나서 저희에게 올 가능성이 높습니다. 너무 늦어서 보낼 수가 없답니다.

어머니께서 정말 활기차고 좋은 편지를 쓰십니다. 아버지께서 어머니를 여름까지는 그 상태 그대로 두시기를 바랍니다. 여름이 되면 어머니께서는 건강을 완전히 회복하실 것입니다.

제 앞에 아버지께서 최근에 보내신 12월 19일 자 편지가 있습니다. 11월 11일 자와 26일 자 편지도 제대로 도착했습니다.

---

[91] Elizabeth Montgomery Stuart Preston(1858~1918.10.17).

[92] SGT Rhea Preston Frierson(1895.10.18~1918.10.18). 프레스톤 목사의 막내 이모 Sarah French "Sallie" Sutphen Frierson(1858.12.23~1945.12.22)의 자녀 1녀 4남 중 막내로 22세인 1918년 4월 4일에 결혼한 후 제1차세계대전에 참전하여 23세 생일에 프랑스에서 전사함. 그가 세상을 떠나고 4개월 후에 딸이 태어남. (https://www.findagrave.com/memorial/57042777/rhea-preston-frierson)

신문에서 보니 일본에서 다시 독감이 유행한다고 합니다. 독감이 이곳으로 넘어오지 않기를 정말이지 바랍니다. 편지 쓰는 이 시점에 저희 모두 건강합니다.

저희 모두의 사랑을 보내드립니다.

아버지의 사랑스러운 아들 J. 페어맨 프레스톤 올림

1919년 2월 3일

한국, 순천

사랑하는 어머님,

어머님의 편지들을 다시 받아서 무척 기쁩니다. 어머님께서 아프신 동안 저희가 어머님의 편지를 얼마나 그리워했는지 아시려면, 어머님께서 가족과 수천 마일 떨어진 외국 땅에 사셔야만 할 것입니다.

제가 좋은 결심을 많이 함에도 편지에 대해서 점점 더 나빠지는 것이 걱정입니다. 가르치는 일에 저의 시간과 힘을 너무 많이 빼앗겨서 다른 것을 많이 할 수가 없습니다. 남편이 지금 플로렌스와 존 페어맨의 공부를 도와주고 있습니다만 저는 한 달 뒤면 남편의 도움을 받지 못하게 되는 것이 두렵습니다.

아이들이 이번 겨울에 모두 건강했습니다. 전반적으로 아이들은 비록 특별히 뚱뚱하지는 않지만 아주 튼실합니다. 아주 최근에 윌리 와일리가 속이 좋지 않았습니다. 오늘은 아이 자신의 강한 의견과 매우 단단한 머리를 저희가 〔판독 불가〕 했으나, 아이는 아주 합리적입니다. 윌리 와일리의 유일한 항의는 "왜 의사 선생님이 제가 토스를 먹으면 안 된다고 해요"였습니다. "토스"는 토스트에 대한 한국식 발음입니다.

저희는 로저스 의료선교사가 아주 훌륭한 의사라고 생각합니다. 그는 자신의 사역에 깊은 관심이 있으며 최신 의학에 대해서 잘 알고 있는 듯 보입니다.

고베에서 5월 29일에 떠나는 엠프레스 오브 아시아에 예약 글을 넣었습니다. 그렇게 되면 남편이 신학교에서 돌아온 후 집에 있을 시간이 거의 없을 것입니다.

저희는 6월 20일 브리스톨에 도착하기를 희망합니다. 그런데 대륙을 횡단하는 데 며칠이 걸릴 지 말씀드릴 수는 없습니다. 저희는 아이들에게 버팔로, 빙하 등을 구경시켜 주려고 캐나다에서 몇 군데를 잠시 들르려고 합니다. 아이들이 많은 흥미를 보이는 나이가 되었습니다.

저희는 8월 1일까지 브리스톨에 머무르려고 합니다. 어머님께서 난리법석을 견디실 수만 있다면요. 그런 다음 몬트리트로 갈 것입니다. 남편이 아버님께 그곳에서 저희 몫의 별장을 구해달라고 편지했답니다. 저희는 어머님과 아버님이 저희와 같이 그곳으로 가기로 계획하셨으면 합니다.

이렇게 뒤처진 곳에서의 삶을 산 후에 저희 둘 다 몬트리트에서 얻을 수 있는 집회의 영감이 필요합니다. 저희가 대가족이고 아이들이 공부도 해야 해서, 그 이후에는 친구들을 보러 많이 돌아다닐 수는 없습니다. 그래서 저희는 저희 친구들 중 많은 이가 모일 만한 곳으로 가고자 합니다. 제가 언니에게 8월은 그곳에 있으라고 강권할 것입니다.

큰올케(Marion)가 제게 편지하길 아들(Samuel)이 큰올케가 며느리(Nancy)와 포르투갈까지 같이 가기를 원한다고 했습니다. 포르투갈은 사무엘이 배속된 곳입니다.[93] 그래서 제가 큰올케를 전혀 보지 못할 위험이 있습니다. 제가 저희의 몬트리트 계획에 대해서도 작은오빠(Sam)에게 편지했습니다.

남편과 제가 1918년의 저희 계좌를 살펴보았을 때, 아주 기쁘게도 저희가 예상했던 것보다 약간 더 좋은 것을 알게 되었습니다. 이 모두가 방직공장 배당금이 추가로 왔기 때문입니다. 저희는 어머님께서 저희의 행운을 공유하시길 바라서 어머님께 100달러 수표를 보내드리려고 합니다. 그것으로 옷, 음악회, 영화, 또는 무엇이건 어머님이 좋아하시는 것을 하시기 원합니다.

저희가 집을 구할 수 있다면 9월 1일경에 리치먼드에 갈 것을 예상합

---

[93] Samuel의 딸 Marion Errol Hay Wiley가 1924년 2월 28일 오후 4시 출생한 것을 기록한 서류에 의하면 태어난 장소는 British Hospital, Oporto, Portugal임. 아버지 "Full name: Samuel Hamilton Wiley, Age: 35, Occupation: American Consul"이라고 되어 있음.

니다. 어머님께서 원하시는 만큼 저희와 겨울을 보내시기를 원합니다. 어머님 손주들이 기운이 너무도 넘쳐서 어머님께서 감당하시기가 너무 어려우실 수도 있지만, 가끔 쉬시려면 아이다 아가씨에게로 피하실 수도 있습니다.

이 편지를 읽고 잠이 오신다면, 남편 탓을 해야 합니다. 저는 9시까지 미리암의 산술 공부를 도와준 다음 신문을 보면서 하품하고 있었기 때문입니다. 남편이 타자기에서 작업을 하다가 역시 내 생각이 맞았다는 표정을 하고 올려다보더니 제게 왜 편지를 하지 않냐고 물었습니다. 제가 너무 피곤하고 졸려서 누구에게도 편지할 수가 없다고 했습니다. 그랬더니 그래도 편지를 쓰는 것이 좋지 않겠느냐고 계속 말하더군요. 그러니 남편을 탓하셔야 합니다.

어머님과 아이다 아가씨가 저희에게 보내준 카드들이 정말 예뻤습니다. 어머님의 편지는 저희가 받을 수도 있었을 어떤 크리스마스 선물 상사보다 좋았습니다. 저희는 선물꾸러미를 보내는 수고를 알고 있으며, 전혀 기대하지도 않고 있었습니다.

아이다 아가씨 부부에게 많은 사랑을 전해 주세요. 언젠가 아이다 아가씨에게 편지할 수 있기를 저는 희망합니다만 남은 몇 달은 해야 할 것들로 꽉 차 있습니다.

예쁜 엘리자베스[94]의 사진을 보내준 것에 대해 아이다 아가씨에게 감사를 전해주세요. 아주 매력적인 꼬마 아이군요. 곧 그 아이를 볼 것에 아주 기쁩니다.

많은 사랑을 전합니다. 저희 아이들이 잠을 자지 않고 있다면 기꺼이 같이 사랑을 전할 것입니다.

사랑하는 애니 올림

---

[94] Elizabeth R. Warden(1916.8.17~2010.3.25).

1919년 3월 17일
한국, 순천

사랑하는 아버지,

저의 기록이 맞다면, 제가 아버지께 편지를 한 통도 드리지 못하고 또다시 긴 시간이 지나가도록 내버려둔 것은 아닌지요. 기록을 보니 저의 마지막 편지가 2월 3일이었습니다. 저는 평소처럼 이리저리 바삐 움직이고 있었는데, 제가 기록한 것에 의하면 이 편지가 아버지께 편지를 드린 이후 미국으로 보내는 첫 번째 편지입니다. 아버지께서 마지막으로 제게 보낸 편지는 12월 19일 브리스톨에서 보낸 것이었습니다. 그 편지에 야네프가 휴가 기간 브리스톨에 있을 것을 기대하고 있으며, 야네프와 함께 돌아갈 수도 있다고 하셨습니다. 아내는 『옵저버(Observer)』의 공지란에서 아버지께서 디케이터로 가셨었다는 것을 봤습니다. 저희는 아버지께서 도중에 독감에 걸려서 힘들지 않으셨는지 약간 불안했습니다.

아버지께서는 제가 평양이 아니라 순천에 있는 것을 주목하시고 놀라실 수도 있습니다. 저는 예정대로 2월 28일 이곳을 떠났습니다. 그런데 서울까지만 갔습니다. 서울에서 있는 동안, 주요 도시들 대부분에서 학생들이 시위가 일어났습니다. 그런데 소요가 평양에서 특히 심해서, 신학교 개학을 미루기로 결정되었습니다. 아내와 두 아이는 치과 진료를 받기 위해 저와 함께 서울까지 왔습니다. 저희는 함께 내려왔고 이곳에는 일 주 전에 도착했습니다. 이곳에는 어떤 소요도 없다는 말씀을 드리게 되어 기쁩니다. 광주와 군산에는 시위가 있었고 많은 학생이 현재 체포되어 있습니다. 이 운동은 정부의 합병 정책에 대한 반대인 것처럼 보입니다. 정당하든 부당하든 간에, 한국인들은 자신들이 차별받고 있고, 이등 시민으로 취급당하고 있는 것처럼 느끼는 것 같습니다. 또한 한국인들은 그들의 교육을 제한하는 조치들과 그들의 언어와 문학을 없애버리려고 하는 방안들에 대해서 분개합니다. 지도자 32인이 "독립선언서"를 작성하고 선언서에 서명했습니다. 제가 이해하기로 지도자 중 절반이 기독교인이고 나머지는 불교인, 유교인, 그리고 "천도교"인 입니다. 천도교는 정부가 아주 좋아하는 새로운 종교인데, 여러 가지를 합성한 한국인의 종교입니다. 국립학교 학생들과 더불어 많은 기독학교가 이 시위에 참여했습니다. 도시에서는 상인들이 상점을 닫았으며 서울에서는 전차 직원들이 파업했습니다. 그래서 엄밀한 의미에서 교회 그 자체가 이 운동에 참여했다고 비난하는 것은 옳지 않습니다. 이 운동은 파리 강화 회의(Peace Conference)[95]의 관심을 끌기 위한 것과 한국을 현 상태 그대로 두는 것에 항의하는 역할을 명백히 의도한 정치적인 시위입니다. 물론, 독립에 대한 외침은 시기적절하지도 않고 실현 가능하지도 않습니다. 말벌을 달라고 소리치는 아이처럼, 한국인들이 독립이라는 것을 갖게 된다고 하면, 그 독립이라는 걸로 무엇을 하려고 하는지 궁금할 따름입니다. 물론 우리는 이곳 미국 영사와 내슈빌의 실행위원회 둘 다가 우리에게 금지한 대로, 정치적 문제에 대해서는 어떤 의견도 표시하지 않으려 매우 조심하며, 정치에 휘말리는 것은 조심스럽게 피합니다. 적어도 미국 선교사들은 이 면에 있어서 매우 철저했음을 저는 확신합니다. 이런 것에도 불구하고 일본 신문들 대부분이 또한 최근에는 일본 내각 32명의 관료가 한국에 있는 선교사들이 현재 소요의 주요한 선동가들이라는 주장을 단호하게 하는 것을 보고 저는 심히 유감스럽습니다. 이 주장은 대범한 정치적인 거짓말이며 아마도 이런 주장을 하는 사람마저도 믿지 않을 것입니다. 만약 이 주장이 사실이라면, 이 주장을 증명하고 우리를 추방할 수 있습니다. 그런데 누군가는 이런 당혹스러운 상황에서 희생양이 되어야 하며, 이 독립운동에 기독교인들이 참여한 것이

---

95 파리 강화 회의(Paris Peace Conference)는 제1차세계대전 이후 연합국이 패배한 동맹국에 관련하여 평화를 보장하기 위해 1919년 1월 18일 파리에서 열린 회담.

우리를 끌어들이는 구실이 됩니다. 이는 10년 전 이 나라를 점령[96]한 후 뒤따른 소요가 일어나던 때와 똑같습니다. 그 당시 우리는 반란을 선동하는 사람들로 그려졌으며, 우리가 치외법권하에서 살고 있었기에 한반도는 합병이 되기 전까지 결코 평온할 수 없다는 성명서가 만들어졌습니다. 이런 종류의 말은 신문들이 애국심에 들뜬 사설에서 하는 말인데, 실제로 우리는 항상 관리들과 최고로 좋은 관계를 유지하고 있었으며, 전체적으로 매우 사려 깊은 대우를 받아 왔습니다. 우리는 일본인들이 물질적인 면에서 이 나라를 위해 한 모든 것을 크게 인정합니다. 그렇다는 것을 일본인들도 알고 있습니다. 그들이 우리를 다루는 규칙이나 방법이 우리 선교사들은 외국의 정치 대리인이고 모든 기독교인은 혐의자라는 가정에 근거하고 있는 것으로 보입니다.

저희가 타고 갈 엠프레스 오브 아시아가 일주일 뒤 즉 6월 7일에 출항한다고 광고된 것을 봤습니다. 제가 신학교와 맺은 약속에서 자유롭게 되었기에, 예약만 확보된다면 더 일찍 가는 배를 타고 가지 못할 이유가 없습니다. 더 작은 배이기는 하지만 엠프레스 오브 저팬을 타고 갈 수는 없는지 묻는 편지를 보냈습니다. 그렇게 할 수 있으면 10일 일찍 집에 도착하고 선박 요금을 200달러 넘게 절약할 수 있습니다.

미국 겨울 날씨가 아주 온화하다는 것을 보고 기쁩니다. 이곳 날씨도 마찬가지입니다. 봄이 적어도 2주는 일찍 시작되었습니다.

이 편지를 받으실 때 모두 건강하시기를 바랍니다. 곧 아버지의 편지가 올 것을 기대합니다. 아버지와 모든 가족에게 사랑을 전합니다. 아내와 아이들도 같은 마음입니다.

아버지의 사랑하는 아들 J. 페어맨 프레스톤 올림

---

[96] 1910년 8월 22일에 맺은 한일병합조약(韓日倂合條約) 참조.

1919년 3월 20일
한국, 순천

사랑하는 아버지,

저희가 기다리던 편지가 혹시라도 올 때까지 저는 앞에 썼던 편지를 며칠 더 가지고 있었습니다. 편지를 받을 거라고 희망했기 때문입니다. 아버지와 어머니 두 분이 같이 쓰신 편지가 한 통 와서 저희는 기쁘고 마음이 놓였습니다. 아버지께서는 전주에서 내려오던 중 제가 쓴 1월 19일 자 편지와 2월 3일 자 편지를 지금쯤 받으셨음이 틀림없습니다. 그 편지들이 제가 기록한 전부입니다. 제가 편지한 것을 기록하는 데 건성이기에 기록하지 않고 보낸 편지들도 있었을 수 있습니다.

아버지께서 감기로 불편을 많이 겪었다는 말을 들어 마음이 좋지 않습니다. 전년도 겨울에 했던 실수를 똑같이 하셨네요. 추운 시기에는 훨씬 더 남쪽으로 내려가셨어야 했는데요. 그런데 야네프와 함께하실 수 있다니 기쁩니다.

디케이터 부동산에 관해서입니다. 손해를 보면서 팔아야 할 이유는 없습니다. 제 생각은 경기가 좋아질 때까지 그 부동산을 가지고 있다가 그 후 개발하여 시장에 내어놓는 것입니다. 물론 아버지께서는 아버지께서 떠나시는 시기 상황에 맡기시겠고 어떤 좋은 기회를 주목하실 것입니다. 그러나 저는 판매하기에 좋은 조건이 앞으로 몇 달간 생길 것이라고 기대하지 않았습니다.

저희가 타고 갈 배에 대해서 정확하게 알자마자 아버지께 신속하게 편지드리겠습니다. (6월 15일경 집에 데려다 줄) 엠프레스 오브 저팬을 타지 않으면, 엠프레스 오브 아시아를 타게 될 것인데 그러면 6월 26일경 집에 도착할 것입니다. 만약 현재 발표된 계획대로 진행된다면 말입니다. 종종 일정표에서 며칠의 차이는 있습니다.

사랑하는 페어맨 올림

추신: 엠프레스 오브 저팬은 요코하마에서 5월 23일 출발합니다. 〔판독 불가〕

1919년 3월 22일
한국, 순천

너무너무 사랑하는 어머니,

제가 아버지께 일주일 전에 편지를 드렸는데, 그 편지를 어머니께 전해주셨기를 바랍니다. 제가 어머니께 마지막으로 드린 편지는 제 기록에 따르면 2월 16일입니다. 매주 편지를 드리지 못해서 저 자신이 부끄럽습니다. 매주 편지를 드리는 것이 제가 그렇게 바라는 것이지만 집에서 너무 나가 있다 보니 일상적으로 하는 일이 매우 어렵게 되고 너무할 정도로 불규칙하게 됩니다.

아버지께 드린 편지에, 왜 제가 신학교에 있지 않고 집에 돌아와 있는지 설명드렸습니다. 올해 그런 훌륭한 사역을 못 하게 된 것은 아쉽지만 아내와 아이들과 집에 있는 데다가 1년 중 가장 좋은 때에 같이 있는 즐거움을 상상하실 수 있을 것입니다. 보통이라면 제가 계속해서 밖에 있을 것이지만, 대중들의 마음이 심란해져 있기에 이번 봄에는 어떠한 천막 집회도 열지 않을 계획이며 교회를 다니면서 하는 정기 순회전도여행만 할 것입니다. 이번 달에는 아내가 아이들을 가르치는데 제가 계속해서 돕고 있으며 하루에 약 3시간을 씁니다.

올해는 봄이 특별히 이릅니다. 자두, 살구, 체리, 진달래, 개나리, 노란 수선화, 제비꽃이 꽃을 피웠습니다. 날은 4월 후반이나 5월처럼 향기롭습니다. 이번 달에는 바람도 거의 없고 얼음은 전혀 없습니다. 서울로 간 저희의 여행은 시간이 오래 걸리고 피곤하긴 했지만 재미있고 즐거웠습니다. 애니 섀넌과 존 페어맨이 저희와 같이 가서 여행을 즐기고 왔습니다.

저희는 지금 집으로 가는 긴 여정을 준비하고 있습니다. 아내가 자기 옷과 다섯 아이 옷을 준비하는 것, 살림을 하는 것, 그리고 아이들을 가르치는 것이 얼마나 큰일인지 상상하실 수 있으실 것입니다. 저희는 저희가 요청한 저희 요리사에 대한 여권을 당국이 허락해 주시길 희망하고 있습니다. 그 요리사가 있으면 아내에게는 엄청난 위안이 될 것입니다. 그가 아주 유능하기 때문입니다. 어떤 면에서는 미리암과 애니 새년이 많은 시간 부엌에 있으며 요리를 배우는 것이 좋을 것입니다. 그런데 미국에서 보고 배울 것이 아주 많이 있어서 그 아이들이 "냄비를 지켜보며" 너무도 많은 시간을 쓰는 것을 싫어할 것입니다.

저희가 예약했던 엠프레스 오브 아시아가 처음 저희에게 정보를 줬던 것보다 1주 늦게 출발한다고 공지한 것을 저희가 확인했다고 아버지에게 편지로 말씀드렸습니다. 제가 신학교에서 할 일에서 자유로워졌기에, 저희가 더 일찍 갈 수 있어서 엠프레스 오브 저팬으로 옮겨주라고 요청했습니다. 그 배는 5월 24일 떠납니다. 그런데 그렇게 될 가능성이 크지는 않습니다. 다음 7월까지는 모두 예약되었고, 누군가가 갑자기 아파서 배를 탈 수 없을 때만이 가능성이 있을 수 있기 때문입니다. 또한 그런 식으로 선실 두 개를 확보할 가능성이 높지도 않습니다. 그래서 현재로는 6월 28일 이전에는 고향에 도착하지 못할 것 같습니다. 즉 저희가 처음에 생각했던 것보다 1주 늦게 말입니다.

어머니께서 건강을 아주 좋게 되찾고 있다는 것을 알고 매우 기쁩니다. 어머니께서는 긴 시간 힘들게 고생하셨습니다. 아이다 부부도 완벽히 건강해지고 다시 강해졌기를 바랍니다. "독감"은 정말로 끔찍한 전염병입니다. 일본에 있는 너무도 많은 뛰어난 사람이 1월 1일부터 독감의 희생자가 되었습니다. 지난가을 독감이 한 번 찾아온 이래로, 제가 듣기로 한국에는 한 건도 없었던 것 같습니다.

아내가 어머니께 곧 편지할 것을 기대합니다. 어머니께 침대 시트, 식탁용 천, 수건 등을 가져갈 것을 기대하고 계시라고 어머니께 말씀드리라는군요. 아내는 접시가 필요하기에 접시를 몇 개 살 것이고, 부엌

용품도 몇 개를 살 것인데, 물론 어머니께서 보충해 주실 수도 있습니다.

저희 모두 어머니께 깊은 사랑을 전합니다. 아이다 부부와 사랑스러운 조카 엘리자베스에게도 사랑을 전합니다.

사랑하는 어머니의 아들 페어맨 올림

1919년 3월 24일
한국, 순천

사랑하는 할머니께,

저는 잘 지내고 있습니다. 저희 모두 건강합니다. 할머니께서도 건강하시길 바랍니다.

아버지와 어머니, 그리고 애니 섀넌과 제가 서울에 갔다 왔습니다. 뜰에 꽃이 많이 있습니다.

바닷가로 소풍을 가려고 계획하고 있었는데, 바람이 불어서 저희는 가지 않았습니다.

저희는 엠프레스 오브 아시아를 타고 6월 4일 고베에서 출발할 것입니다.

저희는 윌리 와일리에게 서울에서 염소를 사주었습니다. 그 염소를 그 아이가 아주 좋아합니다. 저희는 다른 것들도 샀답니다.

사랑하는 마음을 담아 손주 존 페어맨 프레스톤, Jr. 올림

추신: 진짜 염소가 아니라 셀룰로이드로 만든 작은 염소입니다.

1920년

1920년 11월 16일
한국의 남쪽 해변에서 떨어져 있는 금오도[97]

사랑하는 아버지,

저희가 한국에 도착한 이후 고향 가족들에게서 받은 첫 번째 편지인, 아버지께서 보내신 환영 편지가 제가 순천에서 이곳으로 떠나기 전에 도착했습니다. 아버지께서는 몬트리트에 여전히 계시면서 산장(Lodge)[98] 에 머물고 계시며, 어머니께서 루이빌을 방문하는 동안 아버지께서는 브리스톨로 돌아갈 예정을 하고 계셨습니다. 1월 1일경에는 브리스톨에서 반드시 나오시고 추운 날씨를 피하십시오. 플로이가 겨울을 대비하여 만족스러운 조치를 해서 겨울이 쾌적하고 도움이 되었으면 합니다.

저희가 한국 부산에 도착한 이후 내일이면 (달력으로) 꼭 한 달이 됩니다. 그런데 이 편지가 제가 집에 도착하고 나서 쓰는 첫 번째입니다. 정말 이런 것이 부끄럽습니다만, 이 편지는 한 달이 어떻게 빠르게 지났는지를 충실히 보여주는 것입니다. 저는 한국인들과 많고 많은 회의를 하며 앉아있고, 손님을 맞이하는 것 그리고 다시 일상적으로 하던 사역에 참

---

[97] 금오도(金鰲島)는 전라남도 여수시 남면에 있는 섬.
[98] William Black Lodge를 말하는 듯함.
The William Black Lodge and Retreat Center has a rich history that extends over 100 years. The idea for the Lodge dates to 1915, when Dr. R.C. Anderson, president of the Mountain Retreat Association, offered the Presbyterian Synod of North Carolina a lot in Montreat, NC, where a building could be erected to house ministers of the Synod. As a result, in 1917, the Synod purchased an existing home on North Carolina Terrace and established the North Carolina Home for Religious Workers, which accommodated 20 guests. (https://william blacklodge.org/history.html#/)

여하면서 집 정리를 하려고 시도하는 것 말고는 다른 것을 거의 하지 않았습니다. 물론 매주 설교했으며 두 번의 천막 집회를 열었습니다. 이 것이 제가 돌아오고서 하는 첫 번째 순회전도여행 사역입니다. 집에서는 13일에 나왔습니다. 제가 육로로 140마일을 가서 광주로 갔다가 돌아왔 었다는 말을 빼먹었습니다. 저희는 작은 자동차[99]가 저희를 기다리며 차 고에 있는 것을 발견했습니다. 사실 저희는 항구에서 그 차를 봤습니다. 차가 있어서 표현하지 못할 편안함을 갖게 되고, 여행의 어려움이 줄어 듭니다. 그런데 이 차를 사용할 때 매우 신중해야 합니다. 휘발류가 갤런 당 94센트이기 때문입니다.

  아내가 적어도 한 번은 가족 전체가 보는 편지를 했기 때문에, 저희가 요코하마에 내린 후부터의 저희 경험의 세세한 부분을 아버지께서 알고 계실 것입니다. 저희는 처음부터 끝까지 거의 완벽한 여행을 했습니다. 그리고 이 여행을 아버지께서 함께하지 못하는 것이 얼마나 안타까운 일인지 저희가 계속 이야기했습니다. 한국에서 이보다 더 아름다운 가을 을 본 적이 없습니다. 그런데 아름다운 날씨가 일반적이기에 이 말은 많은 것을 의미합니다. 일주일 전까지 바람도 없었고, 제가 순천을 떠나 는 시간까지 서리도 없었습니다. 와보니 저희 집이 잘 관리되어 있었고, 식료품 창고와 지하실에는 먹기 좋은 것들이 가득했고, 밀, 옥수수, 호박, 땅콩, 고구마, 잼, 그리고 젤리가 풍부했는데 충실한 하인들 덕분이었습 니다. 집은 말끔하게 청소되어 있었고, 모든 것이 제자리에 있었습니다. 저희는 이곳에서 전과 똑같이 편안함 속에서 다시 삶을 시작할 수 있어서 매우 행복하게 느꼈습니다. 한 가지 저희가 끔찍이도 그리워했던 것은 몇 달 전에 죽은 저희 암소였습니다. 저희는 아직 새 암소를 확보하지 못했습니다. 한국 암소라도 말입니다.

---

99 미국에서 최초로 대량 생산된 자동차 Ford Model T로 1908년부터 1927년까지 포드 자동차 회사에서 제조하고 판매함. 별명은 틴 리지(Tin Lizzie).

사역에 관해서입니다. 제 담당 지방의 상황이 상당히 호의적인 것을 알게 되었습니다. 저의 한국인 조사들은 코잇 목사와 크레인 목사의 감독을 받으면서 잘 유지해 왔습니다. 이교도들 안에서 기독교에 대한 깊은 관심이 있는 것처럼 보이는데 특히 교육받은 젊은 남성들 사이에서 그렇습니다. 그래서 저희는 설교할 새로운 기회를 가지고 있습니다. 순천에서 남자대사경회가 12월 14일부터 2월까지 계속 열리는데, 거기서 제가 가르칠 것입니다. 이번 해에는 평양에 가서 가르칠 것 같지 않습니다. 어쩔 수 없이 집에서 떨어져 있는 것에 더해서 추가로 두 달간 떨어지는 것을 제가 좋아하지 않기에, 평양에 가지 않는 것은 큰 위안이 됩니다.

순천에 정부 병원이 생길 것입니다. 이 지역의 어려운 중심지가 아니라 인력이 충분하고 꽤 설비를 잘 갖춘 선교회 병원이 있는 곳에 정부 병원을 두는 것이 정부의 명확한 정책의 연속인 것처럼 보입니다. 정부가 지으려고 하는 13개의 병원 모두 선교병원이 있는 곳에 있게 될 것을 저는 이해했습니다. 그런데 저는 개인적으로 이 말을 확인할 수가 없었습니다. 우리는 순천 학교들을 다시 열기 위해 우리가 지원한 것에 대해서 어떤 호의적인 반응을 아직 받지 못했고 다른 어떤 학교도 문을 다시 열었다는 말을 듣지 못했습니다. 그래서 이 교육 노선에 있어서 무엇을 기대할 수 있을지 우리는 모릅니다. 저는 결국에는 정부의 지정(recognition) 없이 우리가 성경을 가르치는 학교를 운영하는 것이 허용될 거라고 믿고 싶습니다.[100]

---

[100] 일제 식민지 교육정책은 제4차에 걸친 조선교육령에 잘 나타나 있는데, 미국남장로회가 설립한 선교학교가 이 조선교육령에서 예외는 아니었고, 이 법을 따를 수밖에 없었음. 일제가 사립학교를 통제한 대표적인 도구는 사립학교령(私立學校令, 1908년 8월 26일 반포), 사립학교규칙(1911년 10월 20일), 개정사립학교규칙(1915년 4월 1일 시행)임. 개정사립학교규칙에 따라 모든 사립학교는 국공립 학교의 규칙에 준하여 교육활동을 해야 했으며, 성경을 포함 다른 어떤 교육과정을 부과할 수 없었음. 다만, 이 규칙이 적용되기 전 인가된 학교에는 10년 간의 유예기간이 주어졌음. 따라서, 1913년 9월 은성학교로 개교했으나 정부당국의 인가를 받지 못해 성경을 가르칠 수

이 지역에서 집회 하나를 막 마무리했습니다. 제 담당 교회 중에서 가장 멀리 떨어진 곳입니다. 폭풍우가 치기 시작해서 며칠 이곳에 묶일 수도 있습니다. 저희가 있는 곳과 육지 사이에는 바다가 몇 마일 있어서 조그마한 돛단배 말고는 어떤 것도 이용할 수 없기 때문입니다. 제가 어떻게 이 섬에서 나가는지를 알려주는 엽서를 덧붙이겠습니다.

가족 모두에게 사랑을 전합니다. Spenser 411에 사는 사람들도 포함입니다. 다음에는 어머니에게 편지하겠습니다. 그 후는 제가 시간이 되면 비록 짧은 편지가 될지라도 다른 사람들에게 편지하겠습니다. 제가 살아가는 이처럼 불규칙한 삶에서 혹시라도 가능하다면 규칙적으로 편지를 쓰고 싶습니다.

저희가 계획하시는 것을 도울 수 있도록 내년에 이곳으로 오실 가능성에 대해서 진지하게 고려하고 계시면 저에게 알려주세요.

아버지의 사랑하는 아들 J. 페어맨 프레스톤 올림

11월 18일

추신: 어제저녁 빗속에서 바다를 건너왔습니다. 건너는 데 3시간이 걸렸습니다. 다행히 바람은 거의 없었습니다.

없게 되자 은성학교는 1916년 6월 자진폐교함. 1921년 4월 매산학교로 교명을 바꿔 재개교한 매산학교는 신사참배를 거부하며 1937년 9월 자진폐교함. 1921년 4월 매산학교 재개교에 George Washington Watts(1851.8.18~1921.3.7)의 역할이 있었음이 합리적 추론임. 미국남장로회 총회와 해외선교 등을 지원한 사업가인 Watts는 1920년 가을 일본에서 열린 만국주일학교연맹 회의에 참석하면서 한국을 방문하여 일본총독부 관계자들을 만났음.

1921년

1921년 8월 11일
한국, 순천

고향에 있는 가족들에게,

아버지께 보낸 지난번 편지에서 대개 사업 이야기만 했습니다만 곧 어머니께 가족 전체가 볼 편지를 보내겠다는 약속도 했습니다. 편지 기록장을 잃어버렸습니다. 그래서 아버지께 보낸 편지 날짜를 알지 못합니다만 제가 편지에 관해서는 너무도 시간이 뒤처져 있다는 것은 알고 있습니다.

초승달 해변이라고 저희의 여름 휴양지에서 편지를 드립니다. 이곳으로 지난 월요일에 저희 가족이 옮겨왔습니다. 올해는 저희가 늦습니다. 그러나 저희가 떠나기 3일 전까지도 여름이 대부분 시간 아주 좋았습니다. 그래서 저희는 집을 떠나고자 하는 욕구가 없었습니다. 우리 휴양지의 좋은 점은 저희가 원할 때 오고 갈 수 있다는 것입니다. 그 휴양지가 배와 자동차를 이용하면 집에서 1시간 30분 이내에 있기 때문입니다. 물론 여건이 좋고 미리 현명한 계획을 했을 때입니다. 이곳 파도가 높습니다. 최대 15피트 이상입니다. 그래서 우리가 해변으로 건너가는 것은 조류의 상황에 달려있습니다. 완벽한 상태에서 건널 준비가 안 된 불운한 사람에게는 "화가 있을 진저."

저는 불행한 경험 때문에 이 문제에 대해서 감정을 담아서 말할 수 있습니다. 월요일에 내려오면서, 저는 가족을 차로 데리고 가고, 차로 다시 올라와서 로저스 의사와 비거 선교사를 데리고 내려가기로 했습니다. 로저스 의사는 아팠으며, 그의 자리를 대신한 형제는 맡은 일이 너무 많았습니다. 그래서 저희는 둘을 데리고 내려갔을 때 배를 놓쳤고 다른 배를 타기 위해 오후 3시부터 밤 10시가 지날 때까지 그곳에서 기다려야 했습니다. 그러면서 0.5마일을 짐꾼들의 등에 업혀 개펄을 뚫고 옮겨져야 했습니다. 그 결과 집에서는 아주 잘 지내고 있었던 비거 선교사와 제가 다시 건강이 나빠졌고, 이후 단지 우유만 약간 마시고서 누워있어야만 했습니다. 저는 이제 조금 돌아다니고는 있으며, 그 경험 때문에 더 나빠지지는 않을 것 같습니다.

아버지께 말씀드렸듯이, 8월 20일에는 우유만 마셨습니다. 그런 다음에는 매일 약간의 과일 말고는 다른 것은 허용되지 않았습니다. 이 치료에 대해서 완벽히 편안하게 느끼며 단단한 음식도 먹을 준비가 되었습니다만 그때 병이 도져서 1주 더 우유를 먹을 수도 있습니다. 저는 매우 넌더리가 납니다. 특별히 이번 달에 많은 편지를 쓸 것을 생각하고 있었는데, 그렇게 하지 못할 것입니다. 제가 몸 상태가 좋지 않거나 많은 것을 할 수 없어서가 아닙니다. 아버지께서 추측하실 수도 있듯이 제가 먹는 것으로는 어떤 것을 할 힘이 나지 않습니다. 그리고 큰 막대기를 가지고 저를 위에서 내려다보는 "아내와 소녀들"이 있습니다.

가족들에게 이 상황을 설명해 주시고 이 집 여자들이 저에게 먹을 것을 허락해 주자마자 개별적으로 편지를 하겠다는 말을 전해주세요.

아이들은 그곳 초승달 해변에서 평소처럼 좋은 시간을 보내고 있습니다. 그리고 그 섬이 꽉 차게 초승달 해변에 가장 많은 사람이 모였습니다. 순천선교부 다섯 집에 있는 모든 식구 말고도, 전주의 레이놀즈 목사, 목포의 하퍼(Hopper) 목사 부부[101], 그리고 광주의 녹스 목사 부부, 윌슨 의사 부부, 엉거(Unger) 목사 부부[102], 그리고 도슨 의사(Mr. Dodson)[103] 이

---

[101] Joseph Hopper(한국명: 조하파, 1892.7.1~1971.2.20)와 Annice Barron Hopper(1893.7.19~1979.4.14) 부부.

[102] James Kelly Unger(한국명: 원가리, 1893.4.9~1986.1.8)와 Eoline Smith Unger(1897.8.1~1982.6.28) 부부. 이 글에서는 Unger를 미국식 발음에 가깝게 '엉거'로 표기함. 참고로 '웅거'로 표기한 자료도 많음.

렇게 해서 성인 21명과 어린이 22명이 모였습니다. 여기서 순천선교부의 그리어 선교사는 포함되지 않았는데, 그녀는 병원 옆에 머무르고 있습니다. 어린이들은 1년 중 이때의 바다와 해변을 더 좋아하지만, 의사들은 생동감을 더 키우고 더 많은 오존을 우리 몸에 넣기 위해서 한국선교회에 여름에 산이 필요하다는 의견을 가지고 있습니다. 우리 다섯 선교부 모두가 접근하기 가능한 곳에 좋은 위치를 확보할 수 있다면, 우리는 내년에 한국선교회 소속 모든 선교부를 위해서 산에 휴양지를 개장할 수도 있습니다.

저희의 생각은 계속해서 지난여름 몬트리트에서 보냈던 행복한 시간으로 되돌아갑니다. 좋았던 다른 것들에 더해서, 정말 좋은 영적인 축제가 펼쳐져 있었습니다! 이곳에서는 저희가 단순한 프로그램을 따라가는데 아침에는 방문하는 형제 중 한 사람이 매주 인도하는 한 시간 성경공부가 있습니다. 그리고 레이놀즈 박사가 매일 아침 한국어를 강의합니다. 배 타기, 수영, 소풍, 재능발표회(stunts) 등 다른 모든 것은 즉흥적이며 비공식적입니다.

아이다, 아서, 엘리자베스가 돌아왔다는 소식을 듣고 기뻤습니다. 바크먼과 제수씨(Ethel)[104]도 돌아오기를 희망합니다. 제 생각으로는 여름에 몬트리트 같은 곳은 없습니다. 리아가 자신과 가족을 그런 영향 아래에 두기를 소망합니다. 플로이가 잘 지내고, 이번 여름에 아버지를 잠깐이라

---

[103] Samuel Kendrick Dodson(한국명: 도대선, 1884.5.12~1977.5.20).

[104] Ethel S. "Spiffy" Preston(1896.9.28~1953.3.5) 또는 Ethel Ray Shaver Preston. 1919년 8월 26일의 Bachman 결혼식 관련 신문 기사에 따르면 Bachman은 Gillespie Shoe Co. 직원임.
Miss Shaver is the daughter of Mr. and Mrs. O. A. shaver, 965 Gratz Avenue, and is most charming young woman, being a very striking brunette. Mr. Preston is a native of Bristol but has been associated with the Gillespie Shoe Co., for some time and has made a wide circle of business and social friends in his new home. (*Bristol Herald Courier*, Sat, September 6, 1919, p. 5)

도 볼 수 있다면 좋겠습니다. 작년 여름보다는 비가 덜 내렸고 아버지께서 짐 부부를 더 많이 보시길 바랍니다. 짐 부부의 아이가 참 귀엽습니다!

린튼(Linton)[105] 선교사가 되돌아온다는 말을 들어서 기쁩니다. 그가 (이번 달에 한국으로) 되돌아오게 되어 있다고 들었습니다. 서로 헤어진 후 그 사람에게 편지를 하나도 쓰지 않은 것이 유감이지만 짧은 환영 편지를 그에게 보내려고 시도할 것입니다.

(엘러 레이놀즈(Ella Reynolds)[106]의 오빠인데, 아버지께서 작년 여름에 만나셨던) 존 볼링 레이놀즈(Mr. J. Bolling Reynolds)가 순천에 있는 학교를 담당하도록 업무분장이 되었다는 것을 아버지께 말씀드렸던가요? 그가 스파턴버그 제1장로교회 목사의 딸인 콘스턴스 쿠퍼(Miss Constance Couper)[107]와 약혼했다는 소식을 듣고 저희는 기뻤습니다. 저는 그녀와 그녀의 어머니를 매우 좋아합니다. 좋은 사람들입니다. 레이놀즈 부인이 제게 말하길 존 볼링이 이번 여름에 몬트리트에 있다고 합니다. (여동생 캐리(Carey)[108]도 있다고 합니다.) 존 볼링의 마음이 지금 평온하니, 그가 이따금 방문하여서 한국에 대해서 말할 수도 있을 것입니다. 그것이 어떻겠냐고 그 사람에게 제안해 보세요! 존 볼링의 여동생 캐리는 작년에 보니 다른 것이 아니라 선교사의 딸이라는 점에 대해서 병적인 민감성을 갖게 되었습니다. (세상이 영향력이 이렇게 큽니다.) 그 아이 아버지의 친구들이나 아버지를 존경하는 사람들이 관심이 있기에, 그 아이가 그곳에 있을 때 그 아이에게 큰 도움을 줄 수도 있었을 텐데 그 아이는 일부러 그들을 피하는 것으로 보였습니다. 저는 그 아이가 어려움을 잘 견뎌낼 것이고 좋아지고 있다고 희망합니다. 이것을 기억해 주시고, 기회가 닿으면 눈에 띄지 않

105　William Alderman Linton(한국명: 인돈, 1891.2.8~1960.10.13).
106　Ella Tinsley Reynolds Groves(1902.12.11~1997.12.19).
107　Constance Maxwell Couper Haney(1897.8.12~1985.8.27).
108　Carey Mebane Reynolds Wilson(1899.8.10~1969.7.2).

게 조용하게 도움의 손길을 주십시오.

　아버지께서 목포선교부의 〔판독 불가〕를 만나셨고 야네프가 그녀를 도와주고 있었다는 말을 들으니 기쁩니다. 그녀는 밝은 성격의 사람인데, 그녀가 해외에 갈 수 있는 기회가 생겼다는 것이 아주 기쁩니다. 그런 기회는 정말로 드뭅니다.

　이 편지를 받으실 때 모두 최고로 건강하시기를 그리고 아버지께서 계속 힘이 좋아지고 계시기를 바랍니다.

　온 가족이 사랑의 마음을 같이 보내드립니다. 저희 가족이 아버지께 보내는 편지를 곧 받으시길 희망합니다. 그런데 불행히도 정규적인 편지에 있어서 제 자녀들이 가장 프레스톤 가문 사람들 같아서 편지를 자주 써 보낼지 저는 잘 모르겠습니다.

　　　　　　　사랑하는 페어맨 올림

1921년 9월 14일
한국, 순천

사랑하는 아버지와 어머니,

제가 초승달 해변에서 지난번 편지를 드린 이후 두 분의 편지를 받았습니다. 아버지는 7월 6일 자로 어머니는 7월 24일 자로 편지하셨습니다. 저는 여전히 형편없는 통신원 기록을 보유하고 있지만, 그 부류에서 점차로 벗어나기를 기대합니다. 제가 대체로 저의 힘을 조심스럽게 다루고 있으며 점차로 그러나 확실히 좋아지고 있다는 것을 알게 되시면 기뻐하실 것입니다. 저는 아주 쉽게 지칩니다. 또한 매일 두세 시간 누워있지 않으면 상당한 통증으로 고생합니다. 그렇지만 저는 먹는 것뿐 아니라 휴식의 필요성에 대해서 철저히 인식하고 있어서 봄까지는 많이 돌아다니거나 힘든 일을 하지 않고 있습니다.

이전에 있었던 것을 말씀드리겠습니다. 저희는 초승달 해변이 있는 섬에서 8월 29일 돌아 왔습니다. 3주를 그곳에서 보내고 로저스 의사를 미국으로 환송하기 위한 시간에 맞춰 왔습니다. 만성흡수불량증(sprue)을 앓는 로저스 부인이 체질이 매우 약한데, 전혀 잘 지내지 못하고 있어서 차가운 날씨가 찾아오기 전에 그녀가 집으로 돌아가는 것이 절대적으로 필수적인 것으로 보였습니다. 로저스 의사 부부는 현장에서 4년 정도 있었습니다만 로저스 의사는 과로와 아내의 병으로 인해 기운이 고갈되고 있었습니다. 우리 순천선교부는 심한 타격을 받는데, 정말로 많은 어린이가 의사와 너무도 멀리 있고, 우리 선교 병원은 "비전문적인(home-made)" 한국인 의사에게 의존합니다. 다행히 병원을 담당하는 간호사인 그리어 선교사는 드문 상식과 좋은 경험을 가진 여성입니다. 우리 한국선교회의 의료 상황은 비극적으로 되어가고 있는데, 선교부 다섯 곳에 겨우 두 명의 의사만 남아있으며, 그중 한 명인 윌슨 선교사는 다음 5월에 안식년으로 돌아갑니다.

　이곳 우리 순천선교부는 참 어려운 처지에 있습니다. 코잇 목사가 모든 순회전도여행의 짐을 메고 있습니다. 볼링 레이놀즈가 내년에 올 때까지 크레인 목사가 학교를 운영하고 있으며, 비거 선교사는 몸 상태가 가능하지 않은데도 여학교를 운영하고 있습니다. 밀러(Miss Miller)[109] 선교사는 언어 공부를 하고 있으며 내년까지는 적극적인 사역을 할 준비가 되지 않을 것입니다. 아내의 에너지는 아이들을 가르치는 데 다 쓰이고 있으며 코잇 부인의 에너지도 아이들을 가르치는 데 다 쓰이고 있습니다. 데이비스 선생님이 아이들을 가르치는 것을 시작할 수 없기 때문입니다. 현재 저는 미리암의 라틴어와 역사 공부를 도와주고 있습니다. 저는 점차로 순천 시내 사역을 더 많이 할 수 있기를, 또한 봄이 되면 적극적인 의무를 할 준비가 될 것을 기대합니다.

　이 중요한 때에 저희가 매티 데이비스 선생님과 다시 함께하게 되어서 정말 기쁩니다. 그녀는 어려울 때 의지할 수 있는 사람입니다.

　아버지께서 몬트리트에 계시는 것을 생각하니 좋습니다. 그곳은 연중 아주 즐거운 일이 많은 곳입니다. 지난달 이곳 날씨는 3주간 매우 뜨겁고 건조했습니다. 그래서 해변으로 가서 그 날씨를 피했습니다. 그런데 텃밭에 남은 것이 거의 없습니다. 다행히, 개천에서 공급되는 물로 재배한 쌀은 3주간의 가뭄에 영향을 받지 않아서 괜찮습니다. 그런데 저희가 듣기로 이북 지방은 그렇지 않다고 합니다.

　제 담당 4개 교회에서 한국인 목사 한 사람을 청빙했다는 것을 제가 말씀드렸던가요? 그 목사는 제 담당지방에서 최초로 청빙된 사람인데, 그가 도와줄 수 있어서 저는 기쁩니다. 4개의 교회가 그의 한 달 봉급 50엔(25달러)을 전부 지급합니다. 내년 봄에 다른 서너 교회에서 목사

---

[109] Louise Blanche Miller(한국명: 민유수, 1888.8.2~1983.12.23).

한 명을 모시게 할 준비를 제가 하고 있습니다. 비록 모든 교회에서 한국인 목사를 청빙할 수는 없겠지만, 이렇게 하면 제가 한국인 목사와 동사목사(co-pastor)로 관계를 맺기에 저는 많은 책임을 덜 수 있습니다. 이런 동사목사 관계는 이곳에 있는 순천교회(local church)에도 적용됩니다. 우리는 지금 교회를 새로 지어야 하는 문제에 직면해 있습니다. 순천교회당은 5년밖에 사용하지 않았는데, 형편없는 건축 때문에 건물이 안전하지 않게 되었고, 사람 수가 너무 늘어나서, 성경학원을 하도록 선교회에 팔렸기 때문입니다. 순천교회는 다른 곳에 교회당을 세울 계획을 하고 있습니다. 봄에 작업이 개시될 것입니다. 이렇게 어려운 시기에 헌금이 천천히 들어오기 때문입니다.

저의 오른팔 조사인 김영진 씨가 이 교회의 장로[110]인데, 지난달에 심한 늑막염에 걸려서 몸이 매우 약하게 되었습니다. 그가 앞으로 2주 넘게 일을 못 할 거라서 저에게는 심한 타격입니다.

아내와 아이들이 최고의 건강 상태를 유지하고 있습니다. 저희는 지시를 거의 받지 않고도 집안의 일상적인 일을 수행하는 훈련된 하인들을 가지고 있는 복을 받았습니다. 그래서 이 면에서는 미국보다 이곳에서 더 좋습니다. 이곳의 상황은 점차로 변해가는데, 하인들 문제와 노동 분규가 대두되고 있습니다. 저희가 이미 두 배 넘게 내는데 전보다 덜 얻게 됩니다. 일본에서의 물건값은 혹시 떨어졌는지는 몰라도 미미하며 여전히 인플레이션이 만연합니다. 이는 (전보다 두 배인) 아주 많이 높아진 노동에 대한 비용이 반영된 것이라 저는 생각합니다. 인건비도 계속 오를 것이고 가격도 오를 것 같은데, 산업이 정체되어 있는 상황에서 어째서 이런 것이 가능한지를 저는 모르겠습니다.

이 편지를 받으실 때 아버지께서 더 건강해지시는 중이길 바랍니다.

---

110 현 순천중앙교회. 교회 연혁에 따르면 1916년 5월 초대 김영진 장로가 임직함.

바크먼도 다시 건강해지고, 가족 모두 건강하기를 바랍니다. 모두에게 저희의 사랑을 전해주시고, 이 편지를 회람해 주세요. 아직 개개인에게 편지를 보낼 수가 없기 때문입니다. 편지하실 때 Spencer 411에 사는 모든 사람과 다른 친척들에게 저희의 사랑을 전해주세요. 저희는 항상 아버지를 생각하며 기도합니다.

사랑하는 아들 페어맨 올림

1921년 11월 20일
한국, 순천

켄터키 루이빌 오웬스 힐 아파트(Owens-Hill Apt)
J. B. 프레스톤에게 맡김.

사랑하는 어머니,
　어머니께서 보내신 10월 19일 자 편지를 어제 받았습니다. 어머니에게서 다시 소식을 들으니 정말 좋았습니다. 제가 감사의 표현으로 바로 답장을 드리는 아주 실용적인 방법을 쓰는 것을 아시겠죠. 이런 것을 할 기회가 제게 종종 있는 것은 아니지만요. 그러나, 제가 지금처럼 계속 몸이 좋다고 느끼면, 다음 주에는 고향으로 아주 많은 편지를 보낼 것을 예상합니다. 어머니께서 아주 건강이 좋지 않다고 느끼신다는 것을 듣고 저희 마음이 무척 좋지 않았습니다. 이번 여름에 몬트리트에서 어머니께서 살림을 실험해 보신 것과 사람들을 오게 하여 교제한 것이 주원인이라고 저는 생각합니다. 어머니께서 천성이 그러셔서 집 주위에 있는 모든 것이 "아주 말끔히" 정돈되어야 합니다. 그렇지 않으면 완벽할 때까지 초조해하고 걱정하십니다. "일을 제대로 하도록 자극하는 사람"이 필요하지만, 그 역할을 하는 사람은 힘이 듭니다. 어머니께서 건강을 되찾으려고 하신다면 어머니께서 극복하셔야만 하는, 어머니는 깨닫지 못하고 있는 계속되는 신경과민이 있습니다. 어머니께서 가장 먼저 루이빌[111]로 가기로 하셨다는 말을 들어서 기쁩니다. 그곳의 좋은 가정에서 조용히 계시면 어머니께서 곧 건강해지시라는데 의심이 없습니다. 물론 신체검사가 준비되어 있지만 말입니다. 짐이 저에게 편지 쓰는 일을 잘하고

---

[111] Montreat에서 삶이 힘들어 둘째 아들 Jim의 집에 가서 쉰다는 이야기임.

있습니다. 이 편지에 동봉하기 위해 짐에게 보내는 편지를 "숨겨두고 있습니다."

어머니께서 몬트리트에서 하신 것을 모두 듣게 되고 친구들과 친척들로부터 새로운 소식을 듣게 되어 저희는 아주 흥미로웠습니다. 플로이가 올라갔다니 기쁩니다. 아내가 지난가을 이곳으로 나오는 배 위에서 플로이에게 편지를 했음에도 불구하고 플로이가 리치먼드에 있는 그 아이의 집을 떠난 이후 아내에게 한 줄도 편지하지 않은 것에 대해서 제가 플로이를 아주 많이 못됐다고 생각하지만 저는 플로이가 완전히 정상이 되었다고 판단합니다. 아내가 플로이를 위해 한 모든 것을 고려하면 이런 종류의 일에는 일반적인 예의범절이라는 것이 플로이에게 있어야 합니다. 제가 플로이에게 편지를 쓸 수 있을 때는 아마도 기분 나쁜 마음을 제가 삼킬 수 있어야 할 때입니다. 그러는 동안 어머니께서 플로이에게 편지하셔서 플로이의 행동이 심했다고 제가 생각하고 있다는 점을 알려주셔도 괜찮습니다. 만약 플로이가 그것을 모른다면, 존스 홉킨스(Johns Hopkins) 병원에 보내자는 것이 아내의 제안이었고 그래서 좋은 결과가 있었다는 것과 그곳에 있는 동안 들어간 비용(대출이 아니라 선물)이 아내의 돈이었다는 것을 플로이에게 누군가 말을 해줘야 합니다. 물론, 제가 플로이에게 웨스트부룩(Westbrook) 요양소[112]에 머무르라고 충고해서 플로이가 저에게 기분이 많이 상해있다는 것을 알고 있지만, 웨스트부룩에 있으라고 한 것에 로버트 프레스톤과 짐도 책임이 있습니다.[113] 그렇지만

---

[112] Westbrook Sanatorium. 1815년에 세워졌고, 1880년대 중반 확장되었으며, 1975년 해체된 요양원.

[113] Floy가 질환이 있었던 것으로 보이며 이를 치료하기 위해서 Westbrook 요양소에서 치료받으라고 해서 Floy가 불만을 가졌다는 내용임. 프레스톤 목사는 이렇게 권고할 때 사촌인 의사 Dr. Robert Sheffey Preston(1885~1953)과 동생 짐(Jamie)과 상의했음을 말하고 있음. 최종적으로는 최상의 병원인 Johns Hopkins에서 프레스톤 목사 부부가 도움을 주었음을 말함.

자선을 베풀었다고 생각하며, 저는 플로이가 이런 사실을 모른다고 가정합니다. 웨스트부룩이 저희가 희망한 것은 아니었다는 사실에도 불구하고, 플로이가 시설에 들어가기 전 어땠는지와 시설에서 나온 후에 다시 어떤 상태였는지를 고려하면, 당시에 그 돌봄이 없었다고 하면, 플로이는 주립 시설에서 죽었거나 감금되어 있을 것이 의심의 여지 없습니다. 그래서 저는 그 아이는 반대로 생각하겠지만 그 아이를 그곳에 두기 위해서 한 큰 희생이 결코 헛되지 않았다고 느낍니다. 그런데, 비록 우리 모두 틀렸다고 해도, 그 아이가 우리 모두 가장 좋은 의도를 가졌다는 걸 알만큼 정상이 되어야 하며, 적어도 그 아이는 그것에 대해서 우리에게 고맙다고 해야 합니다.

 리아에 대한 우울한 소식을 들어서 무척 안타깝습니다. 곧 리아에게 편지하도록 하겠습니다. 신이 없는 삶을 살아서는 안 된다고 특별히 양육을 받았는데도 신이 없는 삶을 사는 사람이 기대하는 것은 인생의 시련 말고 무엇이 있겠습니까? 리아가 그의 가정에 어떤 행복을 가져다줄 수 있을 거로 기대하시는지요? 저는 소년이었을 때와 청년이었을 때 리아와 언쟁을 자주 했습니다. 저의 양심은 제가 보여주려고 하는 본보기에 관해서 명백합니다. 그러나 리아는 들으려고 하지 않았으며, 다른 사람들의 연약함에 대해서는 계속 말했습니다. 사람들이 연약하여 실수하기에 자신도 신의 눈에서 괜찮을 것인 것처럼요. 티몬스 의사가 리아에게 연락해 보겠다고 저에게 편지했습니다. 리아가 하나님께로 돌아서지 않으면, 리아 앞에는 힘든 길이 있을 것임을 저는 확신합니다. 그런데 저는 리아가 마침내는 정신을 차리리라 온전히 기대합니다.[114]

 캐리 레이놀즈에 관해서 어머니께서 저희에게 하신 말씀은 그 아이가

---

114 1930년 인구총조사에 따르면 Rhea는 "Attended School / No, Industry / Real Estate, Class of Worker / Wage or salary worker)로 되어 있음. 1909년 4월 28일 자 편지 각주 참조.

가진 문제가 무엇인지에 대해서 저희가 가졌던 바로 첫 번째 생각과 같습니다. 저희도 그렇다고 생각했습니다. 레이놀즈 목사 부부는 아주 훌륭한 사람들인데 자녀들에게 그런 문제가 생긴 것은 비극입니다. 레이놀즈 부인이 그들 부부가 우리 순천 사람들과 초승달 해변에서 몇 주를 보냈었다는 것을 어머니께 틀림없이 말씀하셨을 것입니다. 어머니께서 저희 소식을 직접 들을 수 있어서 좋았을 것입니다. 레이놀즈 부인이 순천에서 떠날 때, 미국으로 그렇게 일찍 불려 갈지를 저희는 생각도 못 했습니다. 부인이 출발했었다는 것을 저희가 듣기도 전에 이미 부인은 가고 있었습니다. 그렇지 않았다면 저희 대신 고향으로 뭔가를 가지고 갔을 수도 있습니다.

아내는 고향에 있는 식구들을 위해 크리스마스 선물을 구하느라 열심히 노력했습니다. 그리고 어제 짐에게 크리스마스 상자를 보냈습니다. 저희는 아이다에게 부탁하여 어머니, 아버지, 그리고 막내 고모부(Uncle Jim)에게 좀 더 좋은 것을 구해달라고 요청하고 있습니다. 아내가 이곳에서 보내는 것들을 모두 좋아할 것을 확신합니다. 이것들이 학교에 있는 한국인 소녀들에 의해서 손으로 만들어졌기 때문입니다.

어머니께서 제게 오래된 가족 성경[115]에 대해 물으셨습니다. 리치먼드로 가져가지 않았다는 것을 제가 확신한다는 것을 제외하고 저는 그것에 대해서 어떤 것도 기억나지 않습니다. 저는 브리스톨에서 그 성경을 다른 물건들과 함께 포장했던 것이 기억나지 않습니다. 그 성경이 은행에 보내졌을 가능성이 있기는 하지만, 그 성경을 은행에 두라는 어떤 부탁도 받은 적이 없습니다. 그 성경을 찾으면 좋겠습니다.

섯폰(Sutphen) 문장(紋章)에 관해서입니다.[116] 안전하게 가지고 있다는

---

[115] 가족 성경(family Bible)은 기독교 가문에서 대대로 내려오는 일종의 가보(家寶) 격인 성경으로, 큰 성경 안에 가족의 생일, 결혼, 사망 등의 가족사를 기록하는 곳이 대개 별도로 있음.

말씀을 기쁘게 드립니다. 저희가 지나가는 길에 일본에서 몇 개의 복제품을 만들려고 제가 그것을 가지고 나왔다는 것을 어머니께서 알고 계십니다. 그런데 저희가 내렸을 때, 와츠 부부[117]를 만나기 위해서 서둘러 가야 해서, 일본에서는 반나절만 있었습니다. 저의 사진사가 살고 있는 고베에는 들르지도 못했습니다. 저는 우편으로 그것을 보낼 생각을 감히 못 했습니다. 그렇지만 마침내 등기 우편으로 보내기로 했습니다. 데이비스 선생님에게 고베를 지나갈 때 그것에 대해서 신경을 써 주라고 요청했습니다. 그래서 제가 미리암에게 말해서 보내라고 했는데, 미리암은 제게 보냈다고 했습니다. 저는 영수증도 봤습니다. 데이비스 선생님이 말하길 사진사가 문장을 받았다고 자신에게 말했으며, 다섯 개의 사본을 만들어서 제게 보냈다고 했습니다. 제가 받지 못했기에, 그 사진사에게 많은 편지를 보냈습니다. 그런데 아무런 답을 받지 못해서 그 문제를 조정해달라고 변호사의 손에 막 넘기려고 하는 찰나였습니다. 그런데 약 1주일 전에 제 서랍의 맨 아래 칸에서 그 문장을 우연히 봤습니다. 그곳에 계속 있었던 것입니다. 사실은 미리암이 제 말을 오해하여 그 문장을 보내지 않았던 것입니다. 대신 필름 한 통을 보냈던 것인데 그것에 대한 영수증을 제가 가지고 있었습니다. 제가 필름을 기록하지 않기에, 제가 완전히 속았습니다. 어머니께서는 원판이 분실되지 않고 이곳에 안전하게 있는 것을 보고 제가 얼마나 안도했는지 모르실 것입니다. 제가 이것을 다시 찾기 위해서 얼마나 많은 무의미한 시간을 쏟았는지를 모르실 것입니다. 이런 공포스러운 일을 겪고 나서 저는 특정인을 정해서 그 사람에게 직접 문장을 챙기게 할 것이고 그렇지 않으면 다시는 이런 일을 하지 않기로 결심했습니다. 그러니 제가 잊지 않았고 이렇게 고립된 곳에서, 병 때문에 빈둥거리면서, 전과는 다르게 미리암을 통해

---

116 Sutphen은 프레스톤 목사 어머니의 친정 성(family name)임.
117 1920년 11월 16일 자 편지 Watts에 관한 각주 참조.

원본과 사본을 어머니께 보낼 것을 확신하시고 어머니의 인내로 어머니의 영혼을 얻으십시오.[118]

저희 모두는 평소처럼 건강합니다. 제가 바랐던 것보다 더 천천히 진행되지만, 저는 꾸준히 좋아지고 있습니다. 미리암에게 키케로[119]와 영국 역사를 매일 아침 11시 30분에 가르치는 것을 크게 즐기고 있습니다. 가르치면서 누워있기에 아내 입장에서는 오전에 저를 집에서 쉬게 하는 아주 현명한 전략입니다. 순회전도여행을 다니고 있지 않습니다. 봄 이전에는 순회전도여행을 다니지 않을 것입니다.

이 편지가 크리스마스 시기에 어머니께 도착할 것입니다. 이 편지에 가족 모두와 친척들에게 엄청난 사랑과 행운을 비는 마음을 담습니다. 이 시기에 저희가 어머니를 정말로 절실히 생각합니다. 하나님께서 두 분에게 금혼식(金婚式)을 허락하시길 기도합니다.[120] 그것을 간절히 바랍니다.

온 가족이 두 분에 대한 저의 사랑에 함께합니다.

사랑하는 페어맨 올림

리치먼드에 있는 〔판독 불가〕에게 가족 성경에 대해서 글을 썼나요? 그렇게 하십시오.

---

118 누가복음 21장 19절. "너희는 참고 견디는 가운데 너희의 목숨을 얻어라." (새번역)
119 앞선 편지에서 라틴어를 가르친다는 것 참조. 케케로와 고전 라틴어의 관계 참조.
120 프레스톤 목사의 부모는 1874년 6월 30일 결혼함.

1922년

1922년 1월 5일
한국, 순천

사랑하는 짐 서방님과 마가렛 동서에게,

서방님 부부가 보내준 크리스마스 선물꾸러미의 도착은 이 가정에서 항상 특별한 일인데, 올해도 예외는 아니었습니다. 두 사람은 가장 매력적인 꾸러미를 장식하는 방법을 확실히 알고 있습니다. 우리는 좋은 선물에 모두 기뻐하며, 선물한 사람들에게 감사의 마음이 가득합니다.

내가 받은 책상 장식용 천(bureau scarf)이 아주 좋아 보입니다. 이것과 어머님과 아버님께서 보내주신 베갯잇으로 내 방을 즐겁게 꾸미겠습니다. 아마 아주 특별한 손님이 있을 때 손님 방을 꾸미는 데 먼저 사용할지도 모릅니다. 나를 위해 동서가 한 모든 자수에 대해서 정말 고마움을 느낍니다. 그런 재능을 보니 질투가 날 정도네요. 그런데 자수에 관한 책을 읽는 것에 대해서 청년이 말했듯, "나에게 재능이 있는 친구가 있습니다."

나는 어미님께 우리기 병에 걸렸었다는 것을 편지로 다 알려드렸습니다. 그러니 반복하지는 않겠습니다. 매티는 자기의 힘을 다 회복하지 못했습니다. 자녀 중 셋이 감기를 앓고 있고, 한 아이는 결막염을, 한 아이는 과립성 눈꺼풀이 있습니다. 뜨거운 압박붕대를 올려놓고, 붕산으로 세척하고, 눈에 약을 떨어뜨리는 것을 하느라 주위를 돌아볼 시간이 나에게는 거의 없는 것 같습니다. 어제 윌리 와일리가 눈꺼풀을 긁어내려고 수술대 위로 올라가야 했기 때문에 마치 자신이 남보다 더 대단한 사람이라고 느끼고 있었습니다.

오래지 않아서 티몬스 의사가 한국에 돌아올 것이라는 소식에 우리는 기쁩니다. 로저스 의사가 돌아올 때까지 순천에 배정되기를 우리는 확실히 희망하고 있습니다. 그렇지만 너무도 많은 선교부에 의사가 없어서 우리가 실망할 수도 있습니다.

남편은 임시위원회 회의가 있어 오늘 광주로 갔습니다. 남편이 출발했을 때 화씨 24도[121]였는데, 아주 큰 아일랜드 외투를 입고 있었기 때문에 전혀 춥지 않았을 것입니다. 남편은 최근에 아주 좋아졌지만, 나는 남편이 과로하는 것을 계속 염려합니다.

어머님이 보내신 12월 23일 자 편지가 1월 23일 도착했습니다. 아프셨다는 걸 듣고 마음이 많이 안 좋았습니다. 그런데 크리스마스를 보내려 두 사람이 있는 곳으로 올라가셨다니 기뻤습니다. 두 사람이 어머님과 함께 좋은 시간을 보내셨다는 것을 알고 있으며, 어머님께서 아기와 좋은 시간을 보내셨다는 것을 알고 있습니다. 모든 것을 봤을 때 그 아이[122]는 가까운 미래에 성공할 것이 틀림없습니다.

스튜어트 박사님 부부에게 내 안부를 전해주세요. 그분이 회복된 것에 정말 감사드립니다.[123] 미리암이 저를 위해 앨범에 넣어둔, 남편이 주날루스카(Junaluska)[124]에서 찍은 사진을 보며 그곳에서의 즐거웠던 시간을 다시금 떠올려봅니다.

자야 할 시간이라서 이제 가야 합니다.

---

[121] 화씨 24도로 섭씨 -4.4도에 해당함.
[122] James Brainerd Preston Jr.(1920.6.21~2010.3.31).
[123] Jim(James)의 1914년 5월 26일 결혼을 알리는 신문안내문을 보면 Jim의 아내 Margaret은 Church Street Methodist Episcopal church의 목사 Rev. Dr. George Rutledge Stuart의 딸임. 여기서 말하는 스튜어트 박사는 Margaret의 아버지일 개연성이 큼. 참고로 Jim의 부고장 일부는 다음과 같음.
Mr. Preston is survived by his wife, formerly Miss Margaret Stuart, and by two children, a son J. B., Jr., aged 5 years and a daughter, Margaret Stuart aged a few weeks. (*The News and Advance*, Thu, Decemebr 24, 1925, p. 2)
[124] Lake Junaluska, North Carolina를 말함.

세 사람 모두에게 많은 사랑을 전합니다.

사랑하는 애니 W. P.

1922년 1월 11일
한국, 순천

사랑하는 어머님,

어머님께서 보내신 훌륭한 선물 상자들이 아이다 아가씨의 선물 상자와 다른 사람들이 보낸 상자들과 함께 1월 5일에 도착해서 저희가 크리스마스를 또 한 번 즐기게 되었습니다. 저희는 크리스마스가 한 주 또는 두 주 넘게까지 이어지는 것을 전혀 싫어하지 않습니다만 올해는 이어져서 정말 더 좋았습니다.

저는 어머님과 아버님이 보내주신 아름다운 베갯잇들과 짐 서방님과 마가렛 동서가 보내준 책상 장식용 천에 완전히 만족합니다. 선물 둘 다가 능숙한 손가락의 솜씨인데, 이런 솜씨는 저도 가졌으면 합니다만 저는 결코 다다를 수 없습니다. 제 방에 있는, 병원에서 쓰는 자질구레한 것들을 언젠가 모두 치우면, 그 방을 새로운 예쁜 것들로 꾸밀 것입니다.

누군가가 어머님께 미리암의 병에 대해서 쓴 것이 틀림없습니다. 미리암은 크리스마스 3주 전에 장티푸스로 판명된 채 자러 갔습니다. 우리 선교부 역사로 거슬러 가서 이야기를 시작하겠습니다. 로저스 의사가 9월에 귀국해서 우리에게 의사가 없다는 것을 아시지요. 크레인 목사의 아이가 10월에 죽었습니다. 그 아이가 갑자기 사망해서 우리 선교부의 간호사인 그리어 선교사가 큰 충격을 받았습니다. 11월에 릴리언(Lillian Crane)이 경기를 일으켜서 아이 엄마가 심하게 과민해지고 불안해져서 그리어 간호사의 간호와 수고가 더 많아졌습니다.[125] 그 주에 그리어 선교

---

[125] Crane 목사 부부에게 자녀가 4명 있었는데 첫째 Lillian Hedleston Crane Southall (1915.10.31~2000.4.4)이 무척 아팠다는 것과 넷째 John Curtis Crane Jr.(1921.3.25~1921.10.4)가 사망한 사건을 말함. 참고로, 둘째 Elizabeth Letitia Crane(1917.11.24~1918.3.16)도 순천에서 사망함. 셋째 Maj Paul Shields Crane(1919.5.2~2005.6.12)은 한국에서 성장하고 제2차세계대전에 참전하였으며, 한국에서 20년 이

사가 독감에 걸렸고, 로버트 코잇[126]은 맹장염에 걸렸습니다. 마침내 우리는 윌슨 의사에게 요청하여서 휴슨(Miss Hewson) 간호사[127]를 보내서 그리어 간호사(Anna Lou)를 간호하고 병원의 책임을 약간 맡으라고 했습니다. 윌슨 의사가 하루 뒤에 휴슨 간호사를 데리고 왔고, 그리어 선교사를 광주로 데리고 갔으며, 휴슨 간호사를 이곳의 의료 감독관으로 남겨두었습니다. 그들이 떠난 날이 미리암이 아픈 채 잠이 든 날입니다.

4일째에 휴슨 간호사가 집으로 와서는 "병자를 맡겠다"라고 공개적으로 말했습니다. 그래서 제가 그 일에서 놓이게 되었습니다. 그녀도 이곳에 꼭 1주일 있었을 때 같은 "독감"에 걸려서 누울 수밖에 없었습니다. 그때쯤 광주에서 그리어 선교사가 돌아왔으며 휴슨 간호사를 자기 집으로 데리고 가겠다고 끈질기게 말했습니다. 그녀는 제가 돌볼 환자는 한 명이면 충분하다고 봤습니다.

5월에 저희 모두는 장티푸스 백신을 맞았지만, 남편이 백신을 맞지 않았기에 남편이 미리암을 만지는 것이 저는 내키지 않았습니다. 또한, 하인들 누구에게도 접시를 다루는 것을 맡길 수가 없었습니다. 저는 살균제(Lysol)와 라임(lime)에 완전히 절어버린 느낌이었습니다. 그리어 선교사가 건너와서 미리암을 이틀에 한 번 목욕시켰습니다. 그리고 미리암이 먹을 수 있는 것을 제게 매일 말해줬습니다.

미리암이 몇 걸음 움직이기 시작할 즈음에, 매티가 일종의 독감으로 자리에 드러누웠습니다. 그녀가 병상에 든 것이 크리스마스 당일이었고, 이틀 동안 한 번씩 짧게는 일어났습니다. 그녀는 오늘(12일) 아래층으로 내려가려고 한다고 말합니다. 남편, 미리암, 그리고 제가 학교를 계속하

상 외과의사로 선교하면서 전주예수병원에서 일하였고, 세 번의 행사에서 미국 대통령에게 통역함.
126　Robert Thornwell Coit Jr.(1913.9.18~1993.12.19).
127　Georgianna Florine "Georgia" Hewson RN(한국명: 허우선, 1894.12.4~1946.12.4).

려고 합니다.

스와인하트 선교사 부부와 데해스(Miss deHaas) 선교사가 이곳에서 저희와 함께 크리스마스를 보냈으며, 크리스마스의 시기에 많은 즐거움을 더하여 주었습니다. 미리암은 크리스마스 전야 축제와 주일 예배를 위해서 실려 내려갔고, 월요일 크리스마스 만찬을 하러 코잇 목사 집에 갈 때는 휠체어를 탔습니다. 미리암은 "먹을 것"을 거의 먹지 못했지만 재미있는 일은 거의 놓치지 않았습니다. 지금 빠르게 힘을 얻고 있으며 아파서 누워있는 것으로 인해서 발생하는 영구적인 부상으로 고통받지는 않을 것입니다. 이 일로 미리암이 자신을 돌볼 필요에 대해서 깊이 생각했으면 합니다. 미리암은 잠을 거의 자지 않았고, 운동도 거의 하지 않아서 저희가 산 감의 일부에 아마도 숨어있었을지도 모르는 병원균의 쉬운 표적이 되었습니다. 이제부터 저희는 감을 표백제로 씻을 것입니다. 미리암이 지난 5월에 장티푸스 백신을 맞았기에 병증이 약했습니다. 휴슨 간호사의 열은 훨씬 높았습니다. 그렇지만 일반적으로 걸리는 시간보다는 지속되지 않았습니다. 그녀는 토요일에 광주에 있는 집으로 가려고 합니다.

유진 벨 부인에게서 어제 편지를 받았는데 아주 행복하다고 합니다. 부인은 샬럿(Charlotte)[128]이 연례회의 동안에 결혼할 예정이라고 편지에서 말했습니다. 벨 박사가 짧은 글을 동봉했는데, 어머님께서 루이빌에 계실 때 뵙기를 희망한다고 합니다.

이 편지가 "슬픈 탄식 이야기"처럼 들릴 수도 있습니다만 실제 저는 그렇게 느끼지 않습니다. 미리암이 다시 건강해지고, 매티는 좋아지고 있고, 제가 장티푸스와 독감에서 피할 수 있어서 정말 감사드립니다.

---

[128] Charlotte Witherspoon Bell Linton(1899.1.6~1974.5.1). 유진 벨 목사 첫 부인의 딸. William Alderman Linton Sr.(1891.2.8~1960.8.13)와 1922년 6월 10일 일본 고베에서 결혼함.

플로렌스는 자신의 봉투 중 하나를 사용하려고 합니다. 이 편지지가 작은 크기로 접을 수 있는 제가 가지고 있는 유일한 종이이니 이 종이를 사용한 것을 크게 신경 쓰지 말아주십시오. 우표가 전보다 두 배 비싸졌기에, 저는 모든 봉투에 최대한 무게가 담길 수 있게 해야 한다고 느낍니다.

가족들 모두에게 특히 어머님께 많은 사랑을 전합니다. 좋은 선물 주신 것에 너무너무 감사드립니다.

        어머님을 정말 사랑하는 애니 올림

1922년 2월 28일
한국, 순천

사랑하는 할머니께,

할머니와 할아버지께서 저에게 주신 예쁜 작업용 앞치마 감사드립니다. 며칠 전 할아버지에게 편지를 드렸습니다. 제가 편지를 드린 다음 날 할아버지의 편지가 왔습니다.

존 페어맨이 얼마 전에 자전거를 샀습니다. 저희 여자아이들도 자전거를 하나 샀습니다. 조랑말이 두 마리 있습니다. 얼마 전에 조랑말 한 마리를 샀습니다.

저는 아직 저희 자전거를 탈 수 없습니다. 그래서 윌리 와일리와 저는 조랑말을 탈 수 있습니다.

제 생각에 아버지께서 훨씬 좋아지고 있습니다.

저희에게 손님이 있는데 이름이 스위코드(Mr. Swicord)[129] 목사님입니다. 전주에 있는 선교사님입니다.

사랑합니다.
　　　　　　플로렌스 섯픈 프레스톤 올림

추신: 할아버지의 편지가 어제 도착했습니다. 그래서 저는 이 편지에 좀 더 쓰려고 했습니다. 어머니께서 이것을 보내시려고 했습니다.

할아버지께서 즐겁게 지내시니 기쁩니다.

저는 머리를 기르고 있으며 상당히 뚱뚱합니다.

티몬스 의사 부부가 돌아오고 있어서 아주 기쁩니다.

저희는 광주에서의 연례회의 때 녹스 목사님 집으로 갈 것입니다.

할아버지의 사랑스러운 손녀 플로렌스가 사랑을 보냅니다.

---

[129] Donald Augustus Swicord(한국명: 서국태, 1894.8.21~1969.2.20).

1922년 3월 1일
한국, 순천

사랑하는 할머니께,

할머니께서 제게 예쁜 곰 인형들을 보내주셔서 정말 감사드립니다.

새 자전거를 가지고 있습니다. 존 페어맨이 하나를 가지고 있고, 언니와 제가 하나를 가지고 있습니다. 플로렌스가 키가 커지면 플로렌스 것이 될 것입니다. 크레인 목사님이 그 자전거들이 미국에서 최고로 좋은 것이라고 했습니다.

티몬스 의사 선생님 가족이 약 2주 후면 이곳에 올 것입니다. 그분들을 보게 되면 저희는 정말 기쁠 것입니다. 저희는 제임스[130]를 본 적이 없습니다. 그 아이는 머리칼이 빨간색입니다.

전주에서 온 스위코드 목사님이 지금 저희를 방문하고 있습니다. 어머니와 아버지께서 광주에 가셨을 때 집으로 함께 왔습니다. 아버지와 어머니는 일요일을 그곳에서 머물고 돌아왔습니다.

저희는 연례회의 때 녹스 목사님 부부 집에 머물 것입니다. 불 목사님 부부와 어드먼 박사님[131]도 그곳에 머물 것입니다.

워싱턴 대통령 생일[132]에 비가 심하게 퍼부었습니다. 그래서 저희는 휴가를 가지 않았습니다. 그런데 티몬스 의사 선생님이 올 때 휴가를

---

130 Dr. James McKnight Timmons(1917.2.9~2015.4.9). Eastminster Presbyterian Church 창립 멤버이자 장로. 미국 Richmond, South Carolina에서 출생.
131 Charles Rosenbury Erdman(1866.7.20~1960.5.9). 프린스턴 신학대 교수로 31년간 재직. 미국북장로회 선교사로 일하는 동생 Rev. Walter Collins Erdman(1877.9.8~1948.5.17)을 방문하러 한국에 방문하고 각 선교지를 탐방하는 중 남장로회 선교회도 방문한 것으로 보임.
132 미국 초대 대통령 George Washington(1732.2.22~1799.12.14)을 기념하여 1885년 그의 생일인 2월 22일을 국경일로 지정했으며, 1971년부터는 2월 셋째 주 월요일로 옮겨 기념하고 있음. '대통령의 날(Presidents' Day)'이라고도 함.

갈 것입니다.

    아버지께서는 완전히 나았다고 하시는데 너무 많은 일을 또 하시려고 하면 다시 아프실 것입니다.

    저희는 새 학교를 완성하게 되었을 때 그 학교를 위해서 뭔가를 사려고 21.20엔을 저축했습니다. 저희는 벽난로를 사려고 합니다.

    미리암 언니는 클라크 목사님 가족과 함께 미국으로 갈 것입니다.

    플로리다에서 즐겁게 지내시길 바랍니다.

                사랑하는 손녀 애니 섀넌 올림

1922년 3월 5일
한국, 순천

아그네스 스콧 대학에 맡김.

사랑하는 어머니,

저는 어머니께 편지를 드린 후, 달리 말하면 편지에 관해서 다른 누구에게라도 편지를 한 후, 무의식적으로도 긴 시간이 지났다는 사실을 고통스럽게 의식하고 있습니다. 저는 또한 편지하지 않는 기간이 곧 깨지게 하리라는 것 그리고 깨진 상태를 유지하게 할 것이라고 똑같이 강하게 마음먹었습니다. 집에서 한 번 자리에 앉고 나서 온전한 편지를 다 쓸 수 있다는 것을 예상하는 것은 불가능하며, 짧은 편지를 보내거나 조금씩 쓴 편지를 보내는 데 만족해야만 합니다.

이 편지는 2월 18일에 시작했는데, 주소를 적는 것 이상을 하지 못했습니다. 편지를 이어서 쓰려고 하는데 벌써 3월 5일입니다.

저의 긴 침묵으로부터, 그리고 제가 말씀드렸던 것으로부터, 제가 그렇게 건강하지 않다고 어머니께서 속단하실 수도 있습니다. 잘못된 생각입니다. 저는 항상 건강이 꾸준히 향상되고 있습니다. 그리고 제가 순회 전도여행을 시작하지 않았지만, 저는 제 담당 지방을 계속 감독하고 있었으며, 여기에 더해서 순천 시내의 사역을 적당한 양으로 수행하고 있었습니다. 크리스마스 이후, 순천선교부 성경학원과 사경회를 담당하고 있습니다. 사경회는 2월 24일 정회했습니다. 아내와 저는 그때 광주에 갔습니다. 그리고 저는 돌아온 후 정상적인 속도로 일을 하고 있습니다. 저는 지금까지 "계속 일을 수행하고" 있으며 하루하루를 약간의 힘을 남기고 헤쳐나가고 있습니다. 그런데 개별적인 편지를 쓰는 것은 포기했습니다. 저는 아직도 크리스마스 선물에 대해서 단 하나도 고맙다는 말을 못 했습니다. 그것부터 시작하겠습니다. 아버지께서 저희를 얼마나 사랑하고 생각해 주시는 지를 제가 알고 있다는 것을 말씀드립니다. 아버지께서는 정말 훌륭하게 물건을 사셨습니다. 평상시처럼 보내주신 모든 것이 아주 멋지고, 유용하고, 적절했으며, 모두가 기뻐했습니다. 저는 아버지께서 제게 보내주신 것에 특별히 만족했습니다. 저는 매 주일마다 (영어로) 주일학교에서 가르치고 있습니다. 그래서 토리 교수[133]의 주석 (Torrey's Notes)은 특별히 도움이 됩니다. 올해에는 단 하나의 크리스마스 꾸러미에도 단 한 푼의 세금도 지급하지 않았습니다. 이런 일은 처음 있는 일로, 이렇게 해준 정부에 매우 감사드립니다. 짐은 저희가 자신을 통해서 보낸 꾸러미에 대해서 얼마나 돈을 냈는지 알려주지 않았습니다. 그래서 저희는 추측해서 수표를 보내야만 합니다. 적어도 5달러는 충분히 넘었을 것이 틀림없습니다.

어머니께서 플로리다에 가셨다는 것과 아버지께서도 나중에 가실 것을 예정하신다는 것을 듣고 저희는 아주 기뻤습니다. 그 일은 아주 잘 생각하신 일인데, 어머니 연세에 아무 곳이나 갈 수 있는 때에 좋지 않은 환경 속에서 겨울의 혹한과 여름의 열기에 어머니를 드러내놓으실 아무런 이유도 없습니다. 아버지께서는 큰 눈과 눈보라를 피해서 시간에 늦지 않게 확실히 버지니아에서 벗어나셨습니다. 그랬다는 소식이 저희에게 왔습니다. 그런데 아버지께서 이것에 대해서 읽으시면서 얼마나 흥미로워하실지 상상이 되지 않습니다. 여기는 아주 순조로운 겨울이었습니다. 차가운 날씨는 아주 많으나 강한 바람은 없고 규칙적으로 비가 오며 약간의 눈이 옵니다. 여기는 눈이 거의 없었습니다. 그래서 최근 여정은 광주에 4인치 눈이 온 때였는데, 되돌아오면서 엄청나게 막힌 길을 만나기 전까지는 저희가 기뻤답니다. 저희가 타는 포드 차는 미국에서 저희

---

[133] Charles Cutler Torrey(1863.12.20~1956.11.12). 미국의 역사학자, 고고학자, 교수로 1900~1932년간 Yale 대학에서 가르침.

가 가졌던 것보다 더 좋지는 않을지 몰라도 똑같이 잘 달립니다. 저의 하인이 항상 그 차를 잘 정비해 둡니다. 기름을 바르고 깨끗하게 하는데, 바퀴는 공기를 잘 채워놔서 제가 자질구레할 정비 일에서 자유롭습니다.

미리암의 계획에 대해서 어머니께 전해드릴 만큼 확실한 정보를 이제 겨우 받았습니다. 한국에서 고향으로 가는 많은 사람이 있습니다. 그런데 아내는 미리암이 이곳에서 6월 내내 그리고 광주에서의 연례회의 끝날 때까지 있기를 바라기에 그들이 어떤 예약을 할지를 보기 위해 기다려 왔습니다. 저희는 해리슨 목사 부부가 애드미럴 선박회사(Admiral Line)의 베이 스테이트(Bay State)를 타고 7월 10일 떠나는데 시애틀을 거쳐 간다는 것을 들었습니다. 그래서 저희가 미리암이 그들과 가도록 예약을 넣었는데 틀림없이 그 표를 구하게 될 것입니다. 그렇다면, 미리암이 7월 말경 몬트리트에 도착할 것입니다. 해리슨 목사 부부가 제가 지금 아는 것보다 도중에 더 오래 머물지만 않으면 말입니다. 미리암이 아그네스 스콧 대학의 진학을 준비하기 위해서 롤리(Releigh)에 있는 피스 대학(Peace Institute)[134]에서 1년을 보낼 것이라고 저희는 편지했습니다. 저는 여학생에게는 기숙학교가 맞다고 강하게 믿습니다. 정규적인 시간이 있고 적절한 보호자가 있기 때문입니다. 그래서 리치먼드 또는 솔즈베리에 있는 학교에 대한 모든 생각을 내려놓았습니다. 저희가 언제 예약할지와 해리슨 목사 부부의 계획에 관해 알려드리겠습니다. 미리암이 켄터키에 도착하기 전에 짐은 주날루스카로 떠났을 것입니다.

우리 모두는 티몬스 의사가 순천으로 돌아오는 것에 대해서 흥분으로 가득합니다. 그들이 우리의 어려움에 대해서 들었을 때, 그들이 갑자기 하던 일을 중단하고 다시 한번 짧은 기간 사역일지라도 하기 위해 나오기로 했다고 합니다. 그래서 그들은 이번 달에 배를 타고 나옵니다. 정말

---

[134] 노스캐롤라이나 롤리(Raleigh)에 위치한 학교. 1857년에 제1장로교회가 설립함. 2011년 남녀공학대학으로 바뀌고 이름도 William Peace University로 바뀜.

그 사람들 훌륭하지 않나요? 그들은 다른 의사를 한 명 데리고 옵니다. 그래서 우리 한국선교회가 큰 근심을 덜었습니다. 이 일이 없었더라면 우리는 4월에는 다섯 개 선교부에 의사가 한 명으로 줄어들었을 것입니다. 이번 여름에는 집에 조용히 있기로 거의 결정했습니다. 제 생각에 아내는 애니 섀넌을 데리고 일본까지 미리암을 동행할 것입니다. 아내는 도쿄 근처의 산 휴양지인 가루이자와(輕井澤)에서 7월의 나머지 시간을 보낼 수도 있습니다. 티몬스 의사 부부가 원하면, 저희는 섬 휴양지에서 8월을 보낼 것입니다. 저는 다음 여름이 제게 아주 중요한 시기라고 느낍니다. 제가 성공적으로 여름을 보내면, 가을에 정규적인 사역을 하기에 적합할 것입니다. 제가 무너지면, 완전히 건강해질 때까지 사역지에서 물러나야만 할 것입니다. 그런데 저는 무사히 이겨내리라는 것을 확실히 예상합니다.

앞으로 2주 이내에 가족들 한 명 한 명에게 편지를 보낼 수 있으면 좋겠습니다. 전반적인 내용에다가 개인적인 내용이 덧붙여질 것입니다. 오래전에 이렇게 편지를 써야 했는데 편지를 쓸 생각에 주눅이 듭니다.

가족 모두가 최고의 건강 상태이길 그리고 어머니께서 플로리다에 다녀오신 후에 몸이 좋다고 느끼시길 바랍니다. 어머니께서 여전히 그곳에 계신다면 막내 이모와 이모부(Uncle Frierson)에게 저의 사랑을 전해주세요. 언젠가는 "제가 태어난" 땅[135]으로 되돌아가기를 꿈꿉니다.

저희는 어머니의 좋은 편지를 매우 즐겁게 읽습니다. 아내는 매우 열심히 일을 하는데, 사실 너무 심하게 일을 합니다. 그런데 저는 아내를 거의 도와주지 않았습니다. 그런데도 아내는 저에게 항상 좋게 대해주며 비록 자신이 너무도 뒤처져 있다고 항상 애통해하지만, 많은 것을 성취하고 있습니다. 저희 집 같은 규모의 집을 운영하는 것만으로도 충분히

---

[135] 프레스톤 목사는 Fernandina, Nassau county, Florida, U.S.A.에서 태어남.

어려운 일입니다!

어머니와 아버지에게 그리고 가족 모두에게 사랑을 전합니다.

사랑하는 J. 페어맨 올림

1922년 3월 14일
한국, 순천

사랑하는 아이다 아가씨에게,

우리 대신 쇼핑을 하겠다는 아가씨의 관대한 제안 때문에 사업상의 편지를 합니다! 우리가 원하는 것들의 목록을 동봉할 것인데, 그것들을 다 적으려면 큰 종이가 필요합니다.

아가씨 부부가 보내준 좋은 크리스마스 선물 상자에 대한 사랑하는 마음을 다 적으려면 큰 종이가 또한 필요합니다. 두 사람은 우리 모두를 어떻게 하면 기쁘게 만들 수 있는지를 알고 있습니다. 그 선물 상자에 두 사람의 취향과 판단력이 잘 드러나서 두 사람의 전형을 보게 됩니다. 우리가 부탁한 어머님과 아버님을 위한 선물을 사주신 것을 정말 감사드립니다. 아가씨의 선물 선택에 대해서 두 분 모두 만족하신 듯합니다.

보내준 좋은 편지를 즐겁게 읽었습니다. 어린 이모들과 그 이모들이 엘리자베스를 좋아하는 것에 대해 아가씨가 쓴 자세한 이야기는 마치 이야기책과 같답니다. 이모들의 외로운 삶을 엘리자베스가 밝게 만들고 있음이 틀림없습니다.[136]

우리가 겨울을 어떻게 보냈는가에 대한 것을 들었음에 틀림없습니다. 미리암의 장티푸스와 매티의 독감으로 12월 내내와 1월의 일부분 동안 내가 많이 바빴습니다. 그런 난리법석 이후 몸을 추스르기도 전에, 우리 여사경회 시기가 왔습니다. 비거 선교사도 "만섭흡수 불량증(sprue)"에 걸렸기에 내가 올해는 이 사경회를 담당하게 되었답니다. 이 사경회가 내가 매일 해야 하는 의무들에 더해져서 내 시간을 다 잡아먹었답니다. 아직 쓰지 못한 크리스마스 편지가 아주 많은 것을 부끄럽지만 고백하네

---

136 프레스톤 목사의 여동생 3명 중 Ida만 결혼하여 딸 Elizabeth가 있고, Floy와 Janef는 미혼임.

요. 감사를 모르는 사람처럼 보이는 것이 정말 싫답니다.

여사경회가 끝나자마자, 남편이 주말을 보내자고 나를 광주로 데리고 갔어요. 광주에 간 것은 아주 즐거웠지만, 토요일이 없으면 내 계획 모두가 망가집니다. 돌아온 후 우리는 손님을 맞이했습니다. 지금은 라벌렛 듀피가 있습니다. 6년 전 순천에서 옮겨간 후 처음으로 온 것입니다. 가까운 미래에 헨리 벨, 버디(Buddie)[137], 그리고 커밍(Mr. Cumming)[138] 목사가 방문할 것입니다. 아가씨는 시대에 뒤처진 우리가 사람들과 함께 있는 것을 즐긴다는 것을 확인할 수 있습니다. 라벌렛이 그러는데 버디가 샬럿에 대해서 완전히 행복해 한다고 합니다. 버디가 병에 걸렸었는데 아주 빨리 회복할 수 있어서 나는 기뻤답니다. 야네프 아가씨가 왜 그 사람을 좋아하지 않는지 모르겠어요. 참 괜찮은 사람인데요. 그래도 제가 이상적으로 생각하는 사람은 그렇게 쉽게 애정을 옮길 수는 없었을 것입니다.

미리암은 7월 5일 애드미럴 선박회사의 베이 스테이트를 타고 고베에서 떠나게 되었습니다. 미리암은 샌프란시스코가 아니라 시애틀에 내리게 됩니다. 미리암이 남부쪽 노선을 이용하지 않아서 엘리너와 훌륭한 사내아이들을 볼 수 없는 것이 아쉽지만, 달리 만족스러운 조치를 할 수는 없었습니다. 미리암은 우리 한국선교회의 해리슨 목사 부부와 함께 갑니다.

뉴욕에 매우 괜찮은 쇼핑 대리인이 있는데, 아가씨가 그녀를 만날 수 있다면 좋을 거라는 생각이 듭니다. 이름이 보스트윅 부인(Mrs. Blanche Bostwick)이고 주소는 #2 West 47th Street입니다. 그녀는 나의 값어치 있는 교역을 계속하기를 원할 것이고 아가씨가 우리를 잘 아는 것에 더하여 그녀가 뉴욕을 잘 아는 것이 합쳐지면 뛰어난 조합이 될 겁니다.

---

[137] William Alderman Linton(1891.2.8~1960.10.13)의 애칭.
[138] Rev. Daniel James "Kim" Cumming(한국명: 김아각, 1892.12.17~1971.1.8).

우리는 코잇 목사 편으로 고향에 트렁크를 하나 보내고 그것을 볼링(Bolling)[139]에게 가져와달라고 할 계획을 하고 있답니다. 그러니 혹시 겨울용 물건을 사려거든 우편으로 보내지 마시고 몬트리트로 가져가거나 보내세요. 겨울 물건을 사기에는 너무 늦었을 수도 있습니다. 내가 편지 보내는 게 너무 늦었기 때문입니다.

새넌이 지금 나보다 약간 큽니다. 허리에 약간 덧대어서 넷 드레스(net dress)를 만들고 있는데 꽤 넓은 허리띠를 맬 수밖에 없습니다.

우리집 정원일을 도와주는 일본인이 딸에게 벨벳 외투를 입히기를 원해서 나에게 서너 색깔과 서너 등급의 견본을 구해달라고 요청했습니다. 그는 내가 일본에 주문할 때 참 많이 도와줘서 그의 부탁을 기꺼이 들어주고 싶답니다. 그 사람은 상당한 현금을 갖고 있는 것 같은데, 가장 높은 벨벳을 원하지는 않는 것 같아요.

여기에 동봉하는 수표가 충분하지 않으면, 데이비스 씨를 찾아서 더 달라고 하세요. 가격이 지금 훨씬 낮은 것처럼 보입니다. 그러나 몽고메리 워드를 제외하고는 여름 상품목록은 가지고 있지 않기에 잘 모릅니다.

아가씨 식구 모두에게 사랑을 보내며, 우리를 생각해 준 것에 많은 고마움을 표합니다.

사랑하는 애니

남편은 훨씬 더 좋아진 상태고, 가을 무렵에는 건강하기를 기대하고 있답니다.

---

[139] John Bolling Reynolds(1894.8.20~1970.3.20).

1922년 3월 18일
한국, 순천

사랑하는 야네프 아가씨에게,

우리에게 가장 흥미로운 상자를 보내줬네요. 이렇게 좋은 책들을 우리에게 보내준 아가씨가 있을 때 무시하고 모르는 척할 수는 없답니다.

지금까지 그 책들을 읽지 못했다는 것을 고백해야겠어요. 이상하게도 너무도 바빴거든요. 아이들을 돌보는 난리법석에서 겨우 회복되기도 전에, 여사경회 일에 참여할 수밖에 없었답니다. 그런 다음에 손님이 서너 명 왔어요. 내가 원하는 그 책들을 읽을 수 있는 휴가 시간을 간절히 기다리고 있답니다. 아가씨의 취향과 판단을 신뢰할 수 있어서 그저 신뢰하며 기꺼이 "고마워요"라고 말합니다.

라벌렛 듀피가 일주일간 방문했습니다. 그녀와 버디는 벨 목사 부부가 광주로 가는 길이었기에 그들을 만나기 위해서 교차하는 지점까지 갔습니다. 라벌렛에 따르면 버디가 벨 부인을 어머니라고 인사했다고 합니다. 우리는 줄리아(Julia)[140]가 버디의 장모라는 생각에 웃었습니다. 왜냐면 그 둘은 같은 선교부에 있었고, 아주 좋은 친구 사이였기 때문입니다.

오늘 남편, 매티, 그리고 미리암이 라벌렛를 앞에서 언급한 중간지점까지 데리고 갔으며, 스와인하트 선교사 부부가 그들을 만나기 위해 내려왔습니다. 저희가 가지고 있는 좋은 강아지 중 한 마리를 버디에게 보냈습니다. 우리에게 여러 마리가 있지만 그 사람에게는 한 마리도 없

---

[140] Eugene Bell 목사는 결혼을 세 번 하는데 첫 번째 아내 Charlotte Ingram "Lottie" Witherspoon Bell(1867.5.13~1901.4.12)과 사별 후 두 번째 아내 Margaret Whitaker Bull Bell(1873.11.26~1919.3.26)과 결혼함. 두 번째 아내와도 사별 후 세 번째 아내 Julia Dysart Bell(1872.10.16~1952.1.26)과 1921년 9월 15일 결혼함. 첫 번째 아내와의 딸 Charlotte Witherspoon Bell Linton(1899.1.6~1974.5.1)과 William Alderman Linton Sr.(1891.2.8~1960.8.13)는 1922년 6월 10일 일본 고베에서 결혼함.

기 때문입니다. 라벌렛이 온갖 짐을 가지고 갔습니다. 강아지, 씨감자, 구근식물, 뿌리식물, 그리고 그녀를 위해 저희가 아껴둔 크리스마스 선물 전부를 가져갔는데 손에 들고 가야만 했던 멋진 바구니도 포함됩니다. 이곳에서는 그렇게 여행합니다.

지난밤, 순천선교부에서 라벌렛에게 저녁 만찬을 베풀었습니다. 내가 (요리사) 남두에게 라벌렛을 위해서 케이크를 하나 만들었으면 한다고 말했습니다. 그러면서 그녀를 우리의 "탕자"라고 말했습니다. 남두가 케이크 위에 한국어로 "회개하고 부모에게 돌아온 탕자, 친구들의 큰 잔치에 초대됨"이라고 썼습니다. 라벌렛이 그 케이크에 너무도 매료되어서 집으로 가져가려고 그 글이 있는 끝부분을 잘랐습니다. 그러자 그녀가 손으로 가져갈 짐이 한 상자 더 생기게 되었답니다.

어머님께서 탬파(Tampa)에서 좋은 시간을 보내고 계시지요? 어머님께서 이번 여행을 하셔서 아주 기쁩니다. 추운 날씨에서 벗어나는 것이 어머님께 좋아요. 아버님께서도 내려가셨다는 것에 기쁩니다.

시를 출판하려고 한다니 우리 모두 매우 기쁘고 뿌듯합니다. 한 권 가졌으면 합니다. 줄 거지요?

남편은 오늘 꿩을 따라다니는 유혹을 견디지 못해서 오늘 저녁 매우 피곤합니다. 집으로 꿩 세 마리, 비둘기 네 마리, 살쾡이 한 마리를 가지고 왔습니다. 오늘 저녁 식사 후에 행랑아범이 와서는 우리가 살쾡이를 먹으려고 하는지 물었습니다. 우리가 '먹지 않을 것이다'라고 하자, 그는 하인들이 가져다가 먹어도 되냐고 했습니다. 살쾡이가 호랑이와 같고, 호랑이는 먹기에 좋다는 것입니다! 우리는 멧돼지의 아주 신선한 넓적다리를 먹었기에, 살쾡이를 하인들에게 쾌히 줬습니다.

티몬스 부부가 오늘 샌프란시스코에서 배를 타고 올 예정이었습니다. 우리는 그들이 한국에 돌아온다는 생각에 아주 행복합니다.

남편은 아주 피곤하며, 자자고 부드럽게 말합니다. 나도 다소 잠이

와서, 그 말에 기꺼이 따릅니다. 남자 두 명을 감독하면서 텃밭에서 오늘 많은 시간을 보냈답니다.

　우리 모두 많은 사랑을 보내며, 아가씨가 우리를 위해 준비한 좋은 글의 향연에 많은 감사를 보냅니다.

　　　　　사랑하는 애니

1922년 4월 20일

(순천에서 아래로 30마일인) 여수

사랑하는 어머니,

어머니께서 3월 14일 탬파에서 보내신 매우 흥미로운 편지를 며칠 전에 받았습니다. 플로리다에서 재미있게 지내는 시간에 대한 어머니의 묘사보다 더 즐거운 것을 봤던 때가 언제인지 모릅니다. 어머니의 좋은 기운이 편지 한 줄 한 줄에서 흘러나왔는데 그것을 보고 저희가 엄청나게 기운이 솟았습니다. 탬파를 막내 이모 부부와 방문하셨고 아마도 엘모어(Elmore)[141]도 그곳에 함께했을지도 모르기에 어머니의 기쁨이 아주 크셨을 것입니다. 어머니의 플로리다 여행의 결과에 대해서 저희는 아주 기쁩니다. 제가 로스앤젤레스를 방문하여 2월에 오렌지가 나무에 달려있고 꽃이 피는 것을 본 이후로, 저는 플로리다가 어머니와 아버지를 기쁘게 해줄 것이라 믿고 그곳으로 두 분이 가시도록 강하게 권했습니다. 일본의 남부도 겨울에는 좋습니다. 그런데 저희 사역이 너무 촘촘해서 저희는 벗어날 수가 없습니다. 두 분만 계시니, 남부 쪽에서 매년 두세 달을 보내면서 겨울의 혹한을 피하는 계획을 못 할 이유가 없습니다. 두 분은 여름에는 몬트리트를, 겨울에는 플로리다를, 그리고 봄과 가을에는 자녀들을 방문하면서 노년에 "인생을 제대로 살고" 계십니다.

어머니께서 플로리다에서 몬트리트로 가실 계획을 하는 것을 주목합니다. 이번 여름에 몬트리트로 한국선교회에서 많은 사람이 갈 것입니다. 코잇 목사 가족이 안식년을 맞아 10일 뒤에 이곳을 떠나 미국으로 가는데 난징을 타고 샌프란시스코를 거쳐 갈 것입니다. 윌슨 의사 부부는 이달 29일에 엠프레스 오브 러시아를 타고 밴쿠버를 거쳐 갈 것이며,

---

[141] David Elmore "Dave" Frierson(1885.3.27~1960.1.6). 프레스톤 목사의 막내 이모의 둘째 자녀.

남궁(Mr. Nam Kung) 목사가 그들과 같이 갑니다. 코잇 목사 부부는 순천에서 저희 옆집 이웃이며, 윌슨 의사 부부는 저의 가장 친한 친구인데 두 가족이 모두 저희와 아주 친합니다. 그들은 몬트리트에서 별장에 머무를 것입니다. 윌슨 부부는 와일드(Wild)의 별장에서 코잇 목사 부부는 〔판독 불가〕에 있을 것입니다. 남궁 목사는 제가 순천으로 떠나기 전까지 목포와 광주에서 저와 함께 일했습니다. 그는 이곳에서 신학교를 마쳤고, 프린스턴에서 대학원을 2년 다닐 것입니다. 프랫 목사가 그의 여행 경비를 모았으며, 저희가 이곳에서 다른 친구들을 통해서 남궁 목사를 지원해 줄 준비를 할 수 있었지만, 자신이 미국에서 그를 돌봐주기로 동의했습니다. 어머니께서 남궁 목사를 만나보시길 원합니다. 그는 한국인 중 최고로 뛰어난 사람의 대표입니다.

미리암은 7월 9일 애드미럴 라인의 베이 스테이트를 타고 갈 것인데 18일경 시애틀에 내려서 그달 말경에 몬트리트에 도착할 것입니다. 미리암은 롤리로 가는 도중 솔즈베리를 방문하면서 8월 전부를 어머니와 보낼 수도 있을 것입니다. 미리암은 롤리에 있는 피스 대학에 입학하게 됩니다. 어머니께서 공부하셨던 곳에서 손녀가 공부하게 되는 것이 대단한 우연입니다! 저는 미리암에게 한 학기 내내 키케로와 영국 역사를 가르치는 것이 즐거웠습니다. 아이가 총명하고 매우 철저하고 양심적입니다. 그 아이를 보내는 것이 저희에게 얼마나 큰 시련인지 상상이 되지 않으실 것입니다. 저희는 1924년도에 관해 이야기하고 그때를 고대하는데, 그때 저희는 고향으로 가서 여름을 보내며 두 분의 금혼식을 축하하고자 합니다! 그때는 섀넌을 미국에 두고 와야만 할 것입니다. 그 아이는 지금 엄마보다 더 큽니다.

벨 목사 부부가 윌슨 의사 부부와 남궁 목사와 함께 토요일 내려왔다가 주일을 저희와 같이 보냈습니다. 벨 목사는 제가 마지막으로 봤을 때만큼 건강하고 강해 보입니다. 벨 목사는 포드 차를 한 대 가지고 왔는데 관세를 물지 않았습니다. 벨 목사는 광주에서 살 것입니다. 버디 린튼은 최근 코잇 목사 집에서 머물면서 주말을 보냈습니다. 저희는 그에게 "벨(Bell)" 파티를 해줬는데, 그 사람을 한국 신랑 옷으로 잘 차려 입히고, 아주 많이 놀려주었습니다. 그는 매우 싹싹한 사람입니다. 어머니께서 제게 말씀하신, 샬럿이 그와 결혼하려고 한다는 것에 관해서 저는 큰 관심이 있습니다. 그녀를 탓하지 마세요. 린튼은 괜찮은 사람입니다. 제 생각에 야네프보다는 샬럿이 아내로서 그에게 적합할 것입니다. 저는 그 사람이 샬럿을 얻어서 기쁩니다. 저는 아이다가 지난가을에 제게 편지를 쓸 때까지는 그와 야네프 사이에 어떤 일이 있었는지를 몰랐습니다. 제가 떠났을 때는 아이다는 두 사람의 만남에 찬성하는 것 같았습니다. 그렇지만 제가 샬럿이라면 애정을 그리고 빨리 바꿀 수 있는 사람을 받아들이는 것에 대해서는 오래도록 망설일 것입니다. 그런데 과거에 있었던 일이고, 다 괜찮을 것입니다. 샬럿은 실연의 아픔을 겪고 있는 버디를 확실히 잡았습니다.

저는 티몬스 의사 부부를 만나려고 오늘 아침 이곳으로 내려왔습니다. 그런데 안개 때문에 그들이 탄 배가 12시간 늦어졌습니다. 그래서 저는 기다리고 있으며 그들을 저녁 11시경 차에 태울 것을 예상합니다. 제가 휘적거린 것을 읽으시지 못할 수도 있지만 이 기회를 이용하여 어머니께 편지를 드립니다.

일본에서 다른 나라로 보내는 우표 값이 두 배가 되었습니다. 그런데 어머니에게는 다행인 것이 미국에서 일본으로 보내는 우표는 변함없습니다. 아직 그 사실을 알지 못하셨다면 편지에 5센트 이상을 붙이지 마세요.

편지할 첫 기회가 생기면 바크먼에게 다음에 아이다와 야네프에게 쓰겠습니다.

어머니와 아버지에게 사랑을 전합니다. 건강하게 지내시길 바랍니다.

어머니의 사랑하는 아들 페어맨 올림

추신: 저는 아주 잘 지내고 있습니다.

1922년 9월 9일
한국, 서울로 가는 도중

고향에 있는 가족들에게,

기차를 타는 오늘을 이용하여 편지를 보내려고 제가 일부러 저의 타자기 코로나(Corona)를 가져왔습니다. 한국인들이 없는 객차를 이용함으로써, 저는 방해를 받지 않고 10분 이상 글을 쓸 수 있습니다. 그런데 이 시간은 집에서 할 수 있는 시간보다 많은 시간입니다. 첫 번째 보내는 편지는 고향에 있는 가족들에게 보내는 것으로 제가 할 수 있을 때는 언제나 각자에게 별도의 편지를 쓰겠다고 약속드립니다. 이번 여름은 저희에게 다소 연속되지 않은 것이었습니다. 6월 중순부터 8월 말까지 저희 부부가 집에 같이 있었던 것이 겨우 3주였습니다. 그때는 손님들도 있었습니다. 감사하게도, 모두가 건강하며 별스럽게 더운 여름철에도 불구하고 제가 나쁜 영향은 받지 않았습니다.

상당히 많은 편지를 쓸 것으로 생각했지만, 제가 해야만 하는 반복되는 일상의 요구에 겨우 적합할 만큼의 힘만이 저에게 있다는 것을 알게 되었습니다. 그래서 실제 결과물은 실망스럽게도 적습니다. 엽서를 몇 장 사서 제가 편지할 시간이 없을 때마다 1주에 하나씩 보낼 것을 굳게 결심했습니다. 아내와 새년이 7월 27일 집으로 돌아왔습니다. 8월 4일에는 일본 시모노세키에 있는 저희 친구인 커티스 목사 부부와 딸 그레이스(Grace)[142]가 방문하러 와서 어제 저와 함께 광주로 올라왔습니다. 그들은 쾌활한 사람들이고 저희는 그들과 참 좋은 시간을 보냈습니다. 그레이스는 선교 사역을 하고 있으며 일본 북부지역에 있습니다. 이번이 그녀의 첫 번째 한국 방문입니다. 커티스 부인은 피어선 박사(Dr. A.

---

[142] Grace Pierson Curtis(1893.8.21~1977.5.10).

T. Pierson)[143]의 딸입니다. 몇 년 전 아내가 미국에 있는 동안 그들이 목포에서 저와 두세 달 머물렀던 것을 기억하실 것입니다. 그들은 한국에서 일본인들을 대상으로 사역할 때부터 종종 저희와 함께 있었습니다.

8월 16일, 저희 모두는 야영하러 산에 올랐습니다. 저희는 코잇 목사 소유인 (20×30피트) 큰 천막을 가지고 가서 2주 동안 있었습니다. 이것은 다소 갑작스러운 결정이었습니다. 어느 곳이건 갈 계획을 하지 않았었기 때문입니다. 그런데 크레인 목사 가족이 저희보다 2주 앞서 올라갔으며 계속해서 아주 좋은 내용을 보내와서 그들의 열정에 저희가 감염되어 버렸습니다. 실제 해보니 시도할 만한 가치 이상이었습니다. 사실, 우리 한국선교회 구역 안에 그런 장소가 있으리라고는 꿈도 꾸지 못했습니다. 모든 선교부의 대표들이 그곳에 있었습니다. 그곳에는 풍부한 좋은 공기와 좋은 물에 더하여 좋은 만남도 있었습니다. 저희가 있던 곳은 고도가 4천 피트 이상이었으며 너무 서늘해서 잠을 잘 때면 두터운 겨울 잠옷을 입어야만 했고, 담요를 세 장에서 다섯 장 덮었어야 했습니다. 그런데 산 아래에서는 사람들이 땀을 비 오듯 흘리고 있었습니다. 사실 제 생각에 저희가 너무 높은 곳에 있는 것 같았습니다. 안개 끼는 선 위에 있었습니다. 그런데 풍경은 장엄했습니다. 이보다 더 낮은 곳으로 가서 이 풍경을 놓칠 사람은 없을 거라고 저는 생각합니다. 잇닿아 있는 봉우리들로 걸어가고 등산하는 것은 항상 기억할 만한 대단한 것입니다. 모두가 열정적인 상태로 내려왔으며 다시 가기로 결심했습니다. 우리는 폭풍과 추위로부터 보호해 줄 수 있는 오두막 몇 개를 지을 수 있도록 허가받기를 희망하고 있습니다. 텐트와 초가집은 그 높이에서는 부적절하기 때문입니다. 저희 모두가 얼마나 먹었는지를 보셨으면 좋았을 텐데요. 윌리 와일리가 특히 두드러지게 좋아졌습니다. 마지막 순간에 커티스 부인의

---

143 Dr. Arthur Tappan Pierson(1837.3.6~1911.6.3). 피어선기념성경학원(구 피어선성서신학교, 현 평택대학교) 참조.

발에 근육통이 생겨서 저희와 같이 갈 수가 없었습니다. 그러나 저희가 없을 때 티몬스 의사가 그녀를 잘 보살폈습니다.

　8월 첫 주 동안에, 초승달 해변으로 당일로 서너 번 즐겁게 다녀왔습니다. 순천이 정말로 좋은 것은 몇 시간이면 산이나 바다로 갈 수 있다는 것입니다. 지금 저희는 모두 산에 가는 것에 찬성합니다.

　저희는 샬럿과 버디를 아주 많이 보고 있습니다. 버디는 저희 옆에 작고 아담한 집을 가지고 있습니다. 버디는 다시 건강이 괜찮고 샬럿도 좋아 보입니다. 그와 윈(Mr. Winn) 목사는 한국선교회의 경험 많은 등산객들이라 지리산(휴양촌을 지을 산)에 대한 우리의 관심은 이들 때문입니다. 저희는 미국에 있는 가족들과 몬트리트에서 보낸 참 좋은 시간에 대해서 많은 말을 합니다. 지리산에서 보는 풍경 중의 독특한 점은 순천 방향으로 바다와 섬입니다. 섬은 눈에 보이는 곳까지 쫙 뻗어 있습니다. 그곳 산에는 발삼(balsam)전나무가 풍부하며, 저희는 발삼전나무로 만든 침대 위에서 잡니다. 밀러 선교사가 윈 목사 가족[144]과 함께 그 산에서 한 달을 지냈습니다. 다 합쳐서 38명이 그 산에 있는데, 아이들까지 포함입니다. 첫 번째 보내는 계절치고는 좋습니다.[145]

　데이비스 선생님이 어제 중국에서 돌아왔습니다. 광주로 가는 길에서 그녀를 만났습니다. 학교는 11일에 시작합니다. 사라 티몬스[146]와 애니 섀넌 둘 다가 고등학교에 있으며 학년이 다르기에, 데이비스 선생님이 필요한 도움을 티몬스 부인과 아내에게서 얻어야 할 필요가 있을 것 같습니다.

---

[144] 아버지 Rev. Paul Patterson Winn(1845.4.26~1931.11.14), 아들 Samuel Dwight Winn(한국명: 위인사, 1881.8.27~1954.12.9), 딸 Emily Anderson Winn(한국명: 위애미, 1883.12.30~1977.1.20).
[145] Camp C. E. Graham, 전남 구례군 산동면 좌사리 산 110-2. 옛 지리산 노고단 선교사 휴양촌.
[146] Sarah Cornelia Timmons(1907.9.5~1980.1.25). Timmons 의사의 첫째 자녀.

어젯밤 광주에서 그레이엄 선교사[147]를 만났습니다. 레이놀즈 목사 부부가 그녀와 함께 엠프레스 오브 캐나다를 타고 왔다는 말을 들었습니다. 이 말이 저희가 받은 첫 소식이었습니다. 그들이 어떤 배를 타게 될지에 대해서 저희에게 알려주는 걸 잊었을 뿐만 아니라, 상륙에 대해서 저희에게 전보도 보내지 않았기 때문입니다. 그분들이 일본에 있다는 것에 저희가 안도했습니다. 그런데 그레이엄 선교사는 그들이 얼마나 오래 있을지 몰랐습니다. 저희는 그들이 그 배를 타고 올 걸로 추측했었고, 저희가 지리산에서 돌아왔을 때 인사를 전하는 전보를 보냈습니다. 그런데 그들이 전보를 받지 않았을 수도 있습니다. 그레이엄 선교사를 통해서 가족들의 소식을 직접 들어서 기뻤습니다. 그레이엄 선교사가 말하길 자신이 몬트리트에서 마지막으로 본 사람이 미리암이라고 합니다. 아주 좋은 강당이 있으니까, 다음에 해야 할 것은 블랙마운틴(Black Mountain)으로부터의 좋은 길입니다. 이런 자동차의 시대에, 몬트리트의 길은 수치스러운 것입니다.

많은 가족이 몬트리트에서 함께 할 수 있었다니 기쁩니다. 몬트리트는 대단한 곳이고 그곳에서 받은 영향은 특히 젊은이들에게 좋습니다. 미리암이 안전하게 도착했다는 것과 학교를 시작하기 전 미국 가족들과 함께 할 수 있다는 것을 알고 크게 안도했습니다. 마가렛은 저희에게 항상 큰 위안을 주는 존재였으며, 저희가 기대하는 대로 자랄 것입니다. 모두가 미리암에게 큰 관심을 보여주고 기꺼이 도와주려고 하는 것에 감사드립니다.

1924년 여름에 고향으로 갈 것을 희망하며 계획하고 있습니다. 그때 애니 섀넌이 학교에 들어가야만 합니다.

티몬스 의사 부부와 아주 즐겁게 지내고 있습니다. 그들은 리아와 플

---

[147] Ellen Ibernia Graham (한국명: 엄안라, 1869.5.27~1930.9.18).

로이에 관해서 저희에게 좋은 것을 많이 말해줬습니다. 리아와 플로이를 그들이 아주 좋아합니다. 티몬스 부인은 이번 여름에 건강이 좋지 않았으며, 딸 사라는 발이 감염되었습니다. 그래서 그 가족이 저희와 함께 산으로 갈 수 없었습니다. 플로이가 맘에 드는 환경을 확보했기를 진심으로 바랍니다. 저는 플로이가 학교나 병원에서 영양사가 되는 것이 적합한 것 같고 플로이가 일한 쪽과도 맞다고 생각합니다. 플로이가 가르치는 일을 생각하지 않기를 바랍니다.

우리 순천선교부는 비거 선교사가 고향으로 돌아가게 되어 큰 손실을 겪었습니다. 그녀는 상당 기간 건강이 좋지 않았습니다. 여학교를 운영할 사람이 없습니다. 그렇지만 한국선교회가 곧 우리에게 사람을 보내줄 것을 희망하고 있습니다. 그레이엄 선교사와 도슨(Miss Dodson)[148] 선교사의 이름이 언급되었습니다. 도슨(Mr. Dodson)[149] 목사와 (월슨 부인의 여동생) 녹스(Miss Knox)[150] 선교사의 약혼이 발표되었습니다. 녹스 선교사가 순천에 배정되었기에, 우리가 도슨 선교사를 특별히 요구할 수도 있을 것입니다. 그러는 동안에 크레인 선교사가 두 학교를 돌보고 있습니다.

모두에게 사랑을 전합니다. 편지를 드리지 않은 것을 용서해 주세요. 그리고 곧 편지를 쓰겠다는 제 말을 믿어주세요. 모두에게 빚을 지고 있습니다.

사랑하는 J. 페어맨 프레스톤 올림

---

[148] Mary Lucy Dodson(한국명: 도마리아, 1881.5.17~1973.12.28).
[149] Samuel Kendrick Dodson(한국명: 도대선, 1884.5.12~1977.5.20).
[150] Hattie Octavia Knox Dodson(1884.1.13~1924.5.9). 1922년 12월 6일 서울에서 결혼함.

1922년 9월 19일
한국, 순천

사랑하는 아이다 아가씨에게,

지금부터 1주일 전 저녁에 우리는 볼링과 코니(Connie)[151] 부부가 도착한 것을 환영하는 순천선교부 만찬을 한참하고 있었습니다. 그들은 연안에서 운영하는 아주 작은 배를 타고 왔으며 도착했을 때 매우 피곤했습니다. 그러나 7시 선교부 만찬 전에 충분히 휴식할 시간을 가졌습니다. 서너 주 동안 배에서 음식만 먹다가, 튀긴 닭과 반찬들이 아주 맛이 좋았다고 했습니다.

우리는 코니가 참 마음에 들었습니다. 그녀는 좋은 감각과 좋은 유머를 아주 많이 가지고 있는 듯하여 좋은 선교사가 될 것입니다. 볼링은 아주 훌륭하게 성장했으며, 올바른 정신으로 자기 일을 추구할 것처럼 보입니다. 아가씨는 어떻게 생각할지 모르지만 이 나라에서 학교 사역은 식은 죽 먹기가 아닙니다. 볼링과 코니는 어제까지 우리와 함께 있다가 크레인 목사 부부에게 갔습니다. 볼링은 전주에 있는 짐을 가지러 오늘 전주로 갔습니다.

아가씨와 미리암이 짐을 싼 여행용 짐가방이 지난 토요일에 도착했습니다. 짐가방을 여는 동안 다른 모든 것은 제쳤습니다. 짐가방 안에 있는 물건이 모두 아주 만족스러웠습니다. 아들들의 겨울 양복이 아주 좋아 보이며, 아이들이 그 새 옷에 정말로 만족해 보입니다. 윌리 와일리는 자기 옷과 섀넌과 플로렌스의 블라우스를 가져다가 유모에게 주면서 자기 대신 보관해달라고 했습니다.

우산을 제대로 볼 기회가 없었습니다. 아이들이 옆에 있었고 내가 그

---

[151] Constance Maxwell Couper Haney(1897.8.12~1985.8.27). 아내와 1922년 3월 31일 결혼함.

우산들을 아이들에게 크리스마스 선물로 주고자 하기 때문입니다. 남편에게 보낸 실내복(dressing gown)이 아주 예쁘며, 남편의 혈색에 아주 잘 어울릴 것 같습니다. 남편이 지금 서울에 있어서 그 옷을 감추기 전에 오래도록 볼 기회가 있었습니다.

　보내준 옷감이 너무도 예뻐서 여름철 뜨개질 시작하는 시간이면 좋겠다는 생각이 들었답니다! 격자무늬 치마와 네이버 저지(navy jersey)를 지금 만드는 것에만 만족해야겠습니다.

　내가 아가씨에게 너무 일을 많이 시켜서 옷을 입혀야 할 친족이 더는 없었으면 하고 바라는 것은 아니지요! 우리를 위해 해준 모든 것에 대해서 감사를 말로 다 표현할 수 없네요. 우리에게 옷을 입히기 위해서 아가씨처럼 취향과 판단력을 가진 사람을 가진 것은 큰 특권입니다. 그렇지만 아가씨의 건강과 인내력을 바닥내고 싶지 않네요. 우리를 그냥 보스트윅 부인에게 넘기고 싶을 때는 언제고 망설이지 말고 그렇게 하세요. 그녀가 내게 보낸 예쁜 두 벌의 스위스 드레스에 대해서 아가씨에게 말하던가요? 하나는 전부 하얀 색이고 다른 것은 검은 반점이 들어간 푸른 색입니다. 그것들 모두 8월 날씨에 이상적으로 어울리는 곧고, 허리가 긴 드레스입니다.

　이번 여름에 누구에게도 편지하지 않은 것을 부끄럽게 생각합니다. 6월과 7월에 6주간 밖에 있었고, 8월에 2주간 밖에 있었습니다. 집에 있는 시간 내내 뜨거웠으며, 펜을 움직이기에 충분한 에너지를 모을 수 없었답니다. 또한, 손님들이 약 6주 정도 있었답니다. 사람들이 여유 시간이 조금이라도 있으면 손님들에게 시간을 쓰려고 하는 것을 아시잖아요.

　우리의 좋은 친구인 커티스 목사 부부와 아주 즐겁게 지냈습니다. 그 부부의 딸 그레이스는 내년에 고향으로 갈 것이며 아마도 그곳에 있는 시간의 일부를 뉴욕에서 있을 것입니다. 그러니 아가씨가 그녀를 만나기를 바랍니다. 제 생각에 그녀의 외삼촌[152]이 몬트클레어(Montclair)에 살고 있습니다.

모든 것이 괜찮다면 미리암이 크리스마스에 아가씨를 보러 갈 수 있기를 바랍니다. 미리암이 미국에서 찾아갈 진짜 가족들이 있다는 것이 무척 기쁩니다. 모두가 미리암에게 아주 잘해줬습니다. 그래서 그 아이를 보내는 것이 더 쉬워졌습니다만 실제로 쉽지는 않았습니다.

11일에 학교 일을 시작했습니다. 티몬스 부인이 어린아이 셋을 가르치고 사라와 섀넌에게 가정 과목을 일주일에 한 시간 가르칩니다. 매티와 내가 고등학생 두 명을 가르치고 존 페어맨과 플로렌스를 가르칩니다. 일주일에 한 번 크레인 부인[153]이 고학년 아이들에게 미술(art)을 가르칩니다.

윌리 와일리가 잠자러 갈 때 너무 눈이 멀뚱멀뚱해서 별에 대해 이야기해달라고 했습니다. 천문학에 관한 작은 책을 공부하고 있는 플로렌스가 그 아이를 가르쳐주고 있었습니다. 그 아이는 몇 시간 뒤에 금성(Venus)이 리지부시(Lizziebussy)[154]를 방문하는 것에 대해서 생각할 만큼 많은 흥미를 보였습니다.

어젯밤은 시원해졌습니다. 이제 많은 것들을 할 희망이 있습니다.

아가씨, 아서 서방님 그리고 리지부시에게 많은 감사를 표합니다. 그리고 나를 위해 한 모든 것에 대해서 정말 고마운 마음을 전합니다.

항상 사랑하는 애니

---

152 Delavan L. Pierson(1867.10.27~1952.11.5). 1920년 인구총조사에 따르면 Montclair Ward 1, Essex, New Jersey에 거주하며 직업은 News Company의 Editor. 다른 외삼촌은 Dr. Farrand Baker Pierson(1876.10.12~1928.5.9).

153 Florence Hedleston Crane(1888.2.3~1973.11.27). *Flowers and Folklore from Far Korea*를 1931년 출판함. 이 책은 『푸른 눈의 여인이 그린 한국의 들꽃과 전설』로 2008년 번역됨.

154 Ida 부부의 딸 Elizabeth의 애칭.

추신: 연례회의에서 내가 불 부인과 이야기를 하고 있었는데, 그녀는 아서 서방님의 사촌으로 이름이 리비 앨비(Libbie Alby)입니다. 윌리 와일리는 다른 누군가가 리지부시와 친척이라고 해서 신경이 곤두섰습니다!

1922년 9월 27일
한국, 순천

사랑하는 어머니,

제가 총회에 가는 길에 어머니와 아버지 두 분 보시라고 편지를 한 통 보내드렸습니다. 상당히 힘겨운 시간을 보내고서 집에는 토요일(23일)에 돌아왔습니다. 왔더니 할 일이 쌓여있었습니다. 저의 힘이 잘 지탱하고 있었고 정규적인 일을 다시 하기에 몸 상태가 좋다고 느끼고 있다는 말씀을 기쁘게 드립니다.

총회에서 우리가 헌의한 순천노회 설립안을 통과시켜 주었습니다. 순천노회의 경계는 순천선교부의 영역이며, 순천노회를 구성하기 위한 첫 번째 모임이 10월 2일로 예정되었습니다. 순천노회를 시작하는 데는 한국인 목사 4명, 안수받은 선교사 3명, 그리고 약 12개의 당회가 있습니다. 우리가 돌아봐야만 하는 거리와 그에 따르는 비용 문제가 아니었다면 우리 노회는 이렇게 일찍 분립되지는 않았을 것입니다. 이렇게 되면 우리 선교사들에게 훨씬 많은 책임이 생기게 될 것입니다. 그렇지만 이 일로 우리 사역자들이 더 빨리 발전할 것입니다. 이 시기에 코잇 목사를 특별히 그리워할 것입니다. 그와 부인은 저희에게 편지하여 프레스톤 가족 사람들을 만났으며 어머니와 아주 즐겁게 지냈다고 하였습니다. 그 부부가 모두 이름으로 부르는 것을 보면, 가족과 굉장히 친해진 것으로 판단합니다. 그런데 바크먼의 처 에설의 이름을 부르는데 스피피(Spiffy)라고 몇 군데서 하는 것이 흥미로웠습니다. 바크먼에 대한 어머니의 영향력을 이용하셔서 진짜 이름으로 불리도록 해주세요. 진짜 이름이 아름답지요.[155] 어머니께서 몬트리트에서 자녀들을 모두 볼 수 있다니

---

155 성을 붙여서 부르면 격식을 차린 느낌이고 이름으로만 부르면 친근한 느낌. 별명이나 애칭으로 부르면 더 친근한 느낌. 바크먼의 아내 Ethel S. "Spiffy" Preston

기쁩니다. 리아도 올 수 있으면 좋겠네요. 리아는 몬트리트 분위기가 호의적이지 않을 수도 있다고 염려하는 것 같습니다. 어머니께서는 우리가 집에 있는데 우리를 보러 주일날 집에 들르지 않고 리아가 그냥 지나갔다는 것을 기억하시지요. 나중에 보니 그때가 우리가 만날 수 있었던 유일한 기회였습니다.

가족들이 모두 미리암에 대해서 만족한다니 기쁩니다. 미리암에 대해서 모두가 좋은 말을 하네요. 그러니 미리암이 자기 엄마의 딸임이 틀림없습니다. 미리암은 확실히 이곳에 큰 구멍을 남기고 갔습니다. 피스 대학에서 잘 적응하기를 바라고 기도합니다.

아내는 어머니께서 보내는 것들과 짐 가방에 기뻐합니다. 저는 너무 바빠서 아직 어떤 것도 쳐다보지 못했습니다. 레이놀즈 목사 아들 부부가 아주 잘 자리 잡고 있으며 큰 도움입니다. 언어 공부를 하는데 3, 4년을 보낼 필요 없이 곧바로 들어와서 자기 몫의 일을 할 수 있는 볼링 같은 일꾼을 갖게 되어 좋습니다.

아이들 학교가 (11일) 시작되었습니다. 아내는 하루에 약 3시간 가르칩니다. 티몬스 부인도 거의 같은 시간 가르칩니다.

이번 여름 우리가 산에 간 것에 대해서 아내가 어머니께 틀림없이 편지했을 것입니다. 우리는 큰 천막에서 2주를 머무르며 아주 즐거웠습니다. 우리는 폭풍우를 견뎌낼 일종의 집이 있으면 그곳으로 다시 갈 생각을 모두 하고 있습니다. 집이 없다면 우리는 위험하다고 생각합니다. 산은 아주 시원한데 고도가 4,000피트입니다. 우리는 가장 두꺼운 겨울철 잠옷에다가 담요를 2개에서 5개를 덮고 자야만 했습니다. 지금 관계 당국과 협상 중인데, 우리가 여름 휴양촌을 개발하는 것이 가능하게 임대

(1896.9.28~1953.3.5)을 친소 관계에 따라 'Mrs. Preston', 'Ethel', 'Spiffy'로 부를 수 있음. 여기서 Spiffy는 멋쟁이라는 의미의 1920년대 속어임. 그래서 프레스톤 목사는 속어가 아닌 이름을 사용하게 하라고 함.

허가를 받을 수 있으면 좋겠습니다.

저희는 모두 건강하고 바쁩니다. 여름 동안 너무 더워서 저는 일을 많이 하지 않았습니다. 그 결과 순회전도여행철이 진행되고 있고 그래서 제가 칭찬받을 만한 편지를 거의 쓰지 못하고 있습니다.

어머니는 겨울에 어떻게 하실 것인가요? 아마 작년과 거의 같겠죠. 심한 날씨에는 플로리다가 어머니께 적합한 곳입니다.

어머니, 아버지, 그리고 가족들에게 여기 가족 모두가 사랑을 전합니다. 플로이가 계속 건강하기를 그리고 적합한 자리를 확보했기를 바랍니다. 플로이가 어떤 기관에서든 영양사를 하면 자신의 다양한 쓸모를 보여줄 수 있을 것이며, 맡을 준비가 잘된 일을 할 수 있을 것입니다.

사랑하는 페어맨 올림

1922년 10월 30일
한국, 순천

사랑하는 어머님과 아이다 아가씨에게,

어머님의 최근 편지가 토요일에 도착했는데 그 편지에 아가씨의 집에 갈 수도 있다는 내용이 있었습니다. 그래서 제가 두 분이 보도록 편지를 합니다. 남편은 토요일 아침 10일간의 순회전도여행을 떠났습니다. 그래서 그 편지를 보지 못했습니다. 오늘 제가 집회를 도와주기 위해 내려가는 한국인 목사를 통해서 그 우편물을 남편에게 보낼 수 있었습니다.

저희는 항상 어머님의 손 글씨를 보는 것이 더할 나위 없이 기쁘지만, 저희처럼 어쩌다가 편지하는 사람들이 어머님께서 더 자주 편지하지 않는다고 책망하는 것은 매우 적절하지 않습니다. 정말 편지하고자 하는 저의 간절한 욕망에도 불구하고, 매년 더 심해지는 것 같습니다. 올해는 제가 남편과 여러 주를 떨어져 있었고, 미리암과는 여러 달을 떨어져 있어서 두 사람에게 편지 쓰는 데 모든 관심을 쏟을 수밖에 없었습니다. 저희는 어머님께서 미리암에게 해주셨던 모든 것에 정말 감사드립니다. 어머님의 섬김은 계속되는 섬김이니 미리암에게 해주는 모든 것이라고 해야겠네요. 몬트리트에 미리암의 친가가 있다는 것과 미리암이 이 세상에 그냥 내던져질 필요가 없었다는 것은 아주 큰 위안거리였습니다. 미리암의 편지는 자신에게 보여준 많은 친절한 일들에 대한 감사로 가득했습니다.

매티는 피스 대학의 선생님들이 미리암에 대해서 어떻게 말하는지를 무척 궁금해합니다. 매티는 저만큼이나 미리암에게 빠져있거든요. 매티는 그 학교의 가장 뛰어난 선생님 중 한 분이 매티의 어머니에게 미리암이 "즐거움과 기쁨"이라고 말했다는 것을 전하는 매티 어머니의 편지를 토요일 받았습니다.

어머님께서 정말로 원하셨던 것을 알게 되어 저희는 정말 기뻤습니다. 아주 큰 사랑에 대한 아주 작은 성의 표시로 숄(shawl)을 받아주세요.

새로운 돌계단이 트리탑 트리스트(Treetop Tryst)에 생겨서 참 좋습니다. 옛날 오래된 삐걱거리는 나무 계단을 저는 참 싫어했습니다. 어머님의 새 사진을 갖게 되어 저희는 매우 기쁩니다.

아이다 아가씨, 남편이 외투에 대해서 아주 매력을 느껴서 그것을 벗으려고 하지 않을 것 같아요. 남편은 어느 조사가 그것을 갖게 되는 영광을 누리게 될지에 대해서 생각하고 있었습니다. 그 외투 때문에 이번 겨울에 또한 앞으로의 많은 겨울에 누군가 아주 행복하고 편안할 것입니다. 남편이 순회전도여행을 시작했기에, "고맙습니다"라는 말을 할 기회가 언제 생길지를 나는 모릅니다. 내가 남편 대신 고맙다고 할게요.

8월에 무척 무더웠습니다. 그래서 저는 몸에서 짜증이 나는 이유가 나이를 먹어가서도 있지만 무더웠기 때문이라고 생각했습니다. 그런데 제가 그렇게 느낀 이유는 다른 것에 있다는 결론에 거의 도달했습니다. 그 생각을 하자 처음에는 기분이 좋지는 않았습니다. 제가 할 일을 다했다고 생각하였지만, 전도하는 것과 교육하는 것을 동시에 어떻게 할 수 있는지 모르겠습니다. 어머님, 인생의 단계에서 아이들 가르치는 것을 나 끝냈다고 생각할 때 다시 시작하는 것이 얼마나 어려운지는 아시죠. 야네프 아가씨를 늦은 나이에 키우기 위해 고생했어도 그만한 가치가 있다고 생각하시죠? 친정어머니께서도 저를 애써 키울 만하다고 생각하셨던 것 같습니다. 주님께서 저에게 주신 선물[156]이 무엇이건 그것에 대해 감사할 줄 모르는 사람이고 싶지는 않습니다만 제가 늦은 나이에 임신하게 될 것을 기대하지 않았다는 것을 인정해야만 할 것입니다. 저는 거의 44세입니다. 그런데 제가 저의 증상에 대해서 잘못 생각했을 가능성도

---

156 이 시기에 프레스톤 부인은 Colonel Rhea Sutphen Preston(1923.3.16~1995.1.5)을 임신한 상태임.

있지만 그렇게 생각하지 않습니다. 제가 최근에 미리암에게 제가 생각하는 바에 대해 편지했습니다.

올해 저는 아침 10시가 되어서야 가르치기 시작합니다. 남편과 매티와 티몬스 의사는 제가 과로하지는 않는지 크게 염려하고 있었습니다. 저희는 학교에서 진도를 잘 나가고 있으며 제가 3월에 다른 사람에게 제 일을 넘겨야만 하기 전에 존 페어맨과 플로렌스의 과정 중 일부를 끝내기를 희망합니다. 티몬스 부인이 어린아이들을 가르칩니다. 존 티몬스[157], 윌리 와일리[158], 릴리언 크레인[159]입니다. 티몬스 부인이 금요일 오후에 사라[160], 섀넌[161], 존 프레스톤[162], 플로렌스[163]에게 미술을 가르칩니다. 매티와 제가 나머지 다른 것을 가르칩니다.

남편이 11월에 치과 치료를 받으러 서울로 갈 것입니다. 존 페어맨과 플로렌스도 치료받을 것입니다. 만약 길이 좋다면 저희는 저희 차로 갈 예정입니다. 에비슨 의사 부부가 자기 집에 머무르라며 저희를 친절하게 초대했습니다. 저는 일본에서 이를 진료받았기에 차를 타고 가지 않는다면 서울로 가지 않을 것입니다.

아이다 아가씨, 미리암이 크리스마스를 아가씨와 함께 보낼 가능성이 높다고 했기에 미리암에게 보낼 크리스마스 선물을 아가씨에게 보내려고 합니다. 어떤 일이 있든 늦게 보내지는 않겠습니다.

이제 10시입니다. 저는 하루 종일 다녔습니다. 그래서 잠자리에 드는 것이 좋을 것 같습니다.

---

[157] John Redden Timmons(1915.3.1~1992.12.14).
[158] William Wiley Preston(1915.4.26~2000.3.1).
[159] Lillian Hedleston Crane Southall(1915.10.31~2000.4.4).
[160] Sarah Cornelia Timmons(1907.9.5~1980.1.25).
[161] Mrs. Annie Shannon Preston Cumming(1907.10.21~2003.12.8).
[162] John Fairman Preston Jr.(1909.8.22~2009.1.2).
[163] Florence Preston Bockhorst(1911.9.16~2010.10.9).

코니가 아주 마음에 듭니다. 볼링에게 결혼이 필요하다는 것이 드러났습니다. 볼링은 아주 좋은 정신상태로 자신의 일을 추구하고 있습니다.

10월 31일

10월 6일 자 아이다 아가씨의 편지가 오늘 아침 도착했습니다. 오늘은 황제의 생일이라서 우편이 전달되리라고 기대하고 있지 않았습니다. 그래서 미리암, 아이다 아가씨, 그리고 (마가렛과 같은 방을 쓰는) 해리엇 브라운(Harriet Brown)에게서 온 편지를 가지고 우체부가 오는 것을 보고 아주 기분 좋게 놀랐습니다.

다시 한번 저를 위해서 한 쇼핑에 대해서 "고맙습니다"라고 말하고자 합니다. 아가씨가 보낸 꾸러미는 아직 도착하지 않았습니다. 도착하자마자 편지할게요. 보스트윅 부인이 쇼핑해 준 것보다 아가씨의 쇼핑이 더 마음에 들고, 아가씨가 쇼핑하는 데 일부러 신경 쓰지는 않겠다는 약속을 해준다면 제가 원하는 것을 항상 아가씨에게 보내고 싶습니다. 최근 보스트윅 부인에게 작은 물건들 몇 개와 파인(fine) 플란넬을 주문했습니다. 그것들을 주문해달라고 아가씨에게 보내면 충격을 받을 것이 걱정되었기 때문입니다. 그리고 제가 너무도 바빠서 설명할 시간이 없었답니다.

그래요. 저는 너무 비싸지만 않으면 미리암에게 크리스마스 선물로 손목시계를 정말 주고 싶습니다. 그런데 가격이 어떤지를 모릅니다.

매티가 어느 여학생의 장례를 준비하는데 그 일을 도와주느라 제가 오후 대부분 시간에 바빴습니다. 그 여학생은 매티가 거의 7년을 도와주고 있었습니다. 그 여학생은 제주도에서 왔습니다. 어머니는 돌아가셨고, 아버지는 그 학생에게 전혀 신경 쓰지 않는 것처럼 보였습니다. 그 학생은 약 2주 전에 남편이 이곳으로 데려오기 전까지 목포에 있는 학교에 다녔습니다. 목포에는 미국인 의사가 없습니다. 그 학생이 말라리아에 걸린 것 같았습니다. 그런데 결핵성 수막염으로 판명되었습니다. 매티는 그 학생을 최고의 돌봄을 받을 수 있는 이곳으로 데려왔다는 것에 대해서 정말 고마워합니다. 우리는 남편의 도움을 크게 그리워했습니다.

제가 미리암에게 편지하여 파업이 다 끝나고 상황이 정상적으로 되면 크리스마스를 보내기 위해 미리암이 뉴욕으로 간다면 제가 기쁠 것이라고 했습니다.

"리지부시"가 이번 겨울에 계속 건강하고 강건하기를 바랍니다. 월리 와일리를 제외하고 저희 식구들은 아주 몸집이 큽니다. 매년 여름 월리 와일리는 아주 홀쭉해지고 먹기를 거부합니다. 그 아이는 날이 서늘해지면 더 잘 먹고 얼굴색도 좋습니다. 8월에 산에 휴양촌이 생기면, 그 아이가 더 좋을 거로 생각합니다.

남편의 카라 가격에 대해서 걱정하지 마세요. 남편은 그것들에 아주 만족해서 저는 보스트윅 부인이 그런 류를 보내준 것에 기쁩니다. 미리암을 위해 아가씨가 산 것들의 목록은 아주 매력적으로 들립니다. 특별히 하얀 베일 드레스가 그러네요.

11월 3일

공립학교가 새 건물을 공식적으로 개시한 것을 보려고 그 학교로 내려갔다가 왔습니다.[164] 이 일로 일상적으로 하던 학교 일정에 차질이 생겼습니다. 세상 권력과 "좀 더 가까운 관계"를 갖도록 하는 것이 가치 있는 일처럼 보였습니다. 미국에서 아직 꾸러미는 도착하지 않았지만, 편지는 어젯밤에 도착했습니다.

두 분 모두에게 많은 사랑을 보냅니다.

사랑하는 애니 올림

---

[164] 1911년 3월 18일 설립인가를 얻고 동년 9월 1일 개교한 순천공립심상고등소학교(현 순천성동초등학교)로 보임.

1922년 11월 6일
한국, 금오도

사랑하는 어머니,

제가 담당하는 지방에서 가장 먼 곳에서 이 편지를 쓰고 있습니다. 이곳에 약 100명이 모이는 교회가 있습니다. 10월 28일에 집에서 나와서 이곳에 오던 중 다른 섬에 3일간 있었습니다. 오늘 아침 나가길 바랐으나 바람이 24시간 동안 심하게 불었습니다. 그래서 폭풍우가 잦아들어 바다로 30마일을 안전하게 갈 수 있을 때까지 기다리는 수밖에 없었습니다. 이 여정에 밀러 선교사가 자신의 전도 부인을 데리고 저와 함께 왔습니다. 이 여성은 밀러 선교사가 처음으로 시골로 데려온 전도 부인 중 한 명이었습니다. 밀러 선교사에게는 여자 요리사가 있으며 그 요리사는 여성이 줄 수 있는 모든 훌륭한 손길로 주요한 식사를 제공합니다. 그러니 어머니께서는 거의 2년 동안 제가 제 담당 지방에서 한 가장 긴 이번 여정에서 제가 그녀의 도움과 함께함 때문에 얼마나 좋았는지 상상하기 힘드실 것입니다. 밀러 선교사는 모험심이 있는 사람이며 좋은 군인처럼 어려움을 견디어내는 것을 배우고 있습니다. 그런데, 이번 여정에서 아주 이상하게도 편안한 숙소에서 지냈습니다. 저는 저의 천막을 사용하고 있으며 일반적으로 저에게 배정된 방을 그녀에게 양보했습니다. 도중에 저희는 심한 천둥을 동반한 폭풍우를 만났습니다. 그렇지만 폭풍우가 잦아들기 전에 어렵게 항구에 도착했습니다. 이 지역에서 폭풍우는 아주 드문 것이고 이 계절에 이렇게 늦게 생긴 것은 특별히 언급할 만합니다.

제가 몸이 좋다고 느낀다는 말씀을 어머니께 드리게 되어 기쁩니다. 이제 일 전체를 할 수 있으며 제가 다시 건강해졌다고 여깁니다. 그렇지만 저는 매일 점심 먹은 후 바로 약간의 휴식을 취하려고 하며, 힘을 과도하게 쓰는 것을 피하려고 합니다. 이번 여정에서 목사 두 명, 조사한 명, 전도 부인 한 명 이렇게 한국인들의 도움을 많이 받았습니다. 그래서 저는 하루에 한 시간만 가르쳤습니다. 물론 다른 많은 집회가 있었습니다. 그래서 저는 계속 바빴습니다. 토요일 오후 몇 시간을 내서 동산 너머에 있는 곳으로 총을 가지고 짧게 다녀왔습니다. 비록 개를 데리고 가지 않았지만, 꿩 여섯 마리를 잡아 왔습니다. 전에는 이곳에서 한 시간도 안 되어서 그런 대단한 일을 했습니다만, 요즘은 전과 달리 사냥감이 그렇게 풍부하지 않습니다. 구운 꿩보다 더 맛있는 것은 없습니다. 비둘기도 많이 잡아 왔는데, 그것들도 맛있는 먹거리가 됩니다.

아내가 일주일 전에 편지 몇 통을 전송해 왔습니다. 그중에 어머니의 9월 17일 자 편지가 있었습니다. 그 편지를 받고 최신 소식을 알게 되어 무척 즐거웠습니다. 미리암에게 해주신 모든 것에 대해서 어머니께 깊이 감사드립니다. 미리암에서 매우 규칙적으로 소식을 듣습니다. 피스 대학에서 행복해하는 것 같습니다. 매티가 들은 바로는 미리암은 선생님들에게 이미 매우 좋은 인상을 남겼습니다. 미리암은 야네프처럼 학자풍입니다. 그리고 좋은 직업을 가질 전망이 있습니다. 자신을 잘 다스리기만 하면 말입니다. 미리암은 아주 강한 아이입니다. 저희 자녀들 모두 충분히 튼튼한 것 같다는 말씀을 드리게 되어 기쁩니다.

아버지께서 보내주신, 어머니가 들어가 있는 돌계단 사진이 아주 매력적입니다. 돌담은 이곳에 있는 모든 집과 마당 둘레에 세워진 것과 아주 비슷합니다. 옛날 나무 계단이 이제는 과거지사인 것을 생각하니 좋습니다.

볼링 레이놀즈가 가져온 짐 가방과 함께 〔판독 불가〕이 왔다는 것을 말씀드렸던가요? 어머니께서 저희를 위해 쇼핑을 다 해주신 것과, 그것을 다 포장하고 준비하시느라 하신 모든 것에 대해서 저희는 너무도 감사드립니다. 아내는 저희 대가족을 위해서 적절한 옷을 준비하느라 쉬지 않고 매달리고 있습니다. 특히 신발과 모자를 위해 그렇습니다. 이곳에서 저희에게 맞는 것을 구하기가 매우 어렵습니다.

저는 존 페어맨과 플로렌스와 함께 치과 치료를 받기 위해 11일에 서울로 떠날 예정입니다. 저는 아내에게 같이 가자고 강권하며 자동차로 서울까지 먼 길을 가겠다고 말합니다. 저희가 그렇게 하면 전주에서 아버지 윈(Winn) 목사님[165]이 저희와 함께 올라갈 것입니다. 한국에 도착하고 두 달 후에 저의 치아 브리지가 깨져서 한쪽으로만 씹고 있었습니다. 이곳에서의 삶이 이렇습니다. 이 두 개를 뺀 것을 후회합니다.

어머니의 겨울 계획을 듣게 되면 기쁠 것입니다. 날이 추운 달에는 어머니께서 어떤 일이 있어도 플로리다로 가셔야 한다고 생각합니다.

어머니, 아버지, 그리고 모든 가족에게 사랑을 보냅니다.

        어머니의 사랑하는 아들 페어맨 올림

---

[165] Rev. Paul Patterson Winn(1845.4.26~1931.11.14). 아내 Susan Anderson Winn (1839.4~1907.4.18)과 사별 후 아들, 딸과 함께 1912년 3월 24일 전주에 도착함. 이후 74세인 1919년 8월 5일 여권을 발행받아 아들, 딸과 함께 1919년 9월 18일 한국행. "REV. PAUL P. WINN 1845-1931. MINISTER OF THE GOSPEL 50 YEARS IN THIS COUNTRY 11 YEARS IN KOREA"라는 글이 비석에 적혀 있음.

1922년 12월 7일
한국, 순천

고향에 있는 가족들에게,

가족 모두에게 기쁜 크리스마스와 행복한 새해를 기원합니다! 비록 크리스마스까지는 18일이 남았지만, 저는 대개 그렇듯 크리스마스에 대해서 생각했습니다. 제가 하는 일 때문에 저는 9월 1일부터 대부분 집에서 떨어져 있기 때문입니다. 가족 모두 이 시기가 되면 과거 이때 함께 시간을 보내는 특권을 저희가 누리게 되었던 아주 행복한 시간으로 저희 생각이 되돌아간다는 것과 저희가 가족들을 매우 많이 생각한다는 것을 확신하셔도 됩니다. 멀리 떨어져 있는 여러 가족과 언제 그런 기회를 다시 가지게 될지 궁금합니다. 어쨌든 저희는 1924년과 금혼식 모임을 기대하며 살고 있으며 그때 고향에 갈 수 있도록 모든 계획을 세우고 있습니다. 금혼식을 아주 큰 행사로 만들고 금혼식에서 최대한 뭔가를 얻어갈 계획을 해야 합니다. 제 생각에 여름에는 몬트리트가 우리의 자연스럽고 즐거운 장소가 될 것입니다.

연중 이때가 저희가 특히 아이들을 생각할 때입니다. 아이다의 딸 "리지부시"[166]가 얼마나 큰지 그리고 짐의 아들(little Jim)[167]은 얼마나 컸는지 그리고 리아의 자녀들[168]은 모두 어찌 되는지 혼자 그려보려고 합니다. 저희는 조카들 모두가 정말 보고 싶습니다! 직접 보는 것에 대한 차선책은 저희에게 최근 사진을 보내주는 것입니다. 대개 매우 만족스럽게 닮지는 않지만요.

---

[166] Elizabeth Warden Marshall(1916.8.17~2010.3.25).
[167] James Brainerd Preston Jr.(1920.6.21~2010.3.31).
[168] Elizabeth Rhea Preston(1910.3.23~1995.4.26), Mary Preston Villwock(1912.4.4~2011.5.17), Samuel Rhea Preson III(1914.2.4~1987.1.8), Jane Preston Evans(1917.8.23~2000.5.21).

틀림없이 그곳에 있는 식구들은 "우리도 너희 가족 사진을 원해"라고 하실 것입니다. 전체 가족사진을 하나 찍으려고 시도했으나 허사였고 아직 성공하지 못했습니다. 그러나 전체 가족사진 찍는 것이 저희 할 일 목록에 있어서 여기서 당장 기회가 생길 때에 여러분 모두에게 좋은 가족사진 한 장을 보내겠다고 약속드립니다. 그곳 가족들 자신의 아이들만 봐도 저희 아이들이 얼마나 많이 컸는지 알 수 있을 것입니다. 존 페어맨은 억센 미식축구 선수같이 자라고 있습니다. 이 단계에서 플로렌스는 키만큼 어깨가 넓습니다. 애니 섀넌은 이미 다 자라버린 것 같습니다. 윌리 와일리는 "꼬맹이"라는 별명이 붙어야 할 것 같아요. 저희에게 남은 유일한 아이니까요. 그리고 윌리 와일리는 지금 다 커버린 학생이며, 자기 책에 깊게 빠져있습니다. 그 아이는 주로 동물 사진 때문에『컨트리 젠틀맨(Country Gentleman)』[169]을 구독하는데 동물을 아주 좋아합니다. 며칠 전 "윌리 와일리 프레스톤 부인" 앞으로 회보가 왔습니다. 그런데 저희는 아직도 어떤 여성인지를 모르겠습니다. 존 페어맨[170]이 우리 선교부에서 가장 안쓰러운 아이입니다. 나이가 13년 6개월인데 윌리 와일리[171]와 존 티몬스[172] 말고는 함께 놀 남자아이가 없습니다. 존 티몬스는 곧 다른 곳으로 갈 것입니다. 제 생각에 1년 뒤에는 저희가 어쩔 수 없이 존 페어맨을 학교로 보내야만 할 것 같습니다.

"매티"(데이비스 선생님)는 아주 성공적인 학교를 계속 운영하고 있으며, 티몬스 부인과 아내의 도움을 받고 있습니다. 아이들은 철저한 교육을 받고 있는데, 미국에 가면 두드러질 것입니다. 와츠(Mr. Watts)[173] 씨의

---

[169] 농사와 시골 생활을 다룬 미국 월간 잡지로 1852~1955년간 발행됨.
[170] John Fairman Preston Jr.(1909.8.22~2009.1.2).
[171] William Wiley Preston (1915.4.26~2000.3.1).
[172] John Redden Timmons(1915.3.1~1992.12.14).
[173] George Washington Watts(1851.8.18~1921.3.7).

딸인 힐 부인(Mrs. Hill)[174]이 저희에게 학교(schoolhouse) 겸 공공장소(community center)로 사용할 건물 하나를 주기로 결정했다는 것을 알리는 코잇 부부의 편지를 막 받았습니다. 저희는 그것에 대해서 즐거워하고 있습니다. 여름 전에 지었으면 합니다.

막내 고모부(Uncle Jim)와 둘째 큰고모부(Uncle Bailey)[175]의 사망 소식을 듣고 저희는 매우 슬펐습니다. 그분들 몸이 약하다는 것을 들었지만 끝이 이렇게 가까울 것이라고는 생각하지 못했습니다. 아버지께서 막내 고모부와 함께하실 수 있어서 기뻤습니다. 특히 막내 고모(Aunt Jennie) 때문에 그렇습니다. 제가 기회가 생기면 맨 먼저 막내 고모와 둘째 큰고모(Aunt Ella)에게 편지하겠습니다.

제가 다시 사역에 열심이며, 순회전도여행을 하면서도 잘 견디는 것 같다고 말씀드릴 수 있어 기쁩니다. 비록 제가 너무 많은 것을 하려고 하지 않으며 과도한 피로 또는 과도하게 힘쓰는 것을 피하려고 하고 있지만 말입니다. 그 결과 많은 일을 제대로 못 하고 있습니다. 한국인들은 다른 사람의 힘과 시간에 대한 요구에 있어서 무자비합니다. 그러다 보니 다름 아니라 대개 개인의 사적인 일들이 제대로 다뤄지지 않습니다. 편지 문제에 있어서 저를 더 참고 봐주세요. 제가 점차로 더 좋아져서 더 자주 편지할 수도 있을 것입니다.

가족 모두에게 사랑을 전합니다.

사랑하는 페어맨 올림

---

[174] Watts의 외동딸 Annie Louise Watts Hill(1876.9.15~1940.3.26). 남편은 1933~1938년 North Carolina 상원의원을 지낸 John Sprunt Hill(1869.3.17~1961.7.29).

[175] David Flournoy Bailey(1845.1.23~1922.10.30).

1922년 12월 18일
한국, 순천

사랑하는 어머니,

오늘 월요일 아침에 사람들이 모이기를 기다리면서 조금의 숨 쉴 시간이 있습니다. 그래서 이 기회를 이용하여 어머니께 편지를 보내드립니다. 어머니의 생일에 도착하기를 바랍니다. 그런데 지금은 그럴 가망이 없지만 어찌 되었든 어머니와 제가 이 편지를 생신 축하 편지로 보면 됩니다. 어머니는 제가 고향에 있을 때도 특별한 날을 준비할 만큼 앞을 내다보지 못했던 것을 아십니다. 예를 들어 저는 크리스마스 전날에야 크리스마스에 대해서 흥분하였습니다. 그런 타고난 성향이 이곳에서의 불규칙한 삶 때문에 더 나빠졌습니다. 그래서 저는 전보다 더 심합니다. 아내는 저를 정말 믿을 수 없다는 것을 알고 용감하게 앞을 내다보고는 미리 계획하는데 저의 도움을 거의 받지 않습니다. 저는 이번 크리스마스도 평시와 같이 준비되지 않은 채로 맞이하는데, 아이다가 아내 주라고 제게 보낸 우산 말고는 어떤 것도 없습니다. 나머지에 대해서는 아내가 모든 것을 합니다. 그런데, 저는 20일에 집으로 가게 되는데 약간이라도 도움을 줄 수 있기를 바랍니다.

한 가지는 잘했다는 생각이 드는데, 그것은 크리스마스 축하 편지를 가족 공용으로 보도록 쓰고 거기에 개인에게 보내는 짧은 글을 넣어서 리아와 플로이를 포함한 가족 모두에게 보낸 것입니다. 어머니와 아버지께 드린 편지는 짐 부부도 같이 보고 그다음 야네프에게 전해주라는 부탁과 함께 루이빌에 보냈습니다. 제가 부주의해서 타자 용지가 떨어졌기 때문입니다. 막내 고모와 둘째 큰고모에게도 편지를 드렸는데, 그레이엄 부인에게는 편지를 하지 못했습니다. 편지드리도록 하겠습니다. 제 생각에 이번 해가 교신 측면에서는 최악의 기록이었습니다. 저는 저에게 온 크리스마스 선물에 대해서도 감사를 드리지 못했는데, 불쌍한 제 아내가 그 모든 것을 해야 했습니다. 내년에는 어머니께서 좀 더 좋은 기록을 가지게 될 것을 확실하실 수도 있습니다. 제가 확연히 더 건강하고 여러 달 동안 저를 끊임없이 괴롭히던 과도한 피로에서 자유롭기 때문입니다. 가을에 정규적인 순회전도여행 사역을 했고, 제가 항상 더 좋아지고 있습니다.

어머니께서 이 편지를 받으실 때 69세밖에 되지 않으셨을 겁니다! 아직 흰머리가 한 올도 없으시죠! 어머니께서 겪으신 모든 것을 고려하면 뛰어나게 젊음을 잘 유지하십니다. 어머니께서 유용한 섬김의 삶을 20년을 더 하셔도 거뜬하리라 예상합니다. 하나님께서 그것을 허락해 주시길 그리고 세월이 지나감에 따라 행복도 증가하기를 기도합니다. 둘째 큰고모에게는 벌써 서너 명의 증손주들이 있습니다. 어머니께서 미리암을 보셨을 때, 오래지 않아 어머니께서도 같은 경험을 하실 것을 깨달으셨지요? 저희는 어머니의 회복된 건강과 활력에 기뻐합니다.

12월 19일

위의 편지를 쓰는 데 끼어드는 일이 세 번 있었는데 각자가 한 시간 정도 걸렸습니다. 그래서 제가 이 편지를 쓰기 시작한 시간과 같은 시간에 다시 이어 씁니다. 어제 아침 저희는 이곳에서 가르치는 일을 마쳤고 오후에는 사슴사냥을 했습니다. 한국인 약 30명이 몰이꾼이 되었습니다. 괜찮은 사슴 두 마리가 숨어있던 곳에서 뛰쳐나왔는데, 예상했던 제 쪽으로 달려오지 않고, 몰이꾼들을 뚫고 뒤로 달려갔습니다. 그것이 제가 서 있는 곳에서 보였습니다. 잠시 후 제가 서 있던 다른 지점에서 작은 사슴이 쏜살같이 제 곁을 지나쳐가다 저와 부딪혔습니다. 그런데 제가 잡지 못했습니다. 지난밤 저희 약 15명이 3마일을 넘게 걸어 큰 마을로 가서 그곳에 있는 학교에서 설교했습니다. 마을 사람들로 학교가 가득했는데, 그들 중 20여 명이 믿고자 한다고 선언했습니다. 그곳에서 교회 한 곳을 시작한 것 같습니다. 그곳에서 4마일 떨어진 다른 마을로 오늘 저녁에 가서 같은 일을 할 것입니다. 지난 몇 년간 이 지역에서 개척하기를 원했습니다. 그런데 겨우 지난봄에서야 사역지에서 살게 될 일꾼을 보낼 수 있었는데, 훌륭한 결과가 있었습니다. 이곳에는 믿는다고 고백하는 기독교인이 100명이 있습니다.

저희가 어머니께 도슨 선교사가 여학교를 담당하며 지금 순천에 있다고 말씀드렸나요? 그녀와 밀러 선교사가 같은 집에서 살고 있습니다. 루이스[176]는 건강하며 좋은 일꾼이 될 것입니다. 그런데, 그녀는 어제 하마터면 큰일 날뻔했습니다. 그녀는 크레인 목사와 자동차를 타고 시골로 출발했었는데, 볼링 레이놀즈가 그 차를 운전하고 있었습니다. 약 3마일을 타고 갔을 때 레이놀즈가 차도에서 차를 벗어나게 운전해서, 차의 앞 유리창이 깨지고 차 천장이 박살났으며, 차에 있던 다섯 명 모두가 밖으로 쏟아졌습니다. 그런데 모두 작은 부상만 입었습니다. 루이스는 얼굴과 눈 근처에 심하게 멍이 들었지만, 두터운 안경테 때문에 안경이 깨지지 않아서 자상은 없었습니다. 같이 있던 두 명의 한국인은 날아다니는 유리에 다소 심하게 자상을 입었습니다. 모두가 가볍게 끝나서 저희는 정말 감사드렸습니다. 대부분의 사고는 피할 수 있습니다. 그리고 저는 개인적으로 제가 운전할 때는 항상 긴장하고 조심하기로 결심합니다.

이번 달 27일에 10일간 남사경회가 열립니다. 녹스 목사 부부[177], 녹스 목사의 딸 베티[178], 그리고 커밍 목사[179]가 저희와 함께 크리스마스를 보낼 것입니다.

---

[176] Louise Blanche Miller(1888.8.2~1983.12.23).
[177] Dr. Robert Knox(1880.3.03~1959.3)와 Maie Philadelphia Borden Knox(1885.12.24~1967.2.6) 부부.
[178] Elizabeth Virginia "Betty" Knox Passmore(1908.8.23~1991.6.15).
[179] Rev. Daniel James "Kim" Cumming(1892.12.17~1971.1.8).

어머니와 아버지께서는 이번 크리스마스를 짐 부부와 보내신 후 플로리다로 가실 것이라고 저희는 생각합니다. 어머니를 많이 많이 생각할 것이며 어머니의 나날이 행복으로 가득 넘치기를 바랍니다. 어머니께서 막내 이모에게 편지하시거나 보실 때 막내 이모부에게도 저의 사랑을 전해주세요.

기회가 생기면 가장 먼저 아버지께 편지드리겠습니다.

어머니와 아버지께 사랑을 전해드립니다. 이곳에 있는 자녀들이 저와 같은 마음을 전합니다.

사랑하는 어머니의 아들 페어맨 올림

추신: 아이다에게 부탁해서 저희 대신 어머니 생일 선물을 골라달라고 할 것입니다.

1923년

1923년 2월 16일
한국, 순천

사랑하는 아이다 부부에게,

　평상시처럼, 나는 편지를 "화물로 보내려고 대기 중"이다. 그런데 결국 화물로 보낼 만큼 편지의 부피가 크지 않을 거다. 두 사람이 아는 편지를 잘 쓰지 않는 사람들의 방식이다. 아주 오랜만에 편지를 한 다음 보충하기 위해 엄청나게 편지하는 것 말이다. 매제(아서)가 나에게 보낸 1월 3일 편지가 도착했다. 이 편지는 따라야 할 모형이다. 간결하고, 뜻이 잘 통하고, 가볍고, 적절하다. 나도 그런 재주가 있으면 좋겠다.

　무엇보다, 너희 부부가 미리암에게 좋은 크리스마스의 시간을 내준 것에 대해서 거듭 고마움을 전한다. 익숙하지 않은 경험을 하느라 미리암이 바쁘지만 미리암이 젊음의 시간을 잘 보냈다. 그 아이가 한 경험에 대해서 자세히 기록한 것을 서너 번 나누어서 우리에게 편지했는데, 그 편지를 읽는 것이 아주 재미있었다. 나는 그 아이가 너희 부부와 같이 있고, 친척들을 제대로 알게 되는 큰 특혜를 가졌다는 것에 아주 기쁘다. 그 아이가 처음 맞는 크리스마스에서 향수병이 심하게 들면 어떨지 우리는 걱정을 많이 했다. 그런데 너희 부부와 같이 있게 되어서 그 아이가 향수병을 이겨낸 것을 확신한다. 미리암이 이곳에서는 항상 아이들의 지도자였으며, 엄마와 데이비스 선생님이 의지하는 큰 기둥이었다. 그래서 미리암이 돌봐줄 아이로 너희 딸 엘리자베스가 있고 자기가 집에서 했던 대단한 일들이 생각나서 미리암이 적지 않은 위로를 받았음이 틀림없었다.

　내게 옷을 구해서 보내준 것에 고마움을 전하고자 한다. 로저스 의사가 이곳에 2월 1일경에 왔었는데 뭔가를 가져왔다고 했다. 그런데 내가 아직 그것들을 못 봐서 그가 무엇을 가져왔는지 모른다. 그는 자신이 떠난 다음에 어떤 물건들이 왔다는 것에 대해서 들었다고 했는데, 202 N. Brevard St. Charlotte에 사시는 그의 장모 로스 부인(Mrs. J. H. Ross)[180] 이 꾸러미의 내용물을 확인하면 그것들을 신경 써서 보내주실 거라고 했다. 로저스 의사는 지난 2주 동안 아픈 어린 아들[181]의 병 때문에 크게 걱정했다. 그 아이는 유양돌기염으로 고통받는 것 같았다. 귀에서 분비물이 나오고 이따금 열이 매우 높이 올라간다. 로저스 부인은 배 타고 오면서 힘들었고, 온 이후로 건강하지 않았다. 아이에 대한 염려는 그녀에게 도움이 되지 않았다.

두 사람이 우리에게 보내준 크리스마스 선물 상자를 보고 온 가족이 매우 기뻐했다. 아이들에게서 온 짧은 편지가 동봉되어 있었는데 그것들은 오랫동안 기다리던 것이었다. 내가 매는 넥타이는 내가 지금껏 가진 것 중에서 가장 예쁜 것이다. 내가 멋의 정점에서 "멋지게 차려입는다." 고맙다!

우리 가족 모두는 다시 건강하다. 플로렌스는 병 이후에 다시 매우 뚱뚱해지고 있다. 부분적으로는 격렬한 운동이 금지되었다는 사실 때문이다. 아내가 불행히도 심한 감기에 걸려서 몇 주간 아주 힘들었는데 지금은 더 좋아져 있다. 지난 몇 달간 계속해서 힘들었다. 그런데 다음 달에는 산통이 줄어들 것이다.[182] 아마도 너희 부부가 이 편지를 받기 전에 그렇게 될 것 같다. 그 일이 있으면 일주일 후에 미리암에게 전보를 보내기로 약속했다. 그러면 미리암이 너희 부부에게 알려줄 것이다.

우리 집에 이렇게 새로운 식구가 생겨서 우리 계획이 심각하게 바뀌고

---

180 Cora Lucinda Smith Ross(1868.4.20~1927.4.4) 남편 James Herndon Ross(1859. 3.25~1926.7.4) 사후 딸이 있는 순천으로 와서 선교사 자녀 교육을 하던 중 골수성 백혈병으로 순천 매곡리(Mai Kok Ri) 165에서 사망함.
181 David Ross Rogers M.D.(1918.8.17~1990.12.8).
182 막내 Colonel Rhea Sutphen Preston(1923.3.16~1995.1.5)의 출산을 의미함.

있다. 다음 여름에 휴가를 어디서 보낼지 모르겠다. 중국이나 일본은 비용과 여행의 위험 때문에 불가능하다. 한국에서는 우리가 편안할 적절한 장소가 없다. 우리가 내년에 고향으로 가려면, 우리는 경비를 절약하기 시작해야만 한다. 그래서 우리는 결국 집에 있을 수밖에 없을 것이다. 그런데 순천선교부에 의사가 없을 것이며, 선교회 전체에서 아마도 한 명의 의사도 없을 것이라는 사실을 우리가 직면한다. 그래서 어쩌겠니! 우리는 아버지께서 제안하셨듯이 올해 고향으로 가는 것을 시도하고자 하는 유혹이 든다. 아이들의 교육에도 전혀 맞지 않고, 선교회에서 허락받을 가능성이 크지 않지만 말이다. 우리는 내년에 비례(比例) 안식년을 얻으려고 한다. 즉 안식년을 4/7만 쓰고, 여행 경비도 4/7만 받는 것이다. 그렇게 되면 고향에서 약 6개월 있을 수 있고 오가는 데 약 2달이 될 수 있다.

너희 부부 모두에게 사랑을 전한다. 이 사랑에 온 가족이 함께한다.

사랑하는 J. 페어맨 프레스톤

1923년 9월 16일
한국, 순천

사랑하는 아버지와 어머니,

연합공의회에 참석하고 있습니다. 그리고 안식일의 쉼을 이용하여 두 분께 편지를 드리려고 합니다. 그저께 저는 이 나라의 국경에 있는 신의주에서 열린 총회에 참석하고 왔습니다. 내려오는 길에 존 페어맨을 보려고 평양에 들렀습니다. 그 아이는 제가 들르기 이틀 전에 그곳에 있는 학교[183]에 입학했습니다. 그 아이는 넋이 조금 나가고 향수병에 걸린 것처럼 보였습니다만 곧 제자리를 찾을 것입니다. 이번 여름에 몇 명의 남자 아이들을 친구로 사귄 것이 그 아이에게 매우 도움이 되었습니다. 그래서 이곳 평양에서 존 페어맨이 완전한 이방인은 아닙니다.

집을 떠나기 바로 전 9월 4일경 코잇 목사 가족을 환영했습니다. 그들은 어려움 없이 잘 돌아왔고 엄청나게 기침하는 주디스(Judith)[184]를 제외하고는 모두 건강했습니다. 저희는 거의 죽을 뻔하다가 살아 돌아온 그들을 반갑게 맞이했습니다. 8월 31일 그들이 요코하마를 두루 다녔었는데 그다음 날 그 도시가 파괴되었습니다.[185] 그 재앙이 하루라도 일찍 일어났었다면, 의심할 바 없이 그들 모두가 죽었을 것입니다. 윌슨 의사 가족은 지진이 일어나고 이틀 뒤에 엠프레스 오브 캐나다를 타고 왔습니다. 그 배는 1,500명의 이재민을 태워서 고베로 보냈는데, 그 이재민들이 그곳을 벗어난 첫 번째 사람들이었습니다. 윌슨 의사는 그 배에서 밤낮으로 가장 심하게 부상당한 사람들을 수술했는데, 그들 중 몇은 사망해

---

183 평양외국인학교(Pyeng Yang Foreign School).
184 Judith Knox Coit(1919.9.9~1999.10.11). Robert Thornwell Coit(한국명: 고라복, 1878.12.21~1932.5.12) 목사의 넷째 자녀.
185 관동대지진(關東大地震)을 말함. 1923년 9월 1일 11시 58분 진도 7.9의 강진이 일본의 중심지 도쿄와 관동 일대를 강타함.

서 바다에 묻혔습니다. 저는 아직 윌슨 부부나 다른 목격자들을 본 적은 없습니다만 지난 며칠 동안 호텔에서 제가 본 두세 개 신문에서 자세한 기사를 몇 건 읽을 수 있었습니다. 재앙의 규모는 통계가 들어오면서 더 커지고 있습니다. 얼마나 많은 사람이 사망했는지는 결코 알 수 없을 것입니다만 모든 곳에서 동의하는 것이 폐허가 된 지역에서 30만 명 넘게 목숨을 잃었으며 도쿄의 재산 손실만 하더라도 4억 달러는 되리라는 것입니다. 이 재앙은 현대사에서 가장 끔찍한 재앙입니다. 저는 이 재앙 이후 뒤따를 경제공황이 일본 제국 전역에서 심하게 느껴질 것을 걱정합니다. 인명 손실의 대부분은 화재에 의한 것인데, 지진 후 곧바로 불이 나서 폐허가 된 곳을 휩쓸며 사방으로 퍼졌고, 도시의 좁은 길과 혼잡한 지역에서 수만 명이 갇히고 질식하게 되었습니다. 사진을 보면 죽은 자들이 산더미처럼 쌓여있는 것이 있는데, 그들은 무너진 집에서 도망치면서 불길에 생명을 잃었습니다. (유럽인들과 미국인들인) 외국인 수백 명이 사망했습니다. 그런데 선교사 중에는 서너 명이 실종되었다고 하나, 한 명(요코하마의 카이퍼(Miss Kuyper)[186] 선교사)을 제외하고 아무도 사망하지 않았다고 들었습니다. 서울에 있는 세브란스 의학전문학교의 합커크 의사(Dr. Hopkirk) 부부와 딸[187]이 지진이 발생했을 때 택시를 타고 있었습니다. 다행히도, 그들은 기차역에서 가까운 곳에 있는, 지진에서 안전한 건물인 그들이 머물던 호텔에서 멀리 떨어져 있지 않았다고 합니다. 그 호텔은 화재를 피한 몇 안 되는 건물 중 하나여서 그들이 목숨을 구할 수가 있었습니다. 저희와 아주 가까운 곳에서 일어난 이런 엄청난 재앙

---

[186] Jennie M. Kuyper(1872.4.3~1923.9.1). 미국개혁교회 선교사. 일본 요코하마 페리스 신학대학 학장으로 일하다가 1923년 9월 1일 지진으로 사망함. (Miss Jennie M. Kuyper, Principal of Ferris Seminary, Yokohama, Japan, who lost her life in the earthquake, September 1, 1923)

[187] Dr. Clarence Cowels Hopkirk(1885.11.29~1954.7.10), Mrs. Myrtle Adora Church Hopkirk(1889.11.18~1960.2.8), Corinne Hopkirk(1913.2.28~1969).

은 아주 사실처럼 보이며, 저희는 이 재앙을 제외한 다른 것은 거의 말하지 않습니다. 여러 선교회가 입은 손실은 백만 달러가 될 것입니다만 우리는 그곳에 부동산이 없기에 우리 교회는 영향을 받지 않을 것입니다. 한국어로 된 모든 성경과 찬송가를 출판하던 요코하마에 있는 우리 출판사가 완전히 파괴되어서 우리 사역에 큰 손실이 되었습니다. 앞으로 몇 달간 성경 등이 부족할 것입니다.

도쿄에 있는 다른 모든 신문사와 함께 제가 읽는, 도쿄에서 발간되는 영자신문 『재팬 애드버타이저(The Japan Advertiser)』[188]가 완전히 파괴되었습니다. 그래서 저희는 『고베 크로니클(Kobe Chronicle)』[189]을 제외하고는 소식을 접할 수가 없습니다.

코잇 목사 가족을 다시 보고 집 소식을 직접 들을 수 있어서 좋았습니다. 비록 제가 순천을 떠나기 전 그들을 아주 조금밖에 못 봤지만요. 아내가 편지하길 그곳에서 모두 건강하답니다. 아내는 올해에는 하루에 두 시간만 가르칠 계획을 하고 있다고 합니다. 리아 섯픈(Rhea S)[190]은 활기차며 17파운드 나갑니다. 그 아이는 "장래성 있는 아이"라 벌써 기어다니기 시작합니다.

우리는 이 나라에서의 우리 사역의 모든 곳에서 좋은 보고를 받고 있습니다. 한국인들이 점차로 더 많은 책임을 맡고 있으며, 그들의 재정적 능력이 더 좋아지면 오래지 않아서 한국인들이 사역을 완전히 가져갈 수 있겠다고 우리는 희망할 수 있습니다. 현 상황이 이렇기에, 앞으로 몇 년간은 선교사 몇 명이 필요할 것입니다. 지금 대학에서 선교사 자원

---

[188] B.W. Fleisher가 도쿄에서 발행한 시작한 신문으로 1905년 시작하여 1940년 11월 9일까지 간행됨. 이후 The Japan Times와 합병되어 The Japan Times and Advertiser로 됨.

[189] The Kobe Chronicle은 1891년 10월 2일 Robert Young이 창간함. 이후 1905년 1월 5일 The Japan Chronicle로 바뀌어 1942년 1월 31일까지 발행됨.

[190] Colonel Rhea Sutphen Preston(1923.3.16~1995.1.5).

자들을 모집해야 하는지에 대해서 저는 회의적입니다. 현장에 있는 우리가 점점 더 물러나고 있으며, 한국인 지도자들과 같이 일하거나 우리가 한국인 지도자들을 통해서 일하고 있습니다.

이번 가을에 두 분이 디케이터에 계실 것이며 딸들과 가까이 계실 것을 알고 기뻤습니다. 플로이에게 만족스럽고 좋은 직업이 생겼기를 아니면 곧 생기길 바랍니다.

모든 가족에게 저의 사랑을 전해주세요. 그리고 두 분께서 저의 사랑을 많이 간직해 주세요.

아버지와 어머니의 사랑하는 아들 J. 페어맨 프레스톤 올림

1923년 11월 6일
시골에서

사랑하는 아버지와 어머니,

제가 정말 안타깝게도 서신 왕래에 있어서 늦어집니다. 지난 2~3주 저의 시간과 힘에 대한 셀 수 없는 수요 한 가운데서 저는 "매우 바쁜" 삶을 살고 있었습니다. 지금 순천에서 건축이라는 아주 힘든 일을 하는 중인데, 이 힘든 일을 나누어서 하자고 제가 주장을 하고 있지만, 책임의 큰 부분이 어쩔 수 없이 저에게 맡겨집니다. 최근에 저는 건축 도면을 그리고, 건축시방서를 작성하고, 계약하는 일에 매진하고 있으며 현재도 그 일의 한가운데에 있습니다. 제가 규칙적으로 편지드리지는 못했지만, 미리암의 편지로 두 분의 소식을 계속 듣고 있었으며, 틀림없이 미리암이 얼마 안 되는 편지를 두 분과 공유했을 것입니다.

미리암이 두 분과 정말 밀접하게 접촉하고 있다는 것과 두 분이 미리암에게 정말 깊은 관심을 두고 계신다는 것을 알고 저희가 큰 위로를 받습니다. 미리암이 저희에게 항상 근심보다는 위로를 준 존재였듯이 두 분께도 그런 존재였기를 바랍니다. 겨울 계획은 무엇인지요? 두 분이 몬트리트에서 디케이터로 가실 것을 계획하고 계셨다는 것을 주목합니다. 그런데 그렇게 하는 것이 일시적인지 아니면 그곳에서 정착하여 살림하시려는 것인지를 두 분의 편지에서는 저희가 알 수가 없었습니다. 그곳에서 살림을 하지 않으셨으면 합니다. 두 분 누구에게도 적합하지 않은 거로 생각합니다. 아내와 저는 두 분이 이번 겨울에도 플로리다로 가시길 간절히 원하며 두 분께서 그것에 대한 계획을 세우시도록 강권합니다. 책임에 관해서인데, 딸들이 모두 학교에 있기에 두 분께서 디케이터에 오랫동안 머물 이유가 없습니다.[191] 두 분의 "포드"차로 겨우내 무엇을 하실지 궁금합니다. 포드 차를 가지고 있으면 아주 편리하지만, 계속 관심을 쏟아야 합니다. 누가 그 차를 살피든지 도움이 되도록 제가 직접 얻은 실용적인 제안을 몇 가지 덧붙여 드리겠습니다.

저희는 앞으로의 저희 계획에 대해서 씨름하고 있었는데 아직 큰 해결의 빛이 보이지 않습니다. 존 페어맨이 가장 큰 문제입니다. 아시다시피, 그 아이와 헤어져야 하는 것이 저희에게는 큰 고통이었지만 저희가 올해 그 아이를 평양에 있는 학교에 입학시켰습니다. 그 아이가 너무도 빨리 성장해서 다른 남자아이들과 계속 떨어뜨려 놓는 것이 잘못되었다고 저희는 생각했습니다. 그 아이에게 여름 3달 방학이 전부입니다. 그 아이가 너무 어리기에 그 아이를 미국의 고향으로 데리고 가서 두고 올 수도 없습니다. 그 아이를 남겨두었다가 그 아이가 미국에 있는 집으로 가는 그다음 해에 그 아이와 즉시 헤어질 수도 없습니다. 그렇게 되면 그다음 해에 그 아이를 데리고 와서 집에 짧은 시간 있게 하기가 어려울 것인데, 다른 말로 그렇게 하면 그 아이의 학업을 방해하게 될 것입니다. 저희는 마음 내키지는 않지만, 내년에 가는 것은 가능하지 않을 수도 있지만 내년에 존 페어맨을 고향으로 데리고 가서 더 오랫동안 머무르도록 1년을 연기해야만 할 수도 있다는 결론에 거의 도달했습니다. 저희는 가까운 미래에 자녀 중 셋과 떨어져 있을 전망에 대해 정말 진지하게 느끼고 있습니다. 저희 계획 속에 생각해야 할 또 다른 중요한 요소는 매티가 휴가나 안식년 전에 1년을 더 있을 수 있느냐에 대한 매티의 결정입니다. 그녀의 계약은 3년이고 올해가 3년째입니다. 그녀는 곧 저희에게 답을 줄 것입니다. 혹시 저희가 내년에 가지 못하면, 저희는 미리암이 저희와

---

191 Floy는 1920년 인구총조사에 따르면 직업이 교사(teacher)임. Janef는 대학생임. Agnes Scott College 1921년 연감에 Janef Newman Preston, English Major로, 1964년과 1965년 연감에는 Janef Newman Preston, M.A. Columbia University, Assistant Professor of English로 되어 있음. Janef는 Agnes Scott 대학이 있는 Decatur, Ga에서 영어를 전공하고 Columbia 대학에서 석사를 마친 후 모교에서 조교수를 함.

여름을 보내었으면 합니다. 그리고 두 분 중 한 분이 아니면 두 분 모두가 미리암과 함께 이곳으로 오셔서 저희가 그다음 해에 미국으로 갈 때까지 저희와 같이 머무르실 것을 생각합니다. 그것에 대해 진지하게 생각해 주십시오. 이런 계획은 미리 여러 달 전에 결정되어야 하며, 갑자기 잘 실행될 수 없다는 것을 기억해 주세요. 미리암이 오는 경우, 또 다른 문제는 여름의 끝에 미리암과 섀넌을 되돌려보내냐는 것입니다. 그 시기에 되돌아가는 선교사들이 거의 없기 때문입니다. 제가 이 모든 것을 언급하는 것은 두 분께서 동화 속에 나오는 "여우, 거위, 옥수수자루"[192]와 같은 어려운 문제를 저희가 다루고 있다는 것을 아시기 원하기 때문입니다. 게다가 경비의 문제가 있습니다. 이것은 대학 교육이 눈앞에 크게 다가오기에 큰 문제입니다.

저희가 지금 사역지를 떠나는 것은 불가능해 보입니다. 제가 미국에 건너가서 참여할 수 있는 가치 있는 일은 없습니다. 또한 한국에서 지금이 아주 중요한 시기입니다. 제가 은퇴한다면, 우리가 더 많은 선교사를 요구하는 것이 아니라, 현재 선교사들이 필요하지 않다는 것이 결정될 때여야만 합니다. 또한, 저는 지난 몇 년간 건강이 좋지 않았지만 매달 더 강건해지고 있으며, 최고의 사역을 할 수도 있습니다. 그것을 누가 알겠어요? 바로 지금 우리에게 한국의 젊은이들과 관련하여 특별한 문제들이 있는데, 그 문제들은 아주 복잡하게 얽혀서 신속하게 풀리지 않습니다.

리아 섯폰은 특별한 재능을 가진 아기입니다. 전에 그 아기를 자세히 말하지 않았습니다. 그러면 편지에 몽땅 그 아기 이야기만 할 것 같아서입니다. 4개월 보름 만에 그 아기에게 이가 두 개 났습니다. 일곱 달이 되어 이가 일곱 개 났습니다. 여섯 달이 되어서 혼자 일어나더니, 한 달

---

[192] 농부 한 명, 거위 한 마리, 여우 한 마리, 옥수수 한 자루, 배 한 척이 있을 때, 농부는 한 번에 최대 하나만 가지고 배를 타고 오갈 수 있는 상황에서 모두 피해 입지 않은 채 최소 몇 번 만에 건널 수 있는지에 대한 수수께끼.

뒤에는 아기 노는 곳을 돌아다니고 지금 일곱 달 반밖에 되지 않았는데 혼자 몸의 균형을 잡고 있습니다. 그 아기는 알아듣게 길게는 아니지만 말을 할 수 있으며 자기에게 하는 말을 많이 이해합니다. 미리암이 아기였을 때 에너지를 그 아기가 가지고 있습니다. 사실 그 아기를 보면 미리암이 항상 생각납니다. 그 아기는 보통 6주 된 아이들보다 밤에 저희를 더 성가시게 합니다. 항상 젖을 달라고 합니다. 저는 며칠 전에 제 책상에 있는 여름에 찍은 그 아기의 사진들을 보고 굉장히 짜증이 났습니다. 저는 그 사진들을 오래전에 보냈었다고 생각했습니다. 제가 그 사진들을 동봉합니다만 그 사진들이 옛날 것이기에 즉시 사진을 새로 찍을 생각입니다. 제 책상에 답장하지 못한 편지들이 수북하게 쌓여있더라도 어떤 것도 이상하다고 생각하지 않으실 것입니다. 저는 개인 일을 처리할 시간을 낼 수가 없습니다. 중요한 사업상의 문제를 처리할 시간도요. 그런데도 저는 제가 해내는 얼마 안 되는 일을 보고 항상 불만족입니다.

저희 모두는 아주 건강합니다. 아내는 하루에 약 세 시간씩 가르칩니다. 존시 코잇(Miss Johnsie Coit)[193]이 좀 도와주면 좋겠다고 저희가 희망했었지만, 그녀가 너무 불안해하여서 어떤 수업도 할 수 없습니다. 저희는 그녀와 순천선교부에서 잘 지내는 것에 기쁘지만 그녀는 자기 담력으로는 감당하기에 너무 힘든 곳으로 왔습니다.

아버지 윈 목사님이 찾아오셔서 즐겁게 지내고 있습니다. 그분은 영어로 매우 만족스럽게 설교를 하시는데, 영어설교보다는 통역을 통해 한국인 회중들에게 더 자주 말씀하십니다. 저희는 그분을 매우 좋아합니다.

지난주에 아내와 플로렌스와 제가 비더울프-로드히버(Biederwolf-Rode-heaver) 집회에 참석하기 위해 광주로 갔으며, 5일간 뜻깊은 시간을 보냈습니다. 5일 중에 하루는 선교회의 임시회가 있었습니다. 그래서 저희는

---

[193] Mary Johnsie Coit(1873.11.5~1971.1). Coit 목사의 누나.

동료 사역자들을 만났습니다. 비더울프[194]-로드히버 일행에는 언급된 두 사람 이외에 성경 교사인 색스(Miss Saxe)[195] 선생님과 예술가이자 아동 사역 전문가인 헤이(Miss Hay)[196] 선생님이 있었는데 그들 모두 좋았습니다. (빌리 선데이[197]와 사역하는 가수) 로드히버[198]는 정말 놀라운 사람입니다. 그는 테네시 젤리코(Jellico) 태생입니다. 그들은 호주를 포함하여 세계를 돌아다니고 있으며 도중에 선한 일을 많이 하고 있습니다. 이곳으로 와서 통역관을 통해 한국 기독교인들에게 연설한다는 것은 주목할 만한 일이 되고 있습니다.[199] 이번 봄에는 톰슨 박사(Dr. "Tolly" Thompson)[200]를 초청할 계획입니다. 그 사람은 몇 년 전인 1912년에 우리 한국선교회로 올 뻔했습니다. 그는 고국에 머물러서 세상적으로는 더 많이 유명해졌지

---

194 William Edward Biederwolf(1867.9.29~1939.9.3).
195 Grace Saxe(1868.11.21~1937.2.5). 시카고에 있는 무디 성경학교를 1897년 졸업함. 데미데후서 2장 15절, "그대는 진리의 말씀을 올바르게 가르치는 부끄러울 것 없는 일꾼으로 하나님께 인정을 받는 사람이 되기를 힘쓰십시오."(새번역)을 서명에 사용.
196 Florence E. Hay(1883~?).
197 Billy Sunday(1862.11.19~1935.11.6).
198 Homer Alvan Rodeheaver(1880.10.4~1955.12.18). 불 선교사의 복음전도대에 악기를 제공한 사람. 윌리엄 불 부부 저, 송상훈 역, 『윌리엄 불 선교사 부부 편지 I: 1906~1938』(보고사, 2023), 1926년 12월 20일 자 편지 참조.
199 1923년 9월 8일, 9개월 여정으로 세계를 순회하며 선교하였는데 이때 한국도 들름. On 8 September 1923 Rodeheaver took an extended leave of absence from working with Billy Sunday and embarked on a nine-month-long world tour, accompanied by William Biederwolf, his brother, Joseph Rodeheaver, and writer and illustrator Florence Hay; Theodore Thomas Frankenberg was the tour's photographer. Sailing from Los Angeles, the group visited Hawaii, Japan, China, Korea, the Philippines, Siam (Thailand), Ceylon, India, Australia, Egypt, and the Holy Land.63 The tour was expressly a missionary effort, with meetings scheduled in all countries, and Rodeheaver recorded gospel songs in Japanese and other languages. (Douglas Yeo, "Homer Rodeheaver: Reverend Trombone")
200 William Taliaferro Thompson(1886.4.28~1964.11.17). 유니온 신학대학 명예교수. 1956~1957년간 미국남장로회 총회장을 지냄.

만, 저는 마지막 셈을 할 때 그와 자리를 바꾸고 싶지는 않습니다!

　매제(아서)가 북쪽으로 더 가게 되었다니 참 안타깝습니다. 아이다에 대해서 아주 많이 염려하고 있었는데, 확실히 좋아지고 있다는 것을 알아서 안도합니다. 그들에게 곧 편지를 꼭 쓰겠습니다. 그렇게 하기 전에는 이 편지를 전해주세요.

　두 분 모두 건강하시다니 기쁩니다. 최근에 막내 고모부 부부와 둘째 큰고모에 대해서 언급하지 않으셨습니다. 그래서 그분 모두 평상시와 같다고 판단합니다. 그분들께 편지하실 때 저희의 사랑을 전해주세요.

　어제저녁 힘든 여행을 했기에 지금 편지를 멈추고 자야겠습니다. 돛단배로 어제 오후 〔판독 불가〕시에 출발했다가 자정에 육지에 내려서 5마일가량 거친 고개를 넘어 걸어갔는데, 제 담요만 가지고 갔으며 새벽 2시에 도착하고 쪽마루에서 잤습니다! 이런 경험은 종종 피할 수 없습니다만, 이번 일은 학생들이 저를 위해 준비한 사슴사냥 때문에 저희가 계획한 것보다 늦게 출발해서 생긴 일입니다. 그 학생들이 밖으로 나와서는 마을 뒤에 있는 산허리를 두들겼습니다. 저는 운 좋게도 아름다운 사슴 한 마리를 사냥해서 잡아 왔습니다. 뒷다리는 아내에게 보냈고 나머지는 학생들이 나누도록 했습니다. 사슴사냥에 성공하려면 소총이 필요합니다. 그렇지만 저는 소총의 사정거리가 멀어서 혹시라도 한국인이 죽을 수도 있기에 소총 사냥을 항상 자제했습니다. 어제 저는 윈체스터 리피터(Winchester Repeater) 산탄총만을 사용했고 75에서 100야드 떨어진 지점에서만 사격했습니다. 제가 집으로 돌아가면 책상을 정리하고 두 분께 매주 보내는 짧은 편지를 보낼 수 있었으면 합니다.

　두 분께 그리고 모든 가족에게 사랑을 전합니다.

사랑하는 페어맨 올림

1923년 11월 10일
한국, 순천

사랑하는 아버님,

남편이 목요일 저녁 식사 시간에 집에 와서 오늘 (토요일) 이른 점심을 먹고 곧바로 떠났습니다. 남편의 서재는 거의 항상 방문객들로 가득하며 제가 남편과 함께 청중을 맞는 일은 극도로 어렵습니다. 이렇게 분주해도 남편은 놀랍도록 건강한 상태로 있는 듯 보입니다.

남편과 제가 아버님과 어머님의 크리스마스 선물과 생신 선물로 동봉된 수표를 보내드립니다. 여기에 어떤 단서를 붙여서는 안 되겠지만, 이 돈이 두 분이 플로리다에 가시는 곳에 쓰이면 좋겠습니다. 저희 둘 다 두 분께서 가장 추운 날씨에는 탬파로 가시는 것이 좋겠다고 느낍니다. 미리암을 위해서라면, 두 분이 겨우내 디케이터에 계시는 것이 좋지만, 두 분을 위해서 저희는 두 분이 플로리다로 가시길 원합니다. 윈 목사가 말하길 플로리다의 겨울이 순천의 가을과 같다고 하여서 플로리다의 겨울이 얼마나 좋은지 알고 있습니다.

아버님께서 보내주신 홀링스워스(Mr. Hollingsworth) 씨의 카드를 보고 디케이터 거리 개선을 위해 저희 디케이터 공터에 저희가 뭔가를 해야만 하지 않을지 걱정입니다. 저희는 거리를 요구하지 않습니다. 저희는 그곳에 지금 어떤 추가의 돈을 투입할 입장에 있지 않습니다. 현재 상태대로 그 공터에 대한 공정한 값을 가질 수만 있다면 저희는 팔겠습니다. 그렇지만 저희는 그 공터를 개발할 마음이 없습니다. 윈 목사는 디케이터의 미래에 대해서 큰 믿음을 가지고 있으며, 저희가 그 공터를 가지고 있다고 해서 손해보지는 않을 거로 생각합니다.

저희는 미리암의 단발머리에 전혀 만족하지 않습니다. 미리암은 시간을 절약하기 위해서 단발머리로 했다고 했습니다. 제가 단발로 한다면,

편지를 더 쓸 수 있을 시간이 있을지도 모릅니다. 저의 다음번 사진들에서 최신의 저를 보고 놀라지 마십시오.

리아의 이가 다섯 개가 났습니다. 리아는 제가 본 가장 장래가 기대되는 아이입니다. 리아와 저희 모두에게 해당하는 일입니다만 리아는 너무도 잠을 적게 잡니다. 저는 정말로 너무 졸려서 제대로 편지를 쓸 수가 없습니다. 그런데 편지하기에 이보다 더 좋은 기회를 언제 찾을지는 모릅니다.

두 분 모두에게 큰 사랑을 보내드립니다.

사랑하는 애니 올림

1923년 11월 21일
한국, 순천

사랑하는 아버지,

아버지께 사업에 관한 편지를 드리려고 몇 주간 시간을 내려고 애썼지만 그렇게 할 충분한 시간이 없었습니다. 이 편지를 쓰기 시작하여 재빨리 끝내겠습니다. 7월 15일 이후로 집에서 너무도 많이 나가 있어서 저의 일이 거의 가망 없이 쌓여있었으며, 아침 햇살이 보여야 겨우 저의 책상 바닥을 볼 수 있습니다! 여기 한국인들이 저의 시간과 에너지에 너무도 많은 요구를 하며, 동양 사람과 사업을 하는 데는 시간이 너무 많이 걸려서 저의 개인적인 일을 할 시간이 거의 없습니다.

어머니의 병에 대한 가슴 아픈 소식을 담은 아버지의 10월 24일 자 편지를 막 받았습니다. 아버지께서 쓰신 글로 보면 저는 어머니의 문제가 주로 신장에 있으며 면밀히 치료하면 즉각 괜찮아질 것이라고 자신있게 기대합니다. 아버지께서 말씀하시듯, 틀림없이 어머니는 걱정하고 계셨으며, 아버지께서 생각하셨던 것보다 더 걱정 하셨습니다. 어머니께 살림을 하도록 허락한 것이 실수라는 아버지의 의견에 저도 동의합니다. 그 점에서, 저희는 아버지께서 디케이터에서 공동주택을 임대하셨던 것을 알고 실망했습니다. 그렇게 되면 집에 묶이고 고정적으로 책임질 일이 생기기 때문입니다. 저희는 두 분이 매년 겨울 추운 달에는 플로리다에서 시간을 보내실 계획을 하셔야 한다고 강하게 느낍니다. 어머니의 병환에 대해서 저희가 듣기 전에, 아내는 아버지께 수표를 동봉하면서 편지했는데, 저희는 그런 여행에 두 분이 쓰시기를 바라면서 수표를 드렸습니다. 어머니의 신장 문제가 갑자기 다시 나타났기에, 어머니께서 추위를 피하고 책임에서 벗어나는 것이 더한층 중요합니다. 저는 1월, 2월, 3월에 그곳에 내려가 계시려고 아버지께서 모든 노력을 다 하실 것을 기대합니다.

  물론, 저는 아이다가 그때가 되면 북쪽으로 돌아가고 없으며, 어머니의 문제가 거의 깨끗하게 되었을 것이라 가정합니다. 어머니께서 아프셨을 때 아이다가 함께 있을 수 있어서 좋았습니다.

  어머니의 병환에 대해서 아버지께서 추가의 비용이 필요하실 것을 저는 알고 있습니다. 그래서 저희는 이 문제를 돕고 싶습니다. 총액을 저에게 알려주신다면, 제가 그것을 마련해 보겠습니다. 그리고 이렇게 이해하는 것이 어떨까요. 적어도 1년에 한 번은 아버지와 어머니 두 분 모두 철저한 신체검사를 받으시는 것입니다. 그것에 대해서는 아버지께서 청구서를 저에게 보내시는 것입니다. "호미로 막을 것을 가래로 막는다"라는 말보다 신체 건강의 영역에서 더 진실은 없습니다. 사람들 대부분이 정기적인 신체검사를 제대로 하지 않습니다. 그 결과로 알지도 못하는 때에 심각한 병이 진행됩니다. 이것은 신장에 대해서 특별히 진실입니다. 신경이 죽은 자연 치아는 매년 엑스레이 검사를 해야 합니다. 저는 어머니의 치아 때문에 어머니의 현재 문제의 대부분이 생겼다는 것을 의심하지 않습니다. 무슨 수를 써서라도 아버지께서는 어머니를 최고의 상태로 만드십시오. 제가 경비는 알아서 하겠습니다. 무엇보다, 걱정하지 마십시오. 의사가 어머니의 신장이 나쁜 상태는 아니라고 충고한 사실을 보면 제때 문제를 파악했다는 것입니다. 어머니의 치아를 빼고 플레이트를 하는 것이 바람직하리라고 아버지께서 생각하신다고 저는 생각합니다. 이곳에 있는 그리어 선교사가 최근 위쪽 치아를 다 제거했습니다. 그 치아들은 다 괜찮았는데, 엑스레이를 찍어보니 치아의 뿌리 주변에 좋지 않은 치조농루(齒槽膿漏)가 발견되었습니다. 저도 이 두 개에 같은 문제를 가지고 있습니다.

  아버지의 편지들을 보면 사업에 대해서 많이 걱정하시는 것 같습니다. 아버지께서는 걱정하는 습관이 있는데 그것은 어쩔 수가 없다고 생각합니다. 그 습관이 아버지와 모든 가족에게 있을 수 있는 가장 최악의 것입니다. 1년 예산을 세우시고 그것을 지키세요. 모두에게 예산이 얼마인지 알리시고 그 예산 내에 머무르는 것을 모두 돕도록 하세요. 쓸모없는 염려를 피하는 것보다 더 좋은 것은 없습니다. 매달 계좌들을 계산해 보시면 아버지께서 "어디에" 위치하는지 아실 것입니다. 생활하기에 충분히 가지고 계시지 않으면, 우리 모두가 준비해서 아버지께서 충분히 사실 수 있게 해야 합니다. 이제 경제적 도움을 받을 자녀가 아무도 없기에, 아버지와 어머니께서는 원하시는 대로 편하게 사실 만큼 충분히 가지셔야 한다고 저는 생각합니다.

그런데, 플로이가 어음에 대한 이번 연도의 이자를 낼 것인지에 대해서 아버지께서 확실히 해두시면 좋겠습니다. 원하시면 야네프를 통해서 하셔도 됩니다. 저희는 이 이자 수익을 아버지께 보증 세웁니다. 만약 어떤 이유가 있어서 플로이가 못 내면, 저희는 아버지께서 보상해 주셔야 한다고 생각합니다. 플로이나 리아에게 소식을 하나도 듣지 못합니다. 플로이는 자신이 아버지께서 계신 집으로 보내지지 않고 웨스트부룩에 감금된 것이 어떤 면에서 저희 책임이라고 본다고 저희는 생각합니다. 그런데 저희가 주립 기관보다는 웨스트부룩을 더 선호했다는 인상을 저희는 가지고 있습니다. 아마 저희는 웨스트부룩이 주립 기관보다 훨씬 더 좋다거나 아니면 그 정도는 된다고 생각하는 데 있어서 잘못이었을 수 있습니다. 그러나 플로이를 결국에는 존스 홉킨스에 보낸 것은 다름 아닌 아내의 생각과 재정적 도움이었다는 것을 저는 알고 있습니다. 그곳에서 플로이가 잘 회복했습니다. 아버지께서 뉘우치시라고 이것을 말씀드리는 것이 아닙니다. 사실, 저는 아버지께서 이 부분을 언급하지 않으시길 바랍니다. 저는 플로이가 2, 3년 후에는 점차로 좋아지리라고 자신있게 기대합니다. 우리는 플로이가 인생에 있어서 아주 중요한 시기에 있으며, 큰 재앙일 수 있는 병의 재발이 되지 않도록 플로이를 아주 사려 깊고 조심스럽게 다루어야 한다는 것을 잊어서는 안 됩니다. 아버지께서 플로이의 현재 일을 너무 일반적인 용어를 사용하여서 말씀하셔서 저희는 그 일이 공립학교 일이라고 추측합니다. 그 일에 플로이가 만족하고 있으며, 그 일이 힘들지도 않고 벌이도 괜찮다는 말을 들으니 기쁩니다. 상황이 좋으면, 공립학교 일이 플로이에게 좋지 않게 영향을 끼치지는 않을 수도 있습니다. 그러나 몇 년 전 플로이가 힘든 가르침이 수반되는 이런 유의 정규직 자리를 다시 맡지 않는 것이 좋다고 로버트 프레스톤이 충고했습니다.[201] 플로이가 그 전에 가졌던 것과 비슷한 직업 또는 병원이나 대학에서 영양사 직업을 갖기를 저는 희망해 왔습니다. 야네프가 플로이를 잘 살펴보고 있다가 신경과민이나 과로의 첫 증후가 나오면 멈추게 해야 합니다.

아버지께서 보내신 편지들에 관해 물어보셨지요. 제가 다 찾아보고 확인했는데 아버지의 8월 1일 자 편지를 제외하고는 모두 받았습니다. 지진에 그 편지가 파괴되었을 수도 있습니다. 받은 것에 대해서 특별히 감사를 드리지 못한 것에 대해 용서해 주십시오. 말씀드렸듯이 저는 엄청나게 집에서 떠나있으며, 저의 일이 매우 뒤죽박죽입니다. 앞으로는 더 잘하도록 하겠습니다.

이 편지가 이미 너무도 깁니다. 그리고 저의 시간이 다 되었습니다. 디케이터 부동산에 대해서는 별도의 편지를 보내드리겠습니다. 아이들의 교육이 앞으로 닥쳐오기에 그 부동산에 대해서 더 많은 돈을 투자할 여력이 없다는 개략적인 내용을 아내가 아버지께 편지해서 말씀드렸습니다만 저희는 경제적으로 보면 그 부동산에서 저희의 돈을 받을 때까지는 그 부동산을 계속 가지고 있을 가능성이 있습니다. 저희는 (적당한

---

[201] 1920년 인구총조사에 의하면 Floy는 교사임. 로버트 프레스톤은 프레스톤 목사의 사촌으로 의사인데 플로이가 무리하지 말 것을 충고하고 있음. 1921년 11월 20일 자 편지 각주 참조.

이자율을 생각하며) 기꺼이 손해를 감내할 것입니다. 그리고 다른 사람이 그것을 개발하여 뭔가를 얻으려고 한다면 허용할 것입니다. 제 생각으로 홀링스워스 씨가 좋은 생각을 하고 있는 듯합니다. 그 사람이 회사를 차려서 부동산 개발 일을 하면 좋을 듯합니다.

아버지께서 아내에게 빚진 어음들에 대해서 문의하시면서 어음을 지급하는 것을 생각하기 시작해야만 한다고 덧붙였습니다. 저희는 그것을 단지 걱정의 징후로 봅니다. 다시 한번 말씀드립니다만 아버지께서 그 어음들에 대해 어떤 생각도 하지 않으셨으면 합니다. 그러니 그 어음들을 영원히 잊어버리십시오. 아버지께서는 그 어음들을 목록화하고자 하셨고, 저희도 그렇게 하라고 허락했지만, 그 어음들에 대해서 지급할 것에 대해서 아버지께서 걱정하시라는 생각으로 한 것이 아니라, 그 어음들이 아버지의 토지에 대한 적법한 저당임을 나타내려는 것이었습니다. 이것에 대해 아버지께서 어떤 걱정할 일이 있는지 저는 생각할 수 없습니다. 그러나 아버지의 근심을 덜기 위하여 작성해야 할 어떤 서류라도 있다면 말씀해 주십시오. 그러면 저희가 기꺼이 그렇게 하겠습니다.

그 어음들은 총 3,019.66달러이며, 여기서 1,300달러는 무이자어음입니다.

아버지께 저희가 편지에서 말씀드렸듯, 내년 저희의 계획에 대해 저희가 굉장히 난처합니다. 저는 아내에게 가라고 강권하는데, 아내는 저더러 가라고 강권합니다. 누가 가든 그것에 반대되는 생각도 있습니다. 그런데 모든 걸 고려하면, 아내가 가서, 미리암과 애니 섀넌을 돌보고, 모든 가족이 저희 최근 식구를 보게 하고(그 아이는 아버지께서 본 최고로 귀여운 아이입니다), 가을에 아버지를 모시고 돌아오는 것이 더 좋다고 저는 생각합니다. 그런 다음에 우리 모두 그다음 해에 정규 안식년 휴가로 고향으로 함께 갈 수 있습니다. 이 제안은 데이비스 선생님의 계획에 달려있습니다. 저는 데이비스 선생님이 1년을 더 있을 것인지 아닌지에 대해서 저희에게 곧 알려줄 것을 바라고 있습니다.

아버지의 건강이 더 좋다는 말을 들어 기쁩니다. 반드시 건강검진을 즉시 받으시고 혈압을 조심하십시오. 두 분 모두 어려운 시련이 있었지만 놀랍도록 몸이 좋은 상태입니다. 두 분이 오래도록 행복하고 도움되는 인생을 사실 것을 저희가 바랄 수 있을 것 같습니다.

나중에 추가로 가족 각자에게 편지할 시간을 갖기를 희망하며 가족 모두를 위한 크리스마스 편지를 동봉할 것입니다.

아내와 제가 『월즈 워크』를 보내드리니, 다가오는 해에 그것을 즐겁게 보시기 바랍니다.

어머니와 아버지께서 많이 건강해지셨고 활기차고 행복하시다는 것을 믿습니다.

저희 모두의 사랑을 담아 보냅니다.

사랑하는 아들 J. 페어맨 프레스톤 올림

1923년 12월 18일
한국, 순천

사랑하는 아버지,

아버지께서 막내 이모부의 사망을 알리는 11월 7일 보내신 편지와 11월 9일 보내신 카드가 있습니다. 막내 이모부에 대한 좋은 추모글이 담긴 신문을 막내 이모가 보내주셨습니다. 저희는 막내 이모부의 건강이 나빠지고 있었다는 것을 듣지 못했습니다. 돌아가시기 전 큰딸(Rosalie)[202]과 화해하셨다는 것을 듣고 기뻤습니다. 막내 이모부가 오래전에 화해하지 못했다는 것과 좀 더 일찍 화해했으면 그렇게 많은 고통이 없었을 것을 생각하니 안타깝습니다.

아버지의 편지와 11월 18일 보낸 미리암의 편지를 같은 날 받았는데 어머니께서 좋아지지 않고 있다는 것을 알고 저희의 마음이 무척 무거웠습니다. 이곳에 있는 로저스 의사는 어머니의 어려움의 일부는 대장염 때문이라고 하며 어떤 일이 있어도 어머니의 치아를 잘 살펴야 한다고 말합니다. 저는 아버지께서 이것을 앞서 하셨을 것을 의심하지 않습니다. 그런데 그렇게 하지 않으셨다면, 미루지 마세요. 저희는 어머니의 문제가 아버지께서 대략 준비하고 계신 것대로 깨끗하게 되리라고 희망하며 기도합니다. 그런데 그렇지 않게 되거나 어머니를 병원으로 보내시는 것이 바람직해 보일 때는 가장 좋은 치료를 결코 중단하지 마십시오. 결국 가서는 그렇게 하는 것이 가장 경제적일 것입니다. 플로이와 저희가 겪은 일에서 배우면 좋겠습니다. 어머니를 존스 홉킨스 병원에 보내시고, 험버거 박사(Dr. Humburger)가 어머니에 대해서 다시 관심을 두게 해주세요. 몇 년 전에 어머니의 병 때문에 그분을 모셨기 때문에

---

[202] Ida Rosalie Frierson Carlisle(1882.3.9~1963.3).

이렇게 하면 더 쉬울 것입니다.

제가 아버지께 11월 21일에 자세히 편지를 드리며 그 후 어머니께도 편지드렸습니다. 아버지께 편지를 드리고 나서 오랜 시간이 흘렀다는 것을 보고 놀랐습니다. 아버지께 매주 짧은 편지를 보내려고 노력해야만 합니다. 항상 집에서 부재하기에 제가 매우 불규칙적으로 집안일을 합니다. 집을 나가서는 여유 시간이 없습니다.

이 비상 상황에서 재정적인 면에서 아내와 저는 아버지를 필요한 대로 후원하겠습니다. 저희에게 상황을 면밀하게 알려주시고 어떻게 도울 수 있을지 알려주세요. 내년에 고향으로 가는 생각을 버리고, 아버지를 돕는데 저희의 에너지를 집중할 가능성이 있습니다. 이렇게 하면 이 시기에 고향으로 가는 것보다 훨씬 많은 효율적인 도움을 줄 수 있다고 저는 생각합니다. 여기에 250달러 수표를 보내는데, 나중에 더 많이 보내겠습니다. 이 비상사태를 대처하기 위해서 다가오는 달들 동안 저희의 일을 조정하려고 시도할 것입니다.

저희는 매일 은혜의 보좌[203]에서 아버지를 기억하며 아버지께서 현재 어려움에서 견디어낼 은총과 권능을 받으실 것을 확신합니다. 걱정을 버리시고, 우리를 돌보시는 주께 모든 염려를 맡기십시오.[204]

고향에 있는 모든 사람에게 사랑을 전합니다. 이 편지를 받으실 즈음에는 상황이 훨씬 밝을 것이라 믿고 있습니다. 바크먼이 하던 일을 그만두고 다른 것을 시도할 것이라는 소식을 미리암을 통해 듣고 놀랐습니다.

---

[203] 히브리서 4장 16절, "그러므로 우리는 긍휼하심을 받고 때를 따라 돕는 은혜를 얻기 위하여 은혜의 보좌 앞에 담대히 나아갈 것이니라(Let us therefore approach the throne of grace with boldness, so that we may receive mercy and find grace to help in time of need)."

[204] 베드로전서 5장 7절, "너희 염려를 다 주께 맡기라 이는 그가 너희를 돌보심이라(Cast all your anxiety on him, because he cares for you)."

월리를 제외하고 저희는 모두 건강합니다. 월리는 오늘 고열이 있습니다.

아버지의 사랑하는 아들 J. 페어맨 프레스톤 올림

1924년

1924년 1월 20일
한국, 순천

사랑하는 아버지,

제가 아버지께 편지를 드린 후, 아버지께서 아내에게 보내신 〔판독불가〕일 자와 12월 14일 자 편지가 도착했습니다. 아버지께 12월 18일에 편지드렸습니다. 편지 쓰는 면에서 제가 더 좋아지지 않고, 어떤 향상도 없어 거의 절망입니다. 그 후 짐, 아이다, 야네프에게 편지했고, 미리암에게는 편지했을 수도 있습니다. 그런데 다른 편지들은 하지 않았습니다. 저는 과도하게 일하고 있었습니다. 성경학원을 담당하면서 새로운 과목 두 개를 하루에 두 시간씩 가르쳤습니다. 순천교회에 큰 분란이 있어서 목사가 사임했습니다.[205] 병원에는 바로잡아야 할 파업이 있었습니다.[206] 건물 짓는 것은 계속 진행되고 있으며, 매 주일 설교합니다. 흥미롭게도, 리아가 이유기라서 리아 때문에 저는 5~7시간의 잠만 자게 됩니다. 오늘 저는 팔을 쭉 뻗고 하루 종일 편히 쉬었습니다. 저는 3월 중순까지 복잡한 일정들이 있는데, 3월 중순에 순회전도여행이 시작됩니다. 저는 하지 못한 많은 것에 대해서 매우 낙담하기도 하며, 다 포기하고 더 완만한 삶을 살려고 하는 유혹도 받습니다. 그럴 때 저는 주님께서 이 사역에서 저에게 원하시는 것이 있으시다면, 주님의 의지를 명백한 임재로 알게 하신다는 것과 저에게 준 신뢰를 주제넘게 감히 버릴 수도 없다고 생각하면서 정신을 바짝 차립니다.

---

205 순천중앙교회 역사에 "1924년 1월 이기풍 목사 시무 사임하다"라고 되어있음.
206 파업에 관한 것은 1924년 1월 13일 자 동아일보 2면의 "순천(順天) 안(安)병원의 간호부 동맹파업" 참조.

제가 아버지께 제대로 신경을 못 쓴다고 해서 저를 나쁘게 생각하지 않으시리라 믿습니다. 저의 개인적인 사적인 일들도 같은 처지입니다. 그것들은 대부분 제대로 관심도 받지 못하고 있습니다. 이제 새로운 건물을 완성했으니, 저는 이곳에 있는 순천교회의 동사목사직을 사임하려고 합니다. 그렇지 않으면 동사목사직을 더 편하게 생각하고 특별히 좀 더 체계적으로 하려고 합니다.

아버지께서 동봉해 주신 어머니에 대해서 짐이 쓴 편지를 주의 깊게 읽었습니다. 어머니의 상태를 충분히 설명할 만한 신체적인 문제는 분명히 없습니다. 그러나, 저는 짐이 말한 엑스레이 사진이 "아주 좋은 것은 아니다"는 말에 주목합니다. 짐이 언급하는 보그스 의사(Doctor Boggs)는 짐을 돌봐주는 의사이며, 개인 개업의이지 신경과전문의 즉 전문가가 아니라고 저는 생각합니다. 이곳에 서울 세브란스 병원의 신경 전문가가 방문 중인데, 그는 파킨슨병에 대해서 아주 능숙한 사람입니다. 그는 짐이 쓴 모든 것을 주의 깊게 읽었고, 제가 설명할 수 있었던 어머니의 병력을 들은 다음에, 어머니는 파킨슨병이 전혀 아니라고 판단합니다. 그 사람은 어머니를 신경 전문가에게 보내서 그 전문가의 돌봄을 받는 것이 아주 중요하다고 생각합니다. 어머니의 병명을 진단받을 수도 있기 때문입니다. 그 의사는 이런 비상 상황에서 (기도를 제외하고) 가장 좋은 도움은 전문가에게 맡기는 것이 가능하도록 재정적인 면에서 돕는 것이라는 제 말에 동의했습니다. 물론, 이것은 제가 아버지께 편지했듯, 저희가 이미 그렇게 하기로 정한 것입니다. 제가 의뢰한 사람은 맥라렌 박사(Dr. McLaren)[207]라고 호주 사람이며, 미국은 가본 적 없는 사람입니다. 그래서 저는 존스 홉킨스의 핍스 클리닉(Phipps clinic)[208]에 대해서 그의 충고

---

[207] Charles I. McLaren(1882.8.23~1957.10.9). 호주장로회 선교사.
[208] 후원자 Henry Phipps Jr.(1839.9.27~1930.9.22)의 이름을 따른 Henry Phipps Psychiatric Clinic은 정신과 치료를 전문으로 1913년 4월 16일 개원함.

를 들을 수가 없었습니다. 그런데 저는 이 클리닉을 한껏 추천합니다. 아내와 저는 둘 다 플로이가 그곳에서 가졌던 숙박시설(즉, 벽감이 있는 준(準)특별병실)이 우리가 찾는 바로 그거라고 생각합니다. 신경쇠약인 사람들은 혼자 있을 때보다는 다른 사람과 같이 있을 때 항상 더 잘하기 때문입니다. 그리고 "개인전용" 간호사 또는 특별 간호사보다 병동 간호사가 대개 더 좋고 더 일을 잘합니다. 특별 간호사는 정규 임금을 받는 순전히 미숙련자인 경우가 너무도 자주 있습니다. 만약 아이다가 워싱턴에 있게 되거든, 아이다가 어머니의 진행 상태를 계속 지켜보기가 쉬울 것입니다. 그렇지 않다면, 가족 중 누군가가 한 달에 한 번 방문하는 것이 어쩔 수 없습니다.

엘리자베스의 병에 대해서 듣고 저희 마음이 무척 좋지 않습니다. 결핵샘이 아니길 바랍니다. 결핵샘이라면, 수술과 상당 기간 조심스러운 보살핌을 의미합니다. 또한 완전히 극복할 수 있어야만 합니다. 불쌍한 아이다에게 작년에 많은 어려움이 있었지요?

아내가 아버지께 편지를 쓰고 있습니다. 아버지를 돕기 위한 응원을 동봉하면서요. 3월 1일에 전과 같은 돈에 해당하는 수표를 보낼 것입니다. 만약 아버지께서 쪼들리시고 이 도움보다 더 많은 것을 원하신다면 저에게 알려주세요. (어떤 채무담보도 필요하시 않습니다.) 그러면 저희가 돈을 빌려서 그냥 놔두고 있을 것입니다. 어머니께서 좋게 회복하시리라는 것에 대해서 저희는 매우 희망적입니다. 어머니께서 전에 그렇게 잘 회복하셨던 것과 심각한 신체적 장애가 없다는 사실 때문에 저희가 이런 희망을 갖게 됩니다. 맥라렌 박사는 이 점을 저희와 공유합니다. 그는 어머니께 처음 병이 찾아왔을 때, 그 병이 큰 피해를 주지는 않았을 거로 생각합니다. 그저 쉬면 좋아지고 [판독 불가] 치료를 하면 좋아지는 대부분 신경과민이나 정신적 긴장이었을 거로 생각합니다.

무엇보다, 우리 모두 사랑하는 하늘 아버지께 이 일을 다 맡깁시다.

하늘 아버지께서는 우리의 울부짖음을 들으시고 우리를 이 모든 어려움에서 건져내 주실 것입니다. 아버지를 생각하면 저희의 마음이 고통스럽습니다. 고향으로 가서 아버지와 함께하며 직접 위로해 드리고 싶습니다.

　모두에게 깊은 사랑을 전합니다.

사랑하는 페어맨 올림

제 타자기가 고장났습니다. 그래서 편지의 마지막을 펜으로 써야 했습니다.

1924년 1월 22일
한국, 순천

사랑하는 아버님,

12월 17일 자 아버님의 편지와 아버님께서 보내주신 짐 서방님에게서 온 편지가 지난번 우편물에 있었습니다. 제 생각에 우편물은 그제 왔습니다.

어머님께서는 차도가 없어 보이시고 아버님께서는 걱정 근심을 많이 하셔서 저희가 괴롭습니다. 아버님과 야네프 아가씨에게 외로운 크리스마스였음이 틀림없습니다.

아버님의 편지가 배달되었을 때, 저희 손님으로 맥라렌 박사가 있었는데, 그의 전공 분야가 신경과 질병과 정신과 질병입니다. 아버님께서 전문가의 손에 어머님을 맡기시는 것을 미뤄서는 안 된다는 것이 그의 생각입니다. 그런데 그는 있을 수 있는 결과에 대해 아주 희망적으로 말씀하십니다. 그는 서울에서 아주 어려운 환자를 봤는데, 그 환자는 극도의 불안으로 고통을 겪고 있었고 자살을 시도했던 영국인이었습니다. 맥라렌 박사가 그를 치료했는데 그 환자는 자기가 하던 일로 돌아갔고 거의 정상이라고 합니다. 맥라렌 박사는 그런 환자에게는 기도가 크고 중요한 역할을 한다고 생각한다고 말합니다. 아이들이 "할머니"를 위해 기도하는 것을 맥라렌 의사가 듣고, 아이들에게 말하길 아이들의 기도가 할머니에게 많은 도움이 될 수 있다고 생각한다고 했습니다.

남편과 저는 핍스 클리닉이 어머님께 최선의 장소라는 데 의견이 같습니다. 제가 보기에 그곳 의사들은 환자들을 위해서 일을 하지 자신들의 부를 얻기 위해 일하는 것 같지 않습니다. 어머님께서 병원 치료 또는 특별 간호사를 필요로 하는 한, 1달에 100달러씩 아버님께 보내드릴 것입니다. 그렇게 사용하시라고 제가 250달러 수표를 동봉합니다. 지금까지 500달러를 드린 것입니다. 크리스마스에 쓰시라고 수표로 드린 돈은 500달러에 포함되지 않습니다.

아버님께서 리아를 보시면 좋을 텐데요. 아기를 보면 아버님이 기운을 차리실 것입니다. 저는 아기의 높이 뛰기를 보고 웃었습니다. 아기는 침대에 서서 난간을 붙잡고 있는 것을 좋아합니다. 그러고는 자신의 작은 두 발이 공중 높이 올라갈 때까지 뜁니다. 존시 코잇 선교사가 리아에게 오늘 가져온 새로운 아이용 신발을 넓히려고 섀넌이 리아에게 계속 높이 뛰게 시켰습니다.

더럼(Durham) 교회의 여성도들이 저에게 이 신문을 보내왔습니다. 그분들이 제 이름을 바꿔놓아서 유감입니다.

많은 사랑을 보내드리며 아버님께서 저희에게 더 좋은 소식을 곧 보내실 수 있기를 소망합니다.

사랑하는 애니 올림

추신: 리아의 우스꽝스러운 행동 때문에 제 마음에 있던 두 가지 것을 언급하지 못했습니다. 엘리자베스가 건강하지 않다는 것을 듣고 저희가 괴롭습니다. 남편은 최악의 상황은 간단한 수술을 하는 것이고 이후 조심히 살펴보는 것이라고 생각합니다. 저는 그 가족이 그런 수술할 일도 겪지 않기를 기도합니다. 아이다 아가씨는 힘든 시간을 보냈습니다. 저는 그 가족이 함께할 수 있는 곳으로 아서 서방님이 곧 정착하기를 소망합니다. 그 장소가 남부였으면 좋겠습니다.

저희는 디케이터 부동산을 16,000달러에 기꺼이 팔 의향이 있습니다. 그 상태로는 돈이 되는 투자가 아닙니다. 저희는 아주 보수적인 이자로 수익금을 투자할 수 있으며 현재보다 훨씬 더 잘할 수 있습니다. 세금이 높아서 부동산 판매에서 얻은 초과 이윤에서 아주 적은 수입이 생깁니다.

1924년 2월 16일
한국, 전주

사랑하는 아버지,

성경학원에서 가르치기 위해서 2월 5일 이곳으로 올라왔습니다. 다소 친숙하지 않은 주제로 하루에 세 시간을 가르치고 있어서 굉장히 바쁩니다. 아버지께서 1월 5일 보내신 편지와 짐이 아버지와 아이다에게 보낸 편지들을 동봉한 아이다가 보낸 편지를 아내가 저에게 전송해 주었습니다. 어머니의 상태가 거의 똑같다는 말을 듣고 괴로웠습니다. 그렇지만 어머니께서 전문가들의 손에 있게 되면 그 문제는 말끔히 해결될 것에 대해서 저는 여전히 매우 희망적입니다. 그래서 아이다가 어머니를 위해서 존스 홉킨스 병원의 픕스 클리닉에 자리를 하나 확보했다는 것과 아이다가 1월 15일까지는 그곳에 있겠다는 것을 알고 매우 기뻤습니다. 어머니께서 몇 주 더 일찍 들어가셨을 수 있기를 바랍니다.

저는 파킨슨병에 대해서 읽고 있으며 신경 전문가를 포함한 서넛의 의사들과 이야기를 나눴습니다. 아버지께서 쓰신 것과 짐이 아버지와 아이다에게 쓴 편지들을 읽고, 저는 어머니는 파킨슨병이 아니라는 의견을 강하게 가지고 있습니다. 파킨슨병은 다른 말로 진전마비(振顫痲痺)입니다. 저 자신이 이 병의 사례를 몇 번 봤습니다. 이 병은 점진적으로 오고, 서서히 진행하는데, 나이가 들어감에 따라 진전이 심해지면서, 대개는 몇 년간 계속됩니다. 저는 어머니의 병은 쉼과 숙련된 치료를 받으면 말끔해질 것과 어머니께서 앞선 경우에서 그랬듯이 회복하시리라는 것을 믿는 경향이 있습니다. 저는 병원에서 어머니의 과거 건강 문제에 대해서 명확히 설명하고, 상악동 치아의 감염이 전혀 없도록 하기를 바랍니다.

그러기 전에, 우리는 어머니께서 받으실 최선의 치료를 받도록 해야 합니다. 아버지께 전에 편지했듯이, 올해 고향에 가지 않음으로써 제가 아버지께 더 많은 도움과 위로가 되고, 어머니께 도움이 될 수 있다고 생각합니다. 고향에 가게 되면 왕복 비용이 1,500달러가 들 것인데 이는 실행위원회가 여행에 허가하는 비용을 훨씬 넘는 것입니다. 그리고 고향에 있으면 이곳에 있는 것보다 800달러를 덜 받게 됩니다. 동시에, 어머니께서 혹시라도 생존하지 못하게 되실 것 같고, 아버지께서 아버지를 경제적으로 돕기 위해서 저희가 미국으로 돌아가는 것을 미루려는 저의 계획에 동의하지 않으시면, 당연하게도 가족과 함께 미국에 가는 것을 진지하게 고려할 것입니다. 물론 고향에 가서 가능하면 아버지께 개인적으로 어떤 도움이나 위로가 되어드리고 싶은 욕구로 가득합니다. 그렇지만 저는 이렇게 하는 것이 최선의 길인가를 모르겠습니다. 어머니께서 회복을 잘 하시면, 어머니께서 내년에 전체 가족과 최대한으로 즐겁게 지낼 수 있습니다. 그런데 저희가 지금 미국에 가면, 어머니께서는 병원에 계속 계실 것이고 저희는 집에 있을 것입니다. 그래서 저는 일이 어떻게 되어가는지 지켜봐야 한다고 생각합니다.

저는 이런 시련의 시간에 마음이 무척 아픕니다. 주님께서 저희의 기도를 들어주실 것과 저희를 주님의 뜻에 맡기게 할 것과 저희에게 필요한 힘과 위로를 주실 것을 확신합니다. 주님께서 노년에 아버지를 버려두지 않으실 것이며 이 모든 슬픈 일에서 아버지를 훌륭하게 인도하여 내실 것을 확신하십시오. 저는 전에 어느 때보다 더 기도하고 있습니다. 모든 것이 합력하여 선을 이룰 것[209]을 믿는 믿음이 저에게 있습니다.

이곳 전주에 와서는 먼저 티몬스 의사 부부의 집에 머물고, 나중에는

---

[209] 로마서 8장 28절. "우리가 알거니와 하나님을 사랑하는 자 곧 그의 뜻대로 부르심을 입은 자들에게는 모든 것이 합력하여 선을 이루느니라(We know that all things work together for good for those who love God, who are called according to his purpose)."

에버솔 선교사 부부 집에 머물고 있습니다. 그들이 저를 잘 대해주고 있으며, 저는 이곳에 왔을 때보다 더 몸이 편한 느낌입니다. 제가 집을 떠난 지 꼭 3주 만인 다음 주 토요일, 즉 23일에 집에 갈 것으로 예상합니다.

저희는 애니 섀넌이 맥커첸 목사 부부와 그리어 선교사와 함께 5월 21일경에 출발하여 유럽을 경유해서 집으로 돌아오게 하는 것을 허락하기로 거의 결정했습니다. 그들은 팔레스타인, 이집트, 유럽을 보게 될 것이며, 일본에서 오는 도중 항구들도 볼 것인데, 태평양을 경유하는 것보다 비용은 약간 더 들 것이지만 애니 섀넌에게 교육적인 가치는 계산할 수 없을 것입니다. 그 사안이 명확히 결정되면 아버지께 편지드리겠습니다. 여정은 약 3개월이 될 것입니다.

동봉해 드린 존 페어맨의 사진은 1월 1일경 찍은 것입니다. 좋은 사내 아이로 크고 있습니다. 그 아이는 보이 스카우트 운동에 많은 관심을 기울이고 있습니다. 평양으로 그 아이를 보내서 그 아이가 크게 성장했습니다.

어머니의 병환 소식에 동료 사역자들 모두가, 특히 아버지와 몬트리트에 같이 있었던 사람들이 깊은 마음으로 위로하고 있습니다. 이곳에서 자녀들과 함께 계시는 아버지 윈 목사님은 정정하시며, 아버지께 특별히 안부 전해달라고 하십니다.

아버지와 가족 모두에게 사랑을 전합니다.

        사랑하는 페어맨 올림

1924년 4월 7일
한국, 순천

사랑하는 아버지,

어머니에 대한 아주 희망적인 소식을 담고 있는 아버지의 3월 3일자 좋은 시기에 저희에게 왔습니다. 저희는 그 소식에 매우 즐거워합니다만 전혀 예상 밖이라고 생각하지는 않았습니다. 제가 계속 예견했던 바로 그것이었기 때문입니다. 저는 어머니께서 '파킨슨병'이라는 생각을 전혀 받아들이지 않았고, 어머니께서 전문 치료를 받으시면 5년 전 아주 비슷한 병의 경우에 그러셨듯 좋아지시리라는 것을 정말로 확신하고 있었습니다. 물론, 어머니께서 전보다 더 나이가 드셨기 때문에 전처럼 그렇게 빠른 회복을 하시지 못할 수도 있습니다. 그러나 너무 긴 시간이 지나기 전에 어머니께서 완벽하게 회복되시리라는 것을 우리가 기대할 수도 있다고 저는 생각합니다.

아버지와 가족 모두가 상황을 저희에게 계속 알려주셔서 참 고맙습니다. 저희는 간절히 소식을 기다립니다. 물론, 소식이 항상 좋을 것이라고 기대하지는 않습니다만 어머니께서 위기를 지나셨다는 것과 지난달과 비교했을 때 어머니의 차도가 아주 명확할 것에 저희는 만족합니다.

저희는 미리암이 이번 여름에 한국으로 나오는 일에 관해 편지하다가 미국으로 돌아가는 것에 대한 준비가 되지 않았다는 것에 다소 심란합니다. 저희가 이곳에서 부지런히 알아봤으나 미리암이 미국으로 돌아가야만 할 때에 저희가 아는 사람 중에서 귀국하게 되는 사람이 아무도 없는 것을 확인하게 되었습니다. 미리암이 이곳으로 올 때나 미국으로 갈 때 혼자라도 여행하겠다며 고집할 것을 염려하여, 저희는 그 여행을 포기하라고 미리암에게 전보 하기로 결정했습니다. 그렇게 하여 미리암과 저희 자신이 마음의 안정을 찾으려는 것이었습니다. 저희는 미리암에게 더 이상 실망을 주고 싶지 않습니다. 그러나 이루기 어려운 그런 계획을 언급한 것이 실수였다는 것을 이제 저희는 알고 있습니다. 만약 그 아이가 한국으로 온 후에 돌아가는데 동반자가 없다면, 대학 다니는 그 아이에게 저희가 전혀 이로움이 되지 않을 것이며, 그 아이보다 저희가 더 큰 실망을 주는 존재임이 틀림없이 드러날 것입니다. 이 모든 것 외에도, 저희는 저희의 힘을 어머니께서 건강해지시는 것을 돕는데 쏟는 것과 내년에 고향으로 돌아가는 여정에 수반될 저희에게 있어서 어마한 지출에 대해서 저축을 시작하는 것이 최선이라고 생각합니다.

저는 아버지께서 여름을 몬트리트에서 보낼 계획이라고 생각합니다. 아버지와 가족 모두가 원할 수 있는 "멋진" 공동주택을 운영할 전적인 책임을 아이다나 야네프가 졌으면 하는 것과, 아버지께서는 어떠한 재정적 책임을 지지 않고, 아이다나 야네프가 같이 사는 것에 대해서 서로 동의한 금액을 내고, 혹시라도 손님이 있다면 그 사람도 동의한 비용을 내도록 하였으면 합니다. 비용은 고정되어서 관리를 책임지는 사람은 돈을 내지 않고 머무를 수 있습니다. 저는 이 충고를 단지 하나의 제안으로만 합니다. 그러나 핵심은 아버지께서는 아버지 연세에 재정적 책임을 거부하셔야 한다는 것과 재정에 대해서 영구적인 걱정을 피하셔야 한다는 것입니다.

어머니께서 이번 여름에 몬트리트로 가셔서는 안 된다는 것을 제가 다시 한번 강하게 주장합니다. 어머니께서는 짐 부부와 사시면서 그 부부와 같이 주날루스카로 가셔야 합니다. 아주 많은 선교사와 친구들이 모여드는 몬트리트에는 어머니가 감당하기에는 너무도 많은 흥분과 신경과민이 있습니다. 거기에 더해서, 지난여름의 "잔향"이 어머니를 과거로 되돌릴 가능성도 있습니다. 어머니께서 전에 알고 지내던 사람들과 흥분되는 일에서 앞으로 몇 달간 멀어지게 하는 것이 반드시 해야 할 일이라는 것을 말씀드립니다. 몬트리트는 기운을 북돋는 데는 좋은 곳이지만 쉬기에는 좋은 곳이 아닙니다.

어린 리아가 아주 잘 자라고 있습니다만 지난 2, 3주 동안 상당히 많이 감기 등에 걸렸습니다. 아기의 생일에 아기를 잘 찍은 사진이 있는데 아버지께서 그것을 좋아하실 거로 생각합니다. 제가 그 사진을 일광욕실로 변경한 닫힌 툇마루에서 사진을 찍을 수밖에 없는 상황이 아니었다면 더 선명할 수 있었을 것입니다.

저희는 경제적인 이유로 올해 여름에는 집에서 보낼 계획을 하고 있습니다. 아마도 이곳 아래에 있는 저희의 작은 섬인 "초승달 해변"에 8월에 2주 동안 있을 수 있습니다.

어머니께 편지를 두 번 드렸는데 어머니께 규칙적인 편지를 보내드리려고 시도할 것입니다.

아버지께서 건강히 계시기를 그리고 어머니께서는 계속 회복되시길 바랍니다. 저희 모두가 사랑을 전해 드립니다.

사랑하는 페어맨 올림

1926년

1926년 4월 29일
조지아, 디케이터

사랑하는 아버지,

이 편지에 앞서 아버지께 편지할 기회가 있었으면 했는데, 지금에야 겨우 물건이 잔뜩 쌓인 저의 책상에 있습니다. 저희는 왓킨스 박사가 이곳에 있는 동안 그에게 우선권을 주려고 했습니다. 그는 주일 오후에 왔으며 어제 오후 5시 40분에 떠났습니다. 저희는 그의 방문을 크게 즐겼으며, 그도 저희와 있는 것을 즐거워하는 것으로 보였습니다. 그는 아이들을 매우 좋아하는데 특히 딸들을 미친듯이 좋아합니다.

지난 금요일 저희는 클리블랜드(Cleveland)에 있는 아름다운 묘지에 짐이 정말 사랑했던 설린스(Sullins) 목사 부부[210] 곁에 짐을 안장했습니다. 지역의 감리교회 목사의 집례로 무덤에서 간단한 예배를 드렸습니다. 설린스 스튜어트(Sullins Stuart)[211]와 그의 아내, 그녀의 부모들, 그리고 클리블랜드에 있는 짐의 친구들이 많이 참석했는데, 그 친구 중 몇이 운구했습니다. 바크먼도 있었고, 녹스빌의 설린스(Mr. Sullins)[212] 씨도 이 장례식에 참석하기 위해서 내려왔습니다.[213] 저는 오후 버스를 타고 채터누가

---

[210] Rev. David Sullins(1827.7.28~1918.2.19)와 Ann Rebecca Blair Sullins(1831.12. 7~1902.4.5) 부부. David Sullins는 프레스톤 목사 동생 James(Jim) 아내의 외조부로 Sullins 대학 설립자.

[211] David Sullins Stuart(1885.10.4~1936.6.6). 프레스톤 목사 동생 James(Jim) 아내의 오빠.

[212] Charles Chester Sullins Sr.(1857.4.17~1941.12.13). 프레스톤 목사 동생 James (Jim) 아내의 큰외삼촌.

[213] 프레스톤 목사의 동생 James(Jim)는 맹장염 수술 후 1925년 12월 23일 사망함. 사망 후 겨울이라 바로 매장하기가 어려워 날이 좋아질 때까지 Kentucky Louisville에 있는

로 떠났으며 애틀랜타에 그날 저녁 8시 15분에 도착하는 기차를 탔습니다. 빨리 진행되었습니다. 스튜어트 부부와 함께 클리블랜드에서 점심을 먹었는데, 그분들에 대해 저는 무척 만족합니다. 바크먼과 설린스 씨도 그곳에 있었습니다. 바크먼을 다시 보게 되어 기뻤습니다. 루이빌로 오던 중 녹스빌에서 바크먼 부부와 24시간 동안 좋은 시간을 보냈습니다. 동생 부부에게 여분의 방이 없었지만, 그날 밤 옆집에 저를 위한 방을 확보해 놓았습니다.

제 생각에 루이빌을 방문한 것이 정말 가치 있는 일이었습니다. 그곳에 수요일 아침 도착했고 목요일 6시 40분에 떠났습니다. 특별한 초대를 받아 프랫 목사 부부와 같이 머물렀습니다. 레이놀즈 목사 부부를 봤습니다. 그들과 프랫 목사와 함께 골프장에서 오후 시간을 보냈으며, 집에 있는 R. S.를 찾아갔습니다. 하일랜즈(Highlands) 장로교회에서 제공하는 만찬을 즐겼고, 이후 기도 모임에서 제가 시각 자료를 활용하여 강의했습니다. 동양에서 돌아온 스위츠 박사(Dr. Sweets)[214]와 좋은 면담을 가졌습니다. 신학교에서 헴필 박사(Dr. Hemphill)[215]를 만났습니다. 그분이 특

임시보관소에 있다가 James의 장인 Stuart 가문의 묘지가 있는 Tennessee Cleveland에 묻힘. 프레스톤 목사는 1925년 7월 14일 샌프란시스코에 도착한 기록이 있음. 프레스톤 목사가 미국에 머물다가 동생의 매장 예식에 참여한 것을 말함.
James Preston's Interment
Cleveland, Tenn., April 24—(Special)—The body of James B. Preston, son-in-law of the Rev. George R. Stuart, was brought here Friday from Louisville, at which place he died late in December, and interred in the Stuart lot in Fort Hill cemetery. A short committal service was held at the grave by the Rev. J. Earl Gilbreath, pastor of the Broad-street M. E. Church, South. The body had remained in a receiving vault at Louisville until brought here for interment. (*Nashville Banner*, Sat, April 24, 1926, p. 10)

[214] Rev. Henry Hayes Sweets(1872.10.6~1952.2.25). 1935년 미국남장로회 제75차 총회장.

[215] Rev. Charles Robert Hemphill(1852.4.18~1932.3.9). 1893년 Rev. T. D. Witherspoon과 공동으로 Louisville 신학교 설립.

별히 아버지와 어머니에 대해 안부를 물으셨습니다. Fourth Ave. 1115에서 모든 친구를 만났는데 그들은 특별히 어머니에 대해서 안부를 물었습니다. 프랫 목사 부부가 저를 위해 전적으로 시간을 내주어서 제가 가진 제한된 시간 내에서 아주 많은 일을 할 수 있었습니다.

비록 정확한 액수는 결정되지 않았지만 예수교서회(Christian Literature Society)를 위한 문제를 해결했습니다.

여기 아래 지방에 있는 사람들 모두가 아버지를 그리워합니다. 며칠 동안 저는 우편을 요청하는 것을 저희가 잊었다고 생각했습니다. 저희가 날씨에 대해서 아는 전부는 불이 있으면 여전히 편하다는 것입니다. 아버지의 친구분 중 아버지를 몹시도 그리워한다고 말하는 윌슨 부인과 딸을 제외하고 제가 돌아온 이후로 아버지 친구분을 한 분도 못 봤습니다. 아내와 제가 제1장로교회 주일 저녁 예배에 참석했습니다. 참석자도 많지 않았고, 목사의 설교도 미적지근했습니다. 아침에 웨스트민스터 교회[216] 방문을 잘하고 왔습니다. 예배 후에는 로더(Cousin Rhoda)가 그녀의 딸 로더(Rhoda)와 두 아들, 그리고 그들의 가족들 이렇게 조지아주 피어스(Pierce)에 사는 친척 모두를 데리고 와서 소개했습니다. 저는 소개받기 전에는 당고모 로더(Cousin Rhoda)가 브리스톨[217]에 사는 당숙 샘 리아(Cousin Sam Rhea)[218]와 친남매 사이인 것을 몰랐으며, 할머니[219]와 당고모의 아버지가 남매라는 것을 몰랐습니다. 즉, 당고모는 아버지[220]의 사촌입

---

216 Westminster Presbyterian church. 1901년 6월 30일 설립됨. 미국 Atlanta, Georgia에 위치함.
217 브리스톨은 조지아 주 브리스톨(Bristol, Pierce County, Georgia) 혹은 테네시 주 브리스톨(Bristol, Sullivan County, Tennessee)을 말할 수 있음. 프레스톤 목사의 부모 형제는 대부분 Bristol, Sullivan County, Tennessee에 묻혀 있음.
218 Samuel Wood Rhea(1841.6.12~1927.6.15).
219 Jane Nancy Rhea Preston(1813~1876.5.4).
220 Samuel Rhea Preston(1849.9.4~1929.12.6).

니다. 저희는 이 사람들과 잘 알고 지냈어야 했습니다만 그렇지 못해 아쉽습니다. 당고모는 할머니와 똑 닮았습니다. 당고모를 보면 막내 고모(Aunt Jennie)와 야네프가 생각납니다.

아버지의 공동주택에 대해서 세비어 씨(Mr. Sevier)에게 묻지 않았습니다. 이 큰 화로를 그곳에 두고 싶으신가요, 그렇지 않으신가요?

브리스톨 집 지붕에 대해서 무슨 말씀을 드려야 할지 모릅니다. 이곳에서 요구하는 것보다 많은 100평방 피트에 1달러를 달라고 하는데, 그들은 지붕을 그런 식으로 하는 것을 확실히 싫어합니다. 아버지께서 결정하시기 전에 제가 이곳에서 조금 더 알아볼게요. 제 생각에 사람들이 지붕 작업을 잘하겠지만, 사람들은 섕글이 가로지를 걸 생각합니다. 섕글을 덮을 걸로 추천하는 것이 있습니다. 그것이 무엇인지 알아보시지요?

아버지께서 몬트리트로 가는 것을 계획하시는 것이 좋으실 것이고 모든 것을 6월 1일 이전에 준비해 놓으시는 것이 좋겠다고 생각합니다. 저희의 포(Poe) 별장에 대한 수리에 대해서 윌리엄스에게서 들었던 것이상을 들은 것은 없습니다. 그래서 그 사람이 일을 마쳤는지 어떤지를 모릅니다. 아버지께서 5월에 브리스톨에 가실 계획인지 아닌지 모릅니다. 저는 짐 린(Jim Lynn)은 못 봤습니다만 다른 친구들은 많이 봤습니다. 아버지의 별장에 있는 스미스(Mr. Smith) 씨를 방문할 시간이 없었습니다.

아버지와 어머니, 그리고 가족들에 대한 저의 사랑에 여기 가족이 모두 함께합니다.

    사랑하는 아들 페어맨 드림

1927년

1927년 7월 19일
한국, 순천

고향에 있는 가족들에게,

오늘은 너무 더워서 무엇이건 많이 할 수가 없습니다. 그래서 제가 할 일 없는 사람처럼 보일 위험을 무릅쓰고 가족들에게 편지를 한 통 쓰기로 마음먹습니다.

올해는 이상하게도 장마철이 일찍 끝났습니다. 지난 나흘 동안 너무도 무더워서 이렇게 낮은 위도에서 시들어버리는 느낌입니다. 이런 일이 계속되면, 일주일 이내에 산으로 출발해야 할 거로 생각합니다. 준비하는 데 3~4일이 걸립니다.

코잇 목사 부부는 내일 떠납니다. 저희도 떠나면 로저스 의사 부부와 그리어 선교사만 남습니다. 광주로 이동하게 되는 그리어 선교사는 아마도 산에서 시간을 잠시 보낼 것입니다. 로저스 부인의 몸 상태가 좋지 않아서 이번 여름에 그녀는 집에 머물도록 권고받았습니다. 그녀가 꾸준히 나아지고 있다는 것과 궁극적으로 완전한 회복이 될 모든 희망이 있다는 것을 말하게 되어 기쁩니다. 군산에서 2주를 보낼 엉거 목사 부부는 그들이 돌아올 때 이곳에 로저스 부부와 함께 있을 거라서 순천선교부가 완전히 비게 되지는 않을 것입니다.

지난 토요일에 초승달 해변으로 하루 종일 소풍을 다녀왔습니다. 초승달 해변은 순천 아래 몇 마일 거리에 있는 것으로 저희가 전에 여름 휴양지로 사용하던 곳입니다. 수영, 낚시, 뱃놀이를 하며 정말 잘 놀았지만, 저희 대부분이 심하게 화상을 입어서, 저희가 돌아올 때는 이 모두를 하루에 다하기에는 벅찼다는 확신을 가지고 왔습니다. 3일이 지났는데

도 저의 어깨가 여전히 아픕니다!

지난 주일 저는 그 지역에 있는 교회로 내려갔는데, 그 교회에는 정영호(Chung Yung Ho)라는 조사가 거주하고 있습니다. 그에게 큰 슬픔이 찾아왔는데, (중등)학교에 다니고 있던 그의 외아들에게 심각한 정신 질환이 생기게 된 것입니다. 이 문제에 있어서 무척 안타까운 점은 이런 병을 가진 사람을 치료하러 보낼 곳이 이 나라에 없다는 것입니다. 현대적인 조건들이 도래함에 따라 그런 사례들은 배가 될 수밖에 없어서 관계 당국이 시설을 제공하지 않을 수밖에 없을 것입니다.

여기에 언급하는 사례를 보면 보통의 한국 부모의 무기력함을 세세히 알 수 있습니다. 그 아이는 아주 어린 시절부터 자신이 원하는 것은 무엇이건 하도록 허락받았습니다. 따라서 그 아이의 현재 상태는 그 아이가 사전에 주의할 수 있는 조치를 하거나 신중한 길을 따르도록 하지 못한 그 아이 아버지의 무능 때문입니다. 비록 그 아이를 위해서 할 수 있는 것이 있을 거로 생각하지 않지만, 우리가 그 아이를 일요일에 설득하여 이곳에 있는 우리 병원에 와서 진료받게 하려고 했으나 그 아이가 동의하지 않았습니다.

둘째 큰고모[221]의 사망 소식을 듣고 무척 슬펐습니다. 건강이 좋지 않으셨다는 어떤 암시도 듣지 못했습니다. 대신 우리 모두가 걱정했던 작년의 상황보다는 훨씬 좋아지신다는 인상을 받았습니다. 둘째 큰고모는 부드럽고 사랑스러우며 선한 사람으로 둘째 큰고모의 삶은 만나는 모든 이들에게 축복이었습니다. 둘째 큰고모가 자신부터 4대를 보신 지도 몇 년이 되었습니다. 오랜 사실 세월이었습니다. 둘째 큰고모는 다른 사람이었다면 [판독 불가] 했을 때도 따스한 기운을 계속 지니고 계셨습니다.

이번 달에 가족 모두 틀림없이 몬트리트에 있지요. 메이미(Mamie)[222]가

---

[221] Sarah Eleanor "Ellen" Preston Bailey(1843.10.21~1927.6.19).

[222] Mamie는 Margaret의 애칭. 프레스톤 목사 동생 James(Jim)의 아내일 가능성이 큼.

왔다는 말을 듣고 기뻤습니다. 이 편지가 도착할 즈음에 아내와 미리암이 몬트리트에서 떠나고 있을 것을 믿기 어렵습니다. 미국에 있는 가족에게는 아니지만 이곳 저희에게는 좋은 소식입니다.

  모두 건강하기를 바랍니다. 저희 요리사 아내의 심장병이 다시 도졌습니다. 그래서 요리사가 저희와 같이 갈 것인지 아닌지에 대해서 생각하고 있습니다. 그렇지만 잘 풀릴 것 같습니다. 비상시에는 저희가 로저스 부부와 같이 먹을 수도 있는데, 그 부부는 저희 집에서 요리사로 있던 상윤이를 데리고 있습니다. 상윤이는 미리암, 섀넌, 존을 키웠습니다. 리아와 와일리는 거의 문제를 일으키지 않습니다. 스콧 부인이 많이 도와줍니다.

  모두에게 사랑을 전합니다.

                사랑하는 페어맨 올림

1927년 7월 20일
한국, 순천

사랑하는 아버지,

이달 27일 요코하마에서 떠나는 배에 맞추고 산으로 가는 여행을 위해 짐 싸는데 몰두하기 전에 오늘 고향에 편지 몇 통을 보내야만 합니다. 더워지고 있으며, 리아의 식욕이 전혀 좋지 않습니다. 그래서 저희가 처음 의도했던 것보다 더 일찍 떠나려고 생각합니다. 저희의 움직임은 계절에 달려있습니다. 다시 비가 오기 시작한다면, 날이 좋아질 때까지 저희는 기다릴 것입니다. 안개가 짙게 둘러싼 산을 좋아하지 않기 때문입니다. 그런데 이곳에서 비 오는 시기면 산에 그런 일이 일어납니다.

제가 가족 전체에게 보내는 편지를 동봉합니다. 그 편지에 새로운 소식이 약간 있습니다. 돌려보신 후 몬트리트에 없는 가족 누군가에라도 전송해 주십시오. 아내는 가족들 모두가 7월에는 몬트리트에 올라가 있으리라 생각한다고 썼습니다. 모두 그 계획을 실행할 수 있었기를 바랍니다.

둘째 큰고모의 사망 소식을 듣고 무척 슬펐습니다. 둘째 큰고모의 건강이 나빠지고 있다는 어떤 암시도 받지 않았기에 다소 갑작스럽게 사망하신 것이 틀림없습니다. 막내 이모를 제외하고 아버지와 어머니께서 아버지 가족 중에서 살아계신 유일한 분들이라는 것을 실감하기 어렵습니다. 인생의 많은 부침이 있었지만, 아버지와 어머니께서 살아남으셨다는 것과 두 분 모두 좋은 상태라는 것에 저희는 감사드립니다. 앞으로 오랜 세월 동안 자녀들과 손자들을 계속 보실 수 있기를 기도합니다! 아버지께서 증손자들을 많이 보시길 희망합니다. 아버지께서 한국의 거주민이셨다면, 다시 말씀드려 한국인이셨다면, 이런 열망은 오래전에 실현되었을 것입니다. 이곳에서는 남자가 35세에 할아버지가 되는 것과

50세에 증조할아버지가 되는 것이 흔치 않은 것도 아닙니다.

아내는 그곳에 도착한 이후 저에게 사업에 대해서는 하나도 쓰지 않았고, 아버지에게서도 저는 아무런 소식을 듣지 못했습니다. 땅 문제가 해결되지 않았거나 적어도 아내가 그곳에 있는 동안에는 구체적으로 되지는 않을 거라는 걱정이 됩니다.

이곳에서 사업은 죽어있습니다. 중국의 문제[223]로 중국의 사업이 마비되었고, 일본 제국은 중국과의 교역에 아주 많이 의존하고 있기에, 고금리, 은행 도산, 전반적인 경기침체가 있습니다. 외환 시장에서 엔화의 가치가 다시 떨어지고 있는데, 그에 동반해서 가격이 상승하고 경제적 상황이 어려워졌습니다.

아버지께서 킹 대학[224] 졸업식에 가시지 못할 만큼 몸이 건강하지 않으셔서 안타깝습니다. 내년 겨울에는 아버지와 어머니께서 막내 이모를 방문하기 위해서 여행을 준비할 수 있기를 바랍니다. 이번 여름에 막내 이모를 몬트리트로 올라오게 하셔서 내년에 막내 이모를 방문할 길을 준비해 보시라고 아버지께 더 일찍 제가 제안했어야 했는데 그렇지 못해서 아쉽습니다. 우리가 몬트리트에 있었을 때 막내 이모는 올라와서 함께하고 싶어 하는 마음이 그렇게 커 보이지는 않았습니다.

아버지께서 가능하실 때는 언제나 소식 전해주십시오. 최근에 아버지의 편지를 그리워했습니다. 그런데 제가 너무도 자주 편지를 하지 않아서, 아내를 통해서 아버지께서 저희 소식을 알고 계시리라 믿고 있습니다.

아버지와 어머니 두 분 모두에게 사랑을 전하며, 모두 건강하게 지내시리라 믿습니다.

사랑하는 페어맨 올림

---

[223] 장제스(蔣介石)가 2027년 4월 12일 상하이서 일으킨 반공쿠데타.
[224] King College. 미국남장로회가 1867년 Bristol, Tennessee에 설립한 대학으로 현재는 King University임.

1927년 8월 15일
한국, 지리산 휴양촌

사랑하는 아버지,

이 편지가 아버지의 생신에 도착하기를 바랍니다만 약간 늦을 수도 있습니다. 어쨌든, 아버지께서는 저희가 아버지의 생신에 아버지를 생각할 것과 생신을 축하하기 위해 아버지와 함께하길 기대하고 있다는 것을 아실 것입니다. 아주 뜻깊은 날에 마음에서 우러나는 축하와 좋은 마음을 보내드리며, 아버지와 함께하는 하나님의 자비로움을 감사드립니다. 아버지께서 원기가 넘치시고 건강하시며 삶에 대한 깊은 관심을 두시면서 몸과 마음을 아주 잘 지키시는 것에 감사드립니다. 아버지께서는 좋은 습관을 잘 유지하시고, 평상시 주의를 하시기에 현재의 삶에서 훨씬 더 많은 세월 동안 더 쓸모 있으시고 행복하실 것입니다. 하나님께서 그렇게 해주시길 바랍니다.

아버지께서 제 나이였거나 아니면 저보다 더 어렸을 때의 건강 상태를 생각할 때, 아버지께서 노년에 성취하신 일은 놀라운 반전이었습니다. 아버지께서 대학(College)에서의 일을 포기하신 것은 확연히 주님의 섭리였습니다.[225] 그 사역이 아버지의 생명력을 끔찍이 잠식하고 있었기 때문입니다. 돌이켜 보면, 저도 아버지와 거의 같은 나이에 정확하게 똑같은 실수를 저지르고 있었습니다. 다행스럽게도, 좀 더 좋은 전도여행의 조건들, 현지인 지도자들의 발전, 그리고 대부분 호의적인 상황 변화가 합쳐져서 꾸준히 좋아지는 건강을 가지고 제가 같은 일을 계속할 수 있게 되었습니다. 지난가을까지도, 저는 오래 버틸 수 있을지 회의적이었습니다. 어쨌든, 저는 아버지로부터 배울 것이며, 저의 건강을 더 잘 돌보도록

---

[225] Chicora College 일을 말하는 듯함.

하겠습니다. 그러면서 저도 세월이 흐른 후 아버지와 똑같은 행복한 결과를 얻기를 기대합니다.

아버지께서 최근에 야네프, 플로이, 손주들 곁에서 또한 충실하며 마음 맞는 친구들 사이에서, 좋은 기후 아래 아주 좋은 환경을 누리셨다는 것에 대해서 깊이 감사드립니다. 아내는 자신 고향 다음으로 가장 좋아하는 곳이 디케이터라고 합니다. 저도 디케이터보다 더 살기 좋은 장소는 없다는 아내의 말에 동의합니다. 아버지께서 편하게 오고 가실, 증기나 온수로 난방되는 가정에서 좋은 방을 항상 이용하는 것에 저희가 신경 써야만 합니다. 아버지께서 만족하시고 편하게 계신다면, 저는 그러시리라 믿습니다만, 작년에 쓰셨던 그 방을 커닝햄 부인(Mrs. Cunningham)이 계속해서 아버지께 주실 수 있기를 희망합니다.

저는 어머니의 편안함과 복지뿐 아니라 아버지의 편안함과 복지가 저희의 주요 관심사임을 아버지께서 아셨으면 합니다. 아내와 저는 일의 속성상 모두에게 큰 희생을 요구하는 일에 참여하고 있습니다. 동시에 저희는 이 일 때문에 자식으로의 효도와 부모로의 의무와 책임에서 벗어나려고 의도하지 않습니다. 비록 저희가 이곳에서 저희의 사역을 잠시 포기하고 어머니와 아버지를 위해서 고향으로 갈 수밖에 없어도 말입니다. 그런데 저는 제 나이에 고향에서 세가 할 수 있는 것이 뭔가라는 생각과 이곳에서 마음대로 행동하기 어렵다는 생각에 항상 직면하고 있습니다. 주님의 섭리로 저희가 이 사역을 계속하게 된다면, 저희는 과거처럼 계속 사역해야 한다고 봅니다. 그렇지만 저희가 경계하고 있는 한 가지가 있는데, 그것은 나이 드신 아버지와 어머니께서 경제적인 면에서 쪼들리고 고통받아서는 안 된다는 것입니다. 저희는 두 분이 편안하며 돌봄을 잘 받기 원합니다. 그 목적을 위해서 아버지 수입에서 부족한 부분이 필요한 만큼 보충되게 저희가 신경 써야 합니다. 지난 2~3년 동안, 아내와 저는 저희의 예산에서 부모님을 위해서 약 5백 달러를 제공했습니다. 그런데 그 돈의 많은 부분이 자동차 유지보수에 〔판독 불가〕 들어갔습니다. 그런데 그것은 어머니를 위해서 그리고 어머니를 돌보는 데 있어서 아이다에게 필수적이었다고 저희는 생각했습니다. 아버지의 중요한 일에 대해서 저에게 계속 세세하게 알려 주십시오. 그리고 필요하신 것을 저에게 자유롭게 말씀해 주시기 원합니다. 물론, 저희에게 많은 부담과 책임이 있습니다. 그렇지만 제가 말씀드렸듯, 저희의 가장 큰 특혜이자 책임은 나이 드신 아버지와 어머니를 잘 모시는 것입니다. 이것을 저희가 하고자 합니다.

이곳 삶의 힘든 점은 사역에 있는 모든 사람에게 무거운 요구가 있다는 것입니다. 고국에 있는 사람들이 정치를 형편없이 해서 사역은 심한 타격을 입었으며, 선교사들의 봉급을 제외하고는 사역을 운영할 충분한 것이 거의 제공되지 않고 있습니다. 오래전, 기부가 줄어들기 시작했을 때, 고국에서는 새로운 사역자들을 내보내는 것을 중단했어야 했습니다. 그런데 예산이 허락하는 것보다 더 많은 수의 신규 사역자들이 보내졌으며, 그 결과로 현재의 예산으로 할 수 있는 것보다 더 많은 선교사가 현장에 있습니다. 그 결과로 우리 모두가 사역의 긴급한 필요를 보충하려고 하는 무거운 부담을 안고 있습니다. 그러나, 제가 이 말씀을 드리면서도, 저는 아버지의 수입을 보충하기 위하여 이곳에서의 많은 선물을 줄이고 필요한 것을 사용하기로 결심합니다. 제가 원하는 것은 아버지께서 저에게 편지하실 때 전적으로 솔직해지시고, 아버지의 수입을 보충하기 위해서 아버지께서 필요하신 것을 미리 저에게 알려달라는 것입니다. 아버지와 어머니께서 현재 따로 떨어져 사시는 것이 두 분 모두에게 필수적이고 도움이 되는 것처럼 보이지만 결국에는 비용이 더 들 수밖에 없습니다. 그렇지만 이런 추가 비용은 저희가 처리할 것이고 두 분이 보살핌을 잘 받는지 눈여겨보겠습니다.

여기에 가족 전체에게 보내는 편지를 동봉합니다. 그러면서 아버지께 소식 몇 가지 드리겠습니다. (아이다와 어머니를 포함하여) 아버지께서 다 읽으신 후 리아에게 전해주세요.

아내는 곧 아버지 곁을 떠날 것입니다. 아버지께서 아내를 몬트리트에서 많이 보셨기를 바랍니다. 7월 12일 이후 아무 소식이 없습니다.

아버지와 가족 모두에게 여기 가족들이 모두 사랑을 전합니다.

사랑하는 페어맨 올림

추신: 떠나느라 정신이 없는 나머지, 아내가 아버지의 생신을 기억하지 못했다는 걱정스런 생각이 듭니다. 그런 경우라면, 아내가 귀국하면 제가 생일 선물 수표를 보내드리겠습니다. 그쪽에 제가 은행 계좌가 없어서입니다.

이곳에 세 명의 아들과 있는 샬럿 벨 린튼[226]이 아버지께 사랑을 전합니다. 린튼은 위쪽 전주에서 새로운 학교 건물[227]을 짓고 있습니다.

---

[226] Charlotte Witherspoon Bell Linton(한국명: 인사례, 1899.1.6~1974.5.1).
[227] 현재 전주신흥학교의 Richardson Hall로 1928년 6월 15일 준공됨.

1927년 9월 14일
시베리아 마루에서

사랑하는 어머님과 모든 가족에게,

저희는 내일 오후 1시 30분 또는 2시에 요코하마에 도착할 예정입니다. 가장 먼저 나가는 증기선에 맞추기 위해 편지 한 통을 쓰려고 합니다. 특별한 소식이 있어서라기보다는 들르는 모든 항구에서 소식을 전하고 싶어서입니다.

호놀룰루를 떠난 이후 이틀간 다소 거친 날씨가 이어졌고 많은 승객이 힘들어했습니다. 미리암과 저는 평상시대로 식욕을 유지할 수 있어서 선박회사에서는 저희에게 어떤 것도 남겨 먹지 못했습니다.

갑판에는 셔플보드, 갑판 테니스, 갑판 골프, 고리 던지기, 탁구 이렇게 많은 스포츠가 있었습니다. 미리암은 스포츠 서너 개에 참여했는데 비록 어떤 상도 받지는 못했지만, 좋은 기록을 남겼습니다. 다행히도 미리암이 상 받으러 참여한 게 아니라 운동하러 참여해서 즐겁게 지냈습니다. 미리암은 셔플보드 대회에서는 심판을 맡아 계속 바빴습니다. 루이스(Louise)는 갑판 테니스에서 우승자 중 한 명이었습니다. 복식에서 짝을 이룬 일본인이 아주 빠른 덕이라고 루이스는 말합니다.

오늘 상당히 따뜻해서 저는 갑판에서 편지를 제 무릎에 올려놓고 쓰고 있습니다. 이 글씨 때문에 눈이 아프지 않길 바랍니다.

내일이면 집에서 오는 편지를 받을 수 있기를 고대하고 있습니다. 제가 받은 마지막 소식이 8월 16일 것이었습니다. 남편이 가족 모두가 틀림없이 보았을 가족 전체가 보도록 회람용 편지를 쓴 것이 그때일 거라서 제가 아는 것만큼 가족들도 아십니다. 플로렌스가 9월 5일 평양으로 떠나게 되었습니다. 저는 그 아이의 생일을 맞아 전보를 보낼 것입니다. 또한 저희가 태평양의 이쪽에서 "생일 축하 촛불을 켰다"는 것을 알려주기 위하여 순천에 전보를 보낼 것입니다. 저희 여정 종착지인 순천에 도착하면 아버님께 전보를 보내려고 생각합니다.

샌프란시스코에서 리아에게 아주 좋은 카우보이 옷을 사줬다는 것을 아버님께 말씀해 주세요. 두 분이 주시는 크리스마스 선물이 될 것입니다. 그래서 두 분의 양심에서 꺼림직한 것이 없을 것입니다. 가격은 3달러 50센트였습니다. 아버님께서 편리하실 때는 언제나 섀년에게 그 돈을 주시면 됩니다. 섀년은 그 돈을 지금이건, 크리스마스 근방이나 내년 봄에 쓰면 됩니다.

호놀룰루에서 반나절 아주 즐겁게 지냈습니다. 저희는 차 타고 4시간을 돌아다녔고 쇼핑을 약간 했습니다. 샌프란시스코에서 못 산 서너 가지를 사려고 했었는데, 노동절이어서 거의 모든 상점이 문을 닫았습니다.

호놀룰루의 아름다움에 대해서는 물리지 않습니다. 색깔은 상상할 수 있는 것 중 가장 뛰어납니다. 완벽한 즐거움이라는 향료 속의 유일한 파리는 캘리포니아에서 온 부인이었는데 그 사람은 캘리포니아에 있는 것에 대해서 말하느라고 너무 바빠서 하와이의 아름다움은 어느 것도 볼 수 없었습니다. 그녀는 할리우드에 있는 영화 촬영장의 아름다운 넓은 장소에 대해서 할 말이 많았습니다. 그녀의 말을 듣다가 따분해 죽는 줄 알았습니다. 그런데 그녀는 서희가 얼마나 권태를 느끼는지 모르는 것 같았습니다.

플로이 아가씨의 아름다운 처소에서 보낸 주말에 대해서 여전히 생각하고 말하고 있다는 것을 플로이 아가씨에게 전해주세요. 저희는 아직 바람직한 홀아비를 찾지 못했습니다만 계속 생각하고 있습니다.

바크먼 서방님 부부에게 말씀하셔서 소와 닭을 기르는 시간을 내서 저희에게 새로운 주소를 알려주고 시골 땅이 어떻게 되고 있는지 알려달라고 해주세요.

아이다 아가씨에게 존 페어맨을 "꾸며준 것"에 대해서 고마움을 전해

주세요. 매티가 옷을 아주 좋아했다고 아이다 아가씨에게 말해주세요. 아이다 아가씨가 워싱턴으로 막 떠나려던 찰나에 존을 잘 차려 입혀줄 시간을 내줘서 아이다 아가씨에게 매우 고맙습니다.

컬럼비아 대학에서 야네프 아가씨의 기록을 저희가 아주 자랑스러워한다는 것을 야네프 아가씨에게 말해주세요. 야네프 아가씨가 좋은 편지 하나를 저희에게 보낼 시간을 가질 수 있을 때 저희는 아주 감사할 것입니다.

마가렛[228] 동서와 아이들이 모두 건강하기를 바랍니다. 동서에게 편지할 기회는 없을 것 같습니다만 카드는 보낼 수도 있습니다.

소중한 시댁 식구 모두에게 마음 깊은 사랑을 담아 보냅니다.

애니 올림

---

228 Margaret Stewart Preston. 프레스톤 목사 동생 James(Jim)의 아내.

1927년 11월 10일 (목요일)
한국, 광주

사랑하는 아버지,

아버지께서 지난달에 쓰신 편지가 신속하게 도착했습니다. 그런데 제가 너무도 바쁘게 움직이다 보니 오늘 이전에는 편지를 보낼 수가 없었습니다. 아버지의 편지는 미리암과 함께 그끄저께(월요일) 이곳에 왔습니다. 미리암은 운전면허증을 따려고 하는데, 이 나라에서는 아주 큰 일입니다. 그제는 "어려운" 운전 시험을 치렀으며, 어제는 도로 주행시험을, 오늘은 구두시험과 필기시험을 치렀습니다. 저는 편지를 쓰며 시험장 밖에 있습니다. 제 생각에 미리암은 통과할 것 같습니다. 운전할 때 미리암이 도움을 주고 운전을 편안하게 해줄 것이라 미리암이 운전면허증을 따기 위해서 쓴 시간과 노력이 보상받을 것입니다. 저희는 오늘 집으로 갈 예정입니다.

날씨가 정말 좋습니다. 광주로 오가며 정말 즐거웠고 이곳에 있는 모든 친구를 만나서 재미있게 지내고 있습니다.

아버지께서 신체 검진을 하셨는데 약한 부분이 보였다는 것을 알고 마음이 아픕니다. 그런 검진의 목적이 있을 수 있는 그런 상황을 확인해 보는 것이며 심각하게 발전하기 전에 고치는 것을 목적으로 하는 것이기에, 저는 아버지께서 리딩햄 박사(Dr. Leadingham)의 충고를 따라서 주저함 없이 전문가를 만나보시기 강권합니다. 저희는 아버지께서 이것을 제대로 다 하시는지를 지켜볼 것입니다. 그러니 경제적인 고려를 하시면서 아버지께서 언급하신 상황에 대해서 추가 검사를 미루지 말아주세요. 상황으로 보아서 아버지께서 추측하시듯 만약에 외과 수술을 해야 한다면 외과 전문의를 찾아 가십시오. 외과 수술을 받으실지 말지, 받는다면 언제 받을지 결정할 선택권은 여전히 아버지께 있습니다. 그러나 증상이 무엇을 의미하는지를 아는 것은 중요합니다. 방광에 있는 초기 결석일 수도 있습니다. 그 돌은 심해지기 전에 의학적 치료로 사라질 수 있습니다. 그런 치료가 있는지는 모릅니다. 핵심은 고통이 시작되기 전에 아버지께서 몸이 좋은 상태인 동안 적절한 조치를 하시면 도움이 된다는 것입니다. 아버지에게 있어서 수술할 필요가 없을 것으로 희망합니다. 그런 수술 경험은 유쾌한 생각이 아닙니다. 신체적 조건이 평균보다 훨씬 아래에 있지 않으며 정신이 맑으면 좋지 않은 결과가 거의 없이 수술을 견디어 낼 수 있습니다. 저는 돌팔이 약 광고가 외과적 수술을 끔찍한 유령으로 색칠하는 데 많은 것을 했다고 믿습니다. 외과 수술의 대부분은 간단하고 효과적이며, 돌팔이 약은 사람들이 무서워해야 할 것입니다. 저희의 로저스 의사는 일반적인 마취제 없이도 모든 복부 수술과 다른 많은 수술을 하고 있는데 모두가 좋은 결과를 보입니다. 그는 어떤 신경에 국소마취제를 투여하는데 모든 부분이 아무 느낌이 없습니다. 이것은 치과의사가 치아를 치료할 때 하는 것과 거의 같은 것입니다. 이것이 수술의 최신 발전 중 하나이며, 옛날 방식보다 크게 향상된 것입니다.

저희 모두 평상시처럼 건강합니다. 이번 가을 위에 통증이 있어 약간 고생했습니다만, 식이조절 하면 그 문제를 극복할 수 있을 것입니다. 저희는 너무도 많이 먹는 경향이 있습니다.

이번 가을에 제 담당 지방의 몇 교회에서 집회를 잘했습니다. 그리고 집회를 몇 번 더 계획하고 있습니다. 사역은 좋은 상태입니다. 사역에 있어서 30% 삭감을 명령하는, 지난 총회의 결의 사항에 의해 초래된 문제들로 저희는 여전히 씨름하고 있습니다만 어떤 해결책도 눈에 보이지 않습니다. 비극적인 일인데, 중국에서의 선교 사역을 그만두게 되어서 더 좋지 않습니다.[229] 한국에서 왜 우려를 키웁니까? 중국에서는 어쩔 수 없이 선교회를 폐쇄하지만, 동시에 한국에서도 폐쇄하라는 명령이 옵니다. 제가 볼 때 나쁜 전략입니다. 만약 우리가 앞으로 교회에 항의하려면 우리가 할 수 있는 곳에서는 버티는 것이 더 좋습니다. 한국에 있는 다섯 선교부 중 두 곳을 문 닫는다고 해도 예산 삭감한 것에 맞춰서 운영할 수는 없습니다. 그것을 생각해 주세요.

모두에게 사랑을 전합니다.

아버지의 사랑하는 아들 페어맨 올림

---

229 1927년 3월 24일의 난징사건 참조. 국민혁명군이 점령한 난징에서 벌어진 반외국인 유혈사태. 이에 따라 중국 난징에 있는 선교부를 폐쇄했다는 의미임.

1927년 12월 1일
한국, 순천

사랑하는 아버지,

야네프가 그린빌에 사는 가족들에게 아버지의 진행 상태에 대해서 계속 알려주는 착한 일을 하고, 그들이 그 정보를 저희에게 알려줍니다. 이 문제는 틀림없이 오랜 시간에 거쳐서 서서히 찾아왔습니다. 소변을 담고 있는 것 다른 말로 소변을 누지 못하는 것은 두 번째 단계입니다. 아버지께서 카테터를 이용하여 임시 조치를 하셨으면 위험하셨을 터인데 그렇지 않고 병원에 신속하게 가셔서 저는 기쁩니다. 게다가, 결국에 수술은 불가피합니다. 나중에 하시는 것보다 좀 더 신체적으로 좋은 상태일 때 수술하는 것이 현명합니다.

이것이 아버지께는 고통스럽고 심란한 경험입니다. 그러나 아버지의 편안함을 위하여 가능한 모든 것이 이루어지고 있다는 것을 아시면 위로가 됩니다. 저희는 아버지 문제의 성격에 대해서 듣기 이전에도 최악은 틀림없이 지나갔다고 생각하며 위로받습니다. 그러나, 이런 종류의 문제에 있어서 문제의 시작이 너무도 오래 지속된 것이라서 수술 후에 일반적인 상태로 회복하는 데 몇 주가 걸릴지라도 아버지께서는 낙담하지 마십시오. 아버지께서 침대에만 계셔야 하는 것이 아니고 휠체어를 타고 돌아다니실 수 있으면, 비록 힘들기야 하겠지만 그렇게 나쁜 것은 아닙니다.

이 편지는 크리스마스 바로 가까이에 아버지께 도착할 것입니다. 모든 가족이 볼 편지를 한 통 쓸 것이지만, 이 편지에 아버지를 위해 특별한 인사를 전해드리면서 이 편지를 한껏 즐기시고 모든 가족과 친구들의 마음을 즐기실 만큼 많이 회복되시기를 바랍니다. 아버지와 가족 모두를 생각할 것이며 크리스마스를 다시 한번 같이 보낼 시간을 고대하고 있습니다.

정말 좋은 가을 날씨가 지금까지도 계속되고 있습니다. 매일 매일 아름답고 따뜻하며 햇살이 좋습니다. 오늘까지도 이곳에 서리가 내리지 않았습니다. 꽃이 피어있고, 텃밭은 풍성하며, 몇 개의 나뭇잎이 여전히 매달려 있습니다. 이런 날씨를 제가 앞선 연도에 한두 번 보았는데 이 날씨가 크리스마스까지 이어지면 좋겠습니다.

플로렌스가 17일까지 집에 있을 것입니다. 저희는 선교회 회의를 마치고 돌아올 때 광주에서 플로렌스를 데리고 올 계획입니다. 우리가 직면한 심각한 경제적인 상황인, 예산의 30% 삭감을 숙고하기 위해서 특별회의가 소집되었습니다. 고국에 있는 교회는 우리가 다룰 수 있는 능력을 정말로 넘어서는 상황 속으로 우리를 밀어 넣었습니다.

모든 가족이 최고의 건강 상태입니다. 저의 위장 문제가 재발했습니다. 그러나 과도하게 먹는 것과 무분별하게 먹는 것을 피하려고 노력하고 있습니다. 그래서 어떤 심각한 문제로 커지지는 않을 것 같습니다. 아버지와 이름을 같이하는 아이는 계속해서 매우 빨리 자랍니다.[230] 자기 이름을 배우고 있고, 실질적으로 알파벳은 다 끝냈으며, 단어를 배우기 시작하고 있습니다. 아마도 다섯 살이 되면 아버지께 진짜 편지를 쓸 수도 있을 것입니다. 이미 자기 이름을 멋지게 서명합니다.

이 어려운 시기에 아버지를 위해서 계속되는 저희의 기도를 기대하시고, 저희 모두가 마음 깊이 사랑과 연민을 느끼는 것을 알아주세요.

   사랑하는 페어맨 올림

추신: 사업상의 글을 덧붙이겠습니다.

---

[230] 할아버지 Samuel Rhea Preston(1849.9.4~1929.12.6)과 손자 Colonel Rhea Sutphen Preston(1923.3.16~1995.1.5)은 Rhea라는 같은 이름을 가졌음.

1928년

1928년 1월 5일
한국, 순천

사랑하는 아버지,

연휴가 지나갔습니다. 이곳에서 저희는 저희의 주의력을 끄는 활동을 하며 새해로 들어갑니다. 저희 남사경회가 3일 개강했는데 너무도 추운 날이 계속되어 평상시와 다르게 적은 수가 등록했습니다. 오늘은 날이 조금 풀렸고, 사람들이 하나둘 더 들어오고 있습니다. 한국의 새해 명절 기간이 다가오기 때문에 남자들이 집회를 하기에는 좋은 시간이 아닙니다. (음력 1월 1일이 올해는 양력 1월 23일입니다.) 설 이전에 집 안을 정리하는 것이 관습입니다. 아직 해결되지 않고 있는 채무를 모두 징수하고, 빚을 다 갚고, 깨끗한 옷뿐 아니라 깨끗한 상태로 시작하는 일입니다. 사경회에 가장 좋은 때는 설 바로 다음입니다. 그런데 올해는 여자들이 그 시기를 선점했습니다. 사경회 시기는 남자와 여자들이 교대로 선택합니다.

플로렌스는 학교로 돌아갔고 미리암은 언더우드 목사 부부[231]가 자신의 집에서 주최하는 일 주일간의 파티에 참여하며 서울에 있습니다. 플로렌스와 미리암을 2일에 광주로 운전해서 데려가 줬고 (미리암이 운전했다는 말이 더 맞습니다.) 기차에 태웠습니다. 그 아이들이 너무도 추운 날씨를 만나게 되어서 아쉽습니다. 돌아오는 길에 한 차 가득 손님들을 모시고 왔는데, 그 손님들 대부분이 오늘 윌슨 의사와 같이 돌아왔습니다. 어제 아침 8시 30분에 온도계가 화씨 8도[232]였고 하루 종일 화씨 15도[233]

---

[231] Horace Horton "Won-Han kyon" Underwood(1890.9.6~1951.2.20)와 Ethel Van Wagoner Underwood(1888.4.11~1949.3.17) 부부.
[232] 섭씨 영하 13.3도.

이상으로 올라가지 않았습니다. 오늘은 밝은 햇살이 있으며 바람이 잦아들었고 바람 방향도 바뀌었습니다. 일반적으로 이곳에서는 오래 지속되는 추위는 없습니다.

저희는 조용하지만 매우 즐거운 크리스마스를 보냈습니다. 직계가족을 제외하고는 밀러 선교사만이 저희와 함께 있었습니다. 순천선교부의 크레인 목사의 누나인 재닛 크레인(Janet Crane)[234] 선교사와 서울에서 온 교사인 헬렌 애봇(Miss Helen Abbott)이 순천선교부를 찾은 유일한 방문객들이었습니다. 미리암이『더 버즈 크리스마스 캐럴』에서 한두 장(章)을 가져와서 아이들의 연극을 올렸습니다. 그 연극에 모두 즐거워했습니다. 러글스 집 아이들(Ruggles)로 연기하기 위해서 아이들이 할 수 있는 것은 분명 자연스럽게 행동하는 것 뿐이었습니다.[235]

크리스마스 아침에 리아를 보실 수 있었다면 좋을 텐데요. 그 아이가 처음 본 것은 형 와일리의 도구 상자인데, 리아는 와일리에게 그 상자를 가리킨 후 새로운 자동차를 봤습니다. 그 아이가 미국에서 타던 옛날 자동차가 지금은 다 부서졌는데, 그 아이는 서울에서 옛날 자동차를 대체하는 그 새 차를 샀습니다.

저희는 플로렌스와 즐겁게 지냈습니다. 플로렌스는 건강이 좋아 보이며 학교에서도 모두를 친구로 삼을 뿐 아니라 학교생활도 잘하고 있습니

---

233 섭씨 영하 9.4도.
234 Janet Crane(한국명: 구자례, 1885.7.23~1979.11).
235 *The Birds' Christmas Carol*는 Kate Douglas Wiggin가 써서 1888년 출판한 책. 크리스마스에 태어난 Carol Bird라는 소녀가 주인공인 이야기. 만나는 주변 사람들에게 긍정적인 영향을 끼치는 사랑 많고 베푸는 성격의 소녀는 막내로 자기를 무척 아껴주는 오빠들이 몇 있음. 그런데 이 소녀가 5세에 병이 들어 10세에는 누워있을 수밖에 없고 생명이 얼마 남지 않게 됨. 그런데 소녀의 집 근처에 어렵게 사는 노동자 집안 Ruggles 씨의 자녀들이 아홉 명이 있는데, 이들을 위해 크리스마스 파티를 열어주는 이야기임. Ruggles 아이들을 연기하는데 자연스럽게만 행동하면 됐다는 것은 연기하는 아이들이 Ruggles 집 아이들처럼 가난했다는 이야기임.

다. 플로렌스와 미리암이 한국 아이들을 위해 크리스마스 양말을 장식하면서 재미난 시간을 많이 가졌습니다.

요즘이 한국인들이 결혼하는 때입니다. 매일 결혼 행렬을 볼 수도 있습니다. 심지어 기독교인들 사이에서도 소녀가 19세나 20세 이전에 결혼하지 않으면 노처녀로 여겨집니다. 이 관습은 교육에 큰 장애물입니다.

다가오는 해는 저에게 바쁜 해가 될 것입니다. 엉거 목사가 안식년으로 고국으로 돌아가며, 순천선교부는 저에게 다른 사역에 더하여 남학교를 담당하라고 성화입니다. 제가 학교를 책임진 지 오랜 시간이 되었습니다. 저는 학교를 담당해야 한다는 생각을 좋아하지는 않습니다만 맡을 수밖에 없을 것 같습니다.

샬럿 벨 린튼에게 네 번째 아들[236]이 있습니다. 린튼 선교사 가족은 7월 1일 안식년으로 고향으로 갑니다.

저희 모두는 아주 건강합니다.

아버지도 건강하시길 소망하며 저희 모두 사랑을 보내드립니다.

                사랑하는 페어맨 올림

---

[236] Rev. Thomas Dwight Linton Sr.(1927.12.4~2010.1.11). 호남신학대 총장 역임.

1928년 7월 15일
한국, 지리산 휴양촌[237]

고향에 있는 가족들에게,

오늘 저는 안식일 휴식의 특혜와 편안함을 즐기고 있습니다. 눈코 뜰 새 없이 힘들고 긴장되는 삶을 수 주간 살다가 여기 높은 곳에서 구름 속에 있는 것이 얼마나 큰 쉼이 되는지요! 제가 가족들을 항상 생각하고 기도한다는 것을 다시 말하는 것이 불필요하지만, 많이 늦은 편지지만 편지를 보냄으로써 그렇다는 것을 알려드립니다.

저희는 이곳에 3일 전 도착했으며 7월 31일까지 임대한 집에서 편하게 있습니다. 건물 두 채를 감독해야 해서, 다음 몇 주 동안 저에게는 소위 휴식은 아닐 것입니다. 그러나 제때 건축을 잘 마쳐서, 최대한 휴식을 취하고 지금 건축 중인 저희의 새 별장에서 잘 지낼 수 있기를 바랍니다. 중국인 건축업자가 일꾼을 충분하게 보내주지 않았습니다. 그래서 건축이 한 달 늦춰지고 있으며, 8월 1일까지 새로운 집에 들어가지 못해서 실망하게 될 것입니다. 그러나 그때에는 주민공동시설이 완성될 것으로 희망하며, 프레스톤 가문이 틀림없이 어떻게든 해낼 것입니다. 저희 별장의 고도는 4,100피트로 별장 앞으로는 두 방향으로 장관이 펼쳐집니다.

별장은 돌로만 지어지지만, 디자인은 굉장히 평범합니다. 건물의 앞 절반에는 거실과 식당이 있는데 12×26피트이고, 한쪽 끝에는 출입구가

---

[237] 전남 구례군 산동면 좌사리 산 110-2 옛 지리산 노고단 선교사 휴양촌 (Camp C. E. Graham). 1922년 조선총독부와 도쿄제국대학과 교섭하여 '묵인'하에 1922년 7월 하순 크레인 목사가 노고단에 천막 7동과 통나무집 6동 건립. 1928년 돌집 18채, 강당(예배당) 건립, 1931년 건물 32동 완성, 1940년 11월 선교사 귀국 및 수양관 폐쇄(56개 동)(『지리산 선교사 유적 조사와 문화재적 가치연구』, 사단법인 지리산기독교선교유적지보존연합, 2009.8., 64~65쪽)

있고 반대편 끝에는 큰 난로가 있습니다. 풍경을 볼 수 있도록 창문이 두 개인 창 하나와 창문이 하나인 창 두 개가 앞에 있습니다. 침실, 욕실, 그리고 부엌이 뒷면을 차지하고 있으며, 다락방에 침대가 두 개 있습니다. 중력에 의해서만 물이 흐르도록 배관 작업을 하여 얼음처럼 차가운 샘물이 부엌 위에서부터 나올 것입니다. 그 집과 땅 고르기 작업에 약 1천 달러가 들 것으로 우리는 견적을 냈습니다만 저는 그보다는 덜 들었으면 합니다.

돌로 된 주민공동시설은 30×40피트인데, 중앙에 큰 난로가 있고 끝에는 연단이 있습니다. 이 건물은 2주 이내에 완성될 것이고 이 휴양촌의 큰 자산이 될 것입니다.

이미 이곳에 27명이 있으며 한 주 지나면 더 많은 사람이 있을 것으로 예상합니다. 이 숫자에는 하인들이 포함되지 않습니다. 역대급으로 많은 사람이 와서 이곳이 넘칠 것입니다.

미리암과 플로렌스는 8월의 첫 두 주 동안 소래 해변[238]으로 갈 계획을 하고 있습니다.

가족들의 여름 계획이 무엇인지 궁금합니다. 아버지께서 다시 입원해 계시다는 불안한 소식이 담긴 아버지의 편지를 받았습니다. 아버지께서 오래 입원하시지 않기를 또한 아버지께서 산에 가실 수 있기를 바랍니다. 몬트리트에서 섀넌과 존 페어맨이 보낸 좋은 편지를 받았습니다.

이곳에서는 지금까지 아주 좋은 계절입니다. 작년과 마찬가지로 우기가 실제로 오지 않았습니다. 대신에 고향에서처럼 이따금 장마가 있었습니다.

안식년을 맞아 고향으로 돌아가는 한국선교회 선교사 중 몇 사람을 만나기를 바랍니다. 린튼 선교사 부부와 네 명의 아들, 스와인하트 선교사

---

[238] 1883년 황해도 장연군 대구면 송천리에 세워진 소래(松川)교회 인근 해변. 현재는 북한의 행정구역 개편에 따라 황해남도 룡연군에 위치함.

부부, 매티 테이트와 (버지니아 위더빌 출신의) 레나 폰테인(Lena Fontaine)[239], 마가렛 하퍼[240], (순천선교부) 엉거 목사 부부, 보이어(E. T. Boyer) 목사 부부[241]가 돌아갑니다. 해리슨 목사는 매우 아픈 상태로 고향으로 돌아가고 있는데 그의 가족과 그리어 선교사가 함께 갑니다. 간호사인 그리어 선교사는 마지막 순간에 해리슨 목사와 같이 가도록 보내졌는데, 해리슨 목사가 살아서 고향에 돌아가지 못할 수도 있다고 걱정해서입니다.[242]

스위코드 목사는 상당한 시간 동안 기다린 후에 결혼했는데, 아내가 신체검사를 통과하지 못했기 때문에 그가 한국으로 돌아오지 않을 것이라는 소식을 저희가 막 접했습니다.[243] 매키천 목사 부부와 도슨 선교사[244]는 기약 없이 연기되었습니다. 도슨 목사[245]와 마틴 선교사는 사직했으며, 마틴 선교사와 그레이엄 선교사는 환자 목록에 있습니다. 그래서 우리 구성원들이 아주 빠르게 줄어들고 있습니다. 작년에 베인(Miss Bain)[246] 간호사와 길머 의사(Dr. Gilmer)[247]가 사직했으며, 그레이(Miss Gray)[248] 선교사와 휴즈(Miss Hughes)[249] 선교사는 결혼하고 돌아오지 않았습니다.

---

239 Lena Royster Fontaine(한국명: 반리라, 1888.2.1~1981.2.18).
240 Margaret Higgins Hopper(1886.5.27~1976.11.6). Joseph Hopper(한국명: 조하파, 1892.7.1~1971.2.20) 목사의 누나로 1923~1957년간 한국 선교사로 일함.
241 Elmer Timothy Boyer(한국명: 보이열, 1893.5.28~1976.4.15)와 Gladys Perkins Boyer(1894.5.16~1968.7.21) 부부.
242 Harrison 목사는 1928년 9월 22일 사망함.
243 Donald Augustus Swicord(한국명: 서국태, 1894.8.21~1969.2.20)와 Virginia Mays Swicord(1902.8.3~1983.11.26) 두 사람은 1928년 5월 18일 Monroe County, Ga에서 결혼함.
244 Mary Lucy Dodson(한국명: 도마리아, 1881.5.17~1973.12.28). Samuel Kendrick Dodson(1884.5.12~1977.5.20)의 누나.
245 Samuel Kendrick Dodson(한국명: 도대선, 1884.5.12~1977.5.20).
246 Mary Rachel Bain(1885.6.19~1975.1.6). 1921~1928년간 사역함.
247 William Painter Gilmer(1980.5.26~1978.7.4). 1923~1927년간 선교함.
248 Annie Gray Crook(1893.11.20~1978). 1927년 3월 15일 결혼함.
249 Florence Pauline Hughes Seats(1892.9.9~?). 1921년 목포에서 선교를 시작함.

2, 3년만 더 있으면 미국남장로회 한국선교회는 줄어들어서 최소한의 인원만 남을 가능성이 큽니다. 아마, 이렇게 되는 것이 국내외 선교 사역이 직면한 변화하는 조건에 따른 논리적 결과일 것입니다. 우리가 전례 없던 기회를 가졌던 시기에 열심히 시도했다는 것이 기쁩니다.

저희 모두는 최상의 건강 상태입니다. 리아는 항상 건강하고, 성홍열을 앓았지만 좋지 않은 결과는 없습니다.

순천에 있는 저희의 건강을 정말로 좋게 만들고 편리한 이렇게 좋은 휴양촌이 있어서 기쁘고 감사합니다. 집에서 나와 5시간 이내에 산 정상에 갈 수도 있습니다!

이런 전반적인 말을 하면서, 가족들 한 명마다 보내는 짧은 편지를 동봉하고자 합니다. 여름철에 플로이와 바크먼에게서 짧은 편지가 오기를 기대하는 것은 너무 터무니없는 것일까요?

모두 노력해서 (외투, 정장, 또는 망토) 중고 옷을 우리 한국인들에게 보내주십시오. 아이들 옷도 적극 받습니다.

이곳에 있는 저와 모든 가족이 사랑을 보내며, 가족 모두 건강하고 행복하기를 바라고 기도합니다.

사랑하는 페어맨 올림

1928년 7월 19일
한국, 지리산 휴양촌

사랑하는 아버지,

가족 모두를 대상으로 한 동봉한 편지를 일요일에 썼는데, 여기에 개인별 짧은 편지를 보낼 준비를 하기 전에 목요일이 되었습니다. 저는 이곳에서 건축 작업과 연관된 점점 많아지는 일에 사로잡히고 있습니다.

아버지의 편지에서 아버지께서 다시 병원에 가셔야만 했다는 것을 알고 저희는 정말 심란했습니다. 그렇지만 단지 작은 수술이기에 저는 아버지께서 신속하게 회복되셨을 거라고 확신합니다. 폭풍우는 지나갔고, 아버지께서는 고요함과 햇살을 지금부터 계속 즐기실 것을 희망합니다.

아버지께서 병원에 다시 가셔야만 했을 때까지 아버지께서 새로 지은 디케이터 호텔에 편하게 계셨다고 미국 가족들이 편지했습니다. 그 말을 듣고 참 잘 준비했다는 생각이 들었습니다. 아버지께서 개인 집에 계실 때보다 더 많이 독립적이고 플로이와 야네프와 더 가까이 계실 수 있을 것이기에 그렇게 계속했으면 합니다. 디케이터 기후는 매우 적합하고 주변은 쾌적합니다.

저는 다음 여름에 고향으로 갈 것을 희망했고 기대했지만, 현재로서는 갈 가능성이 없어 보입니다. 엉거 목사, 로저스 의사, 윌슨 의사가 모두 휴가로 고향에 있을 것이고, 코잇 목사, 크레인 목사, 그리고 저는 우리가 하는 정기적인 사역에 더하여 기관 세 곳을 운영해야만 할 것입니다. 세 사람 중 두 사람이 기관 세 개를 운영하고 추가로 저의 정규 사역까지 떠맡는 것은 실제로 불가능할 것이며, 저도 그렇게 해달라고 요청할 수도 없습니다. 그러나, 그다음 해 즉 1930년에 고향에 가는 것을 계획할 수 있습니다. 그때는 다시 한번, 온 가족이 만날 수 있도록 시간을 내기를 기도합니다.

아버지의 사업에 대해 어떤 것이든 저에게 편지하신 후 너무도 오랜 시간이 흘렀습니다. 저에게 알려주실 수 있다고 느끼자마자, 아버지께서 병원비와 의료비로 총지출을 얼마나 하셨는지 알려주시면 좋겠습니다. 또한 생계비 등은 얼마인지 알려주십시오. 아내와 저는 저희 능력의 한계까지 도와드리고 싶습니다. 재정에 대해서 아버지께서 걱정하지 않으시는 것이 중요합니다.

애틀랜타 공동주택의 상태는 어떤가요? 아버지께서 여전히 소유하고 있다고 저는 알고 있습니다. 임대하는 데 어려움은 없으신지요?

플로이, 바크먼, 야네프에게서 간접적으로 듣는 것 말고는 어떤 소식도 듣지 못합니다. 아이다와 리아는 규칙적으로 편지합니다. 태평양을 가로질러 보내진 편지에 대한 답장을 얻는 데 걸리는 시간에 익숙해지기가 어렵습니다. 그런 생각에 편지 쓰기가 어려워지는 것 같습니다.

저희 모두 건강하며 산에서 즐겁게 지내고 있습니다.

저희 모두의 사랑을 전합니다. 아버지께서 회복 중이시길 바랍니다.

사랑하는 페어맨 올림

1928년 8월 24일
한국, 지리산 휴양촌

너무도 사랑하는 어머니,

편지 쓰기는 제가 요즘 거의 하지 않는 운동입니다. 이것을 심지어 어머니께서도 증언하실 수 있습니다. 아침 먹기 전 조금의 고요한 시간을 훔쳐서 어머니께 짧은 편지를 보내며 진짜 편지는 나중에 보내겠다고 약속드립니다.

이곳 산 위에서 아주 좋은 시간을 보내고 있습니다. 비도 거의 오지 않았고 선교사 친구들과 유쾌한 사귐이 있습니다. 모두가 신체적인 면에서도 영적인 면에서도 놀랍도록 강건해졌습니다. 미리암과 플로렌스는 (서해안에 있는 바다 휴양소인) 소래 해변에서 2주를 보내고 지난주 15일 돌아오면서 엘러 레이놀즈[250]를 데리고 왔습니다. 프린스턴 대학교 급우인 월터 어드먼 박사[251]가 지금 저희를 방문하고 있으며, 저희는 이들 손님들과 아주 즐겁게 지내고 있습니다. (월터 어드먼 박사는 프린스턴 대학 교수인 찰스 어드먼 박사의 동생입니다.)

할 일이 많은 건축일 때문에 극도로 바빴습니다만 이곳 산의 공기 속에서 놀라운 "기운"을 갖게 되었고 기분이 좋습니다. 여전히 세 명의 목수가 별장 주변에서 빈둥거리고 있지만, 거의 끝나갑니다. 즉시 다른 두 개의 건물을 시작할 것입니다. 이번 여름에는 "등산"을 두 번만 했는데, 어제 그중 하나를 했습니다. 아주 좋은 날이었으며, 평지의 무더위 속에서 땀을 뻘뻘 흘리는 순천이 보였고, 망원경으로 보니 순천선교부 집들이 보였습니다. 산 아래는 모든 곳이 심한 가뭄과 뜨거운 날씨로 고생하고 있다는 말이 들려왔습니다.

250　Ella Tinsley Reynolds Groves(1902.12.11~1997.12.19).
251　1922년 3월 1일 자 편지 참조.

고향에 있는 모두로부터 좋은 소식을 들어 기쁩니다. 아버지께서 힘든 시련을 안전하게 마치시는 것에 또한 야네프가 회복 중인 것에 감사합니다. 저희가 그곳에 있어서 도와드렸으면 하고 바랍니다. 어머니께서 이곳에 계시면 저희가 어머니와 즐겁게 지내면서 어머니를 도와줄 수 있으면 좋겠습니다. 아버지에 대해서 저희가 상당히 불안했습니다. 특히 야네프가 아주 힘든 시간을 보내고 있다는 것을 들었을 때 그랬습니다.

아버지 원 목사가 아들(Dwight), 딸(Emily)과 함께 이곳에 있습니다. 그분은 84세인데, 독립적이고 활동적입니다. 최근에 약해지신 것처럼 보입니다만 매일 집 밖으로 나가십니다. 이번 여름에 예배를 두 번 인도하셨습니다.

저희는 30일까지 있을 예정입니다. 그날에 우리는 학교를 개학하러 내려갈 것이며 플로렌스와 와일리를 평양으로 보낼 것입니다. 제가 이곳에서 해야만 하는 일 때문에 이곳에 몇 차례 더 올 수밖에 없을 것인데 제가 아내를 설득해서 10월에 2, 3주 이곳에 올 수도 있습니다. 저희의 계획은 아직 미확정입니다. 이곳에 올라오려면 가을에 열리는 집회에 참석하지 못합니다. 그런데 저는 3년간 그 집회에 참석하지 않았습니다.

모든 가족이 건강하고 모든 일이 부드럽게 진행되기를 바랍니다.

어머니와 가족 모두에게 저희 가족 모두의 사랑을 전합니다.

사랑하는 어머니의 아들 페어맨 올림

1928년 9월 7일
한국, 순천

사랑하는 아버지,

아버지의 생신에, 아니면 생신 전에, 축하 편지가 그곳에 도착해야 했는데 그렇지 못했고, 생신이 지났는데도 여전히 편지를 못 보내고 있습니다. 제가 보냈어야 했습니다. 그런데 "하지 않는 것보다 늦게라도 하는 것이 더 낫다"는 말대로 바쁜 오전의 한가운데에 있지만 저희가 아버지를 생각하고 있다는 것과 아버지께 편지드리지 않고 하루를 더 보내지는 않겠다는 것을 알려드리고자 이렇게 몇 줄 적고 있습니다.

아버지께서 작년의 시련을 안전하게 끝내셨다는 것에 대해서 그리고 전에 가지셨던 건강과 힘을 완전히 회복하는 중이시라는 것에 대해서 기뻐하는 시간입니다. 아버지께서는 환자들이 간호와 시중에 의존하는 습관이 생길 만큼 오랫동안 병원에 계셨지만, 그 습관을 오래전에 떨쳐내셨습니다. 병약하고 의존하는 마음을 사람들은 두려워해야 하며 확실히 물리쳐야 합니다. (지금 84세인) 아버지 윈 목사님이 지금 저희를 방문하고 계십니다. 저희는 그분과 지리산에서 이번 여름에 6주를 같이 있었습니다. 저는 그분을 면밀하게 관찰했습니다. 그분의 규칙 중의 하나는 의자에서 일어나실 때, 계단을 오르내릴 때의 경우 등에서 마치 늙거나 병약한 것으로 보일까 봐 누구의 도움도 허락하지 않는 것입니다. 그분은 계속 다니시는데, 종종 단지 의지력으로 그렇게 하십니다. 그분은 휴양촌에서 목사 역할을 하셨으며 서너 번 스스로 말씀을 전하셨습니다. 이번 여름에 한번 혈액순환이 좋지 않은 것처럼 보였고, 힘을 잃으신 것처럼 보여서 그분의 가족들과 친구들이 약간 불안해했습니다. 그러나 그분의 심장은 좋았으며 의사는 특별히 잘못된 곳을 찾을 수가 없었습니다. 아버지 윈 목사님은 자신이 괜찮다고 계속 말씀하셨으며 병상에 눕지 않았고 실외에서 돌아다니셨으며 며칠 후에는 익숙한 산책을 하셨습니다. 지금 가장 건강한 상태인 것으로 보이며 어젯밤에 우리를 위해 설교해 주셨는데 의자에 앉아서 하셨습니다. 제가 인상 깊었던 점은 그분이 좋은 심리적인 태도를 유지하신다는 것입니다. 우리 대부분이 우리의 병과 징후들에 대해 부당하게 오랫동안 생각하는 경향이 너무도 강하고, 나빠지는 육체적 힘에 대해서 계속 생각하는 경향이 있기에 윈 목사님이 우리 모두에게 좋은 본보기가 됩니다.

아버지께서 아버지의 연세를 가볍게 보시고 "79살밖에" 되지 않았다고 생각하시기를 바랍니다. 최근에 겪은 고통 다음에 아버지께서 새로운 활력과 새로 얻은 생명을 가지시고 앞으로 다가오는 세월에 건강한 마음과 건강한 몸으로 유용하며 도움이 되고 독립적인 삶을 사시기를 바랍니다!

아버지께서 8월 동안 몬트리트에 가셔서 그곳에서 즐거우셨기를 바랍니다. 지난번 편지에 보면 아이들과 매티가 아버지를 기다리고 있었습니다.

지리산에서 세 군데 집에서 살면서 아주 바쁜 여름을 보냈습니다. (마지막은 저희의 새 별장인데, 저희가 떠난 8월 30일에도 목수들이 빈둥거리고 있었습니다.) 저는 30×40피트의 강당을 포함하여 집을 6채 지었습니다. 결과적으로 여름 내내 극도로 바쁘고 열심히 일하느라 독서할 시간도, 편지할 시간도, 공부할 시간도, 여가의 시간도 없었습니다. 아주 좋은 계절이었습니다. 매우 건조했고, 아름다운 10월의 마지막 날 같은 날씨가 계속되었습니다. 결과적으로 저는 좋은 몸 상태로 지냈으며 한국에서 다른 곳에는 없는 (숙박시설을 제외하고) 완전한 산속 여름 휴양촌을 완성해서 행복합니다. 숙박시설은 아직 완성되지 않았는데, 내년 봄에 적어도 한 부분은 세워질 것입니다.

순천으로 돌아오고 나서, 아이들을 학교에 보내고, 한국인 대상 남학교를 개학하고, 저의 정규 사역의 일상적인 반복적인 삶을 살면서 정신없는 소용돌이 속에 있었습니다.

아이들이 떠나기 전에, 저희는 선교 25주년을 코잇 목사 가족과 함께 기념했습니다. 순천선교부에서 6명이 평양으로 가서 큰 빈자리가 생겼습니다. 가장 나이 많은 미리암과 가장 어린 리아가 저희와 함께 있습니다. 리아는 이번 달에 학교를 다니기 시작할 것입니다. 로저스 의사의 자녀들이 다음 달에 안식년으로 떠나며 크레인 목사 가족은 평양에 특별한 일이 있어서 크리스마스까지 없을 것입니다. 그래서 리아[252]가 놀 사람은 밀드리드 코잇[253]뿐이라 외로울 것입니다. 윌슨 의사 부부가 온다는 것을 잊었습니다. 그들이 리아의 동반자가 될 것입니다.

이곳 날씨는 매우 더웠고 여전히 덥습니다. 산에서 돌아오고 나서 계속 고통을 받아왔는데 디케이터에서의 경험이 생각납니다. 전라남도에는 거의 전례 없던 폭풍이 쳤고, 북한에는 가난 때문에 난리[254]가 났으며, 한국의 북동쪽에서는 도(道) 하나의 70%에 영향을 끼친 홍수로 거의 1,000명이 익사했습니다.[255] 이곳에서 남쪽과 동쪽으로 가는 것을 제외하고 모든 길이 끊겼습니다. 여기는 피해가 없습니다.

아직도 아버지 병원 지출금 명세서를 받지 못했습니다. 얼마나 돈이 들었는지도 알 수 없습니다. 아직 보내지 않으셨다면 명확한 명세서를 보내주십시오. 아버지 대신 저희가 그것을 해결하고자 합니다.

모두가 건강하게 지내시리라는 것을 믿습니다. 저희 모두가 사랑을 보내드립니다.

사랑하는 페어맨 올림

---

[252] Colonel Rhea Sutphen Preston(1923.3.16~1995.1.5).
[253] Mildred Woods Coit(1918.9.25~2017.4.17).
[254] 1928년에 한반도 대기근이 발생했으며, 한국에서 구세군 냄비가 최초로 등장함.
[255] 함경남도를 말하며, 함경남도의 중부를 흐르는 성천강(城川江)이 동해로 빠져나감. 광복 전까지 강물줄기가 정리되지 않아 홍수 때마다 큰 피해를 입었다고 함.

1928년 10월 7일
한국, 순천

사랑하는 아버지,

가족 모두가 보도록 한 이 편지를 쓴 날 아버지께 따로 편지를 보내드리려고 했었는데, 벌써 바쁜 일요일의 끄트머리가 되었습니다. 그리고 아침이면 저희는 집에서 떠나게 됩니다. 즉시 건축해야 하는 새 건물에 대한 견적서와 건축 도면, 그리고 밀린 일들로 한 주간 정신이 혼미할 정도로 바빴습니다. 지금은 짧게 편지드리는 것에 만족해야 할 듯합니다만 아버지께 이른 시간에 다시 편지드리겠습니다. 지난 몇 주간 제가 어머니에 대해 신경 쓰지 못한 것이 마음에 걸립니다. 지금부터는 확실히 더 잘하겠습니다.

저는 서울까지 아내를 차로 데리고 갈 것입니다. 서울에서 차 도색을 다시 하고 정밀 검사하도록 차를 맡기고 즉시 집으로 돌아와서는 차를 찾으러 2주째 되는 날에 서울로 다시 갈 것입니다. 그러는 동안 아내는 아이들을 보러 평양으로 갈 것이고 저와 함께 돌아올 것입니다. 리아가 저희와 함께 갈 것입니다. 아직 저의 몸이 매우 튼튼한 것이 아니라서 운전에 도움을 줄 한국인 운전사를 데리고 갈 것입니다. 오늘 제가 수술 받은 후 처음으로 시골로 갔습니다.

수술적인 면에서 보면 치질 수술은 아주 간단합니다. 그렇지만 환자에게 있어서는 수술 후 가장 고통스러운 것입니다. 아마도 제가 몇 주 동안 어려움을 겪을 것 같습니다.

아버지께서 야네프와 가깝고 플로이와 연락이 되는 신축 호텔에 계시는 것을 알아서 기쁩니다. 개인 가정보다는 그곳에서 계속 더 편안하시고 더 독립적이라고 느낄 수 있으리라 믿습니다. 그렇게 하시는 것이 적어도 현재로서는 최고로 잘 하신 것처럼 보입니다. 그렇게 하면서 드는 비용은 확보된 월세로 다 충당할 수 있다고 생각합니다. 제가 편지에서 말씀드렸듯, 아내와 저는 아버지의 병원비를 다 내드리려고 합니다. 저희가 너무 바빠서 현재 저희의 재정 상태를 볼 수 있는 (건축과 선교회) 1001 계좌를 아직 다루지 못하고 있습니다. 그렇지만 곧 그 계좌에 접근하여서 최대한 일찍 저희가 아버지께 잔고를 보내드리겠습니다. 아버지께서 800달러를 내셔야 한다고 제가 생각했었는데 아버지께서 말씀하시듯 최소한으로 하려고 모든 노력을 기울였지만 병원비가 예상했던 것보다 더 많습니다. 아버지께서 이 고통스러운 경험을 끝내시고 다시 건강해진 것에 기뻐하며 감사드립니다. 이 경험은 들었던 돈 가치만큼이 되고, 훨씬 더 많은 가치가 있습니다.

아버지와 어머니의 소요 경비가 아버지의 수입을 초과하는 것은 아닌지 걱정되어서 불안했습니다. 그런데 이 면에서는 여러 달 동안 어떤 것도 듣지 못했습니다. 소요 경비라는 말은 의료비를 포함하지 않은 일반적인 생계비를 이야기합니다. 아버지의 현재 연간 수입이 어느 정도인지를 보내주시고 아버지와 어머니의 연간 생계비가 얼마인지 보내주시면 좋겠습니다. 저희가 도와드리려고 해왔지만 현명하게 또는 영리하게 도와드렸는지는 저는 알 수가 없습니다. 아버지께서 명세서를 보내주시면 저희가 평가하는 데 도움이 될 것 같습니다.

제가 아버지와 어머니의 병환에 대해서 들었을 때, 저는 고향으로 가서 아버지와 다른 사람들을 직접 만나 이야기하면서 해결하고 싶은 충동이 들었습니다. 아내가 그렇게 하라고 관대하게도 저를 재촉했습니다. 그런데 현재의 사역과 가족을 이곳에 두고 떠나기가 어려운 것은 말할 것도 없고, 경비도 많이 들며, 저희가 미래에 도와드릴 수 있는 도움을 확장하는 것이 불가능하지는 않겠지만 어려워집니다. 현재 아내는 몇 년 동안보다 더 수입이 줄어든 것을 느끼고 있습니다. 아내는 아주 중요한 투자에서 평상시 배당금의 절반만 받았습니다. 더럼 직물공장[256]은 계속 채무불이행을 하며, 칼튼 아파트먼트(Carleton Apartment) 채권에서 300달러 넘게 손실 입었습니다. (아내의 실패입니다.) 그렇지만 저희는 다행히 그런 채권에 있어서 크게 피해를 입지 않았는데 제 생각에 채권을 고를 때 극도로 신중했기 때문입니다. 저희가 채권에서 아직 벗어난 것은 아니고 휴스턴 메디컬 아츠(Houston Medical Arts) 채권에도 문제가 있어 보입니다. 디케이터 부동산이 여전히 동결된 자산으로 묶여있는 상황에서, 저희의 교육비가 정점에 있는 때에 이 모든 일이 생겨서 저희가 생각할 거리도 많고 조심스럽게 계획해야 합니다.

저희가 투자한 것들 중의 일부가 저희 생각에 상당 기간 좋은 이자율을 보이고 있었지만, 가까운 미래에 회수될 것으로 보입니다. 그렇게 된다면 재투자에 많은 문제가 생긴다는 것을 의미할 것이고 불가피하게 이자나 수입이 더 낮아지는 것을 의미하게 됩니다. 저는 그런 채권들이 (예를 들면 허트(Hurt) 빌딩[257]) 만기 전에 중도 상환이 가능하다는 것을 몰랐습니다. 아버지께서 알고 계셨나요? 저는 허트 채권이 어느 때건 102%로 중도 상환될 수도 있다는 것을 이해합니다.

아버지께서 아프신 후, 저희는 디케이터에 있는 오닐(O'Neal)과 맥리언(McLean)에게 편지하여서 (애틀랜틱 뱅크[258]의 지부) 데이비스 앤 와일리(Davis and Wiley) 은행에 있는 아내의 계좌로 월 임대료를 보내라고 했으며 세금 등에 필요한 모든 돈은 아내의 대리인인 S. H. 와일리[259]가 보낼 것이라고 했습니다. 저희는 그들로부터 답을 받지 못했습니다. 아내 말로는 (저희가 편지를 한 후 곧 지난봄에) 그곳의 자신 계좌 하나에만 입금되었

---

[256] Durham Hosiery Mills Company. 1894년 설립되어 1969년까지 운영된 섬유 제조 업체.
[257] Hurt Building. Atlanta, Ga.에 있는 삼각형의 독특한 18층 건물. 1913년에서 1926년 사이 건축됨.
[258] Atlantic Bank and Trust Co.
[259] Samuel Hamilton Wiley(1888.6.19~1968.1.16). 프레스톤 부인의 둘째 오빠.

다는 것을 봤다고 합니다. 아버지께서 어떻게 된 사정인지 꼭 알아봐 주십시오. 정말 중요한 것인데, 저는 1월 1일 시작되는 현재 회계년에 디케이터 부동산에 대한 임대에서 생기는 수입과 수리, 보험, 세금 등에 대한 지출을 보여주는 명세서를 원합니다. 수입에 대한 세금 환급을 받기 위해서 2월 1일까지 그 명세서가 있어야만 합니다. 다행히 아내는 지급해야 할 수입에 관한 세금은 없지만, 아내도 환불 서류를 작성해야만 합니다. 저는 작년처럼 이것에 대해서 추정하고 싶지는 않습니다.

인제 그만 써야 합니다. 11시가 넘어서입니다. 아버지와 가족 모두가 건강하길 바랍니다. 이 가족용 편지를 야네프와 플로이에게 전해주시면서 저의 사랑도 전해 주세요. 아버지께서 편안하게 지내시길 바랍니다. 아버지께서 몬트리트에 가지 않으셔서 실망했습니다.

가족 모두가 사랑의 인사를 보냅니다.

사랑하는 페어맨 올림

1930년

1930년 11월 10일
한국, 순천

고국에 있는 사랑하는 친구들에게,

제대로 편지도 안 해주는 사람이 단체 편지를 보내는 것은 받는 사람을 더 기분 나쁘게 만든다는 인상을 우리는 받고 있었습니다. 그런데 선교사들이 보내는 이런 전체를 대상으로 하는 편지에 관한 내슈빌에 있는 우리의 통신부가 보낸 설문지를 정독하여 보니, 고마워하는 표현들이 있어서 우리도 용기를 내어 다시 하나를 시도합니다. 이 편지를 우리가 처한 교신 지체에 대한 절망의 몸짓으로 봐주었으면 합니다. 우리는 정말 보내고자 하는 개별 편지의 일부분조차도 쓸 시간을 낼 수가 없습니다.

우리는 사역을 위해 전부 "충전되어" 8월 27일 산에서 돌아왔습니다. 지리산 휴양촌이 건강, 영감, 그리고 전반적인 향상에 있어서 선교사 단체에 의미하는 바는 어떤 계산을 다 벗어납니다. 우리 미국남장로회 한국선교회의 다양한 구성원들이 3, 4년 동안의 자기를 부정하는, 힘든 노력을 기울인 후에, 이 휴양촌이 지금 완성되었으며 명성이 해외로 퍼져나갔습니다. 일본과 중국뿐 아니라 한국 전역에서 온 선교사들이 그곳의 혜택을 즐기고 있습니다. 올해 처음으로 그곳에서 우리 한국선교회의 연례회의가 열렸다는 사실 때문에, 우리는 평소보다 더 오래 그곳에서 시간을 보낼 수 있었습니다. 똑같은 사실 때문에, 우리의 남장로회 총회 사무국에서 방문한 저명한 에드워드 D. 그랜트(Edward D. Grant) 박사 부부[260]가 7월에 우리 삶의 아름다운 부분인 그 휴양촌을 보고 우리와

---

[260] Edward Donald Grant Sr.(1897.6.18~1985.11.13)와 Georgia Voyles Grant(1900. 11.29~1985.2.24) 부부. Edward Donald Grant Sr.는 미국남장로회 총회 산하 기관

공유할 수 있었습니다. 그곳에 있었던 것과 이후 9월에 선교부들을 방문한 것이 우리 모두에게 정말 도움이 되었으면 합니다. 그들은 한국선교회를 전례 없이 좋아해 주었습니다.

우리가 산에서 돌아온 후, 일상적으로 하는 의무들 말고도 엄청나게 쌓여있는 업무로 다소 정신없이 바빴습니다. 정규적인 교회 심방 외에도 지도자를 위한 사경회 2회, 천막 집회 5회, 선교회 일로 전주로 다녀온 것, 공석인 목사직에 목사를 제공하고 채우는 특별한 노력이 우리의 일을 차지한 특별한 것들 중의 일부입니다. 새로 생긴 두 교회의 성공적인 발전에 매우 고무되어 있습니다. 제가 개별적인 노력을 서너 달 기울인 다음에, 이번 가을에 특별 집회를 열었는데 매일 밤 300에서 400명이 참석했습니다. 각각의 집회에서 임시 집회를 하기 위해 마을에 있는 학교 건물을 임대했으며, 이 집회가 영구적인 결과를 갖게 될 전망도 좋습니다.

새로운 철길이 거의 완성되었습니다. 크리스마스에는 기차가 운행되리라 기대합니다. 이곳에서 남쪽으로 27마일 떨어진 곳에 위치한, 일본에 있는 여러 항구에 매일 배를 직접 연결하는 종착역[261]과 이 철도가 연결될 것입니다. 앞으로 우리 선교회 영역으로 들어오고 나가는 여행객들이 이 노선을 이용하게 될 것입니다. 그래서 우리 선교부 중에서 가장 고립된 곳인 순천이 한국선교회의 관문이 됩니다. 북쪽으로는 전주까지 45마일을, 동쪽으로는 60마일을 완공하기로 이미 결정이 되어있는데, 이렇게 되면 순천은 기차 노선의 중심지가 될 것입니다. 우리의 항구 여수가 한국에서 가장 물이 깊은 바다라 태평양을 횡단하는 배들이 한국

인 출판국에서 1934~1952년 총무를 역임함. (He(Dr. Grant) lived in Richmond from 1934 to 1952 while serving as executive secretary of publications for the Presbyterian Church of the United States.)

261 1930년 12월 25일 순천~여수항 구간 준공 및 보통역으로 영업 개시.

항구에 혹시 정박하게 된다면 그곳에 정박할 수 있을 것입니다.

올해 풍년이 들어서 사람들은 먹을 것이 많을 것이지만 인구의 대부분을 차지하는 농부들은 농작물 가격이 하락하기에 참으로 딱한 상황에 있습니다. 농부들은 변함없는 세금을 내야 하고, 냉혹한 빚을 반드시 갚아야 합니다. 농부들이 하는 말에 따르면 올해 남은 것은 절반의 기근이 있던 해의 남은 것과 거의 차이가 없다고 합니다. 그런데 빌려서 농사짓는 땅의 가격은 폭락합니다. 정말이지 전 세계의 농부들이 어려워 보입니다. 교회가 현재 조건에서 목사들을 그대로 보유하려고 한다면 목사들에게 돈이 아니라 농작물로 지급해야만 하는 것처럼 보입니다.

남학생들을 위한 새로운 와츠 기념 학교(Watts School)[262] 건물을 완공한 것을 기뻐하고 있습니다. 이 건물은 우리의 건축 일정에서 가장 최근에 완성되었습니다. 2층 돌건물인데 넓은 교실 여러 개와 강당이 하나 있습니다. 순천선교부 친구의 선물로 지어진 이 건물로 우리 한국선교회에서 가장 매력적인 학교 시설 중 하나를 가지게 되었는데, 낮은 가격이 대세라서 비용이 10,000달러 미만이 들었습니다.

11월 3일 인상적인 예식과 함께 그 건물[263] 낙성식이 있었습니다. 순천의 지도자급 관리들과 시민들이 참석해서 아름답고 좋은 건물뿐 아니라 우리 선교회의 사역에 대하여 아낌없는 감사를 표했습니다. 이 낙성식은 순천선교부의 역사에서 가장 기념비적인 사건 중의 하나였습니다.

우리는 지난 6월 아그네스 스콧에서 우등으로 졸업한 후 1년간 우리와 함께 있는 작은딸 애니 섀넌과 즐겁게 지내고 있습니다. 애니 섀넌은 이곳에 있는 학교들에서 미술을 가르치고 있으며 저의 비서 일을 하고 있습니다. 플로렌스는 평양에 있는 고등학교를 6월에 졸업하고 유럽을

---

[262] 순천선교부가 운영하는 학교(순천남학교)로 기부자 Watts의 이름을 따서 Watts School 이라 함.
[263] 현재 순천매산중학교에 있는 매산관으로 국가등록문화재 제123호.

거쳐 미국으로 돌아갔으며 아그네스 스콧에 입학했습니다. 미리암은 예일 대학에 있으며 존 페어맨은 데이비슨 대학 4학년입니다.

월슨 의사 부부가 다시 돌아와서 좋습니다. 그들은 순천선교부의 삶과 활동에서 큰 역할을 맡고 있습니다.

우리를 위해서 계속 기도해 주십시오. 여기 한국선교회의 사역에서 여러분들은 효율적이며 계속되는 기업[264]을 가지고 있습니다. 여러분들이 생명, 보물, 기도에 투자하는 것이 주님의 영광에 그리고 이 땅에 교회를 세워나가는 데 점점 많은 열매를 맺고 있습니다.

주님의 큰 사역에 함께하는 여러분의 친구
애니 S. 와일리와 존 페어맨 프레스톤 배상

수신: 1930년 12월 3일 테네시 내슈빌
주소: 한국, 순천, J. F. 프레스톤 목사 부부
우표: 편지 5센트, 엽서 3센트

---

[264] 계속기업(Going Concern)이란 기업을 일시적으로 존속하는 것이 아니라 계속적으로 존재하는 생명을 가진 조직체로 보는 것으로 법률적 개념은 아니고 경영학과 회계학에서 사용되는 개념임. 즉, 기업을 평가함에 있어서도 현재의 영업이익 및 주가 등 특정 시점을 기준으로 하여 판단하는 것이 아니라 계속적인 관점에서 기업의 미래를 판단하는 것임.

1931년

1931년 12월 1일
한국, 순천

고국에 있는 사랑하는 친구들에게,

친구들에게 새해 인사를 전하고 친구들이 우리의 생각과 기도에 있다는 것을 상기시키려고 이 편지를 씁니다. 사랑과 기쁨과 평화라는 크리스마스의 정신이 친구들에게 무한히 있기를 기도합니다! 모든 나라의 백성들이 점점 더 많이 평화의 왕, 세상의 구원자께 선물을 가지고 온다는 것을 깨닫는 것은 놀라운 일입니다. 이곳에서 크리스마스 새벽 동트기 전에 듣게 되는 첫 번째가 한국 기독학생들이 우리의 창문 아래에서 부르는 캐럴입니다.

내년에 무슨 일이 일어날지 모르지만, 우리는 "하나님을 사랑하는 자들에게 모든 것이 합력하여 선을 이룬다"[265]라는 것을 알고 있습니다. 그래서 낙담 되는 일, 실망스러운 일, 육신의 연약함, 힘든 시기, 예산 삭감에도 불구하고, 우리는 그리스도 안에서 하나님의 약속을 믿으며 미래를 낙담하지 않고 직면할 수 있습니다. 우리는 하나님께서 우리를 사랑하신다는 것을 확신합니다. 하나님께서는 "너희 머리털까지도 세신다."[266]

지금 가족이 어려움을 겪고 있습니다. 리아와 아이 엄마가 장티푸스로 아픕니다. 리아는 자리에서 일어났습니다만 아이 엄마는 장티푸스로 16일이라는 고통스럽고 지친 날을 보낸 후에 오늘 처음으로 확실히 나아지고 있습니다. 아빠도 가정에서 필요한 일을 하는데 장성한 딸 섀넌에 의해서 유능하게 도움을 받고 있습니다. 이런 시기에 실력을 갖춘

---

[265] 로마서 8장 28~30절.
[266] 마태복음 10장 30절.

로저스 의사와 휴슨 간호사는 하늘이 보내준 천사들 같습니다. 그사이 법에 따라서 우리 가정은 병원으로 변했습니다.

우리가 한국에 온 첫해 이래로 아내가 처음 겪은 심각한 병입니다. 이곳에서 이런 종류의 장티푸스는 예방접종을 해도 완벽한 면역이 생기지 않는 것을 알았습니다. 그렇지만 증세가 감소 되기는 합니다. 친구들이 이 편지를 받을 때면 우리 모두가 다시 한번 건강해져 있을 것입니다. 또한 친구들이 이 편지를 받기 전에 좋지 않은 전쟁의 먹구름[267]이 사라져 버렸기를 그리고 형제애가 동양에서 넘치기를 우리 희망합시다.

올해는 우리의 선교 사역에 있어서 정말 힘든 일과 어려운 일이 많았습니다. 한국인들의 경제적인 어려움은 너무도 심각합니다. 면화 농사가 망한 곳에서, 쌀 추수는 평균 이하이며, 원자재의 가격은 계속해서 가장 낮고, 세금은 어느 때보다 높습니다. 1914년 이후 일본에서 쌀이 가장 많이 부족해 한국에서 쌀을 빼가고 있습니다. 토지 소유자들은 이런 상황에도 불구하고 고리로 빌려 간 돈을 갚을 것을 요구하고 있습니다. 우리가 볼 때 진짜 고통과 식량 부족이 있을 것이고 상황이 좋아지지 않으면 농민 폭동도 일어날지 모르겠습니다.

복음의 소식을 모든 곳에서 잘 들으며, 교회로 오는 확실한 움직임이 있습니다. 이 세상의 질병에 대한 치유책이 하나님을 신뢰함이라는 것을 모든 곳에 있는 사람들이 언제나 깨달을까요?

예산이 38% 삭감이 되고, 이곳 문제가 심각하여서 사역이 나아지는 것은 불가능합니다. 우리가 점유하고 있는 전략적 장소들을 지키려는 시도를 하면서 우리의 노선을 줄이고 있습니다.

---

[267] 만주사변(1931.9.18~1932.2.18). 일본 제국의 승리로 만주국이 수립되어 이후 중일전쟁(中日戰爭)까지 이어짐. 중일전쟁은 1937년 7월 7일 일본 제국의 중국대륙 침략으로 시작되어 1945년 제2차 세계 대전이 끝날 때까지 계속된 중화민국과 일본 제국 사이의 대규모 전쟁.

남장로회 한국선교회의 역사에서 지금보다 여러분의 기도가 더 많이 필요한 적은 없습니다.

이런 큰일을 하는 데 있어서 여러분들의 동역을 확인합니다.

주님 안에서 한 몸인 프레스톤 부부 배상

수신: 1930년 12월 3일 테네시 내슈빌

주소: 한국, 순천, J. F. 프레스톤 목사 부부

우표: 편지 5센트, 엽서 3센트

1932년

1932년 6월 6일
한국, 순천

순천선교부에 제출한 존 페어맨 프레스톤 부부의 연례 보고서
(사역 기간: ~1932년 6월 1일)

지난 1년 동안 겪었던 모든 어려움, 장애, 낙심되는 것들을 언급하면, 이 보고서에 너무도 많은 공간을 차지할 것입니다. 오늘의 주제 하나만 언급해도 충분할 것입니다. 경제 상황이 끔찍했습니다. 실패작인 목화를 제외하고 농작물은 평균이었지만, 가을에 가격이 너무도 낮아서 농부들의 잉여물은 빚과 세금에 즉시 삼켜져 버렸습니다. 그 결과로 수백 명이 구걸하게 되었고 수천 명이 궁핍하게 되었습니다. 이른 봄에는 산이 많은 지역에 있는 사람들이 소나무 껍질을 벗기고, 풀뿌리를 파내어 근근이 먹고살았습니다. 소나무 껍질과 풀뿌리는 기근이 있는 때에 준비하여 먹었던 것입니다. 지방 정부가 조직된 구호 활동을 수행했습니다.

지난 10월에 회계연도 중간에 10% 삭감이 되어 한국선교회의 사기가 거의 바닥났습니다. 엔의 가치가 50% 평가절하되었어도 예산이 평상시처럼 엔으로 지급되는데, 4월에 임시 예산에서 추가로 25% 삭감이 공표되어서 한국선교회는 이 상황에서 아무것도 할 수 없게 되었습니다. 우리는 바람 앞에 배처럼 앞에 암초가 있는데 표류하고 있습니다. 우리는 현재 비상 상황에서 어렵게 벗어날 수 있을지도 모른다는 필사적인 희망 속에서 급여 교환을 할 위치에 있는 사람들의 급여를 교환한 것을 운전자본(working budget)[268]에 집어넣어서 임시로 진행하고 있습니다.

현재 상황에서는, 교회가 없는 지역에서 교회를 설립하는 것이 복음

선교사들의 주요 활동이어야만 하지만 실제는 불가능한 것으로 보입니다. 기회도 있었고 전망도 좋았던 삼일 지역(Samil District)에 사역지를 열 시도가 6개월 동안 있었지만 제대로 감독하는 것이 결핍되어 포기해야만 했습니다.

항구 다른 말로 여수에서 여수 교회가 여수의 끝에 예배처를 마련했고 이웃하고 있는 섬에서 사역지를 여는 데에 도움을 주었습니다. 이 모든 일에 우리의 협조가 있었습니다.

구례군에 있는 간문(艮文) 교회가 최 장로의 지도로 큰 부흥을 경험했습니다. 최 장로는 그 지방 학교 교장의 장인으로 지난봄에 딸과 함께 살려고 왔습니다. 비록 나이가 78세이지만, 1년 만에 그는 40명의 새 신자를 확보했으며, 새로운 교회 건물을 세웠습니다. 한국에서의 옛날을 떠올리게 됩니다. 전적으로 자발적으로 하는 그의 성공적인 활동은 실제로 봉급을 받으면서 하는, 그분보다 젊은 사람들이 제대로 하지 않는 것을 수치스럽게 만들었습니다.

마을에 있는 학교들이 계속 번창하고 있습니다. 우리 순천선교부에 소속된 학교는 16곳인데 학교마다 평균 16명에서 70명이 출석합니다. 한 곳을 제외하고 모두가 정부의 허가를 받았습니다. 그곳 교사들은 교회의 지도자들을 크게 돕습니다. 이런 사역의 형식이 현재의 시골 교회(out-station) 활동에서 매우 가치 있는 것으로 보입니다. 돌실(Tolsil)[269]에서

---

[268] 운전자본(Working Capital)이란 회사를 운영하는 데 들어가는 돈을 말하며, 회계상 계정과목으로는 매출채권, 재고자산, 선급금 등 유동자산과 매입채무, 선수금 등 유동부채가 이에 해당됨. 운전자본이라는 개념을 만들어 일반적으로 널리 사용하고 있는 이유는 회사가 얼마나 유동성을 풍부하게 가지고 있는지 알아보기 위해서임. 유동자산은 쉽게 현금으로 유입될 수 있는 자산이고, 유동부채는 급하게 현금이 유출되어야 할 부채임. 그래서 유동자산이 유동부채보다 많아야, 즉 운전자본에 여유가 있어야 회사가 만약의 경우를 대비하여 안전하다고 볼 수 있으며, 경영을 안정적으로 할 수 있는 것임. (조세신보사, http://intax.co.kr/main/tax_search.asp)

[269] 전남 곡성군 석곡면의 옛 지명으로 대황강의 멋진 바위들이 많아 유래된 돌실이라고

는 4월 1일부터 부임한 신임 교사가 교회를 크게 부흥시켰으며, 이웃하고 있는 교회를 감독하는 일도 맡았습니다. 이런 학교 중 많은 학교가 폐쇄되지 않은 유일한 이유는 이 학교들이 사적(私的) 기금으로 크게 지원받고 있기 때문입니다.

성경학원에서의 사역과 한겨울 남사경회와 여사경회의 사역이 이어졌으며, 가장 유익하고 흥미로운 사역이었습니다. 놀랍고 감사하게도, 출석률이 평균 이상이었습니다. 남자성경학원은 3주간 공부 과정에 52명이 등록했습니다.

프레스톤 부인은 일주일에 세 시간씩 여학교에서 계속 성경을 가르쳐 왔는데, 기쁘게 일하고 있습니다. 하고자 했던 많은 것을 하는 데 방해받았기 때문에 올해는 실망스러운 해였다고 합니다. 우리 모두 같은 말을 합니다.

지난 7월에 한국선교회의 서기직을 수락했을 때, 이 일이 한직(閑職)이라는 인상을 받았습니다. 이렇게 생각한 것은 우리의 큰 실수였습니다. 서기직 수락 후 선교회 회의가 네 번 열렸는데 이것은 한국선교회 역사에서 기록적인 것입니다.

또 다른 의무는 광주선교부의 행정 사역을 돕는 것이었습니다. 새로운 병원 건물을 짓는데 공사업자들을 신뢰할 수가 없어서 시간과 에너지를 아주 많이 빼앗겼습니다. 앞서 제가 건축한 네 개의 건물보다 이 건물에 더 많은 어려움이 있습니다. 이 건물 건축은 오랜 시간이 걸리는 일이 될 것입니다.

가족에 심각한 병이 있어 큰 어려움을 겪었습니다. 리아가 11월에 가벼운 장티푸스를 앓았습니다. 그 후 아이 엄마가 심각한 장티푸스 공격을 받았습니다. 장티푸스를 겪고 아이 엄마가 몇 달간 완전히 회복하지

함. 석곡초등학교 홈페이지 참조.

못했습니다. 애니 섀넌은 여름 동안 유양 돌기염(乳樣突起炎)으로 매우 아팠고, 겨우 수술은 면했습니다. 3월에 와일리가 폐결핵 진단을 받고 평양에 있는 학교에서 떠나야만 했습니다. 이후 집에 머물면서 계속 주의 깊은 치료를 받고 있습니다. 그 아이는 대단한 회복을 보여주고 있어서 6월이면 미국으로 돌아갈 것입니다. 이 모든 일로 저희뿐 아니라 우리의 사랑스러운 의사인 로저스 의사도 큰 짐을 지게 되었습니다. 로저스 의사는 휴슨 간호사와 함께 큰 도움과 위로가 되었습니다. 그들의 너무도 소중한 도움 없이는 계속 나아가기가 불가능합니다.

애니 섀넌은 부모와 1년을 더 머무르면서 집 밖에서는 여학교에서 미술을 가르치면서 또한 이따금 남학교의 공업반을 위해서 황동 모델[270]을 조각해 주면서 전체적으로 유용한 도움을 주었습니다. 다음 학년도에는 순천에 있는 선교사 자녀들을 위한 학교에서 가르칠 것입니다.

미리암은 롤리에 있는 피스 대학에서 가르치고 있는데, 1년 더 가르칠 것입니다.

존 페어맨은 듀크(Duke) 대학에서 의학을 공부하고 있습니다. 플로렌스는 아그네스 스콧 대학에서 2학년을 마쳤습니다.

이 시대에 우리의 마음은 코잇 박사의 사망[271] 소식으로 슬퍼집니다. 다양한 사역지에서 세 번의 큰 추모 예배가 이미 열렸으며, 다른 두 번의 예배가 예정되어 있습니다. 여기에 수많은 지역 교회에서 추모 예배가 열렸습니다. 그는 어딜 가나 사랑받았으며, 그를 기억해서 추모해 주는 것을 보면 그가 얼마나 존경받았는지 그리고 그가 사망함으로써 대체할 수 없는 큰 손실을 입었다는 것을 알 수 있습니다. 관대하며, 이타적이고, 사랑이 많은 그의 삶이 순천 사역지에 끼친 영향은 영원히 강력했습니다.

---

[270] 황동 모델(brass model)은 황동 또는 이와 유사한 합금으로 만들어지며 일반적으로 철도 장비, 교량 및 때로는 건물의 축척 모델임.
[271] Robert Thornwell Coit(한국명: 고라복, 1878.12.21~1932.5.21).

그와 그의 헌신적인 아내는 한국에서 20년 사역하는 동안 우리와 연합되어 있었습니다.

어긋난 세상에서, 모든 곳에서 마음이 하고자 하는 것과 다른 것을 사람들이 하는 때에, "인간의 극한 상황이 하나님에게는 기회이다"라는 말을 우리는 잊을 수가 없습니다. 아주 잔잔하던, 단순한 물질문명에 대한 자신감이 거칠게 흔들리고 인간들이 하나님과 의로운 하나님의 왕국을 확실하고 확보 부동한 영혼의 닻으로 알고 돌아설 날이 가까이 오지 않았나요? 아주 약한 죄의식이 더 깊어지고 인간들이 용서와 깨끗함을 받기 위해 전능하시고 모든 것을 충족시키시는 세상의 구원자에게로 돌아설 날이 가깝지 않은가요? 하나님께서 그날을 서둘러 앞당기시기를 기도합니다!

1932년 7월 5일
한국, 순천

고국에 있는 사랑하는 친구들에게,

여러분 보기 편하게 응축시킨 우리 연례 보고서의 사본을 보내고 있습니다.

이 보고서가 준비되고 나서, 당해연도에 해당하는 계획에 따라서 우리는 50여 교회와 기독교인들 무리에 대해 감독합니다. 제 담당 지방에 더하여 코잇 박사가 과거 맡았던 지방이 저의 지방보다 더 많이 저의 어깨에 내려앉았습니다. 증가한 책임을 다할 추가된 힘을 달라고, 그러나 몸이 망가지지 않도록 여러분들이 두 배로 기도해 주셔야 합니다. (사역 7년 후에 있는) 정규 안식년이 내년입니다. 그런데 큰 적자 때문에 연기해야 했습니다.

우리의 사역이 점점 더 어려워지는데, 불확실하고 줄어드는 실행 예산(working budget)에 근거하고 있습니다. 삭감할 곳을 찾는 것이 습관적으로 하는 생각입니다. 예를 들면 봄의 해동처럼! 그런데 동결이라는 것이 좀 더 정확한 모습입니다. 요즈음에는 "모든 사람이 미쳐있고" 비정상적으로 생각하는 뒤죽박죽된 세상에서 모든 민족이 살고 있습니다. 힘든 시대에 대한 너무도 많은 말 때문에 너무도 많은 문제가 생깁니다. 그래서 결과적으로 "궁핍"의 심리학을 가져옵니다. 한국인들 사이에서는 새로운 것도 아닙니다. 경제적인 패망의 끄트머리에 있는 것이 여러 해 동안 국가적인 생각 습관이었으며, 그 생각에 머무르는 것이 애국적인 것이 되었습니다. 빈곤에 익숙해진 이런 동양인들은 이런 시기에 서양인들보다 더 정상적으로 살 수 있습니다. 그들은 한 번에 단 하루 삽니다. 암울한 미래에 관한 말에도 많이 빠지지 않고, 너무도 가난하여 암울한 미래를 공급하는 정기간행물을 구독하지도 않습니다. 그 잡지가 우울하

건 그렇지 않건 말입니다. 누구라도 뭔가를 가지고 있다면, 어떻게든 살 것입니다. 길가에서 죽어가는 사람은 아직 없습니다. 물론 불쌍한 나환자를 제외하고요. 인구의 대다수는 먹기 위하여 땅에 가까이 살아갑니다. 만약 땅이 뭔가를 내놓는다면요. 그들은 지금 보리 풍년과 장맛비에 기뻐합니다. (관습상 보리는 주로 소작인에게 돌아갑니다.)

외딴곳에 있는 교회에 3일간 가 있다가 막 돌아왔습니다. 특히 마을에 방충망이 전혀 없고 모기장도 거의 없어, 밤에는 모기 구름이 낮에는 파리 떼가 있는 곳에서 이 사람들이 어떻게 생존하는지 궁금합니다. 모깃불의 연기는 모기를 쫓아내려고 피워놓지만, 잠자는 사람은 모기보다 그 연기를 견디기가 더 어렵습니다. 파리는 물지 않기에 그냥 파리는 놔둡니다. 아이는 방해받지 않고 자는데 얼굴이 파리로 거의 덮여있으며, 파리 한 마리가 서양 사람을 계속 깨어있게 만듭니다. 무엇이건 (심지어 "예산 삭감"과 끔찍한 가난에도) 적응이 됩니다만, 인생의 비극은 어려움에 대항하여 싸울 의지를 잃었다는 것입니다. 있는 그대로 무심히 사물에 순응하는 것이지요.

지난달 있었던 우리 순천노회 회의가 힘겨웠습니다. 크레인 박사가 노회장으로 선출되었습니다. 이 일은 선교사에게는 요즈음에는 보기 드문 영광입니다. 그는 아주 신뢰받으면서 임무를 수행했습니다. 우리 순천선교부의 요청에 대한 답으로, 순천노회는 목사가 없는 교회들을 관리하는 모든 평신도 사역자를 위한 한국선교회 기금이 무엇이건 순천노회가 떠안고 그들을 고용하는 데 동의했습니다. 이렇게 해서 요즘 요행하고 있는, 한국인 사역자들을 해고하거나 봉급을 줄이는, 신경이 쓰이는 부담에서 선교사들이 자유롭게 되었습니다.

우리의 연례회의가 지리산에서 다시 열릴 것인데 우리가 편안할 수 있는 모든 설비가 갖춰진 휴양촌의 좋은 환경에서 이번 달 14일에 모일 것입니다.

여러분들의 충실한 지원에, 격려의 편지에, 또한 여러분의 기도에 감사드립니다.

여러분의 동료 사역자

애니 와일리 프레스톤과 존 페어맨 프레스톤 배상

수신: 1932년 8월 5일 테네시 내슈빌

주소: 한국, 순천 J. F. 프레스톤 목사 부부

우표: 편지 5센트, 엽서 3센트

1932년 12월 14일
한국, 순천

고국에 있는 사랑하는 친구들에게,
  이번 가을은 우리가 한국에서 보낸 가장 바쁘면서도 정신이 없었던 가을 중 하나입니다. 앞으로 몇 년간의 꽉 찬 프로그램으로 가을 사역을 시작하면서 10월 30일 윌슨 의사의 심각한 병에 의해서 제 아들 존 페어맨[272]이 호출되어 왔습니다. 윌슨 의사는 새로운 병원의 부속건물을 짓는 가장 중요한 시기에 병에 걸렸습니다. 그 건물은 11월 30일까지 완공 기한이었으며 정부는 시간을 더는 연장하지 않겠다고 우리에게 통보했습니다. 밤낮 일해서 그 건물이 완성되었습니다. 그런 다음에 시골에 있는 교회들을 더 심방했는데 그 일은 크리스마스까지 이어질 것입니다. 우리의 남자 성경학원은 12월 28일 시작합니다. 너무도 이른 시기이지만 이런 날짜는 주로 음력과 한국의 설날 위치에 따라 결정되는데 우리의 달력과 비교해서 너무도 크게 변동이 있어서 고정된 날짜를 가질 수가 없습니다. 제안된 13달의 달력이 전 세계에서 호의적인 고려를 받게 된다면 많은 어려움을 해결할 것입니다.
  윌슨 의사가 감염된 담낭(膽囊) 때문에 수술을 받았습니다. 수술해 봤더니 아주 심각한 상태였던 것이 밝혀졌고, 회복의 가능성이 적었습니다. 그런데 그를 대신해서 드리는 우리의 기도를 하나님께서 들어주셔서 윌슨 의사가 놀랍게 회복했습니다. 이번 가을에 우리 한국선교회 식구가 수술받은 사례가 여섯 건이 있었는데, 세 건은 아주 심각했습니다. 이 모든 수술에 우리의 의사인 로저스 의사가 불려왔으며, 그래서 그는 추가로 업무를 맡게 되었습니다. 모두가 회복되어서 우리는 기뻤습니다.

---

[272] John Fairman Preston Jr.(1909.8.22~2009.1.2).

이 보고서는 순회전도여행이 한창일 때 작성됩니다. 복음을 전하는 것에 대한 응답의 면에 있어서 시골 교회에서의 사역이 지난 몇 년 동안 보다 더 고무적인 것을 알게 됩니다. 대부분 교회에서 특별 집회가 열렸고, 그리스도를 믿겠다는 많은 수가 있는 것이 우리에게 보고되었습니다. 개인 전도에 대한 연합된 움직임을 강하게 추구하고 있습니다. 전반적인 사역을 위해서 『그리스도의 생애(Life of Christ)』가 100만 부 인쇄되었지만, 그것으로 수요를 다 충족하지 못합니다. 그러나, 이 모든 것에도 불구하고 이곳에 있는 마을교회가 고국에 있는 마을교회와 같은 문제를 보이고 있다는 사실은 그대로입니다. 마을교회 대부분이 정체되어 있는데, 교인이 생기는 속도가 이사해서 교인들이 없어지는 속도와 같습니다. 대부분이 도시교회로 가서 도시교회의 교인 수가 불어나는 것은 그런 도시교회들이 꾸준히 성장하는 것으로 증명됩니다.

이번 가을 경제적인 상황은 다소 좋아졌습니다. 곡물들이 괜찮았습니다. 면화는 풍년이고 작년 흉년이었을 때보다 가격이 75% 높습니다. 이런 이례적인 일은 면화 시장이 미국 면화에 의해 지배된다는 사실 때문입니다. 가격이 더 높아진 것은 전적으로 화폐가 더 싸기 때문입니다. 더 싸진 화폐의 가치 때문에 모든 가격이 점차로 오르고 있습니다. 이래서 일시적인 도움이 됩니다. 평가절하된 화폐로 수출은 장려되지만, 수입은 꺼려지기 때문입니다. 그러나 물가에서 인플레이션의 영향을 전적으로 느끼게 되면, 힘든 어려움을 겪게 될 것을 우리는 걱정합니다. 특히 봉급 생활자들이 어려움을 겪을 것입니다. 이렇게 되면 우리 선교 사역이 직접적인 영향을 받습니다. 봉급은 철저히 삭감되며 우리의 작업 예산은 벌써 62% 줄었습니다. 이런 주제에 대한 소통이 "우리는 경각심을 가지고 봅니다"로 시작되어야 합니다. 이렇게 어려운 시기에 우리를 여기까지 훌륭하게 인도해 주신 주님께 이 문제를 전적으로 맡깁니다.

우리의 여사경회가 지금 진행 중인데 등록이 254명입니다. 저의 아내가 며칠 힘겹게 인도했습니다. 밀러 선교사가 부재하는 동안 지도자 역할을 해야 했기 때문입니다.

이 편지가 1월에 있는 기도 주간 전에 여러분에게 도착했으면 합니다. 여러분의 영향력을 발휘하여 그 기간을 최대한 활용해 주십시오. 현재 보고서를 보면 또 다른 큰 결손을 피하기 위해서는 특별한 시도가 필수적입니다. 현재 상황에서 추가적인 예산 삭감이 사역에 끼칠 영향을 생각하면 떨립니다.

요즘 선교사들과 선교 사역이 미국 언론에서 매우 심하게 비판받고 있으며 비판하는 기사들이 이곳에서도 언론에 의해서 재인쇄되고 있으며 교회의 적대자들에 의해서 마음껏 선전되고 있습니다. 과거에는 ("최후의 저지선을 지키는 영웅"이라는 시구로) 과도한 찬사가 유행이더니, 오늘날은 뜨뜻미지근한 칭찬에 훨씬 못 미치는 것으로 비난을 받고 있습니다. 우리는 일희일비하지 않습니다. 우리는 (파괴적인 비판이 아닌) 건설적인 비판을 환영합니다. 우리는 우리 중 누구도 이 일을 감당하기에 큰 인물이 아니라는 것을 기꺼이 인정합니다. 그리고 우리를 비판하는 사람들이 자신들이 직접 해보는 것을 보고 싶습니다. 비판자 중 일부는 그리스도의 복음을 부끄러워하는 것처럼 보여도 우리는 그렇지 않습니다. 왜냐하면 그리스도의 복음이, 그 복음만이, 가르침과 본보기로 선포되는 곳은 어디에서든지 하나님의 권능으로 구원으로 이끈다는 것을 알기 때문입니다.

이 큰 사역에 여러분의 관심, 기도, 그리고 계속되는 협력을 확신합니다.

그리스도 안에서 여러분과 형제인
애니 와일리 프레스톤과 존 페어맨 프레스톤 배상

수신: 1933년 1월 6일 테네시 내슈빌
주소: 한국, 순천 J. F. 프레스톤 목사 부부
우표: 편지 5센트, 엽서 3센트

1933년

1933년 5월 19일
한국, 순천

고국에 있는 사랑하는 친구들에게,

이번 여름에 우리가 안식년을 가게 된다는 즐거운 소식을 전하려고 합니다. 7월 1일 고베에서 제너럴 셔먼(General Sherman)을 타고 가는데 샌프란시스코에는 16일 도착합니다. 3월에 은행 위기와 여전히 위력을 발휘하는 대공황[273]에 의해 초래된 당혹스러운 일 때문에, 우리는 올해 우리가 안식년을 갖는 것이 가능한지 아닌지에 대해서 의심하고 있었습니다. 그래서 이렇게 편지가 늦어졌습니다.

이 시기에 사역지를 떠나는데 크나큰 망설임이 있습니다. 한국선교회의 역사에서 이번 상황이 가장 불안하다고 우리가 여기기 때문입니다. 우리는 작업 예산에 내슈빌로부터 전용한 돈을 쓰고 있는데, 반복되는 삭감 때문에, 3년 전 우리가 받던 것의 아주 적은 부분만으로 사용하고 있습니다. 우리 한국선교회는 지난달 후반부에 정기 회의에서 모였고 작년에 채용한 정책 노선을 따라서 사역의 나머지를 계속할 계획을 세웠습니다. 즉 내슈빌에서 오는 예산을 선교사들의 봉급에 실현되는 "교환"으로 보충하는 것입니다. 우리 봉급이 미국 화폐로 지급되고 이 나라에서 공언한 인플레이션 정책의 영향이 실제로 크게 나타나지는 않기에, 외국 물건의 사용을 최소한으로 줄이고 "이 나라에서 빌붙어 살아가서" 작년에는 교환을 통한 상당한 액수를 한국선교회의 조직된 사역에 적용하여서 재앙을 피할 수 있었습니다. 우리 사역은 이런 식으로 대개 수행되고 있으며,

---

[273] 1929년부터 1933년 사이에 일어난 은행 영업 정지 사태. 1929년 주가 폭락과 이후 대공황이 역사적 배경임.

일본 화폐에 대한 교환의 불확실한 우연성에 근거하고 있습니다. 현재 미국 화폐가 일본 화폐와 정확히 똑같기에, 교환이 얼마나 더 계속될 수 있을지, 교환의 양은 얼마나 될지는 아무도 모릅니다. 현재까지는 미국에서만 인플레이션의 위협이 있기에, 환율이 꾸준히 오르고 있습니다. 우리가 속한 하나님 곧 우리가 섬기는 하나님께서 주님의 왕국의 확장을 위해 이 모든 것을 뒤집을 것임을 우리는 믿습니다.

중요한 고려 사항이 있어서 이렇게 어려운 시기에 우리가 떠날 수밖에 없었다는 것을 덧붙입니다. 그러나 상황이 좋아지면 우리는 더 오래 머물지 않았음을 기뻐할 것이고, 상황이 좋아지지 않는다면 올해보다는 내년에 우리가 이곳에서 더 필요로 여겨질 것에 기뻐할 것입니다.

태평양 건너편에 우리의 관심을 끄는 첫 번째는 우리 자녀들입니다. 특히 와일리인데 여러분들도 아시지만 그 아이는 작년에 건강이 좋지 않아서 고향으로 갔고 애리조나 가나도(Ganado)에 있는 의사 친구의 집에서 머무르며 회복 중입니다. 신체검사가 그 아이와 우리의 계획에 관한 우리의 결정에 큰 영향을 끼칠 것입니다. 현재로서는 버지니아의 리치먼드(미션 코트, Mission Court)를 본부로 삼고 유니온 신학교와 총회 훈련원(Assembly Training School)에서 필요한 공부를 하려고 합니다. 우리는 8월 중순에 몬트리트에 도착할 것을 예상하며 그곳에서 여러분 중 몇 명을 만나기를 희망하고 있습니다.

요즈음이 바쁜 시기라는 것을 덧붙일 필요는 없습니다. 많은 어려움에도 불구하고 아주 좋은 한 해를 보냈습니다. 한겨울 성경학교와 사경회 출석이 아주 좋았습니다. 전에 없이 모든 학교가 번영하고 있습니다. 와츠 학교(Watts schools)는 4월 1일에 역사상 가장 많은 인원이 등록하여 개강했습니다. 안력산 병원(Alexander Hospital)은 수용한도까지 운영되고 있습니다. 이 모든 것으로 섬길 수 있는 최대한의 기회를 제공할 뿐만 아니라 얼마 안 되는 예산으로 살아가는 데 도움을 받습니다. 봄 순회전도여행을 하면서 시골 중심 교회(out-station churches)들이 여전히 자리를 지키고 있으며 만족스러운 성장을 하고 있고 다른 교회들은 정체되어 있는 것을 확신하게 됩니다. 그것은 한 명의 평신도 복음전도자가 이따금 이들 교회를 방문하는 것에서 우리가 자연스럽게 예상하는 것입니다. 육적인 면뿐 아니라 영적인 면에서도 일하고 성장하려면 사람은 먹어야만 합니다. 그런데 이들 교회는 제대로 먹여지지 않고 있습니다.

전에도 편지했듯, 개별 전도에 대해서 올해 특별한 강조가 있었고, 『그리스도의 생애』 4만 부가 순천 지역에서만도 가가호호 방문을 통해 배포되었습니다. (전국적으로 140만 부가 배포되었습니다.) "내 입에서 나가는 말이 헛되이 내게로 되돌아오지 아니하리라"[274]고 약속하는 하나님께 믿음 속에서 결과를 맡깁니다.

우리가 부재하는 동안 크레인 목사에게 자신의 사역에 더하여 행정사무의 짐이 가게 됩니다. 그 사람이 어떤 어려움에 있는지 우리는 알고 있습니다. 제 작년에 윌슨 의사가 고향으로 소환되었을 때 존 페어맨도 같은 입장이었기 때문입니다. 그 후 문제가 크게 증가했습니다. 여러분의 기도에 그 사람을 기억해 주세요.

우리가 미국에 머무는 동안 여러분을 언젠가 볼 것을 기대하며 또한 우리가 이런 편지를 하여 고맙다고 할 수밖에 없는데도 편지를 보내준 많은 친구에게 감사를 드립니다.

여러분의 신실한 친구

애니 와일리 프레스톤과 존 페어맨 프레스톤 배상

수신: 1933년 6월 9일 테네시 내슈빌

주소: 버지니아 리치먼드, 진터 파크, 미션 코트 J. F. 프레스톤 목사 부부

---

[274] 이사야 55장 11절. "내 입에서 나가는 말도 이와 같이 헛되이 내게로 되돌아오지 아니하고 나의 기뻐하는 뜻을 이루며 내가 보낸 일에 형통함이니라."

1933년 9월 14일
조지아 디케이터, S. 캔들러(Candler), 125

사랑하는 친구들에게,

우리의 여행과 고국에 안전하게 도착했다는 소식을 전하는 말이 너무 늦었습니다. 우리는 8월 11일 몬트리트에 도착했으며 9월 9일 이곳으로 출발했습니다. 우리는 미국에 있는 동안 이곳에 머무를 것입니다.

몬트리트에 있는 동안 영감을 주는 회의에 참석하고 거기서 만난 많은 친구와 친척에게 말하는 것 말고는 달리 다른 것을 할 시간이 없었습니다. (4일간 사업상 여행을 한 것을 제외하고는 말입니다.) 고향에 돌아온 것을 우리가 얼마나 기뻐하고 그런 만남을 우리가 얼마나 즐기는지를 알려면, 여러분들은 모든 것에서 단절된 채 7년을 해외에서 보내야만 합니다. 이번 여름의 경험으로 우리의 마음, 몸, 그리고 영혼이 크게 새로워졌다는 말을 덧붙이는 것은 말할 필요 없습니다.

아주 좋은 여행을 했습니다. 그리고 샌프란시스코에서 친척들과 3일을 즐겁게 보낸 후에 솔트 레이크 시티(Salt Lake City)에 있는 우리 자녀들을 만났고 대륙을 횡단하여 운전하면서 캠핑하듯 다녔습니다. 아들 와일리가 애리조나에 있는 내지선교회 친구들과 1년을 보내고 난 후 다시 튼튼하고 건강해진 것을 보게 되었습니다. 내내 날씨는 좋았으며 우리는 가족끼리 좋은 시간을 함께 보냈습니다. 옐로우스톤 국립공원과 그랜드 티턴(Grand Teton) 국립공원을 통과하는 여행을 할 기회가 있으면 반드시 그 기회를 이용하십시오. 세계 어느 나라도 그렇게 아름다운 경관을 제공하지 않기 때문입니다.

친구들이 우리를 위해 아그네스 스콧 대학 캠퍼스 끝에 아주 편한 별장을 마련해주었습니다. 플로렌스가 그 대학의 4학년입니다. 미리암과 새넌이 요리와 집안 살림을 하고 있어서 존 페어맨을 제외하고 모든 가족이 함께 있습니다. 존 페어맨은 듀크 의과대학에서 공부를 계속하고 있습니다. 지난 안식년 때 우리가 디케이터에서 살았던 것을 기억하실 것입니다. 이렇게 좋은 사람들 사이에서 이렇게 좋은 장소에서 다시 지낼 수 있게 된 것은 정말 큰 특혜입니다.

우리가 미국에 있는 동안 어떤 방식으로든 우리가 여러분을 섬길 수 있다면 알려주십시오. 애틀랜타를 지나가시게 되면 디케이터가 도시 중심에서 북동쪽으로 6.5마일 떨어진 곳에 있다는 것을 기억하시고 우리를 찾아주세요.

여러분의 신실한 친구
애니 와일리 프레스톤과 존 페어맨 프레스톤 배상

수신: 1933년 9월 17일 테네시 내슈빌
주소: 조지아 디케이터, S. 캔들러, 125. J. F. 프레스톤 목사 부부

1934년

1934년 7월 26일
노스캐롤라이나, 몬트리트

사랑하는 친구들에게,

이번 달 말일에 우리는 이곳을 떠나 오랜 시간 운전하여 서부 해안으로 가서는 8월 16일 일본우선(日本郵船)회사 대려 마루(Tairyo Maru)를 타고 샌프란시스코에서 한국으로 돌아갑니다. 샌프란시스코의 해안 노동자들의 파업 때문에 선적이 어려워지고 선박 일정이 뒤죽박죽이 되어서 우리의 계획이 몇 주간 불확실했는데, 우리는 오늘 아침 샌프란시스코에서 전보를 받았습니다. 우리 배가 예정대로 갈 것이라는 것을 확인해주는 것이었습니다. 우리가 확정적인 것을 알자마자 이 편지를 여러분에게 보내고 있다는 것을 아실 겁니다.

아주 좋은 안식년을 보내고, 우리는 영혼, 마음, 그리고 몸이 새롭게 되어서 우리의 사역으로 돌아가고 있습니다. 이런 안식년이 무엇을 의미하는지 아시려면, 여러분은 해외에서 같은 선교회 사역지에서 7년을 보내야만 할 것입니다. 우리는 과도하게 신경 쓰지 않아도 되는 것과, 문화 환경에서 고양되는 것, 많은 회중과 예배하는 것, 그리고 무엇보다도 친구들과 사랑하는 가족들과 새로운 교제를 하는 것을 크게 즐겼습니다. 이곳의 삶의 속도와 세세한 것에 적응하는 데 서너 달이 걸렸습니다. 그렇지만 작은 수고를 할 가치가 충분했으며 거친 길을 평탄하게 걷게 해준[275] 사람들에게 우리는 매우 감사드립니다.

---

[275] 이사야 42장 16절, "내가 맹인들을 그들이 알지 못하는 길로 이끌며 그들이 알지 못하는 지름길로 인도하며 암흑이 그 앞에서 광명이 되게 하며 굽은 데를 곧게 할 것이라 내가 이 일을 행하여 그들을 버리지 아니하리니." 참조. 굽은 데를 곧게 한다는

이번 안식년의 큰 기쁨 중 하나는 가족과의 재회였습니다. 몇 년 동안 떨어져 있다가 가족 모두가 함께했습니다. 지금 다시 헤어지게 되는데 이것이 선교사 삶에서 진짜 고난입니다. 셋이 이 나라에 계속 있게 됩니다. 존 페어맨은 듀크 대학에서 4학년을 마칩니다. 와일리는 애틀랜타에 있는 남자고등학교에 있을 것이며 레인 의사 부부[276]와 691 Woodland Avenue, S.E에서 살게 될 것입니다. 미리암은 사우스캐롤라이나 클린턴에 있는 쏜웰 고아원(Thornwell Orphanage)에서 가르칠 것입니다. 셋이 한국으로 돌아가는데 새넌은 커밍스(D. J. Cumming)[277] 목사와 결혼해서 가며, 플로렌스는 한국에서 1년간 가르칠 것이고, 리아는 이제 7살입니다.

우리를 불러주고 기회가 닿아서 8개 주(州)에서 교회를 방문했습니다. 우리가 보고 들은 것으로 우리는 우리 교회가 우리가 당연히 자랑할 만한 곳 중 하나라는 것을 확신합니다. 우리는 교회가 선교 사역에 충성을 보이는 것을 확신하며 돌아갑니다. 우리는 경제 대공황에 따라서 교회 재정이 크게 줄었다는 점에 충격을 받았습니다. 상습적인 불황에 어려움을 겪는 한국의 교회보다 더 심한 것처럼 우리 눈에는 보였습니다. 제가 전한 말은 한국인들이 이런 시기에 앞으로 나아갈 수 있다면, 우리 미국

말은 거친 곳을 평탄하게 만들겠다는 말임.

[276] 이 편지 번역글에 Crane이라는 성을 가진 형제자매는 총 5명으로 첫째 Janet Crane (1885.7.23~1979.11)은 전주 기전학교 음악교사 등을 역임했고, 둘째는 태어나서 6개월만에 사망했으며, 셋째 Dr. John Curtis Crane(1888.2.25~1964.7.17)은 순천 매산학교 등에서 사역했고, 넷째 Rev Paul Sackett Crane(1889.2.7~1919.3.26)은 목포에서 사역했음. 다섯째 William Earl Crane(1899.9.14~1987.7.23)은 의사로 미국에 있었음. 프레스톤 목사의 동역자인 Rowland의 딸 크레인 부인(Katharine Whitehead Rowland Crane, 1896.3.22~1997.11.8)은 넷째 크레인 목사와 1915년 5월 12일 결혼했으나 크레인 목사가 사망한 후, 다섯째 William E. Crane과 1922년 6월 6일 재혼함. 이 부부가 살고 있는 집에 프레스톤 목사 아들 와일리가 있게 되었다는 것을 말함.

[277] Rev. Daniel James "Kim" Cumming(한국명: 김아각, 1892.12.17~1971.1.8). 부부가 한국에서 1930~1940년, 1963~1966년에 선교함.

교회도 그럴 수 있다는 것입니다. 우리는 그렇게 할 것입니다. 우리는 기부를 더 잘할 수 있는 방법을 찾아야 하며, 현재 기부 방법들을 더 잘 적용할 길을 찾아야 합니다. 십일조를 하라는 청원을 보고 우리는 기뻐합니다. 이런 것이 일반적이 된다면, 우리는 놀라운 결과를 보게 될 것입니다.

31년의 사역을 하고 우리가 또 한번 "사람들을 불러 모으기" 하려고 되돌아가면서, 우리는 거의 공포에 가까운 걱정을 합니다. 사역자들은 줄어들고 예산은 너무도 적은데 사역은 계속 확장하라는 것입니다. 그러나 "우리의 만족은 하나님의 만족입니다."[278] 하나님께서는 "네가 사는 동안, 너의 힘도 있을 것이다"[279]라고 약속하셨습니다. 우리가 나아갈 때 수평선은 걷히며 지금까지 우리를 이끌어왔던 믿음과 똑같은 믿음을 가지고 우리는 나아갑니다. 그전 어느 때보다 여러분의 도움이 필요하다는 것과 여러분이 이 목회에 우리를 뒤따르고 있다는 것을 확신하고 있다는 것을 덧붙일 필요도 없습니다. 특별히 우리가 여러분을 섬길 수 있다면 우리에게 명령해 주십시오.

다시 만날 때를 기대하며 여러분의 신실한 벗이 인사드립니다.

애니 와일리 프레스톤과 J. 페어맨 프레스톤 배상

수신: 1934년 7월 30일 테네시 내슈빌
주소: (8월 16일 이후) 한국, 순천 J. F. 프레스톤 목사 부부
우편: 편지 5센트, 엽서 3센트

---

[278] 고린도전서 3장 5~6절, "우리가 무슨 일이든지 우리에게서 난 것 같이 스스로 만족할 것이 아니니 우리의 만족은 오직 하나님으로부터 나느니라."
[279] 신명기 33장, "네 문빗장은 철과 놋이 될 것이니 네가 사는 날을 따라서 능력이 있으리로다."

1934년 10월 27일
한국, 순천

고국에 있는 사랑하는 친구들에게,

이곳으로 오는데 이상하게도 어려움이 없어서 한국에 9월 7일 도착했습니다. 자동차를 운전하여 미대륙을 횡단하며 걸린 오랜 시간 동안, 하와이를 거쳐 요코하마로 가는 15일 동안, 그리고 그곳에서 한국으로 오는 4일 동안 우리 누구도 아프지 않았습니다. 육로에서 어떤 사고도 없었고 해로에서 어떤 폭풍우도 없었으며 거의 예외 없이 매일 좋은 날씨였습니다. 한국인들이 말하는 대로, 이 모든 것은 우선은 하나님의 은총 덕분이고 둘째로는 우리를 위한 여러분의 기도 덕분입니다.

우리가 도착한 이후 방문객들이 홍수처럼 밀려와서 우리는 거의 압도당했으며 내가 시골 교회 일로 집에서 부재했기에 방문객들이 찾아온 기간이 예상보다 더 길어졌습니다. 아내는 여학교에서 가르치는 것을 신속하게 재개했습니다. 플로렌스는 선교사 자녀들을 위한 학교 일을 잘 시작했습니다. 선교사 자녀 학교에 리아가 다니고 있습니다. 저는 지금까지 지도자 대상 사경회를 5회 했고, 시골 교회 15곳을 방문했습니다. 우리는 연합공의회에 참석하기 위해 서울로 4일간 빨리 다녀왔습니다. 그 모임은 귀국 후 첫 주의 끊임없는 긴장 상태에서 벗어난 아주 좋은 휴식이었고 매우 즐거운 시간이었습니다. 전체 사역지의 모든 문제와 모든 필요가 우리가 올 때까지 미뤄져 있다가 우리의 문지방에 놓인 것처럼 보입니다. 이렇게 필요한 포도밭에서 섬기고 도울 수 있는 기회를 가져서 우리는 기쁩니다. 그리고 고국에서 보낸 안식년의 휴식과 재생으로 정말 잘 쉬고 힘이 생겨서 그 짐들을 우리 어깨에 다시 맵니다.

자동차로 대륙을 횡단한 것은 훌륭한 경험이었습니다. 자동차로 운전하는 기회를 최대한 이용하여서 우리 위대한 나라의 놀라운 자연경관

중의 일부를 볼 수 있었습니다. 우리는 세계에서 가장 크고 가장 경이로운 곳이라고 하는 뉴멕시코의 칼즈배드 동굴(Carlsbad Caverns)을 방문했는데, 그곳에는 수백만 개의 종유석, 석순, 기둥, 드레이퍼리, 촛대, 클러스터, 폭포, 얼어붙은 폭포가 교묘하게 숨겨진 전깃불의 불빛으로 반짝입니다. 동굴들에 300피트 높이의 천장들이 있고 너무도 커서 동굴 중 하나를 돌아보는데 2시간 걸어야 합니다. 동굴 바깥 사막은 108도를 기록하는 데, 동굴 내부는 53도입니다. 코트와 가벼운 스웨터가 있으면 편안합니다. 그곳에서 우리는 페트리파이드 포레스트(Petrified Forest)와 페인티드 사막(Painted Desert)을 거쳐서 그랜드 캐니언(Grand Canyon)에 갔는데 모두 애리조나에 있습니다. 골드 러시(gold rush) 초반부에 너무도 많은 목숨을 앗아갔던 캘리포니아 남부 사막을 통과해서 갔는데 우리는 시속 40마일로 두세 시간에 건넜습니다. 가면서 배그대드(Bagdad)에 들러서 점심으로 수박과 냉동 음료를 먹었고 오웬스 밸리(Owens Valley)로 갔습니다. 우리 왼쪽으로는 시에라 네바다(Sierra Nevada)가 펼쳐져 있고, 휘트니산(Mt. Whitney)이 성의 첨탑처럼 하늘로 솟아있었습니다. 오른쪽으로는 40마일 떨어진 곳에 데스 밸리(Death Valley)가 있었는데 해수면 아래로 300피트로 미국에서 가장 낮은 곳이자 높은 곳입니다. 어느 곳이나 눈이 있는 1만 피트 높이의 티오가 패스(Tioga Pass)를 기쳐서 시에라(Sierras)를 건너서 모노 레이크(Mono Lake)로 갔고 요세미티 공원(Yosemite Park)에 들어가서는 4,000피트 높이의 수직 절벽을 가로질러 건설된 일방 도로로 고대 빙하 밑바닥으로 갔습니다. 큰 나무들은 변함없이 흥미를 끌었으며, 장엄한 그곳의 뛰어난 장면은 지울 수 없는 기억으로 남아 있습니다. 그곳에서 산호아킨 밸리(San Joaquin Valley)의 타는 듯한 열을 차를 타고 오후에 뚫고 지나갔으며 그날 서늘한 안개를 뚫고 샌프란시스코에 도착하여서 그날 밤 몇 겹의 담요를 덮고 잤습니다.

당시 퍼져있던 큰 가뭄의 증거들 때문에 때때로 슬프기도 했지만, 이번 여행보다 더 즐거운 여행은 없었습니다. 동부에서 오는 차들이 상대적으로 적다는 것에 인상을 받았고, 유럽에는 친숙한 우리 지역 사람들이 우리 자신의 나라를 무시하는 것이 이상했습니다. 이런 태도는 유럽이 서부보다 더 접근하기 쉬웠던 시대에 형성된 마음의 습관입니다. 그렇지만 조지아 주는 변화된 조건에 눈을 뜨고 있는 것 같습니다. 조지아에서 서부로 가는 600명의 교사가 탄 버스 행렬을 만났기 때문입니다.

이번 여름 내내 우리가 운전했고 고국에서 있는 동안 사용했던 튼튼한 포드 차량은 우리를 몬트리트에서 샌프란시스코로 아무런 고장도 없이 다시 데려다줬습니다. 미국에서 아주 좋은 도로를 달리던 차가 지금은 거칠고 붐비는 한국의 도로에서 시속 30마일 아래로 달리는데 찰상을 입고 있습니다. 미국에서 했던 아주 좋았던 운전이 계속 아른거립니다!

커밍 목사와 나는 일본인 운전사들을 고용해서 고베에서 시모노세키까지 쭉 여행했으며 현지인들의 삶을 아주 가까이에서 볼 수 있었습니다. 길 대부분이 믿을 수 없을 정도로 좁았고 매우 혼잡했습니다. 이런 길은 한국의 길과 극명한 대조를 이뤘습니다. 자전거, 달구지, 수레, 보행자들이 자동차보다 우선권이 있었으며 우리는 우리 운전사들의 놀라운 인내력과 기술로부터 많은 것을 배웠습니다. 일본인 운전사들은 최대한 빨리 운전했지만 335마일을 가는 데 23시간이나 걸렸습니다. 꼭 2주 후에 큰 태풍이 와서 우리가 차로 지나왔던 지역에 있는 도로의 많은 부분과 다리 수백 개가 파괴되었습니다.

이 편지가 벌써 너무 길어졌습니다. 우리는 안식년의 경험에 감사하며 무엇보다 여러분 중 많은 분과 나누었던 우정에 대해서 감사드립니다. 여러분이 그곳에서 직면하는 문제들을 더 잘 이해하면서 여러분을 위해 기도드립니다. 여러분과의 개인적인 만남이 너무 짧기는 했으나 그 개인적인 만남 때문에 우리를 위한 여러분의 기도가 더 명확하다는 것을 믿습니다.

이곳에 있는 모든 프레스톤 가족이 마음에서 우러나는 새해 인사를 드립니다.

여러분의 신실한 벗

애니 S. 와일리 프레스톤과 존 페어맨 프레스톤 배상

수신: 1934년 11월 26일 테네시 내슈빌

주소: 한국, 순천 J. F. 프레스톤 목사 부부

우편: 편지 5센트, 엽서 3센트

1934년 12월 11일
한국, 순천

고국에 있는 사랑하는 친구들에게,

이 편지는 1월에 여러분에게 도착할 것인데, 1월은 외국 선교회를 위한 "자기 부인(self-denial)" 재물을 드리는 달입니다. 우리의 생각과 기도는 현재의 아주 부족한 정규 예산 체계를 보충하려고 시도하는 미국 교회를 따를 것입니다. (일본도 마찬가지지만) 한국에 관해선데, 이런 노력은 아주 시기적절합니다, 우리가 아주 심각한 국면전환에 직면해 있어서입니다. 올해 일본에서의 (가뭄, 태풍, 홍수 등) 자연재해 때문에 어마어마한 손실이 있었는데 피해액이 총 150만 엔으로 집계되었습니다. 그 결과 모든 물건의 가격이 어느 곳에서나 급격히 오르고 있으며 봉급생활 계급과 임금 노동자에게 큰 어려움이 있습니다. 이것이 우리 선교 사역에 끼치는 영향은 분명합니다. 1930년부터 시작하여 우리는 섬뜩한 예산 삭감을 받았는데 우리의 작업 예산이 총 81%(미국 화폐)가 삭감되었으며, 우리가 데리고 있는 모든 (한국인) 선교 사역자들의 봉급이 대폭 삭감되었습니다. 이는 물건 가격이 동시에 떨어져 가능했는데, 미국에서와 마찬가지로 물건 가격이 낮은 수준이 되었습니다. 지금은 가격이 오르고 있어서 이런 조정이 어렵게 되며 모든 봉급을 올릴 수밖에 없습니다. 우리의 예산은 현재의 회계연도에 고정되어 있기에, 우리는 어찌할 도리가 없고, 선교회 직원들은 앞으로 남은 달들 동안에 더 깊이 빚에 빠질 가능성이 높습니다. 그런 후에 어떤 일이 일어날까요? (30% 삭감에서 35%로 삭감된) 봉급이 생활 수준까지 올려지던가 현재의 사역이 대폭 줄어들어 사역자들, 학교들, 그리고 숙련된 직원들이 있는 병원이 없어지는 것입니다. 이것이 우리가 봄에 직면한 문제인데, 이와 똑같은 문제들이 지난 4년 동안 계속 커왔습니다. 우리 중 일부는 3년 전에 문을 닫는 것을 옹호했습니다만 우리는 지금까지 버티고 있으며 사역은 거의 기적처럼 계속 진행되고 있는데 필수적인 것은 어떤 것도 손실이 없습니다. 어떻게 그런 일이 가능했냐는 것은 매력적인 이야기입니다만 여기서는 다루지 않겠습니다. 하나님의 놀라운 예비하심과 인도하심으로 우리가 현재 정말 심각한 전망에 대해서 낙심되지도 않고 염세적이지도 않았다는 것과 4월 1일에는 어떤 출구가 있을 것을 자신있게 예상한다는 말씀을 드리는 것으로 충분합니다. 우리 모두 1월의 특별한 모금 운동에 얼마나 많은 것이 달려있는지 깨닫고 많은 헌금이 걷히도록 열심히 노력합시다.

가격이 올라간 것의 한 가지 이점은 농부들이 더 좋아졌다는 것입니다. 면화 농사가 잘되었고 가격이 몇 년 만에 높습니다. 쌀은 평균 이하이기는 하지만 좋은 값을 받고 있으며 다른 농작물도 좋습니다. 그 결과로 교회에 대해서 한국인들의 지원이 증가할 것이고 성경학교와 사경회에 출석이 더 좋을 것입니다. 낮학교들(day schools)[280]에는 학생이 넘쳐나고 있습니다.

이번 가을까지 저는 제가 전적으로 관리하는 22개의 교회 중에서 3개를 제외하고 모두 방문했으며, 4명의 한국인 목사와 동사 목사(associate pastor)로 섬기고 있는 13개 교회 중 7곳을 방문했습니다. 이런 교회의 대부분이 마을 안에 있으며, 고향에 있는 시골 교회들과 마찬가지로, 사신의 것을 지키려고 무척 애쓰고 있습니다. 부분적으로는 경제 불황, 높은 세금, 불확실한 시기 때문에, 부분적으로는 야망에 이끌림을 받아서,

---

280 day school은 정부의 인가를 받지 않은 사설 학교 즉 사숙(私塾)이며 여기서는 마을 교회에서 운영하는 학교임. 선교부에서 직접 운영하는 학교(예: 매산학교)의 교육 목표는 "유능한 기독교 시민(useful Christian citizens)"을 양성하는 것이었음. 즉, 선교사들은 선교학교(mission school)에서 공부한 사람들을 선교사를 돕는 사람으로, 교회의 지도자로, 가정과 지역사회와 국가에 선한 영향력을 끼치는 기독교인으로 양육하고자 했음. 선교부 직영 학교를 졸업한 사람들이 day school 교사로 일하는 경우도 많았으며 반대로 day school은 선교부 직영 학교에 학생들을 보내는 역할도 함.

남자들이 시골을 떠나서 좀 더 넓은 곳으로, 일본으로, 만주로, 그리고 경제적으로 더 나아질 것을 약속하는 곳은 어디든 가서 교회에 남자 지도자들이 거의 없어지고 있습니다. 이런 힘든 세월 동안, 제 담당 지방에서는 두 개의 작은 교회가 문을 닫았고, 두 개가 설립되었으며, 세 곳의 기도처가 문을 열었는데 그 기도처들이 교회로 성장할 것입니다. 목사 한 명이 그만두었고, 한 명이 새로 왔습니다. 제가 담당하는 이 지역에는 23개의 마을 교회 학교(village church schools)가 있는데 출석은 24명에서 65명까지이며, 이 모든 학교에 우리가 연간 보조금을 줍니다. 이런 학교들의 교사들은 순천선교부 학교의 졸업생들인데 중요한 지도자 역할을 하고 있으며, 어린 학생들을 기독교 환경 속에서 만들고 있습니다. 이 지역에서 7명(5명의 조사와 2명의 전도인)의 평신도가 저와 목사들을 돕고 있습니다. 목사들 전체와 한 명의 평신도가 교회의 지원을 받고 있습니다. 다른 면에서 보면 교회는 전적으로 자급하며 총회와 노회 예산에 기여하고 있습니다.

위의 내용을 여러분께 간략하게 알려드리니, 올해 한국선교회를 통해서 제공된 우리의 작업 예산의 불충분함을 더 잘 이해하실 것입니다. 다음은 순천선교부의 절반 이상을 차지하고 있는, 내가 위에서 언급한 지역에서 우리가 하는 유일한 사역들의 항목인데, 이 항목들에도 예산은 부족하며, 다음과 같습니다.

평신도 조사들: 두 명만 지원됨

마을 학교: 네 곳 보조

순회전도여행 비용: 올해 가을과 내년 봄. 총 19달러

다음 항목들 즉, 현지인 조사, 전도지를 포함하는 기독교 문서, 한국인 사역자들의 경비, 한국인 사역자 집과 이사 비용, 천막 집회, 시골교회 사경회, 지도자 사경회, 한국선교회 여비, 노회 여비, 총회 여비, 노회 업무에 예산은 어느 것도 지원하지 않습니다. (한국선교, 노회, 총회 여비

는 선교사에게만 해당됩니다.)

　이런 상황 속에서 우리가 어떻게 헤쳐 나가는지가 또 다른 흥미로운 이야기인데 여러분 중 몇 분은 아실 것입니다. 우리의 봉급과 작업 예산이 미국 화폐로 지급되고, 매우 호의적인 환율로 격차가 많이 해소되지만 가격이 상승하는 것이 이곳에서도 또한 심란하게 만드는 요인입니다.

　한국인 목사들과 목사의 부인들이 선교사들 수보다 훨씬 많습니다. 그렇지만 가장 어리고 작고 힘없는 교회들이 목사가 있는 교회 수보다 항상 크게 더 많습니다. 그런 교회들은 여전히 선교사들의 돌봄을 받고 있으며 만약 그들이 안수받은 직원과 목사를 갖춘 전적으로 조직된 교회로 자라나려고 한다면 우리 선교사들의 가장 세심한 양육이 필요할 것입니다. 아직 교회가 없는 지역에서 사역하는 것은 말할 필요도 없고 이러한 일에 정식 예산으로는 충분하지 않다는 것을 덧붙일 필요도 없습니다. 이런 작은 교회들이 불충분한 감독 때문에 작게 축소되거나 사라지게 될지도 모른다는 것이 큰 위험입니다. 고국에서와 마찬가지로, 이 세대에서 전의 어느 때보다 교회가 전진하기가 어렵습니다.

　여러분에게 말씀드리고자 하는 사역의 흥미로운 세세한 것들이 많이 있지만 이 편지가 이미 너무 길어졌습니다. 특별한 경우니 양해 부탁드립니다. 모든 곳에서 더 좋은 교회딩을 추진하고 있습니다. 어떤 마을에서 보니 표준적인 문, 유리창, 높은 천장을 갖춘 현대식 예배당이 작년 동안에 세워졌습니다. 완전히 완공되었는데, 약간의 빚이 있습니다. 그 빚에 대해서는 회중들이 48%의 이자를 내고 있는데 회중들은 이 이자가 과하다고 생각하지 않습니다! 그것은 교회의 법칙에 따르면 이상한 것입니다. 이자 없이 1년간 적은 돈을 대여하는 것으로 대체되는 특별한 헌금으로 문제를 해결했습니다. 다른 마을 교회는 아름다운 석조 건물을 세웠는데, 그 교회 건축 도면과 견적서를 제가 제공했습니다. 회반죽 바르는 것을 제외하고 모든 것이 끝났는데, 회반죽 바르는 것은 시간을 두고 하면 됩니다. 이 교회의 훌륭한 젊은 목사의 아내인 김 사모(Mrs. S. P. Kim)는 폐결핵 1단계였습니다. 그 사모는 건강해지려는 영웅적인 사투를 시작했습니다. 한국인 대부분이 지는 그 싸움에서 그녀와 남편이 받은 현대식 교육 때문에 그녀가 이기게 될 것을 믿습니다.

지난 주일 한 여성이 밝게 빛나는 얼굴로 다가와서는 그녀가 사는 마을에 교회를 세우기 위한 사역이 시작되었다고 말했습니다. 지난여름 그녀는 (정신적인) 병이 들었고 기도와 위로를 받기 위해 가장 가까이에 있는 교회를 찾았습니다. 그녀는 완벽히 회복되었습니다.

저의 전반적인 인상입니다만 기독교가 요즘 성인 비기독교인들에게 덜 다가가는 것 같습니다. 복음이 익숙한 것이 되기 때문입니다. 그러나 어린이들과 젊은이들! 그들은 비기독교인 부모들의 동의를 받아 우리의 학교로 쏟아져 들어오고 있습니다. 기독교 가정에서 상당히 많은 어린이가 태어나고 있어서 교회의 미래를 확실하게 해주고 있습니다.

순천선교부가 주최하는 10일 여사경회가 지금 진행 중인데 300명이 넘는 좋은 출석을 보입니다. 애니 새넌 와일리 프레스톤을 포함한 순천선교부의 여자 선교사들이 할 일이 아주 많습니다.

주님의 나라를 확장하기 위한 우리의 연합된 노력에서 하나님께서 우리를 복 주시길 빕니다!

여러분의 신실한 동역자
애니 S. 와일리 프레스톤과 존 페어맨 프레스톤 배상

수신: 1934년 12월 28일

1935년

1935년 11월 20일
한국, 순천

고국에 있는 사랑하는 친구들에게,

이 편지는 편지 쪽 노선에 있는 모든 것들과 마찬가지로 너무도 늦었습니다. 우리는 매일의 끊임없이 반복되는 일 말고는 다른 것은 거의 이룬 것이 없어 보입니다. "전혀 하지 않는 것보다 늦게라도 하는 것이 낫다"는 말이 있으니 다시 한번 우리를 너그럽게 봐주십시오.

여러분들은 선교사가 안식년을 가지게 되면 그 선교사가 부재하는 동안 그의 사역에는 어떤 일이 있나 궁금해하실 수도 있습니다. 물론, 그 답이라는 것은 사역지에 있는 사람에 의해서 그 사역이 제공되어야만 한다는 것입니다. 부재 시 다른 사람이 사역을 맡는 일은 사역과 사역자 모두에게 당분간은 상당한 고난으로 작용합니다. 그런데 우리는 이렇게 하는 것이 결국 가서는 도움이 된다고 믿습니다. 올해는 엉거 목사의 안식년이며 우리 선교사들에게 큰 구멍이 생겼습니다. 거의 400명의 학생이 있는 와츠 남학교 감독이 순천선교부에서 프레스톤 부부가 해야 할 추가 책임입니다. (학교와 병원 같은) 제도권 사역이 끊임없이 형식적인 서류를 요구하는, 정부의 엄격한 규제를 받고 있어서 학교 관리자는 일을 면밀하게 하는 것이 필요합니다. 결과적으로 시골 교회에 대한 방문은 주로 주말에 하게 됩니다.

이곳 학년도는 미국의 학년도와 아주 다릅니다. 이곳에서는 4월 1일경 시작되는데, 앞서 2주 정도의 방학이 있으며, 여름 방학은 6주 이하로 제한됩니다. 그래서 이곳 학년도는 고국에서의 교회 회계연도와 일치합니다. 실행위원회가 4월 1일 이후에도 예산을 확정하지 않을 수도 있다는 우리 총회의 놀라운 명령 이전까지는 이것이 편리한 일이었습니다. 그 후 2, 3주 뒤에 학교는 그해 학교에서 전용할 수 있는 것이 무엇인지를 듣게 됩니다! 모든 교사가 법과 관습에 의해서 앞선 1월에 고용되어 있습니다. 그 결과로 어떤 식으로든 수정해야만 하는 당혹스러운 불확실성이 생깁니다.

5월에 순천교회의 목사가 다른 곳으로 가게 되어서 제가 당회장으로 임명되었습니다. 그래서 더 많은 시간이 필요하게 되었습니다. 지난 주일에 새로운 목사를 청빙했는데, 우리는 그 목사가 올해 말까지 확보되었으면 합니다. 그러는 동안 옛 건물이 내부가 수리되고 크게 확장되어서 몇 년 만에 충분한 좌석을 확보하게 되었습니다. (새 건물에는 첫 주일에 거의 900명이 참석했습니다.)

새로운 예배당이 이곳 사역지에서 요즘 유행입니다. 순천교회를 제외하고, 이번 연도에 순천노회에서 세 개의 아름다운 석조 예배당이 건축되었습니다. 그 예배당들이 작기는 하지만 교회의 상당한 성장을 겉으로 드러내는 적합한 상징들입니다.

지난달 어느 주일, 윌슨 의사와 시골 교회를 방문하고 있었는데 신경이 곤두서는 사고를 경험했습니다. 길옆에서 걷고 있던 (48세의) 여성이 갑자기 차 앞으로 뛰어들더니 차에 아주 심하게 부딪혀서 몸이 차창을 지나 내던져져서 길 맞은편으로 떨어졌습니다. 다행히 접촉면이 닿으면 물러났다가 튀어나오는 헤드라이트 쪽이어서 부딪히는 힘이 분산되어 그녀는 차에서 떨어지게 되었습니다. 물론 우리는 그녀가 죽었다고 생각했습니다. 그런데 약 15분 후에 그녀는 되살아났으며 심각한 타박상 외에는 어떤 부상도 없었습니다. 그녀는 순천에 있는 우리 병원에서 17일 입원했다가 퇴원했습니다. 가장 좋은 것은 그녀와 남편 둘 다 기독교인이 되기로 결심했다는 것입니다.

8월에 프레스톤 가족이 일본을 방문했는데, 엘리자베스 윌슨(Elizabeth

Wilson)²⁸¹과 폴 크레인²⁸²을 데리고 갔습니다. 직접적인 계기는 제가 한국에 있는 단체와 비슷한 (29개의 단체로 구성된) 일본기독교회동맹에 우호사절단²⁸³으로 임명된 것이고, 미국남장로회 한국선교회에서 미국남장로회 일본선교회 50주년 기념식에 간 것입니다. 선교사들이 여름 동안 모이는 가루이자와(輕井澤)와 노지리(Nojiri)의 산에서 대부분의 시간을 보내며 일본에서 많은 뛰어난 교회 지도자들과 선교 지도자들을 만나는 특혜를 누렸습니다. 우리는 시간을 내서 유명한 후지산을 올랐는데, 후지산은 거의 13,000피트의 높이에 구름을 뚫고 솟은 깎아지른 듯한 원뿔형 분화구입니다. 그 산은 아름답도록 선명했으며, 8월 5일인데도 정상은 혹독하게 추웠습니다. 거기서 애니 와일리 프레스톤과 엘리자베스만이 옆길로 내려와서 교토를 방문했습니다. 일본은 놀랍도록 흥미로운 나라입니다.

지난여름 한국은 30년 만에 가장 덥고 건조했다고 하며 한국선교회가 담당하는 지역에 심각한 흉작이 있어서 정부의 구호가 필요했습니다. 다행히 순천선교부는 모내기를 하는 아주 중요한 시기에 휩쓸고 간 큰 폭풍우로 어려움에서 벗어났습니다. 면화나 다른 곡물들은 괜찮습니다. 모든 물건의 가격이 높아지고 있는데 쌀값은 작년보다 30% 더 높습니다. 농부들은 즐거워하고 있지만 봉급을 받고 사는 계급 특히 대폭 삭감된 얼마 안 되는 급여를 받는 선교회에 고용된 사람들은 심한 타격을 받습니다.

순천선교부와 시골 교회 사역은 평상시와 다름없이 진행되고 있으며

---

281 Sarah Elizabeth "Liz" Wilson Talmage(1910.7.14~2011.11.23). Wilson 의사의 첫째 자녀.
282 Maj Paul Shields Crane(1919.5.2~2005.6.12). Crane 목사의 아들. 전주예수병원 의사를 역임함.
283 미국남장로회 한국선교회 윌리엄 불 선교사는 1928년에 동일 모임에 참석함. 윌리엄 불 부부 저, 송상훈 역, 『윌리엄 불 선교사 부부 편지 I: 1906~1938』(보고사, 2023), 92~94쪽 참조.

격려할 것이 많습니다. 애니 와일리 프레스톤은 여학교에서 성경 가르치는 활동을 계속하고 있습니다. 지난달에 남편과 함께 남학교에서 가르치고 있는 아주 신앙심이 깊은 일본인 니치다 부인(Mrs. Nichida)과 함께 일본 여자들을 위해서 재봉 모임과 성경 수업을 함께하기 시작했습니다. 한겨울 성경 가르치는 것이 다가왔는데, 여성 대상의 10일 사경회는 12월 3일 시작합니다.

플로렌스는 부모를 돕고 선교부에서 허드렛일을 다 하느라 계속 바쁩니다. 리아는 엘리자베스 윌슨이 가르치는 선교부 학교에서 열심히 공부하고 있습니다.

이 편지는 크리스마스 가까이에 여러분에게 도착할 것입니다. 여러분께 인사드리며 여러분의 소망이 모두 이루어지는 새해가 되길 바랍니다. 여러분 각자에게 개인 편지를 쓸 수 있는 시간과 기회 말고는 더 좋은 것을 바라지 않습니다만 현재로서는 이 편지로 만족해야만 합니다. 천사들이 노래한 하나님의 평화가 여러분의 마음에 지금 그리고 영원히 함께하길 기원합니다!

여러분의 신신한 벗이자 동료 사역자
프레스톤 부부 배상

수신: 1935년 12월 13일 테네시 내슈빌
주소: 한국, 순천 J. F. 프레스톤 목사 부부
우편: 편지 5센트, 엽서 3센트

1936년

1936년 9월 29일
한국, 순천

고국에 있는 사랑하는 친구들에게,

우리는 몇 년 동안 우리가 만들어 놓은 이상적인 통신원이라는 평판을 유지하고 있는 것으로 보입니다. 무슨 말씀인가 하면, 여러분들의 시간과 우리들의 시간을 경제적으로 만드는 데 있어서 누구에게도 뒤지지 않는다는 것입니다. 어쨌든, 이 편지는 더 좋은 것이 뒤따르겠지만 우리가 아직 살아있는 자들의 땅에 여전히 있으며 이곳에서 사역을 계속하고 있다는 것을 여러분께 알리는 목적을 가지고 있습니다.

거의 33년 전 우리가 한국에 온 이후 처음으로 우리는 홀로 있습니다. 지난달 지난 2년 동안 우리와 같이 있던 막내딸 플로렌스가 (녹스빌에 있는 테네시 대학에서 가정경제학 대학원 과정) 공부를 더 하기 위하여 미국으로 돌아갔으며, 막내아들이자 어린아이인 리아가 평양에 있는 고등학교에 들어갔습니다. 아내는 이제 저와 함께 시골 교회 순회전도여행을 다닐 수 있을 것처럼 느낍니다. 아내는 전도여행에 북한에서의 내지선교사 사역이 포함될 것이라는 의견을 표현했습니다.

이틀 전 한국을 휩쓴 큰 태풍 때문에 늦어져서 우리는 8월 29일 자정 이후에 "한국의 몬트리트"인 지리산 휴양촌에서 집으로 돌아왔습니다. 이런 어마어마한, 회전하는 폭풍은 서인도 지역에서 휩쓸고 들어와서 미국의 해안을 사정없이 내리치는 허리케인과 똑같습니다. 매년 태풍이 있습니다만 이번 태풍이 우리가 경험한 가장 심한 것이었습니다. 인명과 재산에서 기록적인 손실이 있었습니다. 3천 명 넘게 사망하고 실종되었으며 최소 그보다 더 많은 사람이 다쳤습니다. 마산항에 있는 친구가 자신이 겪은 끔찍한 일을 글로 써서 알리기는 했지만, 선교사는 희생자에 없습니다. 그녀는 폭풍의 정점 동안에 교회에 있었는데, 지붕이 떨어져 나가고 창틀과 회반죽을 포함하여 창문이 바람에 불려 안으로 들어왔습니다. 회반죽이 떨어져 나가는 것을 보고 그녀는 벽이 무너지리라 생각해서, 목숨이 경각에 달려서, 문밖으로 달려 나갔습니다. 밖에는 이웃하고 있는 지붕에서 떨어져나온 양철지붕이 바람에 날아다녔습니다. 해안에 있는 나환자촌은 약 6천 엔의 피해를 봤습니다. 그렇지만 내륙에 있는 우리 선교회 건물들은 아주 견고하게 지어졌기에 놀라울 정도로 잘 견뎌냈습니다. 여러 선교부 경내에 있는 많은 아름다운 나무가 바람에 넘어졌거나 찢겼습니다. 가장 큰 피해는 작물 피해였습니다. 해안가 평지와 강 계곡에 있는 수백 헥타르의 논이 홍수에 완전히 망가졌는데, 쌀 대부분이 바람에 의해 심하게 피해를 입었습니다. 그 태풍은 우리가 본 최악의 장마철의 마지막에 왔습니다. (장마는 9월 15일까지 여름의 열기를 가지고 3달 넘게 지속되었습니다.) 그리고 되풀이되는 홍수가 있었습니다. 8월에 있었던 이런 홍수[284] 중 하나에 북쪽에 있는 전주선교부가 있는 지역에서는 75명이 사망했고, 우리 남학교 재산에 몇천 엔의 손해를 끼쳤습니다.

월슨 의사 부부는 6월에 안식년으로 떠났으나, 엉거 목사 부부는 8월 초에 돌아왔습니다. 엉거 목사 부부에게 이곳에 있는 남학교의 500명의 학생을 넘기며 큰 안도감을 느꼈습니다. 크레인 목사와 월슨 의사가 지난해 동안 우리를 크게 도왔던, 복음사역에 우리가 관심을 집중할 수 있기 때문입니다. 지난 6월에 두 명의 신학생이 안수받아서, 저는 현재 7개 교회에서만 당회장 역할을 하고 있습니다. 비록 담당 지방에 있는 나머지 45개의 교회에서 동사목사를 하고 있지만 말입니다. 이 동사목사

---

[284] 1936년 태풍 3693호. 1936년 8월 27일 관측, 1,232명 사망, 실종.

직은 최근 어떤 교회에서 분규가 있는 것을 바로잡기 위해서 5일이라는 시간을 전부 쓴 것에서 볼 수 있듯 어려운 때 주로 행사됩니다. 이렇게 민족 감정이 높고 외국인이 뒤에서 가장 잘 역할하는 이런 시기에 없어서는 안 될 소중한 기관이, 위의 분규의 사례에서 요청되는 노회의 전권위원회(Visitation Committee) 입니다. 지난 주말에 우리는 우리의 가장 어린 목사가 사역하는 곳을 방문했으며 세 개의 교회 문제를 다루며 다양한 문제에 대해서 논했습니다. 앞선 주일에는 우리는 이웃한 교회를 방문했는데, 우리 차에서 내려 동산을 넘어서 2마일을 걸어갔습니다. 그곳 회중은 덩굴 식물로 덮인 그들의 튼튼한 석조 건물을 매우 자랑스러워했으며 땅은 말끔하게 정돈되어 있습니다. 큰 마을들이 있는 곳에서 그 교회는 정말로 종교, 사교, 그리고 교육의 중심지입니다.

　우리는 새로운 활기를 가지고 가을 사역을 시작했습니다. 우리 둘 다 올해 일부분 동안 몸 상태가 정상 이하였습니다. 아내는 독감 이후 약간의 늑막염으로 고생했는데 그 병은 여름이 지나가도록 고집스럽게 그대로 있었습니다. 저는 (2월과 4월) 급성 맹장염에 걸려서 5월에 수술받았는데, 천천히 회복했습니다. 그런데 우리는 사역을 계속했으며, 하나님의 자비에 대해서 또한 우리의 의사와 간호사인 로저스 의사와 휴슨 간호사의 마음에서 우러나는 치료에 대해서 감사드렸습니다.

　이 편지를 기차에서 쓰고 있습니다. 서늘하고 맑은 완벽한 9월의 하루입니다. 지나가는 풍경을 우리와 함께 보시면 좋을 것 같은데 아쉽습니다. 좁은 계곡들에는 벼가 익어가며 좋은 햇살을 한껏 받고 있습니다. 원근 각처의 아름다운 동산과 산들이 독특한 색조를 띠고 있으며 그 산들의 발치에 그림 같은 마을들이 있는데 집 모양이 커다란 버섯들이 뭉쳐있는 것을 닮았습니다. 한국은 친절하고 반응을 잘 보이는 민족이 살고 있는 아름다운 나라라는 것은 진실입니다. 며칠 전 저녁에 우리는 자정까지 불빛도 없어 오지도 가지도 못했습니다. 어떤 운전사가 우리 차를 고치려고 2시간 반 동안 작업을 했는데, 같은 마을에 사는 사람이라는 이유로 한 푼도 받으려고 하지 않았습니다. 우리는 오랜 세월 동안 이런 민족에게 복음을 가져와서 교회를 세우며, 그 교회가 진리의 횃불을 높이 들 수 있게 하는 데 여러분과 동료 사역자로 같이 살고 애썼다는 특권에 기뻐합니다. 그리스도의 왕국을 확장하는 이 일보다 더 가치 있는 일이 있을까요?

최고의 유대감을 갖는 여러분의 친구
애니 S. 와일리 페어맨과 존 페어맨 프레스톤 배상

수신: 1936년 10월 19일, 테네시 내슈빌
주소: 한국, 순천 J. F. 프레스톤 목사 부부
우편: 편지 5센트, 엽서 3센트

1936년 11월 23일
한국, 순천

사랑하는 친구들에게,

11월 5일 목요일 저녁에 남편이 오한과 고열로 잠자리에 들었는데 나중에 이곳에서 유행하는 발진티푸스의 한 유형이라는 진단을 받았습니다.

머리를 세게 때리는 두통으로 15일을 보낸 후, 열은 잦아들었고 환자는 회복의 길을 시작했습니다. 남편이 고열에서 아직 자유롭지 않지만, 2주가 지나면 자리에서 일어설 수 있을 것으로 예상됩니다.

남편이 한국에서 33년 있으면서 처음 경험하는 고열로 인한 병입니다. 맹장염으로 두 번 심하게 고통받고 난 뒤에 수술한 일이 있던 같은 해에 생긴 이 병은 설명하기 힘들고 특별한 인내와 내려놓음을 요구합니다. 우리는 이것을 주님의 뜻으로 받아들이며 주님께서 우리에게 가르치시고자 하는 교훈을 배우려고 합니다.

이 편지가 여러분들에게 크리스마스 근처에 도착할 것이기에, 이 편지로 여러분에게 안부를 전하며 새해에는 모두 좋은 일과 성공이 있기를 바랍니다.

여러분의 신실한 벗 애니 와일리 프레스톤 배상

수신: 1936년 12월 14일, 테네시 내슈빌
주소: 한국, 순천 J. F. 프레스톤 목사 부부
우편: 편지 5센트, 엽서 3센트

1937년

1937년 6월 15일
한국, 순천

고국에 있는 사랑하는 친구들에게,

이 편지는 너무도 늦었는데 우리가 처한 상황을 반영합니다. 우리가 해야만 하고 하고자 하는 너무도 많은 것을 매일 매일 시간이 없어서 못 하고 지나가서 모든 것에 대한 "정부의 통제 경제" 시기에는 하루를 48시간으로 고정하는 포고령이 있다면 좋겠습니다. 현대 세계의 매우 활동적인 삶을 살고 있는 그곳에 있는 모든 사람도 틀림없이 같은 생각일 것입니다.

올해 첫날부터 가르치기, 설교, 교회 방문, 지도자들과의 회의, 방문객 대접, 여흥 등 우리 선교사 활동의 일상적인 반복되는 삶이 평상시처럼 진행되었습니다. 서너 가지 일이 반복되는 일에 끼어들었는데 그것에 대해서 간단하게 언급하겠습니다.

가장 먼저이며 중요한 것은 3월 4일 우리 가정에 첫 손자만큼 예쁜 두 번째 손자가 태어났다는 것입니다. 부모가 그 아이를 페어맨 프레스톤 (커밍)으로 지었는데 이는 혁명[285] 이전 시기에 존 프레스톤[286]이 엘리너

---

[285] 혁명 전쟁(1774~1783). 미국 혁명 또는 미국 독립 전쟁으로도 불림.
[286] John Preston(1726~1796.9.1, Ireland 출생), Eleanor Fairman(1725~1820.1.6, Ireland 출생) → Robert "Irish Bob" Preston Jr.(1772~1858.9.9, Ireland 출생) → John Fairman Preston(1811.4.23~1875.1.16, Washington County, Virginia 출생) → Samuel Rhea Preston(1849.9.4~1929.12.6, Abingdon, Washington, Virginia 출생) → John Fairman Preston(1875.4.30~1975.6.6, Fernandina, Nassau County, Florida) → Annie Shannon Preston Cumming(1907.10.21~ 2003.12.8, Salisbury, Rowan County, North Carolina 출생) → Fairman Preston Cumming (1937.3.4~?).

페어맨과 결혼한 이후 그 이름을 가진 여섯 번째 세대가 됩니다. 우리는 그 아이가 그 이름을 받은 대로 그 이름을 욕되지 않게 물려주는 삶을 살기를 기도합니다. 선교사의 삶이 고된 것이라면, 선교사 할머니가 되는 것이 최정점으로 고된 삶입니다!

두 번째 사건은 우리 한국선교회가 4월에 회의를 연 것이었습니다. 주최 측이었기에, 순천선교부는 추가로 책임질 일이 있었습니다. 우리는 5일 만에 마쳤으며, 우리 앞에 성가신 질문은 거의 없었고 회의는 아주 도움 되는 경험이었습니다. 성서공회의 사랑받는 서기 밀러(Hugh Miller)[287] 목사가 매일 헌신 예배 시간에 영감을 주는 말씀을 우리에게 전해주었습니다. 그는 올해 은퇴하는데 나이 제한에 도달했습니다. 레이놀즈 목사 부부도 같은 이유[288]입니다. 레이놀즈 목사 부부의 은퇴는 이곳 선교부에 아주 큰 영향을 줍니다. 레이놀즈 목사 부부를 대신해서 크레인 목사 부부가 평양에 있게 되는데 그러면 저만 이곳 순천선교부와 노회에서 유일한 전업 복음 사역 선교사가 되기 때문입니다. 크레인 목사가 안식년으로 떠나는 6월까지 최대한 자신의 담당 지방 감독을 계속하기로 하는 임시적인 조치가 취해졌습니다. 그러는 동안 우리는 사우스올(T. B. Southall)[289] 목사와 부인(릴리 크레인)[290]이 이곳으로 지정되어서 빈자리를 채우는 데 필요한 긴 준비를 시작하기를 기대하고 있습니다.

세 번째로 일반적인 것과 다른 점은 제가 운전면허증을 다시 얻기 위해서 처음에는 2월에 다음은 5월에 시도한 것입니다. 운전면허증은 작년의 와병 기간에 시간이 지나버렸습니다. 이것 때문에 저는 초보자로 지원해야 했습니다. 그래서 4일에 걸쳐 4개의 시험을 치렀는데, 특별 시험,

---

[287] Hugh Miller(1872.8.9~1957.9.7). 스코틀랜드 출신.
[288] 레이놀즈 목사가 1937년 은퇴함.
[289] Thompson Brown Southall Jr.(한국명: 서도열, 1905.9.22~1993.11.18).
[290] Lillian Hedleston Crane Southall(1915.10.31~2000.4.4). Crane 목사의 첫째 자녀.

도로 시험, 구두 시험, 필기 시험이었습니다. 첫 번째가 가장 어려웠는데, (연습하려고 해도 구할 수 없는) 오래된 차를 타고 특정 시간 이내에 (매일 바뀌는) 복잡한 코스를 달리는 것입니다. 부분적으로는 삔 발목과 뻑뻑한 무릎 때문에 2월에 실패하고 나서, 5월에 한 시도는 (아직 면허증은 도착하지 않았지만) 분명히 성공적이었습니다. 그런데 통과한 것은 운전 기술 때문이기보다는 시험감독관들이 봐줘서입니다. 감독관들은 전문직 공공 운전사 지원자들과는 비교되는 자동차 소유자들의 어려움을 알고 있습니다. 지난 6개월 동안 운전을 할 수 없었던 것이 상당한 장애물이었습니다.

네 번째 사건은 남학교의 일본인 교사 니치다(Mr. Nichida) 선생님이 지난달 갑자기 사망한 것입니다. 그는 겉보기에는 완전히 건강했으며, 자기 반 학생들과 오후에 낚시를 갔습니다. 자기 자전거를 타고 황혼에 되돌아오다가 졸중(apoplexy)이 생겨서 의식을 다시는 되찾지 못했고 다음 날 아침 11시에 사망했습니다. 교사들과 학생들 쪽에서 보여준 사랑과 존경은 아름다웠습니다. 한국인들, 일본인들, 그리고 미국인들이 서로 경쟁적으로 사망한 그 사람에게 존경을 표하고 가족을 위로하는데 이는 그리스도 예수 안에서 우리 모두 하나라는 진리를 실질적으로 보여주는 것이었습니다. 아주 적극적인 기독교인이며 이 학교의 시간제 교사인 니치다 부인(Mrs. Nichida)은 영어를 아주 잘 말하고 쓰는데, 내년 3월에 이번 학년이 졸업할 때까지 남편이 하던 일을 하도록 되었습니다. 그때가 되면 이 지역의 일본인들 대상으로 그녀가 직접적인 복음전도 사역을 하는 길이 열리기를 우리는 기도하고 있습니다.

우리가 언급할 마지막 사건은 최근에 우리 순천선교부의 세 명이 안식년을 떠나는 것입니다. 비거 선교사, 휴슨 간호사, 윌킨스(Wilkins)[291] 선교

---

[291] Frances Aurine Wilkins(한국명: 위길순, 1904.1.14~1982.12.31). 1939년 4월 29일 결혼함.

사입니다. 그 사람들은 순서대로 사역의 세 부분인 교육, 의료, 복음 전파 모두를 대표합니다. 선교사가 안식년으로 고향으로 가는 것은 출발 전에 많은 계획과 협의뿐만 아니라 남아 있는 사람들에게 추가의 사역을 의미합니다. 우리는 그 모든 것을 끝냈으며 우리는 지금 큰 빈자리를 예리하게 느끼고 있습니다. 윌슨 의사 부부가 9월이 되어서야 그들의 안식년에서 돌아오게 되었다는 것에 빈자리를 더 통렬하게 느끼고 있습니다. 여러분들이 이들 여선교사들을 만나고 소식을 듣기를 바랍니다.

마치 우리를 위로하고 부족한 것을 채워주려는 듯, 엉거 목사의 어머니[292]와 누나[293]가 몇 주간 방문하기 위해 지난주에 도착했습니다. 엉거 목사의 어머니께서 4명의 손주[294]와 즐겁게 지내는 것이 감동스러웠습니다. (손주 한 명을 제외하고 모두를 만났습니다.) 지금 태평양에서의 여행이 훨씬 시간도 짧아지고 더 편안하고 값이 싸기에, 친척들과 친구들이 전보다 더 빈번하게 옵니다. 우리는 우리 가족의 친구인 앤 홀(Miss Anne Hall)을 데리고 우리 딸 미리암이 다음 2주 이내에 우리를 방문하는 것을 즐거운 기대감으로 학수고대하고 있습니다. 존 페어맨도 이번 여름의 끝에 이곳으로 와서 의료 상황을 살펴보고 로저스 의사와 일할 것입니다.

이런 말씀을 드리는 것은 여러분들 중 몇 명이 유럽으로 관습적으로 가던 여행 말고 동양으로 가는 여행에 대해서 생각해 보라고 한 것입니다. 여러분이 오실 때, 유람선 여행은 피하십시오. 그 유람선에서는 정해진 계획에 따라서 단체로 안내될 뿐인데, 이곳에 있는 여러분 친구들을 만나거나 그들의 사역을 볼 시간을 주지 않습니다. 여유 있는 여행을 계획하십시오. 궁궐, 사원, 신전뿐 아니라 교회의 사역을 볼 충분한 시간

---

292 Mattie Theodocia Waugh Unger(1869.11.14~1955.10.18).
293 Madaline Unger Moore(1892.4.2~1976.11.12).
294 Martha Eoline Unger Hill(1922.3.14~2008.1.22), Rev. James Kelly Unger Jr. (1926.5.11~2014.10.21), Langdon Smith Unger(1929.3.4~1996.9.15), Betty Jane Unger(1931.3.1~2013.11.19).

을 가지세요.

　여러분에 대한 감사한 기억을 가지고 있으며, 주님의 왕국을 확장하는 위대한 사역에 우리 공동의 기도와 관심이 계속되는 것을 자신합니다.

여러분의 신실한 벗
존 페어맨 프레스톤과 애니 와일리 프레스톤 배상

수신: 1937년 7월 12일, 테네시 내슈빌
주소: 한국, 순천 J. F. 프레스톤 목사 부부
우편: 편지 5센트, 엽서 3센트

1937년 11월 4일
한국, 순천

사랑하는 친구들에게,

우리가 지난번 편지한 이후로, 이쪽 세상이 그쪽 뉴스의 첫 면이 되어 버린 듯합니다. 항상 흥미로운 소식이 끝없이 있지만, 평상시에는 그 소식들이 미국 신문의 어느 면에도 실린 적이 없습니다. 정상적이고 건설적인 소식이 뉴스를 이루기보다는 비정상적이고 파괴적인 것이 뉴스를 이루는 것이 인간의 속성에 대한 논평입니다. 환상에 사로잡힌 대중이 요구하는 것을 따라서, 지칠 줄 모르는 기자들이 선정적이고 무시무시한 세세한 내용들을 너무도 많이 전달해서 여러분들이 우리를 생각할 때 그런 배경에 두고 볼 수도 있습니다. 아니면 적어도 우리가 보내는 편지가 모든 것을 삼키는 주제로 시작할 거라고 예상할 수도 있습니다. 그렇다면 이 편지는 제대로 형식은 갖추었습니다만 여기 이곳 제국의 조용한 구석에는 시끄러운 환송식 한가운데에 일본군 신병들이 전선으로 떠나는 것, 경찰의 더 철저한 감시, 사이렌이 울리면 모든 불을 꺼야 하는 때때로의 방공 훈련을 제외하고는 현재의 비참한 군사 갈등[295] 중 하나를 떠올릴 만한 것이 거의 없다는 것을 덧붙이면 여러분들이 실망하실 수도 있습니다. 이곳에 있는 우리에게는 방공 훈련이라는 것이 형식적인 훈련이지만, 현대의 비행기가 전쟁을 혁명적으로 바꿔서 비행기라는 것이 모든 현대인에게 가장 가까운 염려와 공포가 되었다는 엄혹한 사실이 떠오릅니다. "사람들이 '평화와 안전'을 말하면 (하늘에서) 공포와 파멸이 옵니다."[296]

---

295 중일전쟁(中日戰爭, 1937.7.7~1945.9.2)에 대한 내용.
296 데살로니가전서 5장 3절, "그들이 평안하다, 안전하다 할 그때에 임신한 여자에게 해산의 고통이 이름과 같이 멸망이 갑자기 그들에게 이르니 결코 피하지 못하리라."

그러나 삶은 평상시와 같이 진행되고 있으며, 밖을 쳐다보면 평화와 풍요의 장면들이 보입니다. 홍수와 절반의 기아가 있던 작년과의 대조는 두드러집니다. 장마가 있던 무더운 여름에 대부분의 지방에서 모든 종류의 농작물이 풍작을 이루어서 심하게 쪼들리던 농부들이 빚을 갚고 회생할 수 있을 것입니다. 또한 교회에 헌금이 증가한다는 것과 지난해 계속 괴롭혔던 경제적 어려움이 완화된다는 것을 의미할 수 있습니다.

이번 가을 우리에게 있어서 매우 고통스러운 사건은 내슈빌에 있는 우리 실행위원회가 내린 정책 즉 세속 교육의 영역을 포기한다는 것에 따라서 우리 선교학교들을 문 닫은 것입니다. 지난봄 초급학교와 중등학교에 1학년을 받지 않았습니다. 우리는 남아 있는 학년들이 졸업할 때까지 계속하고자 하는 우리의 의지를 밝혔지만, 그런 조치는 관련된 모든 사람에게 극도로 불만족스러웠습니다. 어느 후견인이 말했듯 "팔다리를 하나씩 하나씩 잘라내어 죽이는 것과 같습니다." 따라서 정부가 10월 1일경 새로운 교육 정책에 따를 수 없다면 공립학교에서 우리의 모든 학생을 받아들일 준비가 되었고 우리는 즉시 문을 닫아야 한다는 것을 공표했을 때, 상호 당혹스러운 상황에서 큰 위안이 되었습니다. 관리들이 각종 배려를 해주어서 그 위기는 재치 있게, 예의 바르게, 그리고 효율적으로 다루어졌습니다. 우리가 크게 아쉬워한 것은 고등과에 남아 있는 학년이 졸업할 수 없었다는 것입니다. 졸업에 6개월이 부족했습니다. 그런데 졸업예정자 대부분이 다양한 이유로 학교를 그만둬야만 했던 것으로 드러났습니다. 우리의 학교 건물들은 현재로서는 우리 손에 있는 "처치 곤란한 물건"입니다. 마을 학교는 속성상 작고, 불규칙적이고, 일시적이고, 대부분 고립된 마을에 있으며 한국 교회가 관리하고 있습니다. 따라서 아직 영향을 받지 않고 있으며 평상시처럼 운영되고 있습니다.

선교학교가 폐지된 것의 즉각적인 결과는 교육 사역에 종사하던 선교사들에게 새로운 삶이 시작되는 것입니다. 우리는 그들이 사역지에서 계속 일할 것을, 즉 그들이 아주 많이 필요한 직접적인 복음사역에서 일할 것을 당연히 여기고 있습니다.

순회전도여행이 한창일 때입니다. 이때는 시골 교회 방문을 주로 하게 합니다. 이러한 시기에 이 나라의 증가하는 산업화로 인해 시골에 있는 교회에 어려움이 배가된 것을 눈여겨 보고 있습니다. 많은 사람이 한국의 도심(都心)으로, 일본으로, 새로운 약속의 땅인 만주로 갑니다. 시골 마을의 위생 상태는 향상되었는데 특히 물 공급에서 그렇습니다. 그러나 장티푸스가 여전히 기승을 부려서 1년 이내에 한 교회에서 2명의 좋은 젊은 일꾼들이 죽었습니다. 장티푸스는 증가 중입니다. 올해 한 교회에서 젊은 남자 셋이 이 병에 걸려서 두 명이 사망했습니다. 처방된 치료를 따른 나머지 한 명은 좋아지고 있지만 이런 환자들 대부분에게 그 사람은 예외일 뿐입니다. 그렇지만 고무적인 면도 많습니다. 교회 구성원들이 이동한다는 것이 대체로 교회를 떠난다는 것을 의미하는 것이 아닙니다. 모든 곳에 있는 사람들이 열린 마음이거나 복음 전파에 호의적입니다. 필요는 어느 때보다 큽니다. 변하는 조건에 따라 방법이 바뀌어야만 합니다. 그리고 우리는 주님의 인도하심을 따를 것입니다.

우리 순천선교부는 평양에 있는 신학교에서 사역하기 위해 9월 1일 평양으로 옮겨간 크레인 목사 부부를 잃은 것을 통렬하게 느끼고 있습니다. 다음 6월 그들이 안식년으로 떠나기까지, 그는 담당 지방에 대해서 원격 감독이라는 추가적인 짐을 어깨에 지게 될 것이고 할 수 있는 한 개별적으로 방문하여 보충할 것인데, 이때 그와 가까이 관계를 맺고 있는 김 목사(Rev. H. C. Kim)의 도움을 받을 것입니다. 그사이 우리는 이곳 순천선교부로 임명된 사우스올 목사 부부가 사역지에 도착하는 것을 기다리고 있습니다. 우리는 로저스 의사와 함께 실제적인 사역을 하기 위해서 나오는 우리 아들 존 페어맨이 도착하는 것에 또한 윌슨 의사와 함께 1년간의 사역을 하기 위해 돌아오는 아들 로버트 윌슨[297]이 있어서 기운이 납니다.

이렇게 혼란스럽고 불확실한 시기에 우리는 전에 없었던 기도에 우리를 바쳐야만 합니다. 그러면서 "그림자 속에 서 계시면서, 자녀들을 지켜 보시는" 하나님이심을 확신합시다. 또한 우리의 하나님께서 겉보기에 아무리 불리하여도 모든 것을 하나님의 영화로운 왕국을 진척시키는 일에 쓰실 것을 확신합시다.

여러분의 신실한 동료 사역자
J. F. 프레스톤과 애니 S. 와일리 프레스톤 배상

수신: 1937년 11월 26일, 테네시 내슈빌
주소: 한국, 순천 J. F. 프레스톤 목사 부부
우편: 편지 5센트, 엽서 3센트

297　Robert Manton Wilson Jr.(1915.11.14~2014.11.19).

1939년

1939년 5월 1일
한국, 순천

<u>저자의 이름과 관련해서는 알리지 마시오.</u>

고국에 있는 사랑하는 친구들에게,

  미국을 기쁘게 방문한 후 지난가을 우리가 돌아온 이래로 여러분께 보내는 첫 번째 단체 편지입니다. 미국에 있을 때 많은 친구를 몬트리트에서 만난 것은 우리의 특혜였습니다. 우리 사역이 직면한 중대한 문제들에 대해서 골몰하는 것에 더하여 지난가을 쌓인 업무가 많아서 우리가 그 당시 여러분에게 편지를 보내려는 의도를 지키지 못했습니다.

  자비로운 주님께서 전쟁을 피하게 해주신 것 때문에 이곳으로 오는데 특별한 일이 없었습니다. 우리는 뮌헨 회담[298]의 시기에 태평양에 있었습니다. 그래서 라디오에서 대영제국이 전쟁 중이라는 소식이 들려오지 않는지 매일 크게 걱정했습니다. 그럴 경우라면 우리는 단 한 가지만 확신할 수 있습니다. 그것은 우리 배가 일본에 착륙하지 않을 것이라는 것입니다. 그런데 어디에 착륙할지는 아무도 모릅니다. 우리 배의 고급 간부들은 영국 해군에 속해있으며, 배 자체도 운송 수단으로서 곧바로 사용되도록 불려들어갔을 것입니다.

  지난가을 우리 사역은 평상시와 같은 노선을 따라서 진행되었습니다. 우리는 우리가 주도적으로 시골 교회를 찾아가기보다는 돌발 상황에 대비하여 대기하는 정책을 채택했습니다. 현재의 전반적인 상황에서 우리

---

[298] 뮌헨협정은 1938년 9월 30일 뮌헨에서 영국, 프랑스 제3공화국, 나치 독일, 이탈리아 왕국에 의해 체결된 협정임.

가 방문하는 것은 교회에 도움을 주기보다는 교회를 당혹스럽게 할 거로 생각했기 때문입니다. 12월 중순까지, 매주 우리를 바쁘게 할 만큼 교회에서 초청이 있었습니다. 그런데 그 후로 계속해서 시골 교회에 위협이 가해졌다는 것과 시골 교회들과의 협력과 협조의 기회가 거의 없을 것이 매우 명백해지기 시작했습니다. 뒤따르는 전개 상황을 보니 이것이 사실이라는 것이 밝혀졌습니다. 적어도 현재로서는 전에 하던 순회전도여행 사역의 시대는 끝났습니다. 그리고 한국 기독교인들이 전에 어느 때보다 친절하지만 그들을 방문하여달라는 초대장을 가지고 오는 경우는 아주 특별한 경우입니다. 그런데 우리는 그 초대장을 순천지역 경찰이 알고 있으며 경찰이 동의한 후에 발행된 것을 알고 초대장을 받아들입니다! 선교사들에게는 복음 집회 허가가 나지 않습니다. 비록 집회가 허가되었더라도 국가가 하는 의식을 제외하고는, 모든 집회를 못하게 하고 있기에, 사람들을 못 오게 할 방법들을 경찰들이 찾습니다.

그러는 동안, 한국선교회 쪽에서는, 한국인 사역자, 마을 학교 등에 들어가는 모든 보조금을 철회하였고, 한국 교회는 지금 재정적인 면에서 완전히 독립적입니다. 한국 교회는 처음부터 대부분 재정 면에서 독립적이었습니다. 이렇게 되다 보니 평신도 사역자들 대부분이 떨어져 나가게 되었습니다. 물론 이것은 교회의 확장을 크게 지체시킬 것입니다. 지금까지 우리 순천 사역지 경내에 있는 조직교회로부터는 대체로 좋은 보고가 있습니다. 그 교회들은 그들 교회의 한국인 목사들의 봉급을 유지하고 있는데, 그 목사들이 전에는 선교사들의 감독하에 있던 교회들을 자신들이 할 수 있는 한 돕고 있습니다.

여러 사항이 결합 되어서, 앞선 때와는 달리 우리는 순천선교부에서 한겨울 성경학원과 사경회를 할 수 없었습니다. 그래서 우리가 한국어를 배우고 나서 처음으로 우리는 성경을 가르치지 않았습니다.

위에서 말한 것으로 여러분은 우리의 활동이 현재 대부분 우리가 살고 있는 지역에 한정되어 있으며, 주로 한국인 지도자들과 조용한 회의, 개인적 사역, 그리고 사교적으로 만나면서 어려운 사람들을 돕는 일 등을 하고 있다는 것을 유추하실 수 있습니다. 너무도 많은 물리적인 결핍과 정신적인 결핍에 둘러싸여 있지만, 섬김의 기회는 많이 있고 우리를 바쁘게 하기에 충분합니다. 지금 우리는 견디어야 할 물리적 어려움은 덜합니다. 우리 나이에는 다행스러운 일입니다.

의료 사역은 잘 진행되고 있지만 여기서도 어려움은 배가됩니다. 병원 직원 중 면허를 가진 모든 한국인 의사가 그들의 일 바깥에 있는 일을 하느라 차례로 빼내졌습니다. (한 명은 정부의 직책을 맡았습니다.) 그래서 로저스 의사가 안식년으로 떠나있는 동안 임시로 담당하는 우리 아들인 존 페어맨이 의사 활동을 할 수 있는 면허를 가진 유일한 사람입니다. 존 페어맨을 돕고 있는 두 명의 한국인 의사들은 시험은 통과했으나 아직 면허를 받지 못했습니다. 그래서 존 페어맨이 꼼짝 못 하고 있습니다. 전쟁 때문에 필요한 경험 있는 의사를 확보하기가 극도로 어려워질 것입니다. 인력, 자원, 임금, 가격, 심지어 사람들의 말과 행동, 이 모든 것에 대한 통제가 시도되었고, 이 나라 전체가 전쟁 기계로 가장 높은 효율성을 갖도록 채비를 갖췄습니다.

우리 선교회 사역이 어려움을 겪는 것은 전쟁 상황의 영향 때문입니다. 외국인들은 외국인이기에 간첩이라고 여겨지며 용의자가 됩니다. 외국인들의 움직임은 면밀히 관찰되며 규제되고, 그들의 지도력과 영향력을 사람들이 눈살 찌푸리며 봅니다. 미국남장로회 선교 사역은 특히 금지되고 있는데, 전쟁에서 승리하기 위해서 필수적이라고 여겨지는 신사 문제에 대해서 우리가 국가와 협조하지 않기 때문입니다. (비록 우리가 애국심의 다른 모든 형태에 대해서는 찬성하고 있지만) 우리 한국선교회 회원들이 특별히 정부에 대해서 반대하고 있다고 여겨져서, 틀림없이 우리를 제거하거나 정부에 해가 되지 않게 만들려고 합니다.

그렇지만, 우리들이 사람들과 모든 관리와 맺는 관계가 상당히 우호적이며 친밀하다는 것과 우리가 어떤 개인적인 모욕 또는 무례한 일을 당한 적이 없다는 것을 말씀드려야겠습니다. 최근에, 우리나라가 사망한 전직 일본 대사의 유해를 전함(戰艦)으로 돌려보낸 우호적인 조치로 깊은 인상을 남겼고 우호적인 반응을 얻었습니다.

오늘 일본 본토에서 발효되었으며 한국에도 곧 공포될 것으로 예상되는 새로운 법으로 우리를 제거하는 것이 한결 쉬워질 것입니다. 이 법안에 따르면 모든 외국인은 계속 거주하려면 신청서를 제출해야만 한다는 것이고 허가된다고 해도 유효기간은 단지 1년이라는 것입니다. 매년 신청해야 하고 통과되어야 합니다. 그러니 우리가 더 거주하겠다는 신청이 허가되지 않으면, 어느 해든 아주 짧은 통지를 하고 나서 우리가 고국에 돌아와 있는 것을 여러분이 볼 수도 있습니다.

다른 법 소위 종교통제법안이 통과되었고 내년에 효력을 발생하는데 이것이 특히 기독교인의 종교 전파에 대한 통제로 대폭 적용될 것입니다.

이 편지가 개인을 통해서 보내지기에, 우리는 우리가 할 수 있는 것보다 더 자유롭게 썼습니다. 만약 우편을 통해서 보내진다면 이 편지가 여러분에게 닿을 가망은 없습니다. 엄격한 검열이 있기 때문입니다. 물론 이 편지는 공개적으로 밝히지 마시고 우리에게 보내는 여러분의 편지에 인용하지도 마십시오. 여러분의 편지도 검열되기 때문입니다.

프레스톤 선교사를 제외하고 올해 첫날부터 우리는 모두 건강합니다. 생각지도 않은 충치로 국소 감염이 생겼습니다. 두 달 전에 그 치아를 빼고 나서 증상은 여전히 남아 있지만 점차로 좋아지고 있습니다. 3월에 우리는 베이징으로 갔고 프레스톤 선교사는 록펠러 병원[299]에서 철저한

---

299 베이징 셰허 의학원(北京協和醫學院, Peking Union Medical College). 1906년에 영국의 런던 선교회, 미국북장로회 해외전도국 등이 협력하여 청나라 베이징시에 협화 의학당(協和醫學堂)을 설립했음. 1917년 9월에 록펠러 재단의 지원을 통해 베이징

신체 검진을 받았습니다. 성벽과 궁궐과 사원이 있는 놀라운 그 도시에서 새로운 친구들과 옛 친구들과 만나면서 10일간 즐겁게 머물렀으며, 완벽하게 쉬고 크게 자극받고 되돌아왔습니다.

  서로가 서로를 위한 우리의 기도가 충실히 계속되기를 믿으며 또한 우리가 사랑하고 섬기는 우리 주님의 임재와 축복에 대한 흔들리지 않는 자신감을 우리가 가지고 있고 우리가 잘 있다는 것을 여러분에게 확신시켜 드립니다.

여러분의 신실한 동역자

애니 와일리 프레스톤과 J. 페어맨 프레스톤 배상

수신: 1939년 5월 22일, 테네시 내슈빌

주소: 한국, 순천 J. F. 프레스톤 목사 부부

우편: 편지 5센트

  셰허 의학원이 공식적으로 설립되었고 부속 병원인 베이징 셰허 의원이 설치됨. 미국 대학 기준에 맞춰 영어로 모든 수업이 진행되었으며, 첫 입학생은 77명이었는데, 8년의 과정을 마치고 3명만 졸업했다고 함.

1939년 12월 2일
한국, 순천

고국에 있는 사랑하는 친구들에게,

이번 달은 1년 중 바다 건너에 있는 친구들과 소중한 사람들에게 우리의 생각이 특별히 향하는 때입니다. 보내고 싶은 편지들과 개인적 소식들에 대해서 강하게 인식하는 때이기도 합니다. 그런 간절한 마음이 이 편지를 드리게 된 직접적인 원인입니다. 여러분들에게 인사말을 전하면서 여러분을 우리가 생각한다는 것과 여러분의 우정과 "현재까지도 복음을 전파하는 데 동역"한 것에 대해서 고마워하는 것을 일깨워드립니다.

또 다른 연말(holiday season)이 돌아오는데, 음울한 전쟁의 혼란에 사로잡힌, 지구의 양쪽에 사는 수백만 명에게는 평화롭거나 즐거운 것이 결코 아닐 것입니다. 현대 전쟁은 우리가 새롭게 알게 되듯이 전투하는 군인들에게만 한정되는 것이 아니라 전체 인구가 관여됩니다. 비행기의 도래와 함께 경제적인 어려움뿐 아니라 죽음 자체도 말 그대로 집 위에 걸려있습니다. 우리 누구도 오래 피할 수 없는 것이 분명하지만 우리와 여러분이 집 위에 걸려있는 공포를 지금껏 겪지 않았다는 것에 감사할 수도 있습니다. 이곳에 사는 우리는 이것에 대해서 조금 알고 있습니다. 배급과 절약이 일상의 삶이 되었고 일상적으로 사용하는 모든 것에 있어서 결핍과 부족을 당연하게 여깁니다. 이런 인위적인 조건에 더해서, 지난여름 심각한 가뭄 때문에 우리는 주식인 쌀 부족이 있습니다. 이전 상황이었다면 이렇게 되면 몇천 명이 다음 곡물이 있기 전에 굶어 죽었을 수도 있습니다만 소통의 좋은 체계가 있는 현대 정부 아래에서는 만주의 평원에 있는 수수를 틀림없이 확보하여 부족한 부분을 채울 것입니다. 올해 가용한 볏짚이 모두 사용될 것인데, 지붕으로 이용할 목적이 아니라 수수 선적을 하기 위한 가마니를 만드는 데 사용될 것입니다.

이번 가을에 눈여겨볼 특별한 일은 코잇 목사 기념 교회를 헌당한 것입니다.[300] 그 교회를 세우기 시작하고 3년 후에 빚 없이 교회가 완성되었습니다. 이곳에 있는 교회를 기준으로 보자면 아름다운 건물이고 돌로 된 벽과 슬레이트 지붕이 있는데, 이렇게 대단한 특색을 갖추게 된 것은 고국에 있는 코잇 목사의 가까운 친구 몇 명과 친척들의 기부로 가능하게 되었습니다. 또한 이곳에 있는 회중들과 친구들의 선물로 보충되었습니다.

이 건물 설립의 직접적인 결과로 열정 넘치는 젊은 목사가 있는 교회 회중이 그 건물을 (다소 적게) 올해 복제하려는 자극을 받았습니다. 그들은 새로운 건물에서 예배를 드리고 있으며 현재 어려운 상황에서도 이 예배당을 훌륭하게 완성하기에 충분한 돈을 일주일 전에 모았습니다.

또 다른 결과는 전에 상당한 교회 건물을 건축하는데 우리가 협조했던, 인접한 도에 있는 목사가 최근에 도면, 사양서, 견적서를 준비해달라고 요청했습니다. 그리고 코잇 목사 기념 교회와 비슷한 교회를 건축하기 위해서 재료를 모으기 시작했습니다.

우리 가문에 또 다른 결혼이 있었습니다. 이곳 안력산(Alexander) 병원에서 지난 2년간 일을 하고 있던 존 페어맨이 8월에 짧은 휴가로 미국으로 가서 11월 18일 워싱턴 D.C.에 있는 이머전 버드(Miss Imogen Bird)의 아버지 교회에서 결혼했습니다. 이머전은 리치먼드 유니온 신학교의 고(故) 무어 박사(Dr. W. W. Moore)[301]의 외손녀입니다. 그녀의 오빠 앤드류(Andrew)[302] 목사는 에딘버러에서 대학원 과정을 마친 후 지난여름 이쪽으로 우리를 찾아와서 우리 모두를 즐겁게 했습니다. 사역지에서 가르치

---

300 현재 광양읍교회 교회의 역사에 "1937년 교회 건축기공 예배 / 석조 함석 단층 40평을 미국 남장로회 고라복 선교사 / 기념예배당으로 건축"이라고 되어 있음.
301 Walter William Moore(1857.6.14~1926.6.14).
302 Rev. Andrew Reid Bird Jr.(1909.7.14~1994.11.9).

는 일을 1년하고 마친 그의 여동생이 미국으로 그와 함께 갔습니다. 무어 박사의 후손들이 그를 따라서 섬김의 삶을 살고 있습니다.

  비록 약간 늦었지만, 우리가 보내는 마음속 깊은 새해 인사를 받아 주십시오. 여러분 모두에게 새해 행복과 번영이 넘치기를 바랍니다. "이 땅에 평화"는 바깥 상황과는 별개인, 주로 마음의 문제입니다. 누구도 우리에게서 이것을 빼앗아 갈 수 없습니다.

여러분의 신실한 동역자
애니 와일리 프레스톤과 J. 페어맨 프레스톤 배상

수신: 1940년 1월 1일, 테네시 내슈빌

1940년

1940년 4월 27일
한국, 순천

<u>사적인 편지입니다. 공표(公表)하지 마십시오.</u>

고국에 있는 사랑하는 친구들에게,

여러분에게 편지를 직접 보내는 기회를 다시 이용하고 있습니다. 무엇보다, 주로 가족 중 누군가 아팠기 때문에 제대로 감사의 마음을 담아 답장하지 못했던 너무도 고마운 많은 편지에 대한 응답으로 많은 개별 편지를 곧 쓸 수 있기를 바라고 있습니다. 그러나, 일반적으로 선교지에서는 개인 통신을 할 충분한 시간을 갖는 것은 아직 해결되지 않은 문제임을 말씀드려야겠습니다. 동양인들에 있어서 시간은 우리의 기준에 의해서 측정되지 않습니다. 그래서 매일 하는 일에서 시간을 조금이라도 내려는 것은 계속되는 분투입니다. 이것을 보시면 우리가 전보다는 더 제한적이기는 하지만 개인적인 사교적인 만남을 하고 있다는 것과 우리를 바쁘게 하는 일들이 충분히 있다는 것을 유추하실 수 있습니다. 세상 권세자들과의 관계는 전과 같이 예의 바르게 유지되고 있습니다. 교회 지도자들을 포함하는 우리의 한국 친구들은 계속해서 우리를 방문하고 있으며, 최근에는 지난 몇 달보다 더 자유롭게 오는 것처럼 보입니다. 우리는 개인 사역을 할, 기독교 문서를 판매하고 회람할, 고통을 경감할, 그리고 개인적인 만남을 할 충분한 기회를 발견했습니다.

2년째, 순천선교부는 이곳 순천에서 순천선교부 관할 구역 전체를 대상으로 하는 성경학원과 사경회를 여는 것을 시도하지 않았습니다. 비록 우리가 참가하도록 초대받지는 않았지만, 우리는 지역별(district) 사경회를 여는 것을 권장했습니다. 우리가 대중적으로 가르치고 설교하는 것을 축소하는 것이 정부의 정해진 방침인 것으로 보입니다. 이따금, 아주 특별한 경우에, 우리는 시골 교회에 초대받습니다. (우리의 경우, 지난 6개월 동안 겨우 다섯 번이었습니다.) 순천 교회들에서는 초대가 빈번하게 설교까지 확장됩니다.

순천노회와의 관계는 그 기관이 2년 전에 정의한 대로 계속됩니다. 즉 안수받은 선교사는 발언권이라는 특권은 있으나 투표권이 없는 회원이며 어느 교회에서든 당회의 책임을 맡지 않는 것입니다. 말할 필요도 없이, 우리가 회의에는 참석하지만 우리는 우리의 특권을 행사하지는 않습니다! 현재 외국인은 어느 곳에서나 협박당하고 있는 한국인 형제들을 위해서 뒤로 물러나야만 한다고 우리는 믿습니다. 어떻든 사역이 진행되고 있다는 것에 기뻐합니다. 헌금이 늘어나고 교회 출석이 좋다는 좋은 진보의 표징들이 있습니다. 현장에서는 비록 종종 지도자가 없으나 가장 작고 약한 교회들이 예배하러 계속 모이고 있으며, 주님의 말씀 선포에 굶주려 있습니다.

우리의 가장 큰 근심거리는 교회 미래 지도자들에 관한 것입니다. 그들을 훈련하는 것이 과거에는 선교사들의 주요한 사역이었습니다. 작년에 조선예수교장로회신학교가 문을 닫았는데, 우리 학교를 문 닫게 한 것과 똑같은 압력을 받았습니다. 순전히 한국인들이 관리 감독하는 신학교[303]가 최근에 문을 열었습니다. 제가 받은 정보에 의하면 허가서에는 신학과 교회사를 가르치는 것이 금지되어 있다고 합니다. 우리 선교부지역의 목회자 지망생들은 자기들이 들어갈 수 있는 다양한 기관으로 흩어집니다. 두 명이 최근에 "성결(holiness)"신학교로 들어갔으며, 한 명은 일본에 있는 루터 신학교에 들어갔습니다. 또 다른 사람은 위에서

---

303 평양신학교(平壤神學校). 1940년 4월 11일 채필근 목사에 의해서 설립된 신학교로 정식 명칭은 조선예수교장로회 평양신학교(일명 채필근신학교)임.

언급한 새로운 신학교에 들어갔습니다. 다른 사람들은 세속의 직업을 가졌습니다.

여성 훈련을 위한 두 곳의 선교회 기관 가운데 광주는 여전히 진행 중이나 전주에 있는 기관은 지난달에 문을 닫았습니다.

이곳과 다른 곳에서도 우리의 의료 사역은 넘쳐나고 있는데, 과거 어느 때보다 많은 환자가 있습니다. 최근 몇 달 동안 환자에는 시장과 경찰서장도 있습니다.

개인적인 맺음말을 합니다. 아들 존 페어맨이 며느리와 함께 1월 후반부에 돌아왔는데 며느리는 결혼 전 이름이 이머전 버드입니다. 아들 부부는 광주에 있는 자신들의 선교부에서 즉시 힘든 사역에 뛰어들었습니다. 그들은 지금 방해받지 않는 언어 공부를 위해 서울에 두 달간 머물고 있습니다. 그러는 동안 로저스 의사가 병원을 돌보고 있습니다.

제 딸(Mrs. Cumming)이 심각하게 아파서 지금 프릿차드(Miss Pritchard)[304] 간호사의 간호를 받으며 광주 병원에서 건강을 회복하고 있습니다. 손주 셋이 우리와 함께 있으며 비록 그 아이들이 할머니를 뛰어다니게 만들지만 1년 내내 흥미의 원천입니다. 위에서 말한 "뛰어다닌다"는 것은 제 딸의 병 때문에 그리고 4월 3일 심각한 독감으로 아파버린 제 사위의 병 때문에 강조되었다고 생각하시면 됩니다. 독감 때문에 저는 신체적으로 힘이 다 빠졌으나 폐렴을 간신히 피한 것을 감사드립니다.

전 세계에 이렇게 어려운 시기에 하나님께서 여러분 모두를 축복하시기를, 여러분이 믿음에 굳게 있고 하나님께 진실하기를 바랍니다. 우리 서로의 기도를 자신하며 또한 하나님께 달라고만 하면 우리가 가질 수 있는 힘을 의식하면서 계속 나아갑시다.

---

304 Margaret Frances Pritchard(1900.11.1~1988.02.14).

여러분의 신실한 동역자

애니 와일리 프레스톤과 존 페어맨 프레스톤 배상

수신: 1940년 5월 20일, 테네시 내슈빌
주소: 한국, 순천 J. F. 프레스톤 목사 부부
우편: 편지 5센트, 엽서 3센트

1940년 11월 25일 (서부시간)
"마리포사"에서

<u>사적인 편지입니다. 공표(公表)하지 마십시오.</u>

사랑하는 친구들에게,

여러분 중 몇 명은 우리가 고국으로 돌아가는 중이라는 것을 듣고 놀라실 것입니다. 안식년으로 돌아가는 것을 예상했던 것보다 7달 일찍입니다. 지난 몇 주 동안 사건들이 너무도 급박하게 돌아갔고 긴급하게 할 일이 너무도 많아서 편지 쓸 기회가 없었습니다.

전에 있던 일을 말씀드립니다. 9월 20일에 우리는 아들 윌리엄 와일리와 함께 일본으로 갔고, 윌리엄 와일리가 우리와 두 달을 보낸 후 귀국할 때 요코하마에서 안전하게 배에 오르는 것을 봤습니다. 미국 국민과 영국 국민을 잠재적인 간첩으로 보는 일반적인 의심 때문에, 우리는 그 아이가 혼자 일본을 통과하는 여행을 하는 것을 허락할 수가 없었습니다.

우리가 일본에 있는 동안, 두 가지 경악스러운 일이 일어났습니다. 먼저는 수백 명의 기독교 지도자들이 한국 전역에서 체포되었고, 수백 명이 가택 수색을 당했는데 명백한 이유는 그들이 선교사들과 연관 있어서입니다. 심문의 성격으로 보아, 선교사들에게 간첩 혐의를 씌우거나 공공연한 반정부 활동을 한다는 혐의를 두려고 하는 시도로 보였습니다. 체포된 사람들에는 우리 순천노회의 (3명을 제외한) 모든 목사가 있었고 다른 지도자들이 있었는데, 그들 모두 아직 괴롭힘을 받지 않고 있습니다. 세 명 중 한 명은 당시 병으로 제외되었고, 다른 한 사람은 나중에 투옥되었습니다. 그 당시 선교사들은 괴롭힘을 당하지는 않았지만, 이 일로 선교사들이 살아가기에 견딜 수 없는 분위기를 만들고 모든 기독교인에게 공포를 심어서 외국 선교사들과의 관계를 단절하게 만들려고 의

도했던 것으로 보였습니다. 우리가 알기로 이 일로 전에 우리 선교사들이 하던 현지인들과의 개인적인 접촉 다른 말로 우리 사역의 마지막 흔적인 사경회(conference)를 할 기회가 완전히 사라져 버렸습니다. 기독인들 사이에 우리가 있는 것 바로 그것이 우리 친구들에게 위기가 되었습니다.

두 번째 경악스러운 것은 일본과 추축국(樞軸國)인 독일, 이탈리아가 군사동맹에 서명했다는 발표입니다. 그 조약에는 다른 나라가 영국 편에 서면 일본이 전쟁에 참여하겠다는 아주 중요한 조항이 들어있습니다. 이것은 미국을 겨냥해서 한 것인데 일본이 자동으로 유럽 전쟁에 참전하는 것으로 이해되었습니다. 우리에게 불쾌한 점은 우리가 짧은 통고를 받고 적국 국민이 되는 것이며 강제수용소로 수용될 수도 있다는 것입니다.

그 후 10월 초에 우리 영사로부터 긴급하게 세 번 반복된 권고를 받았는데, 모든 여성과 아이들 그리고 가능한 많은 남자가 철수하라는 것입니다. 배 한 척이 한국으로 보내질 것이며, 이 배를 받아들이지 않으면 정규적인 미국 정기선을 제외하고는 다른 특별한 기회는 제공되지 않을 것이며 정부는 우리의 안전에 대해서 어떤 책임도 질 수 없다는 경고였습니다. 우리가 알고 있던 것에 더하여서 이 경고는 아주 심각하게 들렸습니다. 우리의 여권과 관련되어 있었기 때문입니다. 지난 1년 동안 한국에서 우리의 거주는 일본 정부가 발행하는 허가서에 달려있었습니다. 그 허가서는 허가 1번에 1년의 기간만 보장되었습니다. 이 허가서는 우리 대부분 11월 14일 만료될 예정이었습니다.

필요하다면 어떤 특별한 안식년도 허가한다는 내슈빌로부터의 전보가 와서 영사와의 협력이 더 쉬워졌습니다. 그 결과로 우리 한국선교회의 거의 모든 선교사가 철수하기로 했는데, 남자들 대부분에게는 가족을 돌보는 필요가 가장 압도적인 고려 사항이었습니다. 그래서 우리 한국선교회 40명 정도가 이 배에 같이 있습니다. 감리회 한국선교회는 철수했으며 일을 마무리 지을 5명을 남겨뒀습니다.

커밍 목사 부부는 안식년이 다음 6월에 시작될 예정이었으나 (건강의 이유로) 이번 가을 아이들을 미국으로 데리고 가기로 이미 결정했고 따라서 10월 18일 고베에서 "카마카루 마루"에 표를 확보했다는 말씀을 드립니다. 영사로부터의 소식을 듣고서 우리는 손주들을 돕고자 그들 부부와 함께 가기로 동의했으며, 예약을 할 수 있었습니다. 그러나 여러 고려 사항이 있어서 우리는 나중에 "마리포사"로 바꿨습니다.

아름다운 배에서 즐겁게 여행할 수도 있었을 텐데 한 가지 상황 때문에 망쳤습니다. 딸이 배를 탈 때 아파 있었는데 줄곧 아파서 누워있었습니다. 의사들은 한국의 우리 사역지에 있는 풍토병인 열병으로 진단했으며 전염성은 없으나 두통은 심하게 있고 사람을 아주 약하게 만든다고 했습니다. 딸은 오늘 저녁 처음으로 열이 내렸는데 우리가 30일에 항구에 도착하면 딸이 일어설 수 있을 것이라 기대합니다. 우리는 딸이 여행하기에 충분히 강해질 만할 때까지 딸과 같이 머무를 것이며 딸 부부가 시어머니가 사는 플로리다 오칼라(Ocala)까지 가는 여정에서 일부분 딸 가족과 함께 할 계획입니다.

다른 딸들과 아들 윌리엄 와일리를 도중에 보기를 희망하며 서너 곳을 짧게 방문한 후에 우리는 플로리다로 갈 것입니다. 제가 지난 4월 독감이 걸리고서 더 심해진 만성적인 기관지염으로 고생하고 있기 때문입니다.

우리는 3~4주 동안 떠날 준비를 하고 나서 진이 다 빠진 채로 배에 올랐습니다. 준비하는 동안 평균 하루에 다섯 시간밖에 잘 수가 없었습니다. 낮 동안 그리고 저녁 이른 시간에 방문객들이 계속 오고, 많은 선교부 회의가 있어서 우리는 개인적 일을 할 시간이 거의 없었습니다.

한국인과 일본인 똑같이 모든 사람이 우정을 보여준 것에 우리는 감동했습니다. 떠나는 것이 정말 힘들었습니다. 그렇지만 우리 결정이 지혜로운 것인가에 대해 질문하는 사람은 없었고, 우리가 올바른 일을 하고 있지 않다고 의심하지도 않았습니다. 우리는 집에 가재도구를 두고 떠났으며 가능하면 1년 반 이내에 돌아올 것을 예상한다고 공고했습니다. 그런데 우리 친구들은 다시는 우리 얼굴을 못 볼 것처럼 우리와 작별했습니다.

물론 우리가 돌아오는 것은 우리의 통제를 벗어난 사건에 달려있습니다. 우리 동료 선교사들과 함께, 우리는 민주주의와 전제주의 사이의 거대한 싸움에 끼어 있습니다. 일본이 독일의 방법을 흉내 내 전제주의가 되었기에 선교 사역은 거의 불가능해졌으며 상황은 견딜 수 없게 되었습니다. 영국 본토 항공전(battle of Britain)[305]이 극동지역에서 앞으로 일어날 일의 향방을 결정할 것입니다. 일본에서 정부의 급격한 변화, 자유주의의 회복, 그리고 종교의 자유가 있어야 우리 사역의 재개가 가능할 것입니다.

한국에 있는 기독교인들을 위해서 우리와 함께 계속 기도해 주십시오. 그들은 군대 거대 괴수에 의해서 완전히 짓밟히고 있습니다. 우리는 비록 머지않아 교회가 (지하에 있어) 보이지 않을 수도 있지만, 한국에서 교회가 생존할 것이며 최종적으로 승리할 것이라는 믿음을 오래도록 가지고 있습니다.

우리가 계속 머물 수 있는 고정된 장소를 가질 때까지, 우리에게 보내는 편지는 테네시 내슈빌 사서함 330 실행위원회를 주소로 하시면 우리에게 도착할 것입니다. 다음 여름에 몬트리트에서 많은 친구를 만나길 희망합니다.

복음의 계속되는 우정 관계 속에서 여러분의 신실한 벗
애니 S. 와일리 프레스톤과 존 페어맨 프레스톤 배상

---

[305] 1940년 7월 10일부터 10월 31일까지 영국과 독일 공군 사이에 벌어진 전투. 영국 대공습(the Blitz) 참조.

추신: 이 편지는 개인들이 돌려보는 용도입니다. 공개적으로 밝히지 말아주세요.

수신: 1940년 12월 4일, 테네시 내슈빌

원문

In 1911

Jan. 18, 1911

PACIFIC MAIL STEAMSHIP CO. P.M. S.S. "SIBERIA."

PASSENGER LIST SOUVENIR P.M. S.S. "SIBERIA."
VOY. 37, HOMEWARD.

SAILING FROM YOKOHAMA FOR SAN FRANCISCO, VIA HONOLULU JANUARY 18TH, 1911.

List of Passengers.
From Hongkong, Shanghai, Nagasaki and Kobe.

(....)
Rev. J. F. Preston
Mrs. J. F. Preston and Infant, 2 Children
(....)

Jan. 28, 1911
203 W. Bank St.
Salisbury, N.C.

My Dear Mrs. Preston,

I have waited for some more definite news about the homecoming of our missionaries before writing to you, tho' I supposed that you would be kept informed by Fairman. My latest letter from Annie was written Dec. 20th. They were then expecting to leave Kwangju for Kobe in two weeks. They were hoping to get passage on the "Siberia," which was to sail from Kobe Jan. 14th. A. wrote that they would probably get berths on that vessel as not many are traveling at that season. If they came then they would reach San Francisco about the first of Feb. Does it make your heart beat faster to think of their nearing our continent? Miriam had a letter asking her to send some things care of Mrs. Watkins, San F—the address to be had from Mrs. Preston of Wytheville. After M. had gotten an address from her and sent off the thermos bottles, another letter came giving another address. It seems that Mrs. P. had not heard from Mrs. W. since April. In the meantime, as she writes, Mrs. W. "had another baby and moved." So Miriam had to bestir herself to try and rectify the mistake.

I sent a postal to the "Siberia" for them and a letter, care of Dr. Watkins. Had I known certainly that they were coming on the Siberia and known it in time, I would have had a letter awaiting them at Honolulu. I remember what a pleasant surprise it was to me, when I arrived there, to find a home letter awaiting me. Do you know that Henry Bell was expected to come with our children? He is to enter school. The Reynolds are going to leave their son in the Assembly's School at Fredericksburg. Mrs. Junkin has her boys there.

Are you and Dr. P. coming to meet the children here? I am sure that you will be impatient to see them. Fairman, no doubt, will make a beeline for Bristol if you are not here, but you will want to see Annie and the babies too and I cannot spare them for awhile, so I think you and Dr. P. must meet them here.

I am very sorry that you have all been so afflicted with grippe and hope that all are much better now. My love and sympathy for Mrs. Newman.

After my trained nurse and another left me Sam wrote for my good friend Mrs. Colville to keep me company. She is with me now and a great comfort. I think I wrote you that "The Anchorage" is again inhabited. Willie, Marion & Samuel all there. Miriam has two friends from Raleigh visiting her. One of them has not been here before since Annie's wedding. You met both of them Misses Seawell and Stronach.

With love and best wishes for all,

M. C. W.

Jan. 31, 1911
PACIFIC MAIL S.S. CO.
S.S. SIBERIA
between Honolulu and San Francisco

My dear Folks:

We left Kwangju on Jan. 5th and Kobe, Japan, on the 14th, and are speeding homeward on our furlough. I had no time to write you before leaving, as we suddenly decided to leave 15 days earlier than we had originally intended, Annie making all the arrangements while I was absent in the country.

The ostensible reason that brings us home thus early in the year is in order to get in some work for reinforcements before the schools close. The real reason is Mrs. Wiley's health, which is precarious. This, however, is strictly confidential, as it would never do for her to know this, as the effect on her would be bad.

We will go straight on to Salisbury, arriving there before the middle of February. We go via. the Southern Pacific route, passing through Texas, New Orleans and Atlanta, getting a through car, without change, from San Francisco to Salisbury. What a pity you are not in Atlanta or Greenville!

We have absolutely no plans as yet, everything being dependent on the state of Mrs. Wiley's health. Of course I shall plan to come to Bristol very shortly after arrival, whether Annie and the children can come or not. I imagine it would be very difficult for them to come over at that time of year.

I will send Eleanor a wireless message tonight, and if she meets us at the boat, we will stay over Sunday with her. We expect to arrive San Francisco Friday afternoon (Feb. 3rd).

Will telegraph you on arrival in Salisbury. Expect to stop in Atlanta for a day en route, and perhaps in New Orleans.

We have had a good voyage across, very little rough weather and no sickness. The children have kept our hands so full that we have no time hanging heavy on our hands, and but little leisure for anything else but them.

We had a very enjoyable day in Honolulu. The whole time since we left Japan has been like summer—in fact we have been wearing our thinnest summer apparel. We like the boat, and also the fact that there is a very small passenger list, which has given us better service for the children.

Henry Bell is accompanying us, returning to the States for his education. He will go to Salisbury with us.

I feel very much rested after the long sea voyage. Had been on a long strain, getting my work in shape to leave; for though we did not know definitely that we should leave this early, we knew that it was probable, and I have been working with that in prospect for several months. We all dread the long railroad journey across the continent for the children, and that is why we plan to break the journey at New Orleans. We will probably see a friend there—Mrs. Castle, nee Miss Florence Rodd, sister-in-law to Stuart and Moffett. I plan to see Rowland in Atlanta, if possible.

Must close now. Annie sends love and the children send kisses. We shall count the days until we see you.

  Lovingly,

    Fairman

P.S. Arrived safely on Jan. 3rd and am with Eleanor until Monday the 8th. Will send you a night message.

Feb. 13, 1911
Monday.
203 W. Bank St.
Salisbury, N.C.

My dear Mrs. P.,

I have no later tidings. Our folks must have been stopped over at Atlanta.

I have been hourly and momentarily expecting a telegram. The suspense is quite trying to me.

This morning a letter came from Annie, written on the steamer. Probably F. wrote you then. Folks here have got tired answering questions about their coming.

Mail is accumulating for them.

Affectionately,

M. C. W.

Mar. 24, 1911
Friday.
On train

Dear Father,

Have been intending for some days to send you a note, but have been somewhat on the jump. Went to Charlotte for Sunday and made four addresses—primarily went to address the Y.M.C.A. and the 2nd Pres. Ch. Took Annie and baby with me and she had a great time with her old friends the Hutchisons. They inquired particularly about you all.

On Tuesday I rec'd a telephone message from Jim from Spartanburg, saying he was passing through Charlotte; so I took Annie Shannon and went over on Wednesday to see him. Had five hours there with him—we took dinner together at the Selwyn. He is doing advance work for Stuart's Chautauqua campaign. Is looking fairly well, says his stomach is all right again. It was a joy to see him again. I am now on my way back from Davidson, where I addressed the Y.M.C.A. last night. A number of people asked particularly about N. B. He has a good name here. Just as I got on the train, Cobb of Durham asked to be remembered particularly.

I am going to Greensboro (Westminster Ch) for Sunday, from there to Union Seminary, back to Sal. & to neighboring chs., then to Sptg., S.C. for April 9th and Presbytery 11th & 12th. Then to Graham, N.C. for 16th, then to Eastern North Carolina (Wilmington etc). I decided to cut out the Georgia trip this month, as it was a long piece to go. Hope you are still planning to go on that prospecting trip to Atlanta in April. You could take in Presbytery at Fountain Inn.

We are planning to come over to Bristol the first week in May, as per what I said. Can't yet say the exact date.

Have just received an invitation to Greenville, S.C. (First Church) for

April 2nd and shall accept. I met C. E. Graham one day up here, and I think the invitation came through him. Dr. Sloan wrote, inviting me.

We are all well here. Mama Wiley has been in bed with grippe for about a week and is looking bad, but seems now to be on the mend.

Am being urged to address the Women's Union at Rural Retreat April 5th. It would involve a trip from S.C. and back!

It is late, so must close. Love for all.

  Aff.

    J. F. P.

Apr. 1, 1911
203 W. Bank St. Salisbury, N.C.

Dear Father:

Your letter and postal awaited me on my return Thursday night. I have definitely decided to come to Rural Retreat, and now expect to speak there on Thursday night, Apr. 6th. You may expect me to arrive in Bristol on Wednesday night on the ten o'clock train from Johnson City. Will likely come via. the C.C.&O. It will not be possible to come Monday, as you suggest, for the reason that I cannot get back from my Sunday appointment until Monday, and I have an engagement to meet a man at Montreat en route to Bristol.

I will come back from Rural Retreat on Friday, and will go direct to Spartanburg on Saturday morning. I speak there on Sunday, the 9th.

Hope you will plan to go on to Spartanburg with me, and we will take in Presbytery together. You can go from there on to Atlanta, as per your letter.

Have been enjoying "Two". She got here only Tuesday night last, and Annie will not let her go so soon, so do not expect her back with me. Miriam will accompany her when she goes.

I wrote mother a note, telling of my Richmond trip. I took that trip, from Greensboro, on my own expense. Usually my expenses are paid by the Church inviting me—at least I expect it. The trip to S.W. Va. is paid by the Ladies Union inviting me.

I am in a big rush preparing to leave in an hour.

With love for all, and hoping to see you soon.

    Affectionately,

        Fairman

In 1912

Feb. 26, 1912
Monday.
THE KOREA CAMPAIGN
en route Salisbury

Dear Father and Mother,

I called Rhea up at Columbia this morning and he informed me that Aunt Jennie died at 7 A.M. today. He had made all arrangements and had been to the hospital several times. The interment will be tomorrow. Rhea said it was not necessary for me to come. I told him to send you statement of the expenses. Let me know what they are, so I can help on this.

Rec'd the laundry and was glad to get it. Also got your letter.

We had a fine time at Spartanburg. I spoke four times once to the Converse girls and Annie spoke once. In spite of the inclement weather, we had good congregations, both morning and night. Those people are lovely to us. They wanted us to stop over for a reception. Annie was loaded with flowers.

Dr. Watkins was suffering with a cold. He seems to be breaking somewhat. Hopes to see you, Father, at Presbytery.

We certainly did enjoy ourselves with you in Atlanta—all the more so because we had longer to stay there than we had hoped. The baby has been very well and good. Our train is on time and we expect to have a quick trip home, arriving at 8:40.

With love for you each one, and best regards for all at Mrs. Sutton's, in all of which Annie joins.

   Lovingly your son,
     Fairman

July 3, 1912
THE KOREA CAMPAIGN
Athens, Ga.

Dear Father,

We will come to Atlanta on Monday, arriving on the early morning train, arriving 8:50 C.T. Cannot leave Sat. as we had planned, because Pratt has been delayed on account of illness of his wife and will not reach here until Sat.

Annie has written to North Carolina in regard to the $4,250. There will be no trouble about arranging for it.

We are having a lovely visit with the Rowlands.

Hurrah for Wilson and Marshall!

With love for you both,

    Affectionately,

        Fairman

In 1913

Feb. 11, 1913
Kwangju, Korea

My dear Mother,

That table cover is my pride. It is surely a beauty, and goes so beautifully with my greens and browns in the sitting room. I certainly do appreciate all those stitches you took for me. If you could know how much it pleases both Fairman and me you would feel somewhat repaid for your trouble.

You would be pleased to see Fairman showing it to some of the Koreans and telling them that his mother made it. Some of them are beginning to learn enough about crochet to appreciate the skill which it takes to make anything so beautiful.

Mrs. Swinehart has been teaching the school girls here to crochet and some of them do beautiful work. Just see what you could do if you came to Korea for awhile! With some of these girls it means everything to be able to make a little money to help them through school, for if they could not earn it they would probably be taken away and married.

We have been having a spell of bitterly cold weather. About the only place I can keep warm is on the "hot spot" in our Korean dressing room. I am sitting on it now, flat on the floor. The children usually undress in here. Tonight I read some of the "King of the Golden River" to them while they were undressing. Marion sent it to Miriam for Christmas.

We took some pictures of John Fairman in his Indian suit and some of the other children which we will send you soon, also some pictures of Soonchun.

John Fairman was invited to eat dinner with Charles Pratt today. He seemed to feel very important going out by himself. Tomorrow they are all invited to a Valentine party at the Dodson's. The young ladies in the station all seem to be especially fond of children.

The children talk so much about Bristol and about you all that I don't think there is much danger of them forgetting you. They seem to remember every little incident of their stay in Bristol.

I wish you could see Florence. She is so funny. She is devoted to John Fairman and is always trying to cuddle up to him and kiss him even when his lower lip is sticking out half a mile. She has learned to say "apachee" (father) and runs around looking for his belongings. I am afraid that she prefers her amah to me, though she is always wild to come to me when I come in, and when I am in the sitting room she keeps running to the door and demanding admittance. All she wants is to kiss me and then run back to play.

Feb. 12.

Last night I had to go to bed without finishing my letter. Now Miriam and Annie Shannon are "in school". Miriam is working arithmetic and Annie Shannon is making some letters. Shannon says that she is going to send her letters to Aunt Two. I am afraid that she is going to be like her mother about being so awfully slow. It takes her a long time to get anything done.

Miriam wrote the enclosed letter some days ago. She has asked about it so many times that I will be glad to tell her that it has gone at last.

I am expecting Fairman home today. The wind has not been blowing very much this morning so I am hoping he can make a pleasant trip and get in for suppertime.

We are going down to Mokpo tomorrow or Friday if the weather permits and the automobile is running. We can make the trip in only three hours by auto while it takes about ten or twelve hours by buggy and boat. Fairman is to teach in the Men's Bible Class for about ten days and wants us to go with him. As we hope to move in April we will not have much longer to stay at Kwangju after we come back from Mokpo.

Your letter written soon after Christmas came yesterday. I am so sorry that you had to be in bed with your headache on Christmas. I hope that you have recovered entirely and gained all the ground you lost. Floy said that you were so well.

Thank Janef and "Two" for me for the beautiful present they sent me. I am going to write to them direct but I don't know how soon it will be.

With love for all of you, and thanking you again for my beautiful table cover,

  Affectionately,

    Annie

In 1914

May 15, 1914
Soonchun, Korea

My dearest Sister,

The Coits are to leave in the morning for America and I want to give them a letter to mail in San Francisco. How I wish I could get in one of the trunks!

The dresses and hat came in splendid time and I am delighted with them. I thank you a thousand times for having them made for me. They are so pretty and fit perfectly, at least I suppose the "fit" is correct. I gave the coat suit to Cecile as she had nothing nice to travel in. It came just in time to be altered for her. Please don't get the notion that I gave it away because I did not want it, but she needed it and I could do without it. She had a new hat so I did not have to part with the dear little chapeau. I don't know when I have had a hat I liked as well. It will be pretty with my other suit, and such a comfortable little hat to wear.

This sudden departure of the Coits leaves us dazed. I am so glad that his mother will see the baby at this interesting age. I never saw a finer baby.

We have had a great time of it getting everything ready to get them off. Meta Biggar has been head dressmaker and she has had the foreign ladies and a roomful of Koreans at her command. I have been errand boy, as I am not a very talented seamstress.

We sent our watches to be repaired and sent out by Mattie Davis. I also sent some combings to have a switch made to swell my little knob of hair. More work for you! I also sent a piece of crochet for you and shoes for Walter Williams and Miriam Stevenson. I will send you some insertion when Mrs. Swinehart finishes it. Maybe you can use this without the insertion so I am sending it on. It is such a fine opportunity to send things that I am sorry that we had nothing to send. They decided so suddenly that we had no time to get anything.

When my dresses came right from Salisbury it made me <u>so</u> homesick, and now to have Rob and Cecile going makes me <u>long</u> to go.

Can't you plan to come out next summer? I just can't wait four or five years before I see you.

I was so glad to see the paper with the notice about Samuel. I am so proud of him. I hope he will like his new work. I wish for my sake that they were coming to the East.

Will it be asking too much to ask you to have Mrs. Goodman make me two little afternoon dresses right away. I find that my white dresses are very dilapidated and I will want some nice dresses for evening when I go to Annual Meeting and Seoul in August and September. I left some wide embroidery in that trunk at your house. I don't know whether it will be suitable for this year's styles or not. I would like to have one of the dresses white and one with some color about it. I feel <u>mean</u> to ask you to do more for me but I don't seem to be able to get any decent clothes made out here. The summer sales will be on in June, won't they? If not, I can't wait for them.

I have on my tan dress tonight and my pretty beads—I feel so up-to-date. When Rob saw it he said, "If that's the worst that they are wearing, I don't see anything wrong with that." Cecile hastened to assure him that it was probably "the best" and not "the worst". When I showed Fairman the gingham he said, "That's not a new dress from home, is it? <u>It looks all right</u>." You would have laughed to see the ladies all sitting around while I put on the dresses and posed for them. They are especially fond of seeing me run in the tan dress.

I wore the suit to service one afternoon, and after service I got a good up-to-date attitude and told the ladies that I hoped they would not feel hurt that I had not told them anything about my prospects until they had gone so far! They just whooped! Mrs. Timmons says that she doesn't see how I can miss the excellent opportunity afforded by this year's styles. So far I have not taken advantage of them. Now that I have given the suit away, I will have to refrain.

Don't bother about reading this letter at the Missionary Society!

Oh! I like my shoes so much and the children's socks, and the little flowers are cute. The Koreans admire them very much. I heard some comment today as I went along the road.

Fairman is opening up a Montgomery Ward order and I must help check it up.

I hope I have given you some idea of how pleased I am with my things and how very grateful I am to you. Please tell Mrs. Goodman I think she is a wonder to fit so well at long distance.

Love to you all,
 Affectionately,
   Annie

May 28, 1914
Soonchun, Korea

Mrs. N. P. Murphy,
Salisbury, N.C.

Dear Sister Miriam:

Had it been possible, would have given you previous notice of this outbreak on my part, to insure against heart-failure. The opportunity is too good to miss, however, and you must forgive me.

First of all, let me assure you that I have not been making any invidious distinctions in the matter of correspondence since our return to Korea, but have treated all alike—horribly so. I fear I haven't a friend left, even in my own family. But I am turning over a new leaf, and am beginning with you. Have about forgotten how to write a letter, and to write a post-card I am ashamed. Have tried to figure out the cause of my remissness, and have concluded that it is due to having too much leisure during the past few months. As some one has said, "The man with nothing to do, and the whole day to do it in, is the one who misses the train." The facts are that I have spent the easiest winter since we came to Korea, and have done more reading and studying than in any previous year. I wouldn't like it to get out, but don't mind telling you that I fear it is downright laziness—comparatively speaking—as it were; and while Annie seems inclined to encourage me in it, am determined to overcome the insidious danger, now that I am awake to it, before it is too late. Hence, prepare yourself in future for the worst—in the matter of more letters!

We have been missing your letters for the past four months—have not heard from you directly since January. Annie has been much worried over it; but I tell her that it is more than likely that some letters have been lost, and I have called her attention to the gay and giddy life you have been leading, traveling around visiting and sight-seeing, and that you have had little time for letter-writing. I have not hinted it to her, but the fear has begun to haunt me that perhaps you have fallen under the influence of the split skirt or the tango or some other fantastic American crudity of which we are in blissful and satisfied ignorance, and that perhaps you are getting a bit ashamed of having a missionary sister. Perish the thought!

Are you saving up any shekels for that Far-Eastern trip that Annie wrote you about? We think it would be great if you and Margaret Knox could come out next year, on the occasion of the World's Sunday School Convention, which meets in Tokyo about May. There will be cheap rates for the Around-the-world trip, and you could return via. Europe and the Siberian Railway, spending the summer with us. Let the boys work on a farm with some good family, and bring Bobby with you. I mention it now, because it is none too soon to begin making your plans if you are coming. Steamship reservations should be spoken for some months beforehand, if you want the best.

Isn't it fine that we are to have Mattie Davis with us? Annie has been teaching the children this winter, following the Calvert system, and she is doing good work. However, she has too much on her with the charge of the Girls' School, receiving visitors, care of the home, and the complex life of a missionary, and I am glad that Mattie is coming to help her. The children are growing and developing fast. I can only imagine how yours are growing by watching ours. They take so much more time and attention than they did when little; for then they were in the hands of the nurse most of the time.

You will all be surprised to see Rob Coit home so unexpectedly. The decision of our Ad Interim Committee to grant him his furlough at this time was with the concurrence of his Station, though it was a sudden development. Frantically all in our Station were prostrated with grippe in February—Rob last of all. He did not recover strength, and a stubborn bronchitis persisted, so that he was not able to do any itinerating among his country churches. I had been appointed to teach in the Theological Seminary at Pyeng Yang this spring, and this would have thrown the work of the whole Station upon Rob. I gave up the assignment, therefore, and Rob was granted first a complete rest, and later his furlough. This, we expect, will save time, as he would not have been allowed to work before September, and will stave off serious complications or grave illness. Moreover, Cecile has never entirely recovered from her desperate illness of last summer and doubtless needs hospital treatment. We cannot spare them from our work at this time, and the burden falls heavily upon us, but we feel that, taking everything into consideration, the best thing has been done. I hope that Rob will be greatly improved in health by the time he arrives, and that you will all enjoy our "living epistles" from Soonchun. Robert Jr. is about the fairest specimen of babyhood ever.

I am sending you herewith some pictures for your album. I have had better success of late with the camera than ever before—rarely ever fail now. With so little diversion, our kodak is a source of keen pleasure to us. Annie and I have also been very much interested this spring in fixing up the place, and have planted flowers, trees and shrubs in great profusion. By next year Annie should have a beautiful yard. It is now strawberry time, and we have quantities of the finest I ever saw. Wish you could send us a scuppernong sometime. Annie wrote Sam asking for some cuttings from the old vine, but has not heard. He perhaps decided to root some before sending. Hope so.

Best regards to N.P. Wish he would write us what effect the new banking laws have had upon the D. & W. Hope it has been helped. Hope the boys are doing nicely in their studies and proving a comfort to you.

With love from us all to you each and all,

  Affectionately your brother,

    J. Fairman Preston

June 9, 1914
Soonchun, Korea

My dearest Sis,

The last letter I wrote you was sent by the Coits and they have been gone several weeks. The time fairly <u>flies</u>. I never get half done that I plan.

Today I have had four women sewing and it has kept <u>me busy</u>. Namdu's wife and I were cutting out and the others were sewing. I am making some dresses for myself and some princess slips. The dresses are gingham and chambray from Montgomery Ward. I have had several suits made for John Fairman and several dresses for Miriam. She was quite destitute. Annie Shannon had a good many hand-me-downs. I much prefer cooking or digging to sewing.

We have just heard that Katherine Rowland left the party in China and is coming here. The way they were travelling was too strenuous for her. We are so glad that we will have more than a pop call from her. Mr. Rowland will not give us more than four days, I suppose.

It is beautiful here now. The breezes are like the mountains. The climbing roses are making the place gay and I have quite a crop of hollyhocks as well as numerous smaller flowers. Fairman has been taking us driving nearly every afternoon and the whole country is so lovely with fields of ripe barley and wheat and the dark green of the hemp and the bright velvety green of the new rice. Fairman is near enough to his churches to reach one or two or three on Sunday and does not go away as much during the week as he used to. It is so much nicer to live in the same town with him. He is in bed today, or rather <u>on</u> the bed. He has not been well since Sunday. He and Mr. Pratt had a long hard trip to two churches to preach, hold examinations, have

Communion and Baptisms. Coming home they were caught in a heavy rain and got home between ten and eleven <u>drenched</u>. Fairman thinks that he is better this evening.

<u>Be sure</u> to see Mattie before she comes. I want to hear some news from you <u>somehow</u>. Nancy wrote me of your being in Raleigh. I am always so glad for you to go there. How is Cousin Ellen? And Joe? Are Joe's folks living in town?

Aren't you going to consider coming to see us next year? You would enjoy the trip and it would mean so much to me to have you. I wish you could come with Mattie, but I suppose you would find it difficult to make your arrangements in such short order.

I am sleepy and I know that Fairman wants to get settled for the night, so I will say "Good night."

    Lovingly,

           Annie

June 11. I am provoked to find that I failed to mail my letter. Glad to say that Fairman is up and about.

July 25, 1914
Soonchun, Korea

Dearest Mother,

As I grow older, am waxing poorer as a correspondent. I hope it is due mostly to the fact that my typewriter—the new Hammond which I brought out with me—has proved to be no-account, and is out of commission. Running a pen is slow work with me. First chance I have will chuck the Hammond overboard and get a decent machine.

We received Two's letter describing the wedding, and were delighted to get it. So glad to hear that you got the trip north. If you have not done so, you must give us a full account of your experiences.

We have had a good many visitors at Soonchun this summer: Katherine Rowland came on from China with old Mrs. McCallie and spent about three weeks with us and the Pratts. Pratt and I met Rowland and party at Kunsan, and accompanied them via Chunju here. We made the trip from Chunju by automobile and buggy in one day the first time this had ever been done. Rowland had four days with us at Soonchun, and we did enjoy him so much. Ostrom from Japan and Swinehart of Kwangju came with him. The visit was greatly marred for us because of Annie's illness. The day after their arrival she was taken ill with what the Dr. pronounced lymphangitis—seemingly an infection of the lymph glands. She had high fever, severe headache, and very painfully sore places all over her body. These did not disappear for days after the fever subsided, and some still persist in the form of dark splotches. It was a most peculiar affection. She has been feeling normal now about a week.

We notice intimations of a big drought over there. The weather here for the past two weeks has been dry and hot, but save for a few days when the air was very humid, we have had a good breeze and the thermometer has not registered over 88° until today, when it reached 90°. Up to a fortnight ago, we had a typical rainy-season summer, with one considerable freshet in the river. Owing to Annie's illness, I did not accompany Rowland to Kwangju and Mokpo, as I had originally intended.

The children have all suffered with malaria this summer, but quinine has proved effective in breaking it up, and they are now in good shape. Our house is well screened, and I have seen none in the house, but last summer there were many, and I think the malaria was brought over from last year.

We are not taking any vacation this summer. I have been preaching regularly, and carrying on the routine work of the station, though not trying anything very strenuous in the hot season. McCutchen, of Chunju, is coming down Monday to help me for ten days in a class for leaders. They will come in from all over our territory—expect about sixty. That closes on Aug. 8th, and about the 13th we go to Kwangju for meeting of Presbytery; immediately after that to Mokpo for Annual Meeting (21st), and after that to Seoul, for the meeting of the Federal Council, though I have not definitely decided about that. So you see every season of the year out here is pretty well filled up.

I had a letter from Leighton Stuart recently. He was on his way home with his wife, who has been a great sufferer for some months past. He will take her to Clifton Springs, Sanatorium, New York, and himself will do some study at Auburn Seminary. I hope she will soon regain her health, as it would be a great blow to the work in China to lose him. You know he is a Professor in our NanJin Theol. Sem. Lacy Moffett's father and cousins were out to spend the summer with him and his sisters.

I learn that the World's S. S. Convention will not meet in Tokyo next year, but in October 1916. However, I am hoping that some way may be devised by which you and Father may come out next year anyhow.

I believe you could make the trip, and now that the children are getting settled it becomes for the first time a possibility.

Annie and I are hoping that the Arnold property can be sold out advantageously this fall, as it keeps our noses to the grindstone, and is a bigger proposition than we care to handle alone. We have felt quite pinched since coming back to the field, because we had this new place to fix up, and have been at heavy expenses in many ways. The education of the children comes on apace, formally beginning in Sept., when we expect Miss Mattie Davis.

Dr. Wilson, of Kwangju, our good friend, is on furlo. He stopped in Europe for some special study. His children (3) are all delicate, and they have had a tough time, I understand, nearly losing the baby with pneumonia. Miss Ella Graham, of Salisbury, has also returned on furlo. Wish you could meet some of these returning missionaries, or the Rowland party.

Will try and write Two and Floy soon. Am so much interrupted that I find it hard to conduct any sort of satisfactory correspondence.

With love for each and every one, and kisses from the kiddies,

  Your loving son,

    Fairman

Sept. 2, 1914
Mokpo, Korea

Dear Mother,

Your good letter of July (illegible) was most welcome after your long silence. We understood that you were "on the jump" and I at least can heartily appreciate how it interferes with letter-writing. I have sat down a number of times since leaving home Aug. 12th to write you a letter, but have been interrupted each time. This letter was begun at Mokpo, but is being continued at Chairyung, in the north of Korea (Sept. 6th) whither I have come for the meeting of our General Assembly. First we went to Kwangju to Presbytery, then to Mokpo to Annual Meeting of the Mission; then leaving Annie and the children at Kwangju for a visit, I came up to Seoul for our Federal Council, and on here. By the time we get back to Soonchun, we will have been gone about a month, and practically all the time spent in meetings. This is the way I have been taking my vacation for the past two years, and while the change and relaxation is fine, there is work a-plenty, especially when one must serve on Committees.

We had a splendid meeting of the Mission this year. The new workers are getting into the work and more and more useful. Our station has suffered another blow in the temporary loss of Miss Biggar, our evangelistic lady worker, who was called home to her mother.

The all-absorbing topic of conversation with us, as doubtless with you, is the European war. Up to this time we have got only brief snatches by cable, and have tried to imagine the details. It is simply horrible. I had come to think such a thing well-nigh impossible in this enlightened age but Europe is pagan in spirit yet. Japan's part in it will doubtless be confined to the investment of the German port of Tsingtau. You will recall that we spent one vacation there. I suppose the place will be practically destroyed—and it is about the finest in the Far East.

The whole Preston bunch left home together. The children have had a great time playing with the other children. The opportunity of getting away from the narrow environment of the four walls and the yard, which is their world, is the greatest been that comes to them.

We expect to return via Chunju, as we can go 60 miles by auto from there, and finish by buggy all in one day. We found the road to the port almost impossible, as an auto road is now being built in that direction. This road will be extended to the railroad to the north, and before another year our present isolation will practically be at an end.

We expected our teacher, Miss Mattie Davis, by this time, but word comes that sailings of all outgoing missionaries has been cancelled by the Nashville office. We fear that this may delay her several months, unless she decides to come alone via San Francisco, which she could easily do, as there is no danger for boats flying the American flag.

We are much distressed to learn that "Two" is puny and that her wedding must be postponed. How I wish we could have her with us! The thought of the separation from our loved ones has always been a night-mare that time does not assuage; and it is hard to think of what the children are deprived of. We must not rest the matter until you make us a visit. Once I had serious doubts as to whether you should attempt the journey; but since your general health is improving, I believe it would be all right, especially on a big boat like the Manchuria or Mongolia, the Empress of Russia or Asia (now off) or the Minnesota. Once out here, the climate is delightful.

We had an exciting experience at Mokpo. The medical dispensary caught fire—a Korean let a lamp fall on a five gallon can of alcohol. It exploded, and enveloped the drug room in flames. Had it not been for prompt work on the part of the Japanese fire company, the whole building would have gone. The Korean—a bright young man—died from his injuries.

Our Dr. Wilson and family are studying in Germany. The Rowland party were due in Moscow at the outbreak of the war. Others of our Mission were in Europe. We are very uneasy about them, and fear they all had harrowing experiences.

Wish you would devote one letter to a long write-up of your visit to the northern kin. I always felt that because of my absorption in my work at Princeton, and Eleanor's presence north, I neglected the kinsfolk in Phila. I recall the blind cousin very vividly; and I think I met Mrs. Marston.

With love for each and every one,
  Lovingly your son,
    J. Fairman Preston

Greatly appreciated Father's letters.

Sept. 11, 1914
Namwun, Korea

My dear Grandmother,

We are on the way home from annual meeting. This year the Mission met at Mokpo. After the meeting we visited at Kwangju and Chunju. Today we had a fine automobile ride from Chunju to Namwun and we are at a Japanese inn. I hope you are well. I hope all the rest of the family are well. We are all well except Florence. I had a good time playing with the other children. I am glad you had that nice trip. How is aunt Two? I heard she was sick.

Give my love to everybody.

yours,

Miriam

Oct. 24, 1914
Soonchun, Korea

Dearest Mother:

Two weeks ago I wrote Father, just on the eve of leaving home. I said the next letter should be to you, so here it is.

Was absent from home for ten days, seven of which I spent on an island sixty miles to the South. We have a large church there, with one hundred and fifty baptized members. I held a "protracted meeting", teaching and preaching four hours a day, besides examination of candidates, conferences, and visitation. Came in on my bicycle for thirty miles in a pouring rain. I never stop for a storm when the wind is at my back and home is at the end of the journey, for the exercise of driving the wheel keeps one from taking cold. Have not had a cough for so long that I do not recall what it is like—due principally, I think, to sleeping out of doors all the time. Yesterday I rode forty miles visiting a church, and go out again tomorrow (Sunday). The rest of the year will be devoted to meetings with the country churches. Ten days in November I will be on the island of Quelpart, or Chaeju, the large island far off the southern coast, where our home missionary work of this Presbytery is conducted. We have there two native preachers and their assistants, and the work is supported entirely by contributions from the native churches on the mainland. You will recall my accounts of former visits.

Was glad to find Annie and the children in good health on my return; for in all that time I had been out of touch by telephone or telegraph—which is rare nowadays. Contrast that with the old days when I plunged into the wilderness for three weeks or more without a chance to hear anything from home! Material conditions in this country are being steadily improved. Within another year we expect that an automobile line will be running, connecting us both with the railroad and with the port. Already, however, we have gotten accustomed to the isolation, and keep too busy to get lonesome.

The children are all developing fast. Florence Sutphen is the sweetest thing you ever saw—very winning and attractive, and full of mischief. She recently celebrated her third birthday. We have not heard anything yet from the teacher who was to come out. In the meantime, Mrs. Timmons is teaching the children with her own little daughter every morning. John Fairman is taking some Kindergarten with his mother. I took some pictures of the bunch two weeks ago, and am disappointed that they have not been returned in time to include in this letter.

We are awaiting quite anxiously to hear what the effects upon business conditions in America the war is having. Mr. Rowland writes that it has affected his business very seriously. Tell Father to write me what effect it is having upon cotton mills, as that interests us most. I hope that it will not be prejudicial. The Ex. Com. of Foreign Missions writes us very pessimistically—from what they hold out, it looks like half salaries and half running expenses for next year. I am inclined to think, however, that business will right itself more quickly than is now supposed. Cotton districts will be more profoundly affected, doubtless, than any others.

Had a nice letter from Jim recently. Wish you would forward him our letters occasionally, as I do not find time to write him as often as I wish. Jim has been very good about writing me, in spite of my derelictions. I have not heard from Rhea since my return to the field, and from "B" only once or twice, perhaps—but I feel that it is my fault. I "pecked" away at some length upon my type-writer today, and have got it to going better than for some time. If this keeps up, my correspondents will fare better.

We are always delighted to get the news which you send us about the kin and friends, as we never see any local newspapers from home. We are wondering if Floy went back to New York. Fear not. I authorized Father to pay her expenses out of sale of Decatur property, if same should be effected. We doubt if anything could be done under the condition of business prevailing.

We are having the usual glorious fall days, with the unusual condition of a rainy day about every week. The flowers are all in full blast, and we are eating vegetables out of the garden, with no indication of frost. We do not expect much until the middle of Nov. This has been an unprecedentedly good year for the farmers in this country—best rice crop ever. It is good to think that these people are assured against a famine for at least a year at a time when outside aid would be impossible.

We follow the tidings of the war with eager interest, realizing that it marks the most critical period in modern history. I suppose no living man can forecast what its effects will be, no matter which side wins.

My best love for every member of the family, and most especially for your dear self. The children all send love and kisses. Miriam is working up Christmas presents for the poor little children of Europe! It would be hard to find a more worthy object for charitable effort, for tears will be the portion of multitudes.

Annie Joins me in this letter. Hope this finds you all well.

    Lovingly your son,

        J. Fairman Preston

Dec. 20, 1914
Soonchun, Korea

My dear Mother,

Before the rush of Christmas week begins I want to get off a letter to you. We are expecting Fairman home on Tuesday from a trip to Quelpart to teach in a Bible Class. He has been away almost continuously for the last six weeks or two months, just running in for a day or so between classes. When he comes home this time he will be through most of his classes and all his examinations until spring.

I have not written you since Mattie Davis came. I wish you could have seen her before she came out. She is just what I want for the children and such an addition to our home. She has not taught children before but she has great tact with them and seems to understand them perfectly. They are all devoted to her. We are using the Calvert course for Miriam and Annie Shannon and John Fairman is having a kindergarten course. He is developing rapidly now. Miriam's quickness to learn impresses all who teach her, and Annie Shannon's carefulness and thoroughness are her strong points. Mattie is giving them sewing lessons, for I don't want them to be as ignorant of the art as I am. I had Mattie bring some dolls for them which they are not to own until they have made a set of clothes for them.

I remember what you said to me about our children not being meddlesome and I have reminded Fairman of your remark and congratulated myself that Florence had not learned to walk when we were in Bristol. We would have lost all our good reputation on her, I fear. She is the most meddlesome little piece I ever had to live with! She is bright, quick, cheerful, affectionate and generous, and altogether attractive, but into <u>everything</u>. I asked her one day, "What makes you so sweet?" and she said "Jesus made me so sweet". She asks, "Where is Grandmother?" and when I tell her, she says "I want to go 'Merica and see her." I think she has the best disposition in the crowd. She is as quick as Miriam and as cheerful as Shannon.

We have all been ailing with colds. A week ago Shannon was quite sick with hers, then John Fairman was the victim, and now Florence is coughing and all stuffed up with cold. Doctor Timmons told me not to give her anything but liquid diet tonight and she was very good about it, saying "I can have milk and egg, because I have a bad cold." I have been miserable with a cold all the past week. I was so sorry to feel bum for I had so many things planned to do.

Mr. and Mrs. Swinehart are coming to spend Christmas with us. They would have a lonely time at home for their only child has gone to America to school. They are both very fond of children and said they wanted to spend Christmas where there were lots of them.

I have managed to get a fruit cake, plum puddings, mince meat and fruit cookies made in advance and I am going to do everything else I can before the guests arrive. Lavalette is going to spend Christmas with us, too. She will be head of the committee on decorations.

We have been waiting for news of "2" and her plans, wondering if she would be married before we even knew her plans. I do hope she is better this winter. I wrote Floy about a month ago. I would like to have her meet a cousin of mine in New York but I have <u>neither</u> address. If you will send me Floy's, I will send it to Bess in care of her mother.

We are expecting an American mail in the morning. I am hoping to get something which I ordered for Fairman's Christmas. The things I ordered for the children have all come so I am easy in my mind about them. Thinking 2 would be sufficiently occupied

with her own affairs this year, I asked Marion to do some shopping for me. She has sent the children shoes and stockings and dear little hats for them but their coats have not come yet. Miriam's long legs are sticking way out of her old coat and Shannon's isn't much more than a short jacket.

It seems so long since we heard from you. I hope you are only busy and not sick. I don't want you to lose all you gained on your Northern trip.

Mattie saw Eleanor in San Francisco and had lunch at her house. Eleanor sent toys to the children and some pictures of her fine looking boys to us. She leads a busy life with all that lively bunch.

My cold makes me so stupid that I ought to spare you and not send such a long epistle.

Give my love to everyone of the family and to Aunt Jennie & Uncle Jim.

With special love to you,
    Affectionately,

           Annie

In 1915

Jan. 12, 1915
Soonchun, Korea

Dear Father and Mother:

I have made a late start in the New Year on the letter I promised you, telling of our Christmas; but better late than never.

First of all I want to thank you most heartily for the lovely remembrances sent us. As usual, they were tasty, appropriate and useful, and we were delighted. Thank you, each and every one, a thousand times. I feel that you did entirely too much for us, under the circumstances; but we appreciate it all the more on that account. Then, too, I would have given anything if you could have seen the children. The Christmas packages from home furnish them with the time of their lives. The day was dark when yours came, so I did not get a picture; but I got one of them opening up that from Jim and Margaret, which I will send as soon as received. I have all my work done in Japan, because I am too busy to do any of it.

To go back: I managed to get back from Chaeju in plenty of time before Christmas to help Annie out (arrived Tuesday night), but had to come via Mokpo and Kwangju, on account of missing the direct boat. There is no harbor on Chaeju, and high seas made it impossible to board the steamer. As it was, we had a thrilling time getting aboard. I enjoyed the work down there. The towering volcano in the midst of the island, covered with snow down to its lower reaches, was a magnificent sight, but kept me cold looking at it. On my way back from Kwangju, I stopped half a day for a hunt, and bagged nine pheasants, though I shot very poorly. A few days ago, however, I went out for three hours, and got six pheasants, a mallard duck and three pigeons—a bird for every shot! Pheasants are more abundant than ever, owing to the new game laws.

Mr. and Mrs. Swinehart, of Kwangju, came down and spent Christmas with us, and we had Miss Lavalette Dupuy also. These, with Miss Mattie Davis, made quite a jolly party. We did enjoy the children so. Janef is right—they are necessary for a perfect Christmas. We all hung up our stockings before the big fire-place; at eleven o'clock we had special exercises at the church; then after dinner (we had our own at home this year) we attended the Station Christmas tree at the Cranes—the biggest event of the day for the children. In the evening the boys had a monster celebration at their school—so you see the day was full. On the day before Christmas the annual rally of the seven Sunday schools for children of non-Christians was held at the church, and it was a sight I shall not soon forget. The way those little brats rattled off the Scripture verses and the catechism and sang the songs would have done your heart good. We crowded them into the little church building like sardines, and still they could not all get in. Am glad to tell you that we are now building a new church building, which we hope will be completed by April at latest. It is of rough stone from the old city wall, with brick veneer, so that it looks like a gray brick building. It is to be tile covered, with cement floor, and a neat bell tower. Our Doctor, Timmons, is an architect, and is taking this burden off me, and carrying it with ease. The local congregation is putting up nearly half the money to build it, but are having a struggle in these hard times. Money is very tight, and in consequence the prices of all commodities have dropped from one-half to one-third. Bumper crops, together with the indirect effect of the great war, account for conditions.

Annie has probably written you that all the children have whooping-cough. I found them with it on my return from Chaeju, and they have been having a whooping-up time. I think they are somewhat improved now, but doubtless it will linger until spring. Fortunately this comes early here. We are more and more delighted with this climate. It reminds me a good deal of Greenville, S.C., except that it is much drier, and windier, too. Yesterday was like spring, and we had a fine tennis game in the afternoon.

Jan. 2nd to 9th was our week of prayer. We had services each night in the church, and spent two hours each morning in special Bible Study and prayer. It was a season of great spiritual refreshment to us all.

I am glad to note that business in the U.S. is picking up, and that an era of prosperity is predicted. Hope it will hit Bristol! Think you had better plan to get Two married, put Janef in school, and come to see us this year, if conditions are at all favorable. You can get round-trip tickets, good for a year, at greatly reduced rates, <u>returning via. Europe at your option!</u> I think you could take the trip on what you would save by breaking up housekeeping. We have our hearts set on it, and you must plan it within two years anyway. Next year, you know, as the World's Sunday School Convention in Japan, but I doubt if the rates will suit you as well as the regular round-trip offer.

We wrote with interest all the items of news from home. Please express to Lacy Wilson my deep sympathy in the loss of his boy. Glad to hear that Uncle Jim, Aunt Jennie, and Aunt Ella are getting on well and in good health. Delighted to know that Two is steadily improving, and that Janef is doing so well in her studies. Floy will finish this year, will she not? Then she will be in a position to "career." I think she has planned wisely, and I am thankful that Father is seeing her through on this.

I wish you could see Rev. R. T. Coit, or Dr. R. M. Wilson, my good friends now at home on furlough. They will be coming back before summer, we expect. I doubt if you will have the opportunity, however, as they are pretty far off.

Must close now, with a heart full of love, in which all the family join.

Affectionately,

Fairman Preston.

(Annie will write soon)

Mar. 15, 1915
Soonchun, Korea

Dear Father and Mother:

The days have sped, bewilderingly fast of late, and have been so crowded that I have not got off any letters. The first goes to you; but even so, I know that it has been entirely too long since my last.

The past month has been devoted continuously to Bible teaching and class work. First came our Women's Conference, in which Annie and I taught two hours daily each. As I had preaching and conference work in addition, and had to do most of my preparation as the Class progressed, it was a case of "this one thing I do." Then followed our Men's Bible Conference, which closed the 12th. I took two hours daily in this also, on new subjects, but did little preaching, as we had an array of good talent here to help. Next time I want only an hour, however, as the one in charge has so many calls of every description, in addition to interminable conferences with the men. We had an enrolment of over one hundred and twenty five men—all we could accommodate with our cramped quarters. We had to teach two classes in our houses, and two in the old church. However, the native brethren are making a brave struggle to finish up the new church here; and there is good prospect that we will get to build our Boys' School this year (since the money has been in hand at Nashville some years); so we will be prepared to handle all comers by another year. Our Girls' School is nearing completion, but could not get the plastering done in time to meet there.

We had to help us in the Men's Class Mr. Knox and Mr. Swinehart, of Kwangju, Mr. Bull, of Kunsan, and two Korean pastors. The latter were from Mokpo territory—one of them my first evangelistic Helper, and both of them now settled over churches which I founded and developed in that field. Mr. Knox brought his wife and child and we had the pleasure of having them in our home. You will recall that Marvin McFerrin married his sister, and that they stopped over with us at Bristol once when passing through. Mrs. Knox has never recovered vigorous health, but is very brave, and he is doing a fine work.

For the past week, we have been spending our exercise period in the yard and garden directing the planting of various trees and shrubs. There are numerous varieties of our much-prized shrubs at home that grow wild out here, and can be had very cheap. We set out Sorbaria dogwood, weigela, snow-ball, forsythia, Korean yew, azalea, japonica, Boston ivy, white flowering almond, honeysuckle, and cherry, all of which grow wild (I forgot to mention chestnut, oak, and hazel-nut); besides several which are unknown to us, and fruit trees, such as pomegranate, persimmon, peach and apple.

(illegible) ited; so we have planted on our place a profusion of everything in reach. Other things that grow wild out here, which we value at home, are lilies of the valley, lilac, and bridal wreath, spirea, several kinds of flowering clematis, quince japonica (or burning bush), and abelia. I have screened recently a kind of peach, which has a brilliant scarlet, double bloom, in rich profusion, that is exquisite. Also we have a hedge of Korean "Cape Jessamine", which has a large fragrant white bloom. Our arbor of wisteria has done well, and we expect it to be beautiful this spring.

I don't know that you have seen the japonica. It flourishes here, and its large red bloom against the glossy foliage at this time of year is a sight never to be forgotten.

The children are making fine progress in their studies. We like Miss Mattie more and more, and the children are all devoted to her. They had quite a relapse with their swooping cough a fortnight ago, and have made night hideous, but seem to be improving again. Miriam reads incessantly now—*Youth's Companion* and *Christian Observer*, etc., besides numerous books. She is very bright. Annie Shannon is quite slow and compared with Miriam undeveloped, but she has plenty of sense. Florence Sutphen (or Sat-chai) has the most striking individuality of any child I ever saw. She is as bright as Miriam and pretty as Shannon, and has a lovely disposition. John Fairman is growing up into a sturdy little chap. He has the most remarkable imagination. He can hardly eat his meals for watching the remarkable sensations evolved in the process, say the effect of a bite out of the bread. He will either be an inventor or a novelist, for he sees things that do not occur to just ordinary people. I devote a certain time in the week to "clinic," when dolls, and all sorts of suffering creatures are brought in for doctoring. In this way their lives are greatly prolonged, and the hearts of their youthful owners comforted. In fact, I am getting too much of a reputation. Recently (?) threw her favorite doll to the floor carelessly and smashed the head to bits. When asked why she was so careless, she replied: "Father can fix it." She has learned better.

We so much enjoyed and appreciated Floy's picture. She is looking fine and younger than ever. Do hope she will make her exams all right. Urge her to take care of her health first of all.

Mother's letters hugely enjoyed, as usual. It has been some time since Father wrote. Sorry to hear of failure of Monaghan Mill, but glad that Lewis Parker was honest enough to emerge poor. Greenville has been hard hit, we hear. Janef wrote us a handy letter. The tasty calendar she sent me is on my dresser, and I think of her at least twice a day. Two's "Bony" sent us a nice letter, which we hope to answer some day. How we would like to look in on you this summer! Whenever we think of how far it is out here, we get homesick in spite of ourselves.

Annie and the children join me in dear love for each and all.

Affectionately,

Fairman

Apr. 26, 1915
Soonchun, Korea

Dear Father and Mother,

By the time you read this, your new grandson will be nearly a month old. He is a big, sturdy baby, seemingly hale and hearty, and with all functions functioning. In this connection, special mention should be made of his lungs, which seem altogether <u>sound</u>, and functioning most satisfactorily to himself.

He arrived this morning at 6 A.M. Annie is doing nicely, and everything went well. Dr. Timmons was with us, and Miss Greer, the trained nurse, will stay by the case for a week anyhow. Now isn't it nice that it's a boy? Really, John Fairman, Jr. and Sr. while not being able yet to muster a majority, begin to feel that mere man has a fighting chance!

The children are wild with excitement. They have prayed about this and talked about it for weeks. Sa-chai's (Florence's) grown-up airs are comical. This makes the third addition to this station since last fall—first the Pratts, a girl; then the Timmons, a boy; and ours. The Pratts had two boys, and no girl, the Timmons one girl and no boy; and we, three girls and one boy.

His name is William Wiley Preston, for his uncle, Capt. Wiley, and we will call him "Wiley". We had the good news recently that Capt. Wiley has joined the church, and we hope that he going to be as good as he is accomplished. The kid didn't miss my birthday (30th) far, did he?

Mother's lovely letter awaited me on my return home from the country a week ago, and I sure did enjoy and appreciate it. I had been absent from home itinerating almost continuously since the middle of March.

Finished up the bulk of my work. Two days after my return, was vaccinated against typhoid, and through Sunday had a miniature case fever, backache, and headache. The Doctor advised it strongly, as we are exposed so much, and that too in spite of precautions. Flies are bad everywhere. I expect to continue precautions, just the same.

Going back to the all-absorbing topic—the baby. He is a really fine looking specimen. Weighed ten pounds, and has a fine head. Is much better looking than J. F. Jr. as a baby. As our Elocution teacher at Princeton used to say to encourage the boys, "He has a lovely voice."

Tell "Two" that it would not do to send exposed films over to develop—too long, they would spoil. But I will do this: occasionally will take a whole roll for her, and have developed in Japan, and have my photographer send her the films direct. This will save time and she can print as she wishes. My present method is to have developed, one each of good ones printed and returned with films, then afterward order copies. It is this last process that I forget and neglect.

It is getting late, so must close. Dear love for you both, in which all join me. Love for all the "chillen", as you pass this on.

   Your loving son,
     J. Fairman Preston

May 20, 1915

Soonchun, Korea

My dear Mother,

In a few more days now William Wiley will be four weeks old and I will go downstairs and get swamped with many duties. I had visions of writing many letters while I was in my room, but the necessary things seemed to take all my strength. Miss Greer stayed with me until the baby was two weeks old and Mrs. Coit has bathed him for me several times since.

I have been getting on very well and the baby is a very satisfactory boy. We think him very much like John Fairman, though several have remarked on his likeness to his father. John Fairman is so pleased to have another boy in the family. On the first of May, he brought a little basket of azaleas up and presented it to his little brother, telling me with great pride that he had made it himself.

Florence keeps us convulsed with her remarks on her beloved "tong seng". One day when he was nursing I said, "Don't bite me so", and Florence said, "He isn't really biting you—He is just gumming you." She asked Miss Greer why she would not let him at his fingers in his mouth, and Miss G. said it was because he had germs on them. Florence replied, "Why, you know God would not put germs on his fingers." I hope he will be able to survive her attentions.

I wish you could see all the good letters of congratulations we have had. The Koreans are so delighted because Fairman has another son. So many of the foreigners have remarked on the fact that everybody at Soonchun gets the "order so satisfactorily filled." The Pratts wanted a daughter, the Timmons wanted a son and we wanted a son.

Fairman has been "done up" by the typhoid vaccination. He had his last dose on Monday night and is still feeling very weak from it. He was in bed all day Tuesday, but crawled out Wednesday to send off his load to the country expecting to go today. I made a very feeble protest, but he insisted he <u>must</u> go. This morning after his rickshaw came, Dr. Timmons told him not to go and Mr. Curtis, the missionary to the Japanese who is such a warm friend of ours, went to see Rob Coit about it. Rob agreed to go in Fairman's place, so Fairman is staying at home with some degree of resignation. I am thankful that he took this vaccination for a case of fever would probably have gone very hard with him. Don't worry about him for he only needs to rest up and get his strength back now.

The last news we heard of any of you was in a letter which Mattie had from a friend of hers who had seen "2" in Atlanta. I wonder if that means that she is getting a trousseau ready for June. I hope she will let us know so we can be thinking of her on the wedding day. S lene (?) was married before I even knew that she was contemplating such a thing. She married Mr. Dalton—her brother-in-law.

Our good friends the Nisbets are going on furlo in June. Their headquarters while in America will be at her brother's in Atlanta. Her brother is Rev. Wm. Major pastor of the 1st Baptist Church on Capitol Avenue. The address is 437 Capitol Avenue. If any of you are in Atlanta I hope you will meet them. They are very good friends of ours. Mrs. Nisbet could tell you lots about the children.

I enjoyed hearing from my folks through the Coits. They came right from Salisbury and saw all my kin. Rob also met Eleanor in San Francisco.

We are filled with horror and indignation over the Lusitania affair. I am so thankful that we have a President like Wilson to direct the difficult affairs of our country now. The more I read of the war the more horrible it seems. I hope we can keep out of it. I read a great deal about the war before William Wiley's arrival. If there's anything in prenatal influences he will be a great apostle of Peace!

I must tell you a joke on Fairman. When he saw the baby he said, "My boys are just like the Wileys." A few minutes later he turned to the nurse and said, "Do you think he has any sense?" How's that for a graceful compliment to me!

It is nearly time to feed the baby so I must stop for the time. With love for all of you.

 Affectionately,
  Annie

The "joke" is a literary distortion.
  J. F. P.

June 15, 1915
Soonchun, Korea

Dear Father and Mother:

Except for the date, we would not guess that it is mid-June. We have had no hot weather yet—a blanket is still comfortable at night—and the days delightful. We are itinerating right along, though it is a busy time with the country people. They come in from the field late, and are not ready to meet until after nine o'clock, and then are very tired. Hence we look forward to Sunday as a red-letter day indeed for best work. Wish there were more of them! Not nearly enough for the numerous churches that need attention.

I am well and strong again, after a long siege with that typhoid vaccination. Doctor says the disease would have probably proved fatal. Coit took a trip for me, soon after his return, for which I was very grateful. The children are all doing finely. Miriam is developing into quite a book-worm. Miss Davis is planning to go to China for a month. Miss McQueen, of Kwangju, is visiting us; and Miss McMurphy and Mr. McEachern are visiting the Timmons. Miss Biggar is back from America, so we have a lively Station. The whole Station is united again for the first time in many months.

Timmons and I took a little exploration trip down the coast last week, and discovered a little island with two lovely beaches on it. It is close to the mainland, and we think it will make an ideal summer resort. We plan to take our guests and families down tomorrow to pass judgment. The main road takes us very close to the place of embarkation.

Annie is getting quite herself again, though she has seemed pretty nervous at times. She has been here too long without proper relaxation, and I think this island scheme is going to be a great source of diversion to her and the children. If they like it, we plan to make of it a place for weekend excursions.

William Wiley is growing and developing nicely. He seems very much like John Fairman, Jr. I have been threatening to get a picture of him, and hope to send a good one soon. Have been too busy lately to take pictures. An planning to go to Chairyung, in Northern Korea, to assist in a picked Bible class for a week from June 29th. This will take me away from home for two weeks, a prospect which I do not relish, but am glad of the leisure that permits me to accept this invitation. I have had to decline everything of the kind for years, due to overwork.

Our place is looking beautiful now. The roses are in full blast—I never saw such a country for roses. The Crimson Rambler is showing up with especial brilliance, and the Thousand Beauties also. I enclose a picture of one of the latter at the front porch. The prettiest thing on the place is the Sorbaria hedge, with its feathery white plumes and foliage. It blooms all summer.

How are Jim and Margaret? Haven't had a letter from Jim in a long while, but neither have I written since January, I believe. Keep hoping that I will improve in letter-writing, but no signs yet! The interruptions and demands on one's time out here are formidable indeed to keep me from the typewriter, you may well guess.

Hope we will be hearing good news from Floy pretty soon, and something definite about Two's plans.

We are grateful for every letter and item of news from home, even if we seem absorbed in the work.

With love for every one of you from Annie and the kids and
    Your loving son,

           Fairman

July 5, 1915

on railway near Chairyung en route Soonchun

My dear Father and Mother,

Am turning homeward again, after a strenuous week at Chairyung (just south of Pyeng Yang) assisting in a Helper's Conference. This is the first invitation of the kind, outside my Mission, that I have ever been free to accept, and have enjoyed greatly the trip. It was a picked class of about a hundred Pastors, Evangelists and officers. I had two hours with them from 8:30 to 10:30 each morning. Taught Zechariah to one class (the Pastors) and Micah to all. The Station is Northern Presbyterian and the place about the same size as Soonchun. You may recall that I came here for a meeting of the General Assembly last fall. It is quite inspiring to see this great work up here and to come in contact with these fine workers.

I am invited to teach in the big General Bible Conference in Pyeng Yeng for two weeks next January, and think of accepting. This sort of work appeals to me more than any other kind. You know that from force of circumstances I have been doing pioneer work ever since I came to Korea, first at Mokpo, then at Kwangju, then again at Soonchun. In consequence had little opportunity for closer study, but now that the other men of the Station are taking their part of the burden, I expect to have more chance for the things I prefer.

It has been over two weeks since I left home, and it will be three or four days more before I get home. Came up several days sooner in order to attend an Educational Conference in Seoul. Met a great many friends from all over the country, so the trip has been enjoyable and very helpful.

When I left home it had begun to rain as if the rainy season had set in, but during the whole week here there was no rain, and the weather was delightfully cool. Each night I slept under a blanket, and toward morning under two! My last letter from Annie was dated June 29th and reported all well. Miss Davis has gone to China. We are planning to take things easy in August, and hope to spend more time down on the beach, about which I wrote you. On account of the baby, will not stay long at a time, I imagine.

I found great changes going on in Seoul, the capital. The main streets are being widened to beautiful boulevards, the houses on each side being razed and rebuilt! Needless to say this can be done now much each easier than later, as many (most of them) of the houses are cheap shacks. The rebuilding is resulting in more substantial houses already. An Exposition commemorating five years of Japanese rule is announced for October. The country is being developed very rapidly, and Japanilized more quickly than we deemed possible. One recent regulation provides that all schools shall cut out all worship and teaching of the Bible—Mission schools included. Those holding permits from the government (everything carried on, from a school to a peanut stand, is done under permit) are allowed ten years in which to conform. All others come under the regulation at once. We fear that our Soonchun schools will be closed under the new regulations, since we have not been granted a Permit, though our application has been pending a year and a half. All new Doctors are now required to stand examination (conducted in Japanese & Korean) before being permitted to practice. This applies to trained nurses. You now see the foresight of our Korea Campaign. We were just about ten years too late, but better late than never! I forgot to say we do not intend to give up our school, but will teach the Bible outside of school house if necessary.

It has been some time since we heard from you, so shall await letters with impatience.

With dear love for each and all,

Affectionately,

Fairman

In 1916

Jan. 10, 1916
Soonchun, Korea

My dear Father and Mother,

The Christmas boxes came without any mishap and were given a most hearty welcome by all of us. Your boxes are always good, but this one seemed the best yet.

To begin with Willie Wiley's share. When he saw his spoon he seemed to have no doubt about what it was meant for. He dropped all his rattles and other such paraphernalia and grabbed the spoon and tried to eat it. He likes his little pad, too, for he can sit on it and pull the ribbons up to his mouth and have a lovely meal. I think both the spoon and the pad are most appropriate and useful as well as pretty. I never saw a pad like this one before. All the mothers here are enthusiastic about the idea.

Florence loves family cares more than anyone I ever saw, so the addition of a doll & a kitten to her family could not fail to please her. She seemed much impressed with the fact that the doll had a muff. Making the kitten climb the pole is a very fascinating occupation.

John Fairman is delighted with his monkey and his train. Anything in the shape of an engine of any kind seems to cause him thrills. Animals, too, are very dear to his heart. He had loved that little Teddy which Janef sent him until he had worn it out and it was perfectly flat from an absence of sawdust, but it and the "Quacky wack" which "B" sent him were tenderly brought down to be introduced to his new animals—a big Teddy and a big wooden grasshopper.

Shannon and Miriam will probably write for themselves someday, but

I want to speak for them now. They are so happy with their beautiful babies and have displayed them with great pride to all the ladies of the Station. I never saw prettier or more natural looking dolls. Shannon says she wants to sew for this baby instead of sewing for her big doll.

As Fairman had to go away without writing you, I will tell you how much he liked his beautiful tie and the "germ-proof" handkerchiefs. The tie looks just Fairman's style and I am so glad he has it. It is very hard to order satisfactory ties so I am so pleased to have Father send him this one. His supply of handkerchiefs was getting low and some of them are very weak—feeble. I tore one of them into three the other day to supply the demands made by the numerous little sons and daughters.

My share in the box was just the things I needed. I am going to use this new centerpiece when I fix up the house to celebrate Fairman's return from PyengYang.

And the collar! I am so glad to have it. I had admired the style in my *Pictorial Review* and on Mrs. Pratt and Mrs. Crane but I did not possess one of my own until Father satisfied my frivolous desire! I have a dress which was just waiting for a collar like this.

Thank you both for all the lovely Christmas you sent us. And the packages were so attractively put up, too! I never saw cuter toys and cards. The boxes came on Tuesday after Christmas, and Jim's came the same time. Miriam said, "Mother, I don't know what I'll do when I go to America where they have only one Christmas. We always have two or three."

We had a very happy time. Somehow we managed to get our preparations made earlier than usual and Christmas Eve and Christmas Day were more peaceful and less hurried. We had no guests staying in the house except Lavalette Dupuy, who usually sleeps over at the Girls' School and only takes her meals here. We all hung our stockings in front of the sitting room fireplace. Miriam begged for the privilege of filling the baby's stocking so I let her slip down after the other children were in bed. Fairman, Mattie, Lavalette and I filled the others. Both these girls love the children and speak so affectionately of "our children."

Lavalette has wonderful taste in decorating and the house was beautiful with ivy garlands, ivy wreaths and great brass vases of red camellia japonica.

The Coits came to dinner with us and late in the afternoon we all went to the Station tree at the Timmons'. They served coffee, cake & candy after the gifts were distributed. Monday night we had a Station dinner, which was a great success. After it was over we went down to get the American mail and we got your Christmas letter, a card from Two, one from Jim and other mail.

Next morning I got a letter from Mr. Davis telling of Brother Willie's death. It was not altogether unexpected for I knew he was very ill. The fact that I had heard nothing from Marion in several weeks made me anxious for she always shared her good news with me. Brother Willie had so many months of suffering that his going must have been a blessed relief for him. I wonder what Marion will do. I hate to think of her loneliness. I have had no letter from her yet.

Fairman is teaching in the Bible class at PyengYang and won't be home before the 23rd. He has a very heavy course and much studying to do as he was not told what he was to teach until just before his fall itinerating began. I hope he will write to you, but he said he would have very little time. With so many children and so much confusion in the house, I don't have either the time or the composure to write much, but I love you just the same—only more.

Lovingly,

Annie

May 8, 1916

Tolson Island, Korea

Dear Father and Mother,

Am on a twelve day itinerating trip, having left home four days ago. Am taking advantage of a little unexpected leisure this morning to write you a letter that should have been dispatched before I left. I find it is almost impossible to keep up correspondence in the midst of the itinerating season. In the country, there is almost no opportunity for writing, and at home one cannot despatch the work piled up waiting before the time to fill the next itinerating engagement rolls around—which is only a few days at best.

The place from which I am writing is fifty-four miles south of Soonchun. I will spend three days more holding a tent meeting in a large town adjoining here, then go across the water twenty miles to visit a large island church. This is my farthest point and a difficult journey. Fortunately, I am a good sleeper, a heavy eater and have good health, so I stand up well under these trips, though I get back home usually pretty well worn out. For the past six months or more have given up the bicycle altogether and have travelled by road-cart and jin-rick-shaw. These are much slower but easier. Am hoping to find a light motor some day that will be practicable and adaptable to road conditions out here.

Have keenly enjoyed the country work this spring. With my three Evangelistic Helpers and two colporters, assisted by voluntary helpers, have been holding a series of tent meetings. This is the first time we have attempted this kind of work, and we are well pleased with the success of it. Have held five, including the present one, this spring, in addition to regular visitation of the churches, with attendance ranging from 100 to 500 nightly.

Mother, you have sent us two mighty good letters recently, which have been greatly appreciated. It is good to see your evident improvement in health. We read eagerly every item of home news you give. We are getting very much out of touch with the home field, I fear. I wish I had three times the ability and four times the time allotted to me, so as to approximate somewhat the things I aspire to do and do not! I am fairly energetic, but can't hold down this job of being a missionary. It always comes to choosing between a multitude of things clamoring to be done, and there is always danger of our getting callous to unaccomplished tasks.

It grieves me that you are harassed and worried in your old age over living expenses. I feel that this is unnecessary. Now that the children are practically out of the way, you will be able to readjust and settle down to simple comfort. At your age, I do not consider it a matter to worry over if you run over your income and draw a little on your capital, provided it is not too much per year. When prosperity hits Bristol again, you should sell that property on the best terms possible and reinvest in a home more to your liking. However, that's a nice home and a good piece of property, and suits you well as long as you live in Bristol.

Glad to hear that N. B. has gone to Knoxville to work with Jim. It ought to be mutually advantageous for them. Rhea also seems to be getting along well, so I think we have cause for thankfulness only when we think of God's mercies toward us as a family. There is always enough in life to cause worry and uneasiness—I find it so out here—but on the other hand, there is more to inspire calm trust that all will work out in the end for our good. I have passed through periods of great trial to my faith since returning to the field, and the prospects are for more to come, but am trying to live at most a year at a time!

With dear love to you both, and through you to Floy, Janef and all the others,

Affectionately your son,

Fairman

May 9, 1916
Soonchun, Korea

My dear Mother,

Since the date of Annual Meeting was changed from Jan. 1916 to June 1916, Mattie and I have spent many evenings cutting out garments for our youngsters. They are not to have very many garments apiece, but even a small number mounts up when multiplied by five. Mattie was asking me last night how I ever managed it alone before she came.

The cutest garments we have made are Willie Wiley's little smocks with tiny pants showing below. The suits are of white crepe smocked with pink and he is a picture in them. He made his first public appearance in them on his birthday and everybody voted them a great success. Fairman took a roll of pictures of the baby a few days ago—I am hoping for some good ones to send you. W. W. isn't walking yet for he has been carried around so much. He had bronchitis and we could not leave him on the floor. He says a few words, among them being "Papa", and he is very devoted to his dad. He has at least two chances to inherit a streak like that, hasn't he?

We celebrated Fairman's birthday by leaving all the children with Mattie and going to one of Fairman's nearby churches. He held examinations for baptism & the catechumenate and then had a communion service. We got home in time to have a seven o'clock dinner. The meat was wild hog, and the cake was one which the children had helped to make.

Last Wednesday we took the children down to the seashore for a picnic. The tide was not right for us to go over to our island, but we had a good time on the mainland. After dinner the children went around looking for shells. Willie Wiley slept, and Fairman, Mattie and I read

"A Hilltop on the Marne". If you have not read it, you should, for it is very interesting.

We have been watching the papers eagerly to know what Germany is going to do about the submarine warfare. Isn't this old world in a turmoil? I had hoped that America could live at peace with All men, but it does not seem possible.

Today I received an order of roses and currants from Ireland. They were nearly all in beautiful condition. Our place is getting so pretty now. Friday morning Fairman and I were both busy, but we deliberately sat us down under the wisteria arbor to enjoy it and each other for a little while. The yard was lovely with the wisteria, a tree peony, Japanese azaleas, white flowering almond, and in the formal garden, there were Darwin tulips, scilla, snow-in-summer & white iris. We have found an expert Japanese gardener who works for us sometimes for the magnificent sum of five cents an hour. He came and planted all the new Irish things today. Fairman has arranged with him to spray our trees and do all such work!

I have spent so much time on our affairs that I have not left space enough to tell you how glad we are that you are better. Do take care of yourself. With two such helpers as Floy and Janef, you ought to be well cared for.

Please tell Floy I thoroughly enjoyed her letter & will write soon.

Love to all of you & to Aunt Jennie and Uncle Jim. I have been possessed with such a desire to see you all. Three years seems so long to wait.

   Lovingly,

    Annie

Fairman is away for ten days, but is within telephone call.

June 7, 1916
Soonchun, Korea

Rev. S. R. Preston, D.D.,
Bristol, Virginia.

Dear Father:

I certainly did appreciate your "birthday" letter of May 1st, which came over a week ago. A letter like that is the most precious legacy a son could receive from his father, and deserves to be handed on down to children's children. I am deeply conscious that I do not deserve half the good things you say of me; but your letter makes it easier to live and strive after the ideals.

And if I have been kept from follies and have accomplished anything worthwhile, it is due only to the grace of God in Christ and to the painstaking, self-sacrificing home-training of my dear parents.

I have always been convinced that I was in the path of duty in coming to Korea, though none but those who have undergone a similar experience can appreciate what a wrench, what a tremendous sacrifice, is involved in leaving father and mother and loved ones to come to the ends of the earth. Nor do the years mitigate, but rather aggravate the condition, for pretty soon we will be having to be separated from our children too.

Marian will soon be eleven, and is developing fast. She is very bright, has a keen memory, and is a voracious reader. We are trying to give the children the right sort of a start on their education, so that they will not be distorted or backward more than the circumstances under which they are being reared make inevitable. We are well pleased with the progress they have made under Miss Davis.

I am hoping and praying that the way may open up for you and Mother to come to us before long. These are troublous times, and perhaps it is well to wait awhile and watch developments. However, it is three years yet until we can go home, and now is the time when you ought to come to enjoy the children. But now all boats are overcrowded, hence not so comfortable; the Honolulu route has few boats since the Pacific Mail went out of business. Perhaps we ought to work for next year, when we hope the war will be over, boats more plentiful, passage cheaper and more comfortable, and the Sunday School Convention year (World's) in Japan. This is something that we have our hearts set upon, and I hope it going to prove a reality.

June 12th.

Was Interrupted here, and no more opportunity to write. We are rushed getting ready for Annual Meeting, which convenes at Chunju on the 20th. We expect to to make the trip overland by buggy (100 miles), but Annie and the children will go half the way by auto. Of course, if the rainy season should set it, we would have go around by boat and rail.

I am enclosing a check for One Hundred Dollars, which I want you to have deposited to my account in the First National Bank of Bristol. I feel the need of a small account like this in my own name.

Am enclosing another check on the First National payable to you, for $25. I want you to use this as you please, for your own comfort or pleasure. I ought to have sent it sooner, but hope that it will come in handy. It is a very small expression of our love. I have had the strong feeling that in the rush of work out here I have set a sorry example of filial devotion.

This leaves us all well. The baby has been sick with bowel trouble, and looks much pulled down, but is on the mend now, though he is not sleeping well yet. Miss Mattie left this morning for Kwangju for a visit.

With love for yourself and each member of the family, in which Annie and the children would join.

   Affectionately your son,
    J. Fairman Preston

June 14, 1916
Soonchun, Korea

Mrs. S. R. Preston,
Bristol, Va.

Dear Mother:

We are indebted to you for some mighty good letters recently, and before another day passes, I want to get off at least a note to you in acknowledgment. Next Monday we will be leaving for Annual Meeting, and for two weeks will be in a dead rush.

It was good in you to think of me specially on my birthday. In the irregular life one leads out here, one is apt to forget such anniversaries; but Annie and the kids are usually on hand with a celebration. This year, I took Annie with me ten miles to a neighboring church—a rather unwonted privilege.

Am delighted to hear that you are getting better. You will steadily improve if you will lean on the Lord and quit worrying. The latter is usually a result of the former.

I am sending those two brass bowls that you wrote about some time ago, and which I had made at Kwangju last fall. I held them up here for a long time as patterns to get some made for Jim and Two; and then they got overlooked and were never sent. I think there will be no duty on them. Hope they will prove correct size.

Herewith I am enclosing a check for Twenty Five Dollars from Annie and me as a little token of our love. Use it for your own comfort or pleasure in any way you please. Thought perhaps you might want to take a little trip somewhere this summer.

How is Floy getting on these days? I have been "laying off" to write him for a long time, but seems like I never find time for more than a letter to you or Father. Hope she is improving in health, and that she is planning to get a job in the fall. I think she will improve in health and spirits to get out and feel independent.

June 17.

It seems almost impossible to finish a letter at one sitting, or several, for that matter, so many are the interruptions. We have gotten all our baggage off, and expect to leave early day after morrow. The Timmons will go with us, all the others having left.

We are enjoying the roses this month. The Crimson Rambler, Dorothy Perkins, Thousand Beauties, and a new blue rose—all climbers—are magnificent. Annie and Rob Coit are the flower enthusiasts of this Station and they have lots of them.

I will drop a note from Chunju.

With love from us all,

      Affectionately your son,

            Fairman

Sept. 18, 1916
Chunju, Korea

Dear Mother:

I wrote Father last week, and will send this one to you. You see I am at Chunju, having left home a week ago. Am enjoying the work of the Bible Institute, though do not relish the thought of having to be away from home for over a month. Am teaching Biblical Theology—a rather difficult subject, which I have not taught before; but I have only the two classes for two hours a day, so it will not work me too hard.

Our work in the South of Korea does not compare in numbers with that in the North. Last winter I taught one class in Pyeng Yang, in their Bible Institute, with an enrolment of sixty six. The Institute here usually has an enrolment totaling sixty, but this year it is only about forty. Perhaps others will come in later.

The Bible Institute differs from the Bible Conference in that, while the latter meets for ten days once a year, the former is held for a month, the course covering eight years, and is intended for church leaders and evangelistic helpers who cannot go to the Theological Seminary.

Besides the one here, we have another one meeting now at Kwangju. I would naturally be teaching in that one, except for the fact that this Station is short-handed in workers, both Revs. Clark and McCutchen being absent on furlough. I happened to be the only one who would teach the subject that Mr. Clark had been teaching, as he and I took the same course at the Seminary.

By the way, wonder if you have seen anything of the McCutchens? She is now at Rureal Retreat, I suppose. They are good friends of ours.

This is the first time that I have ever taught in any class at Chunju, and I am enjoying the privilege of getting in touch with this, our oldest work in the Mission. Heretofore I have been on the frontier, always with more work that I could handle, and could never leave for outside engagements. Now, however, though still on the frontier, so to speak, our Station is well manned and I can for the first time reach out and help other Stations.

Just before I left home, Annie called my attention to the fact that I had not sent you those two brass bowls. It has been nearly a year since I had them made, so you ought to be on the lookout for them soon after I return home! I seem to get more absent-minded as I grow older.

My time is up, so am going to close now. Dear love for you and each of the household. Am eagerly awaiting news from "Two."

    Lovingly your son,

        Fairman

Oct. 8, 1916
Chunju, Korea

Dear Father and Mother,

Tomorrow I wind up my month's work here and start home. Have keenly enjoyed the teaching and preaching and the goodly fellowship of the friends here, but the separation has been hard and I am thankful to get back. Have been working hard, but my health has been good, am thankful to say. The Bible Institute here has about the same attendance as last year, and the men have studied well.

I have not had any word from you since leaving home nearly a month ago. Annie writes there has been no home mail. Have been hoping to get some particulars of young Miss Warden's arrival. I can imagine what a busy anxious time it has been for you, and I don't wonder that you haven't found time to write us. Annie enclosed me the cards announcing the arrival. I wrote "Two" last week.

While here, I have been entertained in all the homes—principally by the Tates, Reynolds, Winns and Eversoles. Miss Winn is now in the hospital, having undergone a serious surgical operation. She is making a good recovery. The Eversoles are happy in the work, and are all quite well. You may have inquiries concerning them from their Bristol friends. All our new recruits have acquired the language well and are doing fine work—Eversole and Winn among them.

Annie is expecting Mary Murphy Davis and husband down about the 20th inst. The Bells are coming too. I have a Leaders' Meeting and "Revival" beginning the 19th, so this month promises to be crammed full of interest and excitement! My fall itinerating begins about Nov. 1st and runs up to near Christmas.

Will close for this time. Hope to hear from you soon.

Love for each and all, from your loving son,

Fairman

Oct. 16, 1916
Soonchun, Korea

I've been keeping this letter for F. to put in a note but he hasn't time yet. Meantime Janef's charming letter has come.

My dear Mother,

Fairman is having a meeting with his deacons in the next room & just at present, they are so hilarious that I don't know whether I will be able to write. Fairman came home last Tuesday after a month's absence at Chunju. Maybe you can imagine how glad I was to have him home again. He looks so well and fat that I am forced to the conclusion that visiting suits him better than living at home. He had a good time studying and teaching, too, and I am thoroughly glad he went, in spite of the fact that I do not enjoy being a grass widow.

We have been very anxious to hear some words about "2's" little daughter. The silence is beginning to seem ominous. I hope it doesn't mean that there is anything wrong. We want to know something about how "2" got through and how the baby is.

I know I have no right to upbraid anybody for not writing, for I am a very poor correspondent. It seems to me I am either very busy or too tired to write. Tonight I am so sleepy that it is an imposition to write to you. Tomorrow night I have a Bible class and in a few days a meeting begins at the church. Next week the Bells are coming to visit us, and after their visit we are to have a visit from Mary Murphy Davis and her husband & daughter. They were to come sooner, but, on account of cholera in Seoul and at other places on the railroad, they decided to wait until frost. There was one case in Soonchun, but it did not spread at all. However, as there is lots of it in Japan, we are very cautious about eating any raw food.

I wish you could see John Fairman in the new suit that "Two" (or Arthur) sent. He looks just like a man in his own eyes and is so proud of himself. The children all talk a great deal about America and you all. Florence, of course, does not remember anything about it, but she is constantly asking questions. The children are getting along nicely in school and show the effects of Mattie's careful teaching. I wish we could keep her until we go on furlough, but she thinks she will have to go home next summer. She is so devoted to the children and so anxious to have them develop as they should.

Oct. 18. Tonight I have things all to myself—the children have gone to bed, Mattie is staying with Mrs. Timmons, and Fairman has gone to church. The Korean preacher who is to conduct the meetings arrived today and we are hoping for great things from his preaching.

Our new surrey came today, having spent five months on the way from Chicago to Soonchun. We did not get it set up today but it looks promising. We needed it so, for our old buggy is so "ramshackle" and uncomfortable.

I took my exercise this afternoon digging weeds out of a flower bed. Yesterday I was out all afternoon working in the garden with a Japanese expert gardener. He was planting various bulbs for me, mostly lilies of different kinds. I have too many things on my mind to make a very successful gardener but the place is very pretty. There is a kind of wild chrysanthemum on the mountains here which looks very much like a Shasta daisy. It is one of the prettiest flowers I ever saw. I think I will send you some seed when it is ripe. We have planted a good deal of it on the North side of the house. Some of the roses are blooming beautifully now.

What is the prospect of ever having a visit from you? I hate for you to be missing all these interesting years with the children. Give much love to all the folks at home.

 Affectionately,

    Annie

Nov. 29, 1916
Soonchun, Korea

My dear Grandmother,

I hope you are well. Father and I are the only ones in our family who have not had colds this fall. They are all well now except Willy Wiley and Mother. Mother is nearly well.

I am so glad you have a new grand-daughter. Please tell Aunt Two I am very glad she has a little girl.

It is very cold today and the north wind is blowing very hard. The poplar trees are very pretty with their yellow leaves. A lot of the leaves have blown off the trees. Some roses and a lot of chrysanthemums are blooming now. It is very pretty outdoors today even if it is cold.

We had the Thursday before Thanksgiving Day for our Thanksgiving Day because Cousin John and Cousin Mary were here. They live in Antung, China. The Thursday we had our Thanksgiving BooBoo was baptized. BooBoo is Cousin John's and Cousin Mary's little baby girl. Her real name is Mary Shannon Davis. She is very cute.

Annie Shannon, John Fairman, Sacha and I sang two Thanksgiving songs at the Thanksgiving service. Thursday night they had a Thanksgiving dinner and I stayed up to it but I had to go to bed right after they finished eating.

Willie Wiley is so cute and he gets into more mischief. He has learned to stand on tip-toe and pull things off the tables.

Please give my love to everybody.

    Lovingly yours,

        Miriam Preston

In 1917

Jan. 13, 1917
Soonchun, Korea

My dear Father and Mother:

I had expected to get off a letter just after Christmas, but this year we had special English services for two hours every day during Christmas week, which we had to divide up among ourselves and conduct, so that we had an extra full week. Last year we held these services during the first week in January, the regular week of prayer; but this year urgent work in the country prevented. I left home the day after New Year for a week, and am just getting at my desk again. We have had very cold weather since Jan. 2nd. Ice here four inches thick. Am glad to say that we have put up a nice lot for next summer. We hear that there is near a foot of snow at Kwangju, though we have none on the ground here.

We spent a quiet, but very enjoyable Christmas, as is inevitable with a lot of children (this applies to the latter part of the first clause!) We came here having a tragedy at the Christmas tree celebration. Mr. Paul Crane (Katherine Rowland's husband) was Santa Claus, and he had thoughtlessly used cotton for the false beard and trimmings for his coat. When he reached for the first present, a candle touched him off, and in spite of the united efforts of the men in the room, he was quite painfully burned about the hands and face before we could extinguish the blaze. He is now entirely well, and we are all so grateful that he got off so lightly. So many fatalities have occurred in this way.

Your Christmas box came in good shape, and the children were delighted with everything. It was good of you to do for us so liberally in such hard times. The tie Father sent is beautiful and just the kind

I like best. Janef's calendar must have a special letter of acknowledgment very soon.

Had a nice letter from Jim recently. They have certainly a nice home. It will keep Jim hustling to keep it up! He has been so good to N. B. Glad to hear that the latter is pulling himself together. Hope he will "get religion" from the Methodists and afterwards come back into the Presbyterian church and keep it! In this way the two denominations can get in some good team work. Seriously, I am not much of a sectarian. What really concerns me with reference to any Church member is whether he is really a Christian. Alas, there are far too few in all the denominations who are making a creditable showing. It seems to me that our Korean Church has lost much of its former enthusiasm.

Here's wishing that the New Year will bring you only peace and overflowing happiness!

(illegible)

Mar. 22, 1917
Soonchun, Korea

My dear Mother,

We were so glad to hear directly from you. I think that visit to "(illegible)" must have been a good thing for all concerned except the left-behinds in Bristol.

Fairman has just passed through a miserable experience in having his hemorrhoids removed. He looked very lightly upon the operation and would not believe that it would lay him up for days. But he was in bed about a week and suffered intensely. I hope he is going to have complete relief from his trouble now. It bothered him so much in traveling.

We are planning now to go up to Seoul about the middle of April, make a little visit to the Daniels, and then on to PyengYang, where F. will teach in the Seminary for nearly two months. I'll spend a week or ten days in PyengYang and go to Mary in Antung for a week and then turn my face homeward. Of course there are many "ifs" in these plans! Mattie will hold down things here at home & only W. W. will go with us. I shall feel as if I were eloping!

Fairman is very busy with his studying and I have loads to do before going away. We are making good progress with our sewing. W. W. has some cute little new breeches which are very becoming. F. keeps saying he will take a picture of him.

The children are all looking so well and are enjoying the lovely spring weather. How I wish you could visit us! Come and bring Sister and we will be the happiest people on earth. Sister was ill in a Sanitarium in N.Y. last time I heard. I am trying to get her to come to me.

I must dress for service.

   Love to all,
      Annie

Apr. 26, 1917
Pyengyang, Korea

Dear Mother:

One thing and another have combined to prevent my sending you a letter for a long time. First the country work, which kept me away from home constantly; then the busy preparations for the trip up here. Today I am taking advantage of a half holiday to do a little writing.

Annie and I left home on the 17th, and after a few days in Seoul, arrived here on the 23rd, when I immediately jumped into work. We brought Willie Wiley with us, leaving the other children with Mattie. She bravely offered to take charge of the housekeeping and the place, in addition to the school, so Annie could have this trip. A. expects to go on to Antung(Manchuria) after a week here, for a visit to Mary Murphy Davis. She plans to get back to Soonchun about the middle of May. You may well believe that it made it easy for me to pull out from home this time, with Annie with me. We refer to it as "the elopement." We are stopping here with the Bells, which makes it very delightful. We left our place just as the flowers were bursting out into full bloom. Here the climate is fully two weeks later.

Annie has not been here since the year after we arrived in Korea, when we visited with Mrs. Wiley, coming all the way by boat. One could hardly recognize it for the same place, so great have been the changes. Yesterday we took a drive along the river front over a beautiful wide road which was the city wall when we were here before. It had been demolished, and the road, lined with trees, built in its place. This has been done all over Korea. Years before, we made the trip all the way by boat, with all sorts of hardships. This time we rode on an electric-lighted train, took lunch on the diner, and rode up from the

Station in an automobile! All this in six hours from Seoul; whereas it used to take two days, if boat connections were favorable. I recall that we missed our boat that time on the way back and spent two or three days at the port of Chinnampo in a little room at the rear of a French bar-room—tea only hotel accommodations in the place. Miss Davis has definitely announced to us that she must return home in August. As I wrote you before, this leaves us in an awkward shape, as we do not feel justified in trying to get anybody else out for the two years that remain before our furlough. Annie has decided to do the teaching herself, following the Calvert course, though this will involve some curtailment of her Korean work. She may be able to get Mrs. Emerson to help her with the housekeeping next winter, as the Talmages are going home on furlough and Mrs. E. does not wish to return with them. She is Mrs. Talmage's mother. I wish that you would come on out and stay with us, coming on back with us as we return on furlough.

We sure do need you, aside from the longing that we have to see you and to have you in the home. You ought to see the children now and be with them, as they are at an extremely interesting age.

However, in the uncertainties of these war-times and of the plans at home, we feel that we cannot urge the matter, but only present it as a possibility. The McCutchens are coming back this summer (in August, I suppose), and doubtless others will be coming later. We would undertake to care for your expenses. Dr. Egbert W. Smith, of the Ex. Com, at Nashville, would see to it that you got a certificate of some kind (teacher to the children or something) that would enable you to get the missionary rate; but it must be made clear that there will be no expense to the Ex. Com. involved.

Please think it over and see what can be done. Perhaps if you can't come this year, you can arrange it for next year; and maybe by that time Father could arrange to come with you. Of course I know that a thing like this cannot be arranged in a short time; for that very reason it is well to work to a definite plan ahead.

We are probably living in the quietest corner of the globe at present, and there is every reason to believe it will continue so for the duration of the war. While there have been occasional rumors of submarines in the Pacific, they have all turned out to be false, and we expect the Pacific to continue free of this menace. Travelers from India come this way now rather than pass through the Mediterranean.

Apr. 30th. I was interrupted and am just finishing this letter. Yours from Baltimore has come to hand and greatly enjoyed. Delighted that you have had such a fine time this winter. I am enjoying the work here very much. Annie expects to leave day after tomorrow for Antung. A. says she mailed you a letter last night.

Tell Father I have his letter of Mar. 3rd and will write soon.

With love for you each one, in which A. joins,

   Affectionately your son,
    J. Fairman Preston

P.S. Reservation on the Pacific liners should be made two or three months ahead to get the best cabins, though a month ahead often suffices, as reservations are given up by those (illegible) behind and (illegible) is now sending its boats over the Pacific. Highly spoken of Mattie Davis expects to return on this line.

Apr. 28, 1917
Pyengyang, Korea

My dear Mother,

You see we really did come on the much-talked-of trip. W. W., his amah, and I accompanied Fairman to Pyeng Yang. We left Soonchun on the 17th of April, driving twenty miles to a little port. It was a lovely drive and perfect weather. We had very comfortable quarters on the little steamer to Masanpo and there we took train for Seoul.

In Seoul we were the guests of the Daniels and had a lovely visit. We were on the go all the time, out to luncheon, afternoon tea, and all such. So much society was a very pleasant change from the quiet of the country. One day, Fairman and I gave a luncheon at the Chosen Hotel, which is said to be the most beautiful hotel in all the Far East. I can well believe it, for the decorations and the furnishings are in such good taste.

After four days of good times in Seoul, we came up to P.Y. While the going has not been as strenuous here, we have had many attentions and a delightful time. P.Y. is one of the most picturesque places I ever saw and there is such an air of antiquity about it. The founder of the city was Kija who ruled in the time of David. His old well and the ancient pine trees growing on it make an interesting sight. We have had some lovely walks and drives.

The Mission work here is so interesting. There has been such wonderful success among these people and they have developed a very fine type of Christianity. The ladies are all busy teaching in a Bible Institute which lasts 2 1/2 months and has a five years course.

Miss Georgia Crane of Atlanta is teaching in the school for foreign children here. But she is to become a member of our Mission in June for she is to be married to Mr. Wilson of Kwangju. She told me yesterday that she had met you folks when you were living in Decatur.

Next week I am going up to Antung to visit Mary and J. K., and after a day in SunChun I will turn South again. I have promised Lavalette to make her a little visit in Kunsan and then I will go home by Chunju or Kwangju.

We have daily bulletins from home assuring us that all is well. The children shed some tears over my leaving but Mattie writes that they are all well and happy now.

Your letter about the Inauguration was very interesting. I am so glad you had such a good time. It must have been a great experience.

I know that Two will want to hold on to you as long as possible. We wish that we could get hold of you. If it were not for the war we would insist on your coming out with the McCutchens and spending a year or more with us.

My news from Sister is far from encouraging. She was in a Sanitarium the last time I heard, and the doctors thought that it would take a long time for her to get well.

Fairman is very busy with his classes and some committee meetings. I don't see much of him except at mealtime. We are taking our meals with the Bells who are keeping house here. Almost every evening we are out to dinner. We had three invitations for last night. There's nothing like popularity! I must write a letter to John Fairman now.

With love to all of you in Bristol, Baltimore and Knoxville,

    Affectionately,

        Annie

Aug. 18, 1917
Soonchun, Korea

Dear Father:

Am enclosing herewith check for $36.22 which I suppose is the interest on Floy's note. I will try to write her soon. I see no reason why she should worry over this debt; but I do see many reasons why she should secure some sort of position, even if it did no more than pay her expenses. I think it would add greatly to her peace of mind, as well as her usefulness.

We had a jolt recently in the refusal of the Ex. Com. at Nashville to pay return travel expense of Miss Davis, though it is a rule that they put up travel expense one way of teachers to missionaries' children. We wrote a strong letter of protest, and they may consent to pay it; but in the meantime Annie had to put up the money. Under the circumstances you may believe we think it providential that Mother didn't take us up on our offer to come out this year! Anyhow, we are very much disappointed that she couldn't see her way clear to come. It looks like all bosh about submarines in the Pacific.

Did I acknowledge yours, containing report of Mr. Gassaway on Union Buffalo? We were much pleased at the report, as it indicates that this investment is in fair shape. We have not heard whether any dividends were paid this year, or how much. It is very difficult for Annie to get any statement as to her business from Salisbury. If you have an opportunity to find out about Union Buffalo dividends, let us know and we will greatly appreciate. Annie is still in Bank for about $2,000.00.

I note that you are putting up more houses on your Bristol property, and certainly hope that the undertaking will prove a good investment. I have been under the impression that that form of investment is the poorest paying, but perhaps it is all right if one is on the ground to attend to it in person.

I should think that Janef could profitably pursue her studies at the local College, under the circumstances. You are located there and the war, with all its uncertainties, is on. Floy is not yet located. It is likely that we will be in a position to help her later on to go to Agnes Scott. In the meantime, I will be glad to carry her fees in the local College, and hope she will write me.

We were very much amused by the card anent the "Kaiser." It is ingenious. Reminds me of another I saw in the *Literary Digest*, which I will clip and enclose, if I can put my hand on it.

We have had a very dry spring and summer—for several weeks there was almost a local water famine, and it looked like the rice crop was doomed. But about ten days ago abundant rains relieved the situation. Our garden is the poorest in years. It looks now like we will not be able to obtain any more grocery supplies from America; so we are busy figuring on how to get along without. Fortunately we have been working on this problem for some months, and we are almost on a war basis. Flour will be our most serious problem. We make good biscuit out of the whole wheat raised and ground on our own place but it is hard to make satisfactory light bread out of native flour. We can get fair granulated sugar made in Hong Kong for a little over nine cents per lb. wholesale. Heretofore we have paid $5.75 per ton for soft coal, but expect it to be much higher. What butter we eat we will have to make.

(The next page is missing.)

Sept. 24, 1917

Soonchun, Korea

The Hammond Typewriter Co.,
69th-70th St. East River, New York.
Mr. A. P. Brooks, Mgr.

Dear Sir:

I have your favor of Aug. 8th, and note that you can put my machine in thoroughly good condition and obtain satisfactory results at a cost of $10.00. I hereby authorize you to go ahead and fix the machine at this price. I cannot make out from your letter whether or not this price includes new type-shuttle; but as this also will be necessary, if good results are to be had, I assume that it does. But if not, please add this as an extra.

In answer to your favor, will say that in my former letter I did not ask you for exchange price on this machine because in the four years I have owned it have gotten practically little use out of it, and as exchange prices run according to age, not use, I knew it would not be advantageous. This machine has never written as well as the old model, for which I discarded when I bought the new one. If you can make it do satisfactory work, I shall be glad, for I have always been partial to the Hammond. But if not, I am willing to scrap it. In the meantime, naturally I do not care to throw in much good money after bad. I also note what you say as to the trouble being with the smooth shuttle anvil. Perhaps that partly explains it; but I had no such trouble with former models.

At any rate, am glad of this opportunity to send it into the factory for adjustment and examination.

As stated in my former letter, repair the machine and send to my father, Rev. S. R. Preston, D.D., #412 Spencer St., Bristol, Va. He will remit you, on presentation of bill.

Sept. 27, 1917
Soonchun, Korea

Rev. S. R. Preston, D.D., Bristol, Va.

Dear Father:

I have a letter from the Hammond Typewriter people in regard to my typewriter, shipped to them for examination and repair. I enclose the latter part of their letter, which contains the significant information, and my reply. I take it that you will have balance enough to our credit to take care of this payment; but if not, in view of taxes or future payments, please notify me promptly, so I can send remittance for what you need.

I cannot tell from their letter whether the type-shuttle (a new one is needed) is to be included in the $10.00 or is to be extra; but you note that I have authorized them to send it anyhow.

This Hammond machine has never given me satisfaction, and has been used comparatively little. I think it very probable that they will now put it in good shape. You note that I am asking it sent to you. My idea is to leave it with you until we return home on furlough, and hope you will use it freely, if you have not a machine of your own. If there are any other repairs needed, I will pay for them.

Yours of July 16th was the last letter from you. I answered as promptly as possible, and enclosed check for Floy's interest. A newsy letter from Mother came a few days ago. Sorry to hear that you were not feeling so well. Fear that you have been over-exerting yourself in the hot season. Building is a very exasperating, trying business at any time. I got an over-dose of it four years ago, and have never completely recovered!

Glad to hear that Floy has secured a position. Doubtless it is not so good as she would prefer; but the main thing, I think, has been accomplished if she makes a beginning. Richmond is a good place to live, and I am glad that she could get in there.

I was mighty sorry to hear that Seaton had enlisted. I could have wished that he had asked exemption, as the only child of his aged father, and I doubt not that it would have been freely granted. Even now I hope that he will not go to the front—don't think he ought to run the risk under the circumstances.

Give Uncle Jim my special love. I think of him a lot, and ought to write, but we live at such a rate out here that I have despaired of ever doing the things I would. It takes so long to do anything out here, so slow and deliberate are the orientals, that the day's routine more than uses up one's time and energy. I have done no traveling since June; yet I have found it impossible to catch up with my desk work. I am going to try to get him a birthday letter written; but don't mention this, as I may be disappointed.

Our household has been very much demoralized for the past weeks by Willie Wiley's illness. After our return from the sea-shore he developed amoebic dysentery, from which he has been recovering very slowly. The little fellow has been sick since the beginning of summer and is quite emaciated. He is now improving steadily we think. I have given a great deal of personal attention to him, preparing the food myself in rotation with Annie. We will have to be very careful with him for another month or so yet.

Annie has bravely tackled the task of teaching the children. I have undertaken to teach J. F. and Florence S. as long as I am at home, and find it takes me about three hours' hard work every morning in order to get anything satisfactory accomplished. How Annie will manage to get through with all four I don't know. John Fairman requires somebody on his trail every minute to accomplish the required work. Last year he did only half the work, and he will probably not do more than finish the other half this year. F. S. is just starting in the first year of the Calvert course; J. F. is half through, A. S. has nearly finished the second year, and Miriam is starting in on the fourth year. They are all bright, and it is probably just as well that we cannot push the younger ones.

I have steadily improved in health, and am now all right except a little nervousness. Will not attempt any itinerating for another three weeks, as our Oct. sun is often quite hot.

I note from Mother's letter that you may go to Atlanta this fall. I took it for granted that your building operations would hold you in Bristol this fall and winter. We rather were startled by Mother's remark that Janef is now twenty years old—it just seems impossible to realize. Maybe I gave you the wrong advice about her education in my last letter; but it seemed to me almost impossible to send her to Agnes Scott this year under all the circumstances. Of course if you can go to Atlanta that will put a new light on the matter.

We have little local news here. Glad to report that we expect our new Doctor out by the last of October. His name is Rogers, J. (illegible) from somewhere in Virginia, the son of a preacher, and he has just married a young woman from Charlotte, N.C. We have had rather an anxious time here with only a native Korean Doctor; and we would have sent Annie and the baby to Seoul, had it been possible for him to travel.

If we don't write as often as we ought, know that it is because we are as "busy as a hen with one chicken." Wish we could swap two or three servants for Janef.

With love for every one of you, including Aunt Jennie, Uncle N., Aunt Ella and Uncle B., and hoping that this finds you quite yourself again,

   Affectionately your son,

      J. Fairman Preston

Nov. 16, 1917
Soonchun, Korea

Dear Father and other:

I got back from a country trip two days earlier than I had expected; and as I leave the first of next week for another ten days' trip, am taking advantage of this interval to send you a much-delayed letter.

I greatly enjoyed my trip to Chunju on the occasion of the Quarter Centennial celebration—or rather I enjoyed the celebration. The trip was four hard days travel; and as it was the first long one since my illness, it nearly wore me out. Cold weather has set in unprecedentedly early for Korea; and as I left Chunju the ground was white with snow. Chunju Station outdid itself in hospitality; the papers were fine; and some of our good friends from outside the Mission were present to enliven the occasion. I will try to send you a copy of my paper on the Evangelistic work as soon as I can get it into shape. Was so rushed on it that had to read most of it from shorthand notes.

Since last I wrote you, had quite an exciting experience. One day during the latter part of October, Dr. Wilson and I drove out in the buggy to look out for a proposed Leper Hospital site. We took our shot-guns along, hoping to see some pheasants. When out about seven or eight miles (on the main highway) we heard that a bear had been seen in a neighboring village. We discredited the report, as we had never seen a bear in this part of the country. But a little farther down the road, we learned that just across the valley a big party of men had just been worsted in a fight with the bear, and we were urged to go over and help. We had only small shot in our shells, except one buckshot-loaded, but we went over and located the bear in the bamboo thicket just behind the village. Thinking that it was a little specimen,

Wilson plunged in immediately, and let go with the buckshot at about thirty yards range. I was stationed at an opening in the hedge. Wilson's shot did not affect the bear and he tore off through the bamboo, passing in front of me at about twenty yards. I let go with my Winchester Repeater, but aside from an enraged grunt, it didn't phase him. Another in quick succession behind the shoulder turned him head on in my direction, when I let fly with one full in his face. This turned him back toward Wilson, who waited until he was about ten yards off and let him have one point-blank in the head. This killed him. Subsequent examination showed that the pheasant shot had not more than penetrated the skin, except the last shot, which blew a hole in his head.

After he lay stretched out, we began to realize what we had gone up against. He was enormous, measuring seven feet from tip to tip, and weighing fully 350 lbs. We had to weigh him in sections, and I feel sure now that the above result is inaccurate, as twelve men carried him across to the buggy for us, and we had to walk in, for fear of breaking the buggy springs.

We further realized what we had been up against when we saw five men stretched out in the village, severely injured by the bear in their fight. Two had arms broken, and all were terribly bitten. We had them all sent into the Hospital, where all recovered except one men (over seventy) who died. He had fallen in running to get out of the way and the bear had chewed him up horribly. The men, four of them hunters, had attacked the bear with native spears and farming implements, none of them having fire-arms. We gave the villagers half the meat and the inwards (the latter being the most prized portion for medical uses) and we kept the pelt. We en_____ indeed. I have some pictures, and will send you one as soon as received from the photographer. Needless to add, the incident excited great interest in the community and hundreds flocked to get a sight of the animal, which is rare in these parts.

And now another bear story. About ten days later, out on the rice plain stretching away in full view of our house, and about two miles from our front door, some men were cutting rice, when a big, black animal rose up before them. Thinking it was a wild hog, they attacked it with their sickles. But it proved to be another bear (also a male), and after knocking down one of his assailants, a man about thirty years of age, and chewing him up, he lay down again. A party of hunters from Soonchun hurried out and bagged the bear, which was not nearly so large as the one we had killed. The man was brought to the Hospital, where he died.

Today there is a rumor that another bear has been seen near here. Just why these animals have come down out of the mountain fastnesses, we do not know. At any rate it has furnished us with one of the most exciting big game hunts that we have seen in Korea. Those poor Koreans evidently let their cupidity get the best of their judgment; for had it been a wild hog they would have fared little better, as they are enormous and ferocious animals, and often kill those who get in their way, I have never hunted them or tigers, since I do not shoot a rife, and it is unsatisfactory work to tackle them with a shot-gun.

This letter will reach you near Christmas time. It carries our very best love and greetings of the season. How we wish it were our privilege to spend it with you, and how much it would mean to us all! We shall look forward to Christmas two years from now, when we must plan for a big family reunion. Let us hope that the family circle will be complete, and begin even now to plan for it. We have been wondering what would be most acceptable for your Christmas, and have concluded that Mother would just as soon have a check for "pin money," and rather a periodical of some sort. As we don't know, at this distance, what he would prefer, we are including Five Dollars in Mother's check for that purpose. If he would prefer getting something else with it, of course it is the same to us.

I hope to find time to write a short note, at least, to each one in the immediate family circle; but you know how rushed I am at this time of the year; so in case I am disappointed, wish you would pass this letter around, that it may bring to all collectively our Christmas greetings and loving thoughts for each.

Mother will enjoy this: Florence remarked a few mornings since, as she shoved in the last mouthful of home-made "grits," "Guess Mr. Hoover won't fuss at me!" We are all trying to do our bit out here, but it all seems so unreal and far away. He can't begin to realize what the country is passing through.

With love for you each and every one, in which Annie and the children join,

  Lovingly your son,

    J. Fairman Preston

In 1918

Jan. 2, 1918
Soonchun, Korea

My dear Grandfather & Grandmother:

Thank you so much for the pretty card you sent me. It was so kind of you to remember us this Christmas when there is so much to do in America.

The wind is blowing hard, as usual, today. It snowed some last night but it is almost all melted now.

All our family joined the Red Cross. Father and Mother are life members.

Day before yesterday Father shot three crows at one shot, because they were so thick. They were eating peas. The crows raised the biggest racket about it. For about an hour they flew around cawing, and telling all the new comers about it.

I don't think we will get any mail today because the Japanese are always drunk after New Year. In the morning they trot around leaving a card in a card box, which is put out to receive them, at any place they wish to. The rest of the day they are drunk, and they are drunk the next day too.

All our letters are opened by the censor now. We had a good laugh over some bank notes Dr. Rogers got. The censor had put that it want us to know that he had opened it.

There is a funeral going past now. I do not know whether it is a Korean or Japanese funeral.

The station sent an order to Getz's for Annual Meeting. All the main things we ordered he says he can not send until he gets permission.

We do not know whether we are going to get the order in time for Annual Meeting or not.

With lots of love,

Miriam

P.S. Please excuse my writing & spelling.

Feb. 12, 1918

Soonchun, Korea

My dear Janef,

I do not know what you are interested in, so I do not know what to write you.

We have been having beautiful weather lately, but now it is rather cold.

Father killed a deer the other day. He killed one once before, but he could not find it. The dog found this one. It was so good and tender. Father bought some wild hog, and it is very good. He wants to kill one himself.

I am learning to ride on a big horse. Miss Anna Lou rides our horse, and I ride the Coit's horse. I am scared of our horse. Miss Anna Lou came from Texas and she is not afraid of him. I was learning to play tennis in the fall, but it got cold and they would not mark the court, so I am going to wait till spring.

Yesterday was the Korean New Year. We let all the servants have a holiday, and we did the work. The nurse came, and made up the beds, because she thought we could not get on without her, and she was pretty near right.

Yesterday two houses burned up in a village across the river. We were afraid the whole village might burn up. It was not a very happy New Year for the people whose houses burned up. They had a lot of things to eat burned up.

Can you tell me some things about the soldier camp near you? If you can, please write to me, and tell me about it. Maybe the censor won't like it, and if he wants to he can cut it out. He has not cut any of our letters yet, because we are Americans, and besides there is not anything we can not know that people write us about.

Dr. Rogers was not drafted because he shot himself in the arm once. The gun fell through the steps and went off. Dr. and Mrs. Rogers are visiting the different stations now.

Miss Ann Lou's furlough is due this year, but she is going to wait and go with us next year. She says we will be the same size then, but I do not know. She is a good deal taller than I am.

I wish I could write as well as you. I don't see how people keep their lines straight without any lines to write on.

    Lovingly,

                Miriam

P.S. Do you mind my calling you plain Janef? Maybe I ought to say Aunt.

Mar. 5, 1918

Soonchun, Korea

My dear Grandmother,

I am so sorry that you are sick. I hope you get well soon. I wish you could be here, and could teach me to knit. We would have such good times together.

It is a beautiful spring day today. Yesterday we had a much needed rain. I wish you could see our crocuses. They are beautiful. They are in a bed on the south side of the steps. There protected from the north winds they are the first flowers to bloom. The purple crocuses are not in bloom yet. Mother says they always bloom last. A good many of our bulbs are up. Sunday we found two Grandmother flowers on the mountain. Grandmother flowers are a kind of wind flower. The Koreans call them Grandmother flowers, because when they go to seed they have white hair, or white silken threads.

We have to have a passport to go from one place to another now. They caught a German spy in Seoul while Dr. and Mrs. Rogers were there. It was very exciting to know there were German spies right here in Korea. I think I should like to catch one myself. That would be very exciting indeed, wouldn't it? The Chief of Police is going to give each household a passport, so we will not have any trouble going from place to place.

Father and Mr. Crane went out in the country Saturday. They are coming back Thursday. Dr. Rogers is going out Wednesday evening, and spend the night with them, so he and Father can hunt coming in.

Sunday we found two dandelion plants which had some buds on them. We dug around them and watered them. Then we built a little wall on the north side to make them bloom faster.

Saturday Mother and I trimmed roses. When we were trimming the La France roses I stuck my hands all up. Mother and I think that if France planted La France roses on her frontier, the Germans would never invade France again. La France roses are so sticky.

We are going to have Annual Meeting at Soonchun this year.

This is the way I draw the Kaiser;

Isn't he fierce? We make him as fierce as we can.

    Lovingly,

           Miriam

June 11, 1918
en rounte Soonchun, Korea

Dearest Mother,

Am now on the boat, on the last lap of the journey to Soonchun from Pyeng Yang, where I have been for nearly two months. Have not seen the children in all that time, except Miriam. Annie came to Seoul about three weeks ago, bringing Miriam, and we were together there four days. Annie had some troublesome teeth to fix up, and while she was in the business had three wisdom teeth extracted. Had to take chloroform, and had a rather rough experience. She left two of the children, Willie Wiley and Florence S. in Mokpo, while Annie S. and John Fairman visited the Wilsons in Kwangju. Annie reports that they had a fine trip back home (by boat from Mokpo, and the children seemed to enjoy it all immensely)

I am delighted to hear of your steady improvement in health. Hope that by the time you receive this you will have recovered sufficiently to come out of the hospital. However, you will not until you are entirely well again, and when you are well again, you must follow the Doctor's instructions and take care of yourself. You have always thought of others first, and of yourself not enough. I wish you could learn to quit worrying. It is hard for us all, and for a mother especially, to practice the injunction "Cast all your anxiety upon Him, for He careth for us."

I am hurrying home to help in preparations for entertaining the Annual Meeting of the Mission, which meets at Soonchun this year, beginning June 20th. It is the first time it has met at Soonchun. Indeed, there are a number in the Mission who have not yet seen our Station, owing to its isolated position. It is twenty-four hours by boat from Fusan or Mokpo to our port, and 30 miles overland from the port to Soonchun; but the overland journey is now made by auto every day in less than two hours.

I have greatly enjoyed the work in the Seminary at Pyeng Yang this year, and I would go in for this work with pleasure, were it not for the great distance from home. The children are now at an age when they need both parents to train and discipline them. My country work keeps me away so much that I dread a long absence like this. We had 176 undergraduate students enrolled in the Seminary, besides a number of Post-graduates (about 75). I taught the 1st, 2nd and 3rd year men, and gave some lectures to the Post-graduates. Needless to say, the work kept me very busy. I have been in good health, however, have eaten well and slept well, and have felt better than for months before. Three weeks ago I had X-ray pictures made of two teeth that have been giving me trouble. Had one of them (a wisdom tooth) pulled and the other treated, and in consequence have felt better and slept better than before. Out here we cannot get dental treatment very often. Only recently has it been possible to get an X-ray picture.

I had a nice letter from N. B. recently, which we all enjoyed so much. It had a good ring to it. "B" seems to be happy in the service and eager to do his bit. I expect that the military training will be a great thing for him. We pray for him every day. Miriam is a red-hat worker, and leads the Preston bunch in active Red Cross work. The Kaiser would get short shrift if they had his fate in hand! W. W. says "Weelson good boy, Kaiser bad boy". The terms are used to him by his nurse as a general term for what is good and bad. He gets the Korean pronunciation of the English words and often Korean structure of the sentence. He will correct this as soon as he begins to play with other children more and is with his nurse less. Can you realize that he is now over three years old and Florence S. nearly seven? They are a great team.

Father has written us regularly since you have been sick. How we do miss your letters though, and long for the time when you can write again. Far more do we eagerly look forward to seeing you again, and all the loved ones, in an unbroken family circle. God grant it, at no distant day! With dear love, and hoping this will find you still regaining health,

    Your loving son,

               Fairman

June 12th—Have arrived safely and find all well. All join me in love

Date Unknown

Soonchun, Korea

Dear Grandmother,

I am so glad you are better. Father brought me a little doll from Seoul and I have a doll house just the right size for it. Lots of times Willie Wiley says he is Grandfather and puts any round thing he can find in his pocket for a watch. Last night he was standing at the window and said, "Mama look at that old sunset I say?" When he wants to say he has not got something he says "I any got".

One of the Australian missionaries is coming to see us tomorrow. Her name is Miss Clerke (pronounced clark)

We have had lots of good grapes and figs this fall.

Lovingly,

Annie Shannon

Sept. 27, 1918
Soonchun, Korea

Rev. S. R. Preston, D.D.,
#412 Spencer St., Bristol, Va.

Dear Father:

For the past month and more I have been so much on the jump as not to know exactly where I was "at;" and in consequence letters have gone almost by the board. As I wrote you (about Sept. 7th), we got back from the island Aug. 20th. On the 22nd, on a sudden decision, I left home in company with my friends, the Stuarts, accompanying them as far as Antung, on the border of China. After visiting there three days and taking in four meetings in Syen Chun and Seoul, I arrived home on the 13th inst. in company with Dr. Egbert Smith. After six days of conference with him, we pitched in and got Mr. and Mrs. Crane off for America. Both have sprue and are in bad shape, and the Doctor advises that it will be necessary for them to go home in order to recover their health. My desk is piled high with accumulated work during my long absence, and I am making a big effort to catch up before going to the country to begin the Fall work, which becomes much heavier in Mr. Crane's absence. Dr. Rogers has been called to Japan for a two months' stay, taking his examinations for license under the Japanese government; so the Coits and we are the only ones left in the Station.

It has been over six weeks since we heard from any of you. I cannot find your last letter—fear I lost it on the island—but we received it before the middle of August. I would be feeling quite anxious, except that one of the others have been hearing from their folks, and we think that you must have written, but for some reason the mail has been held up somewhere. I have gotten to be such a poor writer myself that I can't talk very loud to anyone else on the subject. Wish I could learn to write short notes often, instead of waiting for time to write a volume; for out here it rarely comes. I have it marked down that I wrote you Aug. 6th; then about Sept. 7th, and these are the only American letters at all I got a chance to despatch in that time. Am ashamed of the record; but if you could have been with me you would not wonder, as I was working about to the limit of my strength.

We have you and dear Mother daily in our prayers. As the days have lengthened out without any word from any of you, could not help but feel anxious about how you are faring. Only faith in Him who watches over us in love enables me to "carry on" in spite of a heavy heart. I trust Him to make up to you in this time of trial for the absence of your son and to tide you over until we can get home. The condition of the work makes it advise for us to stay until June 1st, if possible; but I have my passport in my pocket now, and shall hold myself in readiness to rise to any real emergency that may develop. That date will make the the utmost limit of our stay, if all goes well with you.

We so much enjoyed Dr. Smith's visit here. He gave us a great uplift, and claims to have had a very profitable visit. Certainly we worked hard enough in conferences of various kinds; and as I was Secretary, have had to spend many hours writing up the notes, and haven't finished yet! What the Nashville office DOESN'T know about the foreign field would fill a volume! But Dr. Smith, who is the first Sec'y to visit the field in over twenty years, is going to the bottom of things and taking almost time enough for it, as he will have spent nearly six weeks in Korea. He goes from here to China, then to Japan.

I found all well on my return. Annie had started her school—only four pupils, but four grades and mighty hard teaching. It is hard on the work too as well as herself, as she is the only lady in the Station who has the language and the woman's work must go by the board mainly. But there is not the ghost of a chance to get any help. Every available man has been combed out for the war; every available woman has stepped in to take the places of the men; every available missionary has gone to Siberia for emergency Red Cross and relief work; so there is a terrible shortage all along the line out here. As the war goes on, I doubt not that it will be worse still. Can you realize that every son you have is now within the age of military service? If the need arises you may be sure that I stand ready, when we come home, to release some mere able-bodied man for active service at the front. One more year will fix the Germans, I believe.

Am glad to tell you that I suffered no ill effects whatever from my trip. The weather was cool and overcast on the way up. Feel very much gratified at the way I came through the summer. Was careful to keep out of the sun and wear dark glasses, having learned the interesting theory that sun-stroke gets one through the eyes rather than on the back of the neck and head—and a very reasonable hypothesis, to my mind. Am not nearly so nervous and my general health is very much improved.

Shall write Mother soon, though do not know whether she is allowed yet to receive mail. Tell Floy to write me soon. Know she has been busy helping Two.

Miriam was thirteen years old yesterday. You cannot realize what a big girl she has grown to be. She expects to enter High School next year. We think she is quite bright, though naturally not so well developed as she would be at home. Lack of companions their own age is a dreadful handicap to children out here.

Shall hope to hear some news from you all soon, and also shall try to send you a short letter much oftener, now that I am home.

My love to Uncle Jim, Aunt Jennie and household, your own dear self and each member of the family, in all of which Annie and the children would join.

  Devotedly your son,

    J. Fairman Preston

Oct. 11, 1918

Soonchun, Korea

My dear Grandmother,

I am so glad you are so much better. Now you can come back to Korea with us.

Miss Clerke (pronounced Clark) of the Australian Presbyterian Mission is visiting us now. She is a trained nurse, and is on her vacation. She lives at Chinju which is about twenty lea (almost seven miles) nearer here than Kwangju. She was born in India, but her home is in Tasmania.

Dr. Rogers is in Japan now. He is taking his examinations. A little time back there were ten days between examinations, and he came home and got Mrs. Rogers and his baby, who was about six weeks old. When he left David Ross was only two weeks old so Dr. Rogers had to leave Mrs. Rogers.

Mildred Woods Coit was born the day before my birthday. Aunt Cecile had a Korean nurse, and when the nurse left, Mother bathed the baby. Aunt Cecile bathed her yesterday.

Willy Wiley is so funny now. One time when Mother told him he would fall, or something like that, he said, "I don't am". It is so funny when he joins in the talk at the table when nobody is thinking he knows what they are talking about. When I was visiting in Kwangju Mother wrote me, or told me after I came back, that one day when they were talking about the Germans he spoke up and said, "Mimi say Kaiser-Germans bad boy." He calls me Mimi. We call the bad Germans Kaiser-Germans. The Koreans learned bad boy (they say ba bo) and they use it as a sort of joke.

Annie Shannon and I rolled some bandages, but we didn't roll many, because we were afraid we weren't rolling them right. We showed them to Miss Clerke and she said they were all right, so we are going to roll some more.

Miss Clerke has two brothers and one sister in France. She read us part of a letter from her oldest brother. It was dated from "A dugout." He was behind the front line, and had just come from a time in the front line trenches. It was written during the German drive, but he wasn't discouraged. The Australian soldiers write O.A.S. (on active service) in place of a stamp and the letter is sent free.

We have told Willy Wiley all about going to America so he knows all about it. He will go wild when he sees so many autos for he is crazy about them. Miss Greer wrote she knew Willy Wiley would like the airplanes. Willy Wiley calls the autos downtown the "pretty hautos." When Father was in Seoul Miss Shields took him and the Stuarts auto riding. When Mother told Willy Wiley about it, he most had a fit because Father had taken the "pretty hauto" off. One day when Dr. Wilson had taken us driving he said to Mother, "Where's my Fairman?" Willy Wiley is awfully funny, but he has a will of his own, and gets spanked at least once a day.

I have just finished studying Greek history. I am going to study Roman history next.

We certainly are looking forward to America next year.

  Lovingly,

    Miriam

P.S. Mother says you don't know what yoke means. "YOKE" is a Korean word meaning to revile. You "yoke" a Korean by calling him a beggar, a thief, a scoundrel, or something like that.

Nov. 29, 1918
Soonchun, Korea

Dearest Mother:

The last letter I have noted, having sent you was on Nov. 3rd—alas for good intentions. Time surely rolls by rapidly, and the more so as one grows older. I suppose it is due to increasing interests and responsibilities.

It has been a long time again since we had any more news from home; but we assume, as usual, that no news is good news, and are living in hopes that letters will be more regular and will make much better time, now that the censorship has been abolished. The latter feature of the war was responsible for a delay of two to three weeks in our mail, aided by the scarcity of boats on the pacific. This last item will be speedily remedied also, we trust.

We are all agog with excitement, and delirious with joy at the news of the armistice and the dawning of peace. What a Thanksgiving yesterday was for all the world and what a joyous Christmas season it will be to millions of homes, gladdened by the presence of loved ones returned from the war, or at least enlivened by the removal of war's dread shadow. How I wish we also might be spending this season with you and all our dear ones—we also who have been some time overseas and in another kind of war, almost as exacting in its demands as to separation from loved ones and sacrifice of self. Well, the home coming next summer will be none the less sweet for us, and we can join in a more glorious reunion and holiday-making next season, by which time I expect all the boys will be back and it will be the most perfect season of rejoicing ever celebrated in this old world. What a relief to think that the supreme sacrifice was required of so few, comparatively, of our noble American soldiers, and particularly that our own relatives and loved ones escaped the awful danger. I take it that N. B. will return among the first, as he is connected with the Flying Squadron, which should be among the first to be returned. And probably Seaton will not return to Europe at all. I have heard no news from the others at all.

I have been enjoying a very unique experience this month. For the first time since the first fall in Korea, I have spent the month of November at home. The reason is that "Spanish" influenza has been raging throughout our field and we have not been able to hold any of the customary meetings. Moreover, our doctor was absent most of the month, and I could not leave Annie and the children under the circumstances. We took every precaution, with the result that so far we all have escaped. However, most of the servants were taken sick, and for the past two weeks Annie and Miriam have been doing the cooking and I have been teaching school for Annie. As the Coits and Rogers (since their return) have been in pretty much the same fix, the ladies have arranged a community dinner every day, much to our enjoyment and the convenience of the tyro cooks. We are greatly pleased with the exhibition of talent which the occasion as called forth. Annie fancies that this is a providential preparation for our furlo in America. How we wish it were possible to bring our cook home with us: What provided we could get a passport for him, and he would be willing? He has a very interesting family—a wife and three little children, but the oriental does not seem to mind leaving his family for a little matter of a year or so!

One chief cause of thanksgiving at this season is your own recovery. We have been delighted with the reports of your steady improvement. We are looking for a letter from you before a great while, but don't want you to feel burdened about writing. Just send us a line when you feel like it.

This will reach you about Christmas time, I hope, and it conveys dearest love and heartiest wishes for your happiness at that blessed season. It is good to think of your being with TWO and Arthur, and I know you must enjoy dear little Elizabeth. Tell TWO to make the best of her opportunities while she has them, for we expect you to live with us when we come. We plan to leave here about June 1st at latest. It will depend on what sort of boat we can get as to exact time, but owing to my absence in Pyengyang for March and April, cannot get off much before that date.

With dear love for every one of you,

  Lovingly your son,

    J. Fairman Preston

Since we are uncertain as to Two's address, we are sending this to 411 Spencer, Bristol.

In 1919

Jan. 10, 1919
en route

Dear Father,

Ten days ago I landed at this way-station en route to Chunju. After completing the Bible Class work to which I was assigned, am now homeward bound. Had hoped to get off a letter to you while there, but could find no time.

Annie forwarded me yours of Nov. 26th, written from Bristol. Glad you were definitely planning to go South. In spite of the fact that you may get more lonesome than with the folks at Bristol, am sure that the climate will more than compensate. Wish you could spend a part of the time with Aunt Sallie, in Florida.

The more we think about our Richmond plan for next winter, the more it appeals to us. I am writing Floy, asking her to look the situation over while she is in Richmond and see if a comfortable house can be secured in the vicinity of the Seminary. We must get in some study this time.

We are planning to leave Japan May 31st. I have just received a schedule of Canadian Pacific boats (the line which makes the quickest time across) and note there is good boat leaving on that date. As soon as I get back home and confer with Annie, we will engage passage. Would like to come via San Francisco in order to see Eleanor and family, but the time is much longer and we want to get to you as early in the summer as possible. As soon as I know, will write you our exact schedule.

A letter from Jim tells of the fearful experience he and Margaret had with "flu". M. was not yet well, but we trust she made a good recovery.

We greatly feared Jim would fall a victim, as he is not strong. From all accounts, I am sure the type of the disease was much more severe over there than in Korea, though the mortality here in some cities was high. One Christian in my field lost five members of his family—all women and girls. They got up too soon, evidently.

When I made this trip ten days ago, it was very cold. Last Sunday (the 5th) people were walking across the river on the ice. Then suddenly it turned warm, the rains poured for two days, and it felt like March. Most unprecedented weather for Korea. Last Monday Coit started from Soonchun overland for Kwangju on horseback. He encountered a deep snow that balled under his horse's hoofs so bad that he had to walk. He continued walking into Kwangju, reaching there the evening of the second day, after spending the night on the floor of a Korean inn. I am truly thankful that I took the longer, but comparatively easier route by boat and rail. Will spend Sunday at one of my churches en route, reaching home on the 13th, after two weeks absence. I have one more trip of a week to make this month.

Stuart's case is pathetic, isn't it? Too bad both Eleanor and Rob are so far away. The former has asked him to come to her, I understand, but I think he had better enter school in the east and make his home with Rob.

My love to Janef. Hope she is strong again and doing well in her studies. I wrote Mother en route ten days ago and asked her to forward to you. You do the same with this.

With love for all and hoping this finds you all well,

    Affectionately your son,

        Fairman

Feb. 1, 1919
Soonchun, Korea

Dear Father:

I am determined not to let another day pass without getting off a line to you, as it has been some time since I wrote you (my last letter was written en route from Chunju, and mailed Jan. 10th). On my return home on the 13th, I had four days at home to catch up with accumulated work, when I set out for an itinerating trip south. The weather turned off cold, and I had a very rough time. Was a storm bound for two days, and finally when I did come across the stretch of sea, the waves dashed over the boat until I was drenched with the spray. Incidentally I got in some fine pheasant shooting, after I finished my work, bagging nineteen birds in a few hours.

Since my return, have been very busy winding up last year's business and making plans for the year—delayed on account of my absences from home.

I am also helping Annie with the teaching of the children, as I find that she is very much over-worked, in trying to teach the four children in four grades, in addition to her household cares and other responsibilities that devolve upon her in my absence. I wish that she did not have all this to shoulder in March and April, while I am absent in Pyeng Yang.

We have our work cut out for this month. For twenty days of the twenty eight we teach in Bible conferences, besides teaching the children. The interval will be taken up in interviews with the men. We leave here on the morning of the 28th, Annie accompanying me as far as Seoul to have some dental work done. It is almost paralyzing to think of how much is to be done in the short time I have left here before our furlo is due.

I wrote you that we would try to secure passage on the Empress of Asia, sailing from Yokohama May 31. We have received word that there is no doubt of our being able to secure passage; so we are planning definitely to that end. We will have to leave Soonchun about the 22nd of May in order to make sure of catching it. We will land in Vancouver about the 11th, and we should be in Bristol about the 20th of June, depending somewhat upon where we stop en route. As to this we have not yet made definite plans.

I wrote Floy on the 11th, asking her to try to secure a suitable house for us before she leaves Richmond, and authorizing her to secure same, if she finds anything suitable. We want to locate there in time to put the children in school. We shall expect that you and mother make your home with us, and we believe that Richmond will afford us all the advantages we need. I, too, wish that Atlanta had all the advantages, but it hasn't. I wrote you that we wish to spend the month of August in Montreat. I want you to write and secure a commodious cottage there for us for that month, and we will all go over and keep house. This will be the only opportunity we will have to meet a lot of friends, relatives (in N.C) and fellow workers. This will give us ten days in June and all of July in Bristol.

Please write to Dr. Anderson (isn't it?) at once about the cottage, as it will be necessary to speak early in order to secure one during that month.

Very sorry to hear that the flue epidemic has broken out afresh over there. Hope that you will be very careful. We wonder if this did not prevent your going south, as you were planning? Glad that Janef could be with you at Christmas time. We had a nice, long letter from her, which we greatly appreciated.

We were greatly grieved over the news of the death of Aunt Lizzie and of Rhea Frierson. Strangely enough, I had written Aunt Sallie on Dec. 3rd, but I did not know who of the boys were in the army even. I wrote Aunt Jennie on Jan. 11th. We so much enjoyed her letter. So glad to hear that Jim and Margaret pulled through their terrible experience.

We received the Christmas cards and warmly appreciated your loving thought of us. Mother and TWO also sent cards. We did not even send cards home this year. Ordered some from Japan, but owing to the flu, perhaps they did not reach us until after Christmas, too late to send.

Mother writes very cheerful and very good letters. Hope you will leave her in status quo there until summer, by which time she should be fully restored in health.

I have before me yours of Dec. 19th, the last letter from you. Nov. 11th and 26th came duly to hand.

I notice in the papers that the flu has become epidemic again in Japan. Do hope it will not get over here again. At this writing we are all well.

With love from us all,

  Affectionately your son,

    J. Fairman Preston

Feb. 3, 1919

Soonchun, Korea

My dear Mother,

It is such a joy to have your letters again. To appreciate how much we missed them while you were sick, you would have to be set down in a foreign land thousands of miles away from kith and kin.

I fear I get worse and worse about letters in spite of many good resolutions. My teaching takes so much of my time and strength that I can't get much else done. Fairman is helping me now with Florence and John Fairman and I dread to think that I will lose his assistance in a month.

The children have all been well this winter. Generally they are quite a sturdy lot though not particularly fat. Just lately W. W. has been a little upset and today we put him (illegible) very strong opinions of his own and a very hard head but he is very reasonable. His only protest today was "Why did Doctor say me can't eat tosu?" "Tosu" is the Korean pronunciation of toast.

We think we have a <u>very</u> good doctor in Dr. Rogers. He is deeply interested in his work and seems to be well up on the newest things in medicine.

We have written for reservations on the Empress of Asia sailing from Kobe May 29th. That will Fairman very little time at home after he comes back from the Seminary.

We hope to get to Bristol about June 20th though we cannot tell just how many days our trip across the continent will take. We want to stop off at several places in Canada to let the children see the sights— buffaloes, glaciers, etc. They are old enough to be much interested now.

We want to stay in Bristol until the first of August—if you can stand the racket!—and then go to Montreat. Fairman has written Father about getting us a cottage there. We want you and Father to plan to go there with us.

After this life in the backwoods we both feel the need of the inspiration of conferences such as we would get at Montreat. Then with our big family and the need for schooling we cannot travel around much to see our friends, so we want to go to a place where many of them are likely to congregate. I shall urge Sister to be there for August.

Marion writes me that Samuel wants her to accompany Nancy to Portugal where he is now stationed, so there is some danger of my not seeing her at all. I have written Sam about our Montreat plans, too.

When Fairman and I went over our accounts for the year of 1918 we found to our great delight that we were a little better off than we expected to be—all because of some extra Cotton Mill Dividends. We want you to share our good fortune with us, so I am sending you a check for $100.00. We want you to do just what you please with it—clothes, concerts, movies, or anything which suits you.

We expect to go to Richmond about the first of September if we can get a house, and we want you to spend as much of the winter with us as you will. Your grandchildren's exuberant spirits may be too much for you, but you might flee to Two's for an occasional respite.

If this letter puts you off to sleep, you will have to blame Fairman. I helped Miriam with Arithmetic until nine and then I was yawning over the paper. Fairman looked up from his typewriter with a self-righteous expression and inquired why I did not write a letter. I told him I was too tired and sleepy to impose on anyone, but he insisted, so you will have to blame him.

Those were such pretty cards you and Two sent us. And your good letters were better than any Christmas boxes we could have received.

We knew of the difficulty of sending packages and were not expecting any at all.

Give much love to Two and Arthur. Some day I hope I can write her, but I have a very full programme for the remaining months.

Please thank Two for the dear little picture of Elizabeth. She is a charming little girl. I am so glad we are soon to see her.

With much love in which all the "Kits" would gladly join if they were not in the Land of Nod.

  Affectionately,

    Annie

Mar. 17, 1919
Soonchun, Korea

Dear Father:

I have again allowed a long time to elapse without sending you a letter, I fear, if my record is correct. That says that my last was Feb. 3rd. I have been on the jump, as usual, and this is the first letter I have sent to America since mine to you, so far as I have recorded. The last line we had from you was dated Bristol, Dec. 19th, in which you said that you expected Janef for the holidays in Bristol, and that you might go back with her. Annie saw a notice in the *Observer* that you had gone to Decatur. We have been a bit uneasy about you, fearing that you may have picked up the flu en route and have been having a hard time.

You may be surprised to note that I am in Soonchun, instead of Pyengyang. I left here Feb. 28th, as scheduled, but got only as far as Seoul. While there, demonstrations of students in most of the leading cities broke out, and as the disturbance was particularly severe in Pyengyang, it was decided to postpone the opening of the seminary. Annie and two of the children accompanied me to Seoul for dental work, and we came back together, arriving here just a week ago. I am glad to say that we have had no disturbances here. There were demonstrations both in Kwangju and Kunsan and many of the students are under arrest. The movement seems to be a protest against the amalgamation policy of the government. Justly or unjustly, the Koreans seem to feel that they are discriminated against and treated as half civilized, and they resent the measures limiting their education and the proposals to sweep away their language and literature. A "declaration of independence" was drawn up and signed by thirty two leading men. I understand that half of them were Christians and the others Buddhists, Confucianists and

"Chun-do-kyo", the latter adherents of a new, synthetic native religion that has been very much favored by the government. Many of the Christian schools have joined in the demonstrations, along with the students of the government schools, and in the cities merchants have closed their shops and street-car employees in Seoul have gone on strike. It cannot be charged justly, therefore, that the Church as such is involved. It is a political demonstration, evidently intended to attract the attention of the Peace Conference and serve as a protest against leaving Korea in status quo. The cry for independence is, of course, ill-timed and impracticable. Like a child crying for a wasp, one wonders what the Koreans would do with it if they had it! Of course we are very careful to express no opinions on political matters and carefully avoid mixing up in politics, as has been enjoined upon us both by our Consul and by Nashville. And I am sure that American missionaries, at least, have been very scrupulous in this regard. In spite of this I am very sorry to note that the charge is flatly made in most of the Japanese newspapers, and lately in the Diet itself by thirty two members, that the missionaries in Korea are prime instigators of the present disturbance! This is a bald, political lie and probably is not believed by those making the charge. If it was true, they could prove it and deport us. But somebody must be the scapegoat in an embarrassing situation and the participation of Christians in the movement furnishes the pretext of dragging us into it. It was the same way during the disturbances following the taking over of the country ten years ago: We were pictured as inciting the insurrections and the statement made that the peninsula could never be pacified until it was annexed, because we were living under extra-territoriality. While this work of talk has been indulged in by the newspapers in inspired articles, as an actual fact we have always been on the best of terms with the officials and have been accorded in the main very considerate treatment. We greatly appreciate all they have done for the country in a material way and they know it. Personally, I see how little the officials seem to appreciate the nature or character of our work. Their rules and methods of dealing with us seem to be based on the supposition that we are political agents of a foreign country and all Christians suspects.

I note that our boat, the Empress of Asia, is now advertised to sail a week later, or June 7th. Inasmuch as I am released from my engagement at the seminary, there is no reason why we should not be able to sail on an earlier boat, provided reservations can be secured. I have written to inquire if we can get on the Empress of Japan, a smaller boat. If we can make it, we could get home ten days earlier and save over two hundred dollars on boat fare.

Am glad to see that there has been such a mild winter in the States. We have had the same here, and spring has opened at least two weeks earlier than usual.

Hope this will find you all. We shall look for a letter from you soon. Annie and the children join me in love for you and all the family.

Affectionately your son,
J. Fairman Preston

Mar. 20, 1919
Soonchun, Korea

Dear Father:

I held the preceding letter a few days until a mail we were expecting should arrive, hoping that we would get a letter. To our joy and relief, it brought a letter from both you and Mother. You have doubtless received by now my letters of Jan. 19th, written en route from Chunju, and Feb. 3rd—these are all I have recorded. There may have been others as I am absent-minded about putting them all down.

Sorry to hear that you had so much discomfort with the cold. You made the same mistake as the winter before—you should have gone farther south during the cold season. Glad that you can be with Janef, however.

About the Decatur property, there is no reason why we should sell at a loss. My idea is to hold until the business world finds itself, then develop and put on the market. You will, of course, post yourself upon conditions existing at the time you leave, and note any openings; but I have not expected that conditions favorable to a sale would develop for some months yet.

I will write you promptly as soon as we know definitely about our boat. Unless we catch the Empress of Japan (which would put us home about the 15th June), we will come on the Empress of Asia, which will put us home about the 26th, if present published schedules hold. There is often a variation of a few days.

Affectionately,

Fairman

P.S. Empress of Japan sails from Yokohama May 23.
(illegible)

Mar. 22, 1919
Soonchun, Korea

Dearest Mother,

I sent Father a letter a week ago, and hope that he passed it on to you. The last letter which I have noted down as sent you was Feb. 16th. Am ashamed that I do not send a weekly letter, and such is my ideal; but so much absence from home makes havoc with routine work and makes one fearfully irregular.

In my letter to Father, I explained why I am back home, instead of at the Seminary. While am sorry to miss that distinctive work this year, you can imagine my joy at being home with Annie and the children, and at the loveliest time of the year at that. Ordinarily I would have to be away continuously, but on account of the disturbed condition of the public mind, am not planning to hold any tent meetings this spring, but will do only the regular itinerating among the churches. This month I am continuing to help Annie with the children's teaching, giving about three hours per day for it.

The spring is extra early here this year. Plums, apricots, cherries, azalea, forsythia, jonquils and violets are blooming, and the days are balmy as late April or May. We have had little wind and no ice this month. Our trip to Seoul, though long and tiresome, was pleasant and enjoyable. Annie Shannon and John Fairman went with us and enjoyed it all.

We are making preparations for our long trip home. You can imagine what a big job Annie has to get clothes ready for herself and five children, run the house and teach. We are hoping that the authorities will grant our request for a passport for our cook. It will be a tremendous relief to Annie to have him, as he is very efficient. In one way it would be a good thing for Miriam and A. S. to spend a good deal of time in the kitchen and learn to cook, but there will be so much for them to see and learn in America that they would begrudge too much time "over the pots".

I wrote Father that Now that I am released from the Seminary engagement, and we can go earlier, we have made application to have our reservations transferred to the Empress of Japan, which sails May 24th. There is small chance that this can be done, as everything is taken up to next July already, and only unless somebody should get sick and unable to sail would there be a chance. It is not probable, either, that two cabins could be had in this way. So it looks now as if we would not get home before June 28th, or a week later than we at first thought.

So glad to know that you are gaining back your strength so well. You have had a long, hard pull. Hope Two and Arthur have gotten entirely well and strong again. The "flu" is truly a terrible plague. So many prominent people in Japan have fallen victims since Jan. 1st. Since the visitation last fall, we have not had it in Korea that I have heard of.

Annie expects to write you soon. She says tell you that she expects to bring her bed and table linen, towels, etc. She expects to buy some dishes, as she needs them, and some kitchen-ware, but you can doubtless supplement.

All join me in dearest love. Our best to Arthur and Two and dear little Elizabeth.

    Affectionately your son,
      J. Fairman Preston

Mar. 24, 1919

Soonchun, Korea

Dear Grandmother,

I am having a good time. We are all well, I hope you are too.

Father and Mother and Annie Shannon and I have been to Seoul. There are many flowers in our yard.

We were planning to go on a picnic by the sea shore, but the wind blew so that we did not go.

We are going to sail from Kobe on the 4 of June on the Empress of Asia.

We bought Willie Wiley a goat in Seoul which he is very fond of. We got some other things too.

       Lovingly

          John Fairman Preston, Jr.

P.S. I mean a little celluloid goat.

In 1920

Nov. 16, 1920
Island of Kumodo off south coast of Korea

Dear Father,

Your welcome letter, the first from homefolks that we have received since our arrival in Korea, came before I left Soonchun for these parts. You were still at Montreat, boarding at the Lodge, and you expected to return to Bristol while Mother visited in Louisville. You must be sure to get away from Bristol by Jan. 1st, and avoid the cold weather. Hope that Floy has made some satisfactory arrangement for the winter, at once congenial and remunerative.

It is just one (calendar) month tomorrow since we landed in Fusan, Korea, and this is the first line I have written home. Am truly ashamed of that, but it a faithful reflection of the way the month has flown. I have done little else but sit up with the Koreans in numerous conferences, received visitors, and try to put my house in order, while getting into the swing of the work again. Have preached every Sunday, of course, and held two tent meetings, but this is the first itinerating trip I have taken since my return, having left home on the 13th. I forgot to say that I had taken trip overland 140 miles to Kwangju and return. We found our "flivver" standing under the shed waiting for us—in fact it met us at the port—It is proving an inexpressible comfort and lessening the hardships of travel for me. But we have to use it discreetly, for gas costs 94 cents (gold) per gallon!

Annie has written a family letter at least once, so you have had details of our experiences since we landed in Yokohama. We had a well-nigh perfect trip from first to last, and we kept remarking what a pity you were not with us to enjoy it all. I never saw a more beautiful fall in Korea, and that is saying a lot, as beautiful weather is the rule. Up to a week ago we had no wind, and up to the time I left Soonchun there had been no frost. We found our place in a well-kept condition, the pantry and the cellar full of good things to eat, plenty of wheat, corn, pumpkins, peanuts, sweet potatoes, jams and jellies—thanks to our faithful servants. The house was cleaned up spick and span and everything in place, too; so we felt very happy at being able to begin life out here again in the same comfort as before. One thing we miss dreadfully and that is our cow, which died several months ago. We haven't yet secured another fresh one, even a native one.

As for the work, I find conditions in my field quite favorable. My native helpers, with the oversight that Messrs. Coit and Crane have been able to give, have held things together well. There seems to be a keen interest in Xty in heathen circles, especially among the educated young men, and this is giving us renewed opportunities for preaching. I am planning a very active campaign in the spring. Beginning with Dec. 14th, the General Bible conference for men at Soonchun, on through February, I will be engaged in teaching. It is not likely that I will go to PyengYang to teach this year, which is a great relief, as I do not like the idea of being away from my family for two months in addition to all the other necessary absences.

We are to have a government hospital at Soonchun. That it should be located there, where there is well-manned and fairly equipped mission hospital instead of at one of the needy centers of this region, seems to be a continuation of the well-defined policy. I understood that every one of the thirteen new hospitals the government proposes to erect will be located at places where there is a mission hospital, but I have not personally confirmed this statement. We have had no favorable response yet to our application to reopen the Soonchun schools, nor have I heard of any others being reopened yet, so we do not know what to expect along this line. I am inclined to believe that eventually we will be permitted to conduct a school teaching the Bible, but without any government recognition.

I have just concluded a meeting at this place, which is the farthest off of all my churches. It has begun to storm and I may be detained several days, for there is a stretch of sea miles in extent between us and the mainland and nothing but small sail boats available. I will add a postscript informing you how I come out.

Dear love to each member of the family, not omitting the folk at #411 Spenser. I will write Mother next, and then the others as I find time, even though it be only a short note. I want to write regularly, if such a thing is ever possible in this irregular life I lead.

Let us know if you are seriously considering the possibility of coming out next year, so we can help you plan.

  Affectionately your son,
  J. Fairman Preston

Nov. 18th

P.S. Came over last night in the rain, making the trip across in about 3 hours. There was little wind fortunately.

In 1921

Aug. 11, 1921
Soonchun, Korea

Dear Folks at Home:

In my last letter to Father I devoted myself to business mostly, with the promise that I would soon send a family letter to Mother. Have lost my letter book, so, that I do not know the date of that letter to Father, but I do know that I am very far behind with the letter.

I write from Crescent Beach, our island summer resort, whither the family migrated on Monday last. We are late this year, but the summer has been so delightful most of the time, up to within three days of the time we left that we had no desire to leave home. One beauty of our resort is that we can come and go as we please, as it is now within an hour and a half of home by boat and auto—that is if conditions are favorable and there is wise forethought in plans. The tide here is high—say fifteen feet or more at the maximum—and as our crossing is dependent on the condition of the tide, "woe be tide" the unlucky wight that is not ready to cross at the full.

I can speak feelingly on the matter because of an unfortunate experience. Coming down Monday I had arranged to drive the family down, take the car back and return with Dr. Rogers and Miss Biggar. Dr. Rogers was sick, and the brother who took his place was so over burdened with commissions that we missed the boat on our return and had to wait until past ten o'clock at night from three in the afternoon to get our boat, being carried out through the mud on the backs of coolies half a mile to do this. The result was that both Miss Biggar and I, who were getting on beautifully at home, had a relapse, and have been in bed since on slim rations of milk only. I am beginning to stir around again, however, and do not expect to be any the worse for the experience.

As I mentioned to father, went on an all-milk diet Aug. 20th and since that have been allowed nothing but a little fruit each day. Have felt perfectly comfortable on this treatment and was just ready to venture on some solid food when the set-back came, so I may be on milk for another week. I feel very much disgusted, especially as I had counted upon getting a lot of letters written this month, but I will not be able to do so now. It is not that I do not feel all right and able to do a lot, but you may guess that my diet does not furnish much energy for anything and then there are "Miss Annie and the gals" standing over me with a big stick!

Please explain the situation to the folks and say I will write individually to all as soon as they will allow me some grub to eat!

The children are having their usual good time down here, and we have the largest, best crowd ever assembled at Crescent Beach—in fact the full capacity of the island. Besides every member of Soonchun Station, in five houses, we have in five other houses the Reynolds, of Chunju, the Hoppers, of Mokpo, the Knoxes, Wilsons and Ungers, and Mr. Dodson, of Kwangju, or a total of 21 adults and 22 children This does not include Miss Greer, of Soonchun, who is staying by the hospital. While the children all prefer the water and the beach this time of year, the doctors are of the opinion that our mission needs the mountains in the summer time, to build up vitality and get more ozone into our systems. If we can secure a favorable location, accessible to our five Stations, we may try to open a mountain resort next year for the whole Mission.

Our thoughts go back constantly to the happy days at Montreat last summer. Aside from all the other good things, what rich spiritual feasts spread! We are following a simple program here, in the mornings, of an hour's Bible study led each week by one of the visiting brethren, and a lecture on the Korean language every morning by Dr. Reynolds. Everything else in the way of boating, swimming, picknicking, stunts, etc. is impromptu and informal.

Delighted to hear that Two, Arthur and Elizabeth had come back, and hope that "B" and Ethel will get back too. In my opinion there is no place like Montreat for the summer. Wish that Rhea would get himself and family under such influences. Hope Floy is getting on nicely and that she can arrange to look in on you for awhile this summer. Let us hope that you have had less rain and have seen more of Jim and Margaret than last summer. That is one sweet kid of theirs!

Glad to hear that Linton is back—hear that he is expected back (to Korea this month. Sorry I haven't written him a line since we parted, but will try to get him a short letter of welcome home.

Did I tell you that Mr. J. Bolling Reynolds (whom you met last summer —brother of Ella's) has been assigned in charge of the school at Soonchun? We are delighted to hear that he has become engaged to be married, and that to Miss Constance Couper, a daughter of the First Pres. Church of Spartanburg. I am very fond of both her and her mother. They are fine folks. Mrs. Reynolds tells me that Bolling (also his sister Carey) are at Montreat this summer. Now that B's heart is at rest, perhaps he will drop around occasionally and talk Korea. Suggest it to him! His sister, Carey, last year we found had developed a morbid sensitiveness, apparently about being the daughter of a missionary (such is the influence of the world) and seemed to be studiously avoiding all her father's friends and admirers and all who might have been of a great help to her over there because of their interest. I think she is going to pull through all right and hope that she is making progress. Keep this in mind and lend her a helping hand, if the opportunity offers, in a quiet way, without obtrusiveness.

Glad that you have met (illegible) of Mokpo and that Janef has been helping her. She is sweet girl and I am glad the opportunity came—it is most rare—to her to go abroad.

Hope this finds you all in the best of health and that Father is continuing to improve in strength.

All the family join me in dearest love. Hope you will get some letters from them soon, but I don't know—unfortunately my children seem to be mostly Prestons when it comes to regular writing!

Affectionately,

Fairman

Sept. 14, 1921

Soonchun, Korea

Dear Father and Mother:

I have received letters from you both since I wrote last from Crescent Beach—father's dated July 6th and mother's July 24th. I still hold the record for a poor corespondent, but expect gradually to climb out of that class. You will be glad to know that I have been carefully husbanding my strength, for the most part, and am gradually, but surely, on the mend. I tire very easily, and unless I lie down a couple of hours each day, suffer considerable pain. But I am thoroughly awake to the necessity of rest as well as diet, so am following out the program that has been laid down of no active travel or hard work until spring.

To go back: we returned from the island Aug. 29th, after just three weeks down there, in time to see the Rogers off to America. Mrs. Rogers, who has sprue, and a very weak constitution, was not doing at all well, so it seemed absolutely necessary that she return home before the cold weather set it. They had been on the field about four years anyhow, and he was getting run down by hard work, and the strain of his wife's illness. Our Station is hard hit, with so many little children so far from a doctor, and our hospital dependent upon a "home-made" native doctor. Fortunately Miss Greer, the trained nurse in charge, is a woman of rare common sense and good experience. The medical situation in our mission is getting tragic, with only two doctors left for the five Stations, and one of them (Wilson) returning on furlo in May next.

Our Station here is in a sad plight. Mr. Coit has the burden of all the itinerating, Mr. Crane is running the school until Bolling Reynolds comes next year, while Miss Biggar is running the Girls' School, though she is physically not able to do it. Miss Miller is engaged in language study and will not be ready for active work until next year. Annie's energies are taken up with the teaching of the children—as also Mrs. Coit's are too—for Miss Davis can not begin to do it all. For the present I am helping Miriam with her Latin and history. I expect gradually to be able to take over more and more of the local work, and to be ready for active duty by spring.

You may imagine how delighted we are at this juncture to have Miss Mattie back. She is a tower of strength.

It is good to think of you at Montreat, which is so delightful the most of the year. We had three weeks of very hot, dry weather here last month, which we escaped by going to the sea-shore, but we have little garden left. Fortunately the rice crop, which is grown in water supplied from the streams, is not affected by three weeks of drought, and the crop is fine. Not so in North Korea, we hear.

Did I tell you that four churches in my field have secured a native pastor? He is the first to be called in my field, and I am delighted at the help he can give. The churches pay all his salary Fifty Yen ($25) a month. I am planning to arrange for another pastorate for another four or three groups next spring. This relieves me of much responsibility, though not all in such groups, since I am associated with the native Pastor as co-pastor. This arrangement also holds with the local church here. We are now confronted with the problem of building a new church. After only five years of use, our building became unsafe, owing to poor construction, and as it had been outgrown, it has been sold to the Mission for a Bible School, and the church plans to build on another site. Work will begin in the spring, as subscriptions are being paid slowly in these hard times.

My right-hand evangelistic helper, Mr. Kim Yung Jin, an elder in this church, had a severe attack of pleurisy last month, which has left him very weak. He will not be able to work for another two weeks or more, which is a hard blow to me now.

Annie and the children continue in the best of health. We are blessed with trained servants, who carry on the household routine with little direction, so that in this respect we are better off out here than in America. Conditions out here are gradually changing, however, and servant problems and labor disturbances loom on the horizon. Already we pay doubly more and get less than ever before. Prices in Japan have as yet dropped little, if any, but inflation still prevails. I think it is a reflection of very much higher prices for labor (double formerly), and it may be that labor will stay up and prices also, though with business stagnant I do not see how that is possible.

Hope this finds father still improving, N. B. well again, and all the rest of the family in good health. Give all our love and pass this around, as I can't get off individual letters yet. Love for all at 411 Spencer and other kin when you write. We have you all constantly in our thoughts and prayers.

    Affectionately,

          Fairman

Nov. 20, 1921

Soonchun, Korea

Mrs. S. R. Preston, Care Mr. J. B. Preston,
Owens-Hill Apt. Louisville, Ky.

Dear Mother:

Your good letter of the 19th Oct. was received yesterday, and it was certainly good to hear from you again. You see I am showing my appreciation in the very practical way of answering at once, though it is not often that I have a chance of this kind. However, if I continue to feel as well as I do now, expect to get a good many letters written home within the next week. We were distressed to hear that you were not feeling so well. I suspect that it is due very largely to your housekeeping experiment at Montreat and the run of company this summer. You are so constituted that everything around the house must be "just so," or you fret and worry yourself until it is. It takes Pud to "stir 'em up," but it is hard on Pud, and there is a constant nervous strain about it that you do not realize, and that you must overcome, if you are to retain your health. Glad to hear that you decided to go on to Louisville first thing. I have no doubt that the quiet of that delightful home will put you on your feet in short order; though the physical examination, of course, is in order. Jim has been lovely about writing me, and I have a letter "up my sleeve" for him, to enclose with this.

We were so interested to hear all about your doings at Montreat, and to get the items of news from the friends and relatives. Glad that Floy came up. I judge that she in entirely normal again, though I am very much ashamed of her that she has never sent Annie a line since she left her home in Richmond, though Annie wrote her, the last time on the boat coming out last fall. Common decency should come to her aid in a matter of this kind, especially after all Annie did for her. Perhaps I will be able to swallow my disgust enough to write her again when I get able to write such letters; but in the meantime I don't mind if you let her know that I think she has acted very shabbily. If she does not know it she ought to be told that it was Annie's suggestion that first sent her to Johns Hopkins, with such happy results, and Annie's money that supported her there (a gift outright, not a loan). For charity's sake I assume that she does not know this, though I do know, of course, that she felt aggrieved at me for advising her stay at Westbrook, though this responsibility was shared by Rob Preston and Jamie. In spite of the fact that Westbrook was not what we hoped, there is no doubt that, in the light of what she was before she entered and what she relapsed into after she left, she would be dead or incarcerated in a State institution today had she not had that care at that time; so I feel that the heavy sacrifices made to keep her there were not all in vain, her opinion to the contrary notwithstanding. Granted, however, that we were all wrong, she should be getting normal enough to see(?) that we all must have had the best of intentions, and she should give us credit for that, at least.

Very sorry to hear your gloomy report of Rhea. I will try to write him soon. How can a man who lives a godless life expect anything but hard knocks, especially when he has been brought to know better? And how can you expect that he will bring any happiness to his home? I used to reason with him when we were boys and young men together, and my conscience is clear as to the example I tried to set; but he would never listen, but fall back upon weakly harping upon the frailties of others; as if that excused him in the sight of God. The Timmons wrote me that they were trying to reach him. If he does not turn to God I am sure he has a hard road ahead; but I fully expect that he will come to himself at last.

The word that you sent us in regard to Carey Reynolds was the very first intimation that we had received as to the nature of her trouble, though we suspected, of course, that such was the case. The Reynolds are such lovely people, it is tragic that they should have such trouble over their children. Mrs. Reynolds told you, doubtless, that she and the Dr. had spent several weeks at Crescent Beach with the Soonchunites, and it was good that you could get first-hand word concerning us. When she left Soonchun, we hadn't the slightest idea that she would so soon be called to America, and she was on her way before we heard she had started—otherwise she could have taken home some things for us.

Annie has been working hard getting up some Christmas things for you folks at home, and she got the box started to Jim yesterday. We are asking Two to get something more substantial for you and Father and Uncle Jim. I am sure you will all like the things she is sending from here, as they were hand-made by the native girls in the school.

You ask me about the old Family Bible. I do not remember anything at all about it, except that I am positive that it was not taken to Richmond. I do not recall having packing it at Bristol with the other stored goods, nor having received any commission to put it in the bank, though it is possible that it was sent to the bank. Hope it will be found.

As to the Sutphon coat-of-arms, am happy to say I have it safe. You know I brought it out, expecting to have several copies made in Japan as we came through. But when we landed, we had to hurry on through to meet the Watts, and we had only half a day in Japan, not even stopping in Kobe, where my photographer lives. I did not dare send it through the mail, but last August I finally decided to risk it by registered post, asking Miss Davis to attend to it as she came through Kobe. So I instructed Miriam to send it; she reported that it had been mailed, and I saw the receipt. Miss Davis reported that the photographer had reported to her that he had received, made five copies and sent back to me. Not receiving; I bombarded him with letters, and receiving no replay was on the point of putting the matter into the hands of a lawyer for adjustment, when about a week ago I came across it in the bottom drawer of my dresser, where it had been all the while! It developed that Miriam had misunderstood me, had never mailed it, but had mailed a roll of films instead, and it was the receipt for this that I held. As I never register film, I was completely fooled. But you may imagine my relief at finding the original safe here, not lost, and you may also guess how much time I spent fruitlessly over trying to get it back! After such a scare I will not risk it again until I can get it attended to in person by someone, so contain your soul in patience, assured that I have not forgotten, but am doing the best I can in this isolated place, marooned by sickness, and will send you the original and copies by Miriam, if not before.

All of us are well as usual. I am getting better steadily, if more slowly than I had hoped. Greatly enjoy teaching Miriam Cicero and Eng. History every morning at 11:30, and as I lie down while doing so, is really a most wise ruse on the part of her mother to make me rest home in the forenoon. I am not itinerating, and will not do so before spring.

This will reach you about Christmas time, and carries with it heaps of love and good wishes for you and each one of the family and relatives. It is a time when our thoughts go out to you most intensely. God grant your golden wedding. We are looking forward to it.

All join in dear love.

  Affectionately

    Fairman

Did you ever write to (illegible) in Richmond about family bible? Do it.

In 1922

Jan. 5, 1922
Soonchun, Korea

My dear Jim and Margaret,

The arrival of the Christmas package from you two is always an event in this house-hold, and this year was no exception. You certainly do know how to get up the most attractive packages. We are all delighted with our lovely gifts, and full of gratitude to the givers.

My bureau scarf is a delight to the eyes and I am going to enjoy dressing my room up with it and the pillow cases from Mother and Father. Maybe I will use them first in the guest room when I have a very extra guest. I deeply appreciate all the stitches Margaret put in for me. It almost makes me envious to see so much talent. But as the young man said about reading the book, "I have a friend who has talent."

I wrote Mother all about our siege of sickness, so I won't repeat. Mattie has never gained all her strength back. Just now three of the children have colds, one has conjunctivitis, one granulated lids! It seems to me I hardly have time to turn around between putting on hot compresses, washing with boric acid, and dropping medicine in the eyes. Yesterday W. W. was thrilled with self-importance because he had to go over and get on the operating table to have his eyelids scraped.

We are rejoicing over the news that Dr. Timmons is to return to Korea before long. We surely hope they will be assigned to Soonchun until Dr. Rogers returns, but so many stations are doctorless that we may be disappointed.

Fairman went to Kwangju today to a meeting of Ad-Interim Committee. The thermometer was standing at 24 when he started, but he had on his great big Irish overcoat and probably was not at all cold. He has been very much better recently, but I am constantly afraid of his overdoing.

Mother's letter of Dec. 23rd came on Jan. 23rd. We were so sorry to hear that she had been sick, but were glad she was up for Christmas. I know you enjoyed having her and I know she enjoyed the baby. He must be up and coming from all accounts.

Please remember me to Dr. & Mrs. Stuart. We are so thankful for his recovery. I was just living over again the pleasant visit to Junaluska as I looked at the pictures F. took there which Miriam has put in an album for me.

It is bedtime and I must go.

With much love to all three of you,

  Affectionately,

    Annie W. P.

Jan. 11, 1922

Soonchun, Korea

My dear Mother.

Those wonderful boxes came on January 5th along with Two's and several others and gave us truly another Christmas. We never mind having our Christmas spread out over a week or two and this year we really preferred it.

I am perfectly delighted with my beautiful pillow cases from you and Father and the bureau scarf from Jim and Margaret. Both show the marks of skilled fingers the kind I admire but can never hope to attain to. Sometime when I can get all the hospital paraphernalia out of my room I am going to dress it all up in pretty new things.

Someone has written you of Miriam's illness, I am sure. Three weeks before Christmas she went to bed with what turned out to be typhoid fever. To begin way back with our Station history—you know the Rogers went home in September leaving us doctorless. The Crane's baby died in October and the suddenness of that was an awful shock to Miss Greer, our nurse. In November Lilian Crane had a convulsion which made her mother so fearfully nervous and anxious and added more to Miss Greer's cares and troubles. The same week a flu bug got Miss Greer and Robert Coit had an attack of appendicitis. Finally we asked Dr. Wilson to send Miss Hewson down to nurse Anna Lou and shoulder a little of the responsibility of the hospital. Dr. Wilson brought Miss Hewson down after a day, took Miss Greer to Kwangju leaving Miss Hewson here as our medical adviser. The day they left was the day Miriam went to bed.

On the fourth day Miss Hewson came over and announced that she was going to "take the case" and I could be released. She was here just a week when she got the same "bug" and had to go to bed. Anna Lou

Greer was back from Kwangju by that time and insisted on moving Miss H. to her house as she thought one patient was enough for me to look after.

As Fairman did not have the typhoid vaccine in May when the rest of us had it I was not willing for him to touch Miriam, and I did not dare trust any of the servants to handle the dishes, etc. I felt positively soaked and steeped in Lysol and lime. Miss Greer came over and gave Miriam her bath every other day, and every day she told me what M. could eat.

Just about the time Miriam commenced to get around a few steps, Mattie took to bed with what proved to be a kind of flu. It was Christmas day she went to bed and she has been sitting up a short while at a time for two days. She says she is going downstairs today (the 12th). Fairman, Miriam and I are attempting to hold school.

The Swinehearts and Miss deHaas spent Christmas here with us and added much to the pleasure of the season. Miriam was carried down for the Christmas Eve festivities and the services on Sunday, and went in a wheelchair to the Coits for the Christmas dinner on Monday. She missed very little of the fun, though she had very little of the "eats". She is gaining her strength rapidly now, and will suffer no permanent injury from her spell. I hope it will impress her with the need of taking care of herself. She was getting too little sleep & exercise & was an easy victim for the germ which was probably lurking on some of the persimmons we bought. Hereafter we will wash them with chloride of lime. Having had the typhoid inoculation last May made her case a light one. Miss Hewson's fever ran much higher, but did not last as long as it usually does. She hopes to go home to Kwangju Saturday.

I had a letter from Mrs. Eugene Bell yesterday telling me how happy she is. She said that Charlotte expected to be married during Annual

Meeting. Dr. Bell enclosed a note and said he hoped to see you while you were in Louisville.

This letter may sound like a "tale of woe", but really I don't feel that way. I am so <u>thankful</u> that Miriam is well again and Mattie on the mend and that I have escaped both the typhoid and the flu.

Florence wants to use one of her own envelopes and this is the only paper I have which I can fold to such a small size, so please pardon my using it. Since postage has gone up to double its former price, I feel we must make every envelope carry its full load.

With much love for everyone of the family circle—especially yourself, and many, many thanks for the <u>lovely</u> gift.

   Very affectionately,
       Annie

Feb. 28, 1922

Soonchun, Korea

Dear Grand-Mother,

I want to thank you for that nice darning apron you and Grand-Father gave me. I wrote Grand Father a few days ago. Grand Father's letter came the day after I wrote him.

John Fairman got a bicycle not long ago. We girls got one too. We have two ponies. We got a new one not long ago.

I can not ride on our bicycle yet so Willy Wiley and I can ride on the ponies.

I think Father is getting a lot better.

We have a guest and his name is Mr. Swicord. He is a missionary to Chunju.

   Lovingly,

    Florence Sutphen Preston

P.S. Your letter came yesterday and I wanted to write more on this letter. Mother was just going to send it off.

I am glad you are having a good time.

I am letting my hair grow long and I am pretty fat.

I am so glad the Timmons are coming back.

We are going to the Knoxes at Annual meeting in Kwangju.

   Love from your little Grand daughter,

    Florence

Mar. 1, 1922
Soonchun, Korea

Dear Grandmother,

Thank you so much for those pretty teddys you sent me.

We have some new bicycles. John Fairman has one and Miriam and I have one. It will be Florence's as soon as she is big enough. Mr. Crane said they are the best kind made in America.

The Timmons will be here in about two weeks. We surely will be glad to see them. We never have seen James. He has red hair.

Mr. Swicord from Chunju is visiting us now. He came home with Mother and Father when they went to Kwangju. They just stayed over Sunday.

We are going to stay at the Knoxes at annual meeting. The Bulls and Dr. Charles Erdman are going to stay there, too.

It poured down rain on George Washington's birthday so we didn't have a holiday, but we are going to have it when the Timmons come.

Father says he is all well now but he will get sick again if he tries to do too much work.

We have saved ¥21.20 of our Good Mark money to buy something for new school when we get it. We want to buy a furnace.

Miriam is going to America with the Clarks.

I hope you are having a good time in Florida.

    Lovingly,

        Annie Shannon

Mar. 5, 1922
Soonchun, Korea

Mrs. S. R. Preston,
Decatur, Ga.,
care Agnes Scott College.

Dear Mother:

I am painfully conscious of the fact that it has been an unconscionably long time since I sent you a letter—or any one else, for that matter. I am equally strongly resolved that the spell shall be broken—and stay broken; for it is impossible to expect that a letter can be written home at one sitting and one must be content with sending out letterettes or else letters written by piece-meal.

This letter was started Feb. 18th; I got no farther than the address, and here it is Mar. 5th before resuming.

From my long silence, and from what I have said, you may jump to the conclusion that I am not so well. That would be wrong. I am steadily improving in health all the time; and while I have not begun itinerating, I have been in charge of my field all along, and in addition carrying on a modest amount of local work. Since Christmas, have been in charge of our Station Bible School and Bible Conferences, the last of which adjourned the 24th Feb. Annie and I then went to Kwangju, and I am just getting my normal pace again since returning. I have so far managed to "carry on," getting through each day with a small margin of strength, but personal letters have all gone by the board. I have not yet acknowledged a single Christmas present! Let me start on that and tell you how much I appreciated all your loving thought of us. You are a splendid shopper. Everything sent was, as usual, most tasty, useful and appropriate and all were delighted. I was especially pleased with what you sent me. Am teaching the Sunday School (in English) each Sunday, so the Torrey's Notes are especially helpful. We hadn't a cent of duty to pay on a single Christmas package this year—our first experience of the kind, for which we are very grateful to the government. Jim never reported what he paid out on the package we sent through him, so will have to send a check by guess. It must have been well over five dollars at least.

We were so delighted to hear that you had gone to Florida and that father also expected to go later. That is a most sensible procedure; for at your age, when you are "foot-loose" at that, there is no reason why you should subject yourselves to the rigor of winter or the heat of summer in an unfavorable environment. Father evidently got out of Virginia in time to escape the big snow and blizzard, notices of which have come to us. I can imagine how interested he was in reading about it, however. We have had a most seasonable winter—plenty of cold weather, but no high winds, and regular rains and a little snow. We have little snow here; so on our recent trip, when four inches fell at Kwangju, we were delighted until we started back and encountered the heavy roads. Our Ford runs equally, as well, if not better, than the one we had over there and seldom gives me any trouble. My man keeps it in good shape all the time—oiled and greased and clean, with tires well pumped up and relieves me of the drudgery.

We have only now received some information definite enough to pass on concerning Miriam's plans. There are a number of people going home from Korea, but Annie has been waiting to see what reservations they could get, as she wants Miriam to be here through June and our Annual Meeting at Kwangju. We have now heard that the Harrisons will leave on the Bay State, Admiral Line via. Seattle on July 10th and we have applied for reservation for Miriam with them and I have no doubt will get it. If so, this should put Miriam in Montreat about the last of July, unless the Harrisons are stopping off en route longer than I now know. We have written, I suppose, that she will spend the first year at Peace Institute, Raleigh, in preparation for Agnes Scott. I believe strongly in a boarding school for a young girl, with regular hours and proper chaperonage, so we laid aside all thoughts of High School at Richmond or Salisbury. We will let you know when we have the reservation and concerning the Harrisons' plans. I suppose Jim will have left for Junaluska before Miriam reaches Kentucky.

We are all agog with excitement over the Timmons return to Soonchun. When they heard of our straits, they suddenly decided to pull up and come out for another short term of service, at least; so they are sailing this month. Wasn't that fine of them? They are bringing another doctor with them; so our Mission is relieved of a great anxiety. Had it not been for this, we would have been reduced to one doctor for the five stations in April! I have about decided to remain at home quietly this summer. Annie will, I think, take Annie Shannon and accompany Miriam to Japan, where she may spend the rest of July at Karuizawa, a mountain resort near Tokyo. If the Timmons wish, we will all spend August at our island resort. I feel that next summer is a critical time for me. If I get through it successfully, will be fit for regular work in the fall. If I go to pieces, will have to retire from the field until I can get entirely well. But I confidently expect that I will come through all right.

I expect in the next two weeks to get off letters to each member of the family—probably a general one to each and a personal note attached. I ought to have done this long since, but writing has made me nervous.

Here's hoping that this will find you all in the best of health and feeling fit after your Florida sojourn. My love to Aunt Sallie and Uncle Frierson, if you are still in those parts. I dream someday of going back to the land "where I was born in."

We have greatly appreciated all your good letters. Annie has been working very hard—too hard, in fact—and I have helped her very little. She manages to keep sweet as ever through it all, however; and I think accomplishes a lot, though she is always lamenting how far behind she is. Just running a household the size of ours is job enough!

With dear love for you and father and each member of the family,

    Affectionately,

        J. Fairman

Mar. 14, 1922

Soonchun, Korea

My dear Two,

Your generous offers to shop for us are responsible for this business paper! I am going to enclose a list of our wants and it takes a big sheet to hold them.

It takes a big sheet, too, to hold all our loving gratitude to you and Arthur for that lovely Christmas box. I am just as proud of my dear little "sweet smellers" and my excellent scissors. You certainly did know how to please everyone of us. The box showed so much taste and judgement that it was quite typical of you and Arthur. Thank you so much for buying the gifts for Mother and Father, too. They both seemed delighted with your choice of gifts for them.

I have enjoyed your good letters so much. Your account of the dear little Aunties and their devotion to Elizabeth was most like a story book. She must make a bright spot on their lonely lives.

You have doubtless heard something of how our winter has been spent. Miriam's typhoid and Mattie's flu kept my hands full during December and part of January. Before I could catch up with myself after that spree, our Women's Class came on. I had charge of it this year as Miss Biggar is a "sprue-ite." The Class, added to my daily duties, just ate up all my time, and I have lots of Christmas letters yet unwritten, I am ashamed to confess. I hate to seem so ungrateful.

Just after the Class closed Fairman dragged me to Kwangju for the weekend. I enjoyed it greatly, but it throws all my plans out to lose a Saturday. Since we came back we have had guests. Just now we have Lavalette Dupuy with us—her first visit since she moved from Soonchun six years ago. We are expecting Henry Bell and Buddie and Mr. Cumming in the near Future. We back woods folk enjoy company, you may be sure. Lavalette says that Buddie is perfectly radiant about Charlotte. I am glad he could recover from his other attack so quickly. I don't see why Janef couldn't care for him. For he is a fine boy, but still my ideal would not have been able to transfer his affections so easily!

Miriam's sailing is arranged for July 5th from Kobe on the Bay State of the Admiral Line. She lands in Seattle instead of Frisco. I am sorry she won't be going the southern route and won't be seeing Eleanor and her nice boys, but we could not make satisfactory arrangements elsewhere. She is going with Mr. & Mrs. Harrison of our Mission.

I have a very good shopping agent in New York and I think it might be a good plan if you could meet her. She is Mrs. Blanche Bostwick, #2 West 47th Street. She might like to keep my valuable (?) trade and her knowledge of New York combined with your knowledge of us ought to make a splendid combination.

We are planning to send a trunk home by the Coits and have Bolling bring it back to us, so if you get any winter things don't send them out by Parcel Post, but take or send to Montreat. It may be too late for winter things, for I am so late getting my letter written.

Shannon is a trifle taller than I now. I am letting out her net dress by putting a piece on the waist, necessitating wearing a fairly wide sash.

A Japanese man who helps with our garden wants to dress his daughter in a velvet coat and asked me to get samples of several colors and several grades. He has helped me out so much with orders to Japan that I feel glad to do him a favor. He seems to have plenty of cash, but probably would not want the highest priced velvet.

If the check I enclose is not sufficient you can call on Mr. O. D. Davis for more. Prices seem so much lower now, but I don't know as I have no summer catalogue except Montgomery Ward.

With dear love to you all and many, many thanks for all your thought of us.

    Affectionately,

        Annie

Fairman is <u>much</u> better and hopes to be <u>well</u> by fall.

Mar. 18, 1922
Soonchun, Korea

My dear Janef,

That was the most interesting box you sent us. Surely we cannot remain unlearned and ignorant when we have a sister to send us such delightful books.

I will have to confess that so far I have not read them, for I have had an unusually busy time of it. Before I could recover from my nursing spree, I had to go into the Women's Class and we have had several guests since then. I am looking forward to vacation time when I can read the books I want to. I am perfectly willing to say, "Thank you" on faith, for I can trust your taste and judgement.

We have just had a week's visit from Lavalette Dupuy. She and "Buddie" went over to the junction point to meet Dr. and Mrs. Bell as they were on their way to Kwangju. Lavalette says that Buddie greeted Mrs. B. as Ma. We have laughed over the idea of Julia's being Buddie's mother-in-law for they have lived in the same station and been such good friends.

Fairman, Mattie & Miriam took Lavalette up to the halfway place today and Mr. and Mrs. Swinehart came down to meet them. We sent one of our fine puppies up to Buddie for he has no dog and we have several. Lavalette had all kinds of baggage—puppy, seed potatoes, bulbs, roots, and all the Christmas presents we had been saving for her, including a fancy basket which had to be carried in her hand. Such is travel out here!

Last night the Station gave Lavalette a dinner. I had told NamDu (our cook) that I wanted him to make a cake in her honor, and referred to her as our "Tang Jale" or Prodigal. Well, he wrote on the cake in Korean this inscription, "The Prodigal having repented and returned to her parents, the friends are called to a great feast." Lavalette was so charmed with her cake that we cut off the end with the inscription for her to take home with her. That added another box to her hand baggage!

Mother is having a fine time in Tampa, isn't she? We are so glad she is having this trip. It is fine for her to miss all the cold weather. I am glad Father was going down, too.

We are very pleased and proud that you are having a poem published. I hope we can have a copy. Please, may we?

Fairman is very tired tonight because he could not resist the temptation to chase pheasants today. He brought home three pheasants, four pigeon, and a wildcat. Tonight after supper the outside man came in to ask if we intended to eat the wildcat. When we said "No", he asked if the servants might have it to eat. He said that it was just like tiger, and tiger was good to eat! We had a nice fresh ham of a wild boar for ourselves, so we generously gave them the wildcat.

The Timmons were to sail from Frisco today. We are so happy at the thought of their returning to Korea.

Fairman is very tired and gently suggests that we go to bed. Being somewhat sleepy myself, I am willing to obey. I spent a good part of the day in the garden directing two men.

With much love from us all and many, many thanks for that feast of good reading you have prepared for us.

    Lovingly,

               Annie

Apr. 20, 1922
Yehsu(Below Soonchun 30 miles)

Dear Mother,

Your very interesting letter of Mar. 14th from Tampa was received a few days ago. I don't know when I have enjoyed anything more than your description of the good time you were having in Florida. Your good spirits exuded from every line and cheered us immensely. How lovely it was that you had this visit with Aunt Sallie and Uncle F. and that Elmore should have chanced to be there and to have contributed so much to your pleasure! We are delighted at the outcome of your Florida trip. Ever since I visited Los Angeles, Cal. and saw the oranges hanging on the trees and the flowers blooming in February, I have believed that Florida would please you and Father and have often urged you to go. Southern Japan also is lovely in winter, but our work is so exacting that we never get away. With only the two of you, there is no reason why you should not plan to spend a few months down there every year and escape the rigors of winter. With Montreat in the summer, Florida in the winter and visits to the children in fall and spring, you are "seeing life" in your old age, eh?

I note that you plan to go to Montreat from Florida. We are to have a number of people from the Korea Mission at Montreat this summer. The Coits leave here in ten days for America on furlo, sailing on S.S. NanKing via San Francisco. The Wilsons sail on the 29th inst. on the Empress of Russia via Vancouver and Rev. Mr. Nam Kung goes with them. The Coits are our next door neighbors at Soonchun and the Wilsons among our best friends—both families quite intimate with us. They will occupy cottages at Montreat—the Wilsons the Wild's cottage and the Coits the (illegible) place. Mr. Nam Kung worked with me at Mokpo and at Kwangju up to the time I left there for Soonchun. He has finished the Seminary out here and will take two years of Post-graduate work at Princeton. Mr. Pratt has raised his travel expense and has agreed to look out for him in America, though we were able to arrange, through other friends, for his support over there. I want you to meet Mr. Nam Kung, who is representative of the best type of Koreans.

Miriam will sail on the Bay State, of the Admiral Line, on the 9th of July, landing at Seattle about the 18th, and should reach Montreat about the end of the month. She may be able to spend all of August with you, visiting Salisbury en route to Raleigh, where she is to enter Peace Institute. A coincidence that your granddaughter is to study in the same place that you studied! I have greatly enjoyed teaching M. Cicero and English History all session. She is one bright girl and very thorough and conscientious. You may imagine what a trial it is to us to give her up. We are talking and looking forward to 1924, when we hope to come home and spend the summer, celebrating your Golden Wedding! We will have to leave Shannon in the States then. She is taller than her Mother now.

Dr. and Mrs. Bell came down Sat. with the Wilsons and Mr. Nam Kung and spent Sunday with us. Mr. Bell seems as well and strong as when I saw him last. He brought out a Ford sedan with him, getting it in duty free. He will live at Kwangju. Buddy Linton spent a week-end at Soonchun recently, stopping with the Coits. We gave him a "Bell" party, dressing him up in native bridegroom costume and jollying him no little. He was a good sport. Was much interested in what you told me about Charlotte's setting her cap for him. Don't blame her a bit— Linton is a fine fellow. I think Charlotte will suit him, as a wife, better than Janef and am glad he got her. I did not know there was anything between him and Janef until "Two" wrote me last fall, though when

I left it seemed to me that "Two" was in for the match. If I were Charlotte, though, I would hesitate long about accepting a man who could transfer his affections so quickly! It has happened before, though, and may turn out all right. She evidently caught him on the rebound!

I came down here this morning to meet the Timmons, but their boat is delayed twelve hours by fog, so I am waiting, expecting to take them up about 11 P.M. Am seizing the opportunity to send you a letter, though you may not be able to read my scrawl.

The postage from Japan to foreign countries has been doubled, but the postage from U.S.A. to Japan remains the same, fortunately for you. Hereafter do not put more than 5 cts. on your letters, if you have not already found it out.

I will write "B", then Two and Janef at first opportunity.

With dear love for you and Father, and hoping this finds you well,

    Lovingly your son,

        Fairman

P.S. I am getting on finely.

Sept. 9, 1922
en route Seoul, Korea

Dear Folks at Home:

I brought my Corona along purposely to utilize this day on the train to get off some letters: By getting on a coach away from the Koreans I manage to write more than ten minutes without interruption, which is more than one I can do at home. One of the first letters shall be to you, with the promise of separate letters to you each one whenever I can get to it. This summer has been rather a broken one for us. From the middle of June until the last of August we were home together only three weeks, and we had guests at that time. I am thankful to say that all are well, and in spite of an unusually hot season I sustained no ill effects.

Had expected to write a good many letters, but found that my strength was just about equal to the daily demands of routine that were made upon me, so the net product was disappointingly small. Have about determined to get some post cards and send one a week whenever I cannot find time to write a letter. Annie and Shannon got back home July 27th. On Aug. 4th, some friends of ours, Rev. and Mrs. F. S. Curtis and daughter Grace, of Shimonoseki, Japan, came to visit us, and they came up to Kwangju with me yesterday. They are delightful people and we did so much enjoy them. Miss Grace is engaged in missionary work, located in northern Japan and this is her first visit to Korea. Mrs. Curtis is a daughter of Dr. A. T. Pierson. You may recall that they spent a couple of months with me at Mokpo years ago while Annie was in America, and they have often been with us since when they were engaged in work among the Japanese in Korea.

On Aug. 16th, we all went to the mountains for a camping trip. We took the big tent belonging to Mr. Coit (20×30 ft) and spent two weeks. It was rather a sudden decision, as we had not planned to go anywhere; but the Cranes had gone up two weeks before and kept sending back such glowing reports that we caught the infection of their enthusiasm. Well, we found it more than worth while. In fact, I did not dream that there was such a place in the bounds of our mission. Representatives of all the Stations were there, so that there was not only plenty of good air and good water, but good society as well. The elevation is over four thousand feet where we were and it was so cool that we had to sleep in our thick winter night clothes, with from three to five blankets over us, while they were sweltering at below. In fact, I think we were too high—above the fog line; but the view was magnificent and I doubt if anybody would want to come any lower and miss it. The walks and climbs to adjoining peaks are something always to remember. All came away enthusiastic and resolved to go again. We are hoping to get permission to build some cabins that will assure protection against storm and cold; for tents and straw huts are inadequate in that altitude. You should have seen how we all ate! W. W. especially improved remarkably. At the last moment Mrs. Curtis developed a sore leg and could not go with us, but the Timmons took good care of her in our absence.

During the first part of August, we had several delightful trips of a day each to Crescent Beach. Soonchun is remarkably favored in that we can be on mountain or seashore in a few hours. Our votes now are all for the mountain!

We saw a good deal of Charlotte and Buddy, who had a cozy little hut next door to us. The latter is all right again and C. looking well. He and Mr. Winn are the veteran mountaineers of the Mission and are responsible for our interest in Chirisan (the name of the mountain (illegible). We talked a lot of you all and the good old times at Montreat, some of which were recalled by our experiences. One unique thing in the panorama of Chirisan is the ocean and islands Soonchunward, which lie stretched out as far as the eye can see. Balsam is abundant up there and we slept on beds of it. Miss Louise Miller spent a month up there with the Winns. Altogether there were thirty eight up there, including children—fine for the first season.

Miss Davis got back from China yesterday—I met her on the road as we went to Kwangju. School starts on the 11th. With Sarah Timmons and Annie Shannon both in High School and in different grades, I guess Miss D. will need all the help she can get from Mrs Timmons and Annie.

Saw Miss Graham in Kwangju last night and got word that the Reynolds had come on the Empress of Canada with her. This was the first word we had received; for not only had they forgotten to inform us on what boat they would sail, but did not send us a wire on landing. We are relieved to know that they are in Japan, but Miss G. did not know how long they expected to stay. We had guessed they might come on that boat and I sent a telegram of greeting on our return from the mountain, but they may not have received. Was glad to get direct word from you through Miss Graham, who said that Miriam was the very last person she saw at Montreat. Now that you have such a fine auditorium, the next thing to work for is a good road in from Black Mt. In these days of autos, Montreat roads are a disgrace.

So glad that so many of you could get together at Montreat. It is great and the influences there especially fine for young people. We were greatly relieved to know that Miriam had arrived safely and that she could be with you all before starting to school. M. has always been a great comfort to us and we know that she will develop true to form; but we are thankful that all take such an interest in her and are so ready to help her.

We are hoping and planning to come home for the summer of 1924, when Annie Shannon must enter school.

We are greatly enjoying the Timmons. They had a lot of nice things to tell us about Rhea and Floy, of whom they are very fond. Mrs. T. was not well this summer and Sarah had an infected foot, so they could not go with us to the mountains, but we had some good times together on the beach. Do hope that Floy has secured a congenial situation. I should think that Dietitian in some school or hospital would be congenial work and in her line of study. Hope she will not consider teaching

Our Station has suffered a great loss in the return home of Miss Biggar, who has been in ill health for some time. We have no one to run the Girls' School, but hope the Mission will lend us some one soon. Both Misses Graham and Dodson have been mentioned. The engagement has just been announced of Mr. Dodson and Miss Knox, sister of Mrs. Wilson. As Miss Knox had been assigned to Soonchun, this may give us a special claim upon Miss Dodson. In the meantime Mr. Crane is looking after both schools.

Love for you each and all. Please forgive me for not writing and believe with me that I will get back to it some time soon. I am in debt to all.

Affectionately,

J. Fairman Preston

Sept. 19, 1922
Soonchun, Korea

My dear Two,

Just a week ago tonight we were in the midst of the Station dinner in honor of the arrival of Bolling and Connie. They came on a very bum little coast boat and were very tired when they arrived, but they had time for a good rest before the seven o'clock dinner. They said that fried chicken and its accompaniments tasted very good, after boat fare for several weeks.

We are delighted with Connie. She seems so full of good sense and good humor that she ought to make a good missionary. Bolling has developed wonderfully and seems to be going after his work in the right spirit. School work in this country is no soft snap you may be sure. Bolling and Connie stayed with us until yesterday when they went over to the Cranes. Today Bolling went to Chunju to collect his belongings there.

The trunk which you and Miriam packed came last Saturday and I let everything else go while I had the "opening". The things are <u>all so satisfactory</u>. The boys' winter suits look so nice and they seem as pleased as they can be with their new garments. W. W. carried off his own clothes and the middies for Shannon and Florence for his amah to put away for him.

I have not had an opportunity of getting a good look at the umbrellas for the children have been on hand and I want to give them to them for Christmas. Fairman's dressing gown is a beauty and will be very becoming to his coloring. As he is in Seoul I had a good chance to look at it before hiding it away.

The dress goods are so pretty that I most wish it were time to begin summer sewing! I will have to content myself with making up the lovely plaid skirts and the navy jersey cloth now!

I hope I have not worked you so hard that you wish you never had any heathen kin to be clothed! I appreciate more than I can say all you have done for us. It is a great privilege to have someone with your taste and judgement help to clothe us, but I don't want to wear out your health and patience. Whenever you want to dump us on Mrs. Bostwick, don't hesitate to do so. Did she tell you about the two pretty Swiss dresses she sent me? One is all white and the other blue with a black dot. They are both straight, long-waisted things that were ideal for August weather.

I am ashamed of the way I have not written anybody this summer. We were away six weeks in June and July and another two weeks in August. All the time we were at home it was hot and I could not scratch up enough energy to drive a pen. We have had guests for about six weeks, too, and you know how one wants to give any spare moments to one's guests.

We thoroughly enjoyed our dear friends the Curtises. Grace will be going home next year and will probably be in New York part of her time and I want you to meet her. Her uncle lives in Montclair, I think.

I hope Miriam can go to see you Christmas if it suits all around. I am so glad she had real home folks to go to in America. Everybody has been so good to her. It has made the sending her away easier, but not <u>easy</u>.

We began our school work on the 11th. Mrs. Timmons teaches three little ones and gives Sarah & Shannon Domestic Science once a week. Mattie & I have two High pupils and John Fairman and Florence. Once a week Mrs. Crane gives the older ones Art lessons.

Tonight when W. W. went to bed he was so wide awake that he wanted to talk about the stars. Florence, who is studying a little book on Astronomy, was instructing him. He was very much interested to think about Venus calling on Lizziebussy some hours later.

It turned cool last night and I have hopes of getting some of the many things done now.

Lots of love to you and Arthur and Lizziebussy and many, many thanks for all you have done for me.

   Always affectionately,

      Annie

P.S. At Annual Meeting I was talking to Mrs. Bull, who is a cousin of Arthur's (Libbie Alby she was), W. W. got all ruffled up because somebody else was claiming kin with Lizziebussy!

Sept. 27, 1922
Soonchun, Korea

Mrs. S. R. Preston, Montreat, N.C.

Dear Mother:

I wrote a joint letter to you and Father on my way to General Assembly. Got back home Saturday (the 23rd), after a quite strenuous time and find myself swamped with accumulated duties. Glad to say that my strength has held out well and I am feeling fit for regular work again.

Assembly granted our petition for a Presbytery of Soonchun, whose bounds will be this Station's territory, and our first meeting is appointed for Oct. 2nd to constitute the Presbytery. We have four native pastors, three ordained missionaries and about a dozen Sessions to start with. We would not have separated so soon, except for the distance we have had to travel and the consequent expense. It will place a lot more responsibility upon us missionaries, but think it will develop our men more rapidly. We will miss Mr. Coit particularly at this time. He and Mrs. C. have written us about meeting the Preston tribe and how much they have enjoyed you. From the way they called off all the names, I judge you became pretty well acquainted. I was amused, though, at some versions of Ethel's name—"Spiffy" it was. Use your influence with "B" to get her called by her real name, which is beautiful. Glad you could have all the children with you at Montreat. Wish Rhea would come, too. I suspect that he fears the Montreat atmosphere would not be congenial, for you remember he passed through while we were home without stopping off over Sunday to see us. That was the only chance we had to meet, it turned out.

Glad you were all so pleased with Miriam. Everybody has nice things to say of her, so she must be her mother's daughter. She has certainly left a big gap here. We hope and pray that she will fit in nicely at Peace.

Annie is delighted with the trunk and the things you sent out. I have been too busy to take a look at anything yet. The Reynolds are taking hold in great shape and are a great help. It is fine to have a worker like Bolling who can pitch right in and take his share without waiting several years on language study.

The children's school has started (the 11th) and Annie is teaching about three hours a day; Mrs. Timmons also about the same.

Annie has doubtless written you of our trip to the mountains this summer. We stayed two weeks, in a large tent, and had a wonderful time. We are all in the notion of going again, provided we can get some sort of house that would withstand a storm—otherwise we think it dangerous. It is quite cool up there, with an elevation of 4,000 feet, and we had to sleep under two to five blankets, with our thickest winter nightrobes. We are now negotiating with the authorities and hope to get a lease that will enable us to develop a summer retreat. There is at present no mountain resort in Korea, a land of mountains.

We are all well, and busy. The weather was so hot during the summer that I attempted little, with the result that the itinerating season is on and I have little writing to my credit.

Wonder what your plans are for the winter—about the same as last year, I guess. Florida is the place for you in the severe weather.

All join me in love for you, Father and the family. Hope Floy continues well and that she has secured some congenial place. I should think the position of Dietitian in some institution would offer a field of wide usefulness and a work for she is well prepared.

  Affectionately,

    Fairman

Oct. 30, 1922
Soonchun, Korea

My dear Mother and Two,

Mother's last letter which came on Saturday said that she might be going to Two's, so I am writing to you together. Fairman left Saturday morning for a ten days trip and so he did not see the letter. Today I had a chance to send the mail to him by a Korean preacher who was going down to help in some meetings.

We are always more than glad to see your handwriting but it would be very unbecoming in such infrequent writers as we are to blame you for not writing oftener. In spite of all my real desire to write, it seems to me I get worse every year. This year I have been separated from Fairman for a good many weeks and from Miriam for a good many months and they have had all my letter writing attentions.

We do appreciate all you did for Miriam—I should say all you do for Miriam—for yours is a continuous service. It was a very great comfort to have her go to her own folks at Montreat and not have to be turned out on the world in general. Her letters have (been) full of appreciation of the many kindnesses shown her.

Mattie has been anxious to hear what the Peace teachers had to say of Miriam, for Mattie is almost as foolish about Miriam as I am. Saturday she had a letter from her mother telling her that one of the most particular of the teachers had said that Miriam was a "joy and delight."

We were so glad to know something you really wanted, Mother. Please accept the shawl as a very little expression of a very big love.

The new stone steps are a great improvement to Treetop Tryst. I hated those old rickety, wooden ones. We are very glad to have this new snapshot of Mother.

Two, Fairman is so charmed with the overcoat that I am afraid that he will not want to give it away. He has been thinking about which helper is to be honored with it. It will make someone very happy and comfortable this winter—and many more winters, too. Since Fairman has started itinerating, I don't know when he will find a chance to say "Thank you", but I will do it for him.

We had such a <u>hot</u> August that I thought maybe my feeling bad was due to the heat added to increasing age, but I have about come to the conclusion that there are other reasons for my indisposition. The thought did not cheer me at first, for I thought I had done my duty by the race and I cannot see how I can propogate and educate at the same time. You know, Mother, how hard it is to start again when you thought you were all through with that phase of life. But you have found Janef well worth while, haven't you? And Mamma seemed to think me worth her trouble, too. I don't want to be ungrateful for any gift the Lord has for me, but I will have to admit that I did not expect another one of this kind. I am nearly forty-four, and it is possible that I may be mistaken about my symptoms, but I don't think so. I wrote Miriam recently of my suspicions.

This year I don't begin teaching until ten o'clock in the morning. Fairman and Mattie and Dr. Timmons were terribly afraid I might overwork! We are making fine progress in school and I hope to see J. F. and Florence through with some of their courses before I have to turn my work over to someone else in March. Mrs. Timmons teaches the younger fry—John Timmons, W. W., and Lilian Crane. She also gives Shannon and Sarah a lesson in Domestic Science once a week. Mrs. Crane teaches Art to Sarah, Shannon, John P. and Florence on Friday afternoons. Mattie and I do the rest of the teaching.

Fairman is to go to Seoul for some dental work in November and has engagements for J. F. and Florence too. If the roads are good we are planning to go through in our car. The Avisons have given us a cordial invitation to stay with them. I had my teeth attended to in Japan and won't go to Seoul unless we can go through the country.

Two, I am going to send Miriam's Christmas presents to you soon as she said she would probably spend Christmas with you. I would not have them late for anything.

It is ten o'clock and I have been going all day, so I had better turn in.

We are so pleased with Connie, and getting married has proved to be the one thing Bolling needed. He is going after his work in such a fine spirit.

Oct. 31.

Two's letter of Oct. 6 came this morning. It is the Emperor's birthday and I was not expecting any mail delivered, so it was a very pleasant surprise to have the postman bring up letters from Miriam, Two and Harriet Brown (M's roommate).

Again I want to say "Thank you" for all the shopping you have done, Two. The packages you had sent have not come yet. I will write you just as soon as they do. I do prefer your shopping to Mrs. Bostwick's and would always send my wants to you if you would promise never to inconvenience yourself to do it. I recently sent an order to Mrs. Bostwick for some small articles and some fine flannel because I was afraid you would get a shock if I sent it to you and I was in such a rush I had no time for explanations.

Yes, I would like very much to give Miriam a wrist watch for Christmas if it is not too expensive, but I have no idea how the prices range.

Nearly all afternoon I have been busy trying to help Mattie make preparations for the funeral of a school girl whom she has been helping for about seven years. The girl was from the island of Quelpart. Her mother was dead and her father seemed to care nothing for her. She has been at school at Mokpo until about two weeks ago when Fairman brought her here. There is no American doctor at Mokpo and the idea seemed to be that she had malaria. It turned out to be tubercular meningitis. Mattie is so thankful that she was brought here where she could have the best of attention. We have greatly missed Fairman's help.

I wrote Miriam that I would be glad for her to go to New York for Christmas if the strike was all over and conditions normal. It will be such a good opportunity for her.

I hope that "Lizziebussy" will keep well and strong this winter. All our tribe are so hefty except W. W. Every summer he gets so spindly and refuses to eat. He is eating better since the weather turned cool and has a fine color. If we can have a mountain resort for August, I think he will be better.

Don't worry about the price of F's collars. He is so pleased with them that I'm glad Mrs. B. sent that kind. The list of things you bought for Miriam sounds most attractive especially the white voile dress.

Nov. 3.

We have been down at the Public School to the formal opening of the new building. It broke into our regular routine of school, but seemed worthwhile to encourage "closer relations" with the powers that be. No package yet but American letters came last night.

Lots of love to all of you,
  Affectionately,
    Annie

Nov. 6, 1922
Island of Kumodo, Korea

Mrs. S. R. Preston,
Montreat, N.C.

Dear Mother:

I am writing this from the furthermost point south in my field, where we have a church of about a hundred members. Left home on Oct. 28th, coming by another island en route for three days. Had hoped to get away this morning, but the wind has been blowing hard for twenty four hours, so there is nothing to do but wait until the storm subsides and we can make the thirty miles by water in safety. Louise Miller brought her Bible Woman and came with me on this trip—one of the first she has taken to the country. She has a woman cook and serves up capital meals, with all the deft touches that a woman can give; so you may imagine how much I have enjoyed her help and good company on this the longest trip I have taken into my field for nearly two years. L. is game and is learning to endure hardship as a good soldier. However, we have had unusually comfortable quarters on this trip. I am using my tent and have turned over to her the room usually assigned to me. En route we encountered a heavy thunder and rain storm, but managed to make a port before it broke. A thunder storm in this country is a rare phenomenon, and especially remarkable so late in the season.

Glad to tell you that I am feeling fine. Am able now to do full work and consider that I am well again. However, I try to take a little rest every day just after dinner and avoid overdoing my strength. I have had plenty of native help on this trip—two pastors, a helper and a Bible woman, so that I have taught only an hour a day. Of course there are a good many other meetings, so I have been kept busy. Saturday afternoon I knocked off for a couple of hours and took my gun for a jaunt over the hills. Though did not bring a dog, had the good fortune to bag six fine pheasants. I have done that stunt in less than an hour in the past here, but game is not nearly so plentiful now as formerly. There is nothing more delicious than broiled pheasant. I bagged a number of pigeons, which also make delicious eating.

Annie forwarded me some letters a week ago, and among them yours of Sept. 17th. It was a joy to have it and to learn all the latest news. So grateful to you for all you did for Miriam. We hear from her pretty regularly. She seems to be happy at Peace and from what Mattie hears has made a very favorable impression already on her teachers. Miriam is scholarly, like Janef, and has the prospect of a fine career, if she will only take care of herself. She has a strong constitution. All of our children seem sturdy enough, I am glad to say.

The picture of the rock steps sent by father, with you in it, is most attractive. The rock walls are for all the world like those out here built around every house and yard. It is good to think that the old wooden steps are a thing of the past.

(illegible) came with the trunk that Bolling Reynolds brought? We appreciated so much all you all did in getting it packed and ready, as well as the shopping you did for us in that connection. Annie is kept hard at it getting suitable clothing for our large family, especially shoes and hats. There is very little we can get our here.

I expect to leave for Seoul on the 11th with John Fairman and Florence for some dental work. Am urging Annie to go and that we take the trip all the way by auto. If we do that, Father Winn will go with us from Chunju. My bridge broke two months after I reached Korea and have been chewing on one side of my mouth ever since. Such is life out here. Have regretted that I let those two teeth go.

We shall be glad to hear of your plans for the winter. Think you ought by all means to go to Florida again for the cold months.

With love for you and Father and all the family,

    Affectionately your son,

        Fairman

Dec. 7, 1922
Soonchun, Korea

Dear Folks at Home:

Here's a Merry Christmas and Happy New Year for each one of you! Though it is eighteen days until Christmas, as usual I have given it a thought, for my work keeps me airy from home most of the time from Sept. 1st. You may be sure that we will be thinking of you hard though when the season does arrive and our thoughts go back to the very delightful times we have been privileged to spend together at this season in the past. Wonder how long it will be before another such opportunity will be given your far-off kin? At any rate, we are living in anticipation of 1924 and the Golden Wedding gathering and making all our plans to be home then. We must plan to make it a big occasion and get the most out of it. Montreat, I suppose, will be our natural rendezvous and a delightful one it will be for the summer months.

This is the time of year our thoughts go out to the children especially. I am trying to picture to myself how big "Lizzibus" is and how much little Jim has grown and all about Uncle Rhea's children. How we would like to see them all! The next best thing is to send us the latest snapshot, even though it is usually not a very satisfactory likeness.

Doubtless you are saying, "We want a kodak of yours, too," Well, I have tried in vain to get one of the whole bunch, as yet unsuccessfully. But I have this on the program and will here and now promise you all a good one at first opportunity. only by looking at your own can you realize how much our children have grown. John Fairman is developing into a husky, football type; at this stage Florence is nearly as broad as she is long while Annie Shannon seems grown up already. W. W. should be nicknamed "wee-one," for he is the only one we have left, and he is now a full- fledged scholar, deeply engrossed in his books. He subscribes for the *Country Gentleman*, mainly on account of the pictures of animals, of which he is very fond. The other day a circular came addressed to "Mrs. W. W. Preston," but we haven't been yet able to locate the lady. John Fairman is now the most pathetic member of our Station. He is thirteen and a half years of age and not a boy to play with except W. W. and the little Timmons and the latter are moving away soon. I think in a year or so we will be compelled to send him off to school.

"Miss Mattie" (Davis) continues to run a most successful school, assisted by Mrs. Timmons and Annie. The children are getting a thorough drilling and ought to show up well when they go home. We have just received a letter from the Coits that Mrs. Hill, Mr. Watts' daughter, has decided to give us a schoolhouse and community center and all are rejoicing over it. We hope to build before summer.

We are greatly saddened over the news of the death of Uncle Jim and Uncle Bailey. We knew that they were feeble, but somehow never thought of the end as being so near. Glad Father could be with Uncle Jim, especially on Aunt Jennie's account. I will write her and Aunt Ella at first chance.

Glad to say that I am hard at work again, and seem to stand up well under itinerating, though I do not attempt too much and am trying to avoid excessive fatigue or overdoing my strength. Consequently have to let a lot of things go by the board. The Koreans are merciless in their demands upon one's strength and time; so it is usually one's private affairs that are neglected. Please bear with me in the way of letters and perhaps gradually I can improve and write oftener.

With dear love for each and every (illegible)

    Affectionately,

        Fairman

Dec. 18, 1922
Soonchun, Korea

Dear Mother,

I have a little breathing time to myself this Monday morning while waiting for the people to assemble, so seize the opportunity to get off a letter to you. Wish it could reach you on your birthday, but though there is no hope of that now, we will consider it a birthday letter anyway. You know I never could look ahead far enough to prepare for special occasions, even when home, but was inclined to get excited over Christmas, for example, on the day before! That natural disposition has been aggravated by the irregular life out here, so am worse than ever. Annie knows how unreliable I am so bravely forges ahead and plans beforehand with precious little help from me. Am coming up against this Christmas as usual unprepared, except that Two sent me an umbrella to give Annie. As for the rest, Annie has done it all. I'll be getting home on the 20th, however, and hope to help a little.

Feel very virtuous over one thing, and that is a Christmas letter sent in duplicate, with a personal note, to all the family, including Rhea and Floy. Your's and Father's was sent to Louisville with request to share with Jim and Margaret and then forward to Janef, as by inadvertence a sheet dropped out. Also wrote to Aunt Jennie and Aunt Ella, but have never yet written to Mrs. Graham. Will do so yet. I think this past year was the worse record I ever had in the way of correspondence. I did not acknowledge even the Christmas presents sent me, but poor Annie had to do it all. You may all be sure of a better record this year, as I am now apparently well and free of the excessive fatigue that dogged me for so many months. Have been doing regular itinerating work this fall, and am getting better all the time.

I figure that you will be sixty-nine years young when you receive this! And maybe not a gray hair yet! You are remarkably well preserved, considering all you have gone through with, and I expect you are good for twenty years more of useful service. God grant it, and increasing happiness with the passing years. Aunt Ella has several great-grand children already. When you saw Miriam you realized that before long you may have the same experience, eh? We rejoice in your restored health and vigor.

Dec. 19.

After three interruptions and interludes of an hour or so each while writing the above, I resume at the same hour I began. Yesterday morning we wound up the teaching here and in the afternoon went out for a deer hunt, about thirty of the natives driving. Two fine deer broke cover, but instead of coming my way, where they were supposed to run, they broke through the drivers and ran back. I could see them from my stand. A little later, at another stand, a little deer flashed past me through the brush, but I didn't get a shot. Last night about fifteen of us walked over three miles to a large village and preached in the schoolhouse. It was packed with the villagers, twenty-odd of whom declared their purpose to believe. I think we have started another church there. Tonight we go to still another village four miles beyond that one on the same mission. I have been wanting to open up this section for some years past, but only last spring succeeded in sending in a resident worker, with splendid results. We have here now a hundred professing Christians.

Did we tell you that Mary Dodson is now located at Soonchun, in charge of the Girls' School? She and Louise Miller are keeping house together. Louise is well and is going to make a fine worker. By the way, she had a close call last week. She had started to the country with Mr.

Crane in the auto, Bolling Reynolds driving. About three miles out Reynolds ran the car off the road, breaking the windshield and smashing the top, etc., spilling the five occupants, all of whom sustained minor injuries. Louise was much bruised about the face and eyes, but fortunately her heavy-rimmed eyeglasses were not broken and she suffered no cuts. The two Koreans were cut by the flying glass rather severely. We are so thankful that they got off so light. Most accidents are avoidable and personally I am resolved to be always alert and vigilant when at the wheel.

Our Ten Days Class for Men begins on the 27th inst. Mr. and Mrs. Knox, Betty Virginia Knox, and Mr. Cumming are to be with us Christmas.

We suppose you will both spend this Christmas with Jim and Margaret, then on to Florida. We shall be thinking hard of you and wishing your days crowned full of happiness. My love to Aunt Sallie when you write or see her, and Uncle F.

Will write Father at first opportunity.

Dear love for you both, in which all your children out here would join.

   Lovingly your son,
      Fairman

P.S. Am asking Two to select a birthday present for you from us.

In 1923

Feb. 16, 1923
Soonchun, Korea

Mr. and Mrs. Arthur Warden, #856 William St., East Orange, N.J.

Dear Two and Arthur:

As usual I am "on the freight" with a letter, but after all it will not be bulky enough to be sent by freight. That is the way with poor letter writers you know—write once in ever so long a time and then write a volume to make amends. Arthur's letter of Jan. 3rd to me is to hand, and is a model to go by—brief, bright, breezy and to the point. Wish I had that gift.

First of all, we want to thank you over and over again for the lovely time you gave Miriam Christmas. She had the time of her young life, crowded as it has been with unusual experiences. She has written us a minute history of her experiences, in several instalments; which make most interesting reading. I am so glad she had the privilege of being with you and of getting really acquainted with her kin. We feared that she would have a hard fight against homesickness this first Christmas, and we are sure that being with you enabled her to win out. Miriam has always been the leader of the children here and her mother's and Miss Davis' main dependence; so it must have been no little comfort to her to have in Elizabeth one child at least to do for and remind her of her stunts at home.

Then I want to thank you for securing and sending me the clothes. Dr. Rogers got here about Feb. 1st and says he brought some things with him, but I have not seen them yet, so do not know just what he brought. He said he was informed that some things came after he left, but that their mother, Mrs. J. H. Ross, 202 N. Brevard St., Charlotte, would attend to forwarding them when she ascertained the contents of the packages. Dr. and Mrs. Rogers have been greatly worried over the illness of their little boy, who has been sick for two weeks past. He seems to be threatened with mastoiditis, as he has a discharge from his ear and his fever jumps up very high every now and then. Mrs. Rogers had a rough voyage and has not been well since she came. The worry over the boy is not helping her either.

The family were all delighted with the Christmas box you sent us. Enclosed two notes from the children which have been long awaiting enclosure. The necktie I drew is the prettiest I have ever owned. I am sure getting "decked out" in the height of style. THANK YOU.

We are all well again. Florence is getting very fat since her illness, due partly to the fact that she is forbidden violent exercise. Annie had the misfortune to contract a severe cold and was miserable for weeks, but is better. She has had an all-round tough time for months past, but looks forward to relief next month—perhaps before you get this letter. We have promised to cable Miriam a week after the event and she will inform you.

This new arrival in our family is upsetting our plans considerably. I do not know where we shall spend our vacation next summer—China or Japan is out of the question on account of expense and risk of travel, there is no place suitable in Korea where we can be comfortable. If we are to go home next year, we must begin to cut down expense; so we may wind up by staying at home. Here we are confronted by the fact that there will be no doctor in the Station and probably not one in the Mission. So there you are! We would be tempted to try it home this year, as Father suggested, except it does not fit in at all with the children's education, nor would we stand as much chance of getting permission. We now hope to get a proportionate furlough (4/7 time and 4/7 travel allowance) next year, which would give us about six months at home, allowing about two months for travel.

With love for you each one, in which all join,

    Affectionately,

        J. Fairman Preston

Sept. 16, 1923
Soonchun, Korea

Dear Father and Mother,

Am here in attendance upon our Federal Council of Missions and will take advantage of the Sabbath lull to send you a letter. Day before yesterday I came from our General Assembly at Sin Wiju, on the border of the country. Stopped off en route at Pyeng Yang to see John Fairman, who had entered school there two days before. He seemed dazed and homesick but I hope he will soon find himself. It was very helpful to him to make some friends among the boys this summer, so that he is not an entire stranger up there.

I welcomed the Coits about Sept. 4th just before leaving home. They had a fine trip, and were all well except Judith, who had whooping cough. We welcomed almost as from the dead. On Aug. 31st they had been in Yokohama, all over town, and the next day it was destroyed. Had the disaster occurred a day sooner, doubtless they would all have been killed. The Wilsons came two days after on the Empress of Canada, and the boat took on 1500 refugees and brought them to Kobe—the first persons to get away from the place. Dr. Wilson operated day and night on the boat on the most desperately injured, some of whom died and were buried at sea. I have not seen the Wilsons yet, or any other eye-witnesses, but have read several accounts in a few papers I have seen at hotels in the past few days. The magnitude of the disaster grows as the statistics come in. It will never be known just how many people perished, but it is now conceded on all sides that not less than 300,000 lost their lives in the devastated area, while the property loss in Tokyo alone has been put at four thousand millions of dollars. It is easily the most appalling disaster of modern times. I fear the resulting financial depression will be profoundly felt all over the empire. Most of the loss of life was caused by the fires which swept the ruins immediately afterwards, breaking out in every direction and trapping and suffocating tens of thousands in the narrow streets and congested areas of the cities. Photographs showed the dead in heaps, cut off by the flames as they fled from their wrecked homes. Several hundred foreigners (Europeans and Americans) were killed; but I have not heard of but one missionary (Miss Kuyper of Yokohama) who was killed, though several are reported missing yet. Our Dr. Hopkirk, wife and daughter, of the Severance Medical College, Seoul, were riding in a taxi-cab in Tokyo when the earthquake occurred. Fortunately it was not far off from their hotel, an earthquake-proof building near the R.R. Station, which was one of the few which escaped the fire, and they were all spared. Such a calamity, occurring so near us, seems very real and we can talk of little else. The loss to the various Mission Boards must run into a million dollars, but this will not affect our church, as we had no property there. Our Publishing house in Yokohama, which printed all our Bibles, Hymn Books etc. in Korean, was completely destroyed, entailing big loss to our work. There will be a shortage of Bibles etc. for months to come.

My paper, *the Japan Advertiser*, published in Tokyo, was completely destroyed, along with all other newspapers there, so we are cut off from news, except the *Kobe Chronicle*.

It was good to see the Coits again and get some first-hand word from home, though I saw very little of them before leaving Soonchun. Annie writes that all are well there. She is planning to teach only two hours per day this year. Rhea S. is hearty and weighs 17 lbs. He is an "up-and-coming kid" and has begun to crawl.

We have good reports everywhere from our work in this country. The natives are gradually assuming more and more responsibility, and were their financial ability greater we could hope that before long they could take over the work entirely. As it is, some missionaries will be needed for some years to come. I doubt whether we ought to hold out the prospect of a place for volunteers now in College. We on the field are taking more and more a back seat, working with and through the native leaders.

Glad to know that you will be in Decatur this fall, near the girls. Hope some pleasant and congenial occupation for Floy has turned up, or will soon.

Give my love to all the family, and keep a big lot for yourselves.
>Your loving son,
>J. Fairman Preston

Nov. 6, 1923
In the country

Dear Father and Mother,

I am behind on correspondence most lamentably—for the last few weeks have led a very "hectic" existence amidst innumerable demands upon my time and strength. We are in the throes of building again at Soonchun, and while I am insisting upon a division of labor in this arduous work, upon me necessarily falls a large part of the responsibility. Lately I have been hard at it drawing up plans, specifications, and contracts and am still in the midst of it. Though I have not written regularly, have kept up with you through Miriam's letters and doubtless she has shared her meager letters with you.

It is a great comfort to us to know that Miriam is in such close touch with you and that you have taken such a deep interest in her. I hope she has been to you what she has always been to us more of a comfort than a care. What are your plans for the winter? I note that you were planning to go from Montreat to Decatur, but whether that was temporary or whether you expected to set up housekeeping, we could not gather from your letters. I hope you do not set up housekeeping. I do not think it is the thing for either one of you. Annie and I are very anxious for you to have the Florida trip again this winter and urge you to plan for that. Now that the girls are all in school there should be nothing to hold you in Decatur long, so far as responsibility is concerned. Wonder what you will do with your "Ford" through the winter? It is a mighty handy thing to have, but requires constant attention. I will try to add a few practical pointers that I have picked up, for the benefit of whoever is looking after it.

We have been wrestling over our plans for the future, without a great deal of light yet. John Fairman is the greatest problem. As you know, we put him in the PyengYang school this year, much to our distress at having to be separated from him now. But he is developing so fast that we thought it wrong to keep him isolated from other boys. He has only three months of vacation in the summer. We can't take him home to America yet and leave him as he is so young. We can't leave him and immediately be separated from him the year after, when he goes home to U.S.A., and it will be difficult to take him home next year for a short time, or it will break up his schooling. We have almost come to the reluctant conclusion that it may not be possible to come next year, but we may have to postpone it a year, when we can take J. F. home and stay longer. We are feeling solemn indeed over the prospect of being separated from three of the children in the near future. Another element that figures in our plans is Miss Mattie's decision as to whether she can stay another year before vacation or furlo. Her contract is for three years and this is the third. She will answer us soon. In the event we cannot come next year, we will want Miriam to spend the summer with us and we think that one or both of you should come with her and stay with us until we go the following year. You might be thinking that over seriously. And remember that plans like this require months of previous decision and cannot be well carried out on a sudden. In case Miriam comes, another problem will be how to get her and Shannon back at the end of the summer, as there are very few missionaries returning at that time. I mention all these things that you may see what a "fox, goose and corn" proposition we are dealing with. Then there is the question of expense, which is a big one with college education looming.

　　As far as our leaving the field now, that seems to be out of the question. There is nothing worth while I could get into over there, and it is a critical time in Korea. If I ever retire, it must be when it is decided that we do not need our present force of missionaries, not while we are calling for more. Then, too, I am getting more vigorous each month after my ill health of past years and may get in some of my best work yet. Who knows? Just now we have special problems in connection with the youth of Korea, which are knotty and not being solved rapidly.

Rhea Sutphen is a subject. I have not mentioned before for fear it would monopolize the letter. He is a wonder and we never tire talking of him. Is about the best developed baby I ever saw. At 4 1/2 months he had two teeth and at 7 months four. At six months he was pulling up by himself, a month later he was going around the baby yard and now at 7 1/2 months we catch him balancing alone. He can talk without speech and understand many things said to him. He has all the energy of Miriam when a baby. In fact he reminds me all the time of Miriam. He disturbs us more at night than an ordinary 6 wks baby—wants to nurse at all hours. I was very much annoyed the other day to find your copies of his last summer's pictures on my desk. I thought they had been mailed long ago. Am enclosing, but as they are out of date, will make some more right away. If you could see my desk piled up with unanswered letters you would not wonder at anything. I do not seem to find the time to attend to my personal affairs, even important business matters, and yet am always dissatisfied with the small amount of work I accomplish.

We are all quite well now. Annie still has about three hours a day of teaching. We had hoped that Miss Johnsie Coit would help some, but she is too nervous to do any teaching at all. She came to a mighty poor place for nerves, I fear, though we are glad to have her good company in the Station.

Just now we are enjoying a visit from Father Winn. He preaches very acceptably in English and speaks to the Korean congregations through an interpreter even oftener than he speaks in English. We are very fond of him.

Last week Annie, Florence and I went to Kwangju to attend the Biederwolf-Rodeheaver meetings, and had a fine time for the five days, one of which was devoted to a called meeting of the Mission, so that we met our fellow workers. The B-R party, besides the two mentioned, includes Miss Saxe, Bible teacher, and Miss Hay, Artist & children's worker, and they are all fine. Rhodehever (Billy Sunday's singer) is a wonder. He is a native of Jellico, Tenn. They are all on a world tour including Australia and are doing a lot of good en route. It is getting to be quite the thing now to come out, and address native Christians through an interpreter. We are to have Dr. "Tolly" Thompson this spring. You know he came near coming to Korea years ago (1912) in our campaign. He has gotten more worldly renown by staying at home, but I wouldn't like to trade places with him at the final accounting!

Too bad that Arthur has had to move farther north. We have been very much concerned about Two, but relieved to know she is definitely on the mend. I must write them soon. In the meantime, pass this letter on.

Glad to know you both keep in good health. You have not mentioned Aunt Jennie and Uncle Newman and Aunt Ella lately, so judge they are all as usual. Our love to them when you write.

Will close now and turn in, as I had a hard trip last night. Started out yesterday at [illegible] P.M. by sail boat, landed at midnight, walked over a rough mountain pass five miles or so, taking only my blankets, arriving at 2 A.M., and slept on the porch floor! Such experiences are often unavoidable, but as it happened we started later than planned because of a deer hunt the school boys planned for me. They got out and beat the mountainside back of the village and I was lucky enough to bag a beautiful deer. Sent the hind quarters in to Annie and distributed the rest among them. Successful deer hunting requires a rifle, but I have always refrained from using one for fear of killing a Korean, they (rifles) carry so far. Yesterday I used only my Winchester Repeater shotgun and shot at from 75 to 100 yds distant. When I get back home will get my desk cleared off and send you a weekly note, I hope!

With dear love for you and all the family circle,

Lovingly,

Fairman

Nov. 10, 1923

Soonchun, Korea

My dear Father,

Fairman came home at suppertime Thursday and left today (Saturday) immediately after an early dinner. His study is almost always full of callers and it is extremely hard for me to get an audience with him. In spite of all this rush, he seems to keep remarkably well.

Fairman and I are sending the enclosed check to you and Mother for a Christmas and birthday gift. Perhaps we ought not to tie any strings to it, but we would like to see it applied on a trip to Florida. We both feel that you should go to Tampa for the coldest weather. For Miriam's sake, I would like to have you in Decatur all winter, but for your own sakes we want you to go to Florida. Mr. Winn says that a Florida winter is like a Soonchun autumn and we know how delightful that it.

From the card of Mr. Hollingsworth's which you sent we feared that our Decatur lot was going to get us for some more street improvements. We do not want to ask for a street. We are not in a position to put in any more money on the place now. If we could get a fair price for it as it is, we would sell, but we have no mind to develop it. Mr. Winn has great faith in Decatur's future and think we won't lose by holding on.

We are not at all pleased with Miriam's bobbed hair. She said she bobbed it to save time. Maybe if I bob mine I will have time to get some letters written. Don't be surprised if my next pictures show me up-to-date.

Rhea has five teeth and is the most up-and-coming baby I ever saw. He sleeps far too little for his good or ours either. I am really too sleepy to impose on you by writing, but I don't know when I would find a better chance.

With much love for you both,

Affectionately,

Annie

Nov. 21, 1923

Soonchun, Korea

Rev. S. R. Preston, D.D., Decatur, Ga.

Dear Father:

I have been trying to find time for some weeks to write you a business letter, and never can come and enough time to accomplish it. Will start this and finish in snatches. I have been away from home so much since July 15th that my affairs piled up almost hopelessly and I am just beginning to see daylight and the bottom of my desk! These Koreans make such demands upon one's time and energy, and it takes so long to do business with an oriental, that one has little time left for one's private affairs.

I am just in receipt of your letter of Oct. 24th, containing the distressing news of mother's illness. From what you write I feel sure that her trouble is located chiefly in the kidneys and confidently expect that it will clear up directly under careful treatment. As you say, doubtless she has been worrying, and that more than you had suspected. I agree with you that it is a mistake to allow her to keep house. We were disappointed, in that respect, to learn that you had rented an apartment in Decatur, as it ties you down and brings fixed responsibilities. We feel strongly that you ought to plan to spend the cold months in Florida every winter. Before we heard of mother's illness, Annie wrote you enclosing a check which we hoped you would use on such a trip. Now that her kidney trouble has bobbed up again, it is all the more important that she avoid the cold and get away from responsibility, and I hope you will make every effort to get down there for the months of Jan. Feb. and Mar.

I assume, of course, that Two will have returned north and that mother's trouble will have mostly cleared up. It was fine that Two could be with mother when she was sick.

Now I know you will have extra expense in connection with mother's illness and we want to help on this. If you will let me know the total amount, I will arrange for that. Also let's have this understanding: at least once a year both you and mother are to have a thorough physical examination, for which you will send me the bill. Nowhere is it truer than in the realm of bodily health that "a stitch in time saves nine." Most of us neglect regular physical exams, with the result that often a serious illness develops before we suspect it. This is especially true with regard to the kidneys. Natural teeth, especially those with nerves dead, should be X-rayed every year. I have no doubt that most of mother's present trouble is due to her teeth. At any rate, you have her put in first-class shape and I will arrange for the expense. Above everything, don't worry. The fact that the doctor advises that her kidneys are not in bad condition indicates that you have caught the trouble in time. I think you will find it advisable to take out her teeth now and have a plate. Our Miss Greer here has recently had all her upper teeth removed. They were all sound, but the X-ray disclosed that she had bad pyrrheal trouble around the roots. I have the same trouble with two of my teeth.

Your letters indicate that you are worrying a lot about business. I suppose you have formed the habit and can't help it; but it is the very worst thing possible for you and all the family. Make a budget for the year and adhere to it. Let all know what it is and make them help to stay within it. There is nothing better to avoid useless apprehension. A monthly casting up of accounts will show you where you are "at." If you haven't enough to live on, then it is up to all of us to arrange things so that you will have. It seems to me that, with nobody dependent upon you now for support, you and mother ought to have enough to live as you wish in comfort.

By the way, I wish you would ascertain whether Floy will pay the interest on her note this year—do this through Janef, if you wish. We are guaranteeing this income to you, and if for any reason she falls down, we feel that we should make good to you. We never have a line from either Floy or Rhea. We think the former holds us responsible, in some way, for her incarceration in Westbrook, instead of being sent home to you; whereas we are under the impression that we favored Westbrook rather than a State Institution. Perhaps we were mistaken in thinking that it was any better, or as good; but I do know that it was Annie's idea and aid that sent her finally to Johns Hopkins, where she made such a good recovery. I do not mention this for you to repent—in fact, I truly hope you will not mention it. I confidently expect that Floy will gradually improve after a few more years. We must not forget that she is now at a very critical time of life, and ought to be handled very considerately and carefully, lest she have a relapse that will prove disastrous. You have referred in such general terms to her present work that all we guess is that it is Public School work. Glad to hear that she is pleased with it, and that the work is not hard and pays well. If conditions are favorable, it may be that Public School work will not affect her unfavorably; but Rob Preston advised several years ago that she ought not again to undertake a regular position of this kind that would involve hard teaching. I have been hoping that she would secure another job similar to that one she had, or one as Dietitian in a Hospital or College. Janef ought to keep a close tab on her and call a halt at first indication of nervousness or strain.

You ask about the letters you have sent. I have looked about and checked up and find that I have received all your notes except that of Aug. 1st, which may have been destroyed in the earthquake. Please excuse me for not having specifically acknowledged receipt. As I said I have been away from home a great deal and my affairs were very confused. Will try to do better in the future.

This letter is already too long, and my time is up. Will send a separate letter in regard to the Decatur property. Annie wrote you in general that we cannot afford to invest more money in that property now, with the education of our children looming; but we can afford to hold it until we can get our money out of it. We are willing to take cost (counting a modest rate of interest) and let somebody else make something out of it developing. I think Mr. Hollingsworth has good ideas. He should form a company and go to it.

You ask about your notes to Annie, adding that you must begin to think about paying, etc. We take this merely as an indication of worry. Let me again remind you that we do not expect you go give them a thought, so forget them for good. It was your wish to make them out, and we allowed you to do so, not with the idea that you should concern yourself about payment, but that they should represent a legitimate lien upon your estate. I can't think what might be worrying you in this connection; but if you will tell us and suggest some paper to execute to relieve your mind, we will gladly do so.

The notes aggregate $3,019.66, of which $1,300 are non-interest bearing.

As we wrote you, we are in great perplexity about our plans for next year. I am urging Annie to go, and she is urging me. There are objections against either, but I think now, all things considered, that it would be better for her to go, look after Miriam and A. S., let everybody see the latest member of the family (the cutest baby you ever laid ye upon); and bring you back with her in the fall. Then we can all come home together the following year for a regular furlo. This proposal is dependent upon Miss Davis' plans; but I hope she will let us know soon just whether or not she will stay over another year.

Glad to hear that your health is better. Be sure to have that exam. at once and watch your blood pressure. You are both remarkably well preserved, in spite of hard knocks, and I think we may hope for a good many more years of happy and useful life for you.

Will enclose a Christmas letter for all the family, hoping that I may find time to write each a personal note in addition later.

Annie and I are sending you the *World's Work*, which hope you will enjoy the coming year.

Trusting that this will find Mother much improved and yourself and all in good spirits, and with love for us all.

   Affectionately your son,
    J. Fairman Preston

Dec. 18, 1923
Soonchun, Korea

Rev. S. R. Preston, D.D., Box 84, Decatur, Ga.

Dear Father:

I have yours of Nov. 7th, and your card of Nov. 9th, announcing Uncle Frierson's death. Aunt Sallie sent me a paper containing the fine tribute to him. We had not heard that he was in failing health. Glad to hear that he was reconciled to Rosalic before he passed away. What a pity he could not have come to that long ago and saved so such suffering.

We are distressed to learn from your letter, and from Miriam's of the 18 Nov., received together, that mother shows little improvement yet. Dr. Rogers here tells me that the colitis would account for part of her trouble and thinks the teeth should be looked after by all means. I have no doubt that you will have done that ere this, but in case you have not, do not delay. We hope and pray that the trouble will clear up under the arrangement you outlined; but in case it does not and it seems advisable to send her to hospital, by all means do not stop short of the best treatment, which will be the most economical in the end. Let us learn from our experience with Floy. Send mother to Johns Hopkins and get Dr. Hamburger reinterested in her case. This will be the easier since he was called in on her case several years ago.

I wrote you at length Nov. 21st, and have written mother since that. Was surprised to see that it had been so long since I had written you. I must try to send you a short letter weekly. Constant absence from home makes me very irregular in the conduct of my home affairs—I have no leisure when away.

Annie and I will back you financially in this emergency to whatever extent necessary. Keep us in close touch with the situation and how we can help. I think it likely that we will abandon the idea of coming home next year and concentrate our energies upon helping you out. In this way I think we can render much more effective aid than coming home at this juncture. We are sending herewith a check for $250 and will send more later on. We will try to adjust our affairs during the coming months to meet this emergency.

We remember you daily at throne of grace and feel sure that you will be given grace and strength to bear up under the present distress. Dismiss worry, casting all your anxiety upon Him who careth for us.

Dear love for each member of the household. Trust that the situation will be much brighter by the time this reaches you. Surprised to hear through Miriam that B has given up his job and will try something else.

All of us are well except Will, who has fever today.

    Affectionately your son,
        J. Fairman Preston

In 1924

Jan. 20, 1924
Soonchun, Korea

Rev. S. R. Preston, D.D., Box 84, Atlanta, Ga.

Dear Father:

Your letters of (illegible) and Dec. 14th to Annie, have come to hand since I last wrote you. I wrote you Dec. 18th—I see I am doing no better on that line and am almost in despair of any improvement. Wrote Jim, Two and Janef, maybe Miriam, since that, but no other letters. Have been on a big strain, in charge of our Bible School, teaching two hours a day both new subjects, have had a big church row, with resignation of the Pastor, a strike in the Hospital to straighten out, building operations going on, preaching every Sunday, and to make matters interesting, Rhea has been allowing me about five to seven hours only of sleep, he being at the weaning stage. Today I throw up my hands and have taken a good rest all day. I have a crowded program until the middle of March, at which time spring itineration begins. Sometimes I get very much discouraged at the many things that go undone and am tempted to give it all up and live a more temperate life. Then I am sobered by the reflection that if the Lord wants me out of this work, He will make His will known by some unmistakable providence and I dare not presumptuously throw down the trust committed to me.

Hope you will not think hard of me for neglecting you—it is of a piece with what has happened to all my personal and private affairs—they have been for the most part unattended to. Now that we have completed our new building, I expect to resign the co-pastorship of the local church here, and otherwise try to take it easier, and particularly try to be more systematic.

I have read carefully the letters you enclosed from Jim as to mother. Apparently there is no physical trouble sufficient to account for her condition. However, I note that Jim says the X-ray pictures are "not extra good." Also I suppose the Doctor Boggs he refers to is his own doctor, a private practitioner and not a neurologist or specialist. We have visiting us now a nerve specialist of Severance Hospital, Seoul, who is quite conversant with Parkinson's disease. He has read carefully all that Jim wrote, and after hearing the history of the case as I was able to give it, he does not think that it is that disease at all. He thinks it very important that mother be sent to a nerve specialist and put under his care, in order that her trouble may be diagnosed. He agreed with me that the very best way we could help in this emergency (aside from prayer) was to aid financially to make this possible. This, of course, we had already decided to do, as I wrote you. Dr. McLaren, to whom I refer, is an Australian, and has never been to America—hence I could not get advice from him as to Phipps clinic, Johns Hopkins. I very heartily approve of this, however, and Annie and I both think that the accommodations that Floy had there (viz. the semi-private ward, with alcove) is just the thing, as nervous people always do better associated with others than when alone. Also a ward nurse is usually better, and more on her job, than a "private" nurse, or special nurse, who is so often a mere amateur at regular rates. If Two is to be in Washington, it would be easy for her to keep an eye on mother's progress. If not, it will entail some extra travel for a monthly visit on the part of some of you.

We are distressed to hear of Elizabeth's trouble. Hope it isn't tubercular glands. If so, it will mean an operation and careful oversight for some time, but also should be able to overcome it all right. Poor Two has had a lot of trouble in the past year, hasn't she?

Annie is writing you, enclosing a cheer to help you out. She will send you another check for a like amount March 1st. If you are pressed and need more above this aid (which entails no obligation whatever), let me know and we will arrange to borrow the money and save it. We are very hopeful that mother will make a good recovery. The fact that she made such a good recovery before and that she has no serious physical derangement encourages us in this hope. Dr. McLaren shares in this and he is doubtful how much physical (illegible) there was for the first attack. He thinks it may be mostly nervous and mental strain that will be relieved by rest and melapatious under (illegible) treatment.

Above all, let us commit this to our loving Heavenly Father, who will hear our cry and deliver us out of all these distresses. Our hearts ache for you all and wish we could be there to arise with and comfort you in person.

With dear love for all,
    Affectionately,
        Fairman

My typewriter went wrong, so had to finish with pen.

Jan. 22, 1924
Soonchun, Korea

My dear Father,

Your letter of Dec. 17 and the letter from Jim which you sent us came in the last mail, day before yesterday I believe.

We are distressed that Mother seems no better and that you have had such an anxious time. It must have been a lonely Christmas for you and Janef.

When your letter came we had as our guest Dr. McLaren, whose chief interest is nervous and mental troubles. He thinks you should not delay getting Mother into the hands of specialists, but he speaks very hopefully of the probable outcome. He has just had a very difficult case in Seoul, an Englishman who was suffering with extreme depression and attempted suicide. Dr. McLaren has treated him and now he is back at his work and about normal again. Dr. McL. says that he thinks prayer plays a large and important part in such cases. When he heard the children praying for "Grandmother", he told them that he thought they could do much for her by their prayers.

Fairman and I are both of the opinion that the Phipps Clinic is the best place for her. It seems to me that the doctors there are working for the good of their patients and not for their own enrichment. We are going to send you $100.00 a month as long as Mother needs hospital treatment or a special nurse. I enclose my check for $250.00 now to be applied to that, making $500.00 so far. The Christmas check is not to be counted on this.

I wish you could see Rhea. He would cheer your heart. We have just been laughing at his high jumping. He loves to stand on the bed and hold on to the rail. Then he jumps until both little feet rise high in air.

Shannon has had him jumping to stretch some new kid shoes which Johnsie Coit brought him today. They are bright red and he is charmed with them.

The ladies of the Durham church sent me this paper. I am sorry they changed my name.

With much love and the hope that you will soon have better news for us.

  Affectionately,

    Annie

P.S. Rhea's antics made me neglect to mention two things I had on my mind. We are distressed to hear that Elizabeth is not well. Fairman thinks that the very worst would be only a simple operation with careful attention afterwards. I pray that they may be spared even that. Two has had a trying time. I hope that Arthur will soon be settled where they can be together. I wish it could be in the South.

We would be perfectly willing to sell the Decatur property for $16,000.00. It certainly is not a paying investment as it is. We could invest the proceeds at a very conservative interest and do much better than at present. The big taxes leave a very little income from the rent.

Feb. 16, 1924
Chunju, Korea

Rev. S. R. Preston, D.D., Box 84, Decatur, Ga.

Dear Father:

I came up here on the 5th to teach in the Bible Institute, and with three hours a day teaching on rather unfamiliar subjects, have been kept very busy. Annie forwarded me your letter of Jan. 5th, and a letter from Two, with enclosures of Jim's letters to you and her. Am distressed to hear that mother's condition was about the same; but I am still very hopeful that the trouble may clear up when she gets in the hands of specialists. Was therefore very gratified to learn that Two had secured a place for her in Phipps Clinic, Johns Hopkins, and that she would be in there by Jan. 15th. Wish she might have gotten in some weeks sooner.

I have been reading up on Parkinson's disease, and have talked to several physicians, including one nerve specialist. From what has been written me by you and Jim to you and Two, I am very much of the opinion that her trouble is not Parkinson's disease, which is another name for paralysis agitans. I have seen this disease several times myself. It comes on gradually, is progressive, the tremor growing more severe with the years, and usually hangs on some years. I am inclined to believe that Mother's trouble will clear up under rest and skillful treatment, and that she will recover as she did under the former attack. I hope that they will have a clear presentation of the former trouble, and they will make sure that there is no infection of the teeth of sinus.

In the meantime we must put the best treatment in her reach. As I wrote you formerly, I think I can be of more aid and comfort to you, and assistance to mother, by NOT coming home this year. It would cost us $1,500.00, over and above what the Ex. Com. might allow on travel, for the round trip; and further we would get $800.00 less salary at home than out here. At the same time, if it should appear that mother would not survive, and you do not assent to my plan of delaying our return in order to help you out financially, will of course seriously consider coming on home with my family. Of course my whole impulse is to come on and be of what aid and comfort to you personally it is possible; but I do not yet see that this would be the best course. If mother makes a good recovery, then she could enjoy the whole family to the full next year; whereas if we go home now, she may be in hospital the whole time we are home. So I think we should wait developments.

My heart goes out to in this hour of trial. I am sure that the Lord will hear our prayers, and will give us the resignation to His will and the strength and consolation that we need. You may be sure that He will not forsake you in your old age, but out of all these sorrows will lead you in a wonderful way. We are praying as we never did before, and I have faith to believe that all will work out for good.

Since coming here have been staying first with the Timmons, and latterly with the Eversoles. They have been taking good care of me, and I am feeling more rested than when I got here. Expect to get home next Saturday the 23rd, just three weeks after I left.

We have about decided to allow Annie Shannon to return home via. Europe with the McCutchens and Miss Greer, leaving about May 21st. They will see Palestine, Egypt, and Europe, besides ports en route from Japan, and the educative value to A. S. will be incalculable, while the cost will be little more than via. the Pacific. Will write you later, when the matter is decided definitely. The trip would take about three months.

The enclosed picture of John Fairman was taken about Jan. 1st. He is developing into a fine boy. Very much interested in the Boy Scout movement. Sending him to Pyengyang has brought him out a great deal.

All our fellow workers deeply sympathize with us in the news of mother's illness, especially those who have been with you at Montreat. Rev. P. P. Winn, here with his children, is hale and hearty, and asks to be remembered to you especially.

With love for you each one,
   Affectionately,
      Fairman

Apr. 7, 1924
Soonchun, Korea

Rev. S. R. Preston, D.D., Box 84, Decatur, Ga.

Dear Father:

Your letter of March 3rd, containing the very heartening news concerning mother, reached us in good time. We are rejoiced at the news and not at all surprised; for this is just what I have expected all along. You see, I have never accepted the conjecture of "Parkinson's Disease," and have felt pretty confident that she would improve under expert treatment, as she did in the case of the very similar affection five years ago. Of course, she may not make as rapid a recovery as before, since she is older but I think we may expect a complete recovery before very long.

You have certainly been good about keeping us in touch with the situation—all of you. We eagerly await news. Of course, we do not expect that it will be uniformly good; but we are satisfied that mother is past the crisis and that her progress will be very evident compared with the month before.

We have been disturbed somewhat at the way Miriam has been writing in regard to coming out this summer, without any regard to arrangements for returning. We have made diligent inquiry out here and can ascertain no one who will be returning, among our acquaintances, at the time Miriam would have to leave. Fearing that M. might insist upon making the trip alone, either outward or homeward bound, we decided to cable her to abandon the trip, thus setting her and ourselves at rest. We dislike to disappoint her further; but we see now that it was a mistake to mention such a plan, which had so slim a chance of fulfillment. Should she come out and then not have an escort back, we would not be at all advantageous to her at College, and would doubtless prove a bigger disappointment than the other. Besides all this, we think it best to devote our strength to helping mother get well, and to begin saving for the heavy drain upon us that the trip home next year will entail.

I suppose you will plan to spend the summer at Montreat. I would advise that Two or Janef take the full responsibility of running any "cats" apartment that you all may desire, and that you have no financial responsibility whatever, each one paying an agreed amount for board, and guests, if there should be any invited, to be paid for at an agreed rate. Rates might be fixed so that the one taking the management should get free board. I make this merely as a suggestion; but the main point is that you should decline financial responsibility at your age and escape the eternal worry over finances.

Let me strongly insist again that mother should by no means go back to Montreat this summer. She had better make her home with Jim and Margaret, going with them to Junaluska. There is too much excitement and nervous strain at Montreat for her, I believe, where so many missionaries and friends congregate. Besides the "reverberations" of last summer would likely set her back. I should say that it will be imperative to keep her away from former associations and excitements for months to come. Montreat is a great place for uplift, but a poor place to rest.

Little Rhea is growing and thriving, but has had a good deal of cold, etc. for the past few weeks. I got some good pictures of him on his birthday, which hope will will like. They are not as clear as they would have been had I not been compelled to take them on the enclosed side-porch, which we have converted into a "sun-parlor."

We are planning to spend the summer at home this year, for reasons of economy. Maybe will go the "Crescent Beach," our little island below here, for two weeks in August.

I have written mother twice and will try to send her regular letters.

Hoping this finds you all well, and mother still on the mend, and with love from us all,

> Lovingly,
>
> Fairman

In 1926

Apr. 29, 1926
Decatur, Ga.

Dear Father:

I had expected to find the opportunity of writing you before this, but have only now gotten to my piled-up desk. We tried to give Dr. Watkins right of way while he was here. He came Sunday noon and left yesterday afternoon at 5.40. We greatly enjoyed his visit, and he seemed to enjoy being with us. He is very fond of the children and especially raves over the girls.

Last Friday we laid Jim to rest in the beautiful cemetery at Cleveland, next to Dr. and Mrs. Sullins, whom he loved so well. We had a simple service at the grave conducted by the local Methodist pastor. Sullins Stuart and his wife and her parents, and a number of Jim's friends in Cleveland, some of whom acted as pall-bearers, were present, as well as N. B. and Mr. Sullins of Knoxville, who came down for the occasion. I left on the afternoon bus for Chattanooga and caught a train which put me in Atlanta at 8.15 that evening—quick work. Took dinner in Cleveland with the Stuarts, with whom I was much pleased. N. B. and Mr. Sullins were also there. Was glad to see B. again. Had a fine visit with B. and Ethel for twenty four hours in Knoxville on my way to Louisville. They have no spare room, but secured me one next door for the night.

I think my visit to Louisville was very well worth while. Got there Wed. morning and left Thurs. at 6.40. Stopped with the Pratts by special invitation. Saw the Reynolds—spending an afternoon with them and Pratt on the golf course, and calling on R. S. at his home. Had a church dinner at the Highlands Pres. Ch., and gave my illustrated lecture afterwards at the prayer-meeting. Had a fine interview with Dr. Sweets, who has returned from the orient. Met Dr. Hemphill at the Seminary, who asked particularly about you and mother, and sent best regards. Also met all the friends at 1115 Fourth Ave., who asked especially about mother, and sent regards. The Pratts laid themselves out for me, and enabled me to get through with so much in the limited time I had.

Was successful in tying up matters for the Christian Literature Society, though the exact amount is as yet to be decided.

Everybody misses you down here. Some days I suspect that we forgot to call for the mail, and all we know about the weather is that fires are still comfortable. I haven't seen any of your friends since my return except Mrs. Wilson and daughter, who miss you dreadfully they say. Didn't get into the ministers meeting Monday morning. Annie and I dropped into the First Church for Sunday evening service. Rather a poor attendance and a mediocre sermon by the Pastor. I enjoyed my visit to Westminster in the morning. After the service, all our Pierce kinsfolk came up and introduced themselves—Cousin Rhoda and her single daughter Rhoda, and two sons and their families. I didn't know before that the former was own sister Cousin Sam Rhea of Bristol, and that her father and your mother were brother and sister. That is, she is your first cousin. We should have been cultivating these people. Cousin Rhoda looks very much like picture of your mother, and reminds me of aunt Jennie and Janef.

Haven't asked Mr. Sevier about your apartment house. Do you want me to put up this big stove in it or not?

Hardly know what to say about the Bristol house roof. They want a dollar a square more than asked here, and evidently are loath to put the roofing on that way. Suppose you let me inquire down here a little more before you decide. I think they would do it well, but they think the shingles would cut through. There is another kind that is recommended to put over shingles. Why not find out what that is?

Think you had better plan to go to Montreat and get everything in ship-shape before June 1st. Have not heard anything more from Williams as to repairs on our Poe cottage, so don't know whether he has completed the job or not. Don't know whether you plan to go to Bristol in May or not. I missed Jim Lynn, but saw a number of other friends. Did not have time to call on Mr. Smith in your cottage.

All join me in love for you, mother and the household, (illegible)

In 1927

July 19, 1927
Soonchun, Korea

Dear Folks at Home:

It is just too hot to do much of anything today, but I am resolved to get off a letter to you, even at the risk of seeming dull.

Our rainy season closed unusually early this year, and now for the past four days it has been very hot and we are feeling wilted at this low altitude. If this keeps up, I think we shall start for the mountains within a week. It takes several days to get ready.

The Coits are leaving tomorrow and when we leave there will be only the Rogers and Miss Greer left. The latter, who is in transition to Kwangju, will probably spend awhile in the mountains too. The condition of Mrs. Rogers health makes it advisable that she stay at home this summer. Glad to say that she is steadily improving and there is every hope of her ultimate complete recovery. The Ungers, who will spend two weeks at Kunsan, will be here with them on their return, so that the Station will not be entirely deserted.

Last Saturday we had an all day picnic to Crescent Beach, our former summer resort a few miles below Soonchun. We had a great day of swimming, fishing and boating, but most of us got badly sunburned and we came back with the conviction that it was too much of a day. After three days my shoulders are still painful!

Last Sunday I went to a church down in that section, where a Helper, Chung Yung Ho, is located. A great sorrow has come to him, in that his only son, who has been in school (Academy), has serious mental trouble. The pathetic part about it is that there is not a place in the country where such a case can be sent. With the advent of modern conditions such cases are bound to multiply, until the authorities will be obliged to provide some institutions.

The case in point well illustrates the helplessness of the average Korean parent. The boy has been allowed from earliest childhood to do just as he pleased, and his present condition is due to the inability of his father to make him take any precautions or follow even the sigolest course of prudence. We were unable Sunday to get the boy to consent to come in to our hospital here for consultation though I do not think it probable that anything can be done for him.

I am greatly saddened at the news of Aunt Ella's death. Had not heard an intimation that she was in poor health, but on the contrary got the impression that she was greatly improving over last year's condition, which has us all worried. She was a gentle, lovable, good woman, the influence of whose life was a benediction upon all she came in contact with. It has been some years now since she look upon her knees the fourth generation from her. That was a long life and she kept her sweet spirit through conditions that would have (illegible) ittered a less heroic soul.

All of you are doubtless together this month at Montreat. Was glad to hear that Mamie came. It is hard to realize that Annie and Miriam will be leaving Montreat by the time this letter reaches there. Sounds good to us, if not to you!

This leaves us all in the best of health. The cook's wife has occurrence of her heart trouble, and he is wondering whether he (illegible) to go with us to the mountains, but I suppose it will work out (illegible). We may swap, in emergency, with the Rogers, who have a former cook of ours (Sangudi) who raised Miriam, Shannon and John. Rhea and Wiley have given very little trouble. Mrs. Scott helps (illegible) a lot.

With love from us all,
    Affectionately,
            Fairman

July 20, 1927

Soonchun, Korea

Dear Father:

Must get off some home letters today, in time to catch the 27th inst. boat out of Yokohama, and before I get immersed in packing for our mountain trip. It is getting hot and Rhea's appetite is none too good, so think we shall pull out a bit sooner than we had at first intended. Our movements will be dependent upon the season—if it begins to rain again, we shall wait until the weather clears, for I do not care for the mountains with a pall of mist enshrouding then—and that's what happens in the rainy season out here.

I enclose a family letter, which will give some items of news. Pass around and then forward to whoever may not be at Montreat. Annie wrote that she thought all of you would be up in July, and I hope that you were able to carry out that plan.

Am greatly saddened to hear the news of Aunt Ella's death. It must have been rather sudden, as I had received no intimation that she was failing. It is hard to realize that you and mother are the only ones left of your families, except Aunt Sallie. We are thankful that your lives have been spared through so many vicissitudes and that you both are so well preserved. God grant that you may be spared to your children and grandchildren for many more years to come! Here's hoping that you will see your great-grandchildren in sufficient numbers! Had you been a resident of Korea, or rather Korean, this ambition would have been gratified years ago. It is no uncommon thing out here for a man to be a grandfather at thirty five, and a great-grandfather at fifty!

Annie has not written me a scratch of business since she landed over there, nor have I heard anything from you. Fear that the land deal fell through, or at least will not materialize while she is over there.

Business out here is dead. The troubles in China have paralyzed business over there and as this Empire is so dependent upon the China trade, it is reflected in tight money, bank failures and general depression. The Yen is falling on the exchange market again, with consequent inflation of prices and disturbance of economic conditions.

Sorry you did not feel equal to taking the trip to King College Commencement. Perhaps you and mother can arrange a trip to visit Aunt Sallie next winter. Wish I had thought to suggest sooner that you try to get her up for a visit to Montreat this summer, so as to pave the way for a visit with her next winter. She did not seem very keen on coming up when we were over there.

Drop me a line whenever you can. Have missed your letters of late, but then I have written too infrequently, counting upon your keeping up with us through Annie.

With love for you each one, and trusting this finds all well,

    Affectionately,

           Fairman

Aug. 15, 1927

Camp C. E. Graham, Chidisan Mtn., Korea

Rev. S. R. Preston, D.D., Montreat, N.C.

Dear Father:

I hope this letter will reach you on your birthday, but it may be just a little late. At any rate, you will know that we will be thinking of you on that day and longing to be with you to celebrate the occasion. With hearty congratulations and loving wishes on the auspicious occasion, we would give thanks to God for all the circumstances of mercy that attend you. We are grateful that you are vigorous and hearty and so well preserved in body and mind, with such a keen interest in life. You are the youngest man for your age I know. With your well-regulated habits and customary caution you have the prospect of many more years of usefulness and happiness in this present life. God grant that it may be so!

When I think of the state of your health at my age, and younger, it is marvelous what a come-back you have achieved in your later years. It was distinctly providential that you gave up the College work when you did, since it was making fearful inroads upon your vitality. In thinking back, I see that I made precisely the same mistake at about the same age. Fortunately, better travel conditions, the development of native leaders, and other changing conditions, most of them favorable, have combined to enable me to keep on in the same work with steadily improving health. Even up to last fall, I was doubtful whether I would be able to hold out much longer. At any rate, will learn from you and try to take better care of my health, hoping that I may attain to the same happy outcome if possible after years.

I am also profoundly thankful that you have had such pleasant surroundings in recent years, near Janef, Floy and your grandchildren, and amongst loyal and congenial friends, in a good climate. Annie says that she likes Decatur best of all next to her own home town, and I agree with her that it is hard to beat as a place to live. We must watch that you always have a pleasant room in a steam or hot-water heated home, where you can come and go as you please, I hope that Mrs. Cunningham can continue to let you have the room you have occupied for the past year, if you are pleased and comfortably situated, as I believe you are.

I want you to know that your comfort and welfare, as well as mother's, is our chief concern. Annie and I are engaged in a work that demands big sacrifices on the part of all, in the nature of the case. At the same time, we do not intend that it shall prevent us from discharging our filial and parental duties and responsibilities, even if we should be obliged to give up our work out here for awhile and make a home for you and mother. I am always confronted, however, with the thought of what I could do at home, at my age, and of the difficulty of turning loose out here. As long as providential leadings allow us to continue on in the work, we feel that we should do so, as in the past. But one thing we want to guard against, and that is that you and mother shall not be pinched and harassed financially in your old age. We want you to be comfortable and well cared for and to this end we must see to it that your income is supplemented as much as is needed. For the last two or three years, Annie and I have provided about five hundred dollars in our budget for you. Much of this has (illegible) gone toward the up-keep of the auto, which we thought necessary for Mother, and incidentally Two, in her care of Mother. I want you to keep me closely informed of your affairs, and to call on me freely for what you need. We have many burdens and responsibilities, of course; but as I have indicated, I think the greatest privilege and responsibility that is ours is to minister to you in your old age, and this we propose to do.

One incident of the life out here is the heavy demands made upon us on every hand in the work. Such poor statemanship has been shown by the Home Office that the work has been cut down to the quick and there is not nearly enough provided to run it, outside of salaries of the missionaries. Years ago, when contributions began to decline, they should have ceased to send out new workers. But new workers were sent in greater numbers than the budget allowed, with the result that there are more missionaries on the field than there should be with the present budget. The result is that all of us are under a heavy burden of trying to supplement the urgent needs of the work. While saying this, however, I am determined to cut out many gifts out here and use what is necessary to supplement your income, so as to keep you and mother in comfort, since I think this is my first concern. What I want you to do is to be perfectly frank in writing me and let me know in advance just what you need to supplement your income. Your present manner of living apart, while it seems to be necessary and profitable for you both, costs more necessarily; but we must meet this extra cost and see to it that you are both well cared for.

I am enclosing a family letter, while will give you some of the news. Pass it on to Rhea when you have read (including Two and Mother).

Annie will be leaving you soon. Hope that you have all seen something of her at Montreat. No word since July 12.

With dear love for you each one from us all,

    Affectionately,

        Fairman

P.S. I fear that Annie did not remember your birthday, in the excitement of getting away. In that event, will send you a birthday check when she returns, as I have no bank account on that side.

Charlotte Bell Linton, who is here with her three boys, sends love to you. Linton is building new school building at Chunju.

Sept. 14, 1927

S.S. Siberia Maru

My dear Mother and all:

Tomorrow we are due in Yokohama about one thirty or two P.M. and I want to have a letter ready to catch the first outgoing steamer. Not that there is much news to tell, but I like to send you word from every port.

Since leaving Honolulu we have had about two days of somewhat rough weather and many of the passengers succumbed. Miriam and I managed to keep up our usual appetites and the company saved nothing on us.

There have been many sports on board—shuffleboard, deck tennis, deck golf, quoits, and ping pong. Miriam went in for several of them and made good records though she did not win any prizes. Fortunately she plays for sport and not for the prize so she has had a good time anyhow. She was kept busy as umpire in the shuffleboard tournament. Louise was one of the winners in deck tennis. She says it was all due to her very quick Japanese partner.

It is quite warm today and I am writing on my lap on deck. I hope it won't be hard on your eyes.

I am looking forward to having letters from home tomorrow. My last news was Aug. 16th. Fairman wrote a circular to the clan about that time which you have doubtless received and so you know as much about them as I do. Florence was to leave for PyengYang about September 5th. I am going to send her a cable for her birthday and also a cable to Soonchun to let them know we have "lit" on this side the Pacific. I think I will send Father a cable from Soonchun when we arrive at our journey's end.

Please tell Father that we bought Rhea a grand cowboy suit in San Francisco. It is to be a Christmas present from both of you so that will be off your conscience. It cost $3.50 and Father can pay Shannon whenever it is convenient to do so. She can use the cash around Christmas time or next spring just as well as now.

We had a beautiful half day in Honolulu. We drove around for four hours and did a tiny bit of shopping. I had hoped to buy several things which we failed to buy in San Francisco, but it was Labor Day and nearly everything was shut up.

I never tire of the beauties of Honolulu. The colors are the most marvelous anyone could imagine. The only fly in the ointment of perfect enjoyment was a lady from California who could see none of the beauties of Hawaii because she was so busy telling about what they have in California. She had much to say of the wonderful estates of the movie sites at Hollywood. She bored us to death, but was seemingly unaware of our state of boredom.

Please tell Floy that we are still thinking about and talking about our weekend in her lovely establishment. We haven't found any desirable widowers yet, but are keeping it in mind.

Tell "B" and "Spiffey", please, that we want them to take time enough off from cows and chickens to let us know their new address and how the country estate comes on.

Please thank "Two" for "dolling" John Fairman up. Tell her that Mattie was most enthusiastic about the clothes. I am very grateful to her for taking the time to dress Johnny up when she was on the verge of leaving for Washington.

Please tell Janef that we are very proud of her record at Columbia. We will be very grateful when she can find time to send us one of her good letters.

I hope that Margaret and the children are all well. I am afraid I won't have a chance to write her a letter but I may send her a card.

With a heart full of love for every one of my dear in-laws.

  Devotedly,

        Annie

Nov. 10, 1927
Thursday.
Kwangju, Korea

Dear Father,

Your letter of last month came promptly, and I have been too much on the jump to get off a reply before today. Came up here two days before yesterday (Monday) with Miriam. She is trying for a driver's license, which is a big proposition in this country. Day before yesterday she took her "trick" driving test, yesterday her road driving test, and today she is taking her oral and written tests. I am waiting outside the exam hall as I write. I think she will pass all right, and the aid and comfort she will be in driving will well repay the time and effort expended in securing the license. We expect to get home today.

The weather is glorious, and we are greatly enjoying the trip, and the opportunity of seeing all the friends up here.

Am disturbed to learn that your physical exam disclosed a weak spot. Since the object of the exam is just to ascertain such possible condition, with the object of correcting it before serious development, I urge you to follow Dr. Leadingham's advice and consult a specialist <u>without delay</u>. We will see you through on this, so do not let financial considerations influence you in putting off a further investigation of the condition to which you refer. Suppose a surgical operation should be advised, as you surmise might be, from the circumstance of having been referred to a surgeon? You would still have the option of deciding whether or not you would have it, and when. But it is important to know just what the symptoms indicate. It may be incipient stone in the bladder, which might be dissolved by medical treatment before getting serious. I do not know whether there is such a treatment. The point is you stand to gain by taking proper steps while you are in fair physical trim, before trouble begins. I hope with you, that no surgical operation will be indicated, because such an experience is not pleasant to contemplate. But even a surgical operation can be endured with little ill effect provided one's physical condition is not too much below par and one's mind is calm. I believe that patent medicine advertisements have done a lot in painting a surgical operation as a terrifying specter to be dreaded, whereas the most of them are simple and effective, and patent nostrums are the things one should dread! Our Dr. Rogers is now performing all abdominal and many other operations without a general anaesthetic, with uniformly good results. He injects novocaine in certain nerves, much as a dentist does when treating a tooth, and all the parts are without feeling. This is one of the latest developments in surgery, and a great improvement over the old way.

All of us are well as usual. I have been troubled a bit with pain in the stomach this fall, but will probably overcome it by dieting. We are all prone to eat too much.

Have had some good meetings in my field this fall and several more planned. The work is in good shape. We are still struggling with the problems precipitated by the action of last General Assembly, ordering a cut of 30% in the work, with no solution in sight yet. It is a tragedy, all the more unfortunate because of the closing out of the work in China. Why wreck a growing concern in Korea? We are forced to close down in China, but simultaneously comes the order to close down in Korea also. It looks like bad strategy to me. Better hold on where we can, if we are to have any future appeal to the Church. We could not meet the cut by closing two out of our five Stations in Korea. Think of that.

With dear love to all,

    Affectionately your son,

        Fairman

Dec. 1, 1927
Soonchun, Korea

Rev. S. R. Preston, D.D., Decatur, Ga.

Dear Father:

Janef has been good to keep the folks at Greenville informed as to your progress, and they in turn have passed on the information to us. This trouble doubtless has been gradually coming on for a long time. Retention of urine, or rather inability to urinate, is the second stage. I am glad that you went to hospital promptly, instead of temporizing with catheter, which is risky. Besides, an operation in the end is inevitable; so you are wise to have it over with while you are in better physical shape than you would be later.

This is a painful and distressing experience for you, but it is comforting to know that everything possible is being done for your comfort. We are comforted in the thought that doubtless the worst was over before we heard even of the nature of your trouble. However, in a matter of this kind, the onset of which has been of such long duration, you must not be discouraged if it takes some weeks for you to get back to normal, after the operation. Here's hoping that you will be out of hospital by Christmas. As long as you are not bed-ridden, and can get about even in a wheeled chair, it is not so bad, though trying at best.

This letter will reach you just about Christmas time. I will write a general letter for all the clan, but here's special greetings for you and the hope that you will be so far recovered as to enjoy it tholy and rejoice the hearts of all the family and friends. We shall be thinking of you all and longing for the time when we can spend another Christmas together.

Our glorious fall weather has persisted until now. Day after day we have beautiful, warm sunshiny days. Up to today there has not been a killing frost here: flowers are blooming, gardens are flourishing, and some leaves still hang on the trees. Wish it would last until Christmas, as I have seen it last once or twice in previous years.

Florence will be home by the 17th. We plan to bring her back from Kwangju as we return from Mission meeting. A special one has been called to consider the grave financial situation confronting us—a thirty per cent cut in our budget. The church at home has plunged us into a situation that is really beyond our ability to handle.

All the family continue in the best of health. I have been threatened with a return of my stomach trouble, but am trying to avoid over-exertion and imprudencies in eating, so do not anticipate any serious development. Your namesake continues to develop very rapidly. He is learning his letters and has already practically mastered the alphabet and is beginning to learn words. He will be able to write you a real letter by the time he is five years old perhaps. He already signs his name with a flourish.

With the assurance of our prayers, offered continually on your behalf in this trying time, and heartfelt love and sympathy from us all,

    Affectionately,

        Fairman

P.S. Will add a business note.

In 1928

Jan. 5, 1928
Soonchun, Korea

Dear Folks at Home:

The holidays have come and gone, and here we are well into a new year with its absorbing activities. Our Men's Conference opened on the 3rd with an unusually small registration, owing to the severely cold weather prevailing. Today it has moderated and they are straggling in. It is not such a good time for the men to meet, since the Korean New Year holidays are looming (Jan. 1 of the lunar calendar falls on our Jan. 23rd this year). It is the custom to put one's house in order before that— collect all outstanding obligations, pay one's debts and start out with a clean sheet, as well as clean clothes. The favorite time for a Bible Conference is just after the Korean New Year; but that time has been preempted by the women this year—the men and women, alternating for choice.

Florence has returned to school and Miriam is in Seoul attending a week house-party given by the Underwoods. I drove them to Kwangju (or rather Miriam drove) on the 2nd and put them on the train. Sorry they struck such very cold weather. Brought back with me a carful of visitors, most of whom returned with Dr. Wilson today.

The thermometer registered eight above here yesterday morning at 8.30, and did not rise above fifteen all day. It is bright sunshine today and the wind has lulled and changed direction. We do not have much prolonged cold here as a rule.

We spent a quiet, but very enjoyable Christmas. Besides the immediate family, only Louise Miller was with us. Miss Janet Crane, sister of our

Soonchun Dr. Crane, and Miss Helen Abbott, school teacher from Seoul, were the only visitors in the Station. Miriam pulled off a play by the children—a chapter or two from Mrs. Wiggin's *The Birds' Christmas Carol*, much to the delight of all. Apparently all they had to do to impersonate the Ruggles was to act naturally!

Wish you could have seen Rhea Christmas morning. The first thing he spotted was Wiley's tool box, which he pointed out to him; then his new auto, which we had succeeded in finding in Seoul to replace the old one he rode in America, which is now a wreck.

We enjoyed Florence. She is looking fine and is doing well at school, besides making friends of everybody. She and Miriam had a lot of fun fixing up Christmas stockings for the Korean children.

These are the days for weddings among this people, and daily wedding processions may be seen. A girl is considered an old maid even in Christian circles if she is not married before she is nineteen or twenty. This custom is a great drawback to education.

The coming year bids fair to be a busy one for me. Mr. Unger goes home on furlo and the Station is insisting that I take charge of the Boys School, in addition to my other work. It has been years since I headed a school, and I do not relish the idea, but suppose will have to undertake it.

Charlotte Bell Linton has her fourth son. The Lintons go home on furlough July 1st.

All of us are in the best of health.

Hoping the same of you, and with love from us all,

  Affectionately,

    Fairman

July 15, 1928
Camp C. E. Graham, Chidisan, Korea

Dear Folks at Home:

Today I am enjoying the privilege and luxury of a Sabbath rest. How restful it is up here in the clouds, after some weeks of hectic, high-pressure living! I must celebrate by sending you a much-belated letter, though it is needless to reiterate that you are always in my thoughts and prayers.

We arrived here three days ago, and are now comfortably settled in a rented house which we have until July 31. With the oversight of two buildings, it is not going to be what might be called a vacation for me for the next few weeks, but I hope go get through in time both to relax thoroughly and to enjoy our new cottage, now under construction. The Chinese contractor failed me in not sending up sufficient workmen, so that construction is a month behind and we are going to be disappointed in not getting in by Aug. 1st. However, we hope to get the Community building by that time, and the Preston family will doubtless make out somehow. The elevation of our cottage is 4,100 feet, with a superb panorama spread out in front in two directions.

The cottage, though built solidly of stone, is of very plain design. There is a sitting room and dining-room combined, 12×26, in the front half of the building, entrance at one end and big fireplace at the other, with one double and two single windows in front commanding the view. The bedroom, bath, and kitchen occupy the rear and there are two attic bedrooms. An ice-cold spring will come from above the kitchen by gravity flow. We estimate the house and grading will cost about a thousand dollars—less, I hope.

The Community House, of stone, is 30×40 feet, with a big fire-place in middle and platform at end. It should be finished within two weeks and will be a great asset to this resort.

There are already twenty-seven people here and we expect that many more in another week—this does not count servants—doubtless we shall be full-up, with the most we have ever had so far.

Miriam and Florence are planning a trip to Sorai Beach for the first two weeks in August.

We have been wondering what your plans for the summer are. Just received father's letter with the disconcerting news that he is in hospital again. Hope it will not be for long and that he can get to the mountains. Good letters from Shannon and John Fairman, Montreat.

We have had a delightful season out here so far. The regular rainy season, as last year, again failed to materialize, and instead we have had occasional seasonal rains, as in the Homeland.

Hope you will meet some of the Korea missionaries going home on furlo: The Lintons and their four sons, Capt. and Mrs. Swinehart, Misses Mattie Tate and Lena Fontaine (the latter from Wytheville, Va). Miss Margaret Hopper, Rev. and Mrs. J. K. Unger (from Soonchun), and Rev. and Mrs. E. T. Boyer. Rev. W. B. Harrison is returning home very ill, and is accompanied by Miss Greer and his family. Miss Greer, our Trained Nurse, was sent at the last moment with him, as it was feared he might not live to reach home.

We have just had the news that Mr. Swicord, who married him a wife after some years of prospecting, will not return, as his wife failed to pass the physical test. The McEacherns and Miss Dodson are indefinitely delayed, Mr. Dodson and Miss Martin have resigned, and Misses Martin and Graham are on the sick list—so our numbers are thinning rapidly. Last year Miss Bain and Dr. Gilmer resigned, and Misses Gray and Hughes married and did not return.

The prospects are that this Mission will be reduced to a skeleton force within a few years more. Perhaps, this will be the logical result of the changing conditions that confront the missionary enterprise, both at home and abroad. I am glad that I hit the line hard in the days when we had such an unprecedented opportunity!

All of us are in the best of health. Rhea is hearty as ever, with no bad effects from his attack of scarlet fever.

Glad and thankful for this delightful resort, so health-building and convenient for us at Soonchun—within five hours from the time of leaving home, we can be on the mountain top!

With these general remarks, hope to enclose a personal note to each member of the family. Might it be too extravagant to indulge the hope that the summer season will yield a note from Floy and "B"?

All of you work to send out some second hand clothing (overcoats, suits, or cloaks) for our Koreans. Children's clothing is also very acceptable.

All the family join me in love and the hope and prayer this will find you well and happy.

   Affectionately,

     Fairman

July 19, 1928
Camp C. E. Graham, Chidisan, Korea

Rev. S. R. Preston, D.D.,
Montreat, N.C.

Dear Father:

I wrote the enclosed general letter Sunday, and here it is Thursday before I get a personal note ready to send with it! Am just getting caught up with accumulating business connected with building operations up here.

We were so distressed to learn from your letter that you had to go to hospital again; but since it is only a minor operation, I am sure you will have speedily recovered from it. I hope that the storms have passed and that you will enjoy calm and sunshine from now on.

The folks wrote us that you were comfortably located at the new Decatur Hotel, until you had to go to hospital again. That struck me as a good arrangement, and I hope it can be continued, as you will be more independent than in a private home, and in close touch with Floy and Janef. Decatur climate is also very favorable and the surroundings congenial.

I had hoped and expected to come home next summer, but at the present there seems no chance to get off. Mr. Unger, Dr. Rogers and Dr. Wilson will all be home on furlo, and Coit, Crane and I will have to run three institutions besides our regular work. It would be practically impossible for the two of them to do it and take over my regular work in addition, and I could not ask it. However, we shall plan to come home the following year (1930), and we pray that we may all be spared for another happy reunion at that time.

It has been a long time since you wrote me anything about your business affairs. As soon as you feel able to do so, wish you would let me know the total you have expended on your hospital and medical bills. Also what it is costing you to live, etc. Annie and I want to help out to the limit of our ability. It is important that you do not worry over finances.

What is the status of the Atlanta Apartment house? I suppose you still own it. Any trouble about renting it?

I never hear anything from Foly, "B", or Janef, except indirectly. Two and Rhea write regularly. It is hard to get used to the length of time required to get an answer from a letter sent across the Pacific, and I imagine the idea is inhibitory.

All of us are well and enjoying the mountains.

With love from us all, and hoping this finds you on the mend,

    Affectionately,

        Fairman

Aug. 24, 1928

Camp C. E. Graham, Chidisan, Korea

Dearest Mother,

Letter writing is an exercise I seldom indulge in these days, as even you can testify. Am snatching a few moments of quiet before breakfast to send you a line, promising a real letter later.

We have had a wonderful season up here. Very little rain and a congenial company of missionary friends. All have been built up both physically and spiritually in a marvelous way. Miriam and Florence spent two weeks in Sorai (the sea-side resort on West coast) and brought Ella Reynolds back with them when they returned last week (15th). My Princeton classmate, Dr. Walter Erdman (brother of Dr. Chas. Erdman, Prof. in Princeton) is visiting us now, and we are greatly enjoying these friends.

I have been extremely busy with a heavy building program, but have had marvelous "pep" in this mountain air and am feeling fine. We still have three carpenters puttering around the cottage, but we are nearly through. Am starting two other buildings at once. Have had only two "hikes" this summer—one yesterday. It was a glorious day and we could see Soonchun sweltering in the heat of the plain and pick out the houses of our compound with the field glasses! We are told that they are suffering from a severe drought and very hot weather everywhere below.

Glad to hear good news from all of you at home. We are thankful that Father is safely through his trying ordeals, and that Janef was on the mend. Wish we were there to help out, or that you could be here where we could enjoy you and help at the same time. We have been quite uneasy about Father, especially when we heard that Janef was having such a time.

"Father" Winn is here on the mountain with his children, Dwight and Emily. He is 84, but independent and active. Lately he has seemed feeble, but gets out of doors every day. He has led two services this summer.

We expect to be until the 30th, when we go down to open schools and get Florence and Wiley off to PyengYang. I expect my duties up here will necessitate several trips and I may possibly persuade Annie to come up for a couple of weeks in Oct. Our plans are as yet indefinite. We have to cut the fall meetings if we come up here, and I have not attended for three years.

Hope this finds you all well and everything running smoothly.

With dear love for you and the household, in which all join,

    Lovingly your son,

        Fairman

Sept. 7, 1928
Soonchun, Korea

Dear Father,

I should have had a birthday letter over there on or before the occasion, but here it is past the time and no letter despatched yet. But "better late than never", so in the middle of a busy morning I am penning these lines just to let you know we are thinking of you, and determined not to let another day pass before writing you.

It is a time for rejoicing that you came safely through the ordeals of the past year and that you are on the way toward a full measure of the health and strength you formerly enjoyed. You were in hospital almost long enough to acquire the hospital patient's habit of dependence upon nursing and being waited upon, but you have doubtless shaken that off long since. The invalid, dependent habit of mind is one to be dreaded and steadfastly resisted. Father Winn (now 84) is now visiting us. We were with him on Chidisan (Camp C. E. Graham) for six weeks this summer, and I have had him under close observation. One rule of his is never allow anybody to help him as he gets up from a chair, walks up and down steps, etc. as if he were old and feeble forsooth! He keeps going, often by sheer will power. He was Pastor of the Camp and spoke himself on several occasions. Once this summer his circulation seemed bad and he seemed to be losing strength, causing some uneasiness to his family and friends. His heart was good, however, and the Doctor could not put his finger on anything specially wrong. Father Winn kept saying he was all right, never took to his bed, hung around out of door and in a few days was going on his accustomed walks. He seems now in the best of health, and preached for us last night, sitting in his chair. The thing that impresses me is that he maintains a good psychological attitude—a good example for us all, as most of us are too much inclined to dwell unduly upon our ills and symptoms and to reflect, unfavorably, upon failing strength.

I hope you are holding your years lightly and that you feel yourself to be "seventy-nine years young". May you take on new vigor, a new lease of life, after the sufferings recently undergone, and with cheerful mind and a sound body, lead a useful, helpful and independent course in the coming years!

Hope you got to Montreat during August, and that you had a fine time there. Miss Mattie and the children were expecting you, at last accounts.

We had a very hectic summer, living in three houses on Chidisan (the last our new cottage, with the carpenters puttering around up to the day we left, Aug. 30th), I built six houses, including an auditorium, 30×40 ft. In consequence, was extremely busy and worked very hard all summer, without time for reading, writing, study or recreation. We had a wonderful season, very dry, with days on end of beautiful October-like weather. In consequence I got through physically in fine shape and have the satisfaction of knowing that we have a complete (except Boarding House) summer resort in the mountains the only one of its kind in Korea. The Boarding House will be erected next spring—at least one section.

Since our return we have been in a whirl, with getting the children off to school, Korean Boys' School opening, and the usual routine of business connected with my regular field of work.

We celebrated our 25th Anniversary jointly with the Coits, before the children left. Six went to PyengYang from the Station, and they leave a big gap. Miriam the oldest and Rhea the youngest are with us. Rhea will begin school this month. The Rogers children leave next month on furlo and the Cranes on special assignment at PyengYang to be gone until Christmas, so Rhea will have only Mildred Coit left to play with and he will be lonesome. I forgot that the Wilsons are coming. They will be company for him.

The weather out here has been very hot, and still continues hot. We have suffered since our return from the mountains, reminding us of that experience in Decatur. Almost unprecedented storms in this province and in North Korea have worked havoc with property, and in N. E. Korea nearly a thousand people were drowned in a flood that affected 70% of one province. All roads out of here except to South and East have been off. No damage here.

We have never yet received any statement of your hospital expenses, nor can we get much idea of what it has cost you. Please send us a definite statement, if you have not already done so. We want to take care of that for you.

Trusting that this will find you all well, and with love from us all,
    Affectionately,
        Fairman

Oct. 7, 1928
Soonchun, Korea

Rev. S. R. Preston, D.D.,
Decatur, Ga.

Dear Father:

I had expected to send you a letter along with this general family letter the same day it was written; but here it is the fag end of a busy Sunday, and we leaving home in the morning. I have had a distractingly busy week with accumulated duties and estimates and plans for a new building that is to be erected immediately. Will content myself with a line now, and write you again very soon. I feel badly about having neglected mother for some weeks past and will certainly do better from now on.

I am driving Annie through the country to Seoul, where I shall leave the car to be repainted and overhauled, returning home immediately and going back at the end of two weeks for the car. In the mean Annie will go on to Pyengyang to see the children, and will return with me. Rhea will go with us. I am taking a native chauffeur along to help with the driving, as I am not very strong as yet. Went out to the country today for the first time since I was operated on.

The operation for hemrrhoids is very simple, so far as surgery is concerned, but is one of the most painful for the patient in its aftermath. I shall be having trouble for several weeks yet, I expect.

Glad to know that you are at the new Hotel, close to Janef and in touch with Floy. I believe you can keep more comfortable and feel more independent there than in a private home, and it seems the best arrangement possible for the present at least. I hope that the monthly rate secured was reasonable enough to put the arrangement through.

As I wrote you, Annie and I expect to see you through on your hospital expenses. We have been so rushed that have not yet squared up to the thousand and one accounts (building and Mission) so as to see where we are "at," but expect to get to it soon and will send you the balance as soon as we can get our hands on it. I had thought that you might have to pay eight hundred dollars, but as you say your expenses we unexpectedly heavy, in spite of all your efforts to keep them to the minimum. We are so glad and thankful that you are over this painful experience and well again. It's worth all it cost and a lot more!

I have been uneasy for fear that yours and mother's expenses are running over your income, but have not heard anything along this line now for many months—I mean regular living expenses, not counting medical. I wish you would send me a rough estimate of your present yearly income and of yours and mother's yearly living expenses per annum. We have been trying to help out, but whether we have done so wisely or intelligently, I cannot say. Such a statement from you would help us to decide.

My impulse, when I hear of yours and mother's sickness, is to come on home and in person talk things through with you and the others. Annie has generously urged me to do so. But such a trip is expensive, to say nothing of the difficulty of leaving my work and family over here, and would make it difficult, if not impossible, to extend the help that we have and expect to extend in the future. Just now Annie is feeling more pinched in income than for some years. This year she received half the usual dividend on one important investment, Durham Hosiery continues to default, and she lost over three hundred dollars on Carleton Apartment bonds (Annie's failure). We were lucky, though, to get off so lightly on those bonds, due I think to extreme care in selecting them. We may not be out of the woods there yet, as there seems to be trouble with Houston

Medical Arts bonds. All this, with the Decatur property still tied up as frozen assets, coming at a time when our educational outlay is at its peak, gives us plenty of food for thought and careful planning.

It looks now as if some of our investments, which we thought rather long time at a good rate of interest, will be called in the near future, If so this will mean a lot of trouble in reinvesting and inevitably a lower rate or income. I did not notice that those bonds (Hurt Building, for example) were callable before maturity, did you? I understand the Hurt bonds may be called any time at 102.

After you got sick, we wrote O'Neal and McLean, Decatur, suggesting that they send monthly rents to Annie's account at Davis and Wiley bank (branch of the Atlantic Bank and Trust Co), and that Mr. S. H. Wiley, her agent, would send all amounts needed for taxes etc. We had no reply from them. Annie says she has noted only one amount credited on her account there (last spring, soon after we wrote). I wish you would inquire as to the status of affairs, and what is very important, I want a statement showing income from rent, and expenditures for repairs, insurance, taxes, etc. on the Decatur property for the present fiscal year beginning Jan. 1st. I would like to have this statement here by Feb. 1st, for income tax returns. Annie has fortunately had no income tax to pay, but she is required to make returns and I do not like to guess at this, as last year.

I must stop now, as it is past eleven o'clock. Hope this finds you and all well. Pass this family letter on to Janef and Floy, with my love. Hope you are having a comfortable time. Was disappointed that you did not get to Montreat.

All the family join me in love.

   Affectionately,

      Fairman

In 1930

Nov. 10, 1930
Soonchun, Korea

Dear Friends in the Homeland:

We have been under the impression that a circular letter from a poor correspondent is almost adding insult to injury. However, from a perusal of a questionnaire sent out by our missionary correspondence Department at Nashville in regard to such general letters from the missionaries and noting the expressions of appreciation, we pluck courage to try another. Please take this as a gesture of despair over arrears in correspondence in which we find ourselves. To cannot find time enough to write a fraction of the personal letters that we long to send.

We returned from the mountains on August 27th all "pepped up" for work. What Camp C. E. Graham means to the missionary body in health, inspiration and general upbuilding is simply beyond all calculation. After several years of self-denying, strenuous effort by various members of our Mission, the resort is now complete and its fame spread abroad. Missionaries from all over Korea, and from Japan and China as well, avail themselves of its benefits. Due to the fact that our annual meeting of the Mission was held there for the first time this year, we were enabled to spend a longer time than usual there. Due to the same fact, our distinguished visitors, Mr. and Mrs. Edward D. Grant, of our Nashville office, were enabled to see and share this delightful part of our life in July. That and a subsequent visit to the Stations in September were most helpful to us all and they endeared themselves as never before to this Mission.

Since our return, a big accumulation of work, besides routine duties, have kept us rather distractingly busy. Besides regular church visitation, two Leaders Conferences, five Tent meetings, a trip to Chunju on Mission business, and special efforts to supply and fill a vacant pastorate are some of the special things which have occupied us. We are very much encouraged by the successful development of two new churches. After several months of individual effort, special meetings were held this fall, with an attendance of 300 to 400 people each night. In each instance the village school building has been lent for temporary meetings and the prospects are fine for permanent results.

Our new railroad is nearly completed: we expect trains to be running by Christmas, connecting with our deep-water terminal 27 miles to the south and daily boats to ports in Japan direct. In future travelers to and from our Mission territory will travel this route; hence it has come about that Soonchun, from being the most isolated of our Stations, is the gateway of the Mission. With the completion of a railroad link northward towards Chunju 45 miles and eastward 60 miles, both already decided upon. Soonchun will be a railroad center. It is said that our port has the deepest water of any in Korea and that trans-Pacific boats will touch here, if and when they ever touch at a Korean port.

There are bumper crops this year and the people will have plenty to eat, but the farmers, who form the bulk of the population, are in a sorry plight due to the slump in the price of all farm products. Taxes, which remain the same, and debts, which are inexorable, must be paid; and what is left, the farmers are saying, is little more than that of a semi-famine year. Meanwhile the price of his land, on which he has borrowed, has slumped. Truly the lot of the farmer throughout the world seems to be a hard one. It looks as if the churches will have to pay their pastors in farm products, rather than in money, if they are to retain them under present conditions.

Our Station is rejoicing in the completion of the new Watts School Building for Boys, the latest to be completed under our building program. It is a two-story, stone building, with commodious class-rooms and an auditorium. In this building, the gift of a dear friend of this Station, we have one of the most attractive school plants in the Mission and due to the low prices prevailing, at a cost well under $10,000.

On November 3rd the building was formally opened with impressive exercises. The leading officials and citizens of the town were present and unstintedly expressed their appreciation, not only of this beautiful and substantial building, but of the work of our Mission as well. It was one of the most notable occasions in the history of Soonchun Station.

We are enjoying our second daughter, Annie Shannon, who is with us for a year, after having graduated with high honor at Agnes Scott College last June. She is teaching Art in the schools here and assisting her father in secretarial work. Florence, after graduating in June in PyengYang High School, returned to the States via Europe and has entered Agnes Scott. Miriam is at Yale and J. F. Jr. a senior at Davidson.

It is good to have the Wilsons back again. They are taking a large part in the life and activities of the Station.

Please continue your prayers on our behalf. In the work of this Mission you have an efficient, going concern. Your investment of life, and treasure and prayer is bearing increasing fruit to the glory of God and the establishment of the Church in this land.

      Yours in the great enterprise,
      Annie S. Wiley and John Fairman Preston.

Received at Nashville, Tennessee, December 3, 1930.
Address: Rev. and Mrs. J. F. Preston, Soonchun, Korea.
Postage: Letters five cents, postcards three cents.

In 1931

Dec. 1, 1931
Soonchun, Korea

Dear Friends in the Homeland:

This is just to send you the Season's greetings and to remind you that you are in our thoughts and prayers. May the spirit of Christmas—love and joy and peace—be yours in unbounded measure! It is a wonderful thing to realize that people of every nation in increasing numbers are bringing gifts to the Prince of Peace, Saviour of the world. Out here the first thing we hear before dawn on Christmas morning is the music of carols sung under our windows by Korean Christian students.

Whatever the coming year may hold in store, we KNOW that "all things work together for good to them that love God;" therefore, despite discouragements, disappointments, bodily weaknesses, hard times, cuts in the budget, we can face the future undismayed, resting upon the promises of God in Christ, assured that He careth for us. "Even the hairs of your head are all numbered."

Just now this family is in trouble, Rhea and his mother are ill with typhoid fever. The former is sitting up and the latter, after a painful and wearisome sixteen days of it is today for the first time definitely on the mend. Pater is necessarily on the home job, ably assisted by grown daughter Shannon. At a time like this, Dr. Rogers and Miss Hewson seem Heaven-sent with their efficient ministrations. In the meantime the home has been turned into a hospital, to conform to the law.

This is the first serious illness Mrs. Preston has had since our first year in Korea. We have learned that inoculation does not give complete immunity against the type of typhoid out here, but it does mitigate an attack. We expect that by the time you receive this all will be well with us once more. Let us hope also that before that the ominous war-clouds will have rolled away and peace and brotherhood prevail in the East.

This has been a year of singular trial and difficulty in our mission work. The economic distress amongst the Koreans is acute. In those parts the cotton crop is a failure, the rice harvest below average, while prices of those commodities are the lowest in years and taxes high as ever. The shortest crop of rice in Japan since 1914 is draining Korea of rice. Land owners demand the pound of flesh, despite conditions. We look for real suffering and food shortage, perhaps agrarian riots, unless conditions improve.

The Gospel massage commands a good hearing everywhere and there is a definite movement toward the Church. When will men everywhere come to realize that the cure for earth's ills is trust in God?

Advance work, with a 38% cut budget and the prevailing distress out here is out of the question. We are shortening our lines in the endeavor to hold the strategic points which have been occupied.

At no time in the history of this Mission have your prayers been more needed than now.

Assured of your fellowship with us in this great enterprise,

 Yours in the best of bonds,

  The Prestons

Received at Nashville, Tennessee, December 19, 1931.
Address: Rev. and Mrs. J. F. Preston, Soonchun, Korea.
Postage: Letters five cents, postcards three cents.

June 6, 1932
Soonchun, Korea,

Annual Report of Annie Wiley and John Fairman Preston to Soonchun Station For Year Ending June 1, 1932

If one should enumerate all the difficulties, handicaps and discouragements that have been faced during the past year, they would take up entirely too much space in this report. Let the mention of one, the topic of the day, suffice. Economic conditions have been terrible. Crops were average, except cotton, which was a failure; but prices in the fall were so low that the farmer's surplus was swallowed up at once for debt and taxes. In consequence hundreds were reduced to beggary and thousands to want. In early spring those in the mountain districts eked out a living by stripping the bark from pine trees and digging roots, which were prepared and eaten as in famine times. Local government carried on organized relief.

A mid-year cut of ten per cent last October nearly demoralized the Mission; but when an additional twenty-five per cent cut on our working budget was announced in April, to be paid as usual in Yen, not withstanding it had depreciated fifty per cent, the Mission found itself unable to meet the situation. We are now drifting, like a ship before the wind, with rocks ahead. We are carrying on temporarily by throwing into the working budget the exchange on salaries of those who are in a position to grant it, in the desperate hope that thus we may be able to tide over the present emergency.

Under present conditions the founding of churches in unchurched territory—which should be the chief business of the missionary evangelist—seems practically impossible. For six months an attempt was made to open up work in Samil District, where opportunity offered and prospects were encouraging; but it had to be abandoned for lack of proper oversight.

In the port or Yehsu, the local church has opened up a Chapel in the West end and assisted in the opening up of a work on a neighboring island, all with our co-operation.

The Kanmun church in Kurei County has experienced a big revival under the leadership of Elder Choi, father-in-law of the local school superintendent, and who came to live with his daughter last spring. Though seventy-eight years of age, in a year's time he has secured forty new believers and built a new church building. It is reminiscent of old times in Korea. His successful activities, entirely voluntary, really put to shame the poorer showing of younger men on salary.

The VILLAGE SCHOOLS continue to prosper. There are now sixteen in our field, with an average attendance ranging from sixteen to seventy each. All but one permits from the government. The teachers aid greatly in the leadership of the church. Altogether this type of work seems most worth while of all present out-Station activities. At Tolsil the new teacher from April first has greatly revived the church and has taken the oversight of a neighboring group. The only reason that many of these schools have not been forced to close is that they are supported largely by private funds.

Work in the Bible Institutes and in the Men's and Women's mid-winter Bible Conferences was continued and proved most profitable and interesting. Much to our surprise and gratification, attendance was above the average. The Bible School for men registered fifty-two for three weeks study.

Mrs. Preston has continued her teaching of Bible in the Girls' School three hours a week, in which she takes great delight. She says the year has proved a disappointment in that she has been prevented from doing so many things she had planned to do. So say we all.

When the office of Mission Secretary was accepted last July, it was under the impression that it was a sinecure. In this we were sadly mistaken. Since then four Mission meetings have been held—a record in the history of the Mission.

Another duty has been assisting in the administrative work of Kwangyang field. The new hospital building has taken a great deal of time and energy, due to the unreliability of the contractor. We are having more trouble with this building than my four others previously constructed and it bids fair to be a long-drawn-out affair.

We have been greatly handicapped by serious illness in the family. Rhea had a light case of typhoid in November, followed by a severe attack of the same trouble on his mother, from the effects of which she did not fully recover for several months. Annie Shannon was quite ill with mastoiditis during the summer, just escaping an operating. In March Wiley had to leave school at Pyengyang with a diagnosis of t. b. of the lungs and has been at home on careful treatment since. He is showing splendid improvement and will return to the States in June. All this has thrown a heavy burden upon us, but also upon our beloved physician, Dr. Rogers, who with Miss Hewson has been a great help and comfort. It would be hard to carry on without their invaluable assistance.

Annie Shannon has remained with her parents for another year, making herself generally useful aid outside the home teaching Art in the Girls School and occasionally carving brass-models for the Industrial Department of the Boys' School. She will teach the school for missionaries' children at Soonchun next session.

Miriam is teaching in Peace Junior College, Raleigh, and will continue there another year.

John Fairman is studying medicine at Duke University and Florence is completing her second year at Agnes Scott College.

At this time our hearts are saddened over the news of Dr. Coit's death. Three big memorial services have already been held in various parts of the field and two others are scheduled—these in addition to numerous local church services. He was universally beloved and the tributes to his memory voice the esteem in which he was held and the sense of irreparable loss in his passing. Generous, unselfish, loving, the impact of his life upon the Soonchun field was powerful in its influence for good. He and his devoted wife were associated with us throughout their twenty yours in Korea.

In a world out of joint, when men's hearts everywhere are failing them, we cannot forget that "man's extremity is God's opportunity." May the time not be near when confidence in mere material civilization, which has been so serene, be rudely shaken and men turn unto God and His Kingdom of righteousness as the one anchor of the soul, sure and steadfast? When the sense of sin, so weak, will be deepened and men turn for pardon and cleansing to the one Almighty and All sufficient Saviour of the world? God hasten the day!

July 5, 1932

Soonchun, Korea

Dear Friends in the Homeland:

We are mailing you a copy of our annual report, condensed for your convenience.

Since this report was prepared, plans adopted for the current year assign us the oversight of fifty-odd churches and groups of Christians. Dr. Coit's former field falls upon my shoulders for the greater part, in addition to my own. Your prayers are doubly needed not only for added strength for increased responsibilities, but that physical breakdown may be avoided. Our regular furlough (after seven years of service) is due next year, but has been postponed owing to the big deficit.

Our work is becoming increasingly more difficult, based as it is upon an uncertain and shrinking working budget. Looking for a cut is becoming a habit of thought, as for example the spring thaw! Freeze, however, would be a more appropriate figure. All peoples are living in a topsy-turvy world these days, where "everybody's crazy" and thinking abnormally. Host of the trouble is caused by too much talk of hard times, with resultant "hard-up" psychology. It is nothing new amongst the Koreans. To be on the verge of economic ruin has been for years a national habit of thought and to dwell upon it has become patriotic. These orientals accustomed to poverty, can live more normally in times like these than occidentals. They live one day at a time, do not indulge much in prophecy and are too poor to subscribe for periodicals that purvey it, gloomy or otherwise. As long as anyone has anything, all will live somehow. Nobody is dying on the roadside yet—except, of course, the poor leper and the bulk of the population lives close enough to the soil to eat, if the land brings forth. Just now they are rejoicing in a bountiful barley crop (which by custom goes mostly to the tenant) and seasonable rains.

I have just returned from a short trip of three days to a remote church. With a cloud of mosquitoes by night and a swarm of flies by day, one wonders how these people survive, especially since there are no fly screens and few mosquito nets in the villages. The smoke of a smudge fire is supposed to discourage the mosquitoes and is more tolerable to the sleepers than bites. Flies do not bite and are tolerated. A child sleeps undisturbed, its face nearly covered with the pests, one of which would keep a westerner awake. One <u>can</u> get accustomed to anything (even "cuts" and dire poverty), but the tragedy of life is the loss of the will to struggle against difficulties—a supine acquiescence in things as they are.

The meeting of our Presbytery last month was strenuous. Dr. Crane was elected Chairman—a rare honor these days for a missionary—and acquitted himself most creditably. Presbytery agreed, in answer to an overture from our Station, to take over whatever Mission funds are available for the purpose and employ all lay workers overseeing pastorless groups. This relieves the missionaries of the nerve-racking strain of discharging or reducing the salary of native workers, in such vogue of late.

Our Annual Meeting of the Mission will be held again on Chirisan, convening the 14th inst. in the delightful environment of Camp C. E. Graham, where we have all the equipment to make us comfortable.

Thanking you for your loyal support, letters of encouragement and, of course, your prayers,

    Your Fellow Workers,
        Annie Wiley and John Fairman Preston

Received at Nashville, Tennessee, August 5, 1932.
Address: Rev. and Mrs. J. F. Preston, Soonchun, Korea.
Postage: Letters five cents, postcards three cents.

Dec. 14, 1932
Soonchun, Korea

Dear Friends in the Homeland:

This fall has been one of the busiest and most distracting we have spent in Korea. Beginning the fall campaign with the fullest program in years, on October 30th J.F.P. was called in by the serious illness of Dr. Wilson, who was stricken at the most critical period in the building of the new hospital annex. The time limit fixed for the completion of the building was November 30th and the government had notified us that they would not further extend the time. By working night and day the building was completed. Then followed further visitation of out-station churches and this work will take us to Christmas. Our men's Bible Institute begins on December 28th—entirely too early to suit; but these dates are determined largely by the lunar calendar and the position of the Korean New Year day, and it varies so widely as compared with our calendar that we can have no fixed date. If the proposed thirteen month calendar receives favorable consideration from the countries of the world it will solve many difficulties.

Dr. Wilson was operated on for infected gall-bladder and was found to be in a very serious condition, his chances for recovery slim. God heard our prayers on his behalf and he made a wonderful recovery. Our mission has had six operative cases amongst its members this fall, three of them very serious. Our Dr. Rogers was called in on every case, so he has had an extra load of responsibility. We rejoice that all recovered.

This is written in the midst of an itineration trip. We find the out-station work more encouraging than in years in the matter of response to the Gospel message. Special meetings have been held in most of the churches and many decisions for Christ reported. The concerted movement for personal evangelism is being pushed. A million copies of the *Life of Christ* were printed for the work at large, but the demand cannot be supplied. When all has been said, however, the fact remains that the village church out here presents much the same problems as at home. Most of them remain stationary, losing members by removal as fast as they are gained. That most of them go to swell the membership of urban churches is proved by the steady growth of such churches.

Economic conditions this fall have somewhat improved. Crops were fair—the cotton crop a bumper one and the price seventy-five per cent higher than last year when the crop was a failure. This anomaly is due to the fact that the cotton market is dominated by American cotton. The higher price is due entirely to the cheaper money. Owing to the latter influence all prices are gradually rising. This gives temporary relief, for the debased currency encourages exports and discourages imports; but when the effects of inflation are fully felt on commodity prices, we fear great hardship will be experienced, especially by wage earners. This directly concerns our mission work, with salaries cut to the bone and our working budget already reduced sixty-two per cent. Communications on this subject should begin with "we view with alarm". We commit the matter to Him who has so wondrously led us thus far in such critical times.

Our Woman's Bible Conference is in session, with an enrollment of 254. A. W. P. has led some strenuous days, as she had to take the leadership in the absence of Miss Miller.

This letter should reach you before the week of prayer in January. Use your influence to make the most of it. From present reports some such special effort will be necessary, if another big deficit is to be avoided. We tremble to think of the consequences to the work of an additional cut under present conditions.

Missionaries and the missionary enterprise are being slammed most vigorously in the home press these days and the articles are reprinted by the press on this side and heartily endorsed by opponents of the Church. Yesterday over-adulation was the fad ("thin red line of heroes" strain); today we are damned with considerably less than faint praise. We were neither unduly elated over the one nor are we discouraged over the other. We welcome constructive (not destructive) criticism. We cheerfully acknowledge that none of us are big enough for this job and we would like to see the critics try their hand at it in person. We are not ashamed of the Gospel of Christ, as some of them seem to be; for we find it, and it alone, wherever proclaimed by precept and example, the power of God unto salvation,

With assurance of your interest and prayers and continued cooperation in this great enterprise,

   Yours in Christ,

    Annie Wiley and John Fairman Preston.

Received at Nashville, Tennessee, January 6, 1933.

Address: Rev. and Mrs. J. F. Preston, Soonchun, Korea.

Postage: Letters five cents, postcards three cents.

In 1933

May 19, 1933
Soonchun, Korea

Dear Friends in the Homeland:

This is to convey the (to us) joyful news that we are coming on furlough this summer, leaving Kobe on the States Line "General Sherman" on July 1st and reaching San Francisco on the 16th. Owing to the embarrassment occasioned by the banking crisis in March and the economic depression still prevailing, we were in doubt until recently as to whether it would be possible for us to go this year—hence the lateness of this letter.

It is with the greatest hesitation that we leave the field at this time, for we consider the situation the most precarious in the history of the Mission. Repeated cuts have left us, on the appropriation from Nashville on our working budget, just a small proportion of what we were receiving three years ago. Our Mission met in regular session the latter part of last month and laid plans for the carrying on of the remainder of the work somewhat along the lines adopted last year, viz. supplementing the budget from Nashville with "exchange" realized on the salaries of the missionaries. Since our salaries are paid in U. S. currency and the effects of an avowed inflation policy in this country are not yet greatly in evidence, we have been able, by cutting out the use of foreign goods to the minimum and "living off the country", in the last year to apply a considerable amount in exchange to the organized work of the Mission and avoid catastrophe. Our work is therefore now being mostly carried on in this way, based upon the uncertain contingency of exchange on Japanese currency. With U. S. currency now upon exactly the same basis as Japan, how long there will continue to be any exchange and how much, is anybody's guess. With so far only the threat of inflation in the U. S., the exchange rate is rising steadily. We trust Him, Whose we are and whom we serve, to over-rule all these things to the advancement of His Kingdom.

I may add that only weighty considerations impel us to leave at so critical a time. However, if conditions improve, we shall be glad that we did not stay longer; and if they do not improve we shall be needed out here perhaps worse next year than this.

The first claim upon our attention on that side of the water will be our children, particularly our second son Wiley who, as you may recall, went home in impaired health last year and has since been staying with a doctor friend at Ganado, Arizona, recuperating. A physical examination will largely influence our decision concerning him and our own plans, It is our present plan to make Richmond, Virginia headquarters (Mission Court) and get in some needed study at Union Seminary and Assembly Training School. We expect to reach Montreat about the middle of August and hope to meet some of you there.

I need not add that these are busy days. We have had a wonderful year, in spite of many handicaps. The attendance on our mid-winter Bible Schools and Conferences was excellent. All the schools are flourishing as never before. The Watts schools here opened April 1st with the largest enrollment in their history and Alexander Hospital is running to capacity. All this helps out the lean budget, as well as affording the maximum opportunity for service. The spring itinerating convinces us that the outstation churches are still holding their own, with gratifying growth in same and others at a standstill. Perhaps it is as much as we have a right to expect from the occasional visits they receive from a lay-evangelist. One must eat in order to work and grow, in both the physical and spiritual sense, and these churches are not fed enough.

As I wrote before, special emphasis has been laid this year upon personal evangelism and some 40,000 copies of the *Life of Christ* distributed in house to house visitation in Soonchun field (1,400,000 copies throughout the country). For results we look in faith to Him who has promised: "My word shall not return unto me void."

The burden of the administrative work falls upon Dr. J. C. Crane in our absence, in addition to his own work. We know some thing of what he is up against, as J. F. P. was in the same position when Dr. Wilson was called home year before last. The problems have greatly increased since then. Please remember him in your prayers.

Looking forward to seeing you sometime during our sojourn in the States and thanking many of you for letters which we have had no leisure in which to acknowledge other than with this communication,

    Sincerely yours,

    Annie Wiley and John Fairman Preston.

Received at Nashville, Tennessee, June 9, 1933.

Address: Rev. J. F. Preston, Mission Court, Ginter Park, Richmond, Virginia.

Sept. 14, 1933

(Tel. No. Dearborn 0292-J)

125 S. Candler Street, Decatur, Georgia

Dear Friends:

Some word to you, telling of our journeys and safe arrival in the home land, has been unduly delayed. We reached Montreat on August 11 and left on September 9 for this place, where we shall be located while in this country.

While in Montreat we found time for little else (except for a business trip of four days) but attendance upon the inspiring Conferences and talking to the many friends and relatives we met there. To realize just how glad we are to be back in the home and how much we enjoy such things, you will have to spend seven years abroad cut off from it all. It is superfluous to add that we are greatly refreshed in mind, body and spirit by the experiences of the summer.

We had a good voyage and after three delightful days spent with relatives in San Francisco, met our children in Salt Lake City and drove across the continent, taking it camp style. We found our boy, Wm. Wiley, husky and sound again after his year with home-missionary friends in Arizona. The weather was propitious the whole way and we had a wonderful time together as a family. If the opportunity comes to you to take such a trip through the Yellowstone and Grand Teton National Parks, do not fail to take advantage of it, for no country in the world offers such scenic wonders,

Friends procured for us a very comfortable cottage here on the edge of Agnes Scott College Campus, where Florence is a senior. Miriam and Shannon are doing the cooking and housekeeping, so that all the family are together except John F., Jr., who continues his studies at Duke

Medical. You may recall that we lived in Decatur on our last furlough and it is indeed a privilege again to sojourn in so delightful a place amongst such fine people.

Do let us know if we can serve you in any way while we are in this country. If you are passing through Atlanta, remember that Decatur is just on the edge, six and a half miles from the center of the city, N. E., and look us up.

   Faithfully yours,
    Annie Wiley and John Fairman Preston.

Received at Nashville, Tennessee, September 17, 1933.

Address: Rev. and Mrs. J. F. Preston, 125 S. Candler Street, Decatur, Georgia.

In 1934

July 26, 1934
Montreat, North Carolina

Dear Friends:

On the last of this month we leave here for the long drive to the west coast, returning to Korea from San Francisco on the Taiyo Maru, August 16, (Nippon Yusen Kaisha Line). After weeks of uncertainty as to our plans, owing to the strike of maritime workers in San Francisco, tying up shipping and deranging boat schedules, we received a telegram from San Francisco this morning, assuring us that our boat would sail on schedule. So you see that we are sending out this letter as soon as we knew anything definite.

After a very fine furlough, we are returning to our work refreshed in spirit, mind and body. If you would know what these furloughs mean, you will have to spend seven years on same mission field abroad. We have keenly enjoyed the surcease from nervous strain, the up-lift of a cultural environment, worship in the great congregations, and above all renewed fellowship with friends and loved ones. It took us several months to get adjusted to the tempo and detail of life over here, but it is worth all the minor trouble and we are most grateful to those who did so much to make the rough places smoother for our feet.

One of the chief delights of this furlough has been the family reunion. All of us have been together after years of separation. And now we face separation again the real hardship of the missionary life. Three remain in this country: John F., Jr., completes his fourth year at Duke Medical; Wm. Wiley will be in Boys High School, Atlanta, making his home with Rev. and Mrs. Wm. E. Crane, 691 Woodland Avenue, S.E.; and Miriam will teach at Thornwell Orphanage, Clinton, South Carolina. Three go to Korea: Shannon, as Mrs. D. J. Cumming; Florence to teach for a year; and Rhea, now eleven years old.

We have visited churches in eight States, as the call and opportunity presented. From what we have seen and heard it is our conviction that our church is one of which we can be justly proud. We are going back convinced of the loyalty of the church to the missionary enterprise. We have been shocked at the demoralization in church finances incident to the depression, and it has seemed to us greater than in the church of Korea, injured as it is to habitual economic depression. My message has been that if they can advance in times like these, our Church can also. And we shall. We need a movement for better methods of giving and an improvement in the application of those we have. We rejoice to see a plea for tithing. If this becomes general, we shall see phenomenal results.

As we return for another "round-up", after thirty-one years of service, it is with a feeling of apprehension, almost dread, when we think of our dwindling number of workers and skeleton budget over against the insistent demands of an expanding work. But "our sufficiency is of God," and He has promised, "As thy days, so shall thy strength be." The horizon lifts as we advance and we go on in the same faith that has led us through the years. Needless to add that we need your prayers now more than ever before and are confident that you follow us with this ministry. If we can serve you in any special way, please command us.

    Faithfully yours, until to meet again,
    Annie Wiley and J. Fairman Preston.

Received at Nashville, Tennessee, July 30, 1934.
Address: (After August 16) Rev. Dr. and Mrs. J. F. Preston, Soonchun, Korea.
Postage: Letters five cents, postcards three cents.

Oct. 27, 1934
Soonchun, Korea

Dear Friends in the Homeland:

We reached Korea September 7, after an unusually fine trip out. On the long drive across the continent and the fifteen days voyage to Yokohama via Hawaii and the four more days to Korea, none of us were sick, we met with no accident by land or storm by sea and enjoyed beautiful weather every day almost without exception. All of which is due, as the Koreans say, first of all to the grace of God and secondly to your prayers on our behalf.

Since our arrival we have been almost overwhelmed by an avalanche of callers and this has been prolonged unduly because of absence from home on out-station business. Mrs. Preston promptly resumed her teaching in the Girls' School, Florence got off to a good start on her school for missionaries' children, of which Rhea is a pupil, and pater has held five conferences for leaders and visited fifteen out-station churches to date. We made a flying visit of four days to Seoul to attend the Federal Council of Missions—a most enjoyable time and a welcome surcease from the unremitting strain of that first week. It seems as if every problem, every need of the whole field was deferred until our arrival and laid upon our doorstep! Well, we are glad of the opportunity for service and helpfulness in this very needy corner of the vineyard and we again take up the burdens upon shoulders wonderfully rested and strengthened by the rest and recreation of the furlough at home.

That drive across the continent was a wonderful experience. We took full advantage of the opportunity of traveling by auto to see some of the natural wonders of our great country. We visited Carlsbad Caverns in New Mexico, said to be the largest and most marvelous in the world, with their millions of stalactites and stalagmites, pillars, draperies, candelabras and clusters, cascades and frozen waterfalls, glittering in the light of cunningly hidden electric lights—caverns with ceilings 300 feet high and so large that the circuit of one was a two hours' walk. Outside the desert heat registered 108 degrees F.; inside only 53; and a coat and light sweater were comfortable. From there we went on through the Petrified Forest and Painted Desert to Grand Canyon, all in Arizona; on through the southern California desert, which took its toll of so many lives in the early days of the gold rush, and which we crossed in a few hours at forty miles an hour, stopping at Bagdad for a lunch of melons and iced drinks; then up the Owens Valley, with the Sierra Nevada range on our left, Mt. Whitney rearing its cathedral spires into the sky, and to the right, forty miles away, Death Valley, 300 ft below sea-level the highest and the lowest spots in the United States. Then on to Mono Lake, crossing the Sierras by Tioga Pass, 10,000 feet, with snow patches all around, into Yosemite Park and down to the floor of the ancient glacier by a one-way road built across a vertical cliff 4,000 high. The big trees were a source of never-failing interest and the marvelous scenery of that majestic spot remains an ineffaceable memory. From there in an afternoon we traveled through the torrid heat of San Joaquin Valley into San Francisco through a chill fog, to sleep under several blankets that night.

Never have we enjoyed a trip more, though saddened at times by evidences of the great drought then prevailing. We were impressed by the comparatively few cars from the eastern States and wondered at the neglect of their own country by our people oftentimes so familiar with Europe—a habit of mind formed in the days when Europe was the more accessible. Georgia, however, seems awake to the changed conditions, for we met a motor-bus caravan of six hundred teachers from that State "doing" the West.

The sturdy Ford car in which we drove across the summer before and used while at home, carried us back from Montreat to San Francisco without a bit of car trouble and, after the splendid highways in the U.S.A., is now chafing under a mere thirty m.p.h. on the rough and crowded roads of Korea. But that pleasant dream of ideal driving lingers!

From Kobe to Shimonoseki, Japan, Mr. Cumming and I secured Japanese chauffeurs and drove through the country, getting a fine close-up view of the native life. Most of the roads proved incredibly narrow, in sharp contrast to those in Korea, and very congested. Bikes, carts, wagons and pedestrians have right-of-way over autos, and we learned a lot from the wonderful patience and skill of our chauffeurs, who drove as fast as possible, but it took twenty-three hours of driving to make that 335 miles. Just two weeks later came the great typhoon, destroying hundreds of bridges and great sections of the road in the region we traversed.

This letter is already too long. We are grateful for the furlough experiences and most of all for the fellowship enjoyed with so many of you. We pray for you with a better understanding of the problems which you face over there and we trust that your prayers on our behalf are more definite by reason of that personal contact, all too brief.

All the Prestons on this side would join in hearty greetings and best wishes.

   Faithfully yours,
    Annie S. Wiley and John Fairman Preston.

Received at Nashville, Tennessee, November 26, 1934.
Address: Rev. Dr. and Mrs. J. Fairman Preston, Soonchun, Korea.
Postage: Letters five cents, postcards three cents.

Dec. 11, 1934
Soonchun, Korea

Dear Friends in the Homeland:

This will reach you in January, which is the month of the "self-denial" offering for foreign missions. Our thoughts and prayers will follow the home Church in this effort to supplement the present meager provision of the regular budget system. So far as Korea (and Japan) are concerned, such an effort is most timely; for we are now faced with a serious turn of affairs. Owing to natural calamities in Japan alone this year (drought, typhoon, flood, etc) losses have been enormous, totaling a billion and a half yen. In consequence all commodity prices are rising steeply everywhere, with hardship for the salaried class and wage earners. The bearing of this upon our Mission work is obvious. Then, beginning in 1930, we received those appalling cuts, finally totaling eighty-one per cent (American currency) of our working budget, the salaries of all mission workers (native) who were retained were cut drastically. This was possible because commodity prices dropped simultaneously, reaching low levels as in America. Now rising prices upset this adjustment and make it imperative to raise all salaries. Since our budget is fixed for the current fiscal year, we are powerless to act and mission employees will probably go deeply into debt during the remaining months ahead. After that, what? Either salaries will have to be raised (they were cut 30% to 35%) to a living level or the existing work drastically reduced, with the loss of workers, schools, and hospitals with their trained staffs. This is what we are facing by spring, but this same contingency has been looming for the past four years. Some amongst us advocated closing down three years ago, but we have held on until now, the work has been kept going in an almost miraculous way, without the loss yet of anything vital. How that has been done is a fascinating story, which cannot be recounted here. Suffice to say that in view of God's wonderful provision and leading we cannot feel discouraged or pessimistic over the present really serious outlook, but confidently expect that by April 1 there will be some way out. Let us all try to realize how very much depends upon the special effort in January and work hard for a big offering.

One advantage of higher prices is that the farmers are better off. The cotton crop is good and the price higher than in years. The rice crop, while below average, is bringing a good price, and most other products are fine. The result will be increased native support of the churches and a good attendance upon Bible Schools and Conferences. The day schools are all full to overflowing.

So far this fall I have visited all but three of the twenty-two churches entirely under my care and seven of the thirteen churches over which I am Associate Pastor with the four native Pastors. Most of these churches are in villages and, like rural churches at home, are having a big struggle to hold their own. Partly owing to the economic depression, high taxes and uncertain seasons, partly owing to the pull of ambition, the men are leaving the villages for the larger centers, for Japan, for Manchuria, for anywhere that promises economic betterment, and the churches are being stripped of male leadership. During these past hard years, in my district two small churches have been closed, two others established and three prayer-meeting places opened, which should develop into churches. One pastorate has been lost and one gained. In this district we have twenty-three village church schools, with attendance ranging from twenty-five to sixty-five, to all of which we grant an annual subsidy. The teachers of those schools, graduates of our Soonchun Station schools, furnish valuable leadership and are moulding the youth in a Christian environment. Seven laymen (five Helpers and two Evangelists) assist me and the Pastors in this field. All of the Pastors and only one layman are supported by the churches, which in other respects are entirely self-supporting and contribute to the Korea Assembly and Presbyterial budgets.

With the above sketch before you, you will better appreciate the inadequacy of the working budget supplied through the Mission this year when I tell you that the only items in our work in the above district, embracing more than half of this Station's territory, toward which the budget even squints, are the following:

  For Lay Helpers: Two provided.
  ″ Village schools: Subsidy for four.
  ″ Itinerating expenses, this fall and next spring—$19.00.

For the following items, the budget provides nothing whatever: Native Secretary, Christian Literature, including Tracts; Travel for native workers, houses and moving expenses ditto; Tent Meetings, Out-Station Bible Classes and Officers Conferences; travel to meetings of the Mission and Presbytery and Assembly; Presbyterial assignments (latter travel items refer to missionary only).

How we manage under such conditions is another interesting story, about which some of you know. The granting of our stipends and working budget in U. S. currency and the very favorable exchange realized have bridged many a gap; but rising prices are a disturbing factor here also.

Native pastors and their wives now greatly outnumber the missionaries. But the youngest, smallest and weakest churches, always greatly outnumbering the pastorates, are under the care of the missionaries and will require the most careful nurture, if they are to develop into fully organized churches, with their ordained officers and pastors. Needless to add that the regular budget is inadequate for this, to say nothing of work in as yet unchurched districts. A great peril is that these small churches will be dwarfed or lost from inadequate oversight. As in the homeland, it is more difficult today for the church to make headway than ever before in this generation.

There are many interesting details of the work I would like to tell you, but this letter is already far too long—a concession to the occasion. Better church buildings are everywhere being striven after. In one village church I found a modern building, with standard doors, glass windows and high ceiling, erected during the last year. It was entirely finished, with a small debt upon which the congregation was paying interest at the rate of 48% and which they did not consider excessive! That was irregular, according to church rules. A special collection, supplemented by a small loan for a year without interest, set matters right. Another village church had erected a beautiful stone building, plans and estimates for which I had furnished them, and it is all completed except the plastering, which can wait. Mrs. S. P. Kim, the wife of the fine young pastor of this church, we found in the first stages of t. b. of the lungs. She had begun the heroic struggle to get well and we trust that the modern education of herself and husband will aid in winning a fight which most Koreans lose.

Last Sunday a woman came up with radiant face, saying that work was started for a church in her village. Last summer she had become ill (mental trouble) and had sought the nearest church for prayer and consolation. She was completely restored.

My general impression is that fewer adult non-Christians are being reached these days, as the Gospel becomes an old story. But oh! the children and young people! They are pressing in through our schools with the consent of their non-Christian parents and they are being born in Christian homes in goodly numbers, insuring the future of the Church.

Our ten days' Woman's General Bible Conference is now in session here with a fine attendance—over three hundred, and the ladies of the Station in charge, including A.W.P. have their hands full.

May God bless us in all our joint efforts for the extension of His Kingdom!

   Faithfully your fellow-workers,
    Annie S. Wiley and John Fairman Preston.

Rec'd Dec. 28, 1934.

In 1935

Nov. 20, 1935
Soonchun, Korea

Dear Friends in the Homeland:

This letter is long over-due, as indeed is everything in the letter line. We seem to accomplish little else than the insistent routine of the day. But "better late than never;" so please indulge us once more.

You may wonder sometimes, when you see the missionary on furlo, what becomes of his work during his absence. The answer, of course, is that it must be provided for somehow by those on the field. This works considerable hardship for the time both to the work and the workers, but we believe it pays in the long run. This is the Ungers' furlo year and a big gap is left in our ranks. The oversight of the Watts Boys' School of nearly four hundred pupils is the Prestons' part of the extra responsibility thrown upon the Station. As institutional work (such as schools and hospitals) is under very strict governmental regulation, involving endless red-tape, it is necessary for the school head to be closely on the job. In consequence visitation of out-Station churches has had to be done mostly by week-end trips.

The school year out here is very different from that in the States. It begins about April 1, with two weeks of holiday preceding, and summer vacation is limited to less than six weeks. Thus the school year coincides with our church fiscal year at home. In former years this proved a convenience, until our General Assembly's amazing order that the Executive Committees may not make up their budgets until <u>after</u> April 1. Two or three weeks after that the schools hear what their appropriation is to be for that year! All teachers will have been engaged in January preceding, by law and custom. The result is a harassing uncertainty which ought in some way to be modified.

In September the pastor of the local church removed to another field and J. F. was appointed moderator of the Session, with further heavy calls upon his time. Last Sunday a new Pastor was called and we hope he can be secured by the end of the year. Meantime the old building has been remodeled and greatly enlarged, giving the church ample seating capacity for the first time in several years (about 900 were in attendance on the first Sunday in the new building).

Better church buildings are the order of the day in this field. Besides the local church, three beautiful stone churches have been erected in Soonchun Presbytery this year, small, but fitting outward symbols of the Church's substantial growth.

One Sunday last month, while visiting an out-Station church with Dr. Wilson, we met with a nerve-wracking accident. A woman (48) walking at the side of the road suddenly jumped in front of the car and was struck with such force that her body went hurtling past the windows and was thrown to the other side of the road. Fortunately the point of impact was on the head light which gave back and turned out in such a way as to break the force of the blow and throw her clear of the car. We supposed, of course, that she was dead; but after fifteen minutes she revived and it was found that, save for severe bruises, she had sustained no injuries. After seventeen days in our hospital at Soonchun, she was discharged as well. Best of all, both she and her husband had decided to become Christians.

In August the Preston family visited Japan, taking Elizabeth Wilson and Paul Crane with them. The immediate occasion was pater's appointment as fraternal delegate to the Council of Federated Missions in Japan (composed of 29 bodies) from the like body in Korea, and from our Korea Mission to our Japan Mission on its fiftieth anniversary. We were privileged to meet many of the outstanding church and mission leaders in Japan, spending most of our time in the mountains at Karuizawa and Nojiri, where the missionaries foregather in the summer. We took time to climb famed Mt, Fuji, a sheer volcanic cone piercing the clouds to a height of nearly 13,000 feet. It was beautifully clear—and bitterly cold that 5th day of August on top. Only A. W. P. and Elizabeth side-stepped that climb for a visit to Kyoto. Japan is a wonderfully interesting country.

The past summer in Korea was said to be the hottest and driest in thirty years and there was serious crop failure in many parts of our Southern Presbyterian Mission field, necessitating government relief. Fortunately Soonchun Station territory was saved by a big rain storm which swept across at just the critical time of rice planting, and cotton and other crops are fine. Prices of all commodities are advancing, with rice thirty per cent higher than last year. Farmers are rejoicing and salaried classes, especially Mission employees with their drastically reduced, meager salaries, are hard hit.

The work, in Station and out-field, proceeds along the usual lines and there is much to encourage. A. W. P. continues her Bible teaching activities in the Girls' School. Last month she started a combined sewing circle and Bible class for Japanese women, with the assistance of Mrs. Nichida, a very consecrated Japanese lady, who with her husband teaches in the Boys' School. Mid-winter Bible teaching looms, with the Woman's 10 day conference beginning December 3rd.

Florence keeps busy assisting her parents and as general factotum of the Station. Rhea is studying hard in the Station school taught by Miss Elizabeth Wilson.

This letter will reach you near Christmas time and conveys our greetings and very best wishes for the season and the coming year. We would like nothing better than the time and opportunity of writing you each one a personal letter; but for the present this must suffice. May that peace of God, of which the angels sang, abide in your hearts now and always!

    Sincerely your friends and fellow-workers,
    The Prestons.

Received at Nashville, Tenn., December 13, 1935.
Address: Rev. and Mrs. J. F. Preston, Soonchun, Korea
Postage: Letters 5¢, postcards 3¢

In 1936

Sept. 29, 1936
Soonchun, Korea

Dear Friends in the Homeland:

We seem somehow to maintain the reputation, which we have built up through the years, of ideal correspondents. Which is to say that we are perhaps second to none in economizing your time and ours! At any rate, this letter, pending something better, will serve to inform you that we are still in the land of the living and on the job out here.

For the first time since our first year in Korea, nearly thirty-three years ago, we are alone. Last month our youngest daughter, Florence, who has been with us for the past two years, returned to the States for further study (a graduate course in Home Economics at the University of Tennessee, Knoxville) and Rhea, our youngest son (and child) entered High School at PyengYang in North Korea. A.W.P. feels that now she will get in some outstation trips with her husband. The latter opines that some of her itinerating will include home missionary work in North Korea.

We came back home from Camp C. E. Graham, Chirisan, our "Montreat in Korea," after midnight of August 29, delayed by the big typhoon which swept Korea two days before. These immense circular storms are the same as the hurricanes which sweep up from the West Indies and lash our American coasts. We have them every year out here, but this one was the severest we have ever experienced. It took a record toll of life and property—over three thousand killed and missing and at least that many more injured. There were no casualties amongst the missionaries, though a friend in the port of Masan writes of her terrifying experience. She was at church during the height of the storm when the roof went off and the windows blew in, including casements and plaster. Seeing the plaster going, she thought the walls were falling and ran out of doors in imminent peril of her life; for sheets of corrugated iron from neighboring roofs were hurtling through the air. The Leper Colony on the coast was damaged to the extent of about six thousand yen; but our Mission buildings, in the interior, of very substantial construction, came through remarkably well. Many beautiful trees in the various Station premises were blown down or torn up. Worst of all was the damage to crops. Hundreds of acres of rice fields in the maritime plains and river valleys were inundated and completely ruined, while most of the rice crop was badly damaged by the wind. The typhoon came toward the end of the worst rainy season we have ever seen (it lasted for more than three months, until September 15, with summer heat) and there were recurring floods. One of these in August killed seventy-five people in Chunju, our Mission Station to the North, and damaged our Boys' School property several thousand yen.

The Wilsons left us in June, going on furlough, but the Ungers returned in early August. It was with great relief that we turned over to the latter the five-hundred-pupils of the Boys' School here; for we can now devote ourselves with undivided attention to the evangelistic field, in which Drs. Crane and Wilson have greatly assisted us during the past year. With the ordination of two Seminary students last June, J.F.P. has at present the sessional oversight of only seven churches, though he is Associate Pastor in all the remaining forty-five churches and groups in his field. This office is exercised mostly when difficulties arise, as was illustrated recently when the best part of five days was expended straightening out a trouble in one church. In the Presbytery's Visitation Committee which was called in on this case, we have a valuable institution, indispensable in these times when national feeling is running high, and when the foreigner works best in the background. Last week-end together we visited the field of our youngest pastor, touching three churches and discussing various problems. The Sunday before we visited a neighboring church, walking two miles through the hills after leaving our auto. That congregation is very proud of their substantial stone building, vine-covered, and the grounds are neatly kept—a real religious, social and educational center to the large villages.

We start into the fall work with renewed bodily vigor. Both of us were sub-normal for a part of the year. A.W.P. with a bit of pleurisy following flu, which stubbornly persisted through the summer; J.F.P. with two acute attacks of appendicitis (February and April) and operation for same in May, from which he recovered slowly. We managed to keep the work going, however, and feel deeply grateful to God for His mercies and to Dr. Rogers and Miss Hewson, our doctor and nurse, for their cheerful ministrations.

This letter is written on the train. It is a perfect September day, cool and clear. Wish you could view with us the passing panorama—the ripening grain (rice) in the narrow valleys, bathed in brilliant sunshine; the lovely hills and mountains far and near, with their exquisite shades; and nestling at their feet the picturesque villages, the houses resembling clusters of giant mushrooms. Truly Korea is a beautiful country, inhabited by a kindly and responsive people. A few nights ago a chauffeur worked for two hours and a half on our car—we were stranded without lights until midnight, and then would not take a cent, on the grounds that he was a fellow-townsman. We are glad of the privilege of having lived and labored for so many years amongst this people as fellow-workers with you in bringing the Gospel to this land and founding the Church of Korea, which is in turn holding aloft the torch of truth. This business

of extending the Kingdom of Christ, is there anything more worth while?
Yours in the best of bonds,

Annie S. Wiley and John Fairman Preston.

Received at Nashville, Tennessee, October 19, 1936.
Address: Rev. and Mrs. J. F. Preston, Soonchun, Korea
Postage: Letters five cents, postcards three cents.

Nov. 23, 1936
Soonchun, Korea

My Dear Friends:

On the evening of Thursday, November 5, my husband went to bed with a chill and high fever—afterwards diagnosed as a type of typhus fever prevalent out here.

After fifteen days of pounding headache, the fever subsided to lower levels and the patient started on the road to recuperation. While he has not yet had a fever-free day, it is expected that he will be able to sit up within another two weeks.

This is the first illness from fever that my husband has ever experienced in his thirty-three years in Korea. Coming in the same year as two serious attacks of appendicitis followed by an operation, this illness is hard to explain and calls for unusual patience and resignation. We accept it as the will of the Lord and are trying to learn the lessons He wishes to teach us.

As this will reach you around Christmas time, allow us both to take advantage of this opportunity of conveying to you the very best wishes of the season and all joy and success for the coming year.

Sincerely yours,
Annie Wiley Preston

Received at Nashville, Tennessee, December 14, 1936.
Address: Rev. and Mrs. J. F. Preston, Soonchun, Korea
Postage: Letters five cents, postcards three cents.

In 1937

June 15, 1937
Soonchun, Korea

Dear Friends in the Homeland:

This letter is long since overdue and reflects the situation in which we find ourselves. So many things we should do and want to do go undone from day to day for lack of time that in these days of "managed economy" for everything we would welcome a decree fixing the day at forty-eight hours! Doubtless all of you over there, living the high-geared life of the modern world, feel the same way.

Since the first of the year the ordinary routine of our missionary activities has proceeded as usual: teaching, preaching, Church visitation, conferences with leaders, receiving callers, entertaining, etc. Several events have broken in upon the routine, which we shall mention in brief.

First and chiefly was the arrival in our home, on March 4, of a second grandson as fine as the first. They have named him Fairman Preston (Cumming) and he is the sixth generation of that name since John Preston married Eleanor Fairman in pre-revolutionary days. We pray that he may live to pass it down untarnished as he has received it. If the missionary life is strenuous, being a missionary grandmother is the strenuous life at its peak!

A second event was the meeting of the Mission here in April. Being the hosts, Soonchun Station had the extra responsibility. We finished in five days, with few vexing questions before us, and a most helpful experience it was. Mr. Hugh Miller, the beloved Secretary of the Bible Society, brought us an inspiring message each day at the devotional hour. He is retiring this year, having reached the age limit, as are also Dr.

and Mrs. Reynolds for the same reason. This latter affects this Station vitally, since the Cranes were appointed to take their place in Pyengyang, leaving J.F.P. as the only full time evangelistic missionary in this Station and Presbytery. A temporary arrangement has been made whereby Dr. Crane will continue the oversight of his field as able until June, when he goes on furlo. Meanwhile we are expecting that Rev. T. B. Southall and wife (Lily Crane) will be appointed to begin the long preparation necessary to fill the vacant place.

A third diversion and exertion out of the ordinary has been J.F.P's effort, first in February and again in May, to regain his driver's license, which lapsed during last year's illness. Because of this, he had to apply as a beginner, taking four tests covering four days—special, road, oral and written. The first is the most difficult, consisting of driving an involved course (changed every day) in an antiquated car (which cannot be secured for practice) within a specified time. After failure in February, partly owing to sprained ankle and stiff knee, the May effort was apparently successful (though license not yet received); but passing was due less to skill than to the indulgence of the examiners, who realize the difficulties of an owner-driver as compared with professional public chauffeur applicants. Not being able to drive during the past six months has been a considerable handicap.

A fourth incident was the sudden death last month of Mr. Nichida, Japanese teacher in the Boys' School. He was seemingly in perfect health and had spent the afternoon with the boys of his class on a fishing trip. As he returned at dusk on his bicycle, he was stricken with apoplexy and never regained consciousness, passing away at eleven o'clock the following morning. The demonstrations of affection and respect on the part of teachers and pupils was affecting as beautiful; and as Koreans, Japanese and Americans vied with each other to do him honor and comfort his family, there was a practical demonstration of the truth that we are all one in Christ Jesus. Mrs. Nichida, a very active Christian and part-time teacher in the school, who speaks and writes excellent English, has been given her husband's position until the class graduates next March. We are praying that by that time the way may open for her to go into direct evangelistic work among the Japanese of this section.

The last event we shall mention is the recent departure on furlough of three members of our Station, Misses Biggar, Hewson and Wilkins. They represent all three departments of the work—Educational, Medical and Evangelistic, in that order. When the missionary goes home on furlough it means extra work for those who remain, as well as much planning and conference preparatory to departure. We went through all that and now we are feeling keenly the gap in our ranks, the more in that the Wilsons are not due back from their furlough until September. We hope you will meet and hear these ladies.

As if to comfort and compensate us, Mrs. J. P. Unger and daughter, mother and sister of Dr. J. K. Unger, arrived last week for a visit of some weeks. It is affecting to see Mrs. Unger's enjoyment of her four grandchildren—all she has but one. Now that travel on the Pacific is so much shorter, more comfortable and cheaper, relatives and friends come out more frequently than formerly. We are looking forward with joyful anticipation to a visit from our daughter, Miriam, accompanied by a friend of the family, Miss Anne Hall, within the next two weeks. John F. Jr. also is coming out at the end of the summer to look over the medical situation and work with Dr. Rogers.

These remarks are made with the hope that they may suggest to some of you the idea of a trip to the Orient instead of the conventional one to Europe. When you come, avoid the Tourist cruise, in which you are herded through on a fixed schedule, which never allows time for meeting your friends over here or seeing their work. Plan a leisurely trip, with time enough to see the work of the Church, as well as palaces, shrines and temples.

With grateful remembrance of you and confident in a continuance of our mutual prayers and interest in the great work of the extension of the Kingdom,

   Sincerely your friends,
    John Fairman and Annie Wiley Preston.

Received at Nashville, Tennessee, July 12, 1937.
Address: Rev. and Mrs. J. F. Preston, Soonchun, Korea
Postage: Letters five cents, postcards three cents.

Nov. 4, 1937
Soonchun, Korea

Dear Friends:

Since last we wrote, this side of the world seems to have become first-page news over there. There have been no end of absorbing news items all the time, but ordinarily they do not find a place on any page of your newspapers. It is a commentary on human nature that the abnormal and destructive, rather than normal and constructive items constitute news. Following the fancied popular demand, the indefatigable reporters have played up sensational and gruesome details to such an extent that when you think of us it may be to visualize us against such a background, or at least to expect that a letter from us should begin with the all-absorbing topic. If so, this letter is in form; but you may be disappointed when we add that there is little in this quiet corner of the Empire to remind one of the present distressing conflict save the departure for the front of Japanese recruits amidst noisy demonstrations; closer police surveillance; and an occasional air-raid drill when the siren shrieks and the lights must be cut off. While this is for us here no more than a perfunctory drill, it is a grim reminder that the modern air-plane has revolutionized war and made it of intimate concern and dread to the whole civilian population. "When they are saying 'peace and safety' then cometh (out of the sky) terror and destruction."

But life proceeds here much as usual and one looks out upon a scene of peace and plenty. The contrast to last year, with its floods and semi-famine, is striking. A very hot summer with seasonable rains has produced bumper crops of every kind in most localities and should enable the hard-pressed farmers to pay off their debts and recoup themselves. It should also mean increased contributions in the churches and easement of the financial handicap that has prevailed during the past year.

A distracting incident with us this fall has been the closing out of our Station schools, in accordance with the policy laid down by our Nashville Committee to abandon the field of secular education. No pupils were admitted last spring in the first year of Primary or High; and while we had signified our willingness to carry on until the remaining classes were graduated, such an arrangement was extremely unsatisfactory to all concerned. As one patron expressed it: "It is like putting to death by amputating the limbs one by one." Accordingly when the government announced about the first of October that provision had been made in the public schools for all our pupils and that we should close immediately if not able to conform to the new educational polity, it proved a great relief from a mutual embarrassing situation. Every consideration was shown by the officials and the crisis was handled with tact, courtesy and efficiency. Our chief regret here was that our High school pupils in the one remaining class could not have graduated, as they lacked only six months, and as it turned out, most of them had to quit school for various reasons. Our school buildings are for the present a "white elephant" on our hands. The village schools small, irregular and temporary in character, for the most part in isolated villages and under the control of the native churches, are as yet unaffected and running on as usual.

An immediate result of the liquidation of the Station schools is that, for those missionaries who have been engaged in that work, life begins anew. We assume that they will continue on the field, in direct evangelistic work where they are badly needed.

This is the middle of our itinerating season, devoted to visitation of our out-station churches. We are impressed with the added handicaps of the rural groups in these days of increasing industrialization of the country. Many move to urban centers in Korea; others to Japan; others to Manchuria, the new land of promise. Sanitary conditions in the villages have improved, especially the water supply; but typhoid still takes its big toll—two fine young workers died in one group within a year. To it on the increase. Three young men in one church contracted the disease this year and two of them are dead. The one who followed the prescribed treatment is improving, but he is an exception to the most of such patients. Still there are many encouragements. Shifting of members does not mean their loss in most cases. The people everywhere are open-minded and favorable to the Gospel message. The need is as great as ever. Methods must change with changing conditions and we shall follow Providential leadings.

Our Station is keenly feeling the loss of the Cranes, who removed to Pyeng Yang the first of September for work in the Theological Seminary. Until their departure on furlough next June, he has shouldered the additional burden of distant oversight of his field, supplemented by such personal visitation as he can give, with the assistance of Rev. H. C. Kim, who has been closely associated with him. Meanwhile we are waiting the arrival on the field of the Southalls, who are under appointment to this Station. Now we are cheered by the arrival of our son, Dr. John Fairman Preston Jr., who is out for practical work with Dr. Rogers in our hospital here, and also by the presence of Robert Manton Wilson Jr., who returned with his parents for a year's work with his father.

In these confused and uncertain times we must give ourselves as never before to the ministry of prayer, confident that our God is "standing in the shadows, keeping watch above His own," and that He will cause all things, however seemingly adverse, to work out for the advancement of His glorious Kingdom.

Faithfully your fellow-workers,

J. F. Preston

Annie S. Wiley Preston

Received at Nashville, Tennessee, November 26, 1937.
Address: Rev. and Mrs. J. F. Preston, Soonchun, Korea
Postage: Letters five cents, postcards three cents.

In 1939

May 1, 1939
Soonchun, Korea

<u>Not for publication in connection with writer's name</u>

Dear Friends in the Homeland:

This is the first time we have sent you a general letter since our return last fall, after our delightful visit to the States, when it was our privilege to meet so many of you at Montreat. Accumulated duties last fall, coupled with pre-occupation with the grave problems confronting our work, defeated our intention of sending you a letter at that time.

We had an uneventful voyage back, thanks to the merciful Providence averting war. We were on the Pacific at the time of the Munich conference and in daily fear that the radio would bring the news that Great Britain was at war—in which event we could be sure of only one thing, i.e. that our boat would <u>not</u> land in Japan; but just where was anybody's guess. Our ship's officers belonged to the British admiralty and the ship itself would have been called into instant service as a transport.

Our work last fall proceeded along much the usual lines. We had adopted the policy of standing by on call for service, rather than go to the out-station churches upon our own initiative; for we guessed that, under prevailing conditions, our visit might prove more embarrassing than helpful. Up until the middle of December, however, there were enough invitations to keep us busy each week. From then on it began to be very apparent that intimidation was being brought to bear and that opportunities for co-operation and collaboration with the out-station churches would be few. Subsequent developments have borne this out. For the present at least the old itinerating days are over; and while the native Christians are as cordial as ever, it must be a very special occasion to bring an invitation to visit them. After making sure that it was issued with the knowledge and consent of the local police, we accept! Permits for evangelistic meetings are not being allowed to missionaries and even if they were, ways would be found to keep the people away, as all gatherings, except for regular stated worship, are discouraged.

Meantime, on the part of the Mission, all subsidies to native workers, village schools, etc., have been withdrawn and the native church is now financially absolutely on its own, as it has been for the most part from the beginning. This has resulted in the dropping of most of the lay-workers, which will, of course, greatly retard the extension of the Church. So far we have good reports in the main from the established churches in the bounds of our Soonchun field. They are maintaining the salaries of their native pastors, who are in turn doing what they can to help the groups formerly under the oversight of the missionaries.

Due to a combination of circumstances, we were not able to have any mid-winter Bible Institutes and Conferences in this Station as in former years; so that for the first time since we first learned the language we had no Bible teaching.

From the above you will correctly infer that our activities are now mostly confined to the locality in which we live and consists chiefly in quiet conferences with native leaders, personal work and social contacts, ministering to the needy, etc. Surrounded as we are by so much destitution, physical and spiritual, there are plenty of opportunities for service and enough to keep us busy. We now have less physical hardships to endure, and that is fortunate at our age.

The medical work is going well, but here also difficulties multiply.

All the licensed native doctors on the hospital staff have in turn been drawn away to outside work of their own (one to a government position), leaving our son, John F., Jr., in temporary charge in Dr. Rogers' absence on furlough, the only one left with a license to practice. The two native doctors now assisting him have not yet received their licenses, though they have passed the tests, so he is tied down very closely. War conditions will make it extremely difficult to secure the experienced doctor needed. Control of everything—man-power, resources, wages, prices, even the thinking as well as the speech of the people—has been attempted and the whole country geared up to the highest efficiency as a fighting machine.

What our mission work has suffered has been due to the impact of war conditions. Foreigners are suspect, because they are foreigners, assumed to be espionage agents, their movements watched and regulated, their leadership and influence frowned upon. Southern Presbyterian missionary work is particularly under the ban, because of our non-cooperation with the national polity on the shrine question, deemed necessary to win the war. Members of this Mission are apparently regarded as practically in rebellion against the government (though we have advocated every other form of patriotism) and therefore must be eliminated or rendered innocuous.

It must be said, though, that our personal relations with the people and all officials are quite friendly and cordial, nor are we ever subjected to any personal insults or indignities. Of late the friendly gesture of our country in sending back by a war-ship the ashes of the deceased Japanese ex-ambassador has produced a profound impression and friendly reaction in response.

A new law that goes into effect today in Japan proper, and expected to be promulgated very soon in Korea, will make it easier to eliminate us. It requires all foreigners to put in application for continued residence, which if granted will be good for only one year. Application must be made and passed upon each year. So, you see, if our application for further residence is not granted, any year you may see us back in the homeland on very short notice!

Another law, the so-called Religious Control bill, which has been passed and goes into effect next year, can be drastically applied for control of religious propaganda, particularly Christian.

As this letter is sent by private messenger, we have written much more freely than we could have, if sent through the mail, with any hope of it reaching you—for of course there is a strict censorship. This letter is of course not for publication and not to be quoted in your letters to us; for your letters also are censored.

We have been well, except J.F.P., Sr., since the first of the year. An unsuspected infected tooth brought on a focal infection. Since the tooth was removed two months ago, there has been a gradual improvement, though symptoms still persist. In March we took a trip to Peking and he had a thorough physical examination at the Rockefeller hospital. We greatly enjoyed our 10 days' stay in that marvelous city of walls, palaces and temples and our contact with friends new and old, coming back perfectly relaxed and greatly stimulated.

Trusting that our prayers, each for the other, shall be faithfully continued (we surely need yours) and assuring you of our welfare and unwavering confidence in the presence and blessing of the Master, Whom we love and serve,

   Sincerely your fellow-workers,
     Annie Wiley Preston
     J. Fairman Preston, Sr.

Rec'd at Nashville, Tenn., May 22, 1939

Address: Rev. and Mrs. J. F. Preston, Sr., Junten (Soonchun) Korea

- 5 ₡ postage

Dec. 2, 1939
Soonchun, Korea

Dear Friends in the Homeland:

This is the month of the year when one's thoughts turn especially toward friends and dear ones across the sea: a time, too, when one is acutely conscious of letters and personal messages one would like to send. That yearning is the immediate occasion of this letter: to send you a word of greeting, reminding you of our thought of you and appreciation of your friendship and "fellowship in the furtherance of the Gospel even until now."

As another holiday season approaches, it will be anything but a peaceful and joyous one for millions on both sides of the globe, gripped in the throes of grim war. Modern war, we are reminded fresh, is not confined to the fighting forces, but involves the whole population; and with the advent of the flying machine, not only economic hardship, but death itself may literally hang over the home. We may be thankful that so far you and ourselves also have been spared the latter horror, though doubtless none will be able long to escape the other. Certainly we on this side know something of it for rationing and economy is the order of the day and one takes for granted dearth and shortage of everything in common use. To add to these man-made conditions, we have a shortage of rice, the staple food, due to the severe drought last summer. Under former conditions this would doom many thousands to death by starvation before the next crop; but under a modern government with a good system of communication, millet from the plains of Manchuria will doubtless be secured to meet the shortage. This year all available straw will be used, not for covering the houses, but for the making of bags for this anticipated shipment.

A notable event this fall was the dedication of the Coit Memorial Church which had been completed free of debt three years after the movement was started. It is a beautiful building, as churches go out here, with walls of stone and slate roof these substantial features made possible by the contributions of a few of Dr. Coit's close friends and relatives in the homeland, supplementing the gifts of the congregation and friends over here.

One direct result of the erection of this building was the stimulation of another congregation with an energetic young pastor to duplicate it (somewhat smaller) this year. They are worshiping in the new building and a week ago subscribed almost enough to complete it a marvelous accomplishment under prevailing difficult conditions.

Another result: Recently a pastor in an adjoining province, with whom we had cooperated formerly in the erection of a substantial church building, asked us to prepare plans, specifications and estimates and has begun to collect materials for the erection of a church similar to the Coit Memorial.

There has been another wedding in our family. Our son, Dr. John F., Jr., who has been working in Alexander hospital here for two years past, went to the States in August on a short leave and was married on November 18 to Miss Imogen Bird in her father's church in Washington, D.C. She is the only grand-daughter of the late Dr. W. W. Moore, of Union Seminary, Richmond. Her brother, Andrew, after completing a post-graduate course in Edinburgh, delighted us all by coming this way for a visit last summer. His sister, who had completed a year's teaching on the field, accompanied him home. Thus do Dr. Moore's descendants follow after him in lives of service.

Though a little belated, please accept from us hearty greetings of the Season, with every good wish for your happiness and prosperity for the coming year. "Peace on earth" is mainly a matter of the heart, thank God, independent of outward conditions! None can take it away from us.

 Sincerely your fellow-workers,

   Annie Wiley and John Fairman Preston.

Rec'd at Nashville, Tenne., Jan. 1, 1940.

In 1940

Apr. 27, 1940
Soonchun, Korea

A personal letter—Do not publish

Dear Friends in the Homeland:

We are again taking advantage of the opportunity to send you a line direct. First of all, we are hoping soon to write a number of personal letters, in answer to many which have gone too long unacknowledged, owing principally to illness in the family, but which are deeply appreciated. In general it must be said, however, that time sufficient for personal correspondence is a problem on the mission field as yet unsolved. Time with the Oriental is not measured by our standards; so that in the daily contacts it is a constant struggle to salvage even a small portion. From this you will correctly infer that we are maintaining our personal and social contacts, even though more restricted than formerly, and still have more than enough to keep us busy. Relations with the authorities are still maintained upon the same courteous basis. Our Korean friends, including the leaders of the Church, have never ceased to call on us, and of late seem to come more freely than for months past. We have found abundant opportunity for personal work, for the promotion and circulation of Christian literature, for the relief of distress and for personal conferences.

For the second year, the Station did not attempt to hold general Bible Institutes and Bible Conferences here for the field; but we have encouraged the holding of district Bible Conferences, though we have not been invited to participate. It seems to be the settled policy of the government to curtail our public ministry of teaching and preaching. Semi-occasionally, on some special occasion, we are invited to an outstation church (in our case, five times only in the last six months) More often is an invitation extended to preach in the local churches.

Relations with our Presbytery continue as defined by that body two years ago, viz: the ordained missionary a non-voting member, with privileges of the floor, and no sessional responsibility for any churches. Needless to say, while we attend the meetings, we do not exercise our privileges! We believe that at present the foreigner must keep in the background, for the sake of the native brethren, who are under duress everywhere. We rejoice that somehow the work goes on: there are signs of progress in increased contributions and good church attendance. Even the smallest, weakest groups in the field continue to assemble for worship, though often leaderless and starving for the ministry of the Word.

Our greatest concern is for the future leadership of the Church, the training of whom has been in the past the chief work of the missionary. Our Union Theological Seminary at Pyeng Yang was closed last year, under the same pressure which closed our day schools. Another has been recently opened under purely native auspices, and I am informed that the permit forbids the teaching of theology and church history! In our Station territory the young men looking to the ministry are scattering to various institutions to which they can gain entrance. Two recently went to a "holiness" school, another to a Lutheran Seminary in Japan, and one to the new Seminary above referred to. Others have obtained secular employment.

Of the two Mission institutes, for the training of women, Kwangju is still carrying on, while one at Chunju was closed last month.

Our medical work here and elsewhere is flourishing, with as many patients as at any time formerly. Here in recent months the patients have included the local Magistrate and the Chief of Police.

A closing personal note: Our son, Dr. John F., Jr., returned the latter part of January with his bride, nee Miss Imogen Bird, and immediately plunged into strenuous work at their Station, Kwangju. Just now they are in Seoul for two months of uninterrupted language study, while our Dr. Rogers is keeping an eye on the hospital.

Our daughter, Mrs. Cumming, has been critically ill and is now convalescing at the Kwangju hospital under Miss Pritchard's care. The three grand-children are with us and they are a perennial source of interest, though they keep their grandmother on the jump. You can imagine that said "jump" has been accentuated by the daughter's illness and almost simultaneously by that of her husband, who came down on the 3rd inst., with a severe attack of flu. It left him physically prostrate, but thankful he escaped pneumonia, though by a narrow margin.

God bless you all and keep you firm in the faith and true to Him in these crucial days for all the world. Let us carry on, confident of our mutual prayers and aware of the strength available to us all for the asking.

Sincerely your fellow-workers,

Annie Wiley and John Fairman Preston, Sr.

Received at Nashville, Tennessee, May 20, 1940
Address: Rev. Dr. and Mrs. J. F. Preston, Sr., Soonchun, Korea
Postage: Letters five cents, post cards three cents

Nov. 25(west), 1940
On board S.S. "Mariposa"

A personal letter—Do not publish

Dear Friends:

Some of you will be surprised to hear that we are on our way to the homeland, seven months earlier than we had expected to return on furlough. Events have moved so rapidly during the past few weeks and have been so crammed with pressing duties that we have had no chance to write.

To go back: on September 20, we accompanied our son, Wm. Wiley, to Japan and saw him safely aboard at Yokohama on his return, after two months with us. Because of the prevailing suspicion cast upon all American and British nationals as potential espionage agents, we were unwilling to allow him to travel alone through Japan.

While we were in Japan, two startling things happened. First, several hundred Christian leaders were arrested throughout Korea and hundreds of others had their houses searched, apparently because of their connection with missionaries. From the nature of the examination, it seemed an effort to fix upon the latter some charges of espionage or overt acts against the government polity. Amongst those arrested were all the pastors of our Soonchun Presbytery (except three) and other leaders—all of them unmolested hitherto. One of the three was spared because ill at the time and another was later imprisoned. While no missionaries were then molested, it created an intolerable atmosphere for them in which to live and seemed intended to terrorize all Christians into breaking off relations with the foreign missionaries. This, we knew, swept away the opportunities which we had previously enjoyed of personal contacts and conferences in other words, the last vestiges of our work. Our very presence amongst them had been made a jeopardy to our friends.

The second startling thing was the announcement of the signing of a military alliance between Japan and the Axis powers, Germany and Italy, with the very significant clause that Japan would enter the war if and when another power should come in on the side of Great Britain. This was understood as directed against the U.S. and made Japan's entry into the European war automatic. The unpleasant feature for us is that we could now become enemy aliens on short notice and be interned in concentration camps.

Then in early October came advice from our Consul, thrice urgently repeated, that all women and children and as many men as possible should be evacuated. A ship was to be sent to Korea and the warning was given that unless these facilities were embraced, no other special opportunity besides the regular American liners would be afforded and the government could assume no responsibility for our safety. This sounded serious, coupled with what we already knew; for it involved our passports. For a year past our residence in Korea had been contingent upon a permit from the Japanese government, issued for one year at a time. This permit was to expire November 14 for the most of us.

A cablegram from Nashville, granting permission for any special furloughs if and when needed, made cooperation with the consul easier. The outcome was that nearly all the missionaries from our Mission decided to withdraw, the necessity of looking after their families being the preponderating consideration with most of the men; so about forty of us are together on this boat. The Methodist Missions have evacuated, leaving five men to wind up affairs.

We may say that the Cummings had already decided to take the children home this fall (for health reasons), their furlough being due next June, and had secured passage on the "Kamakura Maru" from Kobe on October 18. After the message from the consul, we consented to accompany them in order to help with the grandchildren, and we succeeded in securing reservations, Several considerations, however, caused us afterwards to change to the "Mariposa."

One circumstance only has marred an otherwise delightful voyage on a beautiful ship: our daughter came aboard ill and has been in bed ever since. The doctors diagnose it as the fever endemic in our section of Korea not contagious, but carrying a mean wallop and leaving one very weak. This evening she was fever-free for the first time and we expect she will be up by the time we reach port on the 30th. We shall remain with her until she is strong enough to travel and plan to accompany the family part of the way as they journey to Ocala, Florida, where his mother lives.

We hope to see our other daughters and son, William Wiley, en route; and after a brief visit at several places, we will go to Florida as J.F.P. is suffering from chronic bronchitis, aggravated by the flu attack last April.

We came aboard utterly exhausted after several weeks of preparation for leaving during that time we were in bed only for five hours a night average. A procession of callers by day and in the early hours of the evening, with numerous Station meetings, left us little time for our own affairs.

We were touched with the demonstrations of friendship on every hand, from Koreans and Japanese alike, and it was very hard to leave; but no one questioned the wisdom of our decision, nor have we a doubt that we are doing the right thing. He left our household goods stored in the home and announced that we expected to return, if possible within a year and a half; but our friends took leave of us as if they would see our faces no more.

Our return, of course, is dependent upon events beyond our control. Along with our fellow-missionaries, we are caught in the gigantic struggle between democracy and totalitarianism. Since Japan went totalitarian, imitating German methods, missionary work has become next to impossible and conditions intolerable. The issue of the battle of Britain will determine the course of events in the Far East. Only a radical change of government and the restoration of liberalism and religious freedom in Japan will make possible a resumption of our work.

Please continue to pray with us for the Christians in Korea as they are steam-rollered by the military juggernaut. We have an abiding faith in the survival and final triumph of the Church in Korea, though it may be the church invisible (because "underground") before long.

Until we have a fixed abiding place, letters addressed to us in care of the Executive Committee of Foreign Missions, Box 330, Nashville, Tennessee, will reach us. We hope to meet many of you at Montreat next summer.

Yours in the abiding fellowship of the Gospel,
Annie S. Wiley and John Fairman Preston.

P.S. This letter is for private circulation, not for publication.
Received at Nashville, Tennessee, December 4, 1940

송상훈

미국남장로회 한국선교역사 연구자.
순천매산고등학교와 고려대학교 영어교육과를 졸업하고 공군기술고등학교(현, 공군항공과학고등학교)에서 훈육관과 교관으로 군 복무를 하였다. 전역 후 전주기전여고에서 영어 교사로 근무하던 중 전북대학교 영어영문학과에서 석사학위를 받고 박사과정을 수료하였다. 현재 전주신흥고등학교에서 영어 교사로 일하며 전주강림교회에서 장로로 섬기고 있다.
옮긴 책으로는 『사랑을 심는 사람들』(2000, 보이스사), 『기전여학교 교장 랭킨 선교사 편지』(2022, 보고사), 『윌리엄 불 선교사 부부 편지 I~II』(2023, 보고사)가 있고, 쓴 글로는 「전주신흥학교와 기전학교」(『전주 화산의 역사와 문화』, 2025, 전주문화원)가 있다.

내한선교사편지번역총서 23

존 페어맨 프레스톤 선교사 부부 편지 III
1911~1940

2025년 7월 23일 초판 1쇄 펴냄

지은이 존 페어맨 프레스톤 부부
옮긴이 송상훈
펴낸이 김흥국
펴낸곳 보고사

책임편집 김태희
표지디자인 김규범

등록 1990년 12월 13일 제6-0429호
주소 경기도 파주시 회동길 337-15
전화 031-955-9797(대표)
팩스 02-922-6990
메일 bogosabooks@naver.com
홈페이지 http://www.bogosabooks.co.kr

ISBN 979-11-6587-905-1
979-11-6587-265-6 94910 (세트)

ⓒ 송상훈, 2025

정가 36,000원

〈이 번역서는 2020년 대한민국 교육부와 한국연구재단의 지원을 받아 수행된 연구임.
(NRF-2020S1A5C2A02092965)〉

사전 동의 없는 무단 전재 및 복제를 금합니다.
잘못 만들어진 책은 바꾸어 드립니다.